煌煌太宗业 树立甚宏达

唐太宗李世民

刘清越 著

（上）

山西出版传媒集团 山西人民出版社

图书在版编目（CIP）数据

唐太宗李世民／刘清越著.—太原：山西人民出版社，2021.5

ISBN 978-7-203-11763-6

Ⅰ.①唐… Ⅱ.①刘… Ⅲ.李世民（599–649）–传记 Ⅳ.①K827＝421

中国版本图书馆 CIP 数据核字（2021）第 056622 号

唐太宗李世民

著　　者：刘清越
责任编辑：王晓斌
复　　审：傅晓红
终　　审：贺　权
装帧设计：子不语

出 版 者：山西出版传媒集团·山西人民出版社
地　　址：太原市建设南路 21 号
邮　　编：030012
发行营销：0351-4922220　4955996　4956039　4922127（传真）
天猫官网：https://sxrmcbs.tmall.com　电　话：0351-4922159
E－mail：sxskcb@163.com　发行部
　　　　　sxskcb@126.com　总编室
网　　址：www.sxskcb.com

经 销 者：山西出版传媒集团·山西人民出版社
承 印 厂：天津雅泽印刷有限公司

开　　本：710mm×1000mm　1/16
印　　张：35.5
字　　数：700 千字
印　　数：1—5000 套
版　　次：2021 年 5 月　第 1 版
印　　次：2021 年 5 月　第 1 次印刷
书　　号：ISBN 978-7-203-11763-6
定　　价：78.00 元（上、下）

前言：糊涂一时的贞观盛主

在中国历史上一代又一代的封建王朝中，唐朝是最繁荣鼎盛的一个王朝。而贞观盛世则是这个王朝中最绚烂辉煌的时期。作为贞观盛世的开创者——唐太宗李世民，则当之无愧地成为一代盛世明主。李世民的一生曲折丰富，多姿多彩……

公元7世纪初，隋炀帝以暴君姿态登上政治舞台，随即唤来了一场铺天盖地的暴风雨，在群雄逐鹿的历史关头，李世民作为一个年轻英武的统帅，以不同凡响的战略战术，一往无前的进取精神，刚毅果敢的拼杀作风，精湛过人的骑射武功和玄机深邃的军事洞察力，指挥千军万马，东剿西荡，南征北战，为大唐帝国铺下了一条平坦大道……他是一位天才的军事艺术家，连中国现代最杰出的军事大家毛泽东也不由地击掌称赏："自古能军无出李世民之右者。"

在平定动乱、一统天下之后，为了避免"兔死狗烹"的悲剧重演，更是为了实现自己经邦安民、富国强兵的雄才大略，李世民审时度势，毅然发动了玄武门兵变，诛兄戮弟，逼父让位，终于登上了九五之尊的宝座。一旦君临天下，他立即高瞻远瞩、深谋远虑地制定和实施治国方略。他轻徭薄赋，劝课农桑，让黎民百姓远离战争和贫穷；他不拘一格，选贤任能，以巨大的人格魅力，紧紧地吸引了像房玄龄、杜如晦、魏徵等一大批贤臣良相和李靖、尉迟敬德、秦叔宝、程咬金等无数骁勇战将，真可谓人才济济，忠良辈出，这些人像璀璨的群星一样，始终不渝地拱卫在他的身旁；他以史为鉴，时时惕怵自励，临深履薄，谦虚谨慎，勤俭节欲，绝不重蹈暴秦和亡隋的覆辙；他以人为鉴，察听忠说，虚怀纳谏，最终成为求贤若渴、从谏如流的千古一帝；他宽刑慎狱，施行仁政，终其一生都未造成过大的冤案，甚至出现了一年中全国被判死刑者仅有29人的清明之治；他奖掖士子，改革科举，大兴文教，一手缔造了唐初百家争鸣的文坛盛况；他倡廉反贪，扶正祛邪，一扫朝廷官场的腐败贪浊之风；他平定西域，收服夷狄，和亲吐蕃，实行汉夷一家、和睦相处的民族政策，建立了一个四夷归心、万国来朝的多民族平等共存的大家庭，被几乎所有的少数民族心悦诚服地尊称为"天可汗"……

然而，这样一个举世公认的盛世名主，毛泽东为什么却说他是"懵懂一时"呢？原来，聪明一世、英明过人的李世民，却在由谁来继承大唐皇位的关键问题上犯了大错误。

李治和李恪都是李世民的儿子，李恪不仅长得魁伟英俊，颇似年轻时的李世民，而且聪慧颖悟，禀赋极高，文才武功都在诸兄弟之上。与李恪相比，李治则性格懦弱，绝非人主之材。这一点，李世民非常清楚，也曾打算废李治改立李恪为太子，然而却因长孙无忌的反对，竟然改变了自己的打算，结果使李唐宗室子孙几乎被取唐自立的女主武则天"诛杀殆尽"。所以，毛泽东才说："李恪英物，李治朽物，知子莫若父。然卒听长孙无忌之言，可谓聪明一世，懵懂一时。"

为了还读者一个生动逼真、有血有肉、伟大而又平凡的唐太宗李世民，让广大读者不仅能远远地目睹其真面目，而且能切实地走近他，感受伟人的内心世界和精神风貌。本书在遵循历史基本框架的前提下，不仅条分缕析地记述了一些重大事件的来龙去脉，更全力透视了事件发展的内部联系及其实质；不仅力求形式上的赏心悦目和喜闻乐见，更苦心追求内容上的深刻厚重和历史沧桑感；不仅注重刻画政治、军事斗争中的大起大落，更注重挖掘置身于这种大起大落中的李世民的"人情"和"人性"的内涵，使其走下"神坛"，让伟大和平凡融为一体。因此，本书既有惊心动魄的战争场景，钩心斗角的政治角逐，又有扑朔迷离的后宫帷秘和温情脉脉的家庭生活；既有喋血厮杀的兄弟争权，又有开诚布公的君臣论治；既有慷慨激昂的诤臣直言，又有和风细雨的后妃劝谏；既有血与火，又有诗与歌……

目　录

第一章　涉险谋策　亡隋逐鹿

隋朝大业十三年（公元617年）二月，又是一个乍暖还寒的初春。

偌大的太原城完全失去了往日的富庶和繁华，店铺酒楼和茶肆歌坊大都门庭冷落，生意清淡。那些摆摊的商贾贩夫半天做不成一桩买卖，只好无精打采地观望着过往的行人。

大街上的行人倒是不少，除了本地的太原居民，更多的是操着各种口音的四方逃荒者，或是因逃避兵役匿奔而来的各地难民，一个个衣衫褴褛，灰头土脸，面呈菜色。每天讨吃要喝，能够填饱肚皮已是他们最大的奢望，哪里还有闲钱去茶肆歌楼或在大街上买东西？

在一般老百姓的心里，这是一个多灾多难、前途未卜、了无生气的黑暗而又阴冷的春天，或者仍然是一个绝望的冬季！

但是，在年轻的李世民看来，一个欣欣向荣、生机勃勃的充满希望的春天正在向他迎面扑来。

这是一个充斥着杀戮、疾病、饥馑和死亡的年代，更是一个充满机遇和新生的年代；这是一个黑暗的群魔乱舞的世界，更是一个光明的让英雄们大显身手的世界；历史的大船似乎正载着人们驶向沉沦的末日，其实却是在向着花团锦簇的理想彼岸做最后的冲刺。

这种思绪鼓荡着李世民的心扉，使这个年轻人热血澎湃，整天都骚动不安。几个月来，他一直有一种模模糊糊的预感，这个干戈扰攘、盗贼蜂起的世道，正面临着一场翻天覆地的巨变。为图大事，他不吝钱财，礼贤下士，广结豪俊。而此时的河东重镇太原城随着外地各类难民的大量涌入，群贤毕至，人才济济，已成为名副其实的卧虎藏龙之地。像为了逃避被征调参加高句丽战役而从长安逃匿于太原的长孙顺德、刘弘基等都是些桀骜不驯的人中豪杰，均为李世民刻意笼络，结为腹心。

一天入夜之后，黑暗吞噬了太原城。灰蒙蒙的天空中开始飘洒起牛毛般的霏霏细雨。

大街上店铺打烊，灯火关闭，行人绝少。乘此机会，李世民换了身普通士子的装扮，长衫方巾，足登布履，只身来到了位于留守衙门西北方的太原大狱，准备去探望囚禁在这里的一位朝廷要犯。

此人姓刘名文静，京兆武功人，下狱前为晋阳县令。他胸怀大志，工于心计，是个不可多得的文武兼备的人物。数日之前，因为与瓦岗义军首领李密有姻亲关系，被当今皇上杨广一道诏令打进大牢，如今正生死难料、吉凶未卜。要在太原图谋大事，这样的人才是不能缺少的。

李世民很顺利地进入狱中，监狱的上上下下他早已打点好了。一个狱卒迎上来，点头哈腰说道："李公子这边请，你要见的人在后面单间牢房里。"

李世民冲他一笑，顺手塞给他几块碎银子，便随着他向后面走去。

监狱里早已人满为患，一股股浓重的臭味让人恶心欲吐。狱灯昏黄暗淡，投下了歪歪斜斜、横七竖八的梁柱和铁栏的阴影，使这里的气氛显得愈加狞厉和恐怖。囚犯们愤怒的叫骂、悲凄的哭喊和嘈杂的争吵声，让人心里一阵阵发毛。

李世民加快了脚步，跟随狱卒很快来到了关押刘文静的牢房。

隔着狱门密密的铁棍子，远远地看见牢房中的草席上坐着一个四十岁左右的中年人。此人中等身材，长方形脸，白净面皮。虽然身陷囹圄，却仍是衣冠楚楚，鬓发齐整，颌下三绺墨黑的须髯疏朗有致。

听见牢门打开时哐啷啷的响声，他稳坐在那里一动未动，连眼皮都没抬一下。李世民只好拱手说道："刘公无端系狱，实在是天大的冤枉。在下心中深感不平，特意前来探望。"

听见有人说话，刘文静这才抬眼打量了一下来者，见是一个稚气未脱的年轻人，身材魁伟，腰板挺直，古铜色的方脸盘棱角分明，剑眉下一双眸子精光闪射，犀利逼人。虽然一眼便能看出是个官宦家的公子，但却风采不俗，举止稳健，绝非一般纨绔子弟那种轻佻和浮浪。

因为弄不明白来者的路数，他只是冷冷地说道："我乃朝廷钦犯，既与李密沾亲，何冤之有？足下何人？缘何来此造访？莫非不怕惹得一身血腥？"

"刘公此话差矣，李密是李密，刘公是刘公，李密造反与公何干？况且李密也是被逼无奈才铤而走险，也算得方今乱世中之烈烈丈夫。刘公满腹经纶，素有经邦济世之才，难道就甘心受此无妄之灾而引颈就戮？天下事不平则鸣。在下李世民，平生最见不得不公道之事，因而冒昧前来探望。"

一听"李世民"三字，刘文静心中猛地跳动了一下。虽然他们从未谋面，但是这个名字并不陌生，几乎耳熟能详，就是太原城里的普通百姓也几乎无人不晓。

李世民乃是太原留守李渊的二公子。自从李渊被任命为太原留守以来，刘文静便对他进行了多方面的详细了解和观察。

李渊出身于陇西豪门贵族。其祖父李虎，西魏时官至太尉，八大柱国之一，其时家门荣盛，无人能比。北周时，李虎虽已死，但因他的"佐命之功"，仍被封唐国公。其子也就是李渊的父亲李昞，成人后袭封唐国公，并拜御史大夫。可惜中年早丧，当时只有七岁的李渊便袭父亲之爵为唐国公。

到了隋文帝时，由于李渊的母亲独孤氏与文帝的独孤皇后是亲姊妹，因此官运一路亨通。先后任过刺史、郡守等职。杨广弑父继位之后，对他这位姨表兄虽时有疑忌，但既碍于亲情，又想借助他的威名和才干，还是不断地加以擢拔重用。辽东之役时，曾任命他督运粮秣兵器于怀远镇。继而任命他为弘化郡留守，山西、河东慰抚大使，专事镇压当地义军。此后，突厥兵不断袭扰北疆，隋炀帝便命李渊出任太原留守，李渊从此成了手握重兵镇守大隋北部边陲的方面大员。

李渊与妻子窦氏共生有四个儿子和一个女儿。长子李建成、次子李世民、三子李元霸（早夭），四子李元吉。在这几个儿子中，不论是天赋、品貌、武功还是文才，都独数李世民。

据说，在李世民只有三岁的时候，有一位相士来到李渊府邸，看看李渊，又看看他身边蹒跚挪步的小世民，不觉大惊失色道："阁下乃大贵之相。而此子日角瞳星，龙睛凤颈，更加贵不可言，日后必能济世安民。"李渊心中喜不自胜，表面上却不动声色。将相士送出府门之后，怕惹祸事，又暗中派人前去追杀。不料那相士行走如飞，转过一个街角之后便消失得无影无踪。李渊疑为神人，便按他说的"济世安民"之意，为这个儿子取名李世民。

关于这类江湖术士的传言，多是以讹传讹，刘文静历来不肯尽信。但有一件事却是千真万确的，足以看出李世民的足智多谋和见识过人。

大业十一年（公元615年），隋炀帝杨广在汾阳宫里纵情声色住腻了，突然心血来潮，带着一万侍卫军前去巡视北疆。不料消息走漏，东突厥始毕可汗率领十万精兵偷袭炀帝，打算劫杀大隋天子，进而牧马南寇，称霸中原。

炀帝见突厥兵突然风卷云涌而来，顿时魂飞魄散，在侍卫们的簇拥下飞马疾驰于雁门郡城。突厥的十万大军随后赶来，将雁门城围了个水泄不通。当时雁门郡下辖四十一城，十几天的工夫便被攻破了三十九城，仅剩雁门与崞县两座城池尚在坚守，但已经形同累卵，岌岌可危。

唐太宗李世民

雁门城内有军民十五万之众,存粮仅够吃二十几天,形势已万分危急。炀帝亲至城头巡察守城,见城外的突厥兵马密密匝匝,军纛旌旗遮天蔽日,一时绝望,禁不住捶胸顿足,号啕大哭起来。

左右臣子建议炀帝传诏四方兵马前来勤王,以解雁门之围。但隋朝军队主力多在长安、洛阳和江南集结,远水救不了近火。幸有户部尚书樊子盖提议,将诏书绑在木棍上,投入汾水之中,命雁门附近的小股驻军就地招募兵马火速勤王。

留守于汾阳宫担任警戒的屯卫将军云定兴首先捡到了汾水中漂流而下的诏令,急忙四处张贴告示,重金招兵买马。

那时,只有十七岁的李世民见到告示后毅然应募。他径直来到中军大帐,面见云定兴说道:"始毕敢于举兵围天子,无非认为我朝无大军赴援。将军应于白昼引旌旗数十里不绝,夜间则战鼓齐鸣,远近相应。突厥人必以为救兵将至,或可望风而遁。若不用疑兵之计,彼众我寡,杯水车薪,必不能克。"

云定兴对李世民的建议深为嘉许,当即依计而行。将临时招募来的七八千人分为十队,前后拉开距离,绵延数十里之远。白天旌旗飞扬,烟尘滚滚;夜间鼓角齐鸣,声震四野,火把闪耀,如繁星垂落,势同几十万大军排山倒海而来。

始毕可汗以为大队援军已到,怕被隋军内外夹攻,只好放弃攻城,稍稍后撤。待他弄清了援军不足万人又要聚集兵力重新攻城时,恰恰东都和河北各郡的援军已纷纷赶到忻口一带。始毕见大队援军真的来了,只好长叹一声策马而去。

另外,在刘文静入狱之前,也曾听长孙顺德说过,李渊膝下二郎世民气度豁达如汉高祖刘邦,神态威武像魏武帝曹操,虽然年纪轻轻,却已是锋芒毕露。

看来,这父子二人素有包揽四海之志,深藏经略天下之心,绝非"池中之物",皆为人中之龙,总有一天会借雷飞腾,扶摇九霄。

因此,刘文静早就想结交李渊父子,借此实现自己久蓄于胸中的出将入相的平生抱负。

但是,李渊既是皇室近亲,豪门望族,又身为守疆大吏,而自己只是个小小的七品县令,官阶身价相去甚远。不能猴急着硬去巴结,像官场上大多数人一样,急于溜须拍马,那样反而会被人看轻,结果适得其反。人生机缘可遇而不可求,只能慢慢地等待。

现在好了，机会终于等来了。李世民既然主动来访，就必有缘故，不会只叙些饥饱冷暖、儿女情长。他刚才的几句话就说得极为率直，已经充满着愤世嫉俗的火药味。

想到这里，他抬头看看李世民，接着他刚才的话头说道："蝼蚁尚且惜命，何况我刘文静堂堂七尺男儿，岂愿引颈就戮？但我一介小吏，虽读了些经史兵书，却手无缚鸡之力，还能挣断这铁镣，砸碎这牢狱不成？唉，算了，生死由命吧。"

李世民听得明白，刘文静说的不是心里话。他是信不过自己，有意试探，便干脆在他对面的草铺上席地而坐，直截了当地说道："以刘公一己之力，自然挣不断镣铐，冲不出牢狱。但若是聚得几万人，几十万人呢？莫说这小小的太原牢狱，就是整个大隋江山，也能搅他个人仰马翻，日月变色。不瞒刘公，在下冒险前来造访，可不是仅仅为了套些个人交情，而是久慕阁下有子房之才，诸葛之智，欲与阁下共图大事，拯救天下黎庶于水火之中。大丈夫生于乱世，自当干一番轰轰烈烈、惊天动地的大事业，以立身扬名于天下，荫庇子孙于万世。如今天下大乱，烽烟弥漫，反隋的战火烤炙神州，四面干戈扰攘，用百姓们的话说，叫'十八路反王、六十四处尘烟'齐举亡隋义旗。英雄豪杰欲图大事，正其时也。还请刘公三思。"

对于李世民的来意，刘文静本来已猜到了几分，但却未料到他会如此直言不讳地将全部意图和盘托出。是年轻人的幼稚和轻率吗？不像。此子少年老成，城府颇深。看来，图谋反隋大计在他心中酝酿日久，已经成竹在胸了。

刘文静略一沉思，突然哈哈大笑："足下所言不差，隋失其鹿，天下英雄竞逐之。如今的反隋势力，岂止六十四处？大江南北，黄河上下，星罗棋布，如蜂群蚁阵。占山为寇，割地称王者，大大小小，数不胜数。自大业七年（公元611年）王薄于长白山首举义旗，一首《无向辽东浪死歌》将反隋大火煽成了燎原之势。此后，遂有平原人刘霸道、漳南人孙安祖、清河人张金称、蓨县人高士达、济阴人孟海公、厌次人格谦、渤海人孙宣雅，加上翟让、李密、窦建德、杜伏威、辅公祏等，据敝人估计，约略有一百二十余起。隋王朝已是千疮百孔，风雨飘摇，只是太可惜……"

说到这里，刘文静稍做停顿，看了李世民一眼。

"可惜什么？"

"可惜当今没有像汉高祖、汉光武帝那样的英主统驭群雄，扫平动乱，安定天下。"

明知道他这是在激将，李世民仍被刺激得满脸通红，禁不住高声嚷道："华夏之大，刘公安知世无英主？只是常人不识而已。在下特来与公共议大事，有何良策，还请阁下不吝赐教。"

刘文静淡淡一笑道："龙蛰深渊，不飞腾如何识其为龙？李公子既能坦诚相待，刘某也便直言相告。如今天下虽然乱成了一锅粥，群雄并起，称帝称王。但是真正能成气候的不过三股势力。一是以李密为首的瓦岗军，有众数十万，横行中原，声震华夏；二是窦建德率领的河北义军，拥兵二十余万，于河间、乐寿两县交界处筑坛称王；三是盘踞于江淮的杜伏威，自称楚帝，横行于江淮大地。但李密恃才傲物，刚愎自用；窦建德虽仁德有余，却谋略不足，又目光短浅，没有宏图大志；杜伏威能横枪立马，驰骋沙场，但只堪为将，难成霸业。当今世上，能收拾乱局，最终一统天下者，以在下看来，非令尊大人莫属。但李大人身处乱世，面对天赐良机却无动于衷，整日沉湎酒中，以酗饮为乐，究竟做何打算，实在高深莫测。"

刘文静侃侃道来，对天下大势了如指掌，论各地义军如数家珍，李世民听得频频点头。心中不禁泛起一阵阵热浪：这次探监真是不虚此行，欲图大事今日得人矣。

"知父莫如子。家父终日以聚饮博弈为事，绝非其初衷。要他担纲举义之事，包在在下身上。请问我等该如何筹划举事，举事之后该如何行动？"

"以在下之见，方今皇上巡游江南，李密大军挥戈围逼东都洛阳，大盗连州郡，小贼阻山泽者数以万计。令尊大人乃当世之真英雄，若能高举义旗，振臂大呼，四方造反者必能闻风响应，蜂拥而至，夺取天下易如反掌。远的且不说，就太原而言，百姓为逃兵役、避盗贼，皆涌入此城。文静为晋阳令数年，深知其中不乏豪勇俊秀之士。一朝号令，招募十万人马不难。尊公所领之兵亦有数万，若能顺天应人，除无道而拯黎庶，谁能不从？以此十几万人马，趁关中一带兵力空虚，挥戈西进，夺取长安，然后号令天下，则帝业必成。"

话音甫落，李世民已拊掌而笑："刘公一席金玉之言，正与在下不谋而合。事不宜迟，须当机立断。在下这就告辞，请刘公静候佳音。"

第二天一早，李世民便来到父亲李渊房内，屏退下人，轻声对父亲说道："当今主上荒淫无道，黎庶百姓饥寒交迫，白骨盈野，饿殍遍地，太原城外皆是举兵反隋的战场。父亲却恪守愚忠小节，终年碌碌度日。试想下有流寇盗贼，上有严刑峻法，亡身破家交危相逼如利刃悬顶，随时都会大祸临头。与其坐以待毙，不如顺天意，应民心，兴仁义之师，解民倒悬，自己也可转祸为福。望父亲千万不要徒失良机。"

听李世民说完，李渊不禁大吃一惊。他这个儿子自幼聪慧果敢，胆识过人，且胸有大志，这他是知道的。正因如此，在他赴任太原留守之时，才将长子李建成、四子李元吉留在河东郡，独把世民带在身边，也好早晚共商军机。但是，他却万没料到，这个虚岁才二十岁的大孩子居然在暗中思考着如此掀天揭地的大事。像这种能招来祸灭九族的狂话，怎可随意出口？若是被外人知道了，岂不要惹来塌天大祸？

一念及此，李渊不禁脊骨发凉，冷汗直流。他顿时勃然大怒，铁青了脸斥骂道："混账！你一个乳臭未干的小儿，怎敢信口狂言，出此大逆不道之语？我现在就将你捆绑报官，免得日后全家为你所累。"说着，拿来纸笔，就要书写状表。

李世民在一边垂手而立，心中却禁不住暗暗发笑：这朝廷的命官当久了，胆子也就吓破了。即便事关重大，在自己的儿子面前，也用不着这样装腔作势。

他看着父亲铺纸研墨，在一旁平静地说道："孩儿虽然年轻，但观察天时人心已非一日。时势到了这般田地，才敢向父亲大胆进言。父亲要大义灭亲，告发儿子，孩儿心甘情愿赴死就是。"

李渊看看李世民，将手中的毛笔猛然扔在地上，长叹一声说道："冤孽！虎毒尚不食子，我怎忍心将你告官？好在这里没有外人，但须防隔墙有耳。你太年轻，不知祸从口出的厉害，以后说话要万分小心才是。"说着，挥手将李世民逐出房外。

第一次进言不欢而散，但李世民并不灰心。他确信父亲不是那种苟且偷生的懦夫。眼下所以深藏不露，可能自有他的道理。但不管怎么说，劝父亲起兵一事必须办成，软磨硬泡也好，晓以利害也好，不择手段也好，反正这事一定要促成。

逐走李世民以后，李渊在一把圈椅里坐下，随手取过一本兵书浏览着，心里却在翻江倒海。

他既忧又喜，更觉得奇怪，父子们的脾性胃口怎么如此相同？世民所说的事，他何尝不曾想过？岂止想过，甚至早在四五年之前，他便萌生了逐鹿问鼎的雄心。只是几十年的宦海生涯，使他养成了事事处处临深履薄、慎缜周密的习惯，像这种关乎身家性命的大事，更须慎之又慎，就是对最亲近的人也不能走漏一点口风。

唐太宗李世民

早在大业九年（公元 613 年），他在怀远镇为隋炀帝东征高句丽督运粮草时，杨玄感于黎阳起兵造反。一天夜里，同僚宇文士及曾与他密论此事，并暗示他起兵响应。但李渊认为自己羽翼未丰，不仅不肯表态，而且抢先将杨玄感造反的事密报皇上，从而换取了皇上的信任，更深地掩藏了自己。

大业十一年（公元 615 年），他被擢升为山西、河东慰抚大使，他的副使夏侯端曾劝他说："我多次占卜，如今金玉床摇动，帝座不安。天下方乱，能安之者，唯在明公。若早为计，则应天福；若不然，则可能受诛杀之祸。"李渊心中深然其言，但认为时机不成熟，仍不肯动。

来太原任留守之后，当地豪富、大木材商武士彟与他结为莫逆，也曾屡次说他有帝王之相，劝他图谋江山。他只是一笑置之，表面上仍不为所动。

不动归不动，但对这些劝他举事的人，他却全都引为心腹挚友。

在他的内心深处，飞升九重、跃登大宝的雄心却不断地掀起汹涌的大潮，燃起熊熊的烈火，有时候让他彻夜难眠。

但是，一到白天，他又恢复了那种与世无争、安分守己的冷静。他不停地叮嘱自己，少安毋躁，静观待变。

他不能不冷静，理智让他必须时时保持清醒的头脑。

他亲眼看见杨玄感起兵造反，不到两个月便灰飞烟灭，几十万将士倒在血泊之中，这个惨痛的教训他必须记取。

更何况，自己早已深遭当今皇上的猜忌，每想到这一层，他就不寒而栗。

皇上杨广不仅荒淫暴虐，而且刻忌多疑。有一天夜里，他做了一个噩梦，梦见大水围城，狂浪万丈。顷刻间涌入城内，席卷皇宫，自己在惊涛骇浪中拼命挣扎，眼看着就要被淹毙。抬头看时，在颓楼残阁之间，却有一棵大树，上面结满了鲜红的果子，在滚滚洪涛中昂然独立。突然一个巨浪迎面扑来，杨广惨叫一声，陡地惊醒，已吓得浑身冷汗淋淋。

第二天，他一直心神不宁。便派人招来一位名叫安伽陀的方士为其解梦。安伽陀善揣人意，见竿就爬，听杨广将梦境说完之后，略一沉思说道："陛下此梦正应了时下民间正在流传着的图谶，说是有一位李姓之人将上应天命而为天子。陛下试想，树上结子，乃是木子，恰是一个'李'字。洪水灌城，洗劫万物，独大树无恙，实乃凶兆。"

"那朕该如何处置？若把天下李姓之人皆杀尽，可得无祸？"杨广气急败坏地问道。

"天下李姓者之多，陛下怎能杀得尽？但将朝廷命官中李姓之人，尤其是那些名号从水的尽行斩杀，除去祸根，皇上便可稳居宝座，千秋万岁。"

从那以后，杨广便将李姓官员视为眼中钉肉中刺，必欲除之而后快。

他首先盯住了大将军李浑，此人门族强盛，手握兵权。经查，李浑的一个儿子乳名恰恰叫"洪儿"，那噩梦必是应在此人身上无疑。

于是，杨广很快便找了一个借口，以莫须有的罪名将李浑一家十三口满门抄斩。

李渊与李浑职位势力相当，也是门阀世家。更巧的是，他姓名中的"渊"字也从水旁。毫无疑问，杨广要猎杀的第二个目标便是李渊。

不过，李渊老谋深算，圆滑世故，杨广一时还抓不到任何把柄。再加上由于需要这位胸有韬略的老将军抵御突厥，镇压义军，便暂时未对他下手。

尽管如此，杨广对他仍是十二个不放心，任他为太原留守时，特意安排了自己的铁杆心腹王威、高君雅做他的副手。临行时，杨广叮嘱高、王二人，要严密注视李渊的一举一动。稍露反迹，便可先行诛杀，然后奏闻。

那年杨广巡幸汾阳宫时，曾召李渊等人前往议事，李渊因病未能前去拜见。李渊有一个外甥女王氏是杨广的妃子。这日恰在身边。杨广问王妃道："汝舅父缘何不来？"王妃忙说道："舅父身染疾病难以成行，还乞万岁恕罪。"杨广面显愠色，用狐疑的目光死盯着王妃，冷冰冰地说："可得死否？"

这消息传到李渊耳中，他只觉得浑身发冷，如坠冰窟。很显然，皇上的猜忌已到了必欲置自己于死地的程度。为了消除皇上的猜忌，李渊只好行韬晦之计，每日纵酒行乐，博弈为戏，还公然索贿受贿，以此表示自己毫无窥视皇位之野心。

然而，人为刀俎，我为鱼肉。鸟尽弓藏、卸磨杀驴的大祸迟早要降临。要摆脱这种险恶的处境，只有举旗造反，率领千军万马将这个已经千疮百孔、风雨飘摇的暴隋王朝砸个稀巴烂。

想到这里，李渊将手中的兵书"啪"地摔在案上，猛然站了起来。接着，他又缓缓坐下，摇头自语道："我李渊平生谨慎，从不涉险，此事尚欠火候。"

就在这时，他的密友武士彟急匆匆地闯了进来，神色焦急地说道："唐公，出大事了。"

"何事？"

"马邑太守王仁恭被鹰扬府校尉刘武周所杀。刘武周率数万人举旗反叛。"

李渊吃了一惊，随即便恢复了平静，哈哈大笑道："好啊，这世上人人都想当皇帝，大隋的北疆又多了一个逐鹿人。"

第二章　千方百计　劝父起兵

刘武周本为河间景城人，儿时随父亲举家迁至马邑。他粗犷豪侠，骁勇善射，性喜交游。年轻时，马邑一带凡是弓马娴熟或有些拳脚功夫的，不管是绿林响马、土匪强盗或泼皮无赖，他都广泛结交，引为知己。每日聚在一起，不是纵酒论武，便是斗勇使狠。夜里便去歌榭勾栏纵情声色。有时凭着一腔热血，见不平之事也能拔刀相助。而当手头拮据时，便聚而为盗，干些打家劫舍、杀人放火的勾当。

其兄见他放浪不羁，常常惹祸，便每每告诫他道："你不知择友而交，整日与这些不三不四的人来往，终当引来灭族之祸。"这样唠叨久了，刘武周不胜其烦，一怒之下离家出走，只身来到洛阳。适逢朝廷募兵，便应募前往辽东征讨高句丽。

刘武周凭着一身武艺和天不怕地不怕的那份野性，闯刀丛，钻剑林，出生入死，终因军功被任命为建节校尉。

从高句丽还师之后，他被任命为鹰扬府校尉，引军屯驻马邑。马邑太守王仁恭十分赏识他的豪侠仗义和非凡武功，认为他是州中出类拔萃的人物，便有意将其引为心腹之士。为了表示亲近，还特意在府内辟一雅室，让刘武周住在府中。

王仁恭本为笼络亲信，却万没想到会引狼入室。

时间一久，刘武周在府上如在家中，前房后院可到处走动，渐渐地竟与王仁恭的侍妾林媚儿眉目传情，打得火热。

这林媚儿二十多岁，生得妖艳丰腴，她原是太原城里的一名粉头，王仁恭在歌楼与她邂逅，一夜风流之后，便再也离不开了。花了一百二十两银子为她赎身，收在身边做了一个小妾。

林媚儿本是风月场中人，打情骂俏、调欢卖笑惯了，如今夜夜依偎在一个快六十岁的糟老头子怀里，怎能耐得住寂寞？

自从刘武周住到府上，每次见到这个剽悍强健的年轻军校，她便粉面血涌，有意勾引，不是摇臂扭腰，就是抛媚眼儿。

刘武周对林媚儿的"美意"自然心领神会。

虽然二人早已心有灵犀，但碍于王仁恭大多时间待在府上，对这个水性杨花的小妾看管极严，他们始终未能得手。

这日也是天假其便，王仁恭闲来无事，带着几个侍从去城西山中围猎，说是要至晚间方回。

刘武周佯装不知，待王仁恭一行人走了半个时辰，便慢慢地向后院踱去。漫不经心地转了一阵，见四下无人，便一闪身踅进了林媚儿的房间。

那林媚儿似是未卜先知，预感到刘武周可能要来，早已浓妆艳抹等候在那里。待到刘武周进了屋，她竟出门两边观望了一阵，回来后转身把房门关上。

"刘大哥可是稀客啊，是哪阵风把你吹到贱妾这里的？"

"我……我找王大人有事，怎么，王大人不在？"

林媚儿扑哧一笑："刘大哥装什么正经，老头子带人打猎去了，你这猎狗般的鼻子会闻不到？你要找的人，怕不是王大人吧？既然来了，也是与妾身的缘分，就放心地坐一阵子。"说着，便转身沏茶去了。

刘武周见她快人快语，毫无羞涩之态，虽被几句话揭破了心中的秘密也不觉尴尬，朗声笑道："好，既承美意，就陪嫂夫人唠唠嗑儿，解解闷儿。"

林媚儿拿来两只细瓷镶金茶盏，一只放在刘武周面前，双手捧着茶壶，给他慢慢续水，身子却在尽量往刘武周那边靠。刘武周按捺不住，从后面抱住了她……

从那以后，两个人便有些如胶似漆，难舍难分了。这样，他俩一日不见，如隔三秋，一有空儿便想方设法黏在一起。

又一天，趁王仁恭不在家，林媚儿跑到了刘武周的住室。"刘大哥，"林媚儿忽然说道，"咱俩长年这样偷鸡摸鸭似的，总不是长久之计。"

"那有什么法子，你是太守的夫人。就这样的露水夫妻，能做得长久也就不错了。"

"没出息，亏你还是条顶天立地的汉子！"林媚儿佯嗔道。

见刘武周没吱声，林媚儿长叹一声，眼中含泪说道："刘大哥，不瞒你说，妾身这些日子心里害怕，总觉得咱这事儿要破头儿。那老东西好像看出了点什么。"

"怎么，他说什么了？"刘武周霍地坐了起来。

"说倒没说什么，可他这些日子对妾身不阴不阳，看我时眼光茋毒，就像审贼似的。"

"那怕什么，捉奸捉双，只要他没证据，咱就不用管他。"

"说得轻巧，你是不怕，我可天天活在老虎嘴边，他要宰了我，就像捏死一只刚出蛋壳的小鸡一样容易。"

"别说了，"刘武周终于被激怒了，咬牙切齿阴阴地说道："哼，说不准谁宰了谁呢。你放心，只要你真心对我好，保你跟我做对长久夫妻就是了。"

"真的?"林媚儿兴奋地一骨碌爬起来，在刘武周的脸上狠狠地亲了一口。

其实，自从与林媚儿勾搭成奸，刘武周早就担心事情泄露，已经在酝酿着如何除掉王仁恭，只是事关重大，林媚儿一个妇道人家，他不能提前向她透露就是了。

刚才林媚儿一席话，更加坚定了刘武周的这一想法，要先下手为强。反正天下已经大乱，隋朝气数已尽，趁机杀掉王仁恭，扯旗造反，不光夺个太守的美人，弄好了说不定还能夺个大隋江山，过一把帝王瘾也未可知。

第二天，他召集了自己平日结交的那帮弟兄们，慷慨地说："如今百姓饥肠辘辘，多数人家没有隔夜之粮，饿殍遍野，尸首狼藉。王仁恭身为太守，只做朝廷鹰犬，不管百姓死活，官仓中粮食堆积如山，却不肯开仓救济百姓，你们看该怎么办?"

众兄弟早明白了他的意图，七嘴八舌骂道："杀死这个狗官!""活剐了这个狗娘养的!""他不开仓我们开，先救活这满城百姓再说。"

刘武周见众人个个义愤填膺，却又不慌不忙地说："众位兄弟不要着急，此事不可太过仓促。从今天起，大家便在郡中四处宣传，就说王仁恭眼看着粮食烂了也不开仓，拿着百姓的性命当自己邀官晋爵的敲门砖。等到郡中民怨沸腾，再宰掉这条老狗易如反掌。"

众人领命而去，没过几天，马邑郡上上下下怨声载道，王仁恭一下子成了众矢之的，而他自己还蒙在鼓里。

刘武周看到官场、民间皆人心浮动，知道时机已经成熟，心中窃喜。

这日，他对外宣称患病不起。他的那些弟兄们邀集了城内和四方乡间中的豪杰之士、各路匪首一齐前来探望。刘武周躺在病床上，前额搭了条湿巾帕，一声不吭。等到该来的人都到齐了，刘武周一个鲤鱼打滚从床上跃身而起，对众人哈哈大笑，拱拱手说道："在下本无甚病，以此邀请诸位英雄前来相聚，大家痛饮一场如何?"

众人听说刘武周没病，皆大欢喜。刘武周命人杀牛置酒，设宴款待。

席间，刘武周端起一大碗酒，对众人说道："大隋江山已乱，败亡在即，江南塞北群雄并起，称王称霸。我等皆热血男儿，岂能做缩头乌龟？如今马邑粮仓中粮食堆积如山，敢与我同往取之者，请共饮此杯。"说罢一仰脖子，咕咚咚将满碗酒喝了下去。

这帮人本是些嗜杀成性的亡命之徒，在这样的场合下谁肯落后？打雷似的嚷道："愿听大哥调遣。"

"既如此，诸位切勿声张，听我号令行事，事成之后，弟兄们共享富贵。"

当天夜里，刘武周与郡中同僚张万岁等精心准备了半宿。

第二天，太守王仁恭升堂问案，僚属们皆立于堂下，一切与平日无异。

这时候，刘武周与张万岁登堂拜见，随后却跟进来十几个怀揣利刃的汉子。王仁恭诧异道："这些人都是干什么的，为何擅闯大堂？"

刘武周疾步向前，说道："大人，他们都有冤情。"

"有何冤……"一句话还没问完，刘武周早抽出长剑电闪般一挥，将王仁恭的头颅砍飞于数尺之外，案桌上的文书、官印、镇木等皆被鲜血染红。

闯进来的那十几个人各持兵器在手，将众僚属逼住。刘武周弯腰拾起王仁恭的脑袋，提在手中，对众僚属说道："当今皇上残暴荒淫，王仁恭助纣为虐。我刘武周今日杀了王仁恭，决计举兵反隋。愿跟我共举大事者，从此便是自家兄弟。若有不从者，这就是你们的下场。"

这班僚属本都是些混饭吃的庸官，到了此时，谁还肯吃这眼前亏？一个个双腿筛糠，面色苍白，早"扑通"一声跪倒在地，颤声喊道："我等皆愿唯刘将军马首是瞻。"

威服了众人，刘武周手提王仁恭的首级跨上一匹战马，带领弟兄们绕城巡行示众一周。接着开仓赈济百姓，并四处张贴告示，声称自代太守，郡内所有城池皆属自己管辖。然后清点王仁恭所统兵马，又四处募兵，几天内竟得人马万余。

刘武周虽是一介武夫，也知道仅靠自己这一万兵马与大隋王朝抗衡，完全是以卵击石。因此，他在斩杀王仁恭的当天夜里，便派出快马骤驰突厥，向始毕可汗称臣纳贡，答应事成之后永为其藩属。

离马邑不远的雁门郡丞陈孝意乃隋炀帝心腹，听说刘武周杀了太守王仁恭举兵反隋，当即点起三万人马，与虎贲将军王智辨率军前往讨伐，将马邑城团团围住，日夜攻城不止。

马邑城里虽然只有万余守城兵士，而且不乏老弱病残和新募兵丁。但是，城里的百姓早就对朝廷刮骨熬油般的盘剥恨之入骨，如今又刚从刘武周那里分到了精米细面，吃了几天饱饭，因此，谁也不愿让城池重新沦陷，再受暴隋的奴役之苦。

于是，万众踊跃，誓死守城。青壮男丁自觉登城坚守，老人妇孺则搬运滚木礌石，送饭送水。一座小小的马邑城竟是固若金汤。

陈孝意率兵攻打两天两夜，死伤了不少人马，正在焦躁之时，忽见北面尘头大起，鼓声震天。突厥援兵恰在此时赶来，千军万马如疾风迅雷般席卷而至。

刘武周见援军到来，人心大振。便亲率城中一万人马打开城门，呼啸呐喊着冲出城来，与突厥兵遥相呼应，对隋兵内外夹攻。

从雁门赶来的这些隋朝兵士本就士气不高，无心恋战，如今身陷前后夹击的险境，哪个还愿去白白送死？也不知是谁高喊了一声："弟兄们，快跑啊，甭为杨广那厮卖命了！"顿时军心大乱，无数兵勇扔下手中的兵器抱头鼠窜，星崩四散。

虎贲将军王智辨看着这无法控制的乱局正在发愣，一支流矢飞来，恰中面额，顿时跌落马下，气绝而亡。

郡丞陈孝意见大势已去，长叹一声，带领身边数百名亲随打马狂奔，狼狈逃回雁门城。

他侥幸逃得一条性命，一方面检点剩余的人马组织守城；一方面伏案书写奏表，打算派人急报炀帝，请求派兵支援。奏表写好了，他喊了声"来人"，副将张伦急步走了进来。

他正要将奏表交给来人，一抬头，却见张伦正手握佩剑冲着他狞厉地阴笑着。

他浑身打了个冷战，急忙问道："你……你要干什么？"

"要借郡丞一件东西用用。"

"什么东西？"

"你的脑袋！"话音未落，张伦长剑突刺，早将陈孝意当胸穿透。他弯腰割下陈孝意的首级，一手提着大步跨出衙斋。接着，带上城中所剩人马打开城门向刘武周献城投降。

刘武周大喜，遂与张伦合兵一处，乘势攻取楼烦郡，又得兵马近万人，声威大震。

刘武周人不解甲，马不卸鞍，径取近处隋炀帝的一座行宫。他知道，炀帝建于北疆的这座行宫里美女如云，珠宝无数，这可是他讨好突厥人的一大笔资本，焉能不取？

行宫护卫兵丁仅数百人，见刘武周大军到来，不是缴械投降，就是四散逃匿。

刘武周不费一矢，不亡一卒，大摇大摆地走进了行宫。他下令，将炀帝安置于宫中的妃嫔侍女全部集中起来，任何人不得轻亵，更不准伤害她们。

第二天，刘武周派出三千人马，将这一百多名美女浓妆艳抹，连同数十车金银珠宝和绢帛绸缎一齐送往突厥。

始毕可汗凭空得了这么多美女和财宝，大喜过望。他认为刘武周还算守信用，讲义气，是条汉子。当即以五百匹战马回赠，并传令立刘武周为"定杨可汗"。

胡人所称之可汗，即一方之王。刘武周既得到了突厥人的认可和允诺，马上扔掉了那个"太守"的称谓，择日登基称帝，建元"天兴"。以卫士杨伏念为左仆射，妹婿范君璋为内史令。妻子沮氏封为皇后，而那林媚儿自然也在一夜之间身价倍增，从马邑太守的一名小小侍妾一跃而成为贵妃。刘武周的那班狐朋狗友、患难兄弟，也都封官加爵，皆大欢喜。

刘武周称帝的消息传到太原之后，李世民心急如焚，寝食不安。

如果父亲早下决心，率先打起反隋举义的大旗，这个刘武周未必敢于称帝，说不定还会率众投奔太原，成为父亲麾下的一员骁将。

但他现在既已称帝，又有强悍的突厥人做其后盾，势将成为太原北面的又一个强大对手。如果再迟疑观望下去，等到刘武周羽翼丰满，带兵南下攻打太原，那时只能疲于与刘武周较量周旋，哪里还有精力图谋大事？

为此，李世民又多次恳请父亲勿失良机，果断起兵。无奈父亲一直犹豫不决，言辞闪烁，究竟做何打算，始终让人捉摸不透。

没有办法，李世民又让唐俭去找父亲。唐俭是李世民最近结交的又一个心腹密友，不仅胸有城府，颇富韬略，而且是一位口若悬河的舌辩之士。

他见到李渊，深深一揖之后，不卑不亢地说道："在下唐俭，冒昧叨扰唐公，愿竭诚剖白，一陈衷曲。"

李渊微微笑道："你便是唐俭？我儿世民说你乃当今俊彦。足下且坐，有话请慢慢说。"

唐俭也不就座，站在那里直言道："天下大势唐公早已了如指掌，无须在下赘言。但据在下看来，大人日角龙庭，乃大贵之相。李氏又在图牒，暗合符谶，天下万民归心，寄厚望于唐公已非一日。大人若能拍案而起，登高一呼，再打开府库赈济难民，必定从者如云。到那时，南呼豪杰，北招戎狄，东收燕、赵，长驱济河，据有秦、淮，海内之权指日可取。愿唐公上应天命，下顺群望，则汤、武之帝业将不会太远。"

李渊听唐俭说完，亦觉其见识不凡，所言在理，但仍不动声色，淡淡地说道："若说汤、武之业，实非下官所敢奢望。但如今天下已乱，纵使有所举动，于私只是为了保命图存，于公则是为了救黎庶罢了。足下亦应自爱，在外慎勿多言，此事让我再好好想想。"

唐俭知道李渊已经心动，只是不肯明言，多说无益，只好打躬告退。

又过了些日子，仍不见李渊有任何举动。李世民万般焦急，只好再次到狱中拜访刘文静。

见李世民快快不乐，刘文静笑问道："怎么？莫非李公子出师不利，令尊大人不肯举事？"

"家父一向果敢豪放，这一次不知为什么如此优柔寡断。凭我磨破嘴皮子，只是不肯应允。真不知道他老人家葫芦里到底装的什么药。"

"李公子莫要着急。'诸葛平生唯谨慎'，唐公稳健有余，恰是图谋大事的王者风范。您上次说得对，令尊大人绝不是苟且之辈，我想他现在正在缜密筹划，只是不足为外人道矣。"

"天赐良机稍纵即逝，只求稳健，不肯冒半点风险，像逐鹿问鼎这样的大事，如何能捷足先得？"

"公子所言极是，您的神俊英武与当机立断正可与令尊大人的稳健慎缜相互配合，看来鹿死你父子之手诚为天意。我向你举荐一人，让他去设法劝说唐公，大事必成。"

"是何人？"世民急切地问道。

"晋阳宫副监裴寂。令尊以留守兼任宫监，与副宫监裴寂乃无话不谈的多年挚友，二人整日在一起饮酒对弈，对别人不能说的机密，对裴寂从无保留。更何况这裴寂鬼点子极多，他一定会有办法的。"

"这裴寂肯冒险劝说吗？弄不好这可会招来灭族之祸。"

"李公子放心，这些年我与裴寂也交往甚多。此人久蓄鸿鹄之志，历来不甘人下。昔日我二人曾同处一室，有一次他遥望城上烽火，曾对我叹息道：

'我等卑贱之极，家道微寒，又逢此离乱之世，真不知此后的日子将如何度过。'卑官小吏身处乱世的苦衷和对前程的忧虑溢于言表，而他不甘此卑微处境，必欲一展宏图的雄心也早露端倪。另外，裴寂其人有一个很大的弱点，那就是爱贪小利，嗜财如命。足下若以金钱贿之，他必欣然从命。"

李世民听罢喜形于色，忙说了一句"谨承教，在下告辞"，匆匆拱手而别。

如何结交裴寂为自己所用，李世民颇费了一番心思。虽说裴寂性贪嗜财，但他毕竟在朝廷上层盘桓多年，见多识广。自己是他的顶头上司太原留守的公子，若是直接以重金向他行贿，他未必敢收。看来，行贿送礼也得讲点策略。

经打听，李世民得知裴寂乃这太原城里的象棋高手，酷爱此道，近乎痴迷，在太原四周鲜有对手。唯有龙山县令高斌廉是他的劲敌，棋艺精深娴熟，不在裴寂之下。二人曾多次对弈，裴寂竟是负多胜少，常常引为莫大的憾事。

有一天，李世民派人将高斌廉请到府上，寒暄之后，高斌廉问道："李公子找下官前来，不知有何吩咐。"

李世民从怀里掏出一张银票，这是他平日蓄积的几百万私房钱，往桌子上轻轻一放，说道："请高县令与裴寂博弈，在下愿出赌金。"

高斌廉看看桌子上的银票，冷笑一声道："裴寂虽号称太原棋王，但以在下看来，也不过如此。数年交手，都是他裴寂败北，在下何用公子的赌资?"

李世民冲高斌廉神秘一笑："这次博弈，却要委屈高县令只输不赢，务必将这几百万钱全部输给裴寂。不过戏要做得真一些，勿使裴寂生疑。"

高斌廉大吃一惊，猛然变色道："在下平生以棋艺自诩，那样岂不毁了一世英名，此事万万不可。"说着，抬起腿就要走。

李世民急忙将他拦住，苦笑着说明事情的原委，最后央求道："此事不过在演戏，最后自然由我出面说明真相，并不会影响高大人的声誉，还请您无论如何帮在下一把。"

高斌廉见李世民说得恳切，不好拒绝，只得勉强答应下来。

第二天，在汾阳宫后苑的凉亭里摆开战场，太原一带的两大象棋高手正襟危坐，展开激战。李世民亲临观阵，晋阳宫里雅好此道的十几名太监也都纷纷围拢上来。

经过一个时辰的拼杀，高斌廉终于将对方逼到了死角。裴寂无可奈何，只好红着脸交出了第一局的输金。

第二局双方战成了和局。从第三局开始，高斌廉仍不改变那种横冲直撞的下法，破绽百出，连连败北。经过数日鏖战，终于将李世民那数百万积蓄全部输给了裴寂。

裴寂也不客气，将银票揣到怀里，满面春风地对高斌廉说道："承让，承让。"

高斌廉也不多说什么，只在告辞出宫之前，见四下无人，才对裴寂悄声说道："裴大人莫要太得意，那钱是李公子的，他让在下故意送给大人。"

裴寂惊愕得张大了嘴巴，过了好半天才回过神来，问道："此话当真？"

"这还有假，这些年来咱们多次交锋，在下何时曾输得如此狼狈？"

"这……这又是为什么？"

"在下也不知为何，大人还是去问李公子吧。"

裴寂转身跑回去，见李世民还坐在凉亭里等他，忙走到近前，将银票从怀中取出来，双手呈上道："李公子何必如此，若有差遣，尽管明言就是。"

李世民将银票推了回去，朗声笑道："这些银钱不过身外之物，大丈夫在世，唯有结交豪侠和建功立业才是大事。这点钱就算小侄孝敬裴大人的，请大人收好，也算是我们结为忘年之交的见面礼。"

"既然如此，裴某就恭敬不如从命了。"裴寂笑得满脸开花，又把银票重新揣回怀里。继而问道："公子肯定有什么事，但请直言，只要能办到的，裴某定会不遗余力。"

"其实，此事对裴大人来说不过是举手之劳。"接着，李世民便将自己的整个计划和盘托出。

一听是此事，裴寂大喜过望。说道："李公子志在社稷，可喜可贺。裴某久有攀龙附凤之心，苦于未逢明主。请放心，劝令尊举兵之事包在裴某身上。不过……"

"怎么，裴大人还有什么为难之处？"

"裴某思得一计，可使令尊大人骑虎难下，只怕有些唐突之处。"

"何计？"

裴寂诡秘地笑道："简而言之，晋阳宫美色甚多，更有几个绝色妃子貌若仙子，天生丽质。自古英雄难过美人关，唐公若是着了这套儿，举兵之事岂不是箭在弦上，不得不发?"

听他如此说，李世民也不禁涨红了脸。不必细问，这老滑头无非是要诱使父亲与皇上的妃子行苟且之事，然后逼其就范。这是一条置之死地而后生的绝计，但在眼下也不失是一条行之有效的妙计。

不过，对这样的事做儿子的不好说得太明白，只好含糊其词地说道："成大事者不拘小节。只要能促其早日举兵，裴大人可以不惜使用任何手段。"

第三章　借酒装醉　留宿皇妃

农历四月中旬，正是草长莺飞、蜂绕蝶舞的春末夏初。

晋阳宫的后苑里，竹木蓊郁，百花争艳，五彩纷呈。雕梁画栋、亭台楼榭都掩映在绿荫丛中。人工湖里假山突兀，怪石嶙峋，碧波荡漾，涟漪阵阵。从湖中蜿蜒伸展出的石渠里流水潺潺，游鱼嬉逐。青翠如茵的草地上，曲径飞花，这里那里点缀着一丛丛一簇簇艳紫的丁香、藤萝、月季……

夜幕降临之后，无数的纱灯更为这里染上了一层橘红色的神秘色彩，阵阵花香清香宜人，扑鼻而来。花丛间、草丛里虫鸣鸟唱，弹琴鼓瑟，为这座落寞空旷的离宫平添了不少生气。

在后苑的几间布置优雅的客室里，副宫监裴寂正与唐公李渊围着一张漆金小桌对坐畅饮。

从下午开始，李渊便被裴寂邀到这里，一面弈棋，一面品茶，你来我往地拼杀了整整一个下午，直杀得天昏地暗，难分难解。

看看天色已晚，李渊便要告辞回府。裴寂却执意不放他走，说道："今日与唐公对弈未分胜负，夜间由我做东，再与大人在酒上论个输赢如何？"

李渊略感诧异，以前两人常常聚饮，但不是在李渊府上，就是在裴寂家中，却从未在这晋阳宫里喝过酒。便正色说道："这是什么地方，也是我辈饮酒之处？若是酒后口无遮拦，有失检点，岂不徒惹祸事？"

裴寂却笑道："唐公也太过小心了。你是留守兼宫监，堂堂三品大员。我虽官职卑微，好歹也忝居副监。你我二人在这里喝顿酒算得了什么？再说我们只管饮酒，不论国事，能惹什么祸事？我已命厨子烹制了大人最爱吃的几样好菜，还请大人赏脸。"一面说着，太监们早已端上了一桌丰盛的菜肴。李渊也不好再推托，只得客随主便了。

两人你一杯，我一杯，一面喝酒，一面谈古论今，东拉西扯，除了不言国事，家长里短，奇闻趣事，乡间绯闻，几乎无所不谈。

看看彼此都有了几分酒意，裴寂便乘兴说道："唐公可曾听说过城西一个村子里最近出了一桩奇事。"

"是吗？我倒没听说过，是何奇事？"李渊也来了兴致。

"一个六十三岁的老妇，前些日子居然生下了一个大胖小子。"

"这算什么奇事，老蚌生珠，古来有之。"

"可那老头子据说已经七十一岁，黄土埋到脖子的人了，还能……"

"这也没什么奇怪的，只要身子骨结实，精髓不枯，气血不竭，七老八十也照样生儿育女。"

见李渊兴致渐起，裴寂忙端起酒杯笑道："说得好，唐公为人说话皆坦诚磊落，毫不矫情，真大丈夫本色，在下敬你一杯。"

李渊端起酒杯一饮而尽，笑着说道："男女之事又非丑事，有何好掩饰的？世上之人，人人乐此不疲，却又讳莫如深，尽是些口是心非的伪君子。"

"如此说来，唐公在这男女情事上还真是看得透彻。"裴寂开始借酒调侃，毕竟是推心置腹的密友，床笫间的儿女私情也可以当面相问。

李渊又饮了一杯，吃了口菜，哈哈大笑道："自古以来，英雄爱美人，美人慕英雄，英雄美人们演绎了多少荡气回肠的悲歌喜剧？我李渊虽非世之大英雄，也算是堂堂大丈夫，若无三五红粉知己相陪，岂不空老此生？"

裴寂听得连连点头，若有所思地说道："唐公说到英雄美人，倒使裴某想起来了，大人您与嫂夫人那段充满传奇色彩的金玉良缘，实在称得上是一段英雄美人的佳话。"

提起这段往事，李渊激动得脸颊发红，两眼放光，他自豪地说道："我李渊宦海浮沉三十多年，迭经风浪，不如意之事十之八九，唯有这段姻缘却让我如鱼得水，从心底里感谢上苍。"说着，他双眼微眯，眼神变得迷茫起来，陷入了短暂的沉思。

李渊的结发妻子窦氏，出身鲜卑贵族，乃京兆平陵人。她的父亲窦毅为北周上柱国。继母是北周武帝宇文邕的姐姐襄阳公主。

窦氏出生时，头发下垂过颈，到三岁那年，头发竟与身体等长。她自幼聪颖异常，读《列女传》等书皆能过目不忘，因而深受周武帝的宠爱，甚至比对其他几个亲外甥还要亲，很小便被收养于宫中。

周武帝驾崩之后，窦氏像亲生女儿一般，悲痛得终日哀泣，食不下咽。

不久，北周开国功臣杨坚以隋代周，自立为帝，即隋文帝。窦氏听说之后，竟以头碰地哭道："恨我生不为男儿，不能救我舅父家祸难，报此血仇。"吓得父亲赶紧用双手捂住她的嘴，轻声斥道："休要乱讲，说这话会灭掉我们全族。"

长大之后，她不仅聪慧异于常人，而且容貌端丽，光彩照人。窦毅常常与妻子襄阳公主商量："这孩子相貌出奇，又见识不凡，不可随意嫁人，委屈了孩子，一定要为她选一个德才俱佳、品貌双全的乘龙快婿。"

为了择婿，窦毅命人在门屏上画了两只孔雀。前来求婚者，每人给箭两支，须从门屏背后射中孔雀眼睛者，方可与窦氏见面，是否被选中，还须窦氏自己点头认可。

这窦氏艳冠群芳，才名四播。消息传出之后，求婚者蜂拥而至，不下一二百人。经过几十轮试射，可能是过于紧张的缘故，这些求婚者纷纷落马，竟无一人能双箭"中目"。

这时李渊来了，这位风流倜傥的少年公子本是将门出身，又自幼从名师习武，早就以百步穿杨的精湛箭术蜚声遐迩。这次前来比箭招亲，倒不全是为了娶一个美貌女子，更重要的是为了在众位善射者面前献艺扬名，一显身手。

李渊上前领了两支翎箭，走到门屏背后百步开外，凝神屏息，端详了一下门屏，然后稳稳地拉弓搭箭，轻喝一声，嗖嗖射出双箭。众人围拢观看，禁不住高声喝彩。两支箭不偏不斜，恰恰射中左右门屏上两只孔雀的眼睛。

窦毅大喜，忙领李渊来到后房与窦氏见面。两人一见钟情，郎才女貌，堪称天作之合。

婚后，窦氏为李渊生下了李建成、李世民等四子一女，相夫教子，极为贤淑。窦氏天资聪颖，工于文章，写得一手好字，把她的手书与丈夫李渊的手书混杂在一块，别人竟很难辨认。更为难能可贵的是，她还是一位颇具见识的女强人。

李渊历来十分喜爱养马，府上养了许多名种良马。炀帝即位之后，窦氏曾劝他说："当今皇上的脾气你是知道的，他也喜好骏马鹰犬。你何不挑选几匹名马送上？这些东西留在府上只能招来祸事，能有何益处？"

但李渊却不舍得，不屑地说道："他也爱马？那不过是叶公好龙。他懂得什么是良骥，什么是驽马？"

后来，李渊终于遭到了炀帝的猜忌，时被谴责。这时候，他想起了妻子窦氏的劝告，出于保护自身考虑，他把府上所有的名马宝驹连同重金买来的雄鹰猎犬一股脑儿献给了皇上。这一招果然讨得了炀帝的欢心，他不久便被擢升为将军。

然而，这个时候妻子窦氏已经因病去世。李渊曾动情地对儿子们说："若是当年听你母亲的劝告，这将军之职怕早就得到了。"说着，不禁潸然泪下。

现在想起这些往事，李渊的双眼仍有些发潮，神色黯然，长长地叹了口气说："家有贤妻，男儿不遭官司！可惜啊，天予其德才而不假其寿，我李渊中年丧妻，鸿雁失伴，也算是人生一大不幸。"

一看李渊突然变得哀伤颓丧起来，裴寂慌忙说道："都是裴某该死，不该提起这些往事，徒惹唐公伤心。来，咱们喝酒，一醉解千愁。"

李渊喝过一杯酒，冲裴寂自失地笑笑："这没什么，你也无须自责，都是几年前的事了。唉，人生在世，谁不经受个七灾八难？大丈夫要能拿得起，放得下，以事业为重才是。"

裴寂忙接口道："唐公虽是性情中人，但毕竟是心胸豁达，可包容天地的当世豪杰，岂能长久沉湎于丧偶失伴的悲伤之中？对了，今日咱们在这儿饮酒，当有红粉佳人侍酒作陪才是。"

李渊听他突然转了话题，稍稍一怔，但此时，酒精在他浑身的血液中流动、燃烧，正是一半清醒一半醉，极度亢奋的时候，也不推拒，只顾独自饮酒。

裴寂见他已经默许，便转身走了出去。一会儿领来了两位年轻俏丽的美人儿。

李渊一双蒙眬醉眼半眯半启，忽觉得眼前一片明亮。这两个女子都在二十岁左右，头上云鬓雾鬟，光可鉴人。面庞白皙粉嫩，如凝脂琼玉。一个浓眉大眼，顾盼中清波阵阵；一个弯眉凤目，忽闪间风情万种。

李渊平生阅人可谓多矣，但像这样光彩四射、娇媚风骚的丽人还从未见过，真正的天姿国色、勾魂摄魄！

早就听说晋阳宫里有皇上爱如明珠的尹、张二妃，是这里的镇宫之宝，天上仙子，因为有些晕车晕船的毛病，耐不得长途跋涉，便没随驾巡幸江南。想来必定是此二人无疑。

淫乱宫闱，与皇上的妃嫔有染，给皇帝戴绿帽子，这无疑会招来杀身之祸。以李渊的老谋深算和谨慎小心，如何肯做出这样的荒唐之事？

其实，他是在拨弄着自己的如意算盘。

裴寂这条老狐狸的尾巴往哪里翘，他早就看出来了。这家伙执意留自己在晋阳宫饮酒，已是大不敬之罪。又招来了天子的爱妃侍宴，莫非是吃了熊心豹子胆？这样做只有一种解释，那就是赶鸭子上架，逼自己孤注一掷，起兵反隋。既然周围的人都已群情汹汹，自己何不顺水推舟？

这几天，经过多方面的深思熟虑，李渊已经决心起兵，今日先夺了杨广的美人儿，明日便夺他的江山。

过去一段时间里，李渊之所以按兵不动，除了因为建成、元吉和大部分家眷都在河东，尚未集中到太原外，更重要的考虑是：大业十二年（公元616年）年底之前，虽然天下已乱，但是隋王朝还有很强的力量，能够抽调大军镇压起义，而且在各地战场上也取得了一些战果。在那个时候，不管是农民起义还是官僚豪强举兵，都会被隋朝的大军强力镇压，弄不好便会落个杨玄感兵败身亡的下场。

但现在不同了，反隋义军的势力取得了压倒性优势，农民起义的烽火已经烧遍神州大地，隋朝政权近于土崩瓦解，再也无法集中力量镇压任何一支主力武装。此时举兵，危险性相对小得多了。

既然已下了决心，要玩一玩亡隋逐鹿的冲天大火，那么，先玩玩这两个送到嘴边的小娘们儿还不是小菜一碟？

见两个美人儿媚笑着偎依到了自己身边，又是劝酒，又是夹菜，李渊也便来者不拒，顺势将她们揽在怀里，左搂右抱。

没过多久，李渊已喝得酩酊大醉，大声嚷道："裴寂老儿，你想把我李渊灌醉，好看笑话。休想，我乃是海量，千杯不醉……"

裴寂见李渊真的醉了，便对两个美人儿使了个眼色笑道："唐公醉了，还不服侍去歇着。"

两位美人心领神会，一边一个搀着李渊，跟跟跄跄地走进内间的寝室。裴寂见大事告成，也便抽身而去。

第二天日上三竿，李渊还在呼呼大睡。

突然"哐啷"一声，房门大开，裴寂闯了进来，只见李渊还赤身裸体横卧于两个美人中间。

裴寂不禁瞠目结舌，大声惊呼道："唐公，这……这可如何是好？这两个女人可是当今皇上的心头肉，你倒好，只顾快活，我裴寂可是犯下了灭门之罪。"

李渊怪眼看看裴寂，一边穿衣，一边哂笑道："裴寂，好你个狗才，你用美人计陷我于不忠不义，如今还在这里演戏。你且到外间等我，我正有话要说呢。"

裴寂见自己的把戏早被李渊看破，略显尴尬，只好讪讪地退了出去。李渊穿好衣服走出寝室，对裴寂拱拱手说道："多谢裴监美意，让我李渊醉卧花丛，一夕受用。你如此费尽心机，不就是要逼我举兵吗？好了，你的目的达到了，我李某如今是反也得反，不反也得反了。"

裴寂却笑着说道："唐公过奖了，我裴寂哪有如此胆识？这其实都是令郎世民安排的。这几个月来，世民广交豪杰，厉兵秣马，欲举大事，急切间又不知唐公意向，才恳请裴某居中劝说。裴某不得已以二妃侍公，正是要唐公快刀斩乱麻，痛下决心。今普天之下皆是盗贼，若守小节，旦夕危亡，若举义兵，必得大位。"

听说又是次子世民参与筹划此事，李渊不禁微微脸红，像这种拈花惹草的事，原本是不该让儿子知道的，不想却早在他的算计之中，便长叹一声道："这小子胆识过于乃父。罢了，就依他的，家破人亡由他，化家为国也由他——你速去通知世民，今日夜间带上他的那帮朋友，悄悄去我府上议事，切勿走漏风声。"

这天夜里，留守府中的议事厅里灯火通明，人影幢幢。仆役、侍婢们一律回避，前后大门皆由亲信侍卫把守，陌生人等一个不得放入。

裴寂先到，他是府上的常客，用不着避嫌，此时正坐在那里慢慢地品茶。

当夜色变得越来越浓，大街上的行人渐渐稀少之后，长孙顺德、刘弘基、唐俭、武士彟等先后来到了府上。最后来的是李世民和刘文静。李世民带着李渊的手令，刚刚去太原大狱中放出了刘文静，二人一路轻声密谈着，快步来到留守府。

待众人到齐，各自坐好之后，李渊面色平静地看看大家，从容地说："当今天子杨广无道，四方豪杰纷纷起兵，天下生灵涂炭。为除暴虐，伐无道，扫荡妖氛，解民倒悬，我李渊决计于近日起兵，匡扶社稷。诸位皆胸藏丘壑之当今俊彦，今日共聚一堂，我等该如何行事，可畅所欲言。"

李渊说完之后，李世民应声说道："欲图大事，当务之急是招兵买马，仅靠现有兵马难以成事。对于招兵之事，我与刘公文静已多次密商，可由文静伪造当今皇上的敕书，谎称欲征发太原、西河、雁门、马邑等郡年二十以上、五十以下的男子全部为兵，定于岁暮在涿郡集结，再次东征高句丽。敕书一发，必定人心大忧，思乱者益众。我等趁此混乱起兵，兴正义之师，张救民之旗，必定从者如云，招得十万兵马当不在话下。"

刘文静说道："凡举大事者，天时地利人和缺一不可。如今万事俱备，天意人心皆归唐公。唯副留守王威、高君雅乃当今皇上的两条狗，不能不防。若有必要，应相机除之。"

李渊点头道："文静所言极是，此事我已记在心里。"

裴寂说道："唐公的长子建成、四子元吉及众家眷尚在河东，女儿女婿皆居长安，起事之前，应派人急召他们前来太原。"

李渊道："我早已命建成、元吉秘结豪杰之士，这次派人前往，可命他们一并前来。就由世民安排可靠之人分往河东、长安走一趟，速去速回。"

武士彟说道："唐公举大事，少不得钱财粮秣。虽说晋阳宫里不乏金银珠宝，但十几万人马一聚，军需不在小数。我武士彟累年经商，积得万贯家财。今日愿举家变卖，以供军饷。"

听他说完，众人一片啧啧称叹。李渊欣然道："万众一心，力可断金。有众位义士如此竭诚相助，何愁大事不成？"

数日之后，由刘文静伪造的皇上敕书以布告的形式贴满了大街小巷和各大路口。

二十岁以上、五十岁以下的成年男丁都要去当兵征高句丽的消息像一阵阴风迅速刮遍了城乡四野的各个角落，刮得人们心里发毛，周身发冷。

太原城里立时炸开了锅，人心惶惶，群情汹汹。街谈巷议、亲友聚会的话题无不是这件事。

"他妈的，我看这皇帝老儿是疯了，一次又一次地征高句丽，除了让咱老百姓去送死，能有什么好处？"

"男人们都去当兵，谁来种地？家里就剩些老幼病残，还不得伸着脖子等死？"

"他不让咱活，咱也不让他安生，干脆上山反了算了！跟皇帝老儿来个鱼死网破。"

还真有不少男人已做好准备，征兵一旦开始，便结伙造反，啸聚山林。太原城里的人们又不约而同地唱起了当年王薄起义时的那首《无向辽东浪死歌》，"譬如辽东死，斩头何所伤……"

而此时，在太原留守署衙内，留守李渊和副留守王威、高君雅却正在商议着另一件大事。

"刘武周在马邑举旗造反，北联突厥，攻城略地。目前已攻下雁门、楼烦等郡城，且以美女金银贿赂突厥。贼势凶悍，兵强马壮。我等受命镇守太原，却不能剿灭反贼，制止动乱，罪当灭族，你们看该怎么办才好？"李渊满面忧戚地问王、高二人道。

王威、高君雅亦深感忧惧，却不知计将安出，便请李渊早拿主意。

李渊道："自古兵来将挡，水来土掩。但朝廷用兵，一行一动皆受兵部节度。如今贼兵在数百里之内，而皇上却在数千里之外的江都，再加上道路险阻，沿途又有各地反贼扼守，如何请旨调兵？只以太原城里这点兵马去抵挡刘武周与突厥人，莫说消灭贼众，就是自我保全都很难，如今进退维谷，我也无可奈何。"

王威亦感到形势危急，事态严重，焦急地说道："唐公既是国之栋梁，又是皇室近亲，与国家社稷休戚与共。如今时势危急，若等奏报朝廷，必贻误军机。自古将在外，君命有所不受。要想平贼，在此非常时期，唐公完全可以自专。"

李渊心中暗笑："鱼儿既已咬钩，我可就要张网了。"

"既然二位将军同意，那我就行使守疆将帅的职权。为今之计，必须尽快招募兵马，扩大队伍，准备与刘武周决战于太原城下。"

于是，李渊下令在太原及附近各郡征集士卒，招兵买马。四方百姓已对隋朝廷恨之入骨，更怕被掳去东征高句丽。既要当兵，不如投到唐公麾下。于是纷至沓来，踊跃应征，连各处山林中的豪勇也闻风来投。不过十几天的时间，便募得兵马五六万之众。

李渊命李世民、长孙顺德、刘弘基等将所募人马分别编伍，发放兵械军饷，日夜抓紧操练。

王威、高君雅出于无奈，同意了李渊招兵买马。但他们毕竟是炀帝派来暗中监视李渊的，疑忌之心极重。这些日子见应募者如潮涌般而来，李渊又将这些兵勇让长孙顺德、刘弘基分别统率，便疑窦丛生。另外，刘文静乃是朝廷钦犯，竟被李渊背着他们私自释放，因而更加狐疑。这天夜里，他们二人来到武士彟的住处，神秘兮兮地说道："长孙顺德和刘弘基为逃避辽东之役隐匿太原，所犯皆为死罪。而唐公却让他们手握重兵，真不知出于何意。对此二人我等欲将之捕拿，你看如何？"

王、高二人几年来与武士彟过从甚密，以为他是可以推心置腹的生死之交。岂不知这武士彟乃是八面玲珑之人，平时经商为了寻求庇护，与官府中人都相处得很好。而与李渊更是声气相投，无话不谈。他听了二人的话，便笑着劝道："这些人都是唐公的客人，若是那样做，岂不惹怒了唐公，引出大麻烦来？"

王、高二人一听话不投机，虽然心存疑虑，也只好作罢。

第二天一早，武士彟便将两个人的话告诉了李渊。李渊苦笑道："看来纸是包不住火的。如今已是箭在弦上，不得不发。二贼既已窥破端倪，自来找死，就怪不得我李渊心狠手辣了。"

翌日早饭后，李渊招来王威、高君雅共商讨伐刘武周之事。

正说着话，便听大堂外一片叫嚷声，随即，刘文静带着刘政会急步闯进大堂。

刘政会大声说道："唐公，我听说有人欲反叛朝廷，特具密状奏禀。"

李渊示意王威去接密状，不料刘政会却说道："我所告的正是这两个副留守的反情，这密状只有唐公能看。"

李渊接过密状，匆匆看了一遍，顿时脸色铁青，眼光变得凶残狰厉，死死地盯着王、高二人说道："好啊，汝二人原来早有反心，居然暗中勾结突厥，里应外合，欲居中取事。"

一听此话，高君雅就像被马蜂狠狠地蜇了一下，猛地从座椅上跳了起来，尖声喊道："贼喊捉贼！这是谋反者欲杀我等。"

李渊却不听他乱喊乱叫，慢慢地站起来，冷笑一声，暴雷般喝道："来人，将这两个乱臣贼子拿下。"

王、高二人怎肯束手就擒，发疯似的向大堂外跑去。不料刚出门口，便见李世民带着数十名兵士各持明晃晃的刀剑早已迎候在那里。

今日一早，李世民便接到父亲的密令，命长孙无忌和赵文恪等人率领早已集中于兴国寺的五百名兵勇，悄悄地埋伏在晋阳宫和留守府衙四周，以防有变。李世民又密遣刘政会持密信去大堂告发，自己便带领亲随守候于大堂之外。

当下李世民喝了一声，众亲随一拥而上将高、王二人捆得结结实实的，随即送入了大狱。

第四章　顺时依势　起兵太原

世上的事情有时候巧得惊人。

谁也不曾料到，就在李渊将王威、高君雅以密通突厥的罪名锁捕下狱的第二天，竟真有数万突厥兵风驰电掣一般来到太原，就像是如约而至一般。

太原城里虽然有新募兵丁五六万人，但多是刚刚扔下镢头铁锹的农家子弟，未经训练，更缺乏攻城守阵的实战经验，上上下下不免大为慌乱。

李渊急召众人商议对策，李世民力排众议，请父亲以"空城计"智退敌兵。他说："突厥人突然而至，志在寇掠财物牲畜，并无攻城占地之心。我们一方面将军队严密部署于各街巷路衢，严阵以待，一方面洞开四门，敌军不辨虚实，必不敢贸然入城。纵使入城，地形不熟，方位不明，其数万人马在长街短巷中也会失尽剽悍迅捷的优势。我城中军民数倍于敌，与之短兵相接，展开巷战，必能大获全胜。"

李渊认为世民所言有理，随即下令打开城门，撤去城上的旗帜，兵士百姓不准一人上城观望。

突厥兵马风卷而来，却见太原城各门洞开，城中偃旗息鼓，寂无声息，竟如一座死城、空城一般。其先头马队冲进外郭北门，见内城仍然吊桥平铺，城门四开，绝无一兵一卒把守，不知李渊用的是什么计，迟疑徘徊了许久，终不敢进城，又从外郭东门悄悄地退了出去，在城外乡村中大肆抢掠一阵后撤兵北去。

这样一来，城中军民都认为突厥人果然是王、高二人密谋引来的，皆咬牙切齿，必欲杀此二人。

李渊见民心可用，决计抓住这一天赐良机，杀贼祭旗，乘势起兵。

五月甲子日，晨光熹微，轻风徐徐。东方天际淡青色的鱼鳞云被染成了橘红色，一轮黯淡无光的残月正在渐渐隐去。太原城从沉睡中醒来，开始了崭新的一天。

平日里空空荡荡的太原大校场，突然变得嘈杂喧闹起来，旌旗飞扬，鼓角鸣响，人喊马嘶，万头攒动。一队队新换上军衣铠甲的年轻兵士们就像突然从地下冒出来一般，自四面八方络绎不绝地赶赴校场，在场内东、西、南列成了三个大方队，人人昂首挺胸，肃然而立。

太原城的百姓们似乎早就得到了消息，一大早便万人空巷，扶老携幼走进了校场，抬头看看校场中央高高飘扬的书写着"李"字的那面大旗，禁不住想起了"李姓之人当有天下"的那则传闻，一个个激动得不停地交头接耳，议论纷纷。

突然，随着一阵急骤的马蹄声，太原留守唐公李渊银盔铁甲，身披一袭红色战袍，带着一队骑兵威风凛凛地急速驰入校场。李渊在正北点将台处翻身下马，左有李建成、李世民、李元吉、柴绍（李渊的女婿，与建成、元吉接到李渊密令之后，已于昨夜之前先后赶来太原），右有裴寂、刘文静、刘弘基、长孙顺德等人，前呼后拥登上了点将台。

场内军民不下十余万人，在这一刻突然同时瞪大了眼睛，屏住了呼吸，一切说笑声、喧嚷声、咳嗽声甚至连万千战马嘶鸣、刨蹄的声音，都一下子戛然而止，整个校场鸦雀无声，空气就像凝滞了一般。

李渊向前数步，然后以洪亮的声音说道："弟兄们，将士们，太原城的父老们，当今天子无道，荒淫乱国，盗贼蜂起，民不聊生。我李渊不才，却不能眼看着江山社稷日趋沦丧，庶民百姓啼饥号寒，尸填沟壑。为挽江山于败亡，拯万民于水火，决定即日起兵，拥代王杨侑为新帝。"

话音刚落，校场里立时响起雷鸣般的欢呼声。人们心里都明白，说是立杨侑为帝，这不过是暂时安定人心的说辞而已。因为举兵犯上，造反叛逆，千百年来总归被认为是大逆不道之事。李氏父子欲夺取大隋江山的企图已经昭然若揭，路人皆知了。

就要改朝换代了，老百姓终于有盼头了。但愿唐公李大人此去旗开得胜，早日推翻隋王朝，受尽了离乱之苦的百姓也好早日跳出火坑。

场内的民众在心中祈祷着，相互议论着。

这时候，只听晋阳宫副监裴寂尖着嗓子喊道："将密通突厥的乱臣贼子王威、高君雅拖出来，杀贼祭旗开始！"

只见长孙顺德指挥几个彪形大汉从两辆囚车中拉出了浑身血迹、蓬头垢面的王、高二人，一路拖死狗似的拖到校场中央的旗杆下。两人还在破口大骂："李渊逆贼，你犯上作乱，蓄谋造反，妄杀忠良，不得好死……"

长孙顺德冲他们吐了一口唾沫，高声骂道："你他妈的也算忠良？开斩！"

只见两个刽子手手起刀落，两个人的脑袋滚出了老远……

李渊以勾结突厥人的罪名杀了王威、高君雅，而自己却为情势所逼，不得不卑辞厚礼，遣使与突厥人通好。在起兵的前一夜，李渊与二郎世民相对而坐几乎彻夜未眠。

"前几日突厥兵马前来攻城，因不知虚实而去。此事却提醒了孩儿，突厥势力乃是我们图谋大事的后顾之忧。如今刘武周做了突厥人的儿皇帝，突厥骑兵欲想南寇，数百里之内毫无屏障，随时都可到达。倘若我们起事后挥戈西进，突厥人乘机来攻太原，无异于在我们背后捅上一刀，不可不防。"李世民不无忧虑地对父亲说道。

"这事我也想过。不过眼下我们兵力单薄，无力分兵据守，依你看该如何处之？"李渊问道。

"突厥人历来性贪，入侵中原无非是为了财帛粮米。以孩儿之见，当此艰危时期，应派人出使突厥，以重金厚礼相赠，并答应事成之后会有更多的财帛金银为谢。突厥人凭空得到这么大的便宜，比他们入寇太原所能得到的还多，对此不会无动于衷。"

李渊沉吟半晌说道："不过，这样做便有里通外夷之嫌，会失掉中原百姓的人心，我父子岂不成了刘武周第二？"

"成大事者不拘小节，大丈夫能屈能伸。我们可派人暗中出使突厥，世人并不知晓。再说，我们这不过是权宜之计，仅以财物相赠，与刘武周的俯首称臣，完全依附于突厥人截然不同，怎么能说是里通外夷呢？"

"好吧，此事就这么办，你看该派谁前往突厥呢？"

"刘文静有胆有识，又能随机应变，足可担当此任。"

"我想也是此人最能胜任，就派他去吧。另外，还有一股势力也是极大的威胁，万万不可忽视。"

"父亲可是指李密所率领的瓦岗军？"

李渊笑了："看来你也想到了，父子所见略同。"

"与突厥人相比，瓦岗军更加危险。李密乃当世枭雄，其所率兵马已逾三十万之众，是当今天下群雄中的佼佼者。更重要的是，他的周围聚集了一大批智略过人、骁勇无敌的文臣武将，像魏徵、秦叔宝、程咬金、罗士信等，皆是不可多得的精英名士。李密一心要做中原霸主，决不甘心我等直取京都长安。待我挥师西下，他若率大军自背后追击，无异于后院失火，我军将处于腹背受敌的危险境地。"

"李密自恃兵强，妄自尊大。我想修书一封，情愿推他为天下盟主，并邀他共取长安。如此一来或可消除来自东面的威胁。"

"父亲所言极是，刘文静也曾说过，李密其人恃才傲物，刚愎自用。若能推他为盟主，必能使他麻痹懈怠于一时。更何况，他现在忙于进攻洛阳，已被王世充的隋军拖住，待他清醒过来腾出手来对付我们时，说不定我军已拿下长安，稳居关中了。"

说到此处，父子二人同时大笑。李渊又说："去瓦岗送信的人选，我想派你的好友唐俭前往，你看如何？"

"唐俭鼓动如簧之舌，保管让李密一头雾水。"

太原起兵后的第二天，刘文静、唐俭便分头出发了。

天尚未亮，刘文静便带着两名侍卫骑快马向北疆悄悄奔去。

而唐俭则带着数十名随从由李渊亲送至太原城东门，大摇大摆地向东部进发。

眼下李密正率数十万大军兵逼洛阳，与据守洛阳的隋将王世充进行了多次较量，双方都剑拔弩张，虎视眈眈，决定命运的大战一触即发。

这李密乃当今声震华夏的大名人，唐俭对他的情况了如指掌。他是隋朝上柱国、蒲山郡公李宽的儿子。年轻时才略过人，志向远大，又生性轻财好士，结交了一大批朋友。因父亲的官荫，曾担任过左亲卫府大都督、东宫千牛备身之职。

有一次，炀帝去东宫时遇到了他，见他皮肤黝黑，额锐角方；瞳子黑白明澈，开合间如星光迸射，不禁浑身打了个冷战。便悄声问跟在身边的宇文述："那个黑皮肤的年轻人可是蒲山郡公李宽的儿子李密？"

宇文述忙说道："回陛下，正是此人。"

炀帝面露不悦，冷冷地说道："朕看此人桀骜不驯，顾盼间眼光犀利，异于常人。为安全计，不要再让他担任侍卫了。"

宇文述知道皇上对李密已心存戒备，当天夜里便对李密说道："吾弟聪明干练，当以才学谋取官位。皇宫侍卫事务烦冗，实非大丈夫栖身之所。"

李密乍听此言，颇感惊讶，但以他的聪明机警，马上意识到，宇文述乃是皇上身边的人，特意来告知自己这些话，其中必有缘故。莫非这个性情乖张的皇上已怀疑自己？想到这里，他顿时觉得后背凉飕飕的。

第二天，他便以生病为由辞去官职，隐身家中专心读书。

有一次，他专程去请教当地的儒学名士包恺，骑了一头黄牛走到城外。将一册《汉书》挂在牛角上，一手提着牛缰，一手翻卷诵读，任黄牛缓缓自行。

恰巧路过的越国公杨素看见了这一幕，甚感惊奇，便骑着马在后面跟了一段路程。李密早已偷眼看见，却佯装不知。

杨素忍不住好奇，骑马赶到前面，拦住牛头问道："何处书生竟如此好学不倦？"

李密抬头看了看，装作大吃一惊，急忙跳下牛背，翻身便拜，口中说道："在下李密只顾贪读，冲撞了越国公，还望恕罪。"

"你读的是什么书，竟如此痴迷？"杨素笑着问道。

"在下正在读项羽传，为其'力拔山兮气盖世'的英雄气概所吸引，一时忘情。"

杨素再看看这个年轻人，心中暗暗称奇，便将他邀于自己府上，一席交谈，见他出言不凡，识见深邃，便将儿子杨玄感叫出来说道："我看李公子的学问志向皆在你之上，从今天开始，你要与李公子经常往来聚会，像兄弟一样相处。"

自那以后，李密就成为杨府里的常客，与杨玄感共同读书练武，研讨兵法，结为生死不渝的刎颈之交。

数年之后，杨玄感决计起兵反隋，特邀李密至军中为谋主。李密早有反叛朝廷、一展宏图之志，二人自然一拍即合。

当时李密向杨玄感密陈大计，说道："公今日举兵，欲成霸业，有上、中、下三策可用。"

杨玄感忙说道："是哪三策，李兄可详细说来。"

李密道："杨广率三十万大军亲征高句丽，被高句丽人拖住，如陷泥沼不能自拔，已经焦头烂额。我等起兵之后，即率兵长驱幽州，占据临渝关，扼其咽喉，断其归路。那时高句丽军定会在其背后穷追猛打，使杨广处于腹背受敌进退失据之境。东征高句丽的将士本无战心，届时必定溃乱，作鸟兽散，杨广将死无葬身之地。彼时杨公再号令天下，江山唾手可得，此为上策。举兵之后，趁京畿兵力空虚，挥军直捣长安，夺取国都，稳住三辅，扼关中富庶险要之地，然后再东向洛阳，南下江都以争天下，也不失为一着妙棋，此为中策……"

"那么下策呢？"

"下策是直接进兵洛阳。不过这是一着险棋。洛阳位居神州腹地，城坚池深，一时怕难以攻破。一旦杨广从辽东率大军返回，传檄天下，四方勤王之师且夕可至。那时我军四面受敌，情势便凶危了。"

不料杨玄感听罢却哈哈大笑："李兄所言三策皆为妙计，不过依我看，上、下两策应该颠倒使用，所谓下策，实为上上之策。"

李密闻言大惊失色，急忙问道："杨公缘何如此考虑？"

"自从皇上重新营建东都，朝中文武百官的家眷大都徙居洛阳。一旦攻破此城，俘获百官家眷，以此为要挟，朝中大臣必定倒戈相向，争相归附。那时杨广孤家寡人，岂不束手就擒？"

"倘若洛阳城一时不能攻克，先机失尽，援兵四至，将如何是好？"

"李兄毕竟未久居朝廷，只知其一不知其二。越王杨侗年幼无知，樊子盖又非领兵打仗之将才，懂啥战守之道？眼下由此二人率军守城，活该洛阳当失。我率大军一旦围城，此二人即使不献城而降，也会弃城逃命。我料不出七日，洛阳便可攻破。"

听杨玄感说得如此浅薄而又自信，李密不禁暗暗叫苦。他心急如焚，千方百计一再劝阻，说得唾沫乱飞，口干舌燥。

无奈杨玄感却再也听不进去，微微一笑道："李兄无须多言，我主意已定。"

事情的发展果然不出李密所料。杨玄感起兵之初旗开得胜，所向披靡，沿路大小城池皆望风而降。

但是，当大军围困东都洛阳，猛烈攻城数日之后，杨玄感才知道，他遇上了一块啃不动、撕不烂的硬骨头。洛阳城不仅深沟高垒，易守难攻，而且城中军民为保护家眷老幼免遭兵燹之祸，竟不分男女，以一当十，拼死守城抵抗。

双方在城下相持半月有余，有消息传来，皇上杨广已不顾一切地从辽东回师中原；镇守长安的代王杨侑派刑部尚书卫文升率四万大军前来增援；同时，各地隋军也接到皇上敕令，纷纷从四面八方来解洛阳之围。

杨玄感怕被隋军包围，攻城不下，只好撤围西进。行至陕州一带，又贪图此处弘农离宫的金玉财帛，强攻数日不下，从而耽误了时间，使大军陷入了困境。西有卫文升迎头拦截，后有各地勤王之师尾追而来。他的军队钻进了隋军四面包抄的大口袋。顿时军心大乱，兵士们纷纷弃戈逃散。最后，只剩下身边的十几个亲信。杨玄感见大势已去，长叹一声："悔不该不听李密之言，致有今日之败"，遂拔剑自刎。

趁混乱之时，李密换上一身早已准备好的书生衣装，在苍茫夜色中逃出重围，潜至一个山村做教书先生，等待着重新振翅九霄的时机。

不久，他听说翟让在河南瓦岗一带率众造反，声势浩大，而且他的老朋友王伯当已先期参加了义军，便只身前往瓦岗，投靠在翟让麾下。

但是，李密名气太大，人们都知道他野心勃勃，绝不甘心久居人下。他的到来令翟让周围的一些人深感忧虑，纷纷劝翟让杀掉李密，以免除后患。

一天夜里，老朋友王伯当将李密约至寨外密林中，从怀中掏出一锭白银，双手呈上道："李兄快走，此处凶险，非兄久留之地。"

李密甚觉诧异，忙问其缘由。王伯当说道："翟让那帮心腹皆是鼠辈，目光短浅。因知兄长盛名，嫉贤妒能，必欲加害于你。还请李兄从速脱身。"

李密叹了口气说："我早已深思熟虑，天下之大，唯瓦岗方是我李密的立身之地。贤弟放心，我这里有一纸密策，请你转交翟首领，他看过之后，定然不再妄生加害之心。"

王伯当将李密的书札交给翟让，翟让打开，见上面写道：

"当今昏君独裁于上，而下民则怨声载道。国之精锐皆调往辽东，朝廷又与突厥结怨。值此生死存亡之秋，杨广却弃两京于不顾，仍巡游江南，终日花天酒地，纸醉金迷，正是豪杰之士奋起逐鹿之良机。以阁下之雄才大略，士马精勇，若能联络各地义军，收归诸寨小盗，出兵两京，诛灭暴君，必可统一天下。李密不才，愿竭尽所能助阁下成就不朽之功业。"

接着，李密又详细陈述了袭取两京的具体计划和步骤。翟让读后大喜，对李密十分敬慕，并派他至瓦岗周边去游说各寨小股义军。凭着李密的如簧之舌，竟有十几彪人马纷纷前来归附。

就是在这个时候，魏徵、徐世勣、秦叔宝、单雄信、程咬金、罗士信等一大批英雄志士因慕李密之名先后投奔瓦岗军。

一时间，瓦岗寨里不仅兵强马壮，而且谋臣如云，武将如雨，真可谓是人才济济。

乘此机会，李密又进一策："如今山寨人马愈重，而粮秣不足。若旷日持久，则人马困弊，士气低落，万一骤临大敌，败亡难免。不若借士气旺盛之时，先攻取荥阳。然后休兵聚粮，待兵勇马肥再与天下英雄一争长短。"

翟让立即采纳李密的建议，率军一鼓作气，攻占了荥阳郡内所有县城。

荥阳太守杨庆及通守张须陀闻讯后急忙率军前来征讨。

翟让以前曾数次被张须陀打败过，吃过他的大亏。一听说他又亲自带兵前来，心中惧怕，便欲遁避。李密却不以为然，说道："张须陀此人勇而无谋，部下又目中无人，定可一战而擒之。阁下只管列阵以待，我自有妙计破之。"

翟让无奈，只好回师备战。而李密则暗中调遣三千人马埋伏于附近密林之中。

双方刚一交战，瓦岗军佯装不敌，仓皇败退。张须陀乘胜追击。不料森林中三千兵马突然杀出，前后夹击。瓦岗军土气大振，杀声震天，响彻峡谷。隋军猝不及防，部众溃乱，就像一群被捅了窝的马蜂，嗡嗡乱钻。张须陀单枪匹马欲逃，却被一箭射于马下，毙命阵中。

不久，越王杨侗派虎贲郎将刘长恭率三万步骑前来征讨，又命裴仁基统兵二万出成皋，企图对瓦岗军形成东西夹击之势。

李密临敌不慌，将部众分为十队迎战。命徐世勣、王伯当、单雄信、秦叔宝、程咬金、罗士信各引一队人马为左右军，而他自领中军，与刘仁恭展开决战。结果一战而胜，刘仁恭全军覆没，只身逃脱。

李密原本就以家世才智、文韬武略为群雄所折服，此次决战大胜之后，更是威名远震。翟让自知山寨中的将士早已把李密视为实际上的瓦岗军领袖，自己已形同傀儡，便主动让贤，与众首领共推李密为山寨之主。这样，李密便设坛场祭拜天地，自称魏公。不久，翟让又生反悔之心，与他的心腹们图谋夺权，被李密察觉。李密便利用一次庆功宴会将他们一网打尽，尽行斩杀。

自此，瓦岗军声势越来越大，横行于黄河以南，与隋军主力展开了大小数十次决战。最近以来，又兵逼洛阳，决心拿下东都，称霸中原，然后四面扩张，扫荡群雄以谋取天下。

细想着李密这些富有传奇色彩的经历，唐俭一路上心中打鼓。像这样一个叱咤风云的当世英雄，麾下又多有识见不凡的智谋之士，仅凭唐公的一纸书信和自己的三寸不烂之舌能说服他吗？不管怎么样，自己要竭尽所能。唐公说得颇有道理，充分利用他的骄矜自大的心理，以此或许能不辱使命。

距洛阳城尚有四五十里，唐俭已远远看见漫山遍野寨栅环列，旌旗高扬，山丘上，丛林中，正在演练的步骑人马杀声阵阵，嘶鸣萧萧。

唐俭自报来历之后，在一名侍卫的引领下来到中军大帐。见过李密，施礼已毕，便呈上了唐公李渊的书信。

李密仔细看过书信，面呈喜色。自从听说李渊在太原起兵之后，他便多了一块心病，本能地感觉到在他图谋天下的过程中，又多了一个强大的对手。

眼下虽然与王世充胶着在洛阳，无暇西顾，但李渊却一直是蒙在他心头的一道挥之不去的阴影。

如今见李渊在信中主动推他为天下盟主，并约他合兵西取长安，心中自然高兴。但以他的狡黠多谋，自然不会轻信。他直盯着唐俭的双眼，冷冷地问道："唐公李渊为何要推我做天下盟主？"

这原是意料中的问题，唐俭随口答道："魏公雄才大略，当世无双。又拥兵数十万，麾下兵精将勇，人才济济，居四海群雄之冠。今日天下盟主非魏公而谁？"

"不然。自古唯江山、美人从无相让之理。唐公亦是雄视天下之人杰，此次挥兵西进夺取长安不为难事，为何不自登大宝，南面称尊？"

"王者天命，非人力可致。魏公姓名皆合图谶，正是上应天命之人，唐公不是糊涂人，岂敢与天争命？"

李密哈哈大笑，突然又收敛了笑容，铁青着脸说道："此系妄语，欺人之谈。若说图谶，前几年倒是有个方士安伽陀对皇上说将有李姓之人做天子，害得李浑全家被杀。且不说此话荒诞不经，就是真是这样，难道李渊父子不是姓李吗？李渊欲用缓兵之计，休想瞒过我去。"

"魏公此话大谬。天下李姓之人多如繁星，难道个个能当天子？这几年民间流传的《桃李章》唱道：'桃李子，得天下；皇后绕扬州，宛转花园里。勿浪语，谁道许？'这'桃李子'是说李姓之子在逃亡，与魏公这几年为避祸而颠沛流离、四处逃匿的经历暗合。皇与后，皆是人君。'宛转花园里'，是说天子囿于扬州，再无北还之日；而'勿浪语，谁道许'，更结结实实是一个'密'字。魏公姓与名皆合于图谶，这是毋庸置疑的事实。杨广不懂'王者不死，多杀无益'的道理，妄杀李浑全家。唐公李渊多次说过，李浑不过是替李密枉死的一个冤鬼。对魏公将来拥有天下，唐公深信不疑，因此，才愿推魏公做天下盟主。"

"既如此，李渊又何必冒险起兵呢？"

"魏公知道，近来刘武周勾结突厥于马邑起兵，攻占汾阳宫，将皇上置于离宫的妃嫔和金银财帛一并献于始毕可汗。唐公身为太原留守，在其辖地内发生了这样的事，其失职之罪必不可赦。更何况唐公因为姓李，早已受皇上猜忌。自思继续为隋室卖命，迟早有一天必遭杀身之祸。因而铤而走险，断然举事。在下临来之时，唐公一再嘱咐，要在下禀明魏公，他已年逾知命，衰老之躯，唯图自保，断无觊觎大宝之志。他年若辅佐魏公成就帝业，仍能封他为唐国公，于愿足矣。"

话说得实实在在，合情合理，不由李密不信。他看看唐俭，微微笑道："唐公不愧为当世俊杰，真识时务者也。足下可速去回复唐公，让他挥师径取长安。待我拿下洛阳之后，再分兵往援。"

刚说到这里，却听有人冷笑一声说道："唐俭好一张利口，竟能将我主公蒙蔽。"

唐俭看时，却认得是李密的幕僚魏徵，心中不禁"咯噔"一下，暗忖道："说了半天，到底没有瞒过此人，这件事八成要坏在他的手里。"

只听李密问道："以先生之见呢？"

"关中乃天府之国，帝阙所在的富庶险要之地，岂能眼看着被李渊轻易得去？魏公应暂撤洛阳之围，移师西征，待夺取长安之后，再东向以争天下。这不正是您当年为杨玄感所定的中策吗？今日万不可重蹈玄感之覆辙。"

李密却不以为然："时移世易，情势异矣。如今天下之势与数年前已大不相同。隋兵主力多在中原，洛阳更是朝廷机枢所在。夺得洛阳，便等于在杨广的心脏上猛插一刀，可置大隋于死地。至于唐公，让他暂往攻取长安。此公乃仁义君子，想来不会自食其言，有负于我。退一步说，纵使他言而无信，待我攻克洛阳之后，再与他在战场上一决高低。到时该谁主神器，自由天定。"说完，不再理会魏徵，径自将唐俭送出大寨。

唐俭星夜兼程赶回太原，向李渊说了谒见李密的过程。

李渊喜不自胜，笑对众人说道："李密虽然足智多谋，但为人过于妄自尊大，竟听不进魏徵的金玉之言，此天助我也。好了，现在有李密在东面为我们牵制大隋之兵，我们可以放开手脚专意西征了。待平定关中之后，据守险要，先慢慢地观看一阵中原大地上的鹬蚌之争，然后再坐收渔翁之利。"

第五章　力排众议　雨夜哭谏

自太原起兵以来，周围各郡县纷纷倒戈前来归附唐公。唯有西河郡丞高德儒公然对抗，拒不降顺。

西河与太原近在咫尺，是下一步出兵南下西进的必经之地。李渊决定先拔掉身边的这颗钉子，也是大军进击关中之前的一次拉练。

这是起兵之后的第一个战役，虽然面对的只是一个小小的郡邑，李渊亦不敢大意，而把它看成是事关夺取天下的关键一仗。

他命长子建成、次子世民为统兵将领，又派太原令温大有同往参谋军事，对他说道："眼下咱们兵马尚少，一定要善于经略，以卿参谋军事，还望多费心智，以建功名。咱们图谋天下的成败当以此行卜之。若能顺利攻克西河，则帝业可成。"

随即李渊又告诫两个儿子道："尔等年少，尚不更事。先以攻打此郡看看你们临战如何，须知三军上下都在看着你们，一定要勉力为之。"

兄弟二人恭恭敬敬地听完父亲的话，急忙跪倒在地，向父亲发誓道："儿等自幼便聆听父亲弘训，早谨记在心。今日往战，事关家国忠孝，儿等哪敢懈怠？一定秉遵父令，攻克西河。若不能成功，请军法处之。"

出师之前，建成、世民和温大有三人聚议。世民问道："以大哥之见，我等此次用兵何事最为紧要？"

建成道："自然是挑选精兵良将，多备攻城器具，鼓舞士气，力争一战而克，早日凯旋。"

世民却微微一笑，慢慢说道："以小弟之见，严明军纪才是当务之急。我们率领的多是新近招募而来未经严格训练的新兵，军中各级官吏又不齐整。若不严肃军纪，一旦交战，便成一盘散沙，还谈什么攻城略地？更重要的是，此次出兵，不仅仅是为了一座西河城，更是为了传布唐军威德仁义之名，收拢天下人心，军中将士切不可扰民害民。要做到这一点，没有严明的军纪怎么能行？"

对世民的话，温大有极为赞许，建成也颇觉有理。于是，三人连夜草拟军法，第二天一早便颁布军中。

六月初三日，大军开始向西河进发。一路上，将士们畏于军纪，果然秋毫无犯。沿路有许多卖瓜果熟食的，士兵们有想吃的，就自己掏钱去买。

六月的天气燥热难当，烈日炎炎，如同泼火一般。将士们一路急行军，汗水早已浸湿了军衣，一个个唇干舌燥，嗓子眼里像冒烟似的。

天近巳时，距西河尚有数十里，路边出现了一片桃园。浓密的绿叶之中，无数艳红鲜美、又大又肥的桃子挂满枝头，像是在冲着兵士们点头媚笑。

走在后队中的军头雷永吉本是太原附近山林中的匪盗，归附唐公不久。往日里在山寨中劫富济贫，大碗喝酒，大块吃肉，何曾受过这种苦？

他终于禁不住路边鲜桃的诱惑，强咽下一股口水，向身边的几名弟兄使了个眼色。十几个人悄悄地离开队伍，潜进桃林。猴子一般灵巧地攀到树上，专拣熟透了的大桃子大嚼大咽，饱餐一顿。

这事儿很快便传到了李世民的耳朵里，刚刚颁布了军令，便有人公然违犯，此事非同小可。世民让建成继续带队前进，自己却打马奔向了那片桃园。

他找到了桃园的老主人，上前施礼道："都怪我治军不严，属下偷吃了你的桃子，在下特来赔罪。"说完，从怀中掏出五两银子递了过去："这算是我们买桃子的钱，还请老丈恕罪。"

那老头惊得目瞪口呆。这可是日头从西边出来的新鲜事。自从隋末变乱以来，兵来匪往，你抢我掠，别说是吃几个烂桃子，就是宰吃你的牛羊三牲，有谁肯付你钱？老头哪里敢接这银子，慌忙推拒道："这位军爷说笑了，几个桃子又不值钱，自己树上长的，就算是小老儿孝敬大军的。"

世民笑着把银子塞到了老头的怀里，说道："老人家能不怪罪，我们已经感激不尽。白吃白拿、随意抢夺，与土匪贼寇何异？我们唐公的军队不兴这个。"说着冲老头抱拳一揖，转身跨上马背飞奔而去。

这事儿不大，却来得奇特。老头活了六七十年，还是平生头一遭碰上。他感慨万分，逢人便说。唐公李渊的队伍是千古仁义之师的消息不胫而走，迅速传遍了三晋南北。

军头雷永吉没有想到李世民对这样一件小事会如此认真，如此看重。吓得他心惊肉跳，心想：坏了，公然违反军令，触犯军纪，这位爷要是认真起来，非得砍自己的脑袋不可。怎么办？是伺机逃跑还是等着杀头？雷永吉只觉得六神无主，浑身上下早已经冷汗淋漓。

雷永吉正在胡思乱想时，忽听得前面传下军令，队伍原地休息，埋锅造饭。

他心里"咯噔"一下。看来今天是在劫难逃，这个李世民为了执行他的军纪，果然要杀鸡给猴看了。

趁将士们吃饭的时候，李世民登上一个高坡，对众人喊道："将士们，弟兄们，刚才行军路上，有些人成群结伙偷吃百姓的桃子。军法颁行不出三日，便有人公然违犯。你们说该怎么办？"

一些人立即喊道："自古军法如山。既然有人敢于蔑视军法，就该杀无赦。"

"没错，这些人依律当斩。不过，念此次西河之役乃是我们举大事以来的第一仗，开战之前先杀自己人实非吉兆。好在我已经替这些人付了吃桃子的钱，尚未造成扰民害民的恶果，这次便暂且饶过他们。本将军并不知道他们是谁，也不想再追究。但是，"说到此处，李世民忽然变得声色俱厉，执剑在手，猛地一挥，将身边一棵小杨树齐齐地拦腰斩断："以后倘若有人再敢违我军令，犹如此树。"

雷永吉听到此处，不觉又惊又喜，顿时热血奔涌。他知道，李将军这是在变着法子回护自己，等于给了自己第二条性命。自己也算是个七尺汉子，岂能为了自己的性命而毁了大军法纪？

他突然站出来，直奔到世民面前，扑通一声跪下，颤声说道："李将军，我雷永吉就是那个偷吃桃子的人。请将军以军法处置，以惩来者。"

李世民不曾料到会有人主动认罪，他稍稍一愣，突然哈哈大笑："好，敢做敢当，是真男子汉。不过，本将军说了，今日之事不再追究。到了西河，你可与弟兄们英勇杀敌，将功赎罪。"

雷永吉急忙磕头谢恩，口里说道："谢将军不杀之恩，从此以后，俺这条命就是将军给的，任凭将军驱遣，上刀山下火海，万死不辞。"

大军来到西河城下已是第二天傍晚，暮色苍茫，鸟雀归林。城中守军没料到唐军会来得如此神速，仍是吊桥平铺，城门洞开，白天出城砍柴、放牧、经商或走亲串友的百姓们正在向城中走去。

恰是攻城的大好时机。李世民大喊一声，带领四五百骑旋风一般冲向了城门。

城门处立时炸了锅。归城的百姓们像没头苍蝇一般你拥我挤地向城内拥去。年轻力壮的拥上了吊桥，老人妇女和孩子们却被挤到了一边，有的被踩倒在地，甚至掉进了护城河里，哭喊之声惊天动地。城上的守军管不了这么多，正在不顾一切地绞动缆绳，要收起吊桥。一位年轻的妇人怀里抱着孩子在护城河边，睁大了泪眼看着飞驰而来的骑兵，正在迟疑着是否投河自尽。

看着这惨不忍睹的一幕，李世民心里猛地一缩。自己的马队一旦冲过去，这数百名百姓不分老幼都会立时死于乱刃和马蹄之下。

李世民立即收缰，制止了他的马队。以长剑指着城上的守军，高声喝道："城上的人听着，为了让城外这些无辜百姓免遭屠戮，本将军今日暂不攻城。明日一早大军围城，告诉高德儒，叫他好生守护。"

翌日晨时，天刚微亮，大军云集城外。

随着一声响亮的号炮声，千军万马像潮水一般涌到城下。雷永吉带着他那帮弟兄们居然打了赤膊，不要命地冲到了最前面。

建成、世民兄弟二人亦身先士卒，冒着飞蝗流萤般的矢石来回督战。

将士们越过护城河，把云梯搭上城墙，奋勇攀缘。城上守军亦在拼死抵抗，滚木礌石泼雨一般纷纷坠落。

攻坚战如火如荼，紧张而又惨烈。攻守双方都杀红了眼，陷入了相持不下的胶着状态。

正在此时，却见城东门轰隆隆打开，吊桥不知被谁放了下来。

李世民以为城中要有人马杀出，正欲组织迎敌，却不料城门处有人高举着白旗冲他们大声呼喊着："唐军弟兄们快进城，我们反水了。"

世民、建成大喜，率领骑兵将士一马当先冲进了城去，然后扼守住城门、吊桥，指挥大队人马陆续进城。

守城的兵士见唐军已大批涌进城来，大势已去，便纷纷缴械投降。

世民正指挥将士们前往郡衙搜捕郡丞高德儒，却有郡衙中的司法书佐朱知谨前来求见。他一见到李世民竟双膝跪地说道："李将军救我妻儿，大恩如同再造，朱某此生没齿难忘。"

世民深感惊讶："我与先生素昧平生，何恩之有？"

待朱知谨详述根由，世民方才恍然大悟。

原来，昨日那个抱着婴儿欲投河自尽的年轻妇女正是朱知谨的妻子，怀中的婴儿则是他不到两岁的儿子，也是他们朱家三代单传的一棵独苗。昨日妻子抱着儿子去城外的娘家，回来后适逢唐军攻城。因怕遭乱兵侮辱，正打算投河自尽，以全名节。不料唐军因顾念百姓性命停止了攻城。回到家后，朱知谨的老父亲抱着小孙子放声大哭，要是这个小孙子没了，老人家也断不肯再活于世上。

晚间，老父亲对朱知谨说道："唐公大军乃为父平生从未见过的仁义之师。隋朝气数已尽，你不能再痴守愚忠。要设法在城中做内应，引义军入城。"

于是，朱知谨当夜便联络军民数百人，在唐军发起攻城后，突然斩杀东门守军，大开城门……

听朱知谨说明缘由，世民心中亦深受震撼。民心不可违，得人心者得天下。昨日一念之间下令收兵，不过是可怜那些手无寸铁的庶民百姓，不曾想却凭空赚来一座城池，从而避免了无数将士的伤亡。

当下，将士们在朱知谨的带领下冲进郡衙，在一间黑暗的小柴房里搜到了郡丞高德儒，将他五花大绑，带至军门。那高德儒见到世民、建成两兄弟，不肯下跪，却破口大骂："李渊逆贼、奸雄，身为皇亲国戚，不思报恩尽忠，却纵兵反叛，万世之后也难逃骂名。"

李世民冷笑一声喝道："高德儒，你也配骂别人是奸臣逆贼？当年你弄了个彩翼野鸡进献杨广说是什么鸾鸟，是国之祥瑞。以此欺蒙人主，骗取高官。大隋江山正是被你们这帮奸臣昏君弄得支离破碎。我兴义兵就是为了诛灭你们这样的佞人，为百姓除害。来人，拉出去斩首示众！"

李世民随即下令，除了斩杀高德儒之外，郡中原有各级官佐一律恢复原职。对城中百姓不得有任何侵扰，要多加抚慰，让他们各复其业。远近百姓闻知尽皆欢喜。城头易帜，城池易主，而郡中百姓竟如平时一样安然度日，没有丝毫的惊惧和恐慌。

建成、世民分拨一支人马驻守西河，然后率军回师太原。

看着胜利归来的儿子们，李渊喜不自胜，拍着同往参谋军事的温大有的肩膀说道："西河之战的顺利始料未及，如此用兵，虽横行天下可也。"

拔掉了西河这颗钉子，扫清了南下西进的第一道障碍，该是乘胜进兵关中，夺取长安，号令天下，向着建立新王朝的目标挺进的时候了。

为此，在大兵未动之前，李渊开始组建和完善自己的政治、军事组织。

首先是设立大将军府，李渊自任大将军。大将军府下辖三军：李建成为陇西公、左领军大都督，统率左三军；李世民为敦煌公、右领军大都督，统率右三军；李元吉为太原郡守，留守晋阳宫；裴寂为长史，执掌军中所有文书；刘文静为司马，执掌军务；唐俭、温大雅及其弟温大有为记室，同掌机密；武士彟为铠曹，刘政会、崔善为、张道源为户曹，姜暮为司功参军，长孙顺德、刘弘基、窦琮、王长谐、姜宝谊分别为左右统军、副统军。

这样，从五月甲子到六月癸巳，仅用了四十多天的时间，李渊便基本完善了自己的军政组织。

在这段时间里，李渊还效法李密当年的做法，在太原大开粮仓，赈济贫民，以收拢人心。周边百姓欢欣异常，踊跃应募从军，数旬之内又增兵三万余人。

大业十三年（617年）七月癸丑日，李渊亲率十万大军誓师出征。太原百姓夹道相送，祈祷上苍佑护，让唐公出师大捷，早安天下。

西取长安的进军路线是沿汾河东岸南下，直捣潼关，然后再由潼关取道西进。

而横亘于进军途中的第二道屏障便是霍邑。

霍邑北临汾水，东依霍山，地势十分险要。而此时守卫霍邑的，则是以骁勇著称的隋朝虎牙郎将宋老生，部下有两万之众。同时，又有屈突通率三万人马驻守河东，与之遥相呼应。

当大军行至霍邑西北五十里的雀鼠谷一带，适逢天降大雨，电闪雷鸣，天空中阴云密布，像倒扣了一个黑锅，竟一连二十多天不肯放晴。

连日大雨使得道路泥泞不堪，军士们一步一跋涉，十分吃力。而车马辎重深陷于泥淖之中，根本无法前进。

唐军为大雨所困，只好在地势较高处安营扎寨，临时滞留在这旷野之中等待雨停天晴。

然而，大军的给养已经不足，李渊派回太原增运粮秣的队伍至今未归。恰在此时，军中又悄悄地流传起一股谣言，说是刘武周联合突厥兵正在南下，意在乘虚攻取太原。一时军中人心惶惶，惊恐不安。

是继续前进还是回师太原，李渊有些举棋不定，便召集众将领至中军大帐议事。

大家坐稳之后，李渊说明意图，裴寂率先说道："宋老生、屈突通联兵据险，很难迅速攻下霍邑。东面李密虽说口头上答应联合，但此人反复无常，奸谋难测。近来军中又盛传突厥人与刘武周联兵南下，未知虚实。太原乃一方都会，又是我军根本之地，义军家眷都在那里。以在下之见，不如先回师守住太原，以后再徐图大事。"

其他许多将领都纷纷支持裴寂，李渊也赞同裴寂等人的意见，打算先回师太原。

唯有李世民不同意，他急忙说道："刘武周称帝之后，位极而自满，他暂时无力也无意南下。突厥人少信而贪利，虽与刘武周勾结，不过是互相利用，内心却各有猜忌。那突厥人怎么可能近舍马邑而远图太原呢？武周深知此情，未必与之同谋。而且朝廷既听说我等起兵，正调兵遣将，纷纷赶往西京。我若一鼓作气挺进长安，则只有迎面的守军相拒。若是此时退兵，突厥人、刘武周反而会不谋而至，宋老生、屈突通也会追奔而来，我军必陷于首尾受敌、四面被围的窘境。如此后果，让人不寒而栗。"

李建成、唐俭、长孙顺德等人都赞同李世民之见，力主长驱西进。

见李渊多时沉吟不语，李世民又说道："如今满坡都是庄稼，不愁人马缺粮少草。李密在洛阳一带既为隋军所牵制，又贪恋那一带的几个大粮仓，无暇西顾。而宋老生其人骁勇有余却轻躁无谋，破之不难。是西进而成就霸业，还是退缩而身败名裂，在此一举。有人保家爱命，所以请归。儿等愿捐躯力战，鼓噪而进。还请父帅切勿犹疑，雨停之后即发兵霍邑。儿等若不杀宋老生以取霍邑，情愿以死谢罪。"

尽管李世民说得慷慨激昂，但老成持重的李渊还是要以保住太原为根本。他认为裴寂说的有一点十分重要，那就是万千将士的家眷都在太原。更何况，近一个月来，他已与晋阳宫中的尹、张二妃打得火热，要是这两个心肝宝贝再被突厥人掳去，就是打下长安，攫得大宝，也终觉了无情趣。

至于世民的话，虽说也有几分道理。但毕竟是初生牛犊不怕虎，凭着年轻人的热血将复杂的战事看得太简单，勇气有余而稳健不足。

他不再理会世民和建成他们，看看众人说道："不要再争了，我意已决。今日傍晚大军便拔寨回师。西取长安也不在这一朝一夕，以后可慢慢图之。"

晚饭之后，雨势略减，但还在淅淅沥沥地下个不停。李建成的左军已陆续拔营，踏着泥泞的道路垂头丧气地向北迤逦而返。

李世民心急如焚，他认定此次返回太原将再无西征之日，数月之中呕心沥血促成的举义大事就这样功败垂成，毁于一旦。他不甘心，要继续拼死力争。

因此，李世民下令他所率领的右军继续稳守营寨，没有他的命令一兵一卒不得北归。

当天夜里，他又来到了父亲李渊的营帐。李渊已经睡下，不肯见他。

李世民徘徊于帐外雨幕之中，为父亲拔营返回太原的决策而痛惜万分，直如乱箭穿心。这次撤军而去，不仅仅是举义大事将化为泡影，弄不好还会全军覆没，落个杨玄感那样兵败身亡的下场。

一想到这种可怕的结局，他禁不住失声痛哭起来。

李渊已经睡着，在蒙眬中突然听到哭泣之声，问左右道："是谁在帐外啼哭？"

"回唐公，是二公子。"一个侍卫答道。

李渊大惊，霍地翻身坐了起来，让人把世民召进帐来。

"男儿有泪不轻弹。汝身为大将，堂堂七尺男儿，因何事深更半夜在帐外哭泣？"

"孩儿一时情急，不能自抑，惊扰了父帅，还请恕罪。不过，我等为伸张大义而发兵，义旗一举，万民翘盼，天下倾动。当此之时，只有勇往直前，攻战不停，才能有望成功。一旦退缩，则将士丧志，百姓寒心，四方打算前来归顺的义军也会望而却步，心灰意冷。到那时，我军兵士溃散于前，而敌军乘势追击于后，上天无路，入地无门，只能是死路一条。孩儿一念及此，何得不悲？"

听到这里，李渊似乎有所醒悟，不禁为之动容，说道："大军已向北出发，如何是好？"

李世民马上接口道："孩儿所率右军尚未开拔。左军虽已开拔，想必所去不会太远，孩儿愿快马往追。"

李渊看看儿子，叹了口气说："我之成败皆在于你。好吧，不必再说了，由你自行决断吧。"

世民大喜过望，急忙辞别父亲，带上几个亲兵快马加鞭向北疾驰而去。

八月初一这天，一连下了二十多天的大雨终于停了。雨过天晴，将士们的心情也像这天气一样，阴霾顿扫，轻松愉悦。

李渊下令，让将士们晾晒铠甲行装，准备继续西进。正在此时，只见一支人马从东北方向飞驰而来。待走近一看，却是刘文静从突厥出使归来，而且带来了一队突厥人马。

李渊大喜，急忙将刘文静接入帐中，详细询问他出使突厥的经过。

刘文静此次出使，开始并不顺利。当他千里迢迢到达突厥首府以后，始毕可汗态度倨傲而又冷漠。听刘文静说明来意，始毕可汗懒洋洋地问道："你家唐公身为皇室近亲，又被委以重任，为何也起兵反隋？"

刘文静不卑不亢地答道："隋文帝废太子杨勇而立杨广。杨广奢靡无度，搜刮百姓，杀戮大臣，致使祸乱遍及国内。唐公正因是皇室近亲，不忍坐视社稷败亡，生灵涂炭，故举兵起事。"

"李渊可是要推翻大隋，自立为帝？"

"不，唐公只是要废黜不当立者，而拥立贤者为帝。"

"这是你们汉人自己的事，与我们突厥何干？"

"唐公欲约可汗起兵，与可汗兵马同入京师。"

"无端将我们拉入战火，可有什么好处？"

刘文静知道，始毕这是在公开要价，其贪利嗜财的本性什么时候也不会改变。其实，唐公举兵进取长安，并不指望有突厥兵马相助，这是靠不住的。之所以这样说，不过是要下一个肥美的钓饵，稳住突厥人，免得他们乘虚袭扰太原，致生后患。

文静对始毕笑笑："自然不会让大汗白白出兵。唐公许诺，待与可汗兵马同入长安之后，人众土地归唐公，而财帛金银归突厥。"

这可是一条大鱼，与刘武周那条小鱼相比，根本不是一个量级。

始毕满心欢喜，当即设宴款待刘文静，并答应派大将康鞘利率领 2000 骑兵随刘文静同来参战，另外资助战马一千匹。

听文静说完，李渊及众将领都极为高兴。军中所传突厥人联合刘武周进攻太原的谣言不攻自破，他们可以放心西征了。

当下，李渊接见康鞘利，好言抚慰，派往右军，由李世民统一指挥。

八月初三凌晨，乘着漫天大雾，李渊率领大队人马从东南山麓的小路进军，神不知鬼不觉地出现在霍邑城下，在城东五六里处安营扎寨。

霍邑凭山临水，易守难攻。宋老生采取坚守不出的战略，唐军又缺乏攻城器具。若是久攻不下，长期拖在这里，不能迅速西进，对唐军将极为不利。

李渊对此深为忧虑。李世民献计道："宋老生勇而无谋，以轻骑挑之，他自会出战。只要将这条老蛇引出洞来，再截断其后路，则杀之不难。"

李渊说道："你说得不错，前些日子我们被大雨困在雀鼠谷，他不知乘势出兵偷袭，坐失良机，可见也并非什么大将之才。不过，他毕竟带兵多年，有些战守经验，只凭激将之法，他未必上当。"

世民道："此事我已思虑再三，我们可先放出谣言，就说宋老生与我军早有勾结，因此不肯出兵截击，意欲放我们挺进关中。他当然知道杨广性好疑忌，害怕下属参奏他通敌，朝廷治其叛乱之罪。到那时，看他还能不能坐得住。"

世民刚刚说完，李渊连连点头："这倒不失为一条妙计，可以一试。"

当夜，世民挑选了数十名弓弩手，将写着谣言的书札绑在箭杆上从四面八方射入城中。

第二天，霍邑城中果然谣言四起，军民们一传十，十传百，都说主将宋老生已生叛逆之心，暗中勾结唐军，顿时人心大乱。

宋老生听了这些谣传，气得暴跳如雷。正在此时，李世民、李建成带领大队人马从城下大路上招摇西行。李世民在马上向城头守军拱手说道："多谢宋老将军借道之美意。他日攻克长安，扶立新主，我李世民定会为将军请立头功。"

宋老生正站在城上察看敌情，闻听此言，顿时勃然大怒。这小子太轻狂。他决意亲自领兵出战，杀杀唐军的嚣张气焰。更重要的是，他已经被逼上悬崖，必须大杀一阵，方能洗清自己通敌的罪名，即使兵败，也能落个清白之身。

于是，宋老生命人打开城门，亲率三万人马倾巢而出。

此时，李渊于城东列阵，将士们高声叫骂。宋老生挺枪纵马，指挥大军掩杀过去。双方交战不久，李渊下令收缩阵地，宋老生误以为唐军怯战败退，率军紧追不舍。

趁此机会，世民、建成率领西去的大军急速回师，直逼城下，先占领了东门和南门外的高地，截断了宋老生的退路。

世民挥舞双刀，两腿轻扣马腹，一阵风似的从背后杀入了隋军阵地，一连砍翻了数十人。两口短刀皆已卷刃缺口，双袖全都染成了红色，血水淋漓。

将士们见主将如此神勇，个个奋勇争先，以一当十，隋军后队顿时大乱。

李世民命将士们大声呼喊："已生擒宋老生！""宋老生已成战俘，隋军弟兄们休再抵抗！"隋军将士们听说主帅已被生擒，也不知是真是假，一时人心惶惶，争相向城门处奔去。

世民、建成的军队早已守候在城门处，见溃军一窝蜂涌来，便奋力斩杀，城墙之外尸横遍地，血流数里。护城河里尸体漂浮，河水都变成了飘散着血腥气的淡红色。

宋老生见三万人马霎时溃散，变成了无法控制的散兵游勇。他一个人孤掌难鸣，只好打马向城中奔去。但见城门紧闭，又有唐军在外，只好向西落荒而逃。

此时，城上守军看到主帅，连声大呼，并从城头上放下一条绳索。宋老生连忙奔至墙下，双手挽住绳索，极力向上攀登，眼看就要登上城头。

唐军中有人惊呼："莫放跑了宋老生。"

李世民见状，冷笑一声："看他往哪里跑"，一面取弓搭箭，一面拍马向前冲去。在战马扬开四蹄、风驰电掣般的狂奔之中，世民拉满强弓，轻轻一纵，一支长箭飞射而去，不偏不倚，正中宋老生后颈。宋老生来不及哼叫一声，一个跟头从丈余高的半空栽倒下来，立时跌成了肉泥。

"好箭法！""李将军神箭！"唐军将士亲眼看到这精彩的一幕，禁不住齐声欢呼。

李世民的箭术确实是出神入化。他生于武将世家，又长于人皆尚武之乱世，父亲李渊便是闻名遐迩的神箭手，当年曾以箭术高超而被窦家纳为女婿。在这种环境里长大的世民，从小便练习弓马骑射，驰骋猎场。他体格健壮，又极能吃苦。他射出的箭比一般人要大出一倍，百步之外能洞穿门板。莫说宋老生那么大一个目标，就是城墙上一只二寸长的壁虎，世民要取它的性命也是百发百中。

此刻，夜幕已渐渐降临，城头上守军的面孔变得模糊起来。数十只昏黄黯淡的灯笼陆续点亮，在晚风中有气无力地晃动着，像守城的将士们一样无精打采。

李渊下令乘胜登城。由于缺乏攻城器具，兵士们搭起人梯肉搏攻城。

军头雷永吉冒着不断飞来的流矢第一个登上城头，他挥刀奋力砍杀，连杀数人。已经没有了主帅的守城隋军群龙无首，还能有什么斗志？至此便一哄而散。

雷永吉带领弟兄们飞快地跑下城墙，打开南门，放下吊桥，大队人马蜂拥而入。

霍邑城遂告攻克，西征路上的又一大障碍被扫除了。

霍邑大捷之后，李渊一面打开粮仓分发给城中百姓，一面以库中金银绢帛奖赏有功将士。

李世民在大军进退不决的关键时刻力排众议，据理力争，坚持南下西进，从而避免了战略决策上的一次重大失误，甚至可以说在生死存亡的关键时刻挽救了全军。对这一点，李渊和众位将领都十分清楚。论功行赏，李世民无可置疑当属头功。李渊下令，奖赏其黄金五百两。

众将领纷纷来贺，李世民淡淡一笑："攻城略地，冲锋陷阵，都是士卒弟兄们冒死在前，没有他们，我李世民何功之有？霍邑大捷是他们用血肉之躯换来的。"说罢，他把雷永吉叫来，将五百两黄金全部交给他，叮嘱道："你把这些黄金全部分给营中的弟兄们。他们在这里打仗卖命，家中父母妻儿说不定还在忍饥挨饿。记住，特别是那些阵亡的弟兄们，要给他们家中多捎一些。"

雷永吉手捧着黄金，忽然双膝下跪，嘴角哆嗦了许久也没说出一句话来，而一大串热泪却从眼眶中滚落下来……

第六章　西风落叶　兵围长安

霍邑大捷之后，唐军马不停蹄，乘胜南下，接连攻克临汾和绛郡。

攻下绛郡的第二天，关中一股义军的首领孙华率领一万人马和大批辎重前来投靠唐军。

唐军此时已有十二万之众，声势浩大。兵精马肥，民心所向，正是一鼓作气直下长安的大好时机。

不料在这个关键时刻，李渊属下的将领们却在是否攻打河东郡的问题上产生了严重的分歧。

河东郡凭山据河而建，城池异常坚固。眼下有隋朝的将领屈突通率兵据守。屈突通乃是大隋名将，不仅骁勇异常，而且智略过人。在霍邑被唐军围攻失陷的时候，他隔岸观火，不肯发一兵一卒前往救援，只坚守河东郡城以图自保。

李渊召集众将领商议对策，裴寂说道："屈突通拥有精兵三四万之众，凭坚守城。我们若不攻下此城，舍之而去，日后倘进攻长安不克，前有朝廷大军拒挡，后有屈突通率河东之兵来援，将腹背受敌，实乃危道。以在下之见，不如先集中兵力攻克河东，然后再挥师西进。长安倚仗屈突通作为外援，屈突通一旦败亡，长安则必破无疑。况且，河东乃是重镇，若不攻克，如何扬我军威，让群雄来归？"

裴寂说完，众将领亦纷纷求战。自攻克霍邑之后，唐军又连克临汾、绛郡，一路势如破竹，所向披靡。连续的胜利已使这些将领们头脑发热，以为小小的河东城可以轻取，都想趁热打铁夺下河东，以绝后顾之忧。

李世民静静地听众人说完，才不紧不慢地说道："众位将军欲攻打河东，心情原可理解，但眼下却不合时宜。兵法历来重视权变，而权变的关键在于神速，所谓'兵贵神速'。我们的目标是攻取长安，现在正应趁屡胜之威，抚归顺之众，大举西进。若是为了一座河东小城在此停留纠缠不休，白费时日，士气丧失，必误了大事。况且关中一带有无数举义的豪杰无所归属，正盼着我们早日前往招抚。至于屈突通其人，并非隋室心腹之将。如今退守一隅，不过是为了保存实力，以观风向。倘我进军顺利，攻克长安，他断不会继续与我为敌。以此来看，我大军渡河西进，径取长安，陷入腹背受敌之境的可能性微乎其微。'功者难成易败，机者难遇易失'，当此之时，我等万万不可'失机'。当年杨玄感不肯接受李密'军事贵速'、'不可羁留'的上策，先是围攻洛阳，在西退的路上又滞留陕州，强攻弘农宫，从而失去了袭取关中的良机，终于被追兵所围而败亡，这一惨痛教训不可不记。"

李世民说完，刘文静、王长谐等人极表赞同，其余众将则一时默然。

李渊认为世民所言正中要害，有胆有识，颇具兵家之战略眼光，他为儿子的成熟感到骄傲。但是，为了以防万一，他还是决定兼取双方的意见，留下部分兵力，由姜宝谊、姜宝琮率领，作为偏师继续围攻河东，牵制屈突通。而自己却与建成、世民统率主力渡过黄河向西南进发。

主力过河之后，屈突通带一万人马出城，佯装追击，但一遇到姜宝谊率军来战，便急忙缩进城去，坚守不出。

李世民的分析是对的，此时的屈突通正是首鼠两端。对于隋朝廷他已不抱什么希望，这个千疮百孔的王朝必将败亡已是明摆着的事实。但作为隋朝的守土大将，不能眼看着唐军西进而毫无反应。他出兵佯追，不过是做个样子给朝廷看。而对于李渊的义军最后能不能成了气候，他一时还看不清楚。现在千方百计保存住这几万人马，以后不管是谁当皇帝坐江山，他前往投靠都有资本。

李渊率大军渡过黄河之后，向西南挺进，一路再未遭到什么像样的抵抗，就像锋利的锯斧砍伐一棵朽烂的大树，其进展出乎意料的顺利。

九月中旬，大军抵达朝邑。李渊住进长春宫，下令兵分两路：一路由建成率刘文静、王长谐诸军数万人，屯住永丰仓，把守潼关天险，以防关东的武装势力西入关中，并令慰抚使窦轨受其节制；一路由世民率刘弘基、长孙顺德诸军，沿渭水北岸西进，前往攻占泾阳、武功、盩厔、鄠县等地，慰抚使殷开山受其节制。

至此，唐军的战略意图已十分明显：以李世民所率西路为主力，从北、西、南三面包抄京师长安。然后，再让建成所率东路军西进，对长安形成合围之势。

李世民率军西下，一路攻城取县如拾草芥，各地官府纷纷献城。另外，分散于长安周围的那些大大小小的义军听说李唐大军已到，也都望风归顺，每天都有数千人来降。其中规模较大的，有李仲文、何潘仁等人率领的义军，皆有一两万人，而且战马甚多，装备精良。这样，仅李世民所率西路军数日之内便扩充至十三万人马。

占领泾阳、武功之后，李世民分兵据守，又亲率大军掉头向南，准备夺取盩厔和鄠县。这两个县城位于长安西南，对将来围攻长安至关重要。

大军行至半路，忽见前面大道上尘土四起，旌旗飘动，人喊马嘶，一彪人马飞驰而来，迎头拦住去路。

李世民大感意外，自入关中以来还未碰上过一支敢于公然拦路交战的劲旅，这是从何处飞来的人马？若说是隋朝官军，那旗帜和服装分明不像。再说，隋朝驻扎在附近稍微有些战斗力的军队早已被朝廷调回长安，为死守京师做准备；若说是当地义军，却部伍整齐，旗甲鲜明，显然纪律严整训练有素，与那些临时啸聚山林的山贼流寇大相径庭。

他命部队停止前进，列阵相迎，做好战斗准备，自己却飞马奔向前头，以探究竟。

对面的部伍越来越近，连行进在最前面的兵士的眉眼都能分辨清楚了。

只听有人喊道："来者可是唐公李渊的队伍？"

长孙顺德马上粗声回答道："正是。我们乃唐公麾下大将军李世民所率义师。汝等何方贼寇，还不赶快归降。"

"二哥——是我，我来了！"随着一声脆铃般的娇呼，一员银甲素袍的年轻将领乘一匹火团般的枣红骏马从对面疾驰而来。

世民一愣，尚未回过神来，早见妹夫柴绍已如箭一般冲了出去。

两人在中途相遇，各自匆匆下马，在两军阵前相拥相抱，接着便飞一般向世民跑来。

刚才听了那一声十分耳熟的呼叫，世民已猜到是谁来了。但他心中疑惑："是她？她怎么会在这里？"及至走到近前，世民仔细看时，果然是胞妹平阳公主（李渊称帝后所封）。世民慌忙下马，将小妹拥在怀里，激动得眼圈都有些发热。他们是一母同胞的亲兄妹，从小一块长大，已经三年不曾见面了，想不到会在这种情况下久别重逢。

"妹子怎么会这身装扮？这是哪来的人马？你这是要去哪里？"世民忍不住连珠炮般地发问。

"二哥先别问这个，这事说起来话长。父亲和大哥、四弟在哪里？他们可都好？"

"都好都好，小弟留守太原，父帅和大哥现都在进军途中。"

"二哥今日欲领兵何往？"

"奉父帅之命，欲前去攻占鄠县、盩厔。"

平阳公主嘻嘻笑道："杀鸡焉用牛刀。两个弹丸小城何须劳二哥大驾？小妹已将它们拿下了，现已有我们的兵马据守。"

"真的？想不到小妹如此了得。几年未见，当年的小姑娘竟一跃而为巾帼英雄了。"李世民大喜过望。

"二哥谬赞了。区区两座小城，连同这几万人马，就算是小妹送给父亲和哥哥的见面礼了。"

李世民欣喜地看看妹妹，再看看妹夫柴绍，三人不禁同时大笑。

盩厔、鄠县无须再去，世民下令队伍转回武功，杀牛置酒，为妹妹庆功，给她带来的数万将士们接风洗尘。

当天夜里，世民与平阳公主、妹夫柴绍住进了他们李家建于武功的别馆里。二十年前，也就是隋文帝开皇十七年（公元598年），李世民正是在这里呱呱落地，开始了他辉煌壮丽的人生旅程。

对这座久违了的别馆，兄妹二人都有着十分特殊的感情，这里的一草一木都留着他们孩提时代的记忆。

二人漫步在别馆空旷的显得有些荒凉的院落里，前后左右，角角落落都转遍了。一面走，一面各自讲述着分别三年来，特别是近大半年来的各种经历。

平阳公主十五岁时嫁给柴绍。不久，父亲李渊被任命为河东、山西慰抚大使，带上家眷和世民等人前往赴任。而平阳公主便与丈夫柴绍留居长安，一直过着平淡而又温馨的官宦人家的生活。

今年春上，父亲派人送来密令，让他们夫妇火速离开长安，急赴太原。

平阳公主知道父亲欲举大事，滞留长安危险万分。便急忙打点行装，准备与柴绍乘夜出逃。

不料朝廷似乎闻到了什么气味，加上他们早就对李渊有所猜疑和戒备，竟在他们逃离之前在柴府周围安插了盯梢密探。刑部尚书卫文升亲自调遣人马对他们日夜监视，如发现逃跑迹象，立即予以逮捕。

卫文升老谋深算，只要把平阳公主掌握在手中，李渊要想谋反，顾惜女儿的性命，必定投鼠忌器。

夫妇二人同时出逃的可能性是没有了，只有分头行动才有一线希望能够脱身。

柴绍让平阳公主先走，平阳公主却说："该是你先走，有我在这里，这个家一如平常，他们不会起疑。再说了，父亲要举大事，你乃堂堂七尺男儿，本就该早去聚义，共参机密。"

"那你怎么办？"

"我一个妇道人家容易脱身。凭着我这身武功，要甩掉门外那几条恶狗不是难事，你就放心走吧。"

妻子身怀绝技，柴绍远远不及，这一点他是知道的。她出身将门，从小受父亲和哥哥们熏陶，使枪舞剑，弓马骑射，诸般兵器都练得精绝。十二岁以后，曾跟随长安城里的武学名师学艺，练就了一身轻功，跃墙上屋、飞檐走壁都不在话下。

不过，这毕竟是生离死别，柴绍如何放心得下？这一夜，这对少年夫妻相拥相抱，缠绵话别，千叮咛万嘱咐，一直到了天亮。

半晌午的时候，柴绍穿了件半旧长衫，也不扎腰带，未戴头巾，提个金丝线编织的蟋蟀笼儿出门后一步三摇，懒懒散散地向钥匙巷方向走去。

隐蔽在他家附近的一个暗探急忙跟上，尾随了几步又觉得没啥意思。钥匙巷一带到处是勾栏曲坊和竞技场所。长安市面上的公子王孙、纨绔子弟们，经常在这里斗鸡走马，斗蛐蛐儿，或是嫖娼宿妓，追欢买笑。

柴绍平日好斗蟋蟀，去这个地方司空见惯，原不为怪。再加上他那个年轻美貌、娇滴滴的妻子还留在家里，他能跑到哪里去？跑得了和尚跑不了庙。

这样，由于暗探的疏忽，柴绍得以脱身，潜出长安之后，日夜不停直奔太原。

柴绍到了夜晚尚未回府，暗探们方知上当，只好加紧对平阳公主的监视和看守。但是，唐公李渊是太原留守，既没有公开反叛，卫文升也不敢下令抓人。若是一着不慎逼反了李渊，他这个刑部尚书也吃不了兜着走。

这样又过了三天。在一个漆黑的深夜，平阳公主换了一身夜行衣，腰系软鞭，怀揣利刃，来到后花园听听外面没什么动静，将身躯一拧，轻纵于墙头之上。向四周环顾了一番，便飘然而下，像是一枚随风飘下的树叶，落地悄无声息，然后迅疾向西跑去，很快便消失在茫茫的夜色之中。

尽管平阳公主轻功了得，还是没有逃过暗探们猎狗一样的嗅觉。

有两个暗探紧紧跟了上来。平阳公主行走如飞，不料这两个暗探也都是隋朝的大内高手，竟也脚不沾地般穷追不舍。

刚走到西城墙下，便听后面一声尖厉的呼叫，从黑暗中立时闪出了十几个人影，从四面八方围拢而来。

一场恶战看来是在所难免了。

"狗奴才，非要找死！今日让你们看看姑奶奶的手段。"平阳公主咬牙骂道，随手从腰中扯出了一条软丝钢鞭，照着冲到近前的一名暗探用力一挥，只听"啊呀"一声，那人左边脸颊连皮带肉被撕去了一大块。

众人见状，各自操刀拔剑，恶狠狠地扑了上来。

平阳公主一条软鞭舞得如万千长蛇，把自己罩得严严实实，那十几个人一时难以近身。

但这些人毕竟是富有经验的大内高手，一看鞭影稍稍松懈时，早有一人持刀扑了上来，虽然身上已挨了三四鞭，脖子上手臂上痛彻骨髓，但仍咬牙冲平阳公主当心刺来。

平阳公主急忙收鞭，身躯腾空而起，左手一扬，一把飞镖飞射而出，早有三人面门中镖，惨叫一声蹲在地上。

其余人众稍一愣怔，又发疯似的围了上来。就在此时，城门处人喊马嘶，一队兵勇举着灯笼火把向这边涌来。

平阳公主不敢恋战，若是再纠缠下去，今夜怕是难以脱身。她右手挥鞭，左手向怀中探了一把，口中怒喝道："龟孙子们，看镖！"随手一扬，便有三四个白色的团块向四周飞去。

众人不知是什么暗器，急忙闪身。只见这些团块在半空里散开，却是三包石灰粉。顿时烟雾弥漫，一片朦胧。这帮大内高手没料到这一着，一个个被呛得双眼淌泪，连连咳嗽。待烟雾稍散，再找人时，却见平阳公主已纵身攀上墙头。众人急忙张弓放箭，但为时已晚，只见她身影一闪，已飞掠出城。

平阳公主本欲向东，往太原与父亲相聚。但走了一天，她又折转回来。东去的各个路口、关卡已接到朝廷公文，到处张贴告示缉捕她与柴绍，李渊的其他亲属也在缉拿之列。

原来，此时李渊已在太原起兵，消息很快便传到了朝廷。

无可奈何，平阳公主只好掉头往南，沿着山间小路向鄠县走去。

鄠县有他们李家的庄园和上千亩良田，这里熟人多，亲戚多，境内又有高山密林，利于藏身。

回到鄠县之后，平阳公主将庄园和田产统统变卖，把所得银两一点不留全部分发给当地民众。接着，便在深山中树起大旗，招募兵勇，响应远在太原起兵的父亲李渊。

开始，她不过想聚得五六百人与当地官府周旋，以求安身自保。

不承想，大旗一树，鄠县的苦难民众蜂拥而来。数月之内便聚集了两万多人马。

人马一多，平阳公主便不再安于自保。她开始整编队伍，操练人马，演习各种阵法和攻战之术。

当李渊开始率军西进的消息传来之后，平阳公主坐不住了。她想到鄠县乃是将来攻占长安的桥头堡，便想一举攻克县城，作为日后献给父亲的见面礼。

鄠县不过是一座普通的小城，又与京师相距咫尺，天子脚下平日是十分安全的，因此，守城的兵士并不多。以平阳公主麾下两万余众攻此弹丸小城，如泰山压卵，破之易如反掌。

但是，一旦大兵临城，双方动起手来，或多或少必有伤亡。尤其是城中的无辜百姓也会遭受池鱼之殃。

她想智取，兵不血刃占领县城最好。兵法云，不战而屈人之兵，上上之策。

七月十五日是鄠县城内清凉大殿的庙会。这一天，烈日喷火，酷热难熬，天地间没有一点儿风，像个煮沸了的大汤锅。一大早，那些一夜未眠的知了便躲在密叶下不断地鸣叫。

平阳公主打扮成个官宦人家的小媳妇儿，身穿粉白色绸裤，淡绿色纱衫，发髻高绾，饰以金钗银簪。手中拿着一把圆如荷叶的凉扇，坐在一乘竹篾凉轿上，由七八个山里的弟兄轮番抬着，悠闲地去城内庙会上烧香还愿。

庙会上人山人海，男女老少摩肩接踵。富人家的娘子、小姐们穿红挂绿，尽管手中小扇频摇也早已香汗淋漓，将涂脂搽粉的俏脸蛋冲出了一道道污痕。穷人家的男子汉们早脱成了赤膊，却仍然挥汗如雨。街道两边全是卖吃食的，馅饼、包子、枣糕、凉粉、冰糖葫芦、如意粉团应有尽有……

平阳公主掏出碎银子买了些凉粉，让扮作轿夫的弟兄们吃着解渴。自己走进庙里燃烛插香，轻轻跪拜，口中念念有词，像是在向清凉老母还愿，心里却在暗暗祈祷，求神明保佑今夜夺城成功，并愿父亲的军队早日开进关中，攻占长安。

烧香还愿已毕，平阳公主便就近找了一家客栈住下，再不露面。几个弟兄则分头出去打探路径。

夜深人静时，平阳公主闪身出了客栈。此时的她已摇身变成了一位风流

唐太宗李世民

儒雅的年轻书生。头戴暗花方巾，身穿淡青色薄绸长衫，腰系一条米色伏凤带，缀着几粒蓝田玉坠，手摇一柄玉骨缎面折扇，带着三个手脚利落的弟兄疾步向县衙走去。

他们来到县衙后院，平阳公主轻提丹田之气，脚尖在地上一点，飞身跃上墙头。然后随手抛下一根绳索。那几个弟兄没有她那么好的轻功，只好借绳索攀缘上墙。进了后院，一个弟兄带路，径直向县太爷的卧室奔去，白天他已踩探清楚，县太爷就在第二进房子的居中三间。

他们轻推屋门，那门虚掩着。几个人闪身而入，借着窗外明亮的月光一看，坏了，县令竟不在这里，床铺上的被褥叠放得整整齐齐。

平阳公主一惊，怕遭人暗算，忙纵身跃出屋外。四下里仍无动静，仔细听听，从东面厢房里传来了一阵细细的鼾声。

平阳公主悄悄摸过去，捅开窗纸一看，却是一个值更衙役赤膊仰躺在那里，睡得死猪一般。

一名弟兄以刀拨开门闩，一个箭步冲了进去。冰凉的刀尖紧抵在那衙役的胸口上。

那衙役一个机灵惊醒，睁眼看时，吓得怪叫了一声。那个弟兄沉声喝道："别出声，否则老子宰了你。那狗官去哪了？"

"你……你是……是问谁？"

"你们县令。"

那衙役好像才回过神来，知道不是来杀自己的，胆子也壮了，口齿也利索了："我们老爷，啊不，是那狗官，他去搂着相好的睡觉去了。"

"在哪里？"

"就在县衙西边不远。"

"走，带我们去。"

"行，兄弟这就去。"

他披上上衣，带着一行人向县衙西边的一条胡同走去。

原来是个农家小院，众人不用费事便进了院子。上房里还亮着灯，他们走到窗下，听见县令正与一个女人打情骂俏。

这县令叫赵尔信，也是读书人出身。为官倒是不贪不占，清廉自守。因为没有银子行贿上级，十几年来一直是个七品小官，早已对官场心灰意冷，有些倦鸟思归了。

前年夫人因病去世，他未再续弦，不知怎么就与这个三十出头的寡妇勾搭上了，一来二去打得火热，便常常到这里歇宿。

"好了，天不早了，你睡吧，我该回衙了。"接着，便听到一阵窸窸窣窣的穿衣声。

平阳公主一脚踹开屋门，飞身冲了进去。那县令赤裸着上身，便被她手中那冷光闪烁的利剑抵着僵在那里。

那女人"啊"的尖叫了一声，抓过一条被单捂住了身子和脑袋。

"这位是何方壮士，下官与你无冤无仇，何故……"赵县令毕竟练达世故，竟有些不慌不忙。

"姑奶奶是南山中的绿林好汉。"

"姑奶奶？"赵县令一时愕然，迅即明白了，笑笑说道："噢，知道了。下官听说过，原来阁下是唐国公的千金，近来散尽家产救济贫困，从而名满长安一带。你找下官要报何仇？"

"不为报仇，是特来让赵县令献出城池官库的。"

"这个好办，这座小城迟早都是唐公的，下官愿意效劳。"

这样，就在当天夜里，赵县令采取了极为合作的态度，下令守城将士打开城门。早在城外埋伏的平阳公主的人马有条不紊地开进城来。平阳公主不费一矢，不亡一卒，顺利地占领了鄠县县城。

不久，李渊的堂弟，也就是世民和平阳公主的堂叔李神通也在蓝田县举旗造反，聚集了近一万人马，率队来到鄠县与平阳公主会合。

平阳公主与叔父合兵一处，足有三万余人。他们一商量，决定再攻下盩厔县城，为唐公率大军围攻长安铺平道路。

八月初，平阳公主与李神通合力攻城，仅用了不到两天的时间，城克。盩厔县令因负隅顽抗而被斩首，其他守城将士大都缴械投降了。

听着她这些曲曲折折而又充满传奇色彩的经历，李世民不禁感慨地说道："古人云，时势造英雄，英雄造时势。杨广昏聩，致使天下大乱，想不到却造就了小妹这样一位巾帼英雄。但愿小妹大显身手，造就一个新天下，新乾坤。"

平阳公主娇嗔一笑："二哥这是在取笑妹子。如今长安人谁不知道二哥才是大智大勇的大英雄？小妹愿在二哥麾下一切听二哥调遣，做个冲锋陷阵的马前卒，为打下江山尽些绵薄之力。"

"壮哉，小妹斯言！"李世民拊掌大笑："不愧是唐公的女儿，将门世家之后。我这就派人奏知父亲，让你与妹夫柴绍在军中各置幕府，自率一军。小妹所率部伍称为'娘子军'可好？"

"娘子军？这倒新鲜。可算得自古绝无仅有之创举。不过，小妹的那支队伍可大多是男子汉，前来投军的健妇义女尚不足三成。"

"那没什么，可以先这样叫着，统兵大将是位娘子嘛。只要旗号一打出去，自会有大批妇女蜂拥来投。天下妇女受苦之深更甚于男子。一旦有人开了头，她们一定会为跳出苦海火坑挺身而出。说了半天，还没问叔父呢，他现在何处？"

"打下盩厔之后，叔父便一直忙于操练军马，打造兵器和攻城器具。现正领兵据守两座县城，等待父亲和哥哥们派师前往。"

翌日一早，李世民命长孙顺德、刘弘基、柴绍各率一支人马分赴泾阳、盩厔和鄠县，严加据守。令叔父李神通、小妹平阳公主跟随自己的中军同守武功。并派人向父亲通报军情，请示何日攻打长安。此时，大将殷开山已攻下扶风县城，唐军从北、西、南三面铁桶般地将长安死死围住。

李渊已探明，驻守河东的隋军屈突通部陷入了东行不可、西归无路，正在犹豫观望的处境，已不足为虑，便下令李建成、刘文静留下部分人马把守潼关，挑选精兵移师西进，从而对长安形成了风雨不透的四面合围之势。

万事俱备，只欠东风，李渊作为三军主帅，正在耐心地等待着发动总攻的最佳时机。

李世民事实上已成了攻打长安之战的具体指挥者。在眼下围困长安的二十万唐军之中，竟有十六万是李世民直接统率的部属。

他丝毫不敢大意，每日驰骋于各个县城之间，督促诸将领日夜操练兵马，突击训练攀登攻城之术。亲自检查各军所造攻城用的云梯、抛石车等战具。夙夜操劳，事必躬亲，他的脸颊明显地下陷，两只眼睛也熬得血红。

他又下令，各军将士皆宿于营帐之中，不得进入村落侵扰百姓，违者立斩不赦。

第七章　高瞻远瞩　广纳群贤

这日傍晚，李世民从扶风骑马赶回武功的中军大帐，浑身大汗如雨，口渴得像要冒烟。他匆匆忙忙地洗去了满脸的灰尘，坐下来正要喝茶，却见已成为他贴身侍卫的雷永吉进来禀报："将军，军门外有人想见您。"

"让他进来就是了。"

"他不肯，指名道姓要将军到军门外迎接。"

"唔，是个什么样的人？"李世民顿感诧异。

"看样子四十多岁，像个教书的学究。"

"你没问他叫什么名字？"

"问了，他不肯说，只说姓房。"

"啊呀，是他？你怎么不早说。走走走，快去迎接。"

李世民疾步来到军门，便见一个中年男人站在外边，不时地缓缓踱步。世民一边走一边仔细打量着他，只见此人四十六七岁的样子，黄面皮，黑胡须，两道淡眉下一双不大的眼睛黑白分明，闪动之间于精干中透着沉稳老练。

见李世民走出军门，那人方迎上前来，略施一揖说道："在下房玄龄，一介布衣，却必欲将军枉驾出迎，未免有失礼节。将军果然出门相迎，足见礼贤下士之诚，房某不虚此行了。"

李世民慌忙还礼笑道："世民久慕先生大名，先生风尘仆仆远道而来，世民走这几步路算得了什么？只因事先不知，未能远迎，还请先生恕罪。"说罢，上前挽住房玄龄的手，将他热情邀至中军大帐。

世民说的都是心里话。自进关中之后，他在征战之外，把大部分精力都放在了访求高人贤士上。房玄龄这个名字已不知听多少人说起过，只是无缘相见。

此人乃名满京师的关中大儒，不仅擅长文学，诗赋文章皆名冠一时。尤其精于经邦济世、治国安民之道，对于历朝历代的典章律令、刑名掌故、鼎革权变之术，皆有精深的研究和独到的见解。

他曾做过隰城县尉，是个不入流的小官，空有宏图大志难以施展，每日郁郁寡欢。后见隋朝廷腐朽暴虐不堪收拾，像个浑身上下都流着坏水的烂甜瓜，祚运将终。便干脆弃职而去，隐居乡间，以等待机遇。

李世民曾派人四处探访房玄龄，终不得遇，想不到今日他能主动来访。踏破铁鞋无觅处，得来全不费工夫，世民满心喜悦自不待言。

当下二人款步来到大帐，世民命人准备酒宴为先生接风，房玄龄从来不饮酒，又是在军中，因而坚辞谢绝。

世民也不勉强。二人草草吃罢晚饭，侍卫们沏上茶来，他们一边品茶，一边畅谈。

"先生不辞劳苦亲至军中造访，必有奇策授我，还请不吝赐教。"李世民开门见山，看看房玄龄，态度虔诚地说道。

"将军率仁义之师入关，威名布于四方。玄龄慕名而来，说奇策妙计谈不上，心中倒是有个不小的疑团求教于将军。"房玄龄也不绕弯子，开口便直奔主题。

"先生请直道其详。"

"贵军号称二十万，四面围定京师已逾旬日。长安守军老弱病残，城中百姓与朝廷离心离德，盼义师入城如大旱之望云霓。贵军欲破此城，如秋风扫落叶，唾手可得。不知为何迟疑不发，至今尚未攻城。"

"先生是问这事。在下也颇为着急，已多次催促父帅发兵攻城。但父帅总说时机未到，要再等一等。半月来，我数番派人至城下晓谕守城军士，义军志在立代王杨侑为帝，并无争夺大隋江山之意。想让城里代王等人主动打开城门。城内至今并无动静，因此迟迟未能攻城。"

房玄龄笑道："唐公之意明眼人一看便知，无非是要证明大军在太原举义时所言'尊隋夹辅'之意不虚，借以向众人宣示他在实实在在地履行自己的诺言，并无窥视神器、南面称尊之心，从而利用朝廷的名义达到服人心、安天下之目的。就一般情形而言，令尊的想法和做法亦不失深远老到。因为夺取京师不难，要坐稳京师、收揽天下人心殊非易事。能够不战而下人之城，和平进据长安，尽量保持朝廷各有司稳定有序，以免进城后陷入混乱，这自然是上上之策……"

房玄龄看看李世民，见他听得颇为认真，喝口水润润喉咙，微微一笑道："将军勿嫌在下说话啰唆，房某见将军是旷达之人，待人至诚，今日愿一吐为快。"

李世民急忙正色说道："先生所云皆金玉之言，世民虽费万金而难买。愿先生知无不言，言无不尽。"

房玄龄又说道："恕在下冒昧直言，上策归上策，但时机不对。此时何时？群雄逐鹿，谁甘心隋'鹿'落于汝父子之手？中原一带的李密、窦建德、江淮的杜伏威、萧铣等且不说，他们离长安尚远。仅京师以北以西，又有多少逐鹿高手？梁师都据有夏州朔方，国号为梁，北连突厥；李轨占领武威，保据河西；薛举、薛仁杲父子，以金城为首府，国号西秦。这些人尽已称帝称王，哪个是省油的灯？而其中以薛举父子最为猖獗，早就盯上了长安这块肥肉，今日已有举兵东进的迹象。若是他的三十万大军突然而来，试问贵军将何以应付？京师之西又是一片血染尸横的战场，哪还有余力去夺取长安？攻城时机稍纵即逝，万不可再犹疑不决，还请将军三思。"

听到这里，世民不禁击掌说道："先生所言恰中今日情势之要害，也正是我日夜忧虑之所在。不过，父帅固执己见，我与大哥多次苦劝他都不为所动，为之奈何？"

见世民心急火燎的样子，房玄龄稍一思索，断言道："文谏不行，何不武谏？"

一听"武谏"二字，世民心中悚然一惊，疑惑地看着房玄龄。

房玄龄冲他狡黠地一笑，又说道："将军休要误会，在下所说'武谏'对令尊毫无恶意，更非兵戎相见式的逼宫。"

"那该如何谏法？"

"将军麾下有许多新近归附的山贼流寇，这些人大都是三辅一带的土著之民，又多为亡命之徒，对隋朝廷恨之入骨，必欲亡之而后快。因而攻城心切，迫不及待。又编于义军不久，其野性未改……"

"妙计！好主意！"未等房玄龄说完，李世民已高声叫了起来："先生的意思是让这些新归附义军的部伍不遵军令，擅自强行攻城，以造成义军攻城的事实，使父帅箭在弦上，不得不发。这主意高明至极，对新归诸军世民可以无力约束为借口，父帅也难以用军法处置。他害怕一旦乱兵入城，滥杀无辜，既危及代王杨侑及隋室宗亲，又祸及百姓，从而有损他的清誉，坏了大事，必定下令大军攻城。"

房玄龄说道："正是这个意思。将军冰雪聪明，一点即破。"

世民兴奋地从座椅上站了起来，在帐内来回踱步。少顷说道："好，这事就这么定了。另外尚欲请教先生，大军攻占京师之后，扫平动乱、安定天下这盘大棋该如何走？"

唐太宗李世民

"先扫荡西北，稳住三辅，建立磐石砥柱般的强固后方。然后据关中富庶险要之地，厉兵秣马，养精蓄锐，静观中原群雄恶斗。二虎相争，必有一伤。待彼竭我盈，可东出宛洛，南向江淮，一鼓作气荡平天下。"房玄龄成竹在胸，随口答道。

这一见解与李渊、李世民父子的想法不谋而合。世民深深庆幸自己初入关中这块藏龙卧虎之地，便遇上了一位张良式的高人。他忙说道："当年孔明未出隆中已熟思三分天下，如今先生隐居京畿便谋定一统神州。父帅欲成就大事，今日得人矣。明天世民便向父帅举荐先生。"

房玄龄忙摇头说道："将军谬赞了，玄龄草木之人，怎敢与先哲古贤相比？再者，玄龄此来只因慕将军之名，何须惊扰唐公？良禽择木而栖，贤人择主而事。我虽非贤人，却只欲效力于将军麾下。"

世民见他如此说，愈加高兴，便说道："既如此，末将军中所有职位任凭先生选取。"

房玄龄淡淡一笑："房某此来非为谋取高官，只想略尽绵薄之力，助将军成就伟业。也是为借将军之德才福泽，一展自己平生抱负。我读书人出身，手无缚鸡之力，上马不能挽弓，下马不能挥戈，能在将军幕府中做个宾客足矣。"

世民略一思索，说道："也好，那就先委屈先生做个记室参军，此后军中大小事宜世民也好旦夕讨教。"

当夜，世民命人在帐中另置一木床，两人相对而卧，继续畅谈。

"自古以来，人才是成就大业之根本。先生交游广泛，往来尽是鸿儒，还请多多招揽天下名士。"

房玄龄爽朗地大笑起来："这正是我想对将军说的话。以后大军每攻克一城，收复一地，自有玄龄为将军招贤纳士。此来之前，我已联络了一批贤能之人，估计明天便可到达军中。"

这样，两人你一句我一句，越说越投机，都有相见恨晚之感。不知不觉中帐外天已大亮。

"彻底长谈，不觉东方之既白，让先生受累了。"

"话逢知己千句少，酒不投机一滴多。与君一席话，如沐春风里，何累之有？"

两人同时哈哈大笑。

次日下午，果然有冠氏县令于志宁、安养县尉颜师古等一批饱学之士因受房玄龄之邀如期来投，世民喜不自胜。更让他感到高兴的是，他的妻兄长孙无忌（长孙顺德的族侄）也于这天不约而同地前来投靠。世民知道，房玄龄举荐的人物绝无凡夫俗子，而他妻子长孙氏的这位胞兄也是一位熟读经史，颇具才略的人物，以后必能成为自己的重要臂膀。

两三天之后，便有十几股最近来投的关中流寇不经准允开始擅自攻打长安。京城四周李唐义军的大旗到处飘扬，云梯高架，战鼓齐鸣。将士们前赴后继，奋力攀登，喊杀之声此起彼伏，震耳欲聋。

其他各军受其影响，群情汹汹，也都准备攻城。

大火已经燃起，谁也休想将它扑灭。

李世民匆匆忙忙来见父亲，进门便焦急地喊道："父帅，我大军自太原起兵以来长驱直入，所过之地罕有经宿不破之城。如今围困京师却迟疑不前。若延误战机，新附之人将在暗中轻视我太原之兵。更何况他们不听将令，已各自先行登城。倘若长安被他们率先攻破，这些毫无军纪可言的山野之人烧杀掳掠无所不为，到那时我等将如何处置？"

李渊虽然很不高兴，但事已至此，也没辙可想了，便说道："我之所以暂不攻城，不过是想让内外共知我之初衷，以安天下人心。既然我的计划已被打乱，那就晓谕各军准备攻城。但是，"说到这里，李渊变得声色俱厉："汝兄弟及各军将领都须严令部属，破城之日对隋室宗庙、代王杨侑及宗室亲属不得有丝毫侵犯，对城中庶民百姓不能有半点侵扰。有违令者不管是太原兵马还是新附诸军，我必杀他以正军纪！"

十一月九日拂晓，北风凛冽，严霜如雪，二十万大军如汹涌的潮水，将长安城团团围住，大规模的攻坚战终于拉开了序幕。

此时的隋朝廷内无劲旅，外无援师，就像滔天大浪中的一艘破船，真的是岌岌可危了。

朝臣之中大都离心离德，四散奔匿。只剩下刑部尚书卫文升、将军阴世师等人还在组织老弱病残拼死抵抗。

这帮人别无选择，他们既是隋帝杨广的心腹死党，又在李渊于太原起兵后挖掘了李氏的祖坟，完全断绝了自己的退路。只能横下一条心，与朝廷这艘破船共存亡。

留守长安的代王杨侑其实还只是一个十三岁的孩子，他能有什么主见，只能由着卫文升他们瞎折腾，自己则每日战战兢兢，等待着命运的安排。

恰在这个时候，刑部尚书卫文升终因过度惊惧和日夜操劳，突然呕血而亡。整个朝廷更像被抽掉了主心骨，连苟延残喘也难以继续了。

十一月十二日，城破。守城将士纷纷投降。二十万义军列队入城，井然有序。长安城中的百姓们将酒食果品排满大街两侧，欢呼雀跃，载歌载舞，迎接义军入城。

李世民率领部下一路未遇任何抵抗，顺利进入皇宫。他命长孙顺德率一部人马迅速前去封存和警戒朝廷府库。命刘弘基率兵查封图书典籍。下令严禁掳掠哄抢，违者格杀勿论。

他自己则带领数十名亲随径往代王杨侑所住的东宫走来。

此时的代王杨侑，身边所有的侍臣，包括那些太监宫女，皆各自惊骇奔散，只有侍读姚思廉和一名十六七岁的姑娘仍然陪侍在身边。

当几十名义军涌进大殿，杨侑突然"哇"的一声大哭起来，蜷缩在大殿一角，单薄稚嫩的小身躯就像秋风中的落叶瑟瑟抖动不止。

侍读姚思廉和那位姑娘已站在杨侑的身前，用自己的身子紧紧地护住了他，面对着这群闯入者，表情冷漠，怒目相向。

李世民正欲举步向前，却听那姑娘厉声喝止道："唐公兴兵举义是为了匡扶帝室，卿等休得无礼！"

众人一片愕然，迅速止步。世民也是一怔。这姑娘容貌端丽，身材纤弱，在此非常时期却能临危不惧，想不到隋廷后宫里还能有这样的奇女子。看她的年龄身段，不像是皇上的妃嫔，而她的穿着装扮和雍容华贵，又显然不是宫女侍婢。

世民满脸堆笑问道："敢问这位姑娘是……"

姚思廉向前回道："此乃当今皇上的三公主千岁殿下。"

噢，这姑娘便是杨广那艳冠群芳的三女儿，怪不得能有如此气度。但在这城破国亡之时，她不去设法藏匿保命，跑到这里来干什么？

原来，杨广的这位三姑娘虽是藏于深宫的金枝玉叶，却颇有些侠肝义胆。在诸多的王子王孙当中，她从小便特别疼爱代王杨侑。城破之后，见众人皆树倒猢狲散，各自逃命，她深怕杨侑受害，便不顾一切地跑到了这里。

"公主殿下勿惊，末将正是奉唐公之命前来保护代王的。"李世民轻施一礼说道。

"你是何人？"公主仍不肯相信，冷着脸问道。

"末将乃唐公膝下二子李世民。"

"原来是李将军驾到。"姚思廉趋前一步，双膝下跪道："老朽姚思廉忝居代王侍读。代王年幼，谁家没有个十二三岁的孩子？朝廷之事他并不了解，每日在后宫读书而已。何人有罪，代王亦无罪。将军仁义之名早已传遍京师，万望将军对代王曲意保全，必欲问罪，老朽愿以身代死。"说着，早已老泪纵横。

世民亦不禁动容，忙双手将他扶起，说道："姚大人休要狐疑，唐公一言九鼎，代王可保无虞。就请大人和公主殿下暂住东宫，仍陪侍代王左右。"

见世民一脸虔诚，公主略觉放心。一时转忧为喜，上前深施一礼，谢道："将军大恩，妾身没齿不忘。"

世民慌忙还礼："公主殿下言重了，世民哪里敢当？"说着，冲公主一笑。四目相对，竟如电光石火相撞。公主不觉一阵心慌，两朵桃花霎时飞上了粉颊。

世民让妻兄长孙无忌带兵戒严东宫，转身而去。京师刚破，有许多大事等着他去处置。

他先派人到处张贴告示，安抚城内的士庶民众，让他们各安其业，切勿惊恐。店铺酒楼茶肆歌榭皆可照常营业，城内秩序很快恢复正常。

随后，他又让刘文静、裴寂晓谕留在长安的朝廷百官，各自在家听命，不得藏匿逃奔。

一切安置妥当之后，他与建成骑马来到城外，亲迎父帅李渊入城。暂居长乐宫。

次日一早，李渊率建成、世民等人亲往东宫，以天子仪仗将代王杨侑迎至大兴殿，仍令姚思廉侍奉左右，派亲兵严加警戒保卫，然后退还长乐宫。

李世民正欲随父帅退去，忽然想起炀帝的三公主仍留在东宫，心中不禁一动。忙转身来到东宫，见公主正在独自垂泪，便上前抚慰道："公主勿忧，有末将在不会有人伤害殿下。义军中有一娘子军由我的小妹统率，公主可暂去那里居住。"

见这位年轻英武的将领如此有情有义，曲意呵护，杨公主不由得心中一热，两串泪珠纷纷坠落，忙款款下拜，细声说道："多谢将军美意。"

世民叫来一乘小轿，将杨公主送至娘子军中。找到妹妹，一再叮咛要她一定多加关照，确保公主安全。妹妹似乎看出了世民的心思，向他嫣然一笑："二哥放心，小妹晓得事情的轻重。在我这里，公主连一根汗毛也掉不了，我会像保护亲嫂子一样保护她。"

"又在贫嘴！"世民笑着佯嗔道，说着扫了杨公主一眼，见她早已垂下头，粉面潮红，便不再说什么，扬鞭策马而去。

李渊的大将军府临时设在长乐宫，他住在这里，夜以继日地亲自指挥处置政权交替的各种大事。大军顺利进城，百姓们热情拥戴，市井秩序迅速恢复，朝廷的各级官员也渐渐安下心来，由惊恐失措、徘徊观望到主动合作，这些都出乎他的意料。

人心所向，大局已定。李渊下令将杨广的死党阴世师、滑仪、崔毗伽、李仁政等十余人以"贪婪苛酷，且抗拒义军"的罪名斩首示众。卫文升早死几天，避免了斩首之痛。

李渊刚要宣布除此十余人之外，其他朝臣一律不再问罪，裴寂却来奏报，说是在京城之内意外搜捕到了马邑郡丞李靖，请示如何处置。

李靖字药师，是三原人氏。少年家贫，又父母早丧，便寄住于外祖父家。其舅父便是北周名将韩擒虎。受舅父影响，他自幼勤习武功，熟读兵书，不仅武艺精绝，弓马娴熟，而且足智多谋，深谙兵法。是个百里挑一的文武兼备的人物。

其舅父韩擒虎在世时，常对人说："可与之谈论兵法者，非此子而谁？"

成人之后，李靖胸怀大志。见隋朝上下贪虐，便料知国脉必不太久，亦常怀图谋四海之志。

李靖由于对大隋朝廷早就失去了信心，他年近四旬仅仅做了个马邑郡丞，屈居于一帮庸吏之下，每日从政不过是例行公事，当一天和尚撞一天钟罢了。

他把大部分精力都放在了观察天下大势、分析时局的变化上，对于李密、窦建德、杜伏威、萧铣，甚至薛举父子等先后起兵的各路英雄，都详尽地研究过其优势和弱点，认为这些人都难成帝业，不配他李靖辅佐。

刘武周因与马邑太守王仁恭的小妾通奸，因而将其杀死，举兵造反，依附突厥人当了儿皇帝，他更是嗤之以鼻，耻与为伍，便只身离开马邑，径回长安。

不久，便听到了李渊父子在太原起兵，挥师西进的消息。从李唐义军一路上攻城拔寨，势如破竹，而对沿途民众却能秋毫无犯，从而深得人心的事实看，这倒是一股最有前途的军事势力。也许未来的天下将落于李渊父子之手。他想前往投靠，却又犹豫再三。

原来几年以前，在李渊任山西、河东慰抚使时，他们二人之间曾因一些小事发生冲突。他拿不准李渊能否容纳自己。

另外，在李唐义军进展顺利时，以李靖的清高秉性，更不想猴急着去攀高枝，唯恐被他们李家父子看轻了。因此便迟疑不决，拖延至今。

大军围城之后，长安必破无疑，这是明摆着的事实。李靖更陷入了极大的矛盾之中。李渊若是小肚鸡肠，留在这里将十分危险。以他的身手和绝顶聪明，要想遁去极为容易。

但他没有走，李氏父子将拥有天下，在他看来几乎是铁定的事实。要实现自己出将入相的抱负，此其时也。大丈夫不能建功立业以流芳千古，生有何欢？死又何惧？他决意留下来撞撞大运，将自己的吉凶祸福交由上苍来决定。

因此，义军入城之后，他不躲不藏，反而每日潇潇洒洒地在大街上走来走去，有意招摇。

裴寂知道李渊与李靖以前的过节，听说李靖尚在长安，立即派人将其锁拿，然后急匆匆地来向李渊邀功。

"对此人如何处置？"裴寂问道。

李渊不假思索，挥挥手道："斩！"

于是，李靖被戴上木枷铁镣，押上囚车，向朱雀桥大街驰去。

想不到李渊真的如此心胸狭窄，我与你既无杀父之仇，亦无夺妻之恨，一点不足挂齿的私怨竟衔恨在心，必欲杀我。看来，他也不过是个气量狭小的庸人。这样的人如何能包容四海而南面称尊？

他心中一阵阵冰凉，看看大街上正在翘首观望的百姓们，忽然仰脸朝天，哈哈大笑。笑罢大声喊道："李渊自称兴义举兵是为了平定暴乱，拯救万民，原来都是欺人之谈。今日大兵初入城，尚未站稳脚跟便欲报私仇泄私愤以杀壮士，如此之人与暴君杨广何异？"

凑巧，李世民恰在此时骑马路过这里，听了李靖的呼喊，心中凛然。急忙冲过去，横马拦住囚车，对押解囚车的士卒们说道："我乃唐公麾下大将李世民，汝等稍候，我这就去见唐公。没有我的命令，不得行刑。"

说完，让跟随自己的侍从雷永吉等人持刀守住囚车，在马腚上猛加一鞭，箭一般向长乐宫方向飞奔而去。

他气喘吁吁来见父亲，尚未收住脚步，便大声说道："父帅，李靖不能杀。"

"为什么？"

"他乃韩擒虎的外甥，文武双全的旷世奇才。天予此人，杀之实在可惜。"

李渊冷笑一声道："不错，李靖文韬武略，当世无双。我与他同朝为官多年，这些焉能不知？唯其如此，更得杀他。"

世民一惊，顿足说道："方今狼烟未靖，四海未定，正值用人之际。千军易得，一将难求。如此奇才，一人可抵雄师百万。一刀下去，岂不是自毁长城？况且我等大业未竟，正欲广求贤能。今若挟私怨而杀李靖，必令天下英雄寒心，名士却步。"

"你只知其一，不知其二。此人历来胸怀大志，桀骜不驯。今若纵之，他日倘为祸乱，将无人能制。"

"敢下海者自能降龙，敢上山者便能伏虎。孩儿不才，自信能收揽天下英雄而统驭之。还望父帅免李靖一死，将其置于孩儿军中。"

见世民固请不止，李渊暗忖：起兵几个月来，世民的表现也确实卓尔不凡，以其德才或许能降住李靖。当今用人之际，可先用之。以后若他心怀二志，再诛杀不迟。想到此处，便放缓了语气说道："既如此，你可去传令赦免。不过，以后与其共事，可要时时当心。"

当李世民飞马赶回囚车处，早已汗流浃背。他满脸通红，一头雾气，额角上挂着汗珠，刚下马便喊道："还不快打开囚车。"

李靖被取下木枷铁镣，纵身跳下囚车。世民急忙上前，深深一揖道："在下李世民见过将军，得罪之处，还请将军原谅。"

李靖也忙还礼道："救命之恩，李靖谨记在心了。"说罢，转身便走。

世民忙一把将他挽住，笑着说道："将军莫走，请到在下府上一叙。"

李靖看看世民，一副至诚至恳的表情，也便不再推辞，爽朗一笑："好吧，那就去贵府叨扰一趟。"

李世民带李靖来到他的临时府邸，房玄龄早已迎候在门口，见了他们，笑着说道："恭喜将军又得奇人，从此更是如虎添翼了。"

李靖问道："此是何人？"

世民道："这是新来的记室参军房玄龄。"

"啊呀，久闻大名，不想能在此相遇，"李靖惊喜地说道："先生是天下有名的孝子，且聪慧机敏，博览经史，又工于草隶。看来，公子府上可是人才济济啊。"

他们一边说着一边来到客厅坐下。房玄龄又对世民说道："将军府上今日是名流云集。这几日，我去乡下访得一位大贤，已将他请到府上。"

"可是那位杜如晦先生？"

"正是此人。"

房玄龄转身出去，不一会儿领来一位恂恂儒者。世民看时，年龄三十七八，身材颀长，面白髯黑，风采俊雅。

对于杜如晦，世民已听房玄龄多次举荐。他是京兆杜陵人，字克明。从小聪明绝伦，读书过目不忘，喜欢与人谈史论文，见解透辟，口若悬河。大业初年曾任滏阳县尉，处置各种复杂政务举重若轻，剖断如流。后因痛恨朝政腐败昏暗弃官遁回杜陵老家以务农为生。

大军进城之后，房玄龄不肯参与封金库、收图籍诸事，却向世民请假，去乡下探访杜如晦，今日终得聚于一堂。

李世民一日之间竟得两位海内高人，其兴奋愉悦之情溢于言表，大声对下人们吩咐道："准备盛宴，多上美酒，今日群贤毕至，高朋满座，我等要一醉方休。"

见他像个大孩子似的乐得手舞足蹈，李靖、房玄龄、杜如晦等人你看看我，我看看你，忍不住同时开怀大笑。落寞半生，终于碰上了这么一个爱才如命的伯乐，三个人都有一种欣逢知己的感觉。

十一月十六日，李渊率文武百官恭请代王杨侑于大兴殿即皇帝位，是为隋恭帝，大赦天下，改大业十三年为义宁元年，遥尊杨广为太上皇。

同日，李渊自长乐宫入驻皇城。恭帝降诏，敕封李渊为大都督、尚书令、大丞相。以武德殿为大丞相府，改教称令，每日于虔化门视事。

数日之后，恭帝再次降诏：军国机务，事无大小，文武设官，位无贵贱，宪章赏罚，咸归相府。唯祭祀天地，四时奏请皇上。

李渊立即行使权力，封裴寂为丞相府长史，分管政务；刘文静为大司马，分管民事、军事。封李建成为唐王世子；李世民为京兆尹、秦国公；李元吉为齐国公。

跟随李渊于太原起兵的诸位心腹皆各加官晋爵。

不久，李渊又派李建成率领一支人马去太原将李家及各个将领的家眷接至京师长安。临行之时，裴寂又特意嘱咐建成，一定要将晋阳宫中的尹、张二妃秘密带至长安。

至此，不仅朝中群臣，就连京城的普通百姓都看得清清楚楚，一个新的王朝就要诞生，大隋帝国已经名存实亡，行将寿终正寝了。

第八章 恭帝禅位 大唐诞生

李唐大军攻陷长安、立代王杨侑为帝的消息传到扬州，跟随炀帝巡幸江淮的朝中诸臣一片惊慌失措，如丧考妣。唯独炀帝听了臣下的奏禀之后，却出乎意外地镇静，淡淡一笑说道："这原在预料之中。长安失了，还有东都洛阳。他日洛阳失了，还有江都。若是江都仍然不保，还有江南大片锦绣江山。神州之大，天下之广，足够朕与卿等享用后半生的，何须忧烦？"

众臣僚知道皇上已经心灰意冷，破罐子破摔。不仅无意北还，恐怕连偏安江南也失去了信心，不过是在打肿脸充胖子，得一时乐一时罢了。众人不再吱声，心中却像压了一块大石头，阴郁沉闷，焦躁万分。

杨广回到后宫，萧皇后也听到了外间的传言，婉转劝谏道："长安已失，皇上应早为之计，选贤任能，调兵遣将，勿使洛阳、江都重蹈长安之覆辙。"

杨广苦笑着摇摇头道："朕何尝不着急，但早已晚了，社稷之事已不可为。天下逐鹿者岂止一个李渊，如今是四面起火，八方冒烟，山林草泽盗贼如蚁。大隋江山已经满目疮痍，不可收拾了。不过，"他话锋一转，将萧皇后揽在怀里，不无自得地说道："朕当皇帝十三年了，已经享尽人间富贵，穷极世上奢华，山珍海味，金玉宝玩，美色姝丽，朕应有尽有。若论享太平之富，极当世之乐，历代帝王数以百计，谁能与朕比肩？贵贱苦乐，更迭为之，就是有朝一日大宝落于他人之手，朕亦无憾。只是可惜……"

"可惜什么？"萧皇后颇为奇怪，江山丢了都不足为憾，还有什么可惋惜的？

杨广站起来走到一面铜镜前，镜子里映出了一张剑眉朗目、棱角分明的英俊脸庞。他举起右手拍拍自己的脑袋，自我解嘲地笑道："可惜此好头颅将不知被何人砍去。"

萧皇后听得心中"咚咚"乱跳，脸色刹那间变得苍白，却再也无言以对。

杨广说得没错，若论穷奢极欲，荒淫无度，历史上的帝王很少有人能出其右。

自从登上皇帝宝座之后，杨广便开始了他荒淫无道的帝王生活。

有的人说，对权力的攫取越是手段恶劣，少廉寡耻，无所不用其极，那么取得权力之后就愈是私欲膨胀，贪婪无度，丧心病狂。杨广正是这类人中的极端者，凡是历史上那些荒淫君王所能做到的种种花样，杨广都发挥得淋漓尽致，到了登峰造极的地步。

他继位不久，即以暴君的狰狞面目拉开了新的历史帷幕。

先是大兴土木，营东都，修西苑，开运河，修建各地离宫。每月役使民夫多达200万人，病累而死者十之四五。

青壮男丁多为役夫，田园大都荒芜，不仅穷苦百姓流离失所、转死沟壑者十之八九，就连那些无权无势的富有之家也在隋政权的敲诈勒索下陷入冻馁而十室九空。

随后，他三次征讨高句丽，三次巡游江南，经年征兵抓夫，竭泽而渔。使男丁死于矢刃，女弱毙于路衢，四民丧业，五湖萧条。终于将天下万民推入了朝不保夕的水深火热之中。

无怪乎当时便有人用四个"穷"字概括了炀帝继位之后的所作所为，即"穷奢极欲，穷凶极恶，穷兵黩武"，最后必定落个"穷途末路"。如此评价，可谓一语中的，入木三分。

仅看一看他所营建的东都洛阳，宫殿、苑囿之富丽恢宏、豪华堂皇，就可见其奢靡无度之一斑了。

大业初年，炀帝为了巡幸洛阳，命宇文恺、虞世基营建东都，穷竭民力物力，南北采办，东征西调，驱使百姓力役日夜拼命，两年之内即全部完工。

新建成的东都皇宫位于洛阳中部偏北处，方圆数十里。以显仁宫为主体的大小建筑群星罗棋布，错落有致。殿堂林立，楼阁高耸，各种亭榭玲珑小巧，风格迥异，玉树琼花点缀其间，美不胜收。

在皇宫之北又筑一苑囿，苑之中央凿一大湖，环绕大湖又开四个小湖，取五湖四海之意，各湖均以白石砌岸。湖之四围栽种各色奇花异草。湖旁筑有长堤，堤上百步一亭，五十步一榭，两侧桃花灼灼，杨柳依依，各湖之中无数龙舟飞舸往来游弋。

炀帝亲自为五湖题名。东湖因四围种有碧柳，又有两山翠微，与波光相映成趣，遂名为翠光湖。

南湖因有高楼夹岸，倒射日光入湖，遂名迎阳湖。

西湖因荷花满池，黄菊遍山，白鹭青鸥往来翩飞，遂名金光湖。

北湖因有许多奇石怪兽横于水中，微风一吹，波光粼粼，遂名洁水湖。

而中间一湖，池面宽阔，水波浩瀚，月光映照，宛如水天相连，遂名广明湖。

在五湖的北面，又辟一北海，占地千顷。

海中以太湖石造起三座假山，分别取名为蓬莱、方丈、瀛洲，以喻海上三仙山。每山皆形势峥嵘，气象万千。形态各异的山峰层层叠叠，怪石嶙峋。山中所建亭榭尽是奇材异料，金装银裹，如同锦绣裁成，珠玑造就一般。山顶高出百丈，登临可回眺西京，远望江南。

湖海之间修建砌石水渠，斗折蛇行，与宫外活水相接。

沿水渠风景绝胜之处各造一院，共十六院。皆以琉璃做瓦，紫脂涂壁。每院之间的空旷处梅花环屋，碧草铺地。又以黄铜、白玉、翡翠铸雕成各种瑞物，锦鸡漫步，白鹤亮翅，黄猿吟啸，青鹿交游，神态逼真，栩栩如生。

宫室苑囿建成之后，炀帝即派许廷辅等数十人分往塞北江南广选天下美女，充塞十六院之中。每院设夫人一名，嫔嫱数名，宫女侍婢数十名，供炀帝不分昼夜恣意宣淫。

又有一个叫何稠的，为了邀欢取宠，向炀帝进献御女车。此车构思精巧，匠心独具。车内极为宽敞，床帐华裳无不毕备。四围皆以鲛绡细细编成帏幔。从车内看外面，各色景物清清楚楚。而从外面窥视里边，却一丝儿不见。将许多金铃玉片散挂于帏幔之间，车行时叮叮咚咚，清脆悦耳，可将车中诸般淫声浪语淹没得干干净净。又在车的一角置一小间，只容一人，有机关设于其中，女子进入便被束住手脚，丝毫不能动弹。

在途中游玩时，一旦淫心突发，可以随时随处将十六院夫人或某一嫔嫱侍女召至车上，当众狎昵作乐。

这样日日笙歌，夜夜宴饮，依红偎翠，炀帝又觉得久而生厌，了无情趣。一时心血来潮，欲远离洛阳，南巡江都。

四海之内，莫非王土。当皇帝的自然想到哪里就去哪里。不久，选一个黄道吉日，炀帝便携着萧皇后和十六院夫人由宇文化及等一班佞臣护驾，乘坐千百条龙舟凤船沿着新开凿的大运河浩浩荡荡来到江都。

一晃又是三年过去了，炀帝在江都别宫仍是朝欢暮娱，酒色为伴，玩命似的寻欢作乐。

不承想，竟玩得江山易色，盗贼遍地，如今又玩丢了京师长安。

炀帝却仍然不思悔改。他看看满面愁容的萧皇后，无奈地说道："不是朕执迷不悟，实在是悔悟也晚了。车到山前必有路，皇后无须犯愁，朕已命人去江宁修建离宫，实在不行，咱们便去江宁，与那李渊划江而治。其实，人越到了这个时候，越应该想得开，放开手脚尽情享乐才是。"

萧皇后只得勉强笑笑，点头称是。

转眼已是义宁二年（公元618年）三月。南国春早，江都城里早已草木泛绿，繁花似锦，江风和煦如醉，碧水荡漾无波。

这日一早，炀帝见晴空如洗，红日照临，便又带上萧皇后和众夫人来到了别宫后苑。一进苑门，便见桃李争艳，万紫千红，如簇锦织绣一般。

炀帝着萧皇后并众夫人沿着苑中花径慢慢游玩观赏。所到之处，红一团，绿一簇，花香阵阵，浓香扑鼻。炀帝心中高兴，便令人在花丛中的树下摆设酒案，铺上绒毡，然后端来肴馔果品、琼浆玉液。他与后妃们席地而坐，相对而饮。

须臾间，早有一队歌舞伎列队而出，弹拨吹奏，丝竹齐鸣，仙乐婉转动听，如莺啼鸟鸣。

众夫人你一盅我一盅争献殷勤，轮番向炀帝敬酒。炀帝自恃海量，来者不拒，一会儿便喝得有六七分醉意。

他笑着说道："今日柳舒花放，春和景明，与众位夫人饮酒，不可只让这些歌伎们唱些旧曲儿，有失雅趣。皇后与各位夫人应即席赋诗作歌，吟唱侑酒。最后选出歌后、诗魁，朕必有重赏。"

原来这炀帝本是个极聪明的主儿，史称"美姿仪，少敏慧"，在诗赋文章、书法六艺等方面都颇有造诣，也甚为自负。因此，每当宴饮高兴时，便让后妃们赋诗填词。众夫人习以为常，早已有所准备。

众人略一思忖，便有一位美人着一件紫色纱衣，束一条碧丝鸾带，从席间站起来说道："贱妾不才，愿博万岁一笑。"

炀帝看时，却是仁智院的姜夫人，便听她轻敲檀板，慢润珠喉，细声唱道：

"皇苑春深恩露饶，芳菲红紫绿万条。

欲问花叶谁裁出，人道东风胜剪刀。"

炀帝说道："好诗，好诗。"众人也便齐声喊"妙"，于是赐姜夫人御酒一杯。

待她干了杯中酒坐于席间，又有晨光院周夫人挺身而出，当席唱道：

"昨夜东风吹透，一树杨梅开骤。香露滗金樽，恭祝千秋万寿。非谬、非谬，同醉太平时候。"

却是一曲调寄"如梦令"，炀帝觉得词句清新，而且寓意极佳，连连称善，也赐御酒一杯。

其他各院夫人也都争先恐后，各逞才情。

清修院秦夫人唱道：

"自来繁华如梦，一夜雨露与共。晓起花满枝，谁道春风无用？非颂、非颂，原是蓬莱仙洞。"

也是一曲"如梦令"。此后，其他夫人也便依"如梦令"曲牌吟唱。

和明院江夫人唱道：

"帝女天孙游戏，细把锦云裁碎。一夜巧绘春，群向枝头点缀。奇瑞、奇瑞，写出皇家富贵。"

影纹院谢夫人唱道：

"六中竞斗云鬟，谁把君王放闲？舞罢霓裳曲，细腰犹觉可怜。夜阑、夜阑，不知天上人间。"

文安院沙夫人唱道：

"桐窗醉梦和谐，蝉鸣恼乱心怀。除却鬓间钗，披衫慵坐瑶台。快来、快来，君王应怜奴乖。"

这沙夫人素来轻佻，此时已经半醉，这曲儿便有些明显挑逗的意味儿。

就在这个时候，只听外面传来乱糟糟的一片脚步声。虎贲郎将司马德戡、直阁裴虔通、内史舍人元敏等人率领一队人马各持兵刃，杀气腾腾地冲了进来。

这班人皆是宇文化及的嫡系亲信，今日正是奉宇文化及之命来杀杨广的。

这场阴谋弑君篡国的叛乱已经蓄谋日久，只是炀帝终日寻欢作乐，醉生梦死，一直被蒙在鼓里罢了。

宇文化及是宇文述之子，与其弟宇文智及皆是奸诈凶狡之徒。平日里为了荣华富贵，在炀帝面前极尽献媚取宠、阿谀拍马之能事。眼见着炀帝大兴土木，东征高句丽，南巡江都，朝政一天天腐朽溃烂下去，大好江山今日失一县，明日丢一城，从不进谏劝阻，只图眼前快活，挨一天是一天。

及听说李渊起兵杀进长安，宇文化及这才看清了隋朝大势已去，便开始暗中操纵，图谋不轨。

恰在此时，郎将窦贤带着家小偷偷潜出江都向关中逃去，有人禀告炀帝，炀帝派兵追击，将其一家老小皆杀死于途中。

宇文化及借此机会，召集裴虔通、司马德戡、元礼、元敏、赵行枢、杨士览等心腹将领至其府中，密谋起事。

众人都说道："在江都只能坐以待毙，逃走又要被追杀，左右都是死，总要寻出个死中求生的办法来。"

杨士览道："寻个时机，大家一齐出逃，你东我西，四散逃去，看他还怎么追。"

宇文化及没有说话，瞅瞅弟弟宇文智及。宇文智及说道："主上虽然昏庸无道，却仍掌有不少兵马。纵使一齐逃走，恐亦难免一死。如今是天丧隋家，四海英雄并起。我等拥兵万余人，不若共行大事。此乃帝王之业，事成后大家可同享富贵。"

众人以为可行，便议定推宇文化及为主。宇文化及也不推辞，先命司马德戡召集部下将领，说明举事之意，众人尽皆应允。接着，便于暗中打造器械，招兵买马，满城已经沸沸扬扬，却只瞒过了炀帝一人。

这日侦得炀帝又与众美人在后苑中饮酒淫乐，宇文化及便命司马德戡等带人前往杀之，自己则带上亲随径去大殿等候消息。

偌大的皇宫防卫竟同虚设一般。司马德戡带兵到来，竟无一人反抗，也无一人前去通风报信。

见一队人马持刀佩剑突然出现在后苑，一个个眼露凶光，面透杀机，那帮穿金戴银的美人们早如一群被戳了窝的小家雀，抖抖索索地挤成了一团。有人啼哭，有人抽泣，还有的竟吓得尿了一裤裆。

"昏君杨广何在？"司马德戡暴雷般地吼了一声。见无人应声，他气势汹汹地向前跨了几步，以冷森森的长剑指向一个夫人的心窝。那夫人早吓得浑身稀软如同一摊烂泥，勉强抬起右手，指了指那辆御女车："在……在那里……里边。"

车内的杨广忽听外面人声喧杂，隔着帏幔向外一看，顿时惊得灵魂出窍。

这一天终于来了。虽然他早有预料，但却没想到会来得这么快。一旦真的大难临头，还是如五雷轰顶，惊恐万状。

他勉强穿上衣裳，面色苍白，踉踉跄跄地走下御女车。

司马德戡、裴虔通等人马上挺剑持刀围了上来。

炀帝看看众人，正要说话，却忽然听到一声歇斯底里的哭喊，只见他最疼爱的小儿子、十一岁的赵王杨杲从苑门处飞奔了进来，一头扑在他的身上，号哭不已。

司马德戡面显狰狞，不由分说，一把扯过这个孩子，当胸便是一剑。便听"噗"的一声，血花四溅。那孩子一声未吭，软绵绵地躺在了地上，两只惊恐的大眼睛仍在直愣愣地仰望着头上那片蓝天。

炀帝只觉肝肠寸断，头晕目眩。见司马德勘又冲他挥起了利剑，一时反而镇静下来，怒声问道："朕有何罪，以至如此？"

马文举在一旁冷冷地说道："陛下违弃宗庙，巡游不息，外勤征讨，内极奢华，使万民涂炭，啼饥号寒；邦国沦丧，烽烟四起。专任佞谀，饰非拒谏，何谓无罪？"

炀帝叹口气道："朕这些年实在有负于天下百姓，至于你们这些人，荣禄至极，为何还要这样？今日之事是以谁为首？"

裴虔通当即答道："普天同怨，何止一人？"

炀帝看这势头，自知杀身之祸今日难免。便又端足了架子，傲然说道："天子自有天子的死法，何能加以锋刃？取鸩酒来！"

司马德戡不屑地斥道："休要啰唆，此处是后苑，何处去找鸩酒？"

炀帝无可奈何，只好解下腰带绕在自己的颈上，闭目端坐。

司马德戡向兵士们示意，便有两名虎狼之卒冲上前去，各持腰带一端，用力一拉，炀帝顿时气绝。

这位穷奢极欲十余年的大隋天子不久之前还用新学会的吴侬软语对萧皇后说："外间大有人图侬，然侬不失为长城公，汝不失为沈后。"梦想着即使国破，也不至于身亡。至少也会像陈后主和他的沈皇后一样，能做个苟且偷安的亡国君后。

十几年前，杨广即位，亡国之君陈叔宝病死，杨广赠封他为大将军，长城县公。而十几年之后，轮到杨广自己国破身亡，居然连如何去死都无权选择。造化弄人竟是如此的残酷，而历史的轮回循环更是绝妙的讽刺。

当下，司马德戡回大殿报知宇文化及。宇文化及大喜，即令裴虔通等率兵杀戮宗室，无论少长均被杀戮殆尽。唯有秦王杨浩因平日与宇文智及相交甚好，被免于一死。

宇文化及则带领左右亲侍旁若无人地径直闯入后宫。

此时，后宫之内早已乱作一团。那十六院夫人中，有几个性烈的，为了报炀帝平日宠幸之恩，已自缢身死。而多数惜命怕死的夫人、嫔嫱和侍婢们则在萧皇后的带领下跪了一地，恭迎宇文化及。

宇文化及看看萧皇后，见她仍风韵不减，饶有姿色。便走上前去，淫笑着故意问道："你是何人？"

萧皇后满脸惶惧，泣声说道："妾身便是皇后萧氏，还望将军饶命。"

宇文化及嘻嘻一笑："噢，原来是国母。主上无道，虐害百姓，所以遭此变故，与皇后等并无干系。我虽擅兵，不过为了除暴救民，并无异心。倘不见嫌，愿共保富贵。"

萧皇后听他话中有音，立时变恐为喜，说道："皇上无道，理宜受戮。妾身与众夫人之生死日后全赖将军。"说着，与众人一齐磕头拜谢。

宇文化及忙让众人起身，一一好言抚慰。

当天夜里，宇文化及便留宿于后宫。

第二天，宇文化及率左右百官迎立秦王杨浩为帝。自立为大丞相，总摄百僚。封其弟宇文智及为左仆射，封异母弟宇文士及为右仆射。长子承基、次子承趾，俱令执掌兵权，其他心腹将士俱各封官晋爵。而那些平日与他有仇的人，像内史侍郎虞世基、御史大夫裴蕴、左翊卫大将军来护儿等皆遭杀戮。

大丞相虽然势焰熏天，八面威风，但毕竟不是位居九五之尊的天子。

宇文化及当然不甘心把这唾手可得的帝王宝座仍留给他杨家的人去坐。过了没有多久，他便命内侍以一杯毒酒鸩杀了杨浩，迫不及待地登上了那个令他垂涎日久的皇帝之位，并改国号为"许"，大赦天下，遍封群臣。

宇文化及登基称帝，心腹诸臣俱得重赏，自然皆大欢喜。独有一人却为此而忧心忡忡，闷闷不乐。

此人便是宇文化及同父异母的弟弟宇文士及。他见哥哥弑了炀帝，占了萧后，如今又夺了大隋江山，已经在江都城里惹得群情激愤。虽说炀帝穷凶极恶，但像哥哥这样为了一己之私公然篡国，到头来也会人心丧尽。况且，自己这位哥哥仅靠溜须拍马取得高位，胸无韬略，是个昏庸无能之辈，在这个群雄并起的动乱之世如何能站稳脚跟？他这个皇帝之位恐怕只能是昙花一现，自己若不早寻立身安命之计，迟早要为其所累。

宇文士及有一个同胞妹妹，名宇文淑姬。虽只有十六七岁，却生得姿容绝世，人又十分聪明。见哥哥终日饮食不香，睡卧不宁，一脸心事重重的样子，便已猜到了几分。

这日晚间，见屋内别无他人，她便问道："兄长连日来坐卧不宁，忧心如焚，可是因为大哥做了皇上？"

宇文士及大惊，忙呵斥道："小妮子家，休要胡说。"

淑姬却嘻嘻笑道："兄长如此慌张，必是被小妹的话点到了疼处。"

宇文士及叹了口气说："他做这个不明不白的皇上，实非我宇文家之福，我等怕要祸不旋踵了。"

"祸福在人不在天。哥哥何不离开这个是非之地？"

"唉，四海虽大，却到处干戈扰攘，并无我兄妹的立足之处。"

"小妹听外人说，李渊父子已进居长安，深得人心，我们何不去投奔他们？"

"我也想过此事。当年我与李渊同朝为官，相处得不错，投奔长安倒不失为最佳去处。不过，我们这位大哥素来疑心过重，若是知我等叛他而去，必定追杀，那样便会弄巧成拙，反遭速死。"

"小妹倒是想了个办法，不知是否可行。"

"快说来听听。"

淑姬将她的想法仔细说了之后，宇文士及顿时放开了紧皱的眉头，笑道："此计可行，可以一试。"

次日，淑姬找到大哥宇文化及，说道："后日便是父亲的忌日，大哥敢情是忘了吧？"

宇文化及一愣，拍拍脑壳笑道："这几天忙得晕头转向，倒真是忘了。"

"大哥初登大位，国务烦冗。小妹愿代哥哥们去坟头烧化纸钱，并将我宇文家的天大之喜告知父亲的在天之灵。"

宇文化及沉吟半晌，说道："好倒是好，只是你一个女孩子家，如何经得起这长途跋涉之苦？"

"三哥士及近日无甚大事，可否让他与小妹同去，也好代大哥这个当今天子在先父坟上磕个响头，以告慰他老人家。"

宇文化及刚当皇上，对这些小事也未及细想，便说道："那好吧，就让士及陪你去一趟，要速去速回。"

当天下午，宇文士及让家眷都改穿男装，扮作侍卫仆役，驾了几辆马车，与小妹淑姬一同出城，走大道，转水路，晓行夜宿，急匆匆地向长安奔去。

隋炀帝被弑身亡，标志着大隋王朝的彻底终结。这一消息不胫而走，迅速传遍了神州大地的每一个角落。

政治有时候是在演戏，历史上的政治家都深知其中奥妙。

李渊父子自从太原起兵之始，便打着拥立代王杨侑为帝的旗号，粉墨登场，开始上演这场谋取神器的有声有色的大戏。

大兵初入长安，鉴于当时的形势，为了稳定人心，李渊兑现了自己的诺言，迎立杨侑为帝。这场戏仍在按部就班地上演着。

如今不同了，隋炀帝已死，天下人谁都知道，杨家的江山已经土崩瓦解，不复存在了。那么，谁有能力尽快逮住这条奔逸亡命的肥鹿，谁做天下之主便是天经地义、无可指责的了。

该是脱下戏装堂而皇之地登上那座璀璨炫目的帝王宝座的时候了。

恭帝虽然只有十三四岁，却也知道自己的傀儡生涯到了该结束的时候了。在侍读姚思廉的指点下，五月初一日，恭帝先是降诏"李渊冕有十二旒，建天子旌旗，出警入跸"，已是全套的皇帝仪制。

五月十四日，恭帝正式下达"禅位"诏书，将皇帝宝座拱手让给李渊。并命文武百官，从此以后改事李唐王朝。李渊例行公事般地再三推辞，以至痛哭流涕。恭帝坚持不允，李渊最后只好"勉力"从之。

五月二十日，唐公李渊在长安太极殿正式登基，即皇帝位，是为高祖。国号"唐"。

历史终于翻开了崭新的一页——大唐王朝在风雷激荡的岁月里诞生了。

高祖李渊立即着手大封文武群臣。

李建成：封皇太子。

李世民：封尚书令、秦王。

裴寂：封右仆射、魏国公。

刘文静：封纳言、鲁国公。

李瑗：封刑部侍郎。

殷开山：封吏部侍郎、陈郡公。

陈叔达：封黄门侍郎、汉东郡公。

唐俭：封内史侍郎、晋昌郡公。

萧瑀：封内史令、宋国公。

李纲：封礼部尚书。

赵慈景：封兵部侍郎。

崔民干：封黄门侍郎。

窦琎：封民部尚书。

裴晞：封尚书左丞。

前些日子由河东郡主动率兵来投的隋朝骁将屈突通被擢拔为兵部尚书。

接着，高祖又派内史令萧瑀告天于南郊，大赦天下，改纪元为"武德"。推五行之运为土德，色尚黄。罢郡置州，改太守为刺史。

唐太宗李世民

被隋炀帝玩丢了的这头肥鹿太诱人，天子之位太令人艳羡。天下那些拥兵自重的"群雄"对此谁不垂涎欲滴？

除了刘武周、薛举、李轨、梁师都、宇文化及这些世之枭雄已经称帝称王之外，随着李渊在长安登上帝位，据守洛阳的王世充也急忙拥立越王杨侗（杨广之孙，代王杨侑之弟）为帝。旋即又杀死杨侗，挫败政敌，自立为帝，建国号为"郑"。

盘踞山东、河北一带的窦建德亦不甘人后，于武德元年称帝，国号为夏。

而转战于长江之南的杜伏威、萧铣等人，也都先后建国称帝。

至此，神州大地上群雄并起的局面已经演变成了万国林立的格局。

究竟鹿死谁手，此时便显得更加扑朔迷离。

果然，高祖李渊的皇帝宝座还没有坐暖，一个骇人听闻的警报便传入京师：薛举父子率三十万大军一举攻克扶风，正气势汹汹杀奔长安而来。

第九章　扶风凯旋　力克群雄

薛举父子率兵马三十万以疾风迅雷般的凶猛攻势攻克扶风，虎视长安，对于新生的李唐政权形成了极为严重的威胁。

高祖李渊和秦王李世民以及朝臣中的有识之士都清醒地认识到，能否彻底击败或消灭薛举父子这股军事势力，直接关系到李唐政权的生死存亡。因为西北一带对于新政权构成威胁的并不只薛举一股力量，还有许多潜在的隐蔽势力在等待观望。一旦薛举被击溃，这些势力就会迅速转舵，向大唐靠拢，归顺。反之，若是薛举父子占了上风，这些势力就会像一群恶狼似的猛扑过来，长安将危局立现，大唐政权也就岌岌可危了。

因此，对薛举这一仗只能胜，不能败，必须打出新王朝所向无敌的威风，树立起一个能够力克群雄、抚定八方的新王朝形象。

高祖决定派秦王李世民为统兵大元帅，率十五万大军前往拒敌。同时，派遣姜誉、窦轨率一部人马出散关前往安抚陇右一带；派李孝恭前往招慰山南，张道源前往招慰山东各派势力。以剿抚并用的策略来化解眼下的险恶局势。

秦王李世民在大军出发的前一夜把房玄龄、杜如晦和李靖召至府中，详细询问薛举父子的有关情况，商讨此次大战的打法，以确保知己知彼，一战胜之。

杜如晦首先说道："对薛举其人，在下略有所闻。薛举容貌魁伟，凶悍善射，骁勇善战。且家产巨万，常广散钱财以结豪侠，也算得上当地雄杰，绝非等闲之辈。

"前些年，他任金城校尉时，适值陇西一带盗贼四起，庶民百姓饥寒交迫。当时的金城令郝瑗招募了数千兵丁让薛举统领他们缉捕盗贼。

"就在薛举即将出师讨贼之前，金城令郝瑗设宴饯行。不料，薛举与儿子薛仁杲及同谋者乘机将郝瑗劫持，并诈称搜捕反叛朝廷之人，率兵将郡县官吏全部拘捕。同时打开粮仓，赈济贫民，公开招兵买马。不久，拥兵万余人的陇西大盗宗罗睺率众来附，薛举势力大增。便自称西秦霸王，建元'秦兴'，封长子仁杲为齐公，少子仁越为晋公，并任命百官。郝瑗本来就对隋朝廷不满，至此也便心甘情愿做了薛举的卫尉卿。

"后来，隋朝廷屯驻枹罕的兵马约一万人在将军皇甫绾的率领下前往讨伐薛举，双方各自布阵，尚未交战，忽然狂风暴雨骤起。开始是薛举逆风，皇甫绾不知抓住时机果断出击。过了一会儿，风向逆转，天色昏暗。薛举变为顺风，乘机策马冲杀。隋军一败涂地，薛举顺势攻克枹罕。羌族首领钟利俗在岷山拥兵两万，此时也率众前来归附，薛举声势愈加浩大。

"不久，他于兰州僭称'秦帝'，以妻鞠氏为皇后，母为皇太后，立祖庙于城南。接着又攻克善州等地，尽占陇西之地。

"此时西北一带尚有贼帅唐弼拥兵十万，也是一股不容忽视的势力。

"薛举先是遣使招抚唐弼，唐弼因此麻痹大意，戒备松弛，被薛仁杲乘机袭破且收服其十万部众，唐弼仅以百余骑逃遁。

"薛举又命仁杲攻取秦州，仁越攻打剑口。仁越被当时任河池太守的萧瑀击退，仁杲却攻克了秦州。于是，薛举便定都秦州，号称拥兵三十万。其胃口越来越大，这次攻占扶风，只是打打牙祭，意在吞食长安这块肥肉。幸亏我军速战速决，及时拿下长安，若是在长安城外继续相持下去，薛举大兵一到，究竟是个什么结局恐怕就很难预料了。"

听杜如晦说完，李世民看了看房玄龄，两人会意地一笑。

房玄龄说道："薛举号称拥兵三十万，其实有些虚张声势。除去分守秦州、枹罕等城的人马，此次进击扶风之兵马能有十七八万就不少了。不过，西秦将士素来剽悍骁勇，薛举麾下又多有人才，此次决战，实在大意不得。"

"先生可知他那里有何许人才？"李世民赶紧问道。

"别人且不说，只黄门侍郎褚亮便是名噪一时的鸿儒大贤，不仅学贯古今，而且长于经略，亦晓畅军事。辅佐薛举这样的人，真是太可惜了。"

李世民明白房玄龄的意思，对李靖说道："他日灭了薛举，务必设法将此人召至府中——薛举父子的情况大致如此，依将军来看，这一仗我们该如何打？"

"薛举此来兵锋甚锐，风头正盛，我军不可与之正面争锋。硬碰硬的打法，其结果可能两败俱伤。《孙子兵法》说，'凡战者，以正合，以奇胜'。以在下之见，秦王可率主力与之对垒，取佯攻稳守之势，让薛举以为我军是在以常规战法与之交锋。在下愿率一支精锐从西南深山密林之中绕道秦军背后，以奇兵偷袭。待我从敌军背后发起攻击之时，秦王再挥师猛攻，前后夹击，使其首尾不能相顾，必能大获全胜。"

对李靖这种出奇制胜的打法，李世民颇为赞许，但却不无担心地说道："西南一带山高涧深，自古并无人行之路，大军恐难以通过。"

"正因此处穿山越涧，道路险峻，有些地方连飞鸟猿猴都为之发愁，薛举才不会想到我军能从那里通过。至时大军化整为零，多带绳索软梯，只要能临机设法，这世上没有走不通的路。"李靖显得十分自信。

"那好，就依将军所言。"

两天后，李世民带领屈突通、殷开山、长孙顺德、刘文静等数员大将和十五万人马浩浩荡荡向西进发。房玄龄、杜如晦亦随中军襄赞军务。

大军在扶风以东三十里处与薛举的秦军相遇。

这里是一片广袤开阔的黄土塬坡，既不长庄稼，更没有树木，只有一些耐旱的生命力极强的小草和棘丛在热风中挺立着瘦削而又倔强的身躯，给这片浑黄的世界点缀上一点点绿色。

这里是一个古老的战场，一个可供大兵团作战的天然战场。

秦王李世民命大军在一条南北走向约有五六丈宽的大壕堑以东安营扎寨，分上、中、下三军，列成品字形金鼎阵。并在壕沟上面搭建了十几座临时木桥。进攻时人马可缘桥通过，拆桥后又可凭沟坚守。

每到深夜，秦王便派出数十股人马去秦营袭扰，也不求必胜。得手时便斩杀其有生力量，纵火焚烧其粮草。形势不利时立即退回。待秦军追来时，即以强弓大弩将其射退。

到了白天，薛举亲率人马前来挑战，要与唐军一决雌雄，任凭他大呼小叫，骂不绝声，直喊得口干舌燥，秦王却深沟强栅，坚守营寨，拒不出战。

薛举父子气得暴跳如雷。那薛仁杲本就性如烈火，怎耐得住这种泡蘑菇式的打法，便率领三万人马强行攻寨。当秦军漫坡遍野如汹涌的海潮呼啸而来时，迎接他们的却是疾风骤雨般的箭矢。那些箭矢拖着白色的箭羽像是长了眼睛，专往马胸人脸上乱碰乱钻。

兵卒、战马一排排倒下去，又一排排涌上来，那些侥幸冲到寨前的却被一条大壕沟迎面拦住。冲得急的来不及收缰，轰然跌入三四丈深的沟底，顿时颈折脑裂，顷刻毙命。两军如此相持了十日有余。

秦军欲进不能，欲退不舍，不知道李世民葫芦里卖的是啥药。薛举正在狐疑之时，却收到秦王李世民以长箭射来的战书，约定五天后与之列阵决战。

秦王估计李靖的奇兵此时已差不多绕到了秦军的背后，用不了五天肯定会发起攻击。

在秦王率大军离开长安的当天夜里，李靖带领五千精兵也出了南门，沿着一条向西南去的大道轻装前进。

这五千人都是从千军万马中仔细挑选的，几乎全是来自大山里的猎手或樵夫，一个个剽悍健壮，身手矫捷，攀山越岭如履平地。

刚出城的那段路地处平野，为了不暴露目标，李靖选择了夜间出发，并且命将士们全都装扮成都市平民、逃难者、商贾贩夫或外出狩猎的公子少爷，挎篮的、挑担的、赶驴的、推独轮小车的、赶大车的和骑马的，各色人等应有尽有。甲胄枪械则装在覆盖着各种商品的马车上。他们三五成群分散上路，约定在鄂县以南的深山里集结。

进入大山之后，将士们迅速换装，各持兵刃，在山间小路上快速前进。越往前走，山势越陡峭，几条由猎人们踏出的小道也都走到了尽头，他们便开始爬悬崖，攀峭壁，涉溪越涧，摸索前进。

三天以后，队伍进入了一片阴森森的原始森林。将士们小心翼翼地前进，他们的脚下是厚厚的绿毡绒似的草丛和滑溜溜的岩苔。草丛中时而可见一些盛开的野菊、山里红、狗尾巴花和许多不知名的小花。

高大的白杨、桦树、橡树和古槐老松密密麻麻，挺拔耸立。树枝交叉，树冠层叠，严密地封锁了企图透射进来的阳光。使这里大白天也与黑夜没有什么大的区别，阴冷潮湿，一片黑暗。

这是一个可怕的世界，吐着舌头的毒蛇在地面上和树枝间游走，不时地对着行人高昂起脑袋，瞪着一双冰冷无神的眼睛，准备随时出击。猫头鹰和一些不知名的怪鸟会突然飞起，寂静的山林中发出一阵阵响动，让人惊心动魄，毛骨悚然。

兵士们挥着刀剑斩断那些小胳膊粗的老藤和乱蓬蓬的荆棘，随时警惕着毒蛇猛兽的偷袭，在一步一试探地前进着，脸上、手臂上、脖颈上早划出了一道道血痕。

走出这片暗无天日的原始森林，将士们长长地舒了一口气。

接下来是一段较为平坦的山路，虽说也是蜿蜒曲折，七上八下，却没有什么险要之处。

可是，这样的路刚走了一天，他们便被一道天然屏障拦住了去路。

这是位于扶风东南百余里的摩天岭，山势陡峻，光溜溜的寸草不生。没有树林，没有鸟兽，没有山泉，自然也就无人前来，自古没有上山下山的路径。

将士们靠着绳索软梯你推我拉，好不容易爬上了山顶。但下山的路刚走了一半，他们便一下子愣住了。横在面前的是真正的悬崖绝壁，刀削斧砍一般，壁立千尺，深不见底。

李靖紧皱着眉头，带着几名副将东西南北到处察看，竟无一条下山的路。只有西南面有一处山势较为缓和，但石面光滑如冰，脚不能沾，一走上去立时便会跌个仰面朝天。

人马已走到了绝处，怎么办？

李靖踏上了一块巨石，冲部属们喊道："弟兄们，天无绝人之路。秦王在前面等着我们，我们只能前进，绝不能后退。前面就是刀山火海也得冲过去，就是死也得继续前进，是男子汉的决不能做孬种。"

说完，他看也不看众人一眼，拿一条毯子把自己连脑袋带身躯一块裹住，在缓坡处就势一滚，像半截圆木似的滚了下去……

主帅都不要命了，士卒们还有什么可说的。他们纷纷效仿李靖，以毛毯或麻单裹住全身。裹不了全身的仅包住了脑袋，把眼睛一闭，心一横，纷纷滚了下去。于是，在这个飞鸟不过的摩天岭悬崖处，顿时生出了一道千古未有的壮丽景观——人体瀑布。

五千士卒都下到崖底之后，李靖面颊上流着血，开始检点他的部伍。幸好，崖下千百年来厚厚的杂草枝叶掩盖了零乱的砾石，将士们多无重伤，只有个别人摔断了胳膊、腿，蜷缩在那里痛苦地呻吟着。有五个兵士因脑袋撞在了岩石上已经气绝。

李靖眼里含着泪水，命人将尸首抬到一个岩洞里。又派人在后面照顾伤兵。然后清点其余兵马急速下山，像一柄钢刀直向秦军的背后插去。

距秦王与薛举约定的日子还有两天，突然，秦军背后山头上有两股粗大浓重的烟柱冲天而起。这是李靖偷袭得手的暗号。

接着，便听到薛举营中人喊马嘶，杀声震天。

秦王立刻下令出击。顿时金鼓阵阵，号角齐鸣，十几万唐军排山倒海一般向秦军营寨冲去。

屈突通、殷开山、长孙顺德等几员骁将抖擞精神，从左、中、右三路出击。

秦王李世民也是戴盔披甲，挺枪跃马，率先冲入了敌阵。

空旷的黄土塬坡上数万匹战马在纵横驰骋，刀枪相交，剑戟往来，闪烁着一道道寒光，地面上卷起了一股股冲天黄尘，呛得人睁不开眼睛。

双方的兵士们像一群群生死恶斗的野兽，已经杀红了眼。有的紧咬牙关，一声不吭，抢动大刀长矛只顾向对方的身上猛砍猛刺；有的已脱掉了战衣，赤膊狂叫着横冲直撞；有的则干脆扔掉了兵器，与敌人在地上滚爬厮打，你卡着我的喉咙，我咬着你的耳朵。突然，一排马队飞驰过来，霎时间将他们踏成了肉泥……

有人被砍掉了脑袋，轰然倒地；有人被砍断了手脚，疼得蜷缩在地上凄厉地哀号着；有人脸颊被削去了一块，下巴上、脖子上淌着鲜红的血水，仍在疯狂地呼叫着同敌人拼杀……

到处是鲜血喷涌，到处是残骸断肢，到处是人和马的尸体。呼喊声、骂娘声、战鼓声、金属撞击声夹杂着双方兵士们的呐喊助威声，平日寂然无声的旷塬上腾起了一支惊天动地的悲壮而又惨烈的交响乐……

屈突通带领上千名骑兵策马飞驰，旋风一般冲进了敌阵深处。他那柄大砍刀挟风带电，无人能敌。抢动之时，但见白光一闪，早有一颗脑袋飞落地下。所到之处秦兵一片片倒了下去，其余的则吓得嗷嗷叫着四散而逃。

转眼之间，一千余骑已旋风般杀透了敌阵，来到了秦兵的背后。却见李靖带领四五千将士正拼命地向阵中冲杀。

于是，两处兵马合在一处，李靖已飞身跃上了一匹缴获的战马，舞动双剑与屈突通并肩冲杀，又顺原路向东杀去。

薛举开始听到自己的阵后杀声四起，以为是内部有人哗变，及发现是唐军兵马，心中纳闷，不知这股唐军是从何处冒出来的。急忙组织人马四面包剿，希望在短时间内将他们一举歼灭。

但就在此时，却听到东面大河决堤似的一片杀声，李世民的主力以泰山压顶之势冲杀过来。

他知道自己已经腹背受敌，形势极为不利。但他毕竟是驰骋沙场、征战多年的老将，很快便镇定下来，与儿子薛仁杲分兵两线，前后拒敌，硬着头皮拼命厮杀。

然而，他的兵士们却没有这么镇定。这些人横行于陇西一带，从没有遇到过如此强硬的对手，也从没有见过如此惨烈的场面。一具具断首破腹的血淋淋的尸体让他们心惊胆战，不寒而栗。

开始有人缴械投降，有人偷偷地弃戈逃走。这种畏敌保命的情绪就像瘟疫一样迅速蔓延开来，大批大批的逃兵四散奔匿，不顾一切地向南边的山林中跑去。

兵败如山倒，这种大规模溃乱的局势是任何人都休想阻挡和挽回的。

薛举骑在马上，举目看看自己那些四面逃命的士卒们，心中像刀割锥刺一般，多年苦心经营的这点血本顷刻间便化为乌有，顿感心灰意冷。

他急忙收拢身边的将士，且战且退，渐渐地与儿子薛仁杲的部属合兵一处，大概还有三四万人马。他知道，若不赶紧逃命，恐怕连这最后的家底都要赔个精光。

父子二人带领剩下的人马拼命杀出一条血路，向西北仓皇奔逃而去。

秦王李世民率大军乘胜追击，又斩首千余级，一直追到薛举父子向沙漠深处逃去方才收兵。

这一仗大获全胜。西秦号称三十万大军，被杀死杀伤无数，大部溃散。缴获战马上万匹，辎重和兵器难以计数。

在胜利回京的路上，将士们兴高采烈，眉飞色舞。李靖、屈突通等几员大将跟随在秦王身后揽辔缓行，一个个也是面显喜色，踌躇满志。

秦王李世民骑在一匹青骢马上与将士们说说笑笑，年轻英俊的脸上透着一股无法掩饰的豪情和喜悦。这可是他有生以来第一次独立统兵打仗，仗打得如此漂亮，他怎能不为之自豪？

当大军再次经过那片满地都是断剑残戟的战场时，他禁不住高声吟唱起来：

> 昔年怀壮气，
> 提戈初仗节。
> 心随朗日高，
> 志与秋霜洁。
> 移锋惊电起，
> 转战长河决。
> 营碎落星沉，
> 阵卷横云裂。
> ……

看着主帅如此高兴，将士们也都不约而同地哈哈大笑。

而那薛举却被这一仗打得晕头转向，心胆俱碎。

他带着残兵败将没命地逃重围后，人马刚刚歇下，便召集将领和谋臣议事，哭丧着脸问道："自古以来，可有天子投降敌国的事吗？"

显然，薛举已在盘算着是否向大唐投降称臣了。

黄门侍郎褚亮早就看出他们父子难以成就大业，便趁机说道："这样的事古来便有。当年越帝赵佗归顺汉高祖，蜀主刘禅仕于晋朝，不都是现成的故事吗？"

话音甫落，卫尉卿郝瑗却厉声说道："皇上失局不过一时之败，褚亮之言谬也。昔年汉高祖屡经败绩，蜀先主曾亡妻失子，四处逃窜，战之胜败，何代无有？岂能一战不捷便论亡国之计？"

几句话，立时又让薛举来了精神。他忙掩饰道："朕聊发此问，不过试卿等尔。"于是厚赏郝瑗，并从此引为谋主。重新收罗集结散亡兵马，准备北联突厥进逼长安，以雪此战之仇。

就在秦王李世民于扶风大败薛举父子的同时，中原一带的各路豪强也展开了一场大混战。

宇文化及在江都弑了杨广，占了萧后，随即又鸩杀杨浩，自立为帝并改国号为许之后，其野心也随之急速膨胀。

江淮一带虽是水乡泽国，但却也是鱼米之乡，但北有王世充、李密、窦建德等几支强大的军事力量相威胁，南面隔江与杜伏威、萧铣等几支义军相对峙，生存在这些虎狼之师的缝隙之中，境内又多为平原，无山川之险可凭，一旦遭到南北夹击，必将难以自保。

为了巩固帝位，必须向西北扩张，宇文化及把眼光也盯在了东都洛阳这块肥肉上。

他的部将士卒多是关中三辅一带人士，当年跟随炀帝巡幸江都，以为不过一年半载即可回师，没想到被各地义军阻断了退路，从而断了回乡的念想。

如今见宇文化及欲出兵中原，与王、李、窦等人争锋。夺取洛阳之后，自然要挥戈西进，打回关中老家去，这样便可与父母妻子团聚，因此上下一片雀跃欢呼。

宇文化及留下一部分人马守卫江都，亲自提点二十万大军浩浩荡荡杀奔中原而来。

他们一路攻城略地，势如破竹，很快便打到了河南境内。

河南是瓦岗军李密多年经营的大本营。此时，李密正率主力在洛阳与王世充相持不下。仅有部将王伯当率领五万人马驻守黎阳一带，以为偏师。

宇文化及率二十万大军突然兵临城下，王伯当猝不及防，被四面包抄，围得风雨不透。经过一天一夜的猛烈攻打，黎阳城破，五万人马全军覆没，王伯当仅带数十骑侍从侥幸脱身。

宇文化及攻克黎阳，尽占李密屯于此处的两大粮仓和无数的兵甲辎重，给瓦岗军以重创，愈加趾高气扬。于是便乘胜进军，一路北上，把下一个目标瞄准了军事重镇聊城。

聊城是窦建德的地盘，再攻聊城必然与窦军为敌。大臣赵行枢忙谏阻道："窦建德拥兵数十万，士马精勇，不可轻视。若贸然攻打聊城，是凭空又树一敌。不若绕道西行，与薛举、李轨、梁师都等联兵攻取长安，夺取三辅之地。"

宇文化及在鼻子里轻哼一声，冷笑道："窦建德匹夫，不过一农夫，两脚泥巴，有何智略？在王世充、李密与他三人当中数他最弱。朕此次北来就是要先吃掉这个软柿子。"

于是，宇文化及遂发兵攻打聊城。战事进展十分顺利，经过三天激战，击溃了窦建德的五千守军，占领了聊城。并以此为临时据点，开始向四面扩张。

消息传到乐寿，窦建德勃然大怒。

宇文化及对窦建德的评价有一半是对的，他曾经的确是个两腿泥巴的庄户佬。

他是贝州漳南人，家中世代都是种田为生的农民，他也自幼务农。

但是，他生来力气过人，又重义气，讲信用，喜好结交豪侠之士。

大业十一年（公元615年），因不堪地方官府的贪虐暴掠，窦建德率众杀死贪官，开仓放粮，公然竖起反隋的义旗。各地农民踊跃参加义军，队伍很快便发展到了十几万人。

大业十三年（公元617年）正月，他于河间、乐寿两县的交界处筑坛，自称长乐公，后立夏国，自称夏王。

夏王每次攻城拔寨，所得金银财物全部分给众将士，自己分毫不取。平日他不吃肉，只吃蔬菜和小米饭。他的妻子曹氏虽然做了皇后，却从不穿绸缎衣服，仍是布衣布裙，所使唤的奴婢不过三五人。因此，窦建德深受将士们和庶民百姓的敬重和拥戴。

宇文化及所说的"软柿子"，其实是个硌牙的铁秤砣。

窦建德被这个从江都流窜来的弑君篡国、淫乱后宫的乱臣贼子激怒了，老子不去惹你，你却千里迢迢跑来找碴，真是寻死不看好日子。

他决计报复，以雪奇耻大辱。不只是要夺回聊城，而且要让这个王八蛋死无葬身之地。

夏王复仇心切，于次日即亲率十五万大军，以刘黑闼为先锋，杀气腾腾直奔聊城而来。

窦建德全身披挂，骑一匹乌骓战马，自居中军，挥师急进。

走到离聊城还有七八十里地时，却见路边站着一个三十多岁的中年汉子，方巾长衫，黄面黑须，冲他拱拱手笑道："夏王别来无恙？"

窦建德觉得此人十分眼熟，仔细看看，忽然勒住马头，失声叫道："啊呀，原来是你，你怎么会在这里？"说着，急忙翻身下马。

"在下知夏王必去聊城讨伐宇文逆贼，特来助战，已在此等候数日了。"

此人姓徐名世勣，窦建德在未起事以前便已知其大名。

他是山东曹州人，少年时便好抱打不平，使勇斗狠。成年后更是行侠仗义，劫富济贫，广泛结交当地豪勇之士，有一批堪称死党的割头之交。数年以前，他与一帮哥们儿占山为王，杀贪官，诛污吏，劫富豪，称霸一方。

此人不仅武功精湛，骁勇异常。而且智略过人，机变百出。真正是有勇有谋，堪称人杰。窦建德与他有过数次交往。举兵反隋之后，曾往曹州邀他入伙，共图大事。可惜此时他已率领一帮弟兄投奔了李密的瓦岗军，从而失之交臂。

窦建德常为此事深感遗憾，今日突然相见，自然不胜欣喜。

"徐兄是魏公的心腹大将，为何要来助我？"窦建德不解地问道。

"夏王此话差矣。宇文化及乱臣贼子，天下人皆欲得而诛之。况且他在攻克聊城之前，先夺我黎阳粮仓，此仇岂可不报？在下便是奉魏公之命，前来助夏王一臂之力的。"

"魏公既有心助我，为何不派大军前来？徐兄虽说勇冠三军——恕我窦某鲁莽直言，仅你单枪匹马，又能济得甚事？"

徐世勣忽然哈哈大笑："夏王休要狐疑。常言道：'没有金刚钻，不揽瓷器活'。我徐某既然敢领命前来，就自有破敌之策。保管让夏王旗开得胜，杀宇文化及个片甲不留。"

"哦，徐兄有何妙计？"

徐世勣微微一笑："夏王若信得过徐某，徐某愿随大军同往聊城，共襄军事，到时候自见分晓。"

窦建德将信将疑，但见徐世勣如此自信，又知他不是那种口出狂言的轻浮之人，便让他跟在自己左右随中军同行。

原来，当日黎阳失守，王伯当只身逃回，向李密详细禀报，李密顿时怒火中烧。欲派大军前去复仇，又被洛阳城中的王世充拖住，分不得身，心中十分焦躁。

徐世勣来见李密说道："黎阳乃我粮秣军衣囤积之地，关系着大军此后的衣食饱暖，岂可轻失贼手？末将不才，愿去夺回黎阳。"

李密苦笑道："黎阳对我军举足轻重，我自然晓得利害。但此时不能分兵，大军一动，王世充乘机出兵，则大势危矣。"

"这个末将知道。我只需一千人马便可夺回黎阳。"

"一千人马？"李密大感惊讶："宇文化及可是二十万大军。"

"主公尽管放心，自古以来以少胜多的战例数不胜数。若夺不回黎阳，末将愿提头来见。"

李密素知徐世勣足智多谋而又老辣沉稳，便点头应允。

徐世勣亲自挑选了一千名勇猛善战之士，当夜便离开了大军营盘。

此时许军已攻下了聊城，宇文化及为了争夺中原，正在大肆招兵买马，扩充势力。

徐世勣命偏将王薄（就是最早在邹平长白山起义的那位王薄，以后投靠瓦岗军）带领一千名换了衣装的义军将士，诈称是泰岱山贼，前往投奔宇文化及。

宇文化及正在用人之际，见这一千人马个个剽悍勇猛，而且兵器战马精良，自然乐于收留。

徐世勣料定窦建德必不甘心聊城丢失，定会前来复仇，便只身在半路等候。

窦建德率大军来到聊城，只见城外寨栅互接，营盘相连，寨中不断有人马出入，无数面军纛在营帐上空迎风招展。

徐世勣说道："这是宇文化及之弟宇文智及率大军主力驻于城外，背城列阵，以做屏卫。夏王可令一将出战，冲其营盘，然后佯败，将其主力引开，而后攻城。到那时，城中自会有人接应，可获全胜。"

窦建德依计而行，命麾下骁将刘黑闼前去搦战，并说道："此次出击，只许败，不许胜，一定要将城外大军引向城南之蛤蟆谷，然后拼力将其缠住。待朕拿下聊城，自会派军前去接应。"

刘黑闼点起两万人马，耀武扬威向宇文智及的营盘冲去，兵士们一面击鼓前进，一面大呼小叫，骂骂咧咧。

宇文智及与大将郑善果、杨士览急忙列阵相迎。

刘黑闼挥舞一杆方天画戟，霹雳一般大喝一声，向宇文智及发疯似的冲去。冲至马前，也不管三七二十一，恶狠狠地照着宇文智及的面门猛刺一戟。

宇文智及赶紧举枪荡开，却感到对方力道沉雄，震得双臂都有些麻酥酥的。杨士览、郑善果忙挥动刀枪前来助战。三个战一个，期望将其一举擒获。

双方兵士也已经接战，刀枪相撞，马蹄交驰，战场上尘沙飞扬，一片人喊马嘶。

刘黑闼力敌三将，开始还精神抖擞，有章有法，渐渐地便落了下风。

看看不支，他忙对准宇文智及心窝虚刺一戟，拨马跳出圈外，对将士们喊道："弟兄们，快撤!"说罢，拍马向南跑去。其部属早有准备，听到主帅的喊声，一个个向南落荒而逃。

宇文智及在马上哈哈大笑："窦建德这个土包子，部下原来都是些胆小如鼠的毛贼。"急忙指挥大军一路追击，务求斩尽杀绝。

见宇文智及的大军追远了，窦建德赶紧下令攻城。夏军风起云涌一般冲了过去，先将城外的许军营帐点火焚烧，立时大火腾空，浓烟滚滚。

烟火之中将士们杀声雷动，奋力攻城。

攻坚战正进行得十分激烈之时，却听得轰隆隆一声巨响，城东门豁然洞开。一名将领立于门洞之处，大声喊道："我乃瓦岗军偏将王薄，夏王赶紧进城。"

原来王薄率领的一千人假称山贼归顺宇文化及之后，处处尽职尽责，深得信任。宇文化及将其编入大将司马雄麾下，负责守城。

夜深之后，王薄命部下军士储存了三日用水，便在满城井内遍洒药粉。

这几天，城中守军十之七八一齐病倒，上吐下泻，腹疼如绞。许军皆不知是什么缘故，又有谣言渐起，说是天降灾殃，有意灭许。一个个心惊胆战，哪里还有什么斗志?

除了病号之外，守城的兵士已经少得可怜。窦建德一发起攻城，他们更是顾了东顾不了西，狼狈万分。

王薄趁机率领弟兄们斩杀了东城守军后打开城门迎接窦建德。

窦建德率军入城，直奔宇文化及的临时行宫。宇文化及自以为有十万大军护卫在城外，城内将士虽一时病倒，也没什么大碍。

他做梦也没有想到，城池竟会在几个时辰内便告陷落。昨夜在寝宫中与萧后恣意淫乐，折腾了大半宿。此时正悠然地坐在宫内，与萧后说说笑笑，慢慢品茶。

忽听殿外人声鼎沸，不时传来侍卫们的惊呼和惨叫，宇文化及情知有变，急忙拿着一柄宝剑冲到了殿外。

已经晚了，殿外黑压压一片全是夏国兵马。夏王窦建德冲他嘿嘿一笑："宇文化及，你以为老子的城池就那么容易吞下？来人，给我拿下。"

一群兵士蜂拥而上。宇文化及知道被擒后亦无生路，徒遭侮辱，长叹一声，举剑在脖子上奋力一抹，登时扑倒在地，两腿蹬了蹬便气绝身亡。

窦建德命人割下宇文化及的首级，让大将范愿带上，率领数万人马急往城南蛤蟆谷驰援刘黑闼。

他自己则带着几名侍卫走进了寝宫。只见萧后仍是绸缎裹身，插金戴玉，却一脸泪痕，抖抖索索地跪在地上向他不断磕头。

这便是隋炀帝的正妻，曾经母仪天下的一国皇后？过去，当自己在家中务农时，说起皇后，那简直是天上的星月，地上的神明，如今却落了这么个下场，竟匍匐于自己的脚下。

他急忙侧身避开，便听萧后抽泣着说道："贱妾萧氏给夏王请安。"

"起来吧，你毕竟曾是一朝国母，本王不会杀你。但不知皇后今后做何打算？"

萧后知道自己已经性命无虞，心里又重新堆满了希望，忙说道："贱妾已是残花败柳，能有什么奢望？如蒙不弃，愿为夏王铺床叠被，侍奉大王，实乃三生之幸。"

窦建德吓了一跳，这个女人脸皮实在厚得可以。仔细看看她，确实风流妖媚，娇艳可人。

但窦建德平生不好女色，更何况面前是被宇文化及玩亵过的萧皇后，他不禁揶揄道："皇后乃是天上的星宿，我窦建德凡夫俗子可消受不起，你还是另寻出路吧。"

"既然夏王不肯收留，贱妾有一女儿安义公主嫁与突厥启民可汗，我也只好去异国他乡了此残生了。"

窦建德应允，命人先送萧后去乐寿，暂与自己的曹后住在一起。后来，窦建德回到乐寿，再次见到萧皇后，也不禁被她的美色弄得怦然心动，意欲纳于后宫为妃。由于皇后曹氏和女儿坚决反对，这才作罢，只好派人将她送往突厥。

大将范愿统领大队人马风驰电掣般地杀向城南三十里处的蛤蟆谷。

刘黑闼正与宇文智及在此醋战。夏军人少，只好利用这一带多变的地形，且战且走，避实就虚。宇文智及的兵马杀来，他们便分散隐蔽。看看许军要撤兵回城，他们又聚拢追杀，将其死死咬住不放。战斗进行得异常残酷和激烈，狭谷中的死尸横七竖八，就像秋季田野里一望无际的谷捆。

刘黑闼的人马越来越少，看看就要支持不住了。正在此时，范愿的大队人马及时赶来。他骑马冲至许军阵前，高声喊道："逆贼宇文化及已经做了刀下之鬼，其首级在此。汝等看仔细了，休要再替他宇文氏做枉死鬼。"

这些许军将士本欲西去关中，并不愿在中原逗留。如今见主子已死，谁还肯傻头傻脑地去卖命？于是一部分赶紧扔掉兵器向夏军投降，大多数则一哄而散，各自逃命去了。

宇文智及一看的确是哥哥的首级，顿时吓得灵魂出窍。正在愣怔之时，被刘黑闼飞马赶来，猛地一戟刺透胸背，挑于马下。

窦建德聊城之战大获全胜，不禁心花怒放，他找到徐世勣，说道："幸有徐兄以奇计助我，才能有此大胜，窦某不胜感激，宇文贼宫中多有奇珍异宝和绝色美人，可任兄搬取择用。"

徐世勣淡淡一笑："略施小计，何功之有？一战而歼灭许军，多亏夏国将士拼死力战。要说感谢，在下倒要谢谢夏王。"

"此话从何谈起？"

"是夏王帮魏公夺回了黎阳城，焉能不谢？徐某这就赶往黎阳，就此告辞，后会有期。"

说罢，二人同时大笑。

徐世勣与王薄一起带领一千名瓦岗将士星夜兼程径奔黎阳而去。

第十章　李密归唐　秦琼卖马

秦王李世民在扶风大败薛举父子，解除了京师之危，为新诞生的大唐王朝赢得了一段极为宝贵的自我巩固和壮大的时间。他率领将士们班师回朝那天，唐高祖亲至皇城之外相迎。对这位年轻将帅，满朝文武无不刮目相看，人皆称他为天生的兵家奇才，天赐大唐的国之柱石。

李世民自然也是春风得意。但是，他心里却十分清楚，来自西北的威胁并没有完全解除，薛举父子的残余势力说不定哪一天还会死灰复燃，卷土重来。

因此，当高祖李渊要置办盛宴为李世民庆功时，他婉言谢绝道："这一次仅是击溃了西秦兵马，算不得大功告成。何时彻底消灭了薛举父子，荡平了西北各处势力，再庆功不迟。"

辞别了父皇，安顿好所率兵马，他便匆匆忙忙地赶回了秦王府。

久别胜新婚。从太原起兵至今已经一年多了，他与妻子长孙夫人就没在一块住过几天。

刚起兵时，长孙夫人与李家的众多家眷一起留在太原。几个月前，哥哥李建成专程去太原将所有家眷接回长安。他与妻子短暂聚首，又匆匆分手，忙着西去征讨薛举父子。

现在得胜归来，他最思念最想见的，便是这位善解人意的娇妻，就像久旱盼雨，甚至连一时片刻也难以等待。

长孙夫人是河南洛阳人，先祖乃北魏皇族拓跋氏，因为担任过宗室之长而改姓长孙氏。

从北魏到北周，长孙氏世代为贵族之家，"门传钟鼎，家世山河"。

祖父长孙兕，曾任北周大将军。父亲长孙晟曾任隋朝右骁卫将军等职，是文帝、炀帝时的著名将领。母亲是隋朝治礼郎高士廉的妹妹，为长孙晟生有一男一女，女儿便是长孙夫人。哥哥长孙无忌现任李世民麾下行军司马。

大业五年（公元609年），长孙晟病故。高士廉看到妹妹和两个孩子境遇凄苦，便把他们孤儿寡母接到自己家中，承担起了教养两个孩子的义务。

唐太宗李世民

高士廉也是渤海的名门贵族，素有才望，精通文史。在他的教育和影响下，长孙无忌刻苦好学，才识过人。而长孙夫人也是从小学文读史，贤淑明达，一言一行必循礼则。她是世民的母亲窦氏在世时亲自挑中的儿媳妇。

大业九年（公元613年），李世民与长孙夫人在时局动荡、兵荒马乱中匆匆成婚。

婚后，夫妻二人情深意笃。长孙夫人从心眼里仰慕丈夫的才略胆识，认为今生能嫁得这样一位真英雄是三生修来的福气。因此处处恪守妇道，对丈夫嘘寒问暖，精心照护。

世民见妻子虽然年龄幼小，却生得文静妩媚，雅而不俗，而且为人处世落落大方，颇识大体，更是疼爱有加。这些年来，除了最初一年常厮守在一块儿，以后便很少有团聚的日子，作为一对相敬如宾、如胶似漆的少年夫妻，两个人都在默默地咀嚼着一颗经常分离的苦果子。

但是她理解和支持世民，认为大丈夫应该志在天下，真男儿应当四海为家。每次分手，她都毫无怨言，总是满脸笑容地送丈夫上路。

世民常想，自己在外面东征西战、出生入死的艰险自然会冲淡那份思念之苦。而妻子每夜冷衾孤枕，独守空闺，该是一种什么样的忧思和煎熬？

此时此刻，她肯定知道自己已经胜利归来，又该在那里倚门翘盼，望眼欲穿了。

当他快马加鞭旋风一般驰回王府，翻身下马，大步跨进府门时，果然，妻子已经笑容可掬地迎了出来。每次都是这样，无一例外。那急骤细碎的马蹄声对于妻子来说是再熟悉再亲切不过的报春的使者，敲得她心头如醉，召唤她快步出迎。

她对丈夫蹲蹲身子，深情地施过礼，便急冲过来，半搀半偎地将他迎入上房。

她不让侍婢动手，自己端来早已备好的热水，送上巾帕，看着丈夫洗去满脸的尘土。待丈夫坐下，她又捧上了一杯香喷喷的热茶，自己则甜甜地守候在一旁，看着丈夫慢慢地啜饮。

这已经是多年的规矩，她必须亲自伺候远征归来的亲人，绝不允许下人们插手。因为这其中的甜蜜和幸福，是无法用任何其他东西来替代的。

天色渐渐地暗了下来，夜幕垂落，月光如水，秦王府里一片静谧。吃过晚饭以后，知趣的奴婢仆役们干完了自己该干的活计便悄悄地退了出去。

长孙夫人深情地注视着李世民那双炯炯闪亮的眼睛，一本正经地说道：

"妾身一直在想，王爷应该再娶一房夫人了。"

世民以为妻子是在有意试探自己，便不经意地说道："花香不在多，人生能有一红颜知己足矣。"

长孙夫人却说道："当今天下英雄哪个不是妻妾成群？就连四弟元吉，小小年纪，都已经三妻四妾。官人休把妾身看成是那种爱吃醋的乡间小女子。您身为王爷，转战南北，经略四方，身边多几个侍候的女人，有百利而无一害。官人若是有了意中人，妾身愿为你们牵线搭桥。"

世民嘻嘻笑道："贤妻越说越离谱了，我终日在战场杀杀砍砍，满眼都是硝烟战火和斑斑血迹，哪有什么意中人？"

"官人乃顶天立地的大丈夫，这么点小事何必碍口饰羞？那炀帝的女儿现在小妹平阳公主营中，与官人不正是天造地设的一对？"

一句话把世民弄了个大红脸。平心而论，那日带兵闯进杨侑东宫，一见到这个女人，他确实感到怦然心动。将她安置在小妹营中，也有将来要收留在身边的意思。但是，一来是战事繁忙，他没有时间多想这些儿女情长之事。另一方面，真要那样，也得先与自己情深意笃的爱妻商量。这倒好，自己还没开口，夫人却先把窗户纸捅破了。

他笑了笑说："那女孩儿国破家亡，孑然一身，倒是有些楚楚可怜，不过……这也算不得什么意中人呀。"

长孙夫人大笑起来，在丈夫身上轻拧一把，娇嗔道："'楚楚可怜'是什么？因爱生怜，因怜愈爱，这还算不得意中人？行了，别假正经了。这个大媒我做定了，大隋皇帝的女儿金枝玉叶，想必也辱没不了官人。"

几天以后，长孙夫人真的撮合成了这桩婚事。由平阳公主禀奏父皇高祖，并亲当大媒，择定吉日，一番吹吹打打将杨氏迎进了秦王府。

婚礼进行得很简单，与普通士庶没有什么区别。这倒不是因为李世民有意矫情，自诩俭朴，也不是因为这是娶妾。主要是因为当年他与长孙夫人成婚时是在戎马倥偬的战争时期，婚事十分潦草。因此，不管长孙夫人怎么劝，他执意不肯把婚礼办得太铺张，太红火。而杨氏因为也深爱着世民，并不计较这些表面文章。

燕尔新婚，自有一番你贪我恋，缠缠绵绵。从此以后，一妻一妾，姊妹相待，你尊我让，和睦共处，一心一意辅佐侍候秦王。

俗话说："欢娱日短，忧愁夜长。"李世民在新婚的甜蜜中不知不觉便度过了三个多月。

唐太宗李世民

这些日子，逃至陇西的薛举父子又重新招募了十几万人马。为了报扶风惨败的一箭之仇，以郝瑗为使前往突厥，与莫贺咄设密谋，欲联兵进攻长安。

此时，幸有刘文静奉高祖之命出使突厥，偶尔得知了这一密谋。他急忙求见莫贺咄设，痛陈利害，劝阻突厥出兵，从而使薛举北联突厥进攻长安的阴谋化为泡影。

但薛举却不肯善罢甘休，就是单方面出兵也要报上次兵败之仇。他以唐朝丰州总管张长逊进击他的部下宗罗睺为借口，率十万大军前来增援，驻扎于高墌城外。

秦王世民再次奉命为帅，与殷开山和刚从突厥归来的刘文静率十万大军前往迎击秦军。

世民判断，薛举父子军中缺少粮秣，后方供应太远，见大军压境而来，怕断绝其粮道，必然急于交锋，以求速战速决。

因此，他挥军进至高墌城东十里，即下令部队就地驻扎，命将士们深沟高垒，拒不出战。待薛举师劳兵疲，因缺粮而内乱之后，再一举歼之。

可惜，恰在这个时候，秦王患了疟疾，病势来得凶猛。忽冷忽热，冷的时候盖上三四床棉被仍像掉在冰窟里似的瑟瑟发抖，热的时候则像大火烘烤，汗如雨下。

主帅临战得病，大不吉利。无可奈何，世民只好把全军战事委托给殷开山和刘文静，并一再嘱咐道："薛举孤军深入，粮少兵疲。若来挑战，慎勿应之，只宜凭寨坚守。待我病愈之后与君等共破贼兵。"

从秦王的中军大帐出来后，殷开山对刘文静说道："秦王虑我等临阵不能胜敌，故令坚壁不出。目下薛举贼子知秦王有病，必生轻慢之心，我若举兵攻之，定能一战而胜。"

刘文静有些犹豫，说道："此事还是先禀知秦王再做决断。"

殷开山却大笑道："刘公堂堂须眉，竟如此婆婆妈妈。大丈夫建功立业，此其时也。"

刘文静也是立功心切，被殷开山一激，便点头应允。

翌日晨时，殷开山、刘文静带领大队人马悄悄打开寨门在高墌城南一带列阵挑战。

薛举见唐军终于咬钩，喜出望外，对左右说道："天助我也，大仇今日可报。"立即率领麾下步骑冲出城来。

这些日子，薛举一直在城南峡谷中隐蔽着一支人马，单等着唐军一旦出战，好前后夹击，聚而歼之。今日终于派上了用场。

薛举指挥着千军万马，战鼓阵阵，号角连天，呼啸着向唐军阵地猛冲猛打。

唐军也抖擞精神，奋力拼杀。战场上人喊马嘶，展开了一场惊心动魄的大混战。

就在这时，忽听到山摇地动的一声巨响，一彪人马从唐军的背后杀了出来，与薛举的大军遥相呼应，发疯似的向唐军冲来。

唐军陷入了腹背受敌的困境，顿时大乱。殷开山做梦也没想到会被薛军的兵马夹了馅饼，一时懵懂。但他很快便冷静下来，指挥着溃乱的人马迅速集中，慢慢地向刘文静所部靠拢。

刘文静更是心急如焚。眼前这一仗败局已定，他现在最担心的是中军大营，秦王正在病中，若是西秦兵马分出一股前去劫营，秦王将危在旦夕。一念及此，他只觉得脊骨一阵阵发凉，冷汗滚滚而下。忙与殷开山合兵一处，不要命地向着东北方向冲杀突围。

秦王李世民躺在病床上，一阵让他周身抖动的寒冷刚刚退去，心里又开始烦热。这时，侍卫长雷永吉跌跌撞撞地闯了进来："秦王，出大事了！"

"什么事，如此惊慌失措？"世民拼力坐了起来，却感到一阵头晕目眩，险些又倒了下去。

"殷开山、刘文静将军未遵您的军令，擅自领兵出战。"

秦王脑袋"嗡"的一阵轰响，急忙问道："多长时间了？"

"快一个时辰了。"

"为何不早来禀告！"秦王暴雷般地怒吼道。

"末将也是刚刚得知。"

"快，骑快马前去传我将令，命他们立即回营。"

但是已经晚了。雷永吉刚跑到半路，便被刘文静、殷开山率领的残兵败将截了回来。

刘文静满脸血污，殷开山左臂被刺了一枪，两人踉踉跄跄地来到中军大帐，扑通一声跪在秦王病榻前。刘文静拖着哭腔说道："末将不遵军令，擅自出兵，以致大败而归，请殿下治末将之罪。"

"人马损失了多少？"秦王问道。

殷开山满脸羞愧，垂首答道："士卒损失大半，刘弘基、李安远、慕容罗睺三位将军不幸被俘。"

唐太宗李世民

秦王脸色变得煞白，痛苦地摇摇头，长叹一声说道："现在不是治罪的时候。赶紧收拾兵马，固守营寨，严防薛举乘胜偷营。"

这一仗败得太惨，是李世民领兵以来，甚至是他一生征战中最大的一次败仗。

剩下的兵马显然已不能与薛举父子抗衡，只能退兵长安，徐图后举。

为了全身而退，世民命刘文静、长孙顺德、殷开山各领一支兵马在半路设伏，以防薛举前来追击。

当天夜里，大军偃旗息鼓，悄悄向京师撤去。薛举果然派兵追杀，却连续三次遭到伏击，只好扔下了数千具尸体，退回高墌城去。

胜败本是兵家常事，世上没有一个人是常胜将军。能让将士们从失败中吸取教训，从而进一步严明军纪，这事也就过去了。

不料大军撤回不久，身为首辅宰相的裴寂却狠狠地参了刘文静一本。他对高祖说道："陛下，臣闻此次西征大败，将士伤亡惨重，皆因纳言刘文静不听主帅将令所致。这次惨败，长了薛氏父子的志气，失了大唐的威风，对朝廷和京师臣民震动极大，应依律重治刘文静之罪。"

自从太原起兵以来，刘文静过关斩将，身先士卒，屡建大功。又两次出使突厥，在关键时刻阻止了突厥与薛举的联兵进犯，消除了来自北方的威胁，其功劳远远超过了裴寂。裴寂妒其功，又畏于他的文韬武略，生怕有一天自己的首辅之位会被他取而代之。因此，便抓住这次败仗大做文章，必欲置刘文静于死地。

高祖李渊与裴寂私交甚笃，在许多事上对他都是言听计从。而对于刘文静，却总觉得他有些恃才孤傲。平日里对自己这个皇上不冷不热，只与秦王世民过从甚密，心里便有一种说不清楚的感觉。

李渊听了裴寂的参奏，也不问其他朝臣的意见，当即便降旨，将刘文静革职候审。

秦王李世民在府上养病，一听到这个消息，立即抱病前往皇宫，见到高祖，施礼后急切地问道："父皇缘何将文静革职？"

"他身为行军长史，不听主帅之令，造成大败，将其革职还不应该吗？"

听父皇那种冰冷的口气，世民感到心中一阵发凉，便据理力争道："儿臣是三军主帅，若要治罪，应先治儿臣之罪。刘文静、殷开山受儿臣委托，主掌军事，本就有权做出出击或固守的决定。虽然儿臣曾让他们坚守不出，但当时也只是说说，并未刻意强调，这算不得不听将令。况且，刘文静乃太原起兵的功臣，起兵以来对我大唐忠心耿耿，功勋赫赫，因小过而施重罚，岂不凉了功臣将士之心？还望父皇收回成命。"

见世民如此力争，大有不达目的不罢休之势。他又是三军主帅，最了解当时的情况。高祖沉吟良久，还是卖给秦王一个面子，下令刘文静官复原职。

就在秦王李世民兵败薛举的同时，洛阳战场上李密的瓦岗军也遭到了毁灭性的打击。

数月之前，瓦岗军之偏师在黎阳城下遭到宇文化及的重创，五万人马被歼。后来，虽经徐世勣设谋，与窦建德一起彻底消灭了宇文化及的军队，为李密出了一口恶气。但是，瓦岗军却从此伤了元气，在黎阳多年囤积的粮秣也被许军劫走了大半。

徐世勣夺回黎阳城之后，李密又分兵五万，让他在那里据守。

恰在此时，一直活跃在长江以南的萧铣一军亦乘虚渡江北上，夺取江淮之后，又对李密的地盘虎视眈眈。

这可真是屋漏偏逢连阴雨，无可奈何，李密只好再派秦叔宝、程咬金两员大将各率一支人马前往拒敌。

这样，李密围逼东都洛阳的三十万大军便只剩下了十几万，力量明显减弱。

一向凭借城坚池深以闭城坚守为主的王世充几年来一直养精蓄锐，以逸待劳。此时也不断派出小股兵马对瓦岗军进行多方骚扰。

这个王世充，也算得上是老谋深算的当世枭雄，他自幼便熟读经史，尤好研读兵书，为人奸诈多谋。

隋文帝时，他先后担任过兵部员外郎等职。为官能言善辩，又深谙法律。每在朝堂上与群臣辩驳，利口饰非，词锋甚健，众人虽然心里明知他不对，却对他也无可奈何。

炀帝时，王世充官至江都丞，兼江都宫监。炀帝巡幸江都时，他察言观色，极力阿谀奉承。大量搜刮民脂民膏，将离宫的楼台宫室雕饰一新。又命人去远方采集珍物献给炀帝，从而大得杨广的欢心和信任。

但是，在心底深处，他也看清了隋朝好景不长。平日便阴结豪杰，广收人心，利用公事之便多树私恩。每次打了胜仗便归功于部下，所有缴获一概分给士卒，因此人人争相依附。

大业十年（公元614年），齐郡的义军统帅孟让攻掠诸郡。王世充在盱眙用计破之，斩首万余级，炀帝以世充有将帅才略，派他率部讨伐各个小股叛军，所到之处全部荡平。

大业十三年（公元617年），李密攻陷洛口，逼近东都。炀帝特命王世充率大军赶往洛阳，以拒李密。

几年来，双方在洛阳城下进行了大小百余次激战，饿狗抢骨头似的，你来我往，不分胜负，形成了一场旷日持久的拉锯战。

宇文化及在江都弑杨广称帝之后，王世充等拥越王杨侗为帝。不久，又伪造杨侗的禅位诏书，自立为帝，建元"开明"，国号为"郑"。朝中文武同僚凡有敢持异议者，一律诛杀。

这些日子，王世充见围逼洛阳的瓦岗军明显减少，知其势窘力细，决定大规模出击，与李密一决雌雄，以解洛阳之围。

一日早朝，王世充对宰相桓法嗣说道："朕昨夜三更时分梦见一冠冕神人，说：'吾乃周文王之子姬公旦，蒙上界赐为神，庙宇便在金墉城内，被李密拆了，使我虎贲卫队漂泊无依。今李密气数已尽，郑王可替我报仇，我当以神兵助之。'"

王世充不过是在故弄玄虚，为他的部属们壮胆打气。宰相桓法嗣何等精明，一听便领会其意，忙接口说道："这就对了。微臣早就听说，李密驻军金墉城之后，以周公庙宇作为宫室。又觉得周公庙创建于鲁，此处不该有庙，便将庙宇改为宫阙。砖石建了宫殿，木料盖了洛口仓。此贼上犯神灵，活该要遭天谴。"

众臣也便一齐说道："神人来助，实乃陛下威德所致。何不检点兵马火速出击？臣等愿戮力同心，誓死消灭魏师。"

王世充笑笑说道："亡魏之后，富贵当与卿等共之。"

第二天，魏公李密正在金墉宫中与众人议事，忽有守城将士送来一封书信。拆开一看，却是王世充下的战书，约他数日后于洛阳城西郊决战。

几年来，瓦岗军与王世充的兵马不断交锋，但都是小打小闹，还没有一次是两军对垒，堂堂正正地列阵而战。

李密盼这一刻都盼了几年了，今天终于盼到了，但却不大是时候。他冷笑一声说道："哼，王世充小儿欺我今日兵微将寡，以为可以侥幸取胜。我正欲用其骄慢之心，乘机破之，以雪多年未克洛阳之耻。"说罢，即命人复书应战。

谋臣魏徵急忙谏道："主公，历来兵行诡道，王世充又是极为狡诈之人，切勿为其所激而意气用事。如今世勣分守黎阳，秦叔宝和程咬金又领兵在外，此三人及其所部乃我瓦岗军的中流砥柱。他们不在，我等唯有固城自守，避免与其决战才是。待他日三位将军率军归来，再与王世充决战不迟。"

听魏徵说完，李密陷入了沉思，半晌不语。他知道，魏徵之言深有道理，这三个人确实是瓦岗军之干城，有他们在，战胜王世充会游刃有余。徐世勣文武双全，为全军上下所公认，这就不用说了。就是秦琼、程咬金，这些年也一直是自己的左膀右臂。瓦岗军的许多大仗能够大获全胜，多赖二人之功。

在这大战将临、急需用人之际，李密思念着他的爱将，又想起了当年秦叔宝、程咬金投奔瓦岗寨的前前后后……

秦叔宝姓秦名琼，字叔宝。其父秦彝在北齐时授亲军护卫，领兵镇守山东济南。

后来，北周发大兵进犯济南，齐主差丞相高阿古前往协助守城。不料高阿古见周兵卷地而来，声势浩大，心存惧惮，便对秦彝说道："周兵势大，已破晋阳，济南孤城难守。自古识时务者为俊杰，我等不如开城投降。"

秦彝乃孤忠之人，闻言不禁怒火中烧，横眉斥道："主公恐我兵单力弱，故令丞相协助，奈何竟生此苟且之心？"

高阿古答道："将军太过死板，周兵气焰熏天，孤城危若累卵，徒守何益？"

秦彝却正色道："食君之禄，忠君之事，我秦某誓死忠于国家，以尽臣节。"说罢下令紧闭城门，军民一齐登城死守。自己匆匆回到私衙，对夫人宁氏说道："周兵已至城下，高丞相意欲投降。我秦家世受国恩，岂可偷生？若城破战败，我当以死报国。儿子太平郎只有五岁，我今托孤于你，秦氏一脉赖你保全，我死亦可瞑目。今将家传金装铜留下，以为日后存念。"

正在悲泣之际，忽听外面杀声震天，原来高阿古已打开城门投降了。

秦彝连忙出厅上马，抄起一柄铁枪，率领属下数百名亲兵与周兵展开了巷战。

此时城内守军大部投降，周兵如同潮水般涌来。秦彝部下几百人相继战死，他虽杀得血透垂袍，遍体鳞伤，尚手执铁枪连杀数人，终因寡不敌众死于乱刃之下。

宁夫人得知丈夫死讯，忍着钻心的悲痛，收拾细软，换了一身普通妇人的衣衫，带上儿子趁乱溜出衙宅，东躲西藏，避开乱兵，专挑偏僻小巷逃命。

至傍晚时，在一条胡同的尽头，听得一家有小儿啼哭，连忙叩门，却走出一位妇人，怀里抱着个三岁小孩，问道："兵荒马乱的，娘子是从哪里来的?"

宁夫人哭诉着告知原委,妇人慌忙将她请进屋里,嘴里说道:"原来是秦老爷的夫人,失敬了。我家丈夫程有德不幸早丧,妾身莫氏只此一子,乳名一郎。俺这里是城郊斑鸠镇,夫人何不在此权住,等乱定之后再说?"宁夫人千恩万谢,就在程家住下。

可喜的是这两个孩子都很顽皮,性情十分相合,竟与亲兄弟一般。

一晃几年过去了,太平郎长到八岁,生得虎头虎脑,宁夫人送他入馆中读书。先生给他取名秦琼,字叔宝。给一郎取名程咬金,字知节。

秦琼十五岁那年,济南城里闹饥荒,许多人家断了炊。程氏母子在城里住不下去,便向宁氏告辞,回到了老家东阿县程家庄。乡下地广山多,能养活穷人,青菜糠皮总能勉强果腹。

秦家的光景也日趋艰难,宁夫人只好忍痛让叔宝辍学。

秦叔宝渐渐长大,见兵荒马乱,盗贼蜂起,也觉得自古以来治世用文,乱世用武,便不再留心诗书,只一心苦练武功。他遍访齐鲁一带的武术名师,十八般兵器练得样样精通,尤其是父亲留下的一副金装锏,舞动起来如轮辐飞旋,密不透风,凭他几十条汉子也近不得身。

叔宝不仅武功精绝,而且为人豪爽仗义,常常路见不平,拔刀相助。又广泛结交各路好汉,像齐州捕盗都头樊虎、武举房彦藻、石匠王伯当等地方豪杰都成了他肝胆相照的刎颈之交。时常聚在一起,不是舞枪弄棒,就是讲论兵法,日子过得倒也痛快。

一日,樊虎来见秦琼,说道:"齐鲁地面盗贼横行,官府终日缉捕,却是越捉越多。昨日刘刺史让我招募几个武功高强之人在本州缉捕盗贼。小弟举荐说仁兄武艺过人,英雄盖世,情愿让仁兄做都头,小弟做你的副手。刘刺史欣然同意,不知仁兄意下如何。"

秦琼却沉吟道:"我家累代将官。今生若得志,为国家提一支兵马,斩将搴旗,开疆拓土,也好光宗耀祖,封妻荫子;若不得志,买几亩薄田,植几树梨枣,亦可供养老母,抚育妻儿。破屋数间,粗茶淡饭,尽可与知己谈笑。何苦日日去向那些赃官低头,听他们喝五吆六?再说,如今这些盗贼分明是因朝廷官府所逼走投无路才铤而走险的善良百姓,我等如何能为虎作伥去残害良善?"

二人说着话,不想都被宁夫人听悉。老人家走出内间说道:"我儿,话不能这么说。如今公门中也有好人,你身系公差,不做害民之事,反可为百姓做些好事，为人不可太固执了。"

秦琼是个孝子，听母亲如此说，也不敢多言语，只好同樊虎去州衙见刘刺史。

自此以后，秦琼便做了齐州的捕盗都头。随后也把老母从斑鸠镇接到了齐州。

数月之后，忽然从济南府押来了一干人犯，都是些行盗而未曾得财的人，依律要发往泽州和潞州充军。为防路上有失，刘刺史专派秦琼和樊虎负责押解。

秦、樊二人押解众人犯一路西行，数日后来到太原，住了一夜。次日一早，二人匆匆收拾行李，各带一队犯人，分头押往泽州和潞州。

两天后，秦琼行至潞州，至州衙投文挂号。该州蔡刺史看了来文，收下人犯，让秦琼明早前来候领回批。

秦琼走出州衙，就近在斜对面找了一家客栈住下。店主人王小二热情招待，帮他搬了行李，槽间拴了马匹，又摆下茶汤酒饭，说是为客人接风洗尘。秦琼一再道谢，酒足饭饱之后便闭门睡觉。

第二天，秦琼起了个大早，洗漱已毕，用过早点，便来到州衙前候着。谁知一直等到日上三竿，衙门还不曾开，并无一人出入。又等了多时，才见一个年长的差役走出来。秦琼急忙上前问道："这位老哥，蔡太爷怎么至今还不坐堂？"那人道："老爷公干去了，今日不坐堂。""蔡太爷昨日还在，今天何事公干去了？""这位兄台有所不知，只因唐国公李老爷奉旨出任太原留守，节制河北诸州县。太原有文书传来，知会属下各府、州、县官员。蔡老爷三更天闻报，一大早便往太原去了。""原来如此，但不知何时才能回来。"那差役笑道："这个便说不准了。你想那李渊乃是个仁厚之人，大小官员去见他，少不得设宴招待。这些同僚多年的老爷们遇到一块，还要会酒。加上路程又远，怕没有半月二十天是回不来的。"

秦琼讨了个准信儿，心下倒不怎么着急。反正回去也有差事，在外也是公干，且乐得逍遥几日。他便在店里住着，死心塌地等蔡刺史回来，每日里在潞州城内外把这一带的山川名胜、人文景观看了个遍。

这样一连十几天，秦琼倒玩得痛快，那店主王小二却坐不住了。一日晚间，见秦琼回来吃饭，端上牛肉酒水之后，王小二搭讪着说道："小的有句话怕秦爷见怪。"秦琼一边饮酒一边说道："你我宾主之间，有什么话可怪的？"小二道："连日来店中很少有生意，秦爷已住了十几天。敝店本小利薄，如今连买菜割肉的钱都没了，我想与秦爷预支几两银子，不知使得使不得？"秦琼恍然道："这是正理，是我疏忽了，今晚便取银子给你。"

秦琼吃过饭，领王小二来到客房，去床头打开包裹，伸手去拿银子，摸了半天，却一下子呆在了那里。

原来，他与樊虎从齐州出发时，那盘缠银两都由樊虎一人拿着。在太原分手时，二人只顾把文书和物件分开，却把盘缠忘了，故而银子都被樊虎带去了泽州。

秦琼一时脸红，拿不出银子，自己倒像是在这里骗吃骗喝似的。他忙在身上搜摸，幸亏身上还有二三两平日零花的碎银子，一块递给王小二，说道："先把这些银子给你，我又不走，容日后算总账吧。"

又过了十几天，那蔡刺史回来了，秦琼去领了批文，回到店中。王小二道："秦爷领回了批文，今夜是不是该设饯行酒了？"秦琼道："饯行酒就不必了。"王小二又道："天色还早，闲坐着也无事，咱且把账算了如何？"秦琼道："那就算吧。"

王小二取过账簿，把算盘拨拉了多时，说道："秦爷净欠纹银二十一两，前日秦爷已交了三两，尚欠十八两。"

到了此时，秦琼无可奈何，只好实话实说："掌柜的，我有个姓樊的朋友押解犯人去了泽州，盘缠都在他身上。他若领了回批，必定会来找我，到那时方有银子还你。我一时尚不走，你再担待几日如何？"

王小二口里说着："小人是开店的，你老人家能住一年才有好生意哩。"心里却想：看你那几件行李也值不了几个钱，一匹马又是活口，哪一天你骑上马出门走了，拦又不好拦。天下这么大，到哪里找你去？想到这里，他便将秦琼的回批拿在手里，叫妻子道："这个文书是要紧的东西，秦爷放在身边，丢失了可就麻烦了。你且把它收放在箱笼里，等秦爷走时再与他交付明白。"

秦琼也知道他这是怕自己赖账跑了，心里又好气又好笑：你这是把我秦某当贼骗子来防哩，真是狗眼看人低。但自己欠着人家银子，又有什么可说的呢？

从次日开始，秦琼再也无心游逛，每日到城门处等待樊虎，又一连五六天，始终不见踪影。

其实，樊虎此时早回了齐州。他虽然知道盘缠都在自己这里，但出门的人谁身上不带些银两？他无论如何也不曾想到，秦琼会为些许银钱被困于潞州。

　　这几天，秦琼的日子却不好过了。先是王小二借口有一个卖珠宝的客人刚来，一定要住秦琼的客房，把他迁到了靠厨房的一间破屋里。这房子屋顶见天，四面透风，半间里堆满了柴草。秦琼也只好将就着住。

　　更让秦琼无法忍受的是，每日饭菜再不见荤腥，只有一碟青菜，早晨的洗脸水也常是冷的。那王小二来收拾家什时，总是冷言冷语，一张吊丧脸冷冰冰的，就像是与秦琼有深仇大恨一般。

　　秦琼每日吃这眉高眼低的茶饭，心里早已非常恼火。他半生英雄，如何忍得这小人的气？只因欠了人家的钱，又不好发作。

　　又是一日外出归来，王小二截住秦琼，不是鼻子不是脸地说道："像你这样没头没脑地等下去，何时是个头？都像你这样，我这店早就关门了。常言道'求人莫若求己'。我看你带来的两柄锏锏上面有不少金饰，何不把它当些银两算还店钱先回齐州，他日再来赎回去就是。"

　　店小二恶言恶语，凌逼日甚，秦琼心中甚是恼火。但他的话却提醒了自己。金装锏自然不能当，那是先父留下的传家之宝。何不把马匹卖了，先渡过这道难关再说？

　　第二天一早，秦琼让小二从马厩里牵出马来，仔细一看，心中不禁一酸。这些日子，人受气，马也跟着受委屈了，看来早就撤了精料，怕是连草料也是饥一顿饱一顿，把马饿得肚大毛长，一副病恹恹的样子。

　　这马本是秦琼托人从马贩子手里挑选的一匹宝马，名曰黄骠，可日行八百里。如今被糟蹋成这个样子，秦琼心中虽然不忍，也只好牵了，径往西市而去。

　　马市已开，买马和卖马的人络绎不绝，可就是没人看得上这匹病马，直到日将当头，那马仍没卖掉。

　　秦琼牵着病马无精打采地向市外走去，这时，一位卖柴禾的老头却喊住了他："朋友，你这马可是要卖？"

　　"在下正是要卖它，却没撞上个主顾。"

　　"这是匹好马，虽说眼下跌了膘，缰口却极好。这马市中人买马只看外表，谁看筋骨？俗话说，'卖金须向识金家'，你何不到城西二贤庄去卖？那里有位员外叫单雄信，平日结交四方豪杰，常买好马送给朋友。"

　　秦琼这才如梦方醒，暗暗自悔：在家便常听人说，潞州有位广交豪杰的英雄，这些日子为何不去拜他？如今弄得衣衫褴褛，鹄面鸠形，这如何见他？

算了，只去卖马，不认他也就是了。

秦琼谢过卖柴的老汉，径去城西十五里，来到了二贤庄，央人通报说："现有一匹黄骠马要卖给单员外。"

这单雄信确是潞州一方雄杰，不仅疏财仗义，乐善好施，而且武功高强，结交广泛，因而声名远播。他听说有卖黄骠马的，忙走出来，将那马周身仔细看过，同秦琼道："这马可是你贩来的？要多少银两？"

秦琼打躬道："在下不是贩马的，这是我自己的马，只因囊中羞涩，才将它卖给员外。"

"不管你是贩来的还是自骑的，开个价吧。"

"人贫物贱，不敢言价，请赐白银五十两，以充前途盘费。"

单雄信说："马倒是匹好马，按说讨五十两也不多。但膘跌得太重了，再不加细料，便是废物一般。我给你三十两银子，如何？"

秦琼也不敢再计较，只好答应了，拿上银子，赶紧离开了二贤庄。

他快步进了城西门，肚里早饿得咕咕乱叫。忙走进一家酒店，要了一盘牛肉，一只整鸡，一壶热黄酒，便大口大口地吃喝起来。

正在此时，便听店主人在门口喊道："二位爷，请进！请进！"随着喊声，早有两位衣着鲜亮的汉子走进店来。

秦琼也不理会，只埋头吃着，却听其中一人惊叫道："啊呀，这不是叔宝兄吗？怎么在这潞州城里碰上你了？"

秦琼抬头看时，却是他数年未见的好友王伯当，另一个却不认识。他乡遇故知，自然喜出望外，连忙让座。

二人也不客气，同桌坐了，伯当又要了些酒菜，对同行的人说道："这位就是我时常念及的山东秦叔宝。"又对秦琼说道："这位是我近年结交的兄弟，姓李名密，世袭蒲山郡公。"秦琼与李密连忙站起来互相拱手施礼。

重又落座后，王伯当又问秦琼缘何来到潞州。秦琼只好把自己押解犯人前来，因忘了盘费，以至如此狼狈的事说了。王伯当惊讶道："仁兄落魄至此，何不去二贤庄找单雄信？"

秦琼叹道："我当时未曾想起单二哥。今日事出无奈，到二贤庄把马卖给他了。"

李密道："雄信是有名的豪杰，怎能乘人之危买仁兄的坐骑？饭后我们一块找他，把你的马要回来。"

原来，此时王伯当、李密已在瓦岗寨入伙，奉了寨主翟让之命到处访察网罗天下英雄，今日正欲去二贤庄找单雄信。

秦琼却道："不知者不怪。我与单员外从未谋面，他只当我是个马贩子。二贤庄我是不能再去了，免得丢人现眼。"

"仁兄现在何处居住？"王伯当又问道。

"就在衙门对面王小二的店里。"

"那王小二奸诈得很，在仁兄身上可有不当之处？"

秦琼不想在二位朋友面前说人坏话，便说："王小二虽说奸诈，但对我还算周到。"

三人吃过饭，互相道别。王、李二人直奔二贤庄，秦琼径回店中。当晚与王小二算清店钱，便早早歇了，准备第二天一早上路赶回齐州。

谁知刚睡下不久，便听店外一片嘈杂，有人喊道："店家，可有个齐州来的秦爷住在店中？"秦琼不知何人，还以为樊虎来了，慌忙披衣来到店前，却是单雄信带了几个家丁站在门口。见到秦琼连连施礼道："叔宝兄，得罪得罪。都是在下有眼无珠，惹得伯当、李密二位朋友一顿臭骂。请去小弟庄上一住，容小弟当面赔罪。"

说完，也不容秦琼细想，命人取了秦琼的行李、双锏，径回二贤庄上。

当晚，单雄信做东，秦、王、李三人为客，一边饮酒，一边谈论些时事、兵法，直喝至半夜方散。王伯当本欲说服秦、单二人同去瓦岗举义，李密却觉得时机尚未成熟，示意他不要说破。

次日，王伯当、李密有事先行，秦琼也欲告辞，单雄信却无论如何不肯放行。自此，二人住在庄上，日日切磋武功，夜夜研论兵法，皆有相见恨晚之感，每天都有说不完的话。

这样一连住了半个多月，秦琼执意要走，说是离家日久，怕老母担忧。况且马上就是老母的六十大寿，需回家准备寿宴诸事。单雄信不好再勉强，只得放行。让人牵出秦琼的黄骠马，经过这些日子的精心饲养，那马又恢复了往日的精神，膘肥体壮，毛色油光闪亮。单雄信已请巧手工匠做了一副新马鞍配在身上，那宝马更显得矫健抖擞。单雄信又取来五十两银子和十匹五色潞绸相赠。秦琼抵死不肯再受，对单雄信的盛情千恩万谢，翻身上马，拱手相别而去。

行至半路，碰上了前来寻他的樊虎，二人说过往事，并马径回齐州。

再说与秦琼一块长大的那个程咬金，十几岁时与母亲回到乡下，半年糠菜半年粮，倒也度过了凶年荒岁，渐渐长大。

咬金每日去山中砍柴，到城里卖柴，换些小钱维持母子二人的生计。

十八岁那年，程咬金已长成了一个腰圆膀宽的黑大汉，一身蛮力，可以单手举起个碌碡。小山似的柴禾垛背在肩上，一口气走十几里山路，竟是气不粗，汗不流。只是见不得酒，逢酒便醉，浑不讲理，人称"混世魔王"。

这时，山里的朋友见他力气大，胆气正，又会些拳脚，便邀他去贩私盐。开始几趟还算顺利，赚的银子比卖柴一年所得还要多，咬金天天乐得合不拢嘴。

不料，第五趟去贩私盐时，却碰上了缉私捕快。咬金见他们穷追不舍，一时性急，抢起扁担打倒了一片。一名捕快被打中脑袋，当场死亡，咬金也为此锒铛入狱。

在大牢里蹲了半年，也是他福大命大，正赶上杨广称帝，大赦天下，竟被放了出来。

这时家中已穷得粒米不存，他又不肯再去砍柴，说是猛虎不吃回头食。为了糊口，母亲让他去山上砍些毛竹，教他编些竹箕，到集上卖些银两。

这日，他一口气砍了四大捆毛竹，背上背了两捆，两手各提了一捆，沿着山路慢慢走下来。老远看去，竟像是一辆装满了毛竹的大车。

正走着，有一人骑马从对面走来，到眼前跳下马问道："这位壮士，请问您如何称呼？"

程咬金停下脚步，怪眼看看来人，粗声大气地说："俺叫程咬金，怎么了，你有何事？"

那人笑道："我是山前武南庄的，叫尤俊达。我没什么事，只是觉得壮士有这等神力，为何干这种不赚钱的营生？"

"不干这干啥？贩私盐官府又不让。"

见他如此粗鲁，尤俊达不禁哈哈大笑："壮士何不跟我去做生意？我那生意比贩私盐还赚钱哩。"

"有这么好的生意？只是俺有老母在家，出不得远门。"

"那又何妨，你就把令堂接到我家，平时自有下人侍候。咱俩做生意，赚了钱平分，保你母子吃香的喝辣的，一世受用。"

"那要是赚不着，赔了呢？"

"赔了不用你管，也保你母子衣食无忧。"

"这话当真？你可别耍俺老程。"

"绝无半句假话，你这就去把伯母接到武南庄，我在庄上等你。这点银子权当是令堂的搬迁费。"说着，从身上摸出一锭白银交给程咬金。

程咬金满心欢喜，接了银子，把身上的毛竹一扔，大步流星地向家中跑去。看着他的背影，尤俊达微微一笑，也径自回庄。

尤俊达是兖州东阿县武南庄富豪，人称尤员外，也是方圆百里的一位俊杰。在绿林中行走多年，所做的买卖无非是打劫那些为富不仁之人，说到底就是个深藏不露的响马头子。他因看中了程咬金那身扛鼎担山般的力气，认为是可造之材，因而邀他入伙。

当日傍晚，程咬金真的背着老母来到了武南庄。尤俊达大喜，立即安排程母住下，暖屋热炕，好饭好菜伺候。他却与程咬金到前面客室中饮酒叙谈。

待咬金狼吞虎咽地吃下半盆红烧肉，连饮三大杯酒之后，尤俊达才开口说道："兄弟，这几日将有一桩大买卖，不知你可敢做？"

"既是买卖，有何不敢？"

"不瞒兄弟，这桩买卖需要厮拼，兄弟可会武功？"

"俺老程会用斧，将劈柴的板斧装了柄，时常舞弄，砍那些狗日的衙役们十个八个不在话下。"

尤俊达笑道："巧了，我这里正好有一柄六十多斤重的利斧，就送予兄弟了。"

"好啊，"程咬金兴奋地叫道，"兄弟敬人哥一杯，俺老程也有了自己的兵器了。大哥，咱们做的到底是什么买卖？"

尤俊达压低声音说："杨广这厮自当皇帝以来大兴工役，各州县都要出银三千，我听说青州府太守借故横征暴敛，杖死无辜百姓敛取民膏。近日要押送银子进京，兖州是必经之路。我意欲与兄弟夺取这不义之财，兄弟以为如何？"

程咬金本是私盐贩子，与做响马强盗也相差无几，当下闻言大喜，笑道："只怕他银子不从此路走，若真来了，不劳大哥动手，小弟大斧一抢，这银子就是咱家的了。"

数日之后，尤俊达派去青州的探子回来禀报："十月望后起身，二十四日准到长叶林。"

二十三日夜间，尤俊达与程咬金带着数十人潜藏于长叶林中。

次日巳时，果然有一队官军押着银车从林边驿道走来。刚至近前，程咬金炸雷般一声怒吼，拍马冲了出去，尤俊达与众人也呐喊着一拥而上。

押银官卢方、薛亮见有人劫银，急忙前来护卫银车。不料咬金已冲到车前，也不说话，照着卢方当头便是一斧。卢方举枪来架，却不想竟如泰山压顶一般，只听"咔嚓"一声，枪柄折断，卢方脑浆迸裂，惨叫一声死于马下。

薛亮见大势不妙，拨马便逃，众官兵也四散逃去。程咬金正杀得手痒，冲着薛亮飞马追去。薛亮一边跑，一边回头骂道："贼响马，你等着，我回禀了刺史前来缉拿你，非将你抽筋剥皮不可。"

程咬金大怒："狗娘养的，爷爷等着你。今日就通个姓名给你。爷爷叫程咬金，还有个朋友叫尤俊达。"说罢，见薛亮已跑远，只好收缰，与尤俊达收拾银车，让其他人拉回庄上。

那薛亮惊慌失措逃回青州，向刺史禀报，因为慌乱中未曾听清，只说有两个叫陈金、牛达的强盗，在长叶林劫去了皇银。青州刺史大惊，急忙行文奏知朝廷。朝廷即刻降敕，严令济、青、兖、齐诸州合力缉捕陈金、牛达二犯。

秦叔宝从潞州归来不久便接到刘刺史要他与樊虎缉拿案犯的严令，从州衙出来，樊虎说道："青州的银子在兖州丢失，关咱们齐州屁事，刘刺史何苦如此紧逼？"秦叔宝道："他要巴结朝廷，青云直上，还不得让咱这些做鹰犬的为他出力卖命？这些昏官，个个都是糊涂虫，自古强盗打劫，哪有自报姓名的道理？这个陈金、牛达必是假的。咱们且不管他，装疯卖傻同他泡蘑菇就是了。"于是，二人天天在齐州境内骑马游逛，并不认真打探。

再说尤俊达与程咬金取了那三千两皇银，喜不自胜。从此再不出门，日日在庄上饮酒习武，舞枪弄棒。

这日二人正在前厅对饮，喝得半醉，却见一个喽啰急匆匆来报："员外，西面十余里发现一队客商，车马扰攘，甚是富足，咱们劫是不劫？"

尤俊达说道："算了，上次的风声未过，还是小心为妙。"不料程咬金却跳了起来，高声嚷道："送上门的钱为何不抢？俺老程正憋闷得慌哩。"说罢，提起大斧，飞身上马，一溜烟向村西飞奔而去。尤俊达未及拦阻，恐其有失，也只好随后追来。

出村西行七八里，果然有一队客商迎面而来。程咬金横马拦住去路，大声喝道："过路的，把金银珠宝留下，爷爷饶你等不死。"

对面一条红脸汉子拍马冲了过来，冷笑道："笑话，今日是江洋大盗碰上了小毛贼，我倒要看看谁是谁的爷爷。"

原来，此人正是潞州单雄信，因与秦琼分手时，听他说其母冬至月初六日六十大寿，便欲去齐州拜寿。李密、王伯当听说了，又邀请北路的几位朋友张公谨、白显道等一路同来。

那程咬金哪里知道这些，只知道是天上掉下了钱财，不管三七二十一，冲上去举斧便劈。单雄信挺枪相迎，只觉得两臂发麻，心想，这小子力气不小，须要当心，便抖擞精神全力而战。谁知还不到三五个回合，那程咬金已经破绽百出，手忙脚乱。单雄信禁不住哈哈大笑："这毛贼原来不会武功，是个假把式。"

恰在此时，尤俊达赶到，见程咬金危急，急忙挺枪来救，两个打一个，霎时杀得难分难解。

王伯当策马赶来，本欲参战，一看尤俊达，赶紧喊道："诸位快住手，都是自家朋友。"

双方立马停住，王伯当对单雄信说道："这位是兖州豪杰尤俊达，小弟的朋友。"又对尤俊达道："这便是我们时常说起的潞州英雄单雄信。"接着，又将李密、张公谨等向尤俊达一一引见。尤俊达对众人说道："这位是在下新结识的兄弟程咬金，字知节。"众人纷纷施礼相见。

尤俊达将众英雄引入武南庄里，设盛宴款待。席间，尤俊达对李密道："今日得会蒲山郡公，在下三生有幸。但不知公等缘何来到兖州地面？"

李密便将众人欲去齐州为秦叔宝老母贺寿一事说了。尤俊达道："既如此，小弟更应打点寿礼，随诸兄同往。"又转身对程咬金道："就烦请贤弟在庄上守候，等我归来。"

不料程咬金却急了，怒冲冲地说道："若说为秦伯母贺寿，俺程咬金第一个该去。我同秦琼从小光着屁股长大，胜似亲兄弟一般。"

众人都笑了："这真是缘分，既是这样，大家便决定一块同行。"

第二天，一行七八人再加上各自的随从，带上寿礼、金银绢帛，径往齐州进发。

初六日上午，众人来到齐州东街秦琼府上。

秦琼见一下子来了这么多江湖英雄，自是万分欢喜。樊虎带着几个衙门里来帮忙的差役大摆宴席，秦琼却忙去里面请出老母与众英雄见面。待宁夫人坐定，李密带领众人跪倒在地，叩头贺寿。宁夫人急命秦琼代为答礼。

寿宴开始之后，李密等人又各敬老夫人三杯寿酒，祝老人家寿比南山，福如东海。秦琼代母亲喝过，便送老夫人去内间歇息。

至此，宴席才开始热闹起来，秦琼举着酒杯对各位英雄一一敬酒。到了左首第三席，是尤俊达和程咬金。秦琼说道："尤员外和这位兄弟，在下有礼了，请满饮此杯。"说完，将酒一饮而尽，又往前走去。

尤俊达见秦琼并不认得程咬金，便低声说道："兄弟，你说与秦琼光着屁股长大，可他怎么好像不认识你呢？"

咬金一下子恼了，一张黑脸红得像猪肝一般，突然站起来，暴雷似的喝道："太平郎，你今日不过当了个鸟捕头，为何就如此倨傲？"

一言既出，举座皆惊。秦琼更是不知所措，愣愣地看着这个黑汉子，陪着小心道："这位兄弟，不知秦琼何处得罪，足下又为何知道我的乳名？"

"我是程一郎，怎么不知你的小名？"

"啊呀，是一郎兄弟！"秦琼冲过来一把抱住程咬金，"都怪为兄眼拙，十几年不见，兄弟竟长成了一个铁罗汉。"

众人都一齐大笑，原来这童稚之交阔别十余年，已然不相识了。

接下来，大家又开始畅饮，或拉家常，或叙友情，或猜拳行令，宴席上异常热闹。

这时，不知谁提起了皇银被劫之事，问秦琼与樊虎齐州可曾接到朝廷的缉捕公文。

秦琼从怀里摸出一张批捕文书，向众人晃了晃，说道："怎会接不到，我等正为此事犯愁呢。说是个叫陈金、牛达的，恰如大海捞针，到哪里去找？咱且不管这些鸟事，喝酒喝酒。"

单雄信却笑道："这陈金、牛达也不知是哪路英雄，在江湖中这么多年，却从未听说过他们。"

说者无意，听者有心。尤俊达一听这个话题，心中不免着急，忙在桌下偷偷地捏了程咬金一把。

程咬金却大叫起来："尤大哥，不要捏我，秦大哥，劫那三千两银子的就是俺程咬金和尤俊达，是那押银官错记成了陈金、牛达。喝完这顿寿酒，俺便去州衙自首，也好给秦大哥挣个前程。"

这几句话不仅把尤俊达吓出了一身冷汗，满屋的人也都惊得目瞪口呆。

秦琼站起身来，厉声喝道："程咬金，又说浑话。这种灭门的话也是能乱说的？"

"是真的，银子就在尤大哥庄上。今日大哥您人赃俱获，自能升官领赏。"

秦琼被他气得脸色发青，愤然道："一郎兄弟，你也太小看你秦大哥了。不要说朝廷的鸟官，就是给个皇帝做，俺秦琼也断不会出卖兄弟。"说完，竟当着众人的面把批捕文书撕了个粉碎。然后对众人一笑："此事从今不要再提，就当啥事也没发生，大不了俺秦琼明日便离开齐州，咱们继续喝酒。"

说是继续饮酒，却没有了刚才的那份兴致，人人心头就像压了块石头。程、尤二人劫了皇银，叔宝又撕了批捕文书，这事将如何了断？

大家又闷头喝了几杯，李密便让叔宝上饭。众人刚吃罢饭，正要上茶，却忽然听到院外人马嘈杂。一个仆人跌跌撞撞地跑进来说道："老爷，不好了，刘刺史带着州衙的五六十号兵丁堵住了门口，说是要捉拿强盗。"

原来，刚才一个来帮忙的差役听了程咬金那番话，为了请功，竟偷偷溜出去告知了刺史。

众人正在发愣，便听刘刺史在外面喊道："秦琼、樊虎听着，快把强盗交出来，不仅可免窝藏盗贼之罪，本官还可为你们请赏。"

程咬金站起来，对尤俊达说道："尤大哥，好汉做事好汉当，咱们出去吧。"说完便往外走。

"慢着"，李密"腾"地站了起来，面色冷峻地说道："程、尤二位兄弟劫了皇银，这是弥天大罪。叔宝私通盗匪，又撕毁公文，也免不了项上一刀。你三人若去官府必死无疑，就是我们这些人也脱不了干系。"说到这里，他突然从腰间扯出了宝剑，高声叫道："实不瞒众位兄弟，我与伯当早已在瓦岗寨举旗造反，今日正是来邀约众英雄前往聚义，共图大事。有愿去的便随我冲出去杀了那狗官，就此举事。"

这些人个个都是天不怕地不怕的汉子，在此生死关头，更是没人退缩了。

当下，李密让尤俊达、白显道保护宁老夫人及所有家眷，出后门先回东阿武南庄。他与秦琼、程咬金、单雄信、张公谨、樊虎各抄兵器，悄悄来到院门处，大喊一声，一齐扑将出去。

王伯当率先冲出，一个箭步窜至刘刺史面前，手起刀落，将其斩于马下。那几十名官兵如何抵得住这七八条猛虎般的好汉？被砍翻三四个之后，便纷纷扔了兵器，抱头鼠窜。

众英雄也不贪杀，急忙追上尤俊达他们，护住宁夫人乘坐的车辆匆匆向武南庄奔去。

回到庄上，尤俊达命家人们准备干粮，打点好金银细软，装了几大车。一把火烧了庄院，一行人连夜上路，直奔瓦岗寨而去。

李密想着这些往事，心中犯了嘀咕。秦叔宝、程咬金二将确是瓦岗军的两根台柱子，叔宝的两柄金装锏舞得鬼愁神惊，于万马军中取上将首级如探囊取物。这且不说，就是那个程咬金，本就膂力过人，上瓦岗之后，向各位将领勤学武艺，一点就通，苦练不懈，如今也有万夫不当之勇，早已威名远震。这两个人不在眼前，再加上那个智勇双全的徐世勣也领兵在外。此时与王世充决战，这一仗确实有些玄乎。

但是，李密平生自负，从来没把王世充放在眼里。他转念一想，虽然徐、秦、程三将不在眼前，但金墉城里仍是猛将如云，像罗士信、单雄信等，皆是当今一等一的英雄。麾下十几万人马又是训练有素、能征惯战之师，还惧他王世充不成？于是回书王世充，约于五月四日决战于洛阳城外。

此时，郑王王世充梦见周公说李密气数已尽的传言已在洛阳城里闹得沸沸扬扬，军民士子几乎无人不知。

王世充做足了舆论上的准备，在行动上也是积极备战。

他先在军中挑选了三千名身强力壮的彪形大汉，都染成红发蓝脸，身穿五色画衣，每日在皇城之内秘密演习。

接着，他又让朝臣们四处打探查访与李密面貌相似之人。

王世充原不过是想试一试，若能找到这样的人，可成就他一条妙计。

没想到这林子大了还真就什么鸟都有，旨意一颁，便有国子监助教刘政仁前来禀报，说他有一个家仆，长得与李密面貌酷似。

王世充大喜，立即将那家仆招来当面验看。果然是面色黝黑，双眼贼亮，身材长相都活脱脱是另一个李密。

"天助我也，大事成矣。"王世充兴奋异常，当即赏那仆人黄金五十两，命人将他领入军中，换上李密平日所穿衣装，由熟悉李密的人训练他的一举一动。

两天以后，也就是约定决战的前一天，王世充、李密各带大队人马来到洛阳以西。王世充结寨于翠屏川东山，李密安营于翠屏川西山，两军相距二十余里。

王世充登上山顶，远眺魏军阵营，但见营盘错落有致，军旗临风舞动，人马进出井然有序。心中也不禁暗暗佩服，李密毕竟久经沙场，果然治军有方，临阵不乱。

翌日辰时，两军阵中金鼓齐鸣，杀声震天。

李密命单雄信领前队，罗士信领第二队，樊虎领第三队，次第向郑军阵营进发。

王世充命大将庞文元领一支人马出阵迎战，双方在金鼓呐喊声中展开激战。单雄信舞动手中的长枪拍马直取庞文元。两人交手多时，庞文元显然不是单雄信的对手，渐渐败下阵来，于是便带领部属仓皇逃回本寨。

单雄信、罗士信乘胜追击，杀死郑军四五百人，很快便冲到了郑军大营。

不料郑军以木城为寨，早已关闭寨门。见瓦岗军涌来，万箭齐发，如飞蝗急雨一般。瓦岗军多有伤亡，一时难以近前。

罗士信本想爽爽利利大杀一阵，没想到还未交上手，郑军便像王八脖子似的缩回了寨中。禁不住心中烦躁，双手奇痒难耐，竟破口大骂起来："王世充我日你奶奶，说的是两军决战，为何临阵做了乌龟?"

兵士们也一齐大骂，哪句难听骂哪句，什么"灰毛驴日的""大闺女养的""胡人杂种"等等。

郑军寨中却寂然无声，任你怎么叫骂，就是不理不睬。一旦有人马冲到寨前，便有强弓硬弩伺候。

这样相持了整整一天，郑军始终不肯出战。瓦岗军只好鸣金收兵。

入夜之后，阴霾四起，星月无光，郑军大营中一片漆黑。军帐前零零落落张挂起的风灯在无边的黑暗中像鬼火似的闪烁着。

奉魏公李密之命，单雄信、罗士信、樊虎等各率大军前往劫寨。

说是劫寨，其实是在夜间强攻，逼王世充主动出战，好一举歼之。在大战的第一夜，王世充自然会加意设防，想靠偷袭取胜是根本不可能的。

对这一点，李密知道得清清楚楚。夜里强攻，天色漆黑，郑军的弓箭会失去威力，大军攻寨可减少伤亡。因此，李密才选择了夜战。

罗士信白天叫骂了一天，心中万分焦躁，好不容易等到天黑，急忙带领所属人马狂风骤雨般向郑营冲去。奇怪的是，郑营的木城寨栅竟四门大开，昏暗的灯光下不见一个人影。

待瓦岗军冲到离营寨仅有四五丈时，突然灯火齐明，照耀如同白昼。紧接着便听到轰隆隆一声闷响，一座军帐在硝磺炸药的爆炸声中变成了无数的碎片飞上了半空，天空中顿时腾起了一片浓雾。

待浓雾消散之后，平地里冒出了数千名鬼魂，咆哮蹦跳，一个个红发蓝脸，牛头马面，手里举着砍刀、利剑、板斧，见人就砍，逢马便剁，口里喊着："天兵到了，要命的快投降!"

瓦岗军的士卒们哪见过这种阵势，一个个毛发倒竖，心惊肉跳，掉头便跑。

罗士信大声吼道："休信他装神弄鬼，这都是些凡人。"说着长枪一挺，将一个冲到马前的"鬼怪"横挑于马下。

将士们稍稍镇定，但座下的战马却经不住这些怪物的惊吓，有的前蹄腾空，引颈长嘶；有的就地打个旋儿，摇头摆尾向回疯跑。罗士信的部伍顿时乱作一团。

恰在这个时候，郑军大队人马从四面合围过来，将罗士信团团围住。士卒们被大片大片地杀死，包围圈越缩越小。

幸亏单雄信、樊虎率军及时赶到，奋力杀入重围，与罗士信合兵一处，浴血激战。

就在双方杀得难分难解、天昏地暗的时候，却听有人高声喊道："瓦岗军的弟兄们快投降吧，你们的魏公李密被我劫寨的将士们拿住了。"

单雄信抬头一看，登时惊得灵魂出窍。只见魏公李密的双手被绑在马背上，口里塞着块破布，正冲他连连点头。

单雄信来不及细想，大吼一声，一连刺死三四名郑军，拍马挺枪径向李密冲去。

见有人前来劫人，十几名郑军将士簇拥着李密慌慌张张地向东南奔去，很快便潜入了一片树林之中。

单雄信救主心切，策马疾驰，紧跟着冲进树林。未行几步，斜路上突然绷起一根横索，那马未及收蹄便被轰然绊倒。几乎在同时，从树上抛下了一张粗丝大网，连人带马，将单雄信给牢牢网住。

罗士信、樊虎正在奋力苦战，却听郑军阵中大声嚷道："你们的大将军单雄信已被俘虏，若再反抗，徒死无益。郑王有令，投降者不仅不杀，还一概有赏。"

樊虎挥舞着手中的双刀边战边向罗士信靠拢，慌忙说道："罗兄，如今主公已被他们拿去，单将军又做了俘虏，再这样打下去还管啥用？"

"那怎么办？咱们各自散去？"罗士信问道。

"散去也总要有个归宿，东天是佛，西天也是佛。我们反正是些抱佛脚的。不如降了郑王，仍可追随主公。"樊虎说道。

"奶奶的！宁给好汉当马骑，不给奴才做狗养。老子宁死也不降这个胡汉杂种。"

樊虎却不再听他的，向郑军高声喊道："不要再打了，我等宁愿投降。"

听主将这样一说，部下一齐抛戈弃甲，跪地请降。霎时间，漫山遍野黑压压地跪了一片。

罗士信见大势已去，忙率领数十名亲随拼死突出重围，向南落荒而逃。

天地茫茫，何处安身？他想起了据守黎阳的徐世勣，只有先投奔那里，再做以后的打算。

李密正坐于中军大帐，与贾闰甫、王伯当、魏徵等谈论前方战事，一心等着三位将军大胜郑军的消息。

不料却有前线溃退下来的数百名士卒浑身血迹斑斑，有的断了胳膊，有的折了腿，像丧家犬似的逃回来，在中军大帐前一齐跪倒，放声大哭。

李密大吃一惊，急忙走出帐外，问道："出了何事，汝等竟如此狼狈？"

"主公快跑吧，再迟便来不及了。"

"快说清楚，到底是怎么回事？"

"我们中了郑军的奸计。开始以为主公被郑军俘获，单将军奋力前去营救，自己却做了俘虏。樊将军带着许多弟兄降了郑军。罗将军向南杀去，生死不明……"

听到此处，李密只觉得眼前一阵发黑，险些儿跌倒，十几万大军顷刻间土崩瓦解，令他万箭钻心，痛不欲生。

魏徵、贾闰甫急忙将他扶住。他瞪着一双失神的眼睛茫然地看着二人，万念俱灰，口中说道："完了，一切都完了，我多年的心血毁于一旦，煌煌帝业竟成泡影，是老天不容我李密。"

王伯当忙上前劝道："主公勿要泄气。汉高屡败，终得天下；项羽虽胜，卒遭夷灭。主公宜且安心，徐图后举。"

李密长叹一声，禁不住坠下泪来："都怪我太大意，中了王世充这厮的诡计。诸位说说，眼下该怎么办？我是方寸已乱。"

王伯当道："当今之计，只能先退守洛口仓，南阻河洛，北守太行，东连黎阳。徐世勣现在黎阳，他为人忠义，又足智多谋，可移兵食以资河北。日后主公可移师太行，力薄则拒险而守，力足则相机而战。有主公在，今日逃散的将士必然来归，他日仍可成就一番大业。"

李密有些犹豫，又问众人，魏徵迟疑了一会儿，说道："今日一战，精锐大部丧亡，将无固守之志，兵无敢战之心。况主公身边如今不足一万人马，洛口弹丸小镇，又与东都近在咫尺，如何能守？若等世勣、叔宝他们回师来援，远水救不了近火，我等怕早已全军覆没，都一块成了王世充的阶下之囚了。"

"依玄成（魏徵字）之见，该如何是好？"

"主公，微臣以为，茫茫人海，自古以来能有几人为帝为王？人生在世，何必非要称孤道寡？若能辅佐贤主，做个良相名将，亦可建功立业，留名千古。如今趁还有一万兵马的血本，去关中归于唐主，以为觐见之资，日后或可有所作为。"

魏徵说完，众人亦皆附和称善。李密也知道这是眼下唯一的出路，踌躇良久才长叹一声道："罢罢罢，我李密一生不甘居人下。但天欲丧我，我也无计可施。就依玄成之见，我等共赴长安，诸君谅亦不失富贵。"

于是，李密检点剩余兵马，让王伯当断后，撇开大道，沿山路和乡间小径向西迤逦而行。

第十一章　秦王西征　剪除薛举

李密一行西至潼关，便派元帅府掾柳燮快马先往长安，赍表奏知唐高祖。

高祖李渊不胜欣喜。在中原各大军事势力中，瓦岗军是最强大最令他忧惧的一支，不料竟被王世充击溃，主动前来归顺称臣。当年起兵之初，李渊父子所定的"夺取关中，据险养威，徐观中原鹬蚌之争，以收渔人之利"的战略无疑是正确的，如今就要坐享其成了。

对是否收留李密，高祖颇费了一番心思。此人才略可用，但又桀骜不驯。用好了，可成为国家之栋梁，治世之能臣。弄不好，则可能成为启乱之奸雄。

不过，他在中原苦心经营多年，影响巨大。河南、山东一带，他的旧部甚多。若将其收降，这些旧部亦可招来为我所用。这对于将来收复中原乃至平定天下都是十分有益的。

于是，高祖先差将军段志玄带上三牲御酒远道迎往潼关，以示慰劳。接着，又派许敬宗代表大唐朝廷至长安以东百余里相迎。

李密率王伯当、魏徵、贾闰甫一干人等在大兴殿朝见唐帝高祖。行着三跪九叩之礼，李密的心中就像打翻了五味瓶，酸甜苦辣咸说不清是个什么滋味。

当初自己不听魏徵等人的劝告，没有及时挺进关中，一味地纠缠于洛阳城下，被王世充一拖就是几年。最终还是重蹈了杨玄感因贻误战机而致溃败的覆辙。眼前这个高踞于龙墩之上耀武扬威南面称尊的当朝天子，曾几何时，还信誓旦旦地要推自己为"天下盟主"，卑辞屈节，指望在我李密称帝之后能继续封个"唐公"便于愿足矣。骗人，纯系骗人的鬼话。

要怪只能怪自己骄矜傲物从而铸成了大错，一念之差，竟成天壤之别。事到如今，只能甘为人下之人了。

这样胡思乱想着，却听高祖朗声笑道："贤弟平身，赐座！"

李密叩首谢恩，刚刚坐下，又听高祖说道："贤弟一路辛苦，且安心休养将息，以后与朕同参国事，共图富贵。待时机成熟，朕定发大军与贤弟共平东都，以雪今日之仇。"

说罢，命人传旨，授李密光禄卿上柱国，赐邢国公。王伯当为左武卫将军，贾闰甫为右武卫将军。其他同来的将士各有赏赐。

李密口里说着："微臣穷途末路，蒙皇上不弃，赐以显爵，此浩荡皇恩，李密没齿不忘。"而心中却愤愤然道：你口口声声称我贤弟，却哪有兄弟之情？我率众前来投奔，却只封个"邢国公"，又是虚衔，并无实权，可见你对我李密并不信任。这样想着，心中悒悒不快，唯恐被高祖窥破，赶紧辞谢而退。

待众人退去，高祖却独把魏徵留了下来，说道："朕久闻先生大名，今日得见，堪慰平生。"

魏徵慌忙跪下道："臣一介布衣，万岁如此谬赞，令魏徵惶惧汗颜。"

高祖令魏徵平身，微笑着说道："先生既归大唐，朕意请先生暂去东宫，任太子洗马，不知先生意下如何？"

魏徵道："身入大唐，便是唐廷臣子，任凭陛下驱遣。微臣不才，愿侍东宫，竭尽愚钝，以辅佐太子殿下。"

原来，高祖如此安排，是太子李建成特意请求的。

昨日，听说李密欲来归降，太子中允王珪急忙去见建成："太子殿下，臣听说李密即将归唐，不知殿下做何打算？"

建成有些丈二和尚摸不着头脑，茫然问道："他来归顺便归顺，我朝从此少了一支劲敌，增了一万人马，如此而已，我需做什么打算呢？"

"微臣的意思是，他随身带有无价之宝。殿下若不早取，必为他人夺去。"

"哦，是何宝贝，和氏璧，还是夜明珠？"建成仍在懵懂之中。

"不，那些都是死宝，这是活宝，是人。有他辅佐，可保殿下日后创立千秋不朽之帝业。"

"你是指谁？莫非是魏徵？"

"正是此人。"

李建成一下子来了兴趣："此人我也早有耳闻，但知之不详。他究竟是个什么样的人？"

王珪微微一笑，眼光渐渐变得深邃起来，慢慢说道："天下大乱，英才辈出，但像魏徵这样的旷世奇才，实在是古今罕有的国之栋梁。他幼时孤贫落寞，有大志。年轻时为了逃避乱世，曾出家当过道士，躲在清静的道观之中埋头苦读，博览群书，精研经邦济世、治国安民之道，尤其擅长纵横之术。

"李密成了瓦岗军的首领之后，一个偶然的机会看到了魏徵的文章，大加赞赏，千方百计将其招至麾下。魏徵初入瓦岗，即进献谋夺天下之十策。李密对魏徵足不出户却能纵论天下大势感到十分惊奇。但不知什么原因，却始终没有采用魏徵之策。此后几年之中，魏徵在瓦岗军中一直未得重用。倘若李密不那么刚愎自负，稍微听一些魏徵的劝谏，也不至于落到今日的下场。

"如今，这样一位可遇而不可求的治世大贤送上门来了，殿下万不可掉以轻心，与其失之交臂。"

李建成知道，王珪所谓"若不早取，必为他人夺去"，指的是他的二弟秦王世民。

确实，这几年来，世民利用东征西战的便利条件，广收奇能之士，在他的幕府之中，像房玄龄、杜如晦、刘文静、李靖这样的文武奇才多不胜数，真的是人才济济。

李建成也懂得人才对于成就大业至关重要，但却不知如何网罗和网什么样的人才。经王珪及时提醒，他连连点头称是。

当天夜里，他便入宫求见父皇，要求将魏徵安置在东宫。太子是国之储君，天下根本。自然应有第一流的人才随侍身边，好朝夕辅佐，高祖立即准其所请。

这样，魏徵初入大唐便成了东宫的人，做了太子洗马。表面上是为太子掌管图籍，实际上却是太子的主要谋士。

后来秦王世民闻知此事，深恨自己因在病中误了大事，为此而悔叹不已。

一个月前，薛举父子在浅水原大败唐军，薛仁杲又乘胜攻占了宁州，士气大振，人马激增。

卫尉卿郝瑗趁机向薛举进谏道："今唐兵新破，将帅并擒，京师骚动，我大军可乘胜直取长安。"

薛举笑道："爱卿所言与朕不谋而合。"

于是西秦二十万兵马集结于高墌城下，日夜操练，赶造攻城器具，积极备战。

六月十六日，大军于高墌城东门外誓师出发。薛仁杲率一万铁骑作为前军。薛举居中军，与郝瑗、褚亮等并马而行。

刚走出不到二十里，薛举突然闷叫了一声，张口喷出一团鲜血，随即一头栽于马下。

这病势来的突然而又猛烈，全军顿时混乱。皇上兼三军主帅病重，进军长安的计划只好取消。

数日之后，薛举病死，其长子薛仁杲继位称帝。

薛仁杲不仅力大无穷，勇猛善射，军中号称"万人敌"，而且极其暴虐残忍，令人闻其名而毛骨悚然。

一次破城之后，他捕获了其仇人庾信的儿子庾立，竟将其剥光衣服，用铁链吊在猛火上，像烤全羊似的烘烤。一面烤，一面从他身上一片一片地割下肉来分赐给军士们吃掉，谁不肯吃就立即将其杀死。

其令人发指的残酷行径就连他的父亲都不忍听闻，曾多次告诫他说："你智略纵横，足可成我家事。但过于残虐，最终必定覆我社稷。"

继位之后的薛仁杲愈加疯狂和猖獗。他攻城略地，横行于长安以西。先后击败了唐秦州总管窦轨，斩杀了唐泾州守将刘感、唐陇州刺史常达，一时甚嚣尘上，为患极大。但是，薛举死后，众将对仁杲各怀猜惧，大都离心离德。主要谋臣郝瑗又因悲思薛举而卧病不起。西秦其实已在走下坡路。

八月初，秦王世民大病初愈，即上表奏请再次西征。

八月十七日，高祖命世民为西征大元帅，率大军前往征讨薛仁杲。

不久，唐军进抵高墌城下，薛仁杲命大将宗罗睺将兵拒敌。这已是秦王世民与薛秦军队的第三次交锋了。

宗罗睺屡屡挑战，在唐军寨外叫骂不绝。李世民仍然采用上次的战术，深沟高垒，拒不出战。

长孙顺德、史大奈、史万宝等一批唐军将领一齐拥至中军大帐，纷纷请战。

李世民面色冷峻，扫了众人一眼说道："我军新败，士气低迷。贼恃胜而骄，有轻我之心，而士气正旺。目下只可闭垒以待之，养我军之气，挫贼军之志。待彼疲我奋，可一战而克。"

见众人默不作声，秦王略一沉思，突然扯出宝剑，厉声说道："传我军令，自今日起，军中有敢言战者，斩！"

如此相持了六十多天，仁杲军中粮尽，人心浮动。一日傍晚，一队秦军直奔唐军寨栅而来。守寨将士们正欲放箭，却听对面一将领高声喊道："请禀知秦王，我乃西秦黄门侍郎褚亮，特带人马前来归降。"说着，众人纷纷下马，弃戈解甲，在寨外跪了一片。

秦王听说褚亮来了，大喜过望。这可是杜如晦向他举荐的人才，怠慢不得。

他急忙迎至寨门，命将士们放他们入寨。原来是褚亮策反了薛仁杲麾下大将梁胡郎，率领兵马近两万人前来投顺。秦王将梁胡郎所率人马编入军中，与唐军一视同仁。将褚亮留于幕府，朝夕相伴。

秦王当夜与褚亮促膝长谈，从而得知秦军粮罄水缺，兵士们已两天未吃一顿饱饭，有的则于夜深时偷偷宰马而食。

决战的时机已经成熟。

秦王命行军总管梁实在浅水原安营诱敌。此时，宗罗睺军中不仅缺粮，而且已断水三天，正在万分焦急，求战心切，见唐军准备出战，心下大喜。急忙派出精锐击鼓呐喊，猛攻浅水原唐营。

梁实所率领的仅是一小股人马，他按照秦王之令据险固守，秦军屡攻不下，锐气受挫，军中上下愈加焦躁不安。

次日凌晨，秦王命大将军庞玉率五万大军在浅水原布阵，摆出了要与秦军正面决战的架势。

宗罗睺见唐军主力出动，军中又遍插"李"字大旗，误以为秦王亲率大军来战。急忙集中全部兵力倾巢出动，以排山倒海之势向唐军发起了总攻。

战场上杀声震天，金鼓齐鸣，黄尘滚滚，遮天蔽日。

庞玉率军拼力厮杀，但敌众我寡，渐渐力绌难支。

恰在此时，秦王李世民亲率劲旅出其不意从浅水原东北铺天盖地杀来。

于是，战场形势马上逆转，李靖、长孙顺德、史大奈、史万宝等一大批骁将各率一支人马驰入阵中，挥刀挺枪，奋力砍杀。

李世民亦亲率数万名精骑呼啸着杀入敌阵深处。

秦军顿时大乱，士卒们成批连片地被杀死或砍伤，活着的早已失魂落魄，瞪着一双双惊恐的眼睛，东碰西撞地寻路逃跑。

宗罗睺见败局已定，急忙收拾残兵败将，弃高墌城于不顾，匆匆忙忙向折墌城退去。

李世民率领两千名骑兵欲乘胜追击，窦轨大惊，拦住马头苦谏道："宗罗睺虽然败逃，尚有仁杲据守坚城，殿下以两千人马孤军深入，实在危险万分。秦王千金之体岂能轻蹈险地？眼下未可轻进，请按兵观之。"

世民急切地说道："我也熟思良久，破竹之势不可失也，舅舅无须多言。"

说罢，双腿在马腹上一夹，提缰一抖，坐下青骢马箭一般冲了出去。

两千余骑风驰电掣，一直追至折墌城外。

薛仁杲已在城下列阵，等待收拢从浅水原败退下来的士卒，准备合兵一处与唐军决战。

世民不去攻城，却扼守住了泾水南岸，切断了宗罗睺败兵逃归折墌城的去路。

这些败兵本已是惊弓之鸟，好不容易逃回来，却猛然看到无数唐军横刀立马，一个个凶神恶煞地阻断了去路。顿时魂飞魄散，哭爹喊娘地向南向西分散逃去。

仁杲见前线人马久不归来，心中恐惧，急忙引兵入城，闭门坚守。

傍晚时分，唐军大队人马陆续赶到，渡过泾水，对折墌城展开了猛烈的围攻。

城内守军本来就少，此时更加人心浮动，谁还肯再为薛仁杲卖命守城？

时至半夜，城门突然打开，先是内史令翟长孙率众来降。接着，又有左仆射钟俱仇率大队人马前来归顺。

天亮之后，薛仁杲除了身边的数百名侍卫几乎再无人马，折墌城已成了一座空城。

薛仁杲无可奈何，只有投降一条路可走。他先是放回了前次大战中俘获的唐军将领刘弘基、李安远等人，随后打开城门，带领左右亲至唐军大营请降。

李世民率唐军开进折墌城，封存府库，检点人马。此次大胜，获精兵三万余，男女人口十万。大唐将领纷纷向自己的统帅致贺。

史大奈问道："大王在浅水原一战而胜，马上舍去步兵，又无攻城战具，只率两千骑兵直抵城下。众人不仅认为不能克城，而且为大王捏了一把汗。而到头来竟没费多大的劲就攻克折墌，这究竟是什么缘故？"

秦王微笑道："秦将宗罗睺所率的将士大都是陇西人。将领骁勇，士卒强悍。我军出其不意而攻破敌阵，但斩杀和俘获的人数并不多。若不迅速进击，溃败的秦军会全部逃回折墌城。仁杲稍加安抚，再用其守城，我们要拿下折墌就难得多了。今我急速进击，拦住归路，逼使秦军败兵散归陇西。折墌得不到增援，城中兵弱，上下自然胆破，这便是我们迅速克城的缘故。"

站在一旁的李靖听了世民一席话，不禁叹道："这些东西可是历代兵书上所没有的。因事制宜，临机决断，秦王殿下可谓兵家天才。"

刘文静未能参加这次西征。

在秦王率军出征的头几天里，刘文静便多次奏请参与此次大战，意在将功赎罪，但高祖却执意不允。

对于刘文静的清高孤傲和落落寡合，李渊历来都看不上眼。唐军草创时期终日征战，需要他的才智和谋略，对这些小节，李渊可以视而不见。但是，大唐王朝定鼎，自己登基称帝之后，他在朝堂之上仍是那样昂首挺胸，侃侃而谈。对自己这个当朝天子亦是不卑不亢，有时甚至为了一件小事当着满朝文武的面争得面红耳赤，高祖便渐渐地感到难以容忍。

自从裴寂奏劾他擅自出战造成惨败之后，又不停地在高祖耳边吹风，说了刘文静不少坏话，高祖对他便愈加不满。

更有甚者，横在高祖和刘文静之间，还有一层不足为外人道的隔膜。

在李渊的内心深处，对于刘文静与世民那种极为特殊的亲密关系早就怀着一种说不清楚的隐忧和反感。

这是一种十分微妙的情感。按说，秦王世民是自己的亲生儿子，又是大唐帝国军事力量的主要统帅。唐王朝的命运和安危在某种程度上说已经系于世民一身。在世民的身边能多一些人才，对国家有利，对下一步荡平寰宇、一统天下更是大有裨益，高祖应感到高兴才是。

然而，不知为什么，高祖却高兴不起来。作为一个宦海浮沉大半生的老政客，他自然懂得功高震主的道理。虽然是自己的亲儿子，功劳太高，势力太大，党羽太多，对自己这个皇帝也是一种潜在的威胁。

在秦王世民周围那些谋臣骁将之中，他认为最危险的便是这个刘文静。要逐渐削去他的权柄，让他人微言轻，无法掀起大浪。

高祖本就后悔敕封刘文静为纳言，位高权重。在大唐建立之初，他是太原起兵的勋臣，这样敕封是没有办法的。但现在不同了，决不能让他随秦王西征，若再建奇功，将更加难制。

刘文静是个绝顶聪明之人，对来自皇上那种无端的冷落和猜忌，他当然有所体察。但他把这一切都归于裴寂的嫉贤妒能和谗言惑主，更深层的东西他便不知道了。

秦王率大军离开长安的当天夜里，他把弟弟刘文灿叫到府上，命下厨置办了几个小菜，兄弟二人相对而饮。

开始只是埋头饮闷酒，你一盏我一盏，谁也不说话。

过了一阵子，刘文灿终于忍不住挑开了话题："大哥，皇上为何不准你西征之请？"

"这是皇上的安排，做臣子的如何得知？"刘文静端起一盏酒，一仰脖子喝了下去。

"我看必是裴寂那厮从中作梗。去不去西征无所谓，但这事儿气味不对。"

刘文静又饮了一盏，闷声问道："有何不对？"

"大哥身为纳言，也是朝廷宰辅大臣。近来朝中许多大事都不与大哥通气，这当做何解释？自古以来，君臣同患难容易共富贵难，大哥不可不小心提防。"

刘文静闷头不语，只是左一盏右一盏喝个不停，心中却在翻江倒海。

文灿的话他早不知想了多少遍，但他想不出用什么办法弥合与皇上之间出现的裂痕。他生性傲慢，自己又无大错，不肯去皇上眼前摇尾乞怜。再说，那样做也未必有效，说不定会令皇上更加生疑。

不一会儿，刘文静已喝得酩酊大醉。酒精在胸中燃烧，把平日埋在心底深处的怨气和怒火勾了起来。

他已经怒不可遏，摇摇晃晃地站起身来抽出配剑，狠狠地砍在了身旁的立柱上，破口大骂道："裴寂老贼想不到竟是这样一个奸诈阴毒的小人，今生不杀此贼，我刘文静誓不为人。"

弟弟见他完全醉了，忙命下人们扶他去卧室内睡下。自己也有些不胜酒力，跟跟跄跄地告辞出府。

数日之后，刘文静的妻子忽然得了一种怪病。病症一发，又哭又笑，大喊大叫，闹得全府上下不宁。严重的时候居然披头散发，赤脚跑到屋外，满院子乱窜，三四个侍婢都按不住她。

刘文静从宫中请了御医，也请了长安城里的所有名医，吃了不知多少药，却丝毫不见效。

本来在朝中就诸事不顺，结发妻子又得了这种怪病，就如前门进贼，后院失火，刘文静心急如焚，却又束手无策。

这时，他府上的一个厨子向他举荐，说是城西乡下有个巫师能治百病，可手到病除。

对于这些神秘莫测的东西，刘文静历来不信。但人被逼到了这个地步，也只能有病乱求医，有效无效试试看，起码是自己这个做丈夫的尽了心，对家中老小也是一种精神上的慰藉。

巫师被请到了府上，任凭他在一间空房中念咒施法，焚香施术，驱妖驱鬼，整整折腾了一宿。刘文静却躲在自己的书斋里一人独饮闷酒。

结果，妻子的病没有治好，这事儿却很快传到了裴寂的耳朵里。不只是这事儿，就连那日晚间文静兄弟二人喝酒时说的话也被人偷听了去，告知了裴寂。

裴寂大怒。好啊，你兄弟二人竟在暗地里算计我裴某，那就走着瞧，看谁能杀了谁？

一日散朝之后，文武众卿各自回府，裴寂却悄悄地留了下来。

见他神秘兮兮的样子，高祖知道又有什么事，便问道："爱卿可是有事要奏？"

裴寂突然跪在高祖面前，老泪纵横地说道："刘文静兄弟暗中密谋，必欲置老臣于死地。"恶人先告状，这历来是奸佞之人惯用的手段，裴寂深谙其道。

"竟有此事？爱卿起来说话，这到底是怎么回事？"高祖吃了一惊。

"自从上次臣弹劾刘文静之后，他便怀恨在心。兄弟二人在府上饮酒密商，说是此生不杀老臣誓不为人。他还说……"

"还说什么？在朕面前不要吞吞吐吐。"

"他还说皇上昏庸，远贤臣，近小人，与杨广没有什么两样。悔不该当初拥戴陛下于太原起兵。"

高祖顿时勃然大怒："狂悖之徒！他想干什么？"

"还不止这些，微臣听说，他还请了妖人去府上施法，欲咒皇上……此人历来狂妄自大，如今更是居功而骄，自以为是大唐开国的第一功臣。其谋逆之心已昭然若揭。"

裴寂在极力烧火，高祖早已忍无可忍，腾地从御座上站了起来，在御案前来回踱步。过了一会儿，又阴沉着脸问道："你说的可是真的？"

"千真万确，都是他府上的一个厨子亲眼所见，亲耳所闻。"

高祖在鼻子里哼了一声，冷冷地说道："大唐建立不久，江山未稳，岂容内部有作乱之人？裴爱卿。"

"臣在。"

"就由你会同大理寺审理刘文静一案。务求弄个水落石出，以儆效尤。"

"微臣遵旨！"裴寂心里长舒了一口气，急忙拜辞出殿。

看着裴寂远去的背影，高祖的心里也感到一阵轻松，同时隐隐地有一丝内疚。其实，他心里同裴寂一样，并不相信刘文静真的谋反。不过是为了除掉这个潜在的对手，君臣二人心照不宣地上演了一出双簧罢了。

裴寂立即下令拘拿刘文静，会同大理寺连夜突击审案。

由原告当主审官，这案还有什么可审的？结果不言而喻：刘文静以谋逆篡国的莫须有的罪名被处以斩刑。

唐太宗李世民

开始，这从天而降的塌天横祸将刘文静震得晕头转向，他极力辩白，但却无济于事。又一再要求面见圣上，高祖却拒而不见。慢慢的，他冷静下来了，开始明白这是皇上要杀他，不仅仅是裴寂老儿从中作祟。

他沉默了，一句话也不再说。还能说什么呢？当年因为与李密联姻，他被隋炀帝下入大狱。为此，他才极力怂恿李氏父子起兵反隋，自己也身冒矢石，生死相随。但是万没想到，自己没被隋炀帝杀害，却死在这个自己用双手捧起来的大唐天子的手里。这便是政治，这便是帝王之术。伴君如伴虎，自古以来，功臣良将之中不知有多少冤魂枉鬼。

现在，他就要走向死亡，心里反而如一池静水，涟漪不起，微波不兴，而唯一的遗憾便是临死之时未能再见秦王世民一面。若能见面，该提醒他一句，兔死狗烹，鸟尽弓藏，功劳越大，危险便越大，尽管他是当今皇上的儿子，也不能掉以轻心。

第十二章　吊祭叛臣　赢得盛誉

刘文静被杀十天以后，秦王李世民剪灭了薛秦势力，率大军凯旋回京。

当天，他便得知了刘文静被杀的噩耗，一时竟如五雷轰顶，被惊得面色煞白，脑袋里"嗡"的一声，顿觉天旋地转，险些儿跌倒。

这一夜，他平生第一次失眠了，战场上大获全胜的欣喜被荡涤得一干二净，满脑子都是刘文静的面容和身影。

刘文静会谋反？大唐初建，立足未稳，这可是他押上身家性命换取的新王朝，他有什么理由在这个时候谋反？简直是耸人听闻的天大笑话。

父皇为什么非要杀他？又专拣自己不在京师的时候杀他。难道仅仅是误信了裴寂的谗言？不，事情绝不会这么简单。那么，究竟是为了什么呢？刘文静可是自己多年来最信赖的亲信。想到这里，世民只觉得全身一阵阵发冷。

他想去找父皇评理，甚至想与父皇大吵一场。但转念一想，又觉得太没有意思。这样的事永远说不清道不明，只能是彼此心中有数罢了。

第二天下午，秦王李世民率领左右亲侍和几名家仆带上香案祭品径向城南刘文静的坟头走去。

房玄龄听说了，急匆匆地赶来，将秦王拦住，急切地问道："殿下可是要去祭祀刘公？"

"是，生前未见最后一面，死后总得烧些纸钱，以表孤王之心。"世民眼圈有些发红。

"殿下万万去不得，不可意气用事。"

"为什么？"

"文静可是圣上钦命处斩的，殿下去祭'谋反'之人，是要遭猜忌的。"

"这我知道，但我必须去。"

这一次轮到房玄龄诧异了："那，那又何必呢？"

"先生试想，文静最早与我在狱中密谋起兵，以后数年如一日，一直跟随我的左右，出生入死，浴血拼杀，刚刚打下江山便惨遭不测。文静与我情同手足，义同师徒，满朝文武谁人不知？如今他枉死九泉，我李世民却视而不见，麻木不仁，这还算是人吗？岂不令天下贤者寒心？以后谁还肯与我相交？谁还愿意跟随我左右，与我同生共死？猜忌也罢，非议也罢，那是他们的事，祭祀亡灵我是非去不可。"

房玄龄顿时语塞，心里却被秦王的话烫得热辣辣的，有如此深情高义的知己，文静在九泉之下可以瞑目了。

见秦王转身欲走，房玄龄喃喃说道："既然如此，老朽便随殿下同去，也为文静兄上一炷香，化一道纸。"说着，双眼中已注满了热泪。

武德元年（公元618年）癸亥日，薛仁杲等十余名西秦的首恶被斩首于长安。自此，来自陇西地区的主要威胁——薛秦势力彻底土崩瓦解。

不久，据有河西五郡的大凉因内部矛盾重重而分崩离析。户部尚书安修仁与兄长安修贵发动兵变，俘虏了李轨并押送长安，大凉国亦告灭亡。

荡平陇右，又抚定河西，关中已获得了进一步的安定。唐王朝统一天下的第二个战略目标将是关东。

太子洗马魏徵对这步棋看得十分清楚。他上表高祖，自请前往关东招抚瓦岗旧部。徐世勣、秦叔宝、罗士信、程咬金等这些威震沙场的骁勇战将仍拥兵自重，各据一方，正徘徊于十字路口，等待观望。若是招抚晚了或是处置不当，这些人有可能投往王世充或窦建德处，使对方如虎添翼，为以后收复中原徒增困难。

高祖早就等待李密出面去招抚其部属，但李密却一直沉默不语，故意装聋作哑。

现在魏徵既然主动请缨，虽然不如李密作为昔日旧主更有影响，但以他平日的为人和能言善辩，想来也不会有大的闪失。

于是高祖欣然准奏，命魏徵即日动身前往黎阳。

此时，罗士信早已先期来到黎阳，告知徐世勣瓦岗军惨败之事。

徐世勣听说单雄信被王世充俘获，不禁顿足惋惜。后来听说李密已归顺大唐，本该追随旧主，马上投往长安，但他却没有急于这么做。

眼下他还为李密保存着五万兵马，统管着黎阳周围十几座城池和大片领土。他要看一看李唐朝廷对瓦岗军的旧主人取何态度，是优礼相待，还是冷落猜忌？

他与罗士信多次合计，留下这五万人马便是为魏公留下一条退路。他又派人与秦叔宝、程咬金联系，秦、程二将麾下亦有兵马三四万之众。倘有不测，立即合兵一处，杀奔长安，与唐军拼个你死我活。

但是，魏公降唐已半年之久，至今没有片言只字传来。是做了大唐高官，忘了这帮老弟兄们？还是有难言之隐，行韬晦之术，让自己这帮老部属等在外面，以做外部策应？不过，你总得多少透点儿风，好让我们心中有数呀。

徐世勣百思不得其解，一直举棋不定。只有全力保守疆土，勤于操练兵马，养精蓄锐，静观待变。

正在这个时候，魏徵来到了黎阳。徐世勣小跑着迎出将军府，兴奋地一把搂住魏徵，连声叫道："魏兄，魏兄，可把你盼来了。这几个月兄弟独守孤城，就像无所归依的飘蓬断梗，真是度日如年啊。"

说着，将魏徵迎进议事厅，命人泡上好茶，还没等魏徵喝完一盏，便又急着问道："可是魏公让先生来的？"

"不，"魏徵轻轻摇摇头，"是大唐皇帝让我来的。"

"大唐皇帝？"徐世勣有些出乎意料。"那魏公是什么想法？"

"魏公自归唐以后一直郁郁不乐，深居简出，为了避嫌，同我们这些旧日弟兄从不谋面。"

"我就知道魏公不会甘居人下，怕是在韬光养晦，总有一天要反出长安。我徐世勣为他保留这一片立足之地，也算对得起旧主了。"

"徐兄此言谬矣。有一点或许你说对了，魏公历来自命不凡，不肯寄人篱下，至今可能仍怀不臣之心，我最担心的正是这一点。但愿魏公能识时务，识大体，万不可轻举妄动，铸成千古之恨。"

"哦，魏兄何以如此说？请详加赐教。"这几年，在瓦岗军数十万人马之中，徐世勣真正能在大事上谈得拢，从心里敬重和佩服的，也不过魏徵一人。听他这样说，徐世勣不能不仔细询问。

"大唐已固若金汤。虽然眼下仅据有关中、河西，但数年之内天下终将归属李唐。徐兄若能亲往长安看看，必与魏某的看法不谋而合。"

"李渊这个人究竟怎么样？"

"一句话，李渊胜李密远矣！"魏徵说得斩钉截铁。他见徐世勣并不深信，又补充道："李渊其人胸富韬略，城府极深，且能礼贤下士，善于纳谏，有容人纳物之海量。经营大唐朝廷不到两年，已处处显示了其帝王气象。另外，他的长子李建成和次子李世民尽皆人中俊杰，各怀大志，又聪慧过人，文武兼备。李唐王朝可谓后继有人。"

"既然如此，魏兄何不与魏公畅谈，劝他千万不要鲁莽行事？"

魏徵苦笑道："别说他不愿见我，就是能见上面，他那样刚愎自傲，我的话如何肯听？这些年来朝夕相处，在许多大事上我魏徵苦谏过多次，他若能听得进去一半，何至于落得如此下场？"

这倒是不折不扣的实话，都是徐世勣亲眼所见。对魏徵的屡屡劝谏，李密不是置若罔闻，便是虚与委蛇。

"那依魏兄之见，在下应如何自处？"

"别无选择，赶紧上表大唐朝廷，表示归顺。若去得早，或许能断了李密最后的念想，他还能收敛住自己，不至于做出糊涂事来。"

如果换了别人这样说，徐世勣也许还会犹豫。而对魏徵的话，他是深信不疑的。

当天夜里，他请魏徵捉刀，代为修表，派快马急赴长安呈奏。同时写信给秦叔宝、程咬金，约定同日归顺大唐。

然而，还是迟了一步，李密到底耐不住寂寞，于几天前谋叛逃出了长安。

李密归唐以来，高祖封他为光禄卿上柱国，赐爵邢国公。在别人看来，一个兵败来降之人能得此殊遇已经够风光了，但李密的心里却感到十分委屈。

每次上朝，看到李渊颐指气使地雄踞于宝座之上，文武百官山呼舞拜，"万岁"之声在大殿中久久回响，他心里便像有无数的小虫子在拼命地撕咬，一阵阵酸涩和隐痛。

他总以为，这九五至尊的帝王之位本该是自己的。当年的一念之差铸成了今日大错。失之毫厘，谬之千里，如今只能对人家低声下气，俯首称臣。

再看看朝堂之上那些文官武将，大都是他李渊太原起兵时的老班底，一个个趾高气扬，春风得意，对自己一副不冷不热、若即若离的神态。

那个首辅宰相裴寂算个什么鸟玩意儿？一个地地道道的拍马溜须的庸才。武不能纵马挥戈，文不懂治国安邦。每次见到自己，却把臭架子端得比谁都大，一副冷冰冰的不阴不阳的面孔。

在朝堂之上，他觉得憋屈和压抑，而回到府上之后，又会感到如坐针毡，寝食不安。

前些日子，刘文静无端被杀，更使他失魂丧魄，一夕数惊。看来，李渊也是个多疑而又残刻的昏君。刘文静是他在太原起兵的主谋，是自己人，他都能以莫须有的罪名说杀就杀。自己是个外人，早晚还不得被他找个借口杀掉了事？

一想到这一层，李密便觉得毛发倒竖。长安一天也待不下去了，必须赶紧出逃。河南还有自己的人马，徐世勣现在黎阳，秦叔宝、程咬金想必已灭了萧铣，回到了瓦岗旧寨。出去以后招集旧部，或可仍有作为。鹿死谁手还得过几年再说。

但是如今出走事涉谋叛，必须万分小心。随自己归唐的那些将领们大都受了封赏，心安理得地做他大唐的命官了。唯有昔日心腹王伯当、贾闰甫可秘商此事。

出乎他意料的是，他刚说完自己的意图，贾闰甫便极力反对道："此事大为不妥。皇上待明公甚厚。明公既已归顺，复生异图，一旦叛离，谁还能相容？况且朝廷有雄兵骁将把守各地关隘，此事朝发，彼兵夕至，明公如何出得关外？即使能够出关，今非昔比。以叛逆奔亡之身招集旧日部属，谁肯复以所有之兵拱手委公？还请明公三思而行。"

李密听着，心里一阵阵发怒。但他掩藏了自己的愤懑，微微一笑道："我也是一时郁闷才与汝等商议。闰甫说得有理，我们还是从长计议吧。"

但是到了深夜，他却撇开贾闰甫，与王伯当带了六十余名昔日将士悄悄潜至北门，斩杀守门兵士出城而去。

城门守军当即报知李渊，李渊忙召世民入宫，说道："李密贼心不改，今又叛逃而去。若放他逃往中原，如龙归大海，又要掀起惊涛骇浪。你得赶紧发兵追杀此贼。"

世民想了想说道："父皇莫急，李密仅以数十人逃遁，谅他插翅也飞不出关中。"

秦王急忙回府，先命人画出图形，派快马驰往各大关口张贴。然后招来将军史万宝道："你速点五百精骑飞奔熊耳山密林中设伏。待李密路过时，一并斩杀，勿令一人漏网。"

史万宝道："出关之路有数条，殿下何以断定他必走熊耳山？"

秦王道："李密此去必往黎阳或瓦岗老寨，各条大路关隘皆已张贴缉捕令，只剩下这一条山间小路可走。他不走这里，难道还能插翅飞走不成？"

正如秦王所料，李密、王伯当逃出长安之后，不敢走大路官道，沿着乡间土路七拐八拐径向熊耳山插去。

此山峰高十余丈，峭壁层峦，危崖叠嶂。左傍茂林，右临深渊，中间一条蜿蜒山路仅能容一人一马。

李密一行数十人只好一人跟着一人次第前进。

进山六七里，刚走到一个山坳拐角处，忽听得头上山林中一片呐喊，还没看到人影，却见无数的箭矢像密集的山雨一般劈头盖脸而来。

唐太宗李世民

这帮人顿时惊得灵魂出窍，没头苍蝇似的乱跑乱钻。在这么个上天无路入地无门的绝境，能往哪里藏身呢？慌乱之中许多人坠入深渊，剩下的纷纷中箭而亡。仅用了吃顿饭的时间，六十余人全部毙命，竟无一人幸免。

见下面没有动静了，史万宝才领着将士们冲了下来，在横七竖八的尸体中搜寻着。

最后，在一块光溜溜的大石头后面，终于找到了李密。他与王伯当相拥在一起，瞪着一双惊恐而愤怒的眼睛。各自的后背都乱糟糟地插满了箭镞，就像两只蜷缩在一块儿的大刺猬。

史万宝忙将李、王二人的尸首捆上马背，回长安请功邀赏。

待徐世勣、秦叔宝、罗士信、程咬金等人分头赶到长安时，李密、王伯当已伏诛数日。见昔日曾威震海内的一代枭雄到头来竟落了这么个下场，他的这帮老弟兄们不禁相顾愕然，痛心疾首。

但这事怨不得皇上，也怨不得朝廷，降而复叛，无论在哪朝哪代都是杀无赦。魏公啊魏公，你一世精明，雄才大略，怎么会做出这样的糊涂事？

第二天，魏徵带领四名瓦岗骁将叩见高祖。高祖早就知道这四个人不仅在战场上力敌万夫，威风八面，而且个个通晓兵书战策，深富韬略，将来定会成为大唐王朝的柱国之臣。

尤其是这个徐世勣，老谋深算，诡计多端，若能驾驭得好，必是国之栋梁。

因此，高祖降尊纡贵，破例离开御座将众人亲手扶起，笑着说道："朕思众爱卿如大旱之望云霓。今日爱卿们一同入朝，以慰朕悬悬之念，实大唐幸事。"

徐世勣说道："久闻皇上思贤若渴，今日得识天颜，方知传言不虚。君思贤能之臣，臣等更思圣明之君。漂泊半生，终得其所。瓦岗诸将士敢不感念浩荡皇恩，从此披肝沥胆以事陛下？"

高祖大喜，当即颁旨，封徐世勣为左武卫大将军，秦叔宝为右武卫大将军，程咬金为马步军总管，罗士信为虎翼大将军。王薄、尤俊达等皆封左右统军。为了对徐世勣加意笼络，高祖还以其不仅带来数万人马，而且献上十几座城池和河南大片疆土为由，特赐其李姓。从此，徐世勣改姓李，为避讳李世民的"世"字，即称李勣。

众人谢恩毕，却没有辞谢出朝的意思。高祖正感到纳闷，便见太子洗马魏徵又伏地说道："陛下，微臣尚有一事要奏。"

高祖笑道："魏爱卿有何事尽管说来。"

魏徵道："古人云，为臣当忠，交友当义。魏公李密虽说骄慢自矜，不听人劝，一败失势。归唐之后封官赐爵，承蒙圣恩。不料复生逆志，叛逃被戮。但我等兄弟与魏公数载相依，不说君臣之义，亦有朋友之情。伏乞陛下准允我等将魏公以礼葬之，使生者安而死者慰，实陛下之鸿慈。"

高祖沉吟半晌，说道："李密来归，朕视其为兄弟，先封其为邢国公，本想待他招抚旧部之后再封为王。不想他聪明一世，糊涂一时，竟走此绝路，朕亦为之痛惜不已。魏爱卿所请皆在情理之中，朋友一场原该如此，朕焉能不允？"

众人忙一齐跪下，谢皇上隆恩。

数日之后，魏徵请人在城南辟一墓场，择日为李密、王伯当下葬。

在长安，李密孤身一人，妻子儿女早在洛阳大败时失散。如今前来送葬的也不过魏徵、李勣、秦叔宝、程咬金、罗士信他们，墓地中显得冷冷清清。

见此情景，众人愈加悲凄，扶着李、王二人的棺椁，想着这些年出生入死、朝夕相伴的一幕幕往事，不觉放声大哭，泪如泉涌。

正在此时，却听见一阵杂乱急骤的马蹄声传来，北面大道上黄尘飞扬，一队人马疾驰而来。

众人一时愕然，猜不透这是哪来的人马。世态炎凉，官场尤甚。一个叛臣逆贼的葬礼谁还敢来光顾？

待走近看时，众人都不禁大吃一惊，来者居然是秦王李世民，他已脱去平日官服，换了一袭暗龙纯素绫袍，腰间束条蓝田碧玉带，身边所带数百名甲士皆着白衣白甲，一身缟素，都是往日瓦岗军的士卒。

以魏徵为首，人们一齐跪倒在地，向秦王行礼。魏徵道："秦王殿下亲来吊祭，臣等旧主何以敢当？"

世民急忙翻身下马，将众位将领一一扶起，叹了口气说："阴阳相隔，生死茫茫，往日恩恩怨怨早已一笔勾销。世民所祭拜者是叱咤风云的反隋义士魏公之英灵，有何不可？"说罢执意要拜。

众人见其意至诚，只好将他迎进墓场。来到拜亭，秦王站住，见墓穴外供着一个牌位，上面金字写道：唐故光禄卿上柱国邢国公李讳密之位。旁边另一个牌位写着：唐故右卫大将军王讳伯当之位。

秦王步至灵前，亲自举香。然后回到拜亭，向着灵位深深打躬揖拜。内心里却不禁想起了不久前被杀的刘文静。一边想着，不禁心中一酸，坠下泪来。

众人见状，一齐放声大哭，墓场内外顿时哀号伏泣，哭声震天。

魏徵一面哭祭，心中一面暗忖：秦王这人可真是聪明绝顶。杀李密是他，吊李密也是他。今日亲来一拜，又不知要赢得多少盛誉，收服多少人心。他以王爷之尊来吊拜一个反臣，恐怕是冲着李勣、叔宝这些骁将来的。其处心积虑收罗人才，真到了无孔不入、见缝插针的地步。

秦王世民祭拜礼毕，对魏徵、李勣等人说道："邢国公生前轰轰烈烈，今日丧事亦不可太过冷清。这三百名甲士都是邢国公昔日的瓦岗兄弟，令他们留在这里戴孝举哀，与汝等共成大礼。孤王暂且告退，先行一步。"说完翻身上马而去。众人感激得连连点头，急忙跪地相送。

第十三章　兵寇太原　秦王东征

转眼已是武德二年（公元619年）正月。元宵节之夜，古老的太原城里灯火辉煌，人流如潮，车水马龙，显示着多年未有过的喜庆火爆。

各级官府衙门前都搭建了彩门，彩门上姹紫嫣红的五彩绢花掩映在青松翠柏之中临风摇曳，争奇斗艳。

城内的酒肆歌楼、买卖商号和一些殷实人家也都家家张灯、户户结彩，大街小巷处处遍悬灯景，如银河泻瀑，繁星垂落，金碧相射，交相辉映。

大街之上舞狮子的，耍龙灯的，驶旱船的，踩高跷扭秧歌的，一队接着一队，络绎不绝。城中百姓不分男女老少几乎是倾家而出，熙熙攘攘，摩肩接踵。人们都要尽情地享受大唐建立以来的这个太平节日。

在如潮的人流之中，一位年轻的公子哥儿带着四五个奴仆正慢慢地由西向东走来，一面说说笑笑，一面东张西望。从那身鲜亮的衣着和前呼后拥的派头上，一眼便能看出，这人来自豪门大户之家。

他们缓缓踱至太原府衙门前，见这里聚集了许多年轻士子，也夹杂着不少插珠翠、衣绮罗的富人家的小姐丫鬟，他们正在翘首张望，窃窃私语。

一行人不禁驻足，好奇地向里看了看，原来是一座灯楼，皆用彩缎装成，锦裹玉围，富丽堂皇。右边一座灯山上高悬一面金字匾额，上书："万兽来朝"。两旁张挂着一副对联，字体飘逸遒劲，形神兼备，书道：

万里华夏呈祥，贤圣降凡邦有道。

一统唐祚献瑞，仁君治世寿无疆。

灯楼的正中高悬一盏大型麒麟灯，四周围绕着造型各异的无数兽灯，龙、虎、狮、豹、马、牛、猪、羊、犬等往来旋转，栩栩如生。又有一副对联悬于左右：

梓潼帝君乘白骡，喜临尧地。

唐太宗李世民

三清老子跨青牛，乐赴舜天。

万兽灯山的左首是一座金凤灯山，匾额上写着"天朝仪凤"四个大字。中间一盏凤凰灯凤首高昂，双翼奋展，呈翩翩飞舞之姿。周围尽是各种瑞鸟，为百鸟朝凤状，有孔雀开屏、金鸡独立、玉鸾献舞等。

凤凰灯两边的立柱上有一副大红对联写道：

凤翅展南山，天下百姓咸欣瑞兆。

龙须扬北海，人间万物尽沾皇恩。

在四周游走翩飞的无数鸟灯中，有两盏上面骑着男女古人各一位。灯的下面也悬挂着一副对联：

西方王母坐青鸾，瑶池赴宴庆九州太平。

南极寿星骑白鹤，天阙报喜祝四海无波。

那公子哥儿逐次看过，面显得意之色，与下人们相视一笑，又继续往前走去。

不过，对观花灯看对联这些老套子，他似乎有些心不在焉。一双眼睛尽是往那些穿红着绿的大闺女小媳妇脸上身上扫来扫去。

蓦地，他双眼灼灼放光，就像个久候山林的猎人终于发现了一头猎物。

十几步开外，一位三十八九岁的妇人领着一个十六七岁的姑娘正兴冲冲地向这边走来。

那妇人面孔白皙，身段丰满而又不失窈窕，一双丹凤眼妩媚生波，虽是半老徐娘，仍算得上是个美人儿。

再看她身边那个姑娘，更堪称是天姿国色，美貌绝伦。腰肢纤细，面庞脖颈皆如凝脂滑玉，在灯光下闪耀着象牙般的白亮。虽是小家碧玉，但粗布衣衫却掩不住那种超凡脱俗的美艳。

正月天冷，姑娘穿着棉衣，那公子哥儿不能尽兴，居然悄悄地伸出手来，探到姑娘的前怀里美美地抓了一把。

姑娘像遭了蛇咬似的惊叫起来。那妇人见有人当众调戏她的女儿，立时破口大骂起来。

旁边那些观灯的百姓一齐回过头来怒目相向，一个三十多岁的汉子嘴里骂着："清平世界，朗朗乾坤，哪儿来的龟孙子竟在大街之上欺侮女人。"说着，双手捏成了拳头，就要冲上去。

这时，旁边一位老头儿却拽了他一把，说道："莫要管闲事惹祸，你可认得这便是齐王？"

一听说是齐王李元吉，人们就像平地里看见一只猛虎，轰的一声四散逃避。

那母女二人也慌了，掉头就走。那公子却冷笑一声："嘿嘿，无端辱骂了本王就想这样溜走？给我拿下，带回去！"

几个恶奴一拥而上将二人扭捆起来，大摇大摆地向西走去。

这位公子哥儿确实是齐王李元吉。

当年李渊在太原起兵，大军出发西进时，留下元吉镇守太原，封其为齐国公，并任命他为镇北大将军，特许他"便宜行事"，可全权处置一切军政事宜。

高祖即位之后，又授他为并州总管，晋爵齐王。整个太原地面都交付他镇守，可谓位高而权重。

然而，这位齐王却很不争气，令人大失所望。

他性好畋猎，常常不理政事，带着豪奴恶仆到太原城外的山林中射猎，一玩就是数日。有时候在城内大街上见到家禽家畜，也不管人多人少，张弓就射。看着百姓们为躲避箭矢而惊恐逃散的样子，竟乐得手舞足蹈，哈哈大笑。

有时候射猎没有收获，便指示他的下人们公然抢夺百姓的牛马猪羊。他常说："我宁三日不食，不能一日不猎。"

他还有一个雅好，就是命属下侍卫分为左右两队，互相击刺厮杀为戏。直杀得双方都有伤亡，刀枪见红之后方才感到快意。

至于掳掠良家妇女、肆行奸淫更是家常便饭。虽然还不到二十岁，已有如花似玉的妃妾四五人。但几乎夜夜醉酒之后便外出采花猎艳，不是拦路猥亵就是入室宣淫。太原百姓们对这位花花太岁早已经怨声载道，咬牙切齿，只是敢怒而不敢言。

辅佐他镇守太原的右卫将军宇文歆曾屡次苦苦劝谏，都被他当作耳旁风不予理睬。万般无奈，宇文歆只得冒死上表，奏闻高祖，表中写道：

"齐王在州之日，多出微行。尝与左右游猎，蹂践谷稼。放纵亲昵，公行攘夺，境内六畜因之殆尽。当衢而射，观人避箭，以为笑乐。分遣左右戏为攻战，互相击刺，毁伤至死。夜开府门宣淫他室。百姓怨毒，各怀愤叹。以此守城，安能自保……"

高祖看过奏表，深感震惊和气愤，立即降旨将元吉罢免。

但还不到一个月，李元吉便怂恿太原城的"父老"，其实就是当地豪绅中那帮狐朋狗友们联络了数百人署名上表，奏请将元吉留任。毕竟是骨肉至亲，高祖本来只想借机吓唬一下这个不肖的儿子。见有人联名奏保，便忙不迭地降旨将其官复原职。

元吉复职之后非但不思悔改，反而变本加厉。先是将敢于告他黑状的宇文歆下了大牢，然后便我行我素，走马射猎、奸淫掳掠一如平日。

今夜元宵节也是那母女二人倒霉，偌大的太原城就恰恰撞在了这个魔头手上。

当下，齐王李元吉把母女二人带回府上，也不进后宅，就在前院一个书房兼卧室的偏殿中对那姑娘肆意袭辱。

这个时候，却听到院子里脚步杂沓。一个声音在窗外喊道："禀报齐王，有边境传来的急报。"

"什么鸟事？"元吉没好气地问道。

"刘武周大军寇境，已攻陷榆次县城……"

当齐王李元吉在太原任上日日射猎，夜夜宣淫，一天到晚横行无忌、醉生梦死的时候，占领太原以北各州郡的刘武周却已经在磨刀霍霍了。

刘武周在勾结突厥举兵反隋，自称皇帝后不久，便对太原暗怀觊觎之心。

但那时李渊刚于太原起事，也在暗中联络突厥人，许诺攻占长安之后金银玉帛归其所有。突厥人不允许刘武周发兵太原。作为突厥可汗的儿皇帝，刘武周自然不敢轻举妄动。

但两年多之后，突厥人从李唐那里该得的好处都得到了，高祖李渊当然不肯任其摆布。

历来以贪图眼前利益为特点的突厥人便有些光火了，于是转而支持刘武周攻打太原。

恰在这个时候，河北易州一带的民间武装宋金刚所率的一万多人马被窦建德在一夜之间击溃，死伤逃亡大半，便只好带着所剩四千多人马来投刘武周。

刘武周素知宋金刚善于用兵，见其来投，喜出望外。当即封其为宋王，并委以重任。

宋金刚自然也蓄意勾结这位"北疆天子"，竟赶走了自己结发多年的糟糠之妻，求娶刘武周的妹妹，刘武周欣然应允。这样，刘、宋二人既为君臣，又是郎舅，关系自非一般。

一日，宋金刚对刘武周说道："陛下，如今天下群雄争霸，都在攻占城池，扩大地盘。我朝偏居塞北一隅，蜷伏于突厥人的卵翼之下，恐非久远之计。"

"以爱卿看来，我们该怎么办？"

"以微臣之见，我朝应趁李唐立足未稳发兵夺取太原，然后再南下西进，以争夺天下。"

刘武周拊掌大笑："英雄所见略同，所见略同！此事朕思之日久，正欲与爱卿相商。"

不久，刘武周任命宋金刚为西南道大行台，率领五万人马浩浩荡荡杀奔太原而来。

李元吉经营太原这几年既不设防，亦不练兵，所辖各郡县皆兵备松弛，将骄兵惰，防卫形同虚设一般。

宋金刚率大军抵达黄蛇岭，突厥亦派三千名骑兵前来参战。双方合兵一处，用了不到半天的时间便攻克了榆次县城。

李元吉惊慌失措，忙派张达率兵抵御，半路与宋金刚相遇。交战不到半个时辰，张达所率五千人马即伤亡逃逸殆尽，全军覆没。

宋金刚人不卸甲，马不解鞍，以摧枯拉朽之势在数日之内又连克石州、平遥数城。

与此同时，刘武周所率另一部人马也顺利地攻陷了介州郡城。

太原与榆次诸城近在咫尺，已处于刘武周大军的四面包围之中，情势万分危急。

消息很快传到长安，高祖马上派左武卫大将军姜宝谊，太常少卿、行军总管李仲文前往救援。

姜、李二人率军行至雀鼠谷，走到一片丛林时，忽听得一声炮响，四面杀声震天，箭矢如蝗虫般飞来。唐军人马猝不及防，成批连片被射杀。正在惊慌之时，刘武周的部将黄子英率大队人马以排山倒海之势从四面八方压了下来。唐军死伤无数，余者溃逃，主帅姜宝谊、李仲文苦战不抵，均做了刘武周的俘虏（后逃归）。

唐太宗李世民

援军惨败，将帅被俘，消息传至京师，朝野为之震动，高祖也深以唐军屡败为忧。他本想再派秦王李世民前往讨伐刘武周，但又犹豫不决。

一方面，世民刚平定薛秦归来不久，鞍马劳顿，还没有好好休整一下，不能每逢战事便让他出征。

另一方面，也是深藏于高祖心中的一种隐忧。秦王世民功高勋著，起兵以来几乎每一次重大战事的胜利都是由他统兵取得的。凡为臣子的，一旦战功太大，就会因功而骄，难以驾驭。更何况，每次大战，他都会乘机网罗大批谋臣骁将，收为心腹。时间长了，满朝文武都是他的嫡系，只知有秦王，不知有天子，对自己的皇位势必构成一种潜在的威胁。退一步说，即使他对自己这个当父皇的不会怀有二心，但在自己百年之后，他的哥哥太子建成继位，面对由自己出生入死打下来的锦绣江山，他还会那么俯首帖耳甘为人臣吗？

正是基于这种更深层次的考虑，高祖想尽量不用世民。若是其他将帅能统兵前往，大获全胜，自然会分其功而抑其志，世民又能得以从容休整，岂不是两全其美？

裴寂把高祖的心思揣摩得明明白白。他当即上奏，请求自任统帅平定刘武周。

裴寂自有他的想法。他心里清楚，从太原起兵至今，自己只跟在高祖身边，并未建有尺寸军功。大唐初建，自己仅以高祖的宠信而骤登宰相高位，朝中诸臣未免心中不服，刘文静便是一例。如今虽然杀了刘文静，但却不能压服群臣，反而激起了朝野许多人包括秦王李世民对自己的怨愤。

因此，他急于建立煌煌战功，改变一下朝臣们对自己的看法。

他觉得，刘武周不过是出身草莽的一介武夫，能有什么文韬武略？以大唐之兵多将广士马精良，扫平刘武周当不为难事，因此便慨然请缨。

高祖立即降旨，以裴寂为晋州道行军总管，率军赶赴太原，并令其便宜从事。

秦王世民见父皇在军情如此紧急的情况下不肯派自己出征，不禁暗中嗟叹，怪不得自古以来功高者身危。父子之间尚且如此，更何况外人？既然如此，那就让别人立功去吧，自己乐得这段清闲日子与李靖他们研讨一下兵书阵法，与房玄龄、杜如晦他们讨论一下治平之道。

裴寂率大军直扑介州，在介州以西的度索原安营扎寨。原上有一条涧溪，两岸夹石，水流淙淙，碧波如练，清澈见底，唐军将士正可取饮。

但在三天以后，清漪荡漾的涧溪突然断流，河床干涸，积沙砾石暴露无遗，在阳光照耀下散发着灼人的热气。

眼下不是枯水季节，一向水势旺盛的涧溪为何突然断流？裴寂感到莫名其妙，莫非天不佑我？

军中无水乃兵家大忌，士卒渴乏将如何打仗？裴寂只好下令拔营，另寻有水源的地方扎寨。

刚刚安营立足未稳又匆匆拔寨，三军上下一片忙乱。裴寂初次领兵，又不知防备敌军偷袭。就在这个时候，驻守在介州城的敌将宋金刚乘机纵兵攻击。

原来，正是宋金刚见唐军逐水而居，先派人在上游截断了涧溪水源，然后在其移动营盘的混乱之时率领大军掩杀而来。

唐军在毫无准备的情况下遭到突然袭击，顿时惊慌失措，将不管兵，兵不从将，陷于一片混乱。别说是抵御宋金刚的凌厉攻势，就是逃命都找不着方向。

数万人马在短时间内迅速溃败，大部战死或逃亡。裴寂仅带着三五千人昼夜兼程逃往晋州。沿路数十里之内到处是唐军遗弃的粮秣辎重、残旗断戈。

宋金刚乘胜追击，势如破竹，先后攻克晋州，俘获右骁卫大将军刘弘基（后又逃归），占领浍州，攻陷龙门，直抵黄河岸边，随之又连下翼城、绛县。

裴寂这个怯懦昏庸的草包统帅守一城失一城，经一地扔一地，一路向西南逃去。所过之地只会把百姓们驱赶于城堡之中，将其聚积的粮草大火焚烧，意在坚壁清野，不给刘武周、宋金刚留下资军粮秣。

这样一路烧去，却苦了沿途无数的百姓。人人惊扰愁怨，皆思为盗。

夏县人吕崇茂乘机起兵，杀死县令，聚集民众万余人响应刘武周，自称魏王。

蒲州人王行本也举兵造反，攻占州府，与刘武周遥相呼应。

最后，裴寂竟被逼到了偏居西南的虞州和泰州。

至此，除了太原和西河之外，大唐的关东之地几乎全部失陷。

龟缩在太原城内的齐王李元吉早已经魂飞胆裂，手足无措。开始，他还翘首企盼着朝廷的援军，见姜宝谊、裴寂两路援军皆一败涂地，顿时心如死灰。

这个花花公子再也顾不得饮酒打猎、拈花惹草了，一门心思都在考虑着如何保住自己的身家性命。三十六计，走为上策。自己堂堂一个大唐天子的龙子，可不能在太原城里等死。

一天下午，他把司马刘德威召至府中，说道："目下太原情势危急，卿可率老弱守城，我将于今夜带精锐出战，往劫敌营。"

齐王为何突然有此豪气？刘德威满腹狐疑，但却不敢多问，只好唯唯领命而去。

至夜半子时，李元吉点起三千精骑，带上妻妾子女和无数宝玩，悄悄打开城门，乘着漫天大雾打马向京都长安飞驰而去。

在大难当头之时，主帅像兔子似的临阵脱逃，太原城中只剩下一些老弱病残，谁还肯傻乎乎地为他李唐王朝卖命？

刘武周、宋金刚合兵一处，准备在太原展开一场生死大战。没承想大军刚到城下，刘德威便率领左右亲信打开城门献降。

刘武周率大军蜂拥入城，大肆抢掠，刚过了几年太平日子的太原百姓又陷入了生死劫难之中。

高祖李渊在此多年积蓄的可供十年支用的粮仓和金帛廪库皆被抢劫一空。

潼关以东的大片疆土全部沦丧。刘武周得意洋洋地对宋金刚说道："大唐兵将简直是泥人纸马，不堪一击。李渊还想扫平天下，一统神州，岂非白日做梦？"

作为大唐王朝的根据地和大后方，太原一旦失守，不亚于后院起火。关中为之震骇，朝廷一片慌乱。

高祖急忙召集群臣商议对策，说道："刘武周依恃突厥之势，尽掠我关东之地。朝廷两次派兵征讨，皆为贼所败。如今贼势大张，眼看就要兵逼潼关，众爱卿以为该如何应对？"

左仆射封德彝、刑部尚书陈叔达、户部尚书萧瑀皆隋朝旧臣，平日对处置政务、审理刑狱诸事还算尽心尽力，也能驾轻就熟。但对于两军交战之事却无言以对，只是默默地看着秦王世民。

新擢拔为兵部尚书的殷开山、老将屈突通等一班武将早已义愤填膺，本欲请战，但见秦王没有开口，也只好你看看我，我看看你，静静地等待着。

大殿里一片沉默。

秦王李世民平静地站在那里一声不吭，父皇既然害怕自己战功太大，兵权太重，两次派兵都把自己晾在了一边，自己又何必急不可耐地去争功呢？他要等一等看一看再说。

这倒不是在有意与父皇赌气，更不是在国家危难之时看热闹。既然父皇已生猜忌之心，自己不能不尽量避嫌。

见文武群臣都不说话，高祖心中一阵阵发冷。他有些后悔，也有点儿害怕。

后悔的是当初不该对儿子世民心存戒备，把裴寂这个庸才派往关东，导致了今日这种不可收拾的局面，也冷了儿子世民的心。

害怕的是秦王世民看来已在事实上左右了整个朝廷，文武大臣都在唯他的马首是瞻，看他的眼色行事。他不开口竟无一人说话，其威望之高，影响之大，已出乎自己的意料。

但是这已经是无法改变的既成事实。冰冻三尺非一日之寒，这种局面的形成由来已久，自己这个当皇上的也已无力控制。

大唐王朝离扫平中原群雄、一统华夏的目标还十分遥远，能担当此任者非秦王莫属。用人不疑，疑人不用，自己既然必须依靠这个儿子打天下，就不该疑神疑鬼。

但此时他不请战，自己作为天子怎么能求他出征呢？想到这里，高祖不禁长长地叹了一声，神情黯淡地说道："贼势如此，难与争锋。既然众爱卿皆无良策，便只好放弃大河以东，我朝仅守关西之地算了。"

这就是说，高祖要与刘武周、宋金刚以潼关为界，来个东西分治。皇上一生争强好胜，雄才大略，可从来没有这么怯懦沮丧过，臣僚们一片愕然，莫非皇上这就老了？

秦王世民明知道父皇这是在激将，但却不能不说话了。避嫌也要适可而止，缰绳不能拉断了。若是把关系弄得太僵，以后父子君臣将如何相处？

于是，李世民趋前一步，对高祖说道："启禀父皇，儿臣以为，太原乃我朝王业之基，国之根本；而河东历来水甘土沃，为富庶殷实之地，乃京师所资。今若拱手让与刘贼，儿臣窃为愤恨。望父皇赐儿臣精兵三万，势必荡平贼寇，收复汾、晋失地。"

李世民所说的道理，高祖与群臣何尝不知？太原及河东既是李唐王朝的发祥地，又是京都长安的大后方，无论过去、眼下还是以后，它都具有国祚之"根基"的意义，这就像一棵大树，未见树根朽亡而树木犹荣者。另外，这一带不仅富实，而且有交通之便，关隘之险，既是物质的保证，也是安全的屏障。

道理大家都懂，但是如果无力与人争锋，再鲜美的桃子也只能眼睁睁地看着别人摘去。

唐太宗李世民

这下好了，世民还是主动请缨了。高祖长舒一口气，笑着说道："吾儿既肯出征，必能大获全胜。但三万兵马太少，可悉发关中之兵由你统领，朝中战将亦任你挑选。"

世民忙说道："谢父皇恩准，但京畿重地亦不可无大兵戍守。儿臣最多只提八万人马，扫荡刘、宋足矣。"

武德二年（公元619年）十月二十日，高祖李渊率领朝中文武亲至华阴，在长春宫前为李世民的东征大军送行。

他亲手捧起一碗酒送到世民面前，感慨万千地说："吾儿乃国之砥柱，大唐的安危在此一战，望二郎勉力为之。"说着，双眼竟变得有些潮润了。

秦王只觉一阵热浪从胸中滚过，急忙双膝跪地，接过酒碗一饮而尽，说道："父皇放心。儿臣离京之后，父皇要多多保重，静候三军捷音。"

十一月中旬，已是隆冬季节，秦王率大军来到黄河岸边。这日朔风凛冽，阴云密布，漫天大雪如碎琼乱玉，天地间一片银装素裹。

昔日咆哮喧腾的黄河早已结了厚厚的一层坚冰，变得驯服而又平静。

李世民骑在马上，左右簇拥着李靖、李勣、秦叔宝、殷开山、程咬金、长孙顺德一班虎将，率领千军万马履冰过河。

到达黄河对岸，秦王命大军在柏壁安营扎寨，与宋金刚的大军遥相对峙。

敌军新胜，士气正旺，李世民仍采用坚壁不战以避其锋芒的战术。在此期间，他与李靖视察敌情归来，并马徐行。世民问道："贼恃其众来邀我战，将军以为我当如何应对？"

李靖答道："群贼锋不可挡，易以计屈，难以力争。今深沟高垒以挫其锋，乌合之众莫能持久，粮运致竭，自当离散，可不战而擒。"

世民笑着点头道："将军之意暗与我合。"

在当时，"深沟高垒以挫其锋"的策略对于改变敌我形势和力量对比无疑是正确的。

但是，要较长时间地坚持这一策略，唐军自己也面临着粮秣不继和柴薪缺乏的问题。

黄河以东的州县已被刘武周的军队掠夺一空，所有官仓均无积谷。而当地的百姓畏于战事，早逃散一空，大军无处征粮，只能靠后方供应，但辗转运输，肯定会有不济的时候。必须千方百计解决就地取粮的问题。

一日，唐军去山林中砍柴，无意中碰到了十几名百姓，误以为是敌军的暗探，便将他们带回了大营。

秦王亲自审问："汝等可是刘武周派出的探子？"

十几个人慌忙跪下，一个个浑身哆嗦却说不出话来。一个年轻的看了看李世民，突然挺身站了起来，气哼哼地说道："我们都是普通百姓，祖祖辈辈种田吃饭，哪是什么探子。"

"那为什么跑到深山老林里去？"

"还不是因为你们整日兵来匪去，我们为了保命才离家逃难。"

"怎么都是青壮男丁却无妇孺老人？"

"父母妻子都在山洞里，天降大雪，奇寒难耐，我等才拼死出来，想回家寻些衣被御寒。今日倒霉撞在你们手里，要杀就杀，何必多问？"

秦王的眼前立时浮现出了一幅老人孩子在冰天雪地里瑟瑟发抖的图景，心中恻然，忙弯腰将他们扶起来，说道："看来是一场误会，委屈诸位了。"忙命人生火做饭，让这些人饱餐一顿，放他们回去。

接着，他让军士四处张贴告示，告诉附近的百姓们，唐军绝不骚扰平民，让他们安心回家。

百姓们听说是李世民担任统帅前来，一向知他带兵秋毫无犯，便扶老携幼纷纷回家安居。一传十十传百，由近至远，附近数县的村落又很快便人烟繁盛如旧。

时日已久，秦王再发布告，以双倍的价格向百姓们收购余粮，公买公卖，全凭自愿。

这些黎民百姓在刘武周大军寇掠时都千方百计地将粮食转移匿藏。如今能卖个好价钱，来年可再籴新谷，何乐而不为？因此，大家踊跃卖粮，至者日多。唐军的军粮得到了补充。

可以放心地与敌军长期对峙下去了。秦王命部属每日休兵秣马，养精蓄锐，任凭宋金刚喊破喉咙不停地叫阵，只是不予理睬。

唐军一旦瞅准了时机，便令小股部队偷袭敌军。打得赢则打，打不赢就走，只以骚扰敌军，使其夜不安寝、一夕数惊为目的。

这样一直对峙了数月，宋金刚所部那种不可一世的锐气和势头渐渐被消磨殆尽。

武德三年（公元620年）二月末，天气转暖，冰消雪融，天地之间开始荡漾着春天的气息。山坡原野上泛起了一片片浅绿，沿河杨柳的万千枝条变得轻柔而又光滑，在和风中欢快地摆动着。

这日晴空万里，艳阳高照。一大早，秦王便带上四五个贴身近侍离开大营，到对面的山头上去瞭望敌寨。他觉得，经过这么长时间的相持，宋金刚部该慢慢地懈怠松弛下来了，两军决战的时机可能快要来了。

来到山下，他们下马步行，沿着一条弯弯曲曲的隐蔽小路攀缘上山。

爬到山顶最高处，秦王向东看去，见宋金刚的营盘与往常没有什么两样，寨栅周围岗哨林立，部伍出入井然有序。空旷的练兵场上士卒们正在认真操练。他禁不住摇头叹息，这个宋金刚可谓治军有方，也算得上是个将才了。

看了一会儿，他转过身来，却见不远处的山坳中是一片墓地，残碑断碣到处都是。秦王自幼酷爱书法，想借此机会鉴赏一下古人的遗笔，不由得信步走了过去。

他俯下身去，拂去碑碣上的浮尘和枯草，仔细地欣赏着那些或苍劲，或挺拔，或清奇秀逸的文字。这里在南北朝时也是一个战场，曾发生过一次次血肉相拼的生死大战。掩埋在这荒草萋萋的土丘下面的一具具枯骨，就是那些曾经叱咤风云、挥戈冲锋的北周将士。曾几何时，他们都是生龙活虎的血肉之躯，如今却化为一抔泥土，一缕幽魂。

战争是残酷的，战争是罪恶的，古往今来，战争不知夺去了多少人的生命。

战争又是圣洁的，是不可避免的，因为只有用战争才能消灭战争，创造太平。

但愿自己这一生能够用出生入死的浴血征战永远地平息干戈，驱散硝烟，为天下黎庶创造一个持久的太平盛世。

这样想着，他在一块残碑旁边坐下来，久久地注视着那上面几个遒劲有力的大字。

四五个侍卫无事可做，便走到周围的山林中去采挖一些刚刚冒芽的可食的野菜。只有侍卫长雷永吉没有走，寸步不离地跟在秦王身边。

太阳已升得老高，晒在人身上，热烘烘、暖洋洋的，让人感到阳春季节的舒适和倦乏。

一会儿，秦王便歪在那里睡熟了，轻轻地响起了鼾声。

雷永吉不敢打扰他，也不想打扰他，只坐在他身边，打量着这位年轻的主帅。渐渐的，他也打起了哈欠，懒洋洋地睡了过去。

山野里一片寂静，只有几匹战马在周围啃食嫩草的声音。

也不知过了多长时间，突然有一条镰柄粗细的长蛇蜿蜒出洞，向着一只路过的田鼠疾速追去。田鼠"吱吱"地惊叫着，慌不择路，从雷永吉的脸上闪电般地跑过。

雷永吉猛然惊醒，睁眼一看，如遭电击一般猛地跳了起来，歇斯底里地喊道："秦王，快跑!"

原来，不知什么时候，宋金刚的一支骑兵发现了秦王在这座山头上，正悄悄地从东、南、北三面包抄过来。

秦王一个激灵醒来，翻身跨上马背，与雷永吉飞马向西驰去。

敌骑一片呐喊："骑黑马的就是李世民，抓住了有重赏!"

山路崎岖难行，刚跑了百余步便被敌人追上了，情势万分危急。

危急之中，李世民却镇定异常。他一边疾驰，一边手拈大羽箭，张弓搭弦，一回头，"嗖嗖嗖"连发三箭，为首的两名敌军将领被射中，应弦落马。

趁敌兵胆虚迟疑之时，秦王与雷永吉打马狂奔冲下山来。

但山下仍有数百名敌兵在张网以待，见了秦王，一齐呐喊着扑了上来，将二人团团围住。

秦王与雷永吉连发数箭，使得敌人暂不能近身。但是，毕竟敌众我寡，包围圈越来越小，敌军在一步步逼近。秦王脸色铁青，双眼冒着火光，"唰"的一声从腰间扯出双剑，对雷永吉说道："今日不是鱼死就是网破，拼命也得冲出去!"说着将马缰一抖，旋风似的冲进了敌群。两柄利剑上下翻飞，劈刺斩削，敌兵惨叫着纷纷倒地。

前面的倒下了，后面的又涌了上来，就像一群打不退的饿狼。秦王处境越来越险恶，危在旦夕。

在这生死关头，忽听得敌军背后杀声四起，两员唐将带着几百名骑兵以迅雷不及掩耳之势冲入了敌阵，一面大声喊着："秦王勿慌，我等来了。"

见援军及时赶到，敌军不敢恋战，急忙撤围而去。

秦王看时，来将却是左武卫大将军李勣和行军总管秦叔宝，便笑着说道："适才好险，幸亏二位将军及时赶来。"

李勣却说道："秦王乃金玉之体，又是三军主帅，不该轻蹈险地。"

秦王面带歉意地说："今天是本王太大意了，险遭不测——哎，你们是怎么知道我在这里的?"

秦叔宝笑道："是秦王福大命大，该当遇难呈祥。我与李勣将军去中军大帐禀报军情，听说殿下已出去两个多时辰未归。因不放心，便带上轻骑赶来，却没料到殿下会遇此险情。"

"二位将军有何军情禀报?"

"这事一句话也说不清楚,殿下回营再说。"

回到中军大帐,李勣对秦王说道:"在我军与宋金刚相持期间,皇上又在华阴发兵,命永安王李孝基、陕州总管于筠、工部尚书独孤怀恩、中书侍郎唐俭率军攻打夏县。皇上以为夏县只是弹丸小城,守将吕崇茂所部又是新起事的乌合之众,可以轻取。不料吕崇茂却急向宋金刚求援。宋金刚派骁将尉迟敬德和副将寻相从浍州率军增援,我军腹背受敌,遂致大败。孝基、怀恩、于筠及唐俭皆被敌军俘获。今早有溃败的数十名我军将士逃到这里,我们才得知此情。"

秦王吃了一惊,忙问道:"这个尉迟敬德是什么人,竟有如此本领?"

李勣道:"此人武功精湛,骁勇绝伦,人说他于万马军中取上将首级如探囊取物并非妄谈。"

叔宝也在一旁说道:"我在江湖上也久闻尉迟敬德大名,不仅武功卓尔不群,乃当世一流,而且为人豪侠仗义,且处事粗中有细,确实是个难得的将才。"

秦王沉吟半晌,忽然站了起,两眼炯炯放光,像是自语,又像是问李、秦二人:"尉迟敬德援救夏县既然获胜,就必定要返回浍州,可是这样?"

"殿下估计得没错,他返师浍州是必然的。"叔宝说道。

"从夏县回浍州,美良川是必经之路,这也没错吧?"

"没错。"李勣答道。心中不禁一动,他马上猜到了秦王的心思。暗想道:这个年轻的主帅在仓促之间竟能一下子想到这一层,可谓机变百出,鬼神莫测,怪不得能让那么多名将由衷折服。他试探着问道:"殿下莫非是要在美良川设伏?"

"对!尉迟敬德刚获大胜,凯旋而归,必不设防。我们乘机打他个措手不及,定收全功。这次伏击一是要挫挫宋金刚的锐气,更重要的是要千方百计生擒尉迟敬德。千军易得,一将难求啊。"

于是,秦王立即调兵遣将,命秦叔宝和程咬金率军万余于夜间悄悄赶往美良川,在密林壕堑中高下埋伏。

三天之后,尉迟敬德果然率大军来到了美良川。

正在行进间,突然听到一声炮响,无数唐军从四面八方蜂拥而出,高声呐喊着冲了上来。

尉迟敬德的部众做梦也没想到近半年坚壁不战的唐军会在这里设伏,顿时乱作一团,一面拼死抵抗,一面节节败退。

尉迟敬德拍马挺槊大吼一声杀了过来。秦叔宝挥舞双铜，程咬金抡动大斧，二人将其围住，奋力迎战。三匹战马扬蹄振鬃，往来盘旋。脚下烟尘滚滚，头上刀光闪烁，铜槊相撞乒乓作响。一场惊心动魄的三人大战持续了有半个时辰仍难分胜负。

尉迟敬德今日遇上了劲敌，秦叔宝一双金铜舞得出神入化，已令他十分难受，再加上程咬金的一柄大斧有千钧之力，没头没脑地劈来，更让他感到力绌。尉迟敬德看看难以取胜，不敢恋战，舞动长槊连连突刺一阵，突然收槊拨马往北逃去。

唐军大破敌军，斩首两千余级，救下了李孝基等被俘的大将，见尉迟敬德已经逃远，追之不及，只好收兵回营。

此次伏击虽然大获全胜，但没有擒获尉迟敬德。秦王在欣喜之余不免遗憾，对秦叔宝苦笑道："天不遂人愿，只好再待来日了。"

机会很快便来了。十几天以后，秦王得到消息，宋金刚又命尉迟敬德和寻相带领五千人马秘密前往蒲坂援助王行本。

这一次，秦王留李靖镇守大营，亲率三千轻骑带上殷开山、秦叔宝、李勣、罗士信等将领，命程咬金率步兵殿后，抄近道径赴安邑。

安邑是去蒲坂的必经之路，在这里设伏万无一失，秦王要旧戏重演。

这一仗打得更为漂亮，唐军伤亡极少，而尉迟敬德的五千人马几乎被全部歼灭。

尉迟敬德、寻相仅以身免，其部下将领皆成了俘虏。

不过，秦王意在活捉尉迟敬德的计划却又一次落空了。开始，秦叔宝、李勣、程咬金、罗士信等四五员大将把尉迟敬德团团围住，轮番厮杀，想用疲劳战术迫其就范。但尉迟敬德全无惧色，横冲直撞，左右突刺，最后还是突围而出，与寻相双双逃走。

殷开山欲下令将士们放箭，倘若万箭齐发，敬德纵使身生双翼料亦难以生还。

秦王果断制止了他们。殷开山急切地说："尉迟敬德已身陷死地，若纵其逸去，正如放虎归山，后患无穷。"

秦王叹了口气道："正因是一只猛虎，孤王才不忍杀他。将才难得，迟早有一天我要将他收于帐下。"

唐军于美良川和安邑两次设伏皆大获全胜，一时士气高涨，群情振奋。

除李靖、李勣外，其余诸位将领一齐来到中军大帐慷慨请缨，要求与刘武周、宋金刚决战。

秦王世民对众人耐心解释道："我军两次小胜并未重创敌军主力，金刚孤军深入，精兵猛将皆聚于此。他们患在军无蓄积，仅以掳掠民众补充军资，利在速战，难以持久。我军最明智的选择便是闭营养锐以挫其锋，分兵汾、隰，冲其心腹。诸位将军少安毋躁，且回营静心等待。我料用不了多久，敌军粮尽计穷便会遁走。到那时，我方挥师追击，有的是杀敌立功的机会。"

众将领只好散去。程咬金怏怏不乐地回到营中，见李勣大白天坐在那里闭目养神，便满腹牢骚地说："亏你能坐得住，要睡觉何必到战场上来？"

李勣仍闭着眼，身子在靠椅上轻轻摇晃着，扑哧一声笑道："三日不战又手心发痒了？军令如山，秦王不战，你安心静养就是了。"

"气可鼓而不可泄，既然打了胜仗，就该全线出击。奶奶的，这倒好，大军驻在这里快半年了，士卒都养胖了，秦王葫芦里到底卖的是啥药？俺老程这半辈子可她娘的没有这么憋屈过。"

李勣终于睁开了双眼，看看程咬金，正色说道："这正是秦王的高明之处。连续两次获胜，却仍能保持如此冷静的头脑，继续闭营养锐以挫敌锋。年纪轻轻便这样老到，有这样的三军统帅实在难得！"程咬金圆睁怪眼看看他，不情愿地摇摇头走了。

时过不久，刘武周派兵入寇潞州。先是攻陷了长子、壶关，但当他进攻潞州时，却被秦王派去的罗士信以小股人马半路截杀，大败而归。

三月中旬，得知刘武周要进攻浩州，秦王派秦叔宝、程咬金于城外设伏，击败刘武周，斩首两千余人。

进入四月，刘武周又多次进攻绛州，被李仲文连连击败。

虽是小打小闹，但是积小胜为大胜。刘武周、宋金刚数次受挫，士气沮丧，军心开始涣散。

他们千方百计寻找时机，想与唐军进行一场堂堂正正的大决战，秦王却置之不理。

刘武周、宋金刚就像两头找不着攻击目标的饿虎，暴跳如雷，焦躁万分，却又无处发泄。

这样一直耗到四月末，宋金刚军中粮秣已尽，再也耗不下去了。

一日深夜，大雾弥漫，月黑星暗，宋金刚悄悄打开城门，引大军向北撤去。

哨马探知后立即禀报秦王。秦王当即召集诸将，高兴地说道："诸位久欲决战，如今反击的时机已经成熟，可全力追击，一鼓歼之。不过，宋金刚历来善于用兵，诸位要多加小心，谨防中其埋伏。"

于是，秦王世民亲率大军轻装疾进，火速追击。大军追至吕州便追上了宋金刚的殿后之军寻相所部。

大将李靖纵马挺枪率领麾下轻骑风驰电掣般突入敌阵，李靖那柄长枪前后突刺，左右挑拨，舞得鬼愁神惊，有敢挡者非伤即亡。顷刻便杀出了一条血路。

寻相硬着头皮前来迎战，却哪里是李靖的对手？交锋刚三五个回合便已手忙脚乱，头晕眼花。一不小心，马臀上被戳了一枪，再顾不得部属们，单人匹马斜刺里向西北逃去。其部下士卒见主将已逃，纷纷将刀枪扔在地上跪地投降。

秦王命李孝基收编降兵，自率大军乘胜追击。一天一夜，竟追出了二百多里。

敌军且战且退，一路上发生大小战斗数十次。追至高壁岭时，双方皆已疲惫不堪。

刘弘基来到秦王马前，双手抓住马辔，苦苦劝谏道："大王连续破贼，追敌至此，功亦足矣。像这样无止境地追下去，难道就不顾惜自己的身体吗？况且士卒们也都疲惫不堪，还是在此暂且休憩，待军粮毕集，然后复进未晚。"

世民早已大汗淋漓，脸上汗水拌着灰沙，像涂抹了一道道泥浆，唯有两只眼睛还黑白分明。他大口喘着粗气高声说道："宋金刚计穷而逃，众心离散；功难成而易败，机难得而易失。我等闭垒半年，等的就是这一天，必须乘势取之。若在此停留，使敌人有了喘息之机，从容集结备战，再往攻杀就难上加难了。我作为三军主帅当竭忠为国，岂能只顾自身？"

说罢，策马前进，继续追击。

三军将士见主帅如此身先士卒，还敢说什么疲劳饥饿？于是人人奋勇，个个争先，一直追至雀鼠谷，终于追上了敌军主力。

秦王对部属们说道："半年之前，姜宝谊、李仲文所部曾在此中了宋金刚的埋伏，惨遭失败，刘、宋由此而轻我大唐将士。今日在此一战，定要报仇雪耻，扬我军威。"

说罢，下令击鼓猛进。一时鼓声大作，喊杀之声山呼海啸，直冲云霄。

李靖、李勣、程咬金、罗士信、殷开山、长孙顺德等六员大将各率一彪

唐太宗李世民

人马从四面八方向敌军冲去。

这一仗打得十分惨烈，从辰时直杀至未时，战场上烟尘滚滚，飞沙走石，真可谓是天昏地暗，日色无光。

一望无边的雀鼠谷底到处横躺竖卧着一具具尸体，血肉模糊的残臂断腿这里一截，那里一段，让人看一眼都觉得毛发直竖，恶心欲吐。

一些尚未断气的伤兵在痛苦地呻吟着，蠕动着，发出了令人毛骨悚然的野兽般的哀号。

到红日西沉、落霞满天的时候，大战暂告结束，宋金刚率残部逃走。

秦王命各营检点人马，伤亡千余。而斩杀俘获敌军近三万人，又是一个令人欢欣鼓舞的大胜利。

夜幕降临了，新月如钩，繁星密布，凉风如清水般阵阵袭来，全然没有了大白天的燥热。经过连日鏖战，已经疲惫不堪的大唐将士们或坐或躺在这个仍然弥散着血腥味的战场上，却感到一种从来没有过的轻松和舒适。

能够美美地睡上一觉多好啊！可是，谁也睡不着，肚子里在不约而同地咕咕怪叫。仔细想想，都快两天没有吃饭了，肚皮贴在后脊梁上，还怎么入睡？

秦王与将士们一样也是两天没有进食，三夜没有解甲了。白天紧张激烈、惊心动魄的大战使人们都处在极度的亢奋之中，早忘记了饥饿。现在静下来了，却感到心里一阵阵发慌，身上直冒冷汗。

将士们追击敌军太急，运粮的队伍可能得明早才能赶到，看来又得饿一宿了。秦王看看身边那些和衣而卧的士卒们，人人都在忍受着饥饿的煎熬，但谁也没有怨愤，谁也没发牢骚，都默默地静卧在那里闭目养神。

多好的将士！这才是大唐王朝能多兴盛的真正的基石。

秦王世民心里突然升起了一种浓浓的歉疚感。哪一天战火平息了，天下太平了，千万不能忘了这些浴血征战的将士们。

忽然，他闻到了一股浓烈的扑鼻而来的肉香。抬头一看，侍卫长雷永吉与几个士卒兴高采烈地匆匆走来，在他面前放下了一个铁盆子，盆子里盛满了又鲜又嫩的熟肉，热气腾腾，香味四散。

秦王大喜，伸手从盆子里抓起了一块肉骨头，放到嘴边正要啃，却突然停下了："这是什么肉？"

"秦王，是羊肉，快趁热吃吧。"雷永吉不无得意地催促道。

"哪来的羊？"

"是从那边林子里抓的。"

"就一只?"

"就这一只，怕是老天爷特意眷顾殿下您呢。"

秦王看了看手中那块肉骨头，恋恋不舍地放回了铁盆里，对雷永吉说道：
"去，把肉放回大锅里，多加清水，大火猛煮，将士们一人一勺。"

"秦王，您是三军主帅，十几万人的主心骨，您就赶紧吃吧。"雷永吉苦
劝着，声音有些发颤。

几个侍卫一齐跪下了："大王，这肉您该吃，哪怕就吃一块。"

"别说了，快去煮吧。"秦王变得声色俱厉。

浓香四溢的羊肉汤送到每一个士卒面前，每人只有一小勺，或许有的连
一小勺也没分到，仅仅闻到了一缕肉香。但是，他们却觉得像是饱餐了一顿
山珍海味。不，这一勺肉汤比山珍海味更加弥足珍贵。

唐军的临时宿营地里突然腾起了"大唐万岁!""秦王殿下千岁，千千
岁!"的欢呼声。

第二天，军粮运到。秦王与将士们美美地饱食一顿后，又整军向介休城
追去。

宋金刚从雀鼠谷逃到介休以后，麾下还有部众近两万人。见唐军追来，
不禁气急败坏，决计在此决一死战。他率军出西门，背城列阵，南北长达七
里有余。

秦王派大将李勣出战，宋金刚拍马舞刀亲自迎敌。双方士卒也一齐出动，
刀枪并举，剑戟往来，杀得难分难解。混战了约有吃顿饭的工夫，李勣佯败，
率领部下向西溃逃，军旗兵器扔了一路。

宋金刚不知是计，驱动大军穷追猛打，他要彻底消灭这股唐军，以泄胸
中恶气。

刚追出有四五里路，突然听到杀声四起。秦王与李靖、秦叔宝、程咬金
各率一队轻骑从阵后突然杀出。马到之处，刀光剑影，血肉横飞，敌阵中一
片鬼哭狼嚎。

跑在前面的李勣也及时掉头，从西面鼓噪呐喊着杀了回来。

宋金刚的两万人马顷刻间被包了饺子，四面受敌，陷入绝境。看看挣扎
反抗都是徒劳，许多人开始弃戈投降。宋金刚见大势已去，带领少数人马向
西北仓皇逃走。

这一仗，斩首三千余级，俘获万余人。

秦王率领骑兵仍穷追不舍，一直追到张难堡。

张难堡宋将樊伯通、张德政一直据堡自守，在四面都是刘、宋军队的情况下为大唐保留了这座孤城。

秦王兵至城下，樊伯通却不肯打开城门。城外的唐军高喊着是秦王驾到，樊、张二人并不相信。原来秦王浑身泥土，满头满脸糊了厚厚的一层灰沙，已让人无法辨认。

直到秦王在城下免胄摘盔，二人这才认出是自己的统帅到来，急忙打开城门出城相迎。刚刚跪伏在秦王脚下，却像两个丢失日久的大孩子突然见到了亲人，喜极而泣，放声大哭起来。

秦王进驻张难堡，开始休整兵马。

这时，有人来报，宋金刚逃走之后，其部将尉迟敬德又收拾残余部众据守介休城。

这些日子，尉迟敬德这个名字一直萦绕在秦王的心里挥之不去，他觉得现在该是将这员猛将收为己用的时候了。

正在考虑着用什么办法收服他时，李勣前来求见，请求前往介休城，劝说尉迟敬德降唐。

按说，以李勣的足智多谋和随机应变，足以担当此任。但是，秦王却有些犹豫不决。两军交战时期，任何难以预料的事情都会发生。只身潜入虎穴狼窝，实在是太危险，一言不当或一事不慎，都会在转瞬间身首异处。他不能为了收服一员虎将而赔上另一员虎将。

见秦王多时不说话，李勣似乎看出了他的心思，忙笑着说道："殿下无须犹疑。不入虎穴，焉得虎子？再说，尉迟敬德豪侠旷达，义薄云天，断不会杀害一个手无寸铁、毫无防备之力的说客。末将此去纵使不能说服尉迟敬德来降，也必能全身而归。"

秦王也觉得他说得有道理，但却仍然有所顾虑："近日来尉迟敬德屡屡战败，肯定心绪不佳。将军千万不要用话激他，万一他恼羞成怒，后果将不堪设想。"

"秦王尽管放心，末将已反复思虑过了，此行定然万无一失。"

李勣于次日凌晨出发，单人匹马来到介休城下。他未着盔甲，只穿了一身布衫，头戴方巾，足穿麻鞋，完全是一个普通士子打扮，身上未带任何兵器。

李勣来到城门外，对城上守军拱拱手，高声说道："烦请通禀尉迟将军，我叫李勣，奉秦王之命特来面会将军。"

尉迟敬德听说来人不带一兵一卒，竟敢只身前来，便先有三分好感，即命人放他入城。

李勣在介休州府的大堂上见到了尉迟敬德。只见他高坐在正北的一把圈椅里，双目圆睁，虬须倒竖，紫棠色的方脸盘上像是阴了天。他旁边坐着寻相，大堂四周站着三四名武士，皆持刀仗剑，怒目相向。

李勣上前拱手施礼，说道："在下李勣见过尉迟将军。"

"什么在下在上，俺不喜欢这些俗套子。有话就直说，你可是来劝降的？"

"将军何必把话说得那么难听，秦王殿下乃是诚心邀请将军共图大业。"

"哼！说得好听，我将城池人马拱手相献，不是投降是什么？俺虽是个粗人，也懂得贞女不嫁二夫，忠臣不事二主的道理。俺虽是败军之将，最多不过一死，岂能投降你家主子？"

"将军此话差矣。人在太平之世，又逢仁德之君，自应忠心耿耿，不事二主。如今天下混乱至此，到处有人称王称帝。我等当初起事仓促，只要有举旗的便一哄而上，奋起响应，并没有选择的余地。古人云，良禽择木而栖，贤臣择主而事。几年混战，大浪淘沙，应世之主已脱颖而出，英雄豪杰竞相投奔，将军千万不可一误再误！"

"你所说的应世之主莫非就是那个杀死你旧主李密的李渊？"坐在一旁的寻相突然插嘴说道，"李密倒是'择主而事'了，带着数万人马诚心投奔李渊，结果落了个乱箭穿身而死。亏你徐世勣还是个七尺男儿，堂堂江湖义士，不报旧主杀身之仇，却厚颜又事新主。朝秦暮楚，不忠不义之徒，还有脸来这里大言不惭地当说客，竟不知人间有'羞耻'二字。"

几句话说得太损，太尖酸刻薄，李勣只觉得胸中冒起了一股怒火。

但转而一想，寻相这是在有意激怒自己，不能中他的图套，便强压住火气，微微一笑道："不错，李密确是在下的瓦岗旧主。正是因为旧主归顺了大唐，在下与众弟兄才步其后尘，也率军投往长安。但在下去迟了一步，魏公竟一时糊涂，叛逃被诛。在下与众兄弟冒死进谏，为魏公收尸厚葬，守坟哭灵，以尽臣节，何为不忠不义？"他看看寻相，见他一时哑言，便继续说道："说起魏公李密被杀一事，也实在怨不得大唐皇上。虽说李密是在下旧主，朝夕相处三年多，情同兄弟。但这事他做得太过鲁莽、荒谬。二位将军请想，归而复叛，斩关出逃，哪朝哪代的律法不是杀无赦之罪？更何况，魏公归唐之初，唐帝以礼相待，封官赐爵，位封国公，可谓荣宠备至。而他却不念皇恩浩荡，翻云覆雨，做出此等谋逆之事，就是皇上能容，满朝文武岂能容得？大唐律法岂能容得？尽管魏公之死乃咎由自取，但大唐皇上仍宽大为怀，准允瓦岗的弟兄们为其盛办丧事，以国公之礼厚葬之。请问，若非贤明君主，谁能如此？更为难能可贵的是，下葬之日秦王世民降尊纡贵亲往吊祭，并派去三百名戴孝甲士，将丧事办得风风光光，瓦岗军旧部无不为此而感激涕零。"

尉迟敬德听得有些出神，往日只听说李密降唐后被杀，这些细节却未曾听说过。呆愣了一会儿，又问道："依你这么说，这李氏父子倒是个仁义主儿？"

"岂止是仁义之主，以在下看来，可称得上是尧舜之君。别的且不说，就秦王殿下的礼贤下士和求贤若渴，古之圣君贤王也莫过如此。不瞒将军，这次秦王命在下前来并不是看中了你这几千人马和一座小小的介休城，以秦王麾下十几万精兵强将，挟大胜之余威，欲取介休如拾草芥。"

"不是为了人马和城池，那是为了什么？"

"秦王苦心孤诣，朝思暮想，只是为了一人。"

"为的是一个人，那是谁？"尉迟敬德颇感诧异。

"将军还不明白？秦王思得将军，如久旱盼雨，已是寝食不安。"

"哈哈哈……"尉迟敬德一阵大笑："我尉迟敬德一介莽汉，何德何能？李将军巧舌如簧，说得也太玄了。"

"将军若不相信，请细思之。你两次落于我军伏击圈中，何以能够生还？虽说将军勇冠三军，但秦王麾下之李靖、秦叔宝、程咬金、罗士信诸将，哪一个不是身怀绝技、擒龙搏虎的上上之将？退一步说，就是这些人加在一起也敌不过将军神力，倘若三军将士万箭齐发，将军还有生还之望？只不过秦王严令在先，不得伤害将军一根毫毛。"

尉迟敬德一下子愣住了。李勣这话看来不假，自己两次身陷绝境能够侥幸逃生，既非神佑，也非天助。可能就是因为李世民下令要生擒自己所致。这样一个爱才如命的主子，在当今世上也实在难找。

他不自觉地把语气放缓和了，说道："李将军当年投唐是因为你的旧主李密已先行一步，自然无可非议。而我的主公宋金刚、皇上刘武周尚在与贵军为敌，我尉迟敬德岂能背主求荣？"

李勣说道："恕在下冒昧直言，可能有冲撞二位将军之处。将军最初所事之人是宋金刚，可宋金刚归顺了刘武周。将军现在的主人是刘武周，可刘武周早就投靠了突厥人。从筑坛称帝之日起，做的便是突厥人的儿皇帝，话虽然难听，但这却是连将军也知道的事实。那么，将军出生入死，浴血征战，到头来是为了哪家主人呢？据在下所知，宋金刚所部已土崩瓦解，仅带数百骑向北逃去，想必是去投靠突厥人了。而刘武周计屈势穷，危在旦夕。我料用不了多久，若不被擒，也必定投到突厥人的卵翼之下。将军莫非也要追随这两个不争气的主子，以堂堂大汉神将去事胡儿夷种不成？"

李勣话未说完，尉迟敬德早已满脸羞愧。他沉默多时，才嗫嚅着说道："李将军一席话如响鼓重槌，敬德领教了。不过，此事干系重大，得容我细细思量一番。"

李勣知道事情已经办成，也不再多说，当下告辞，尉迟敬德将他亲送至城门以外。

李勣快马加鞭，径回唐营。

秦王世民出大帐亲迎，对李勣说道："看将军满脸喜色，此行必不辱使命。"

李勣笑道："我料不出三日，必有佳音传来。"

果然，第三天上午，尉迟敬德、寻相率领部下人马来降。

秦王大喜，于当晚在军中设下盛宴，命众位大将赴宴，为尉迟敬德接风。席间下令，任命尉迟敬德为右一府统军，仍然统领他原先的部众。

让尉迟敬德深受感动的并不是初入唐营便骤得要职，而是仍让他率领自己原来的那帮弟兄，这可是一种莫大的信任。这位年轻的秦王真具用人不疑、疑人不用的大将风度。

宋金刚战败后果然率领部下逃往突厥去了。

刘武周在太原城闻知宋金刚溃败，全军覆没，大为惊恐，自知再难与唐军争锋，便于深夜打开城门悄悄北撤，向突厥逃去。

谁料沿途多次受到唐军的截击，待到达朔州之时，身边只剩两千多步骑。凄惶之间，却想起了内史令苑君璋当初对他的劝谏：

"唐主举一州之众直取长安，所向无敌，此乃天授，非人力也。晋阳以南道路狭险，悬军深入，无继于后，若进战不利，何以自还？不如北连突厥，西结唐朝，南面称孤，足为长策。"

但他当初一意孤行，听不进苑君璋的苦谏，如今悔之晚矣。

刘武周见到苑君璋之后，不禁号啕大哭，泪流满面道："当初没有听你的话，以至有今日下场。"

唐太宗李世民

不久，刘武周前往觐见突厥可汗，见其一副不冷不热、不阴不阳的神情，方知突厥重利轻义。自己眼下穷途末路，再没有什么用处，恐突厥难以相容。

当天夜里，一个消息传来，直让他如五雷轰顶。

先期投奔突厥的宋金刚因受不了突厥人的傲慢与欺辱，又想带人逃往上谷，结果被突厥兵马追获，竟腰斩而死。

刘武周每日如坐针毡，寝食不安，便与几个亲信密商要逃归马邑，不料被自己的亲信告了密。突厥人大怒，立即将其捕获，五马分尸而死。

秦王世民率大军于四月底进抵太原，刘武周的左仆射杨伏念献城投降。

至此，刘武周势力彻底灰飞烟灭，其攻占的所有州县也全归大唐。

秦王留下李仲文镇守太原，回师途中顺手攻克夏县，一路安抚民众而还。

五月二十八日，李世民回到京师长安。

高祖李渊率领文武百官亲至长安以东二十里之外相迎。

李世民带着三军将士跪伏于大道之上，叩见父皇，山呼万岁。

拜见毕，高祖将儿子紧紧地搂在怀里，激动地说："我儿此次东征大获全胜，不仅一举荡平了刘武周、宋金刚，收复了并州等全部失地，而且将代北一带收入大唐版图。这对于我朝安危举足轻重，其功之高堪比南岳。没有我儿的能征善战，便没有李唐王朝的今天。"

李世民慌忙说道："父皇谬奖，令儿臣不胜惶恐。东征所以取胜，全赖皇上威德昭于天下，三军将士临阵用命，世民不过代皇上领兵罢了，何敢言功？"

说罢，他看了看跟在皇上身边的太子建成和众多大臣，忽然问道："父皇，满朝文武都在这里，怎么独不见四弟元吉前来？"

高祖鼻子里"哼"了一声道："这个畜生，不肖的逆子，丢了太原，已被朕贬为庶人，高墙圈禁。"

原来，李元吉当初丢弃太原逃回长安之后，一直躲在太子建成的东宫里不敢露面。直到世民率大军东征之后，才由建成委婉地禀知高祖。

高祖勃然大怒。玩忽职守，丢城失地，又临阵脱逃，乃是杀头之罪，遂将李元吉打进死牢，降旨由有司审讯定罪。经太子与众位大臣苦苦相劝，才改为在皇城之内圈禁。与此同时，裴寂亦由晋南逃归，按说，这个草包统帅一败再败，丢失了大片国土，也是罪不可恕。但高祖却以胜败乃兵家常事为由，只是当着满朝文武的面把他臭骂了一顿，并未治罪，仍任其为右仆射。

世民知道父皇这样处置元吉只是在做样子给朝臣们看，这种表面文章实在不能不做。现在该是自己做顺水人情的时候了，便说道："父皇息怒，四弟尚年轻，不谙战事。骤逢大变，不知所措，因而丢城失地。好在如今所有失地已经全部收复，国家又正值用人之际。儿臣斗胆请求父皇宽恕四弟，让其来日戴罪立功。"

见世民为元吉求情，高祖正好借坡下驴，便叹了口气说："好吧，既然你也这样说，就暂不究其罪了。下次再有战事，你率军出征时可将他带上，让其戴罪立功，以赎前愆。"

回朝之后，高祖立即颁旨释放元吉，并恢复其齐王爵位。

当天夜里，秦王舒舒服服地洗了个香汤浴，与王妃长孙夫人相拥而卧。

良久，长孙夫人才喃喃说道："殿下，您在关东带兵打仗，捷报不断地传至朝廷。朝野上下交口称赞，连长安城里的庶民百姓都知道秦王乃大唐功臣第一人。说您是兵家天才，是上苍赐予黎民百姓的救星。臣妾听了这些，心里真比吃了蜂蜜还甜。"

秦王却没有那么兴奋，沉默多时，叹了口气说："这未必是好事，我正在为此担心呢。"

长孙夫人甚为惊讶，忙问道："夫君为何如此说？"

"天下未定，我必须频频出征。胜仗越多，战功越大，怕是未来的麻烦越多。"

"那又是为何？"

秦王苦笑道："自古以来，树高者伐，人高者杀。我虽是当今皇上的儿子，危险比普通将领们小些，但也不能高枕无忧。必须时时临深履薄，事事小心谨慎。"

长孙夫人突然打了个冷战，一翻身伏在丈夫那宽大的胸膛上，将他紧紧抱住。

世民一双大手在她的后背上轻轻抚摸着，幽幽说道："我身边战将如云，谋臣如雨，知音心腹也颇为不少，但有些话却只能对你一个人说。自从刘文静被杀之后，我便觉得父皇对我似有猜忌防范之心，虽然只是蛛丝马迹，并不明显，却常常扰得我心神不安。我每每有所预感，随着大唐王朝的日益强盛，父子兄弟之间的隔阂似乎会变得越来越大，越来越深，这大概不是杞人忧天吧。"

"既然如此，殿下何不找父皇畅谈一次，父子之间有什么话不能说？父子君臣推心置腹，免得将误会结成疙瘩。"

秦王笑了笑："世上的事太复杂，有的话能说，有的话偏不能说。皇家的事关系着帝位与江山社稷，实在是微妙得很。不说容易误会，说多了更生疑窦，似是欲盖弥彰。"

"那就没有法子防患于未然了？"

"也不能说一点办法也没有。我想了，当我不在家时，你要多去后宫里走走，对父皇多尽些孝道。这或许会对弥合我们父子间的缝隙有所补益。"

长孙夫人双眼雪亮，会意地点点头，说道："夫君放心，孝事父皇，敬侍皇妃，这都是我这当儿媳的应该做的。就连太子府、齐王府，我也该常去走动走动。妯娌之间亲亲热热，和睦相处，也可使你们兄弟间少生些摩擦。"

秦王见妻子如此通达贤明，心里热乎乎的，猛地在她脸上亲了一口："天赐贤妻，这是我李世民今生最大的福气，另外，在皇妃和太子妃她们那里，你要多加留心，眼观耳听，或许能有些意外的发现，我们也好早有准备。"

"这个还需夫君叮嘱？臣妾自然晓得。天快亮了，你也快睡会儿吧。"

第十四章　欲统华夏　兵逼洛阳

收复太原、平定河东之后，李唐王朝空前强盛，大后方愈加稳固，君臣们欲扫荡中原、一统华夏的信心也更加坚定了。

出兵关外，克复洛阳，东进南向以争天下，现在是时候了。

大唐朝廷在紧锣密鼓地筹划着大战前的准备工作。一次朝会上，秦王李世民向高祖奏道："攻打东都洛阳比消灭薛举父子，扫荡刘武周、宋金刚更加艰难，将是一场旷日持久的恶战。大军围城之后必须全力攻打，不受任何外来力量的干扰。如今天下群雄尚有能力与大唐抗衡者，除王世充外，还有河北之窦建德，江南之杜伏威、萧铣。对这几股力量，应进行分化瓦解。或羁縻，或安抚，或围困，勿使其增援洛阳，与王世充沆瀣一气。"

高祖说道："秦王所言极是。此事朕亦思之日久。窦建德正与幽州的罗艺交战。罗艺虽表面上归附我大唐，而心实不服，弃之亦不足惜。可派使者暗通窦建德，支持其进攻罗艺，使之无力与王世充联兵拒我；至于杜伏威，过去曾一度上表于洛阳杨侗，被封为楚王。去年又改降大唐，朕封其为淮南安抚使，和州总管。此人好办，只要再予加官晋爵，优恤有加，便可安抚得住；唯有萧铣狂放不羁，需以武力讨之。但不知以谁为帅可稳操胜券。"

秦王忙说道："儿臣保荐一人，对付萧铣绰绰有余。"

"是何人？"

"李靖将军足当此任。"

李靖以前与高祖有些过节，三年前险些被其所杀。被世民救下之后，高祖却始终未加封赏。但现在正是用人之际，又是秦王力荐，高祖只好点头应允。

第二天，高祖派李孝恭前往河北，说服窦建德不与王世充联合反唐，条件是任其进攻幽州的罗艺，唐廷不管不问；又降诏杜伏威，晋封其为东南道行台尚书令、淮南道安抚使，总管江淮以南诸军事，并加爵吴王。与此同时，下旨封李靖为山南道招抚大使，率三万马步军沿长江顺流而下，出巴蜀，攻信州，直逼萧铣所占据的江陵，阻断其乘虚北上之路，并准备与即将攻打洛阳的唐军南北呼应。

在李靖率军南下一个月之后，也就是武德三年（公元620年）七月初一日，高祖李渊再次下诏，以秦王世民统率诸军，挥师出关，东向攻取洛阳。

这是决定大唐命运的一场惊心动魄、艰苦卓绝的大战。东征阵容的威武雄壮是空前的。大唐兵马的主力几乎全部出动，所有骁勇战将也都奉命随秦王出征。可谓兵精将勇，弓劲马肥。

秦王之下，高祖还命齐王李元吉以副帅的身份同往，说是要让他在这场恶战中经受磨砺，建功赎罪。是否还有其他用意，秦王就不知道了。他只让随军同去的房玄龄、杜如晦、褚亮等人暗中多注意这个顽劣不法的四弟，勿使其坏了大事。

先锋官是高祖和秦王经过反复筛选才敲定的，最后选定了老将军屈突通。

此时，屈突通已任陕东道行台，而他的两个儿子却仍在王世充的朝廷中为官。

高祖有些为难，问屈突通道："今欲使爱卿东征，且任三军前锋。这对你的两个儿子十分不利，你看怎么办？"

屈突通慨然答道："昔臣为隋将，本当就死。得陛下大用，加以恩礼。当是之时，臣曾心口相誓，希望以此生余年为陛下尽节，唯恐不能死得其所。今日受皇上如此宠信，得任三军先驱，两个儿子又何足顾惜？"

高祖不禁动容，叹息道："真义士也。"

秦王也忙说道："老将军高风亮节，令小王不胜钦敬。此次攻取洛阳，我等一定会千方百计保全二位公子。"

七月二十一日，经过近二十天的长途跋涉，秦王率领二十万大军到了离洛阳仅有七十里之遥的新安。一时间，漫山遍野寨栅毗连，旌旗如画，铠甲耀日，鼓角之声相闻，人喊马嘶喧天，东都城外战云密布，战事一触即发。

郑帝王世充也早已开始调兵遣将，严阵以待。

他先是选调各州镇骁将至洛阳集中，置四镇将军，募兵分守洛阳城。

接着，他命魏王王弘烈镇守襄阳，荆王王行本镇守虎牢，宋王王泰镇守怀州，齐王王世恽守南城，楚王王世伟守宝城，太子王玄应守京城，汉王王玄恕守嘉城，鲁王王道徇守曜仪城（即皇城）。王世充本人亲率主力，其中左辅大将军杨公卿率左龙骧二十八府骑兵；右游击大将军郭善才率内军二十八府步兵；左游击大将军跛野纲率外军二十八府兵，共三万余人。摆开了一副生死决战的阵势。

作为大战前的小试锋芒，七月二十五日，秦王命罗士信率前锋之一部围攻兹涧。这是位于新安和洛阳之间的一座小城，也是大军进逼洛阳途中的一颗钉子，必须拔掉。

罗士信率五千部众经过一天一夜的激战力克兹涧。王世充亲率三万大军前来驰援，反攻兹涧。罗士信率众坚壁不战，死守城池。

秦王又派出多股人马从背后袭扰王世充，使其首尾不能相顾，难以全力攻城，兹涧得以保全。

这夜，秦王世民与众将领商量下一步的作战方案，直至夜半方散。他卸去铠甲，和衣上床，迷迷糊糊地刚睡了一个时辰，忽听到一阵人喊马嘶、脚步杂沓的喧闹声，悚然惊醒。

他翻身下床，顺手扯过一柄佩剑，急步跨出帐外。却见殷开山、程咬金等几员大将和齐王元吉正急匆匆地来到帐前。

"出了什么事？"他厉声问道。

"禀秦王，刘武周旧部寻相借巡夜为名带着百余名弟兄叛逃，投降王世充去了。"殷开山答道。

"知道了。一个反复无常的小人，有他不多，无他不少，随他去吧。"秦王说完，转身向帐中走去。

"秦王，其主将尉迟敬德已被我们擒获，现捆绑于末将帐中，请殿下发落。"

"什么？尉迟敬德？"秦王大吃一惊。"他也谋叛？是在何处擒获的？"

"那狗日的叛贼还在睡梦之中便被我们刀剑架颈，五花大绑起来。"程咬金说道。

"胡闹，一个反叛之人怎么还能安心睡觉？"

"尉迟敬德与寻相本是同伙，迟早要反，干脆杀掉算了，斩草除根，不留后患。"殷开山说道。

"对，狗改不了吃屎。尉迟敬德其人桀骜不驯，留在军中危险万分，不如乘机除之。"李元吉在一旁添油加醋。

"卧榻之侧岂容他人酣睡？何况尉迟敬德乃是杀人如麻的虎狼之辈，殿下万不可心慈手软！"殷开山又说道。

秦王却无心再听他们废话，只吼了一句："尉迟敬德若想反叛，能落在寻相后面吗？笑话！"便快步向殷开山的军帐走去，众人紧随其后。

军帐之中，昏暗的灯光下，尉迟敬德只穿条短裤，上身袒露着，被用粗大的麻绳左一道右一道，紧紧地捆绑在一根立柱上。麻绳深深地勒进了他那身隆起的疙瘩肉中，长满了黑毛的宽厚的胸脯正在呼哧呼哧地上下起伏。四五个兵士刀剑闪亮，一柄利剑直抵在他胸前，身子稍一扭动，就会皮破血流。

见秦王走到面前，他双目中冒着毒火，狠狠地瞪了一眼，便把头扭向一边，却一句话也不说。

"还不把尉迟将军放了！"秦王声色俱厉，跨前一步，亲自去解绳索。那几个士卒忙放下兵器，七手八脚把尉迟敬德放开。

"把将军的衣裳拿来！"秦王话声里仍怒气冲冲。

待尉迟敬德穿好衣裳，秦王歉疚地说道："恕本王晚来一步，让将军受惊了。走，去我帐中坐坐。"说完，把殷开山、李元吉等人晾在那里，连看也不看一眼，领着尉迟敬德径回中军大帐。

尉迟敬德始终不说一句话，只是呼呼地喘着粗气。秦王让他坐，他便一屁股坐在那里。侍从们送上茶来，他端起来一饮而尽。

"尉迟将军请息怒，这是一场误会，本王实在不知，让将军受委屈了。都是这个殷开山，简直是猪脑子，就不会拐个弯儿。以将军的豪侠旷达，就是要走也一定光明磊落，坦坦荡荡，怎么会偷鸡摸狗似的深夜叛逃呢？"

见秦王满脸至诚，且面带愧色，尉迟敬德胸中的怒火和怨气渐渐消散，粗声粗气地说道："这也怨不得殷将军。都是寻相这个狗娘养的害了我。当初他若不愿降唐，谁也不会逼他。既然已经归顺，却又朝三暮四，他算个什么鸟玩意儿？"

秦王笑笑说道："人各有志，无须勉强。其实，寻相若看着王世充那里有高枝，就是明跟我说了，我也会放他去的。好了，咱们不说他了。"

说罢，秦王起身转至内间，从床下木箱里取出了五十两白银，回到尉迟敬德面前，面色凝重地说道："不知将军今后有何打算，若是仍愿意跟我李世民辗转征战，那没说的，我李世民对天发誓，此生与将军生死与共，富贵同享；若是将军要离我而去，这点白银也算我们相处数月，朋友一场的一点心意。"

尉迟敬德心中陡地滚过了一阵热浪。秦王的话发自肺腑，掷地有声。作为大唐天子的骄子，现任三军统帅的王爷，能对自己这么个草莽武夫坦诚相待，肝胆相照，自己还能说什么？

他半生厮杀，阅人颇多，却从未见过一个当主子的能如此礼贤下士，如此坦荡磊落，又有如此宽宏的容人之量。

他激动了，面颊抽搐着，髭须瑟瑟抖动，猛地站起来，趋至秦王面前，扑通一声跪在地上，喊道："秦王，从今日起，俺尉迟敬德愿鞍前马后，生死相随。就是跳火海下油锅，也决不离开殿下半步。"说完，他咧开大嘴笑了，那双豹眼里却抑制不住滚出了几颗硕大的泪滴。这大概是这个铁汉子这么多年所流过的唯一的泪水。

秦王慌忙把他扶起，连声说："好，好，太好了。世民能得将军这样一位至交，平生足矣。"

说着话，天色已经大亮，两个人抬头看看帐外，不禁相视大笑。

秦王说道："尉迟将军，咱们吃饭。早饭之后，我要去察看军情，将军可随我一同前往。"

吃罢早饭，已是旭日初升，东方曙红。秦王与尉迟敬德并马缓辔走出大营，身后五百轻骑各持刀枪剑戟紧随其后。

走了半个时辰，他们来到北邙山下。此山位于洛阳西北，山势陡峻，古树蓊郁，盘山道斗折蛇行，蜿蜒而上。山南却是一面缓坡，千军万马可从此处俯冲而下。这里既是保卫洛阳的天然屏障，又是攻取洛阳的理想战场，诚可谓兵家必争之地。

秦王登上北邙山，一面观看山势道路，一面对尉迟敬德说道："此山是对洛阳发动总攻的制高点，我军必须迅速占领。"

尉迟敬德道："末将也正是这样想的。奇怪的是，王世充固善用兵，何以竟不在此设防？"

"想必是这几日忙于争夺兹涧，此处因此防备松弛。"秦王刚说完，便听一名士卒大声疾呼："秦王殿下，山下有敌军兵马。"

尉迟敬德向下一看，不禁惊得倒吸一口冷气。山下王世充的兵马约有两三万之众，正黑压压地从四面包抄过来。

原来王世充今早率人马再次攻兹涧，行至半路，有哨兵来报，说在北邙山上发现了秦王李世民，所带兵马不多。王世充大喜过望，擒贼先擒王，若能生擒李世民，唐军不战自退，洛阳可保无忧矣。于是，立即掉转马头，率大军猛扑过来。

观察战场竟与王世充大军猝然相遇，众寡悬殊，主帅危在旦夕。尉迟敬德忧心如焚，他手提长槊，对五百名甲士吼道："四面护住秦王，拼将一死也得保着秦王冲出去。"

包围圈越来越小，敌军越来越近。便听对方阵中有人高喊："那个骑青骢马的便是李世民，弟兄们，冲啊，陛下说了，活捉李世民者封公拜相。"

尉迟敬德听着话音耳熟，仔细一看，竟是刚刚叛逃的寻相骑在马上大呼小叫，这可真是冤家路窄。他暴雷一般骂了声："王八蛋！"随即挽弓搭箭，"嗖"的一声射了出去。不偏不倚，那箭恰中寻相咽喉，寻相顿时跌于马下。

趁着敌军一时混乱，尉迟敬德沉声说道："秦王，跟我来！"遂拍马挺槊，直向西南方向冲去。

秦王紧随其后，一面飞奔，一面搭箭开弓，左右驰射，迎面敌军无不应弦而倒。

正在此时，斜刺里突然杀出一员郑将，持槊直奔李世民而来。

此人就是原瓦岗军骁将单雄信，当日被王世充俘虏之后，宁死不降。后来听说李密降了大唐，不久被杀。又经王世充多方笼络，便死心塌地做了王世充麾下大将。

当下他死死缠住秦王，一柄长槊雨点般刺来，直冲要害。

秦王舞动双剑左格右挡，渐渐招架不住，处境万分危急。就在这时，尉迟敬德兜马杀了回来，闪电一般向单雄信猛刺一槊。单雄信猝不及防，慌忙举槊相迎。两槊相撞，半空里"咔嚓"一声，火星乱迸。

单雄信奋力拨开长槊，正欲进招，却不料尉迟敬德顺势用槊杆猛扫，恰恰打在单雄信腰间，似有千钧之力。单雄信把持不住，身子向前一倾，轰然跌于马下。

尉迟敬德也顾不得取他性命，与秦王并马齐驱，奋力砍杀，一路向西南杀去。

刚刚杀出重围，适逢屈突通率领大队人马赶到。秦王大喜，又勒转马头，率军重新杀入郑军阵中。

王世充见唐军援兵已到，唯恐有失，急忙带领人马仓皇逃回洛阳城。

这一仗可谓绝处逢生，败中取胜。王世充麾下大将陈智略被生擒，步卒被斩首千余级，其六千名"排槊兵"亦乖乖地做了俘虏。

在返回大营的路上，李世民对尉迟敬德开玩笑道："恶有恶报，善有善报，种瓜得瓜，种豆得豆。昨夜我力排众议放将军一马，不想今日将军便救我一命，天理报应，何其速也。"

将士们听罢，都禁不住哈哈大笑。

次日一早，秦王世民于中军大帐分遣众将开始对东都洛阳的外围进行分兵切割。

遣行军总管史万宝自宜阳北上占据龙门，切断王世充的南路。

遣将军刘德威自太行东下围攻河内，切断王世充的北路。

遣上谷郡公王君廓自洛口发兵逼近东都，从东面切断王世充的退路和饷道。

遣怀州总管黄君汉前往河阴，然后西上攻取回洛城，切断王世充东北方向的退路。

秦王世民亲率中军直取北邙山高地。

这样，唐军以铁桶般的四面合围之势连营以逼东都。与此同时，秦王派幕府宾客利用熟人、亲戚等各种关系，采取投书散信、化装潜入、游说等手段，对洛阳周围各州县守将展开了强大的心理攻势和策反战。

在黑云压城般的军事攻势的威慑下，心理战和策反战很快奏效。

八月初，王世充的洧州长史张公谨（原瓦岗军将领，与单雄信同日被俘降郑）与刺史崔枢献城来降；随后，邓州土豪擒获该州刺史来降。显州总管以所部二十五州来降。就连与郑地毗连的窦建德的共州县令唐纲也杀死了刺史献州来降。

中秋节的前一天，武德三年（公元620年）八月十四日，攻取东都的外围战打响。

当天，黄君汉派遣校尉张夜义率两万水军渡过黄河强攻回洛城。经过两天激战攻破回洛，并乘势攻占了敌方二十余处堡垒。

王世充派太子王玄应率杨公卿等部夺回回洛，但屡攻不克，伤亡惨重，只好于西城修筑月城，留兵拒守。随后，外围战的捷报不断传至中军大营：八月二十五日，刘德威攻陷怀州，占领敌堡垒无数，挥兵进驻外城；九月十二日，史万宝袭破龙门；九月十七日，王君廓大破王世充部将魏隐，斩敌无数……

秦王李世民率领中军早已顺利拿下北邙山。然后与结阵于青城宫的王世充之主力遥相对峙。

这日上午，郑帝王世充在阵中巡视，远远看见秦王李世民在河对岸的唐营中骑马瞭阵，便在文武群臣的簇拥下隔水对秦王高声喊道："隋室倾覆，唐帝关中，郑帝河南，本应井水不犯河水，各自为政，两两相安。今世充未曾西征，秦王殿下却忽然举兵东来，其理何在？"

秦王微微一笑，不屑作答。此时他身边跟随的是当年由江都逃归大唐，现任侍御史的宇文士及。他让宇文士及上前答话，士及策马上前，正色斥道：

"四海皆仰皇风，唯公独阻声教，我等为此而来。"

王世充又说道："两军各自息兵，唐、郑永为睦邻，不亦善乎？"

秦王再令宇文士及回答："奉诏取东都，不令讲好也。"王世充见和谈无望，面显愠色，怒声道："既如此，世充便与尔等拼个鱼死网破。"

然而，形势对王世充却越来越不利。不久，其蔚州刺史时德睿率所部七州降唐。秦王将七州人马仍交时德睿统驭，这样一来，远近震动，河南州县相继来降。东都洛阳几乎成了汪洋大海中的一座孤岛。

东都外围大致扫清，合围之势已经锐不可当。该是发起总攻的时候了，但是秦王却迟迟不肯下令。众将领早就习惯了对秦王言听计从，令行禁止，各营都养精蓄锐，厉兵秣马，耐心等待着决战时刻的到来。

秦王世民估摸着洛阳城内眼下还粮草充足，士气未落。他要长期围困，直至城内粮绝草尽，人心惶惶，不战自乱。到那时再发起总攻，可把将士们的伤亡降到最低。

王世充被困于城中，越来越感到力薄势窘，难以支持，只好遣使往河北，向窦建德求援。

当初，王世充僭号称帝之后，曾派兵侵扰窦建德的防地。窦建德也以牙还牙，从此以后，郑、夏两国交恶。

但此时此刻，王世充走投无路，只好厚着脸皮派人向窦建德求救。

这个时候，窦建德早已与唐朝使者暗中串通，又忙着与罗艺、孟海公交战，哪里还愿管王世充的闲事？

王世充的使者得不到答复，便赖在窦建德的都城不走，每日哭哭啼啼，向窦建德和他的大臣们乞怜。

光阴飞逝，日月如梭。转眼之间，冬去春来，唐军兵围东都已经五个多月。随着新季节的到来，草木复苏，鼠雀出没。围困者和被围者双方似乎也与这世间万物一样变得躁动不已、按捺不住了。

武德四年（公元 621 年）正月的最后几天，李世民决定组织一些小规模的突击，以歼灭王世充部署于城外的有生力量。

他精心挑选了两千名精锐骑兵，一律着黑衣玄甲，分为左右队。让秦叔宝、程咬金、尉迟敬德、翟长孙各率一队分别突袭城外郑军。

每次战斗打响，秦王世民都亲披玄甲，背负强弓，手舞双剑，率军冲在最前头，所向披靡，直令郑军将士闻风丧胆。

进入二月之后，王世充军粮渐感不足。他派太子王玄应去虎牢运粮。

世民得到消息，即派李君羡前往拦截。李君羡命士卒们埋伏于洛阳至虎牢之间的山林之中。在王玄应率队去虎牢时，隐蔽不战。待其大小车辆满载而归时，李君羡一声令下，大队人马呼啸而出，各持兵刃，狠砍猛戮。王玄应冷不防遭到突然袭击，抵敌不住，扔下百余具尸体和所有的运粮车辆狼狈逃回洛阳。

王世充的处境更加艰难，无可奈何，只好再派使者去向窦建德求援。

此时，窦建德已击败罗艺，收服了孟海公，正是踌躇满志的时候。其中书侍郎刘彬收取了郑使的大量珍宝金玉，便乘机劝说道："天下大乱之后，唐得关西，郑得河南，夏得河北，恰是三足鼎立之势。今大唐举兵临东都，经秋涉冬，唐兵日增，郑地日蹙，唐强郑弱，势必不支。倘若郑亡，夏不能独立矣。不如解除以前的仇怨，发兵救之。夏击其外，郑击其内，郑、夏联兵必能破唐。破唐之后再徐观其变。若郑可取则取之，合二国之兵，乘唐师之疲，则天下可取也。"

窦建德认为刘彬说得颇有道理。其实他心里一直是清醒的。唐朝派使者来拉拢他，不过是想临时稳住他，对郑、夏两国各个击破。且不说以后争夺天下，就眼前的唇亡齿寒之忧，也只有援救王世充方能得解。

于是，他采纳了这个建议。一面向郑使许诺不久即派兵赴援，一面又派使者至李世民处，以调停者的身份请求秦王罢兵。

秦王东征，对洛阳志在必得，岂能理他这个茬？当即将其使者扣留，不予答复。

接着，秦王派宇文士及疾驰长安向高祖汇报攻取洛阳时机已经成熟，请旨发动总攻。

高祖听罢前线详情，对宇文士及说道："回去告诉秦王，我军攻取洛阳目的在于收土息兵。克城之日，凡是乘舆法物、图籍器械等非私家所需者，可为朝廷收之。其余子女玉帛，金银财物，可全部分赐将士。"

这就等于把整个洛阳的处置权全部交给了秦王世民，这对于在前线卖命的三军将士也无疑是一种巨大的物质鼓励。

秦王将圣旨传达下去，全军上下为之欢呼。

二月二十三日，李世民将全部精锐结阵于北邙山，带领众位大将登上山顶观察了一下敌阵，对左右说道："贼势已窘，我可悉军而出，拼力一战。今日大破贼兵，此后王世充再不敢出城矣。"

说罢，他看了看屈突通，下令道："老将军可率五千人马渡水攻击敌军。

切记，一旦双方交战，立即放烟为号，自有大军随后赶来。"

屈突通领令，立即带领五千步骑向郑军营盘出击。

不多时，果见对方阵前狼烟如柱，火光冲天。秦王世民马上率领千军万马向山下冲去。唐军居高临下，如悬瀑倾泻，顿时将郑军冲得七零八落。

秦王一马当先冲在最前面，与屈突通会合之后，他欲探知郑军阵营的真实情况，率领着数百精骑直向纵深插去。所到之处血肉横飞，敌军纷纷倒毙。

也不知厮杀了多长时间，秦王忽然觉得一阵清风迎面扑来，浑身爽利。抬头一看，居然已经杀透敌阵，冲至敌军背后。但在冲杀之中，数百骑皆已分散，看看身边竟只剩下程咬金一人。

此刻，一道长堤横亘面前，后面王世充的追兵已到。偏偏在这个时候，秦王的青骢马被流矢射中，倒毙在地。

千钧一发之际，程咬金拨转马头，张弓搭箭，连连向敌军射去，箭无虚发，冲在最前面的敌兵应弦而倒，后面的皆有惧色，迟疑不敢前行。

借此机会，程咬金翻身下马，将坐骑让给秦王，自己则手执大斧，一面发疯似的上下抢动，嘴里还大呼小叫地骂个不停："日你祖宗的，你爷爷程咬金在此，不怕死的龟孙子拿命来……"骂声未落，早有五六个郑兵死于斧下，有的从左肩到右胯，竟被血淋淋地劈成两半。对面的郑兵就像见到了魔鬼，嗷嗷叫着四散逃命。两人一个马上，一个步战，上下配合，奋力杀敌，直向敌阵冲去，终于与对面掩杀过来的唐军主力会合。

王世充也在指挥其部众拼死力战，寸步不让。两军散而复合，合而复散，你来我往，直杀得鬼泣神惊，风云变色。

激烈的战斗一直持续了三个多时辰，王世充的兵马开始溃退。

李世民乘势纵兵追杀，千军万马如狂澜怒涛席卷而来，斩杀郑军七千余级，俘获万余人，一直追杀至洛阳城下，将这座孤城从四面八方紧紧围住。

秦王下令，将中军大营移至青城宫。此处已在东部的禁苑之内，谷水和洛水在这里汇合，隔水便是通往洛阳市区的方诸门。

唐军还未来得及筑起壁垒，王世充已率军两万冲出方诸门，凭借原有的垣墙、壕堑，临谷水结阵，鼓噪呐喊，抗拒唐军。

当天夜晚，左武卫大将军李勣在自己的军营中巡视已毕，刚刚睡下，便有一名巡营兵前来禀报，说寨栅之外有一商贾模样的人求见。

李勣感到奇怪，两军交战如此激烈，怎么会有行商者前来求见，这其中必有缘故。

他连忙起身，传唤那人进帐。来者三十多岁，一身干净的蓝布长衫，脚下一双皂靴全被露水打湿，沾满了泥土。

"足下何人，缘何夤夜来访？"

"在下受郑州司兵沈悦派遣前来向李大将军请降。"

"足下请坐，沈司兵现在何处？"

"沈大人仍坐镇郑州，明后两日便可举州归顺。不过，他特让小人告知李大将军，今夜务必要率贵军攻取虎牢。"

"今夜？为什么如此仓促？"

"虎牢有荆王王行本镇守。自太子王玄应运送军粮被劫，逃回洛阳，虎牢城内军心浮动，主将王行本又在病中。长史戴胄本欲与沈大人同时献城归降。但刚刚得到消息，明日一早，王世充要派一支劲旅进驻虎牢。将军今夜可径取虎牢，到时击鼓为号，三通鼓罢，城内自有人开门接应。"

"哦，守城的也是沈司兵的人？"

来者笑了笑："守城的是贵军前锋屈突通将军的二位公子。王世充欲增兵虎牢的消息正是他们送往郑州的。"

李勣大喜。虎牢是扼住外围增援洛阳的咽喉要道，战略重地，且有郑军的粮仓在此。夺取虎牢对下一步总攻洛阳至关重要。

来不及禀报秦王了。李勣当机立断，点起五千人马，当即直扑虎牢。

李勣率军在丑时赶至虎牢城下。城头上一片死寂，昏黄的灯光下两三个哨兵在来回游走。

李勣命人击鼓，三通鼓罢，果然城门大开。长史戴胄与屈突通的两个儿子带着数十名兵士早已恭候在那里。这样，李勣兵不血刃轻取虎牢，并俘获了王世充的荆王王行本。

三月中旬，秦王世民下令强行攻打洛阳。洛阳乃中原重镇，自古便是兵家必争之地，非周围郡县小城可比。城墙巍峨高耸，壁立千仞。护城河宽数十丈，引洛水灌之，水深难渡。

再加上王世充亦非等闲之辈，为了抗拒唐军，早在洛阳宫城里做了大量的长期防御的准备，可谓壁垒森严。城上备有大飞石，重达五十斤，能抛出二百步远。还备有许多"八弓弩箭"，箭杆粗若车辐，箭镞大如巨斧，可射五百步远。

其他如滚木、礌石等自不必说，更是准备充裕，多不胜数。

王世充下令部属紧闭四门，坚守不出。精兵强将皆登上城头。唐军来攻时，远则不理。待其攻至城下，特别是爬上城墙半腰时，则万箭齐发，滚木礌石劈头猛砸。

唐军昼夜不息轮番攻城，云梯、铁索等各种攻城战具全都用上了，一连猛攻十几天，竟不能克。而且将士伤亡惨重，有上千名士卒战死城下。

正当秦王与诸将焦躁异常之时，有探马前来禀报，夏王窦建德率领三十万大军正杀气腾腾地直奔东都而来。

第十五章　施计破关　洛阳安民

夏王窦建德倾国内精锐之师，指挥其部将刘黑闼和新近归附的孟海公水陆并进，气势汹汹地向洛阳进发。

三月二十一日，大军过滑州，到达酸枣，继而攻陷唐军据守的管州、荥阳、阳翟等县，然后沿黄河逆水而上。

王世充的弟弟、徐州行台王世辩率兵数千前来会合。此时，窦建德麾下共有兵马十三万之众，对外则号称三十万。

不久，行至虎牢之东的板渚一带。窦建德下令大军在此驻跸，一方面安营扎寨，分兵布阵，一方面派人速往洛阳给王世充送信。

暮春三月，草长莺飞，花放柳舒，正是各种生命都蓬蓬勃勃、欣欣向荣的季节。但洛阳城内，此时却被缭绕的战云和死亡的阴影笼罩着，充满了末日即将来临的恐惧。

唐军兵临城下之后，李世民命将士们在都城四周深掘壕堑，高筑垒墙，以守为攻，严密封锁，断绝了城内军民人等与城外的一切联系。

这一来城内承受不了了。先是粮食严重匮乏，三匹绢仅能换来一升米；其次是缺盐，十匹布才能换得一升盐；接着便是所有的日常用品皆告短缺。而金银财宝、服饰珍玩反被视如草芥。

庶民百姓们把城内的草根树叶全都吃光之后，便开始用浮泥和着糠屑做饼充饥，吃后腿肿身虚，成批连片地病倒，大街上到处都是死尸，苍蝇结阵，蛆虫列队，满城里臭气熏天。原有城中居民三万多户，此时却不足三千家。就连那些公卿巨贾家中亦开始糠屑不继，纷纷饿死。洛阳城确实到了弹尽粮绝的境地了。

就在王世充山穷水尽的时候，忽然接到了窦建德大军来援的消息。就像即将溺毙于汪洋大海中的濒死之人突然发现了一艘救生船，他又重新燃起了希望。他给部下鼓劲打气，要他们固守城池，坚守到最后一刻，等待着城外的救星前来解围。

面对窦建德突如其来的增援大军，唐军高层将帅之间围绕着是战是撤产生了严重的分歧。

此刻，在秦王李世民的中军大帐里，正在进行着一场异常激烈的争论。

老将屈突通说道："我大军攻城半年有余，师劳兵疲。王世充据坚城死守，难以迅速攻克。如今窦建德率军而来，锋锐气盛。我军腹背受敌，若不顾一切继续攻城，实非善策。不若退保新安，等待时机，再乘其弊。"乍听起来，老将军的话颇有些道理。当初发兵东都，朝廷原想羁縻窦建德，阻止他与王世充联兵拒唐，然后分而击之。没想到窦建德老谋深算，不肯上当。其大军不期而至，情况发生了变化，战略决策也应进行调整，不能再刻舟求剑，一意孤行了。

随军前来的萧瑀、封德彝以及宇文士及等一批隋朝旧臣对屈突通的意见深表赞同。

但是，大多数将领坚决反对这种避其锋芒、退保待机的主张。

秦叔宝说道："王世充现已计穷势蹙，窦建德不识时务，远来助之，正是天意让他们两亡之时。我军应迅速派大军据守虎牢，抗拒夏兵，使其不得前进一步，然后伺机而动，必能破之。"

尉迟敬德立即应声大呼道："对，秦将军所言极是。王世充已是煮熟的鸭子，不能让他飞了；窦建德是肥猪拱门——送肉来的，也不能让他跑了。咱们就来个鸭子、肥猪一锅烩，且吃他个肚子圆。"话音未落，军帐中一片哄然大笑。

笑罢，李勣起身说道："王世充保据东都，府库充盈，所率之兵亦皆江淮精锐。其今日所患只是城中缺粮罢了，因此而被我方所困，欲战不胜，欲守难久。窦建德远来赴援，所率亦当极其精锐。若放他入城，两寇合一，再以河北之粮供给洛阳，兵精粮足。到那时则大战有期而息兵无日，我大唐何年何月才能一统天下？为今之计，我应分兵两路，一路扼虎牢，一路困洛阳。困洛阳者，深沟高垒，以逸待劳。世充出兵，慎勿与战，仅不令其逃逸为要；据虎牢者宜训兵励士，以待其至，死扼通衢，勿使窜入。待机决战，可一鼓而胜。窦建德既破，则王世充不过二旬必定就缚。"

秦王世民当然是主战者，他见将领们中主战派占了多数，即欣然说道："世充兵少粮尽，上下离心，不可力攻，只可坐困。建德新破孟海公，将骄兵惰。我据守虎牢扼住咽喉，他若冒险来攻，我破之不难；他若狐疑不进，延迟数十日，世充所部自会溃乱。乘机破城，我势倍增。一举两克，在此行矣。若放建德进入虎牢，两贼并力，其势大张，到那时还有何弊可乘？"

萧瑀又力争道："即使不撤兵西归，亦应解围据险，以观其变，请秦王思之。"

秦王看看众人，断言道："我计已决，诸公无须多言。"当即下令将大军分为两大部分，以齐王元吉为帅，统领十五万人马，以屈突通等为副，继续围困东都；秦王自率五万人马东趋虎牢，扼守险要。

当夜，在神不知鬼不觉的情况下，秦王所率兵马悄悄开走，却将一座座空帐篷仍然留在原地。军帐之上仍是旌旗招展，大纛飘扬。王世充不知城外唐军人马减少，只能一如平常，苦守待援。

秦王进驻虎牢的第二天即挑选五百名精锐骑士，亲自率领着出城向东二十余里察看窦建德的军营阵势。

一路之上，碧草茵茵，杨柳依依，驿道两侧苍山逶迤，葱翠如染；渠水淙淙，蜿蜒似练。在一个树木密集、沟壑纵横之处，秦王命李勣、秦叔宝、程咬金分别率兵设伏。身边只留下四人四骑，尉迟敬德一直手持长槊紧随于秦王身旁，寸步不离。

四人一前一后，迎着东升的旭日缓辔前行。

离敌营越来越近，危险随时都可能发生，秦王却仍然谈笑风生。他看看身边的尉迟敬德，朗声大笑道："我执弓矢，公执槊相随，虽百万之众能奈我何？"

在距窦建德的大营仅有三里路时，秦王一行突然与敌军的数千名游兵相遇。

敌军还以为是自己的几个哨兵，并没把他们放在眼里。不料，秦王却对着他们大声疾呼："龟子孙们，莫看走了眼，我便是大唐秦王李世民！"

这一声突如其来的大喊，不仅令敌军为之色变，就连秦王的几个随从也大惊失色。秦王却从容地对他们说道："你们且往回走，我自与敬德殿后。"

秦王与敬德按辔徐行，几千名敌军尾追而来。待其追至近前，世民突然回身，引弓连射，敌军早有数人惨叫着跌于马下。

追兵渐渐停了下来，不再追赶，世民与敬德便又缓缓而行。敌兵再追，世民、敬德同时放箭，又有数十人中箭而死。如此射而复止，止而复来，已有二十余名敌军将士死于马下。

敌军不敢逼近，却又不忍舍弃。他们都知道，若能活捉或杀死李世民，会得到巨大的封赏，甚至可保一生富贵。今日与他狭路相逢，说不定是天赐良机呢。

唐太宗李世民

这样，秦王世民像一位诱鱼上钩的经验老到的渔翁，不急不躁、平心静气地持竿垂钓，终于将这几千人马钓进伏击圈内。

突然间，随着一声锣响，大将李勣、程咬金、秦叔宝各率人马怒吼狂叫着从三面冲杀过来。

敌军顿时大乱，混战之中也不知唐军有多少兵马，一个个心惊肉跳，抱头鼠窜。

跑得快的一溜烟奔回了大营；跑得慢的被当场杀死。连骁将殷秋、石瓒也乖乖地做了唐军的俘虏。这一仗杀死敌军三百余人，俘获近五百人。秦王顺手牵羊打了一个漂亮的伏击战，与将士们说说笑笑凯旋而归。

晚饭之后，秦王连夜修书，于翌日凌晨派人送与窦建德，书中写道：

"大唐天兵攻取东都，乃顺天应民之举。本与夏国无涉，且已知会阁下，不谓言之不预也。而阁下出尔反尔，违天意而逆大势，助凶顽而抗义师，何昏聩不明若此？今孤仅出偏师，小试牛刀，无非令阁下略知利害耳。汝若识得事理，宜早班师，收兵回夏，不然将悔之莫及。"

窦建德看罢来书勃然变色，对左右愤然骂道："李世民黄口小儿竟如此狂妄，他日朕必擒此贼。"说罢，将书信撕了个粉碎。

说归说，骂归骂，但他心里却清楚，这个李世民历来行兵诡诈。且身边又有个他早已领教过的李勣，足智多谋，机变莫测。因此，他不能不小心行事。自己领兵救郑是为了避免唇亡齿寒之祸，可不能为了王世充而赔掉自己这点老本。

自此，窦建德屯兵虎牢以东不敢贸然轻进，秦王李世民也乐得这一路平安无事，便不再进逼。双方相持于此，一晃便是二十多天。

然而，洛阳方面传来的消息却不那么令人乐观。四月十五日，王世充手下的杨公卿、单雄信引兵出城约战，齐王李元吉手痒，要于二哥不在时建立奇功，不听屈突通苦劝，率军迎战。结果被杨公卿、单雄信两路夹攻，大败而归，行军总管卢君谔战死沙场。

秦王闻讯后，急忙派人驰往洛阳城郊传达他的帅令，此后只准围困洛阳，不准主动出战，违令者斩！

时过不久，秦王得到哨探，窦建德的运粮部队押送数百车军粮正向夏军驻跸的板渚开来。

窦建德十几万大军滞留于虎牢以东已经近一个月，所带粮秣估计也吃得差不多了。后续军粮是否能及时运到直接关系着军心的稳定和战斗力的强弱，决定着夏军能否在此长久相持。

秦王李世民决定劫持这批军粮。但这却是一步险棋，板渚以北眼下全被窦建德占领。唐军若出动大股部队前往拦截，必为窦建德所知，他会不顾一切地回师相救，弄不好会偷鸡不成蚀把米。若派少量人马前去，如同杯水车薪，无济于事。

这一仗只能智取，不能强攻。世民经熟思之后，将前些日子刚俘获归降的夏将殷秋、石瓒传至中军大帐。

殷、石二将匆匆来到帐中，趋至秦王面前低头便拜，口中说道："戴罪之将参见秦王殿下。"

李世民忙将他们扶起，笑着说道："两军大战之际，无须这些繁文缛节，以后参见时一律免去跪拜之礼。"说完，让二将坐下，又问道："听说夏王窦建德素来礼贤下士，一向待将军不薄，可有此事？"

殷秋答道："罪将自夏王起事之日便追随其鞍前马后，蒙其信任重用，确是实情。但彼一时此一时，今日之夏王已非当年的夏王。"

"唔？此话怎讲？"

"夏王自大破宇文化及之后，又大败罗艺、孟海公，连连获胜，地盘越来越大，势力越来越强，就变得骄矜自负、刚愎武断起来，早就听不进臣下们的话了，而且对左右将士们也常有猜忌防范之心。"

秦王点点头，叹了口气说："共患难容易同富贵难，这也不足为怪。不过二位将军请放心，如今既然已是大唐将领，成了我李世民的部下，只要忠于王事，我李世民定与二位坦诚相处，终此一生共享富贵。"

石瓒慌忙站起来，十分感激地说道："秦王爱才礼贤之美名我等早已久仰，特别是对尉迟将军的一段情谊在夏军中已传为佳话。不过，我二人新附大唐，未建尺寸之功，还望殿下多加驱遣。"

秦王微微一笑："二位将军欲建功立业，以后有的是机会。眼下便有一桩绝好的买卖要烦请二位走一趟。"

殷、石二人趋前一步，笔直地站于秦王面前，大声说道："请秦王下令，虽身冒矢石，喋血沙场，末将决不推辞。"

"没有那么严重，弄好了可不亡一兵一卒。"接着，秦王把他的计划仔细说了一遍，殷、石二人都说此计缜密可行，不会有什么差错。

当夜，以大将侯君集为首，殷、石二将为副，带领三千名步卒，全都换上了夏军的盔甲服装，打着夏军的旗子，悄悄离开虎牢，向西北绕行而去。

唐太宗李世民

侯君集原是关中一带的义军首领，不仅武艺超群，而且富于心计。唐军攻打长安时投至李世民麾下。这些年跟随秦王东征西战，战功卓著，深得秦王器重。

窦建德的运粮大队由大将军张青特率数千名将士押送，二百多辆满载谷米的大车居中而行，两侧护行兵士皆持刀仗剑，戒备森严。

张青特深知这些粮食是前线夏军的命根子，若有闪失，自己这颗脑袋也难以保住。因此一路上小心翼翼，高度警觉，一有风吹草动，全军上下立即弓上弦，刀出鞘，准备格杀。

出洺州以来，一路上平平安安，现在离板渚越来越近，张青特略觉放心。

这日行至荥阳以北三十里处，忽见前面隐隐驰来一队人马，张青特只觉心口咚咚乱跳，急命粮车停住，将士们都攥紧了兵刃，准备拼死格斗。

待人马驰近之后，才看清是自己人。殷秋、石瓒二位将军骑在马上，后面有五百多名夏军步卒，皆风尘仆仆，汗流满面。

张青特长舒了一口气，还未开口说话，殷、石二将早已滚鞍下马，上前打拱说道："张将军一路辛苦，末将等在此恭候多时了。"

"二位将军为何至此？"

"将军所运军粮乃是雪中送炭，事关重大，夏王不放心，特遣末将前来接应。"

张青特心中一块石头落了地，大喜道："有劳二位将军了。这几天我这颗心一直在嗓子眼里绷着，现在总算放稳了，咱们走吧！"

粮车又前行了三四里，朝西南方向出现了一条岔道。殷秋上前说道："张将军，前面不远便是荥阳，县城虽为我军所占，但城外却常有唐军围城叫喊。若被他们发现，必会前来抢粮，徒惹麻烦。不如走此岔路，绕道板渚，更为稳妥。"

张青特迟疑了一下，问道："需绕行多远？"

"不过多行十几里路。宁走十步远，不走一步险，我们还是小心为妙。"

张青特初到，对这一带的地势和军情都不熟悉，听殷秋说得有理，便点头应允。

粮队转进岔道，又行七八里，便走进了一条狭谷，两旁尽是高高矮矮的山峦，古松巨杉密密麻麻，遮天蔽日。山路并不拐弯，顺着狭谷直向西南插去。

张青特心中狐疑，看看殷秋，问道："这方向不对吧，照这样走下去，几时能到板渚？"

石瓒在一旁笑道："将军莫急，再有二三里走出狭谷便是拐弯处。"

正说着，见前面的路面上有数百块巨石横亘在那里，严严地堵住了道口。前面的士卒们放下兵器，七手八脚地搬移巨石。恰在此时，便听到山摇地动一声巨响，两边密林中钻出了无数的兵将，各都持弓搭箭，有的箭矢上还带着火种，一齐呐喊道："想要命的赶快放下兵器！"

张青特情知有变，急忙伸手拔刀，但腰间却突然感到一阵冰凉，耳边一个声音怒吼道："别动！否则我长剑一挥，便可将你斩为两截！"

扭头看时，却是一直跟在殷秋身后的一名步卒正把一柄利剑逼在自己的腰间。

"你是何人？"张青特怒声问道。

那士卒哈哈大笑："在下乃秦王李世民麾下大将侯君集，今奉秦王之命特来向将军借粮，并恭迎将军同往唐营。"

张青特额头上顿时冒出了冷汗，一张脸变得惨白。他无力地垂下两手，看看殷秋、石瓒说道："二位原来早已降唐，你们可把我害苦了。"

殷秋笑道："将军可不能这么说，我们这不是害你，而是来救你。如今大唐兵精将勇，夏王败亡在即，将军及早弃暗投明，免得与窦氏同归于尽，岂非幸事？"

侯君集也说道："将军快下令让你的部属们缴械投降，勿做无谓的抵抗。若能兵不血刃将粮车押送唐营，便算是将军献粮来归，可立大功一件。"

张青特苦笑道："我也不求有功，只算是救下这数千名士卒吧。若是火箭一放，狭谷内一片火海，莫说几百车粮食都要化为灰烬，就是这几千名将士有几个能逃出火海——弟兄们，本将军已决定归顺大唐。你们想活命的都扔下手中的武器到这边来。"

主将已经归降，士卒们也都扔掉了刀枪，纷纷归拢到张青特身边。

两边山峦上的唐军冲下来收起地上的兵器，押解着粮车向西南方向疾速前进。

张青特仍骑在马上，与侯君集、殷秋、石瓒等并辔而行。

他不时地以手抚额，长吁短叹。

侯君集问道："将军莫非还是想不开？"

张青特叹道："不瞒将军，我这半生秉承父教，始终信奉忠臣不事二主，可到头来还是做了个叛臣。"

侯君集突然放声大笑："将军行武出身，何至迂腐至此？乱世之中，军人如同女妓，今日委身张三，明日侍奉李四，早已司空见惯。若说忠君，我辈都该忠于大隋皇帝；若说叛臣，莫说我们，就是窦建德、王世充，包括我们的大唐天子，哪个不是隋炀帝的叛臣？"

"将军此论倒是新鲜，张某闻所未闻，真乃振聋发聩。军人如同女妓，这便是我们所处的世道。妙哉，妙哉！"张青特也忍不住哈哈大笑，心头顿时轻松了不少。

窦建德的十几万大军被李世民阻截于虎牢以东一月有余，不能前进半步，小小的虎牢关竟如铜墙铁壁一般，令他不胜焦躁。一个多月来，他也曾多次派兵与唐军交锋，但每次战斗均告失利。虽然战事规模较小，损失不大，但在全军将士们的心里却蒙上了一层厚厚的阴影。

于是，士卒思归，人心骚乱，一种厌战情绪在悄悄地蔓延扩散。

特别是大批军粮竟神不知鬼不觉地被唐军劫去，夏军上下更是人心浮动，一片慌乱。

窦建德只好频频召集文臣武将至临时宫阙议事，但谁也拿不出好主意，只有相顾无言、暗中叹息的份儿。

这日大家沉默许久，国子祭酒凌敬突然说道："陛下，微臣熟思日久，有几句话如鲠在喉，不能不吐。"

"说吧，众爱卿有何高见，皆可畅所欲言。"

"以臣下之见，当此之时，陛下应撤军北渡黄河，攻取怀州、河阳，遣将据守。然后北上跨越太行，直捣上党。继而分掠汾、晋，径取蒲津。"凌敬说到这里，又分析道："这样做有三大好处，一是大军如蹈无人之地，定能取胜；二是借机拓地收众，壮大军力；三是可令中原震骇，唐军自退，郑围可解。"

窦建德听罢，觉得凌敬此计不失为上策，尤其是前两点，是夏军摆脱目前困境的最佳选择。至于能否解洛阳之围，尚难料定。但对唐军的全力围攻洛阳无疑是一种巨大的牵制。

在场的文臣武将也都意识到了此策可行，但是这些日子他们已接受了王世充所派使者所馈赠的金银玉帛，甚至有许多价值连城的珠玉宝玩。受人钱财就应替人消灾。因此，就在窦建德正欲采纳这一建议的紧要关头，各位将领纷纷开始说话，竭力阻挠。

有人说道："凌敬一介书生安知战事？其言不可用。"

有的则嘲讽道："纸上谈兵，画饼充饥，凌敬之言误国误主。'兔子能驾辕，骡子不值钱'，酸腐之儒若能打仗，还要我们这些当将军的干什么？"

大家众口一词，使正在犹豫的窦建德立时改变了主意。他不再听凌敬的，转而与众将领商量如何与唐军决战，以解东都之围。

凌敬深知这是关系到夏国君臣生死存亡的决策，一着不慎将会全盘皆输。便一再固争，直至面红耳赤。

窦建德却已经不胜其烦，见其喋喋不休，不禁暴怒地吼道："来人，把他押出去！"立时有四五个虎贲军冲上来连推带拉将凌敬拥出殿外。凌敬放声大哭："陛下不听臣言，将祸不旋踵，他日必悔之不及。"

赶走了凌敬，众人又七嘴八舌地议论了许久。但是，对如何攻破唐军的虎牢防线却仍拿不出什么新办法。无非是列阵搦战、重兵强攻之类。

窦建德感到十分沮丧，只好遣散诸臣，罢朝回到后宫。其皇后曹氏不知从哪里听说了凌敬被逐之事，还没等他坐稳，便絮絮叨叨地劝说道："祭酒之言不可不听。大王若是能乘唐国之虚从滏口发兵，连营以取并、代、汾、晋之地，再联突厥西抄关中，唐必还师自救，郑围何愁不解？若长期屯兵于此，劳师费财，要想成功得等到何年何月？"

曹氏虽为妇人，却颇有些真知灼见，无奈此时窦建德已听不进话去。也不知哪里来的火气，他突然站了起来，将手中的茶盏摔在地上，大声吼道："一个妇道人家懂什么，吾来救郑，郑今倒悬，亡在朝夕，而我却舍之而去，此乃畏敌而弃信之为，岂不被天下英雄耻笑！"

于是，他下令全军准备决战。

当天夜里，国子祭酒凌敬怀着一腔忧愤，乘着茫茫夜色悄然离开军营，步行数十里来到了虎牢。

他的一颗心如同浸泡在冰水里，已经凉透了。像窦建德这样一位穷庄稼汉出身的草莽英雄，素以江湖义气著称。而一旦富贵，竟也变得如此骄狂跋扈，听不得忠言，到头来必落个全军覆没、国破身亡的下场，实在可悲。

富而易妻，贵而易友，看来人都逃不出这个怪圈。大富大贵，特别是称王称帝之后，谁都会变得刚愎自用，唯我独尊。朋友算什么？谋臣算什么？那不过是临时用用的一块破抹布。现在还是多国交战、江山未定的混乱时期，他对自己这样一位生死与共的布衣之交就如此粗暴无礼，如此远贤臣而亲小人。真正有一天若是坐稳了江山，还不又是卸磨杀驴、兔死狗烹那一套？

他已经倦鸟思归，本想离开郑军大营之后便直奔老家，从此隐姓埋名，农耕为业，了此残生算了。但是，在内心深处，又有一种强烈的建功扬名的欲望在跃跃欲试，不甘心就此退隐、碌碌无为地老死桑梓。

他想到了秦王李世民，都说他思贤若渴，爱才如命，而且从谏如流。因此，在他身旁聚集了一大批当世英雄和硕儒大贤，文武兼备，人才济济。是以讹传讹的溢美之词，还是果有其事？他想去亲眼看一看，撞撞大运。若这些传言都是假的，自己再相机离开也不迟。

这样一路想着，来到虎牢时已是后半夜了。

秦王世民刚刚睡熟就被侍卫唤醒，听说窦建德的国子祭酒来降，连忙穿戴停当，连夜召见。这在几年来已经成了一种不成文的规矩，只要有重要人物来访，不管什么时候，但凡能脱开身，他都要马上召见，唯恐怠慢了高人。

当下，他笑呵呵地将凌敬亲迎进中军大帐，对左右说道："凌大人经夜跋涉，又饥又累，去告诉厨房烹几个小菜，烫一壶热酒来。"

酒菜端上之后，凌敬也不推辞，大大方方地坐在秦王对面，与其相对而饮。

"凌大人，来，干一杯。战场之上薄酒淡菜不成敬意，简慢之处还请见谅。"

"秦王殿下，在下谢了。"凌敬也不多说，端起酒盏一饮而尽，夹口菜慢慢嚼着，一双眼睛却在世民的脸上不停地打量，好像要从那里读出这种热情有几分是真，几分是假。

酒过数巡之后，见秦王毫无矫饰做作之态，完全是一副真诚待客的样子，凌敬话便开始多起来了。他也不加隐讳，直言问道："秦王殿下，你可知在下为何前来归顺？"

"详情不知，我还正要问凌大人呢。"世民也毫不掩饰地直言相告。

"我向夏王献过一策，可保他转败为胜。他不仅不听，反将我逐出门外，因此知其必败无疑。其实胜败乃兵家常事，小败无妨，若能汲取教训，虚心纳谏，终能大胜。可惜夏王已非昔日之夏王，他这一败将是致命的，国之精锐丧亡殆尽，将无复东山再起之日。"

"哦？大人所献何计，可否说来听听？"

"我劝夏王从板渚撤军，发兵济河。先夺怀州、河阳，后逾太行，入上党，直趋蒲津。待兵强马壮之后再西向关中与贵军抗衡，以争天下。殿下素善用兵，人称常胜之帅。在下冒昧讨教，若殿下处在窦建德的位置，此计是否可行？"

秦王听罢，心中吃了一惊，对眼前这位看似文弱的祭酒大人不得不刮目相看。稍一沉思，也便率直地说道："凌大人此计对窦建德而言乃上上之策，若是那样，这大战怕是要长期打下去了。幸亏窦建德鼠目寸光，不察谠言妙计，拒高人大才于千里之外。此天赐先生于我，大唐之幸也。"

凌敬高兴了，终于有人能够不把璞玉当劣石，他感到一阵由衷的欣慰，便又说道："秦王，在下还有一事相问。"

"凌大人请说。"

"贵军战马是否已草秣缺乏？"

秦王一愣："这样的事凌大人何以知之？"

"这是贵军的疏漏之处，所谓智者千虑，必有一失。前几天夏王得知贵军有人牧马河北，便知草料用尽。正想借此机会率军攻袭虎牢，还望殿下有所准备。"

世民陷入了沉思。因牧马草地而暴露了战马草料不足，这一疏漏是不应该的。但转念一想，这一疏漏又带来了一个绝妙的机会，自己正可将计就计，引诱窦建德大军出动。然后巧妙运筹，精心组织一场规模空前的大决战。

想到这里，一丝不易察觉的笑意爬上了他的嘴角。他忙说道："承凌大人提醒，世民不胜感激。不过也无须担忧，我大批草秣两三天内即可运到。让窦建德来吧。"

天空是蔚蓝色的，像风平浪静的大海一样，浩瀚无垠。一堆堆一簇簇洁白的云朵悠悠然悬浮于半空之中，恰如无数面形态各异的樯帆在海面上缓缓地游弋飘动。

暖风吹拂，裹着一股股清淡的草木和泥土的芬芳直往人们的鼻孔里、心肺里钻，吹得人们懒洋洋的，浑身上下都浸透着一种飘飘然的醉意。

在黄河的西广武一带，在那片广袤无边、碧绿如茵的大草甸上，数千匹战马正在悠然地啃食着青草。"沙沙"的咀嚼声此起彼伏，汇成了一种轻松而又奇特的旋律，使这个空旷的原野显得愈加静谧。它们时而埋头饱餐，时而"咴咴"嘶鸣，然后又扬起四蹄，振鬃摆尾，撒欢般地在草地上相互追逐嬉戏。

马匹的主人——那些大唐的将士们则三三两两地或坐或躺在厚密松软的草地上，舒适地晒着太阳，漫不经心地随意交谈着。而他们的眼睛却一刻也不曾离开自己的坐骑。倘若有敌情，这些稀稀拉拉、懒懒散散的战士转眼间就会变成一个个剽悍凶猛的斗士。

唐太宗李世民

这便是秦王李世民为组织和导演那场大决战放出的一个又香又肥的钓饵，你窦建德不是要趁我马草已尽大举进攻吗？现在正是天赐良机。你看，唐军的战马真的草料已尽，只好靠放牧来勉强维持了。

正是基于这种想法，今日一大早，秦王便带领数千名骑兵牧马河北。他与尉迟敬德、李勣等人登上一处高地，察看敌方形势，却让部属们在草地上随意放马，以诱夏军。直到夜幕降临之后，一行人才悄悄返回大营。这样一连三日，天天如此。

三天以后，窦建德果然上钩。夏军倾巢出动，自板渚至牛口渚设置军阵，北距黄河，西临汜水，南抵鹊山，连阵二十余里。十几万人马擂鼓呐喊，声震云天，山呼海啸般汹涌而来。窦建德顶盔披甲骑在一匹黑炭般的高头骏马上亲居阵中督战。

他对将士们吼道："擒斩李世民、解东都洛阳之围在此一战。诸君各需用命，大胜之后加官晋爵，各有重赏。"

然而，他的士卒们却不那么乐观。刚刚在牛口渚一带布阵结束，便有人在军帐外拾到了一叠纸片，上面只写着两句童谣："豆（窦）入牛口，势不得久。"很快，这支童谣便在夏军队伍中迅速传播开来。

两军尚未交锋，一种畏敌怯战情绪便已蔓延开来，将士们的心头都蒙上了一层阴影。

窦建德也听到了这支童谣，他顿时暴跳如雷，大骂道："这是李世民的奸计，谁敢再传播流言，惑乱军心，立斩不赦。"他猜对了，这童谣正是李世民的谋士房玄龄的杰作。

但是，猜对归猜对，对这童谣的消极影响他却无能为力。十几万士兵一人一张嘴，他怎能堵得住？童谣仍在流传，像一股股阴风吹得人们心里阵阵发毛。

五月初四日，李世民带领诸将登上高丘，向对方阵营中望了一阵，然后笑着对众将领说道："窦建德自起兵山东以来，虽屡获小胜，却未尝遇过大敌。我按兵不出，彼勇气自衰。列阵时间一久，士卒饥渴，势将自退。待其退时，追而击之，无有不克。"

此时正跟在他身边的凌敬有意问道："战阵之上变中有变，殿下就能如此笃定？"

秦王冲他一笑，说道："我在此与公设一赌，不过午时，敌军必败无疑。倘不能破，任公惩之。"凌敬慌忙打拱道："殿下言重了，其实凌某亦坚信殿下此战必胜。"

窦建德确实怀有轻视唐军之心。他全军出动，见李世民仍是坚壁不战，便有些烦躁。竟带领三百名精壮勇士亲驰至氾水边，距唐营不过一里。用马鞭遥指李世民喊道："李家二郎，你若是个男儿，请选数百精骑过来玩玩。"

李世民放声大笑："窦建德匹夫，休要张狂，本王愿意奉陪。"

李世民随即派王君廓带领长槊营二百余人前往应战。

双方交手，兵对兵将对将，枪来槊往，杀成了一团。两边观战的人马则大声呐喊助威。

李世民心中好笑，这哪里像是生死之争，简直是一场赛事，甚至像是一群大孩子在做游戏。看来，夏王求战心切已到了饥不择食的地步。

就让他们先放手玩一玩吧，这二百多名将士不会有什么危险。窦建德素来讲究言而有信的江湖义气，既约定了是玩一玩，就不会出动大军来包剿。再说，这区区二百人他也不会放在眼里。

这场看似游戏的较量进行了约一个时辰，始终不分胜负。双方只好鸣金收兵，各自回到本营。

但是，李世民却始终不肯派大队人马出战。窦建德在阵前徘徊多时，甚觉无聊，只好嘱咐主将刘黑闼率军守阵，待机而战，自己暂回中军大帐。

这时候，秦王世民突然发现对方不远处有一将领骑着一匹白马，铠甲鲜明，有意向自己炫耀。

那战马通体洁白如雪，鬃毛油亮闪光。四肢修长，蹄大如碗，腰身雄俊矫健，真个静似玉雕，动若游龙。而眉心间一撮紫红毛在日光下尤为惹眼。

秦王历来爱马成癖，自从那匹青骢马战死沙场之后，至今还没寻到一匹得意的战马。此时一见那马，不禁目光灼灼，问左右道："那战将是谁，何以有此宝马？"

凌敬说道："回殿下，那人是王世充派来的使臣王琬，坐下战马乃是当年隋炀帝骑乘的'雪里红'。"

世民叹道："真良马也，为这样的庸才所骑岂不是浪费？"

不料尉迟敬德听了却高声说道："殿下既如此喜欢，待末将前去夺来便是。"

李世民大吃一惊，连忙说道："不可，不可，岂能因一马而丧我猛士？"

谁知这话一出更让尉迟敬德按捺不住，他大吼一声，闪电般向敌阵冲去，其偏将高甑生、梁建方亦连忙拍马而出，紧紧相随。

唐太宗李世民

秦王懊悔不已，心中连连叫苦，随即上马准备率领大军随后掩杀，无论如何他都不能失掉尉迟敬德。

但就在这转瞬之间，却见尉迟敬德一行已旋风一般卷了回来，竟神话般地生擒了王琬，将那匹"雪里红"一并送到秦王面前。

秦王抹了一把额上的冷汗，走过去轻轻抚着马鬃叹道："宝马是宝马，却险些让我失去一员大将。"转而对尉迟敬德深情地说道："孤爱宝马，可更爱良将。如此冒险之事将军万不可再为之。"

尉迟敬德咧开大嘴笑笑："是，末将谨遵王命。"

夏军列成二十里长阵，从辰时直至午时，一直全身披挂，暴晒在太阳之下。

五月的天气已变得十分炎热，当太阳升到头顶上后更是烈焰腾腾，烤炙如火，就像要把这十几万夏军焖熟在蒸笼汤锅里一般。

夏军的将士们真的有点受不了了，人人又饥又渴，肚子里在打鼓，嗓子里在冒烟。而且，铠甲就像一片片烧热的铁板，铠甲下面的衣衫也早被大汗浸透。

队伍开始骚乱，将士们纷纷坐在地上交头接耳，东张西望。有的开始争抢饮水，有的则不时地回头看看身后那片清凉的树荫，犹豫着想向后退却。

而唐军据险不出却是以逸待劳，大队人马躲在城中，既无烈日的烤炙，又有水有饭，一个个精神抖擞，摩拳擦掌，只等着主帅一声令下。

看看已是午时三刻，李世民觉得时机已到。他命宇文士及率两千余骑掠过夏军阵西，奔驰南下，并嘱咐道："夏军若是不动，你勿闯阵，引兵绕行一圈，然后归来。若彼大动，即率军东出，自有大军掩护。"

宇文士及率骑兵径驰夏军阵前。夏军将士苦等了大半天，终于逮到了决战的机会，岂能不战？将士们连忙操戈上马前来包剿宇文士及。

秦王立即下令大军出击，李勣、秦叔宝、程咬金、罗士信各率一支人马分四路利剑一般向敌阵插去。

此时，窦建德正与文武大臣们在帐中商议破敌之策，不料有一支唐军骑兵突然杀到，顿时惊慌失措。朝臣们纷纷向窦建德身边靠拢，意在保护他们的皇上。

窦建德命骑兵前去迎战唐军，想不到却被这些乱哄哄忙着护驾的朝臣们挡住了去路。窦建德怒不可遏，大声骂道："滚，都给我滚开！"

就在这进退之际，唐军已杀至眼前，高声呐喊着："抓住窦建德，别让他跑了。"

窦建德毕竟不是寻常之辈，在这生死关头竟能镇定自若。他冷眼看看，来者并非唐军主力，便带领近卫将士们退守东坡，一边迎战，一边集结。

这支唐军只有千余人，由程咬金率领，孤军深入，一路不顾生死地冲杀进来。

窦建德终于寻到了一匹战马，他翻身上马，挺枪直取程咬金，嘴里喊着："程咬金，你这个私盐贩子，今日便是你的死期。"

他本有万夫不当之勇，一杆长枪舞得密如急雨，又犀利无比，时上时下，时左时右，招招直取要害。

程咬金勃然大怒，舞动大斧前来迎敌，以泰山压顶之势当头一斧，便听咔嚓一声，斧枪相碰，两人都觉双臂发麻。程咬金大笑："窦建德匹夫，你爷爷程咬金不光会贩私盐，还会取你这个鸟皇帝的狗头。"二人大战数十回合，程咬金虽说力大无比，但武功毕竟比窦建德略逊一筹，渐渐地便落了下风。

恰在此时，李世民骑着那匹雪里红风驰电掣一般杀来，秦叔宝也率军随后赶到。

窦建德就是有通天神力，一人也难敌三将，激战数十回合，一不小心左腿上被秦叔宝打了一锏。他惨叫一声，拨转马头拼命向南匆匆逃去。

此时，李勣等其他各路将士已经全线投入战斗，将数十里的大战场分割成无数的小战场，到处都在进行着激烈的拼杀和肉搏，杀声震耳，尘埃漫天，刀剑碰撞之处鲜血迸溅，火花四射。

战场上的死尸越来越多，密集之处一具挨一具，毫无插足之地。许多伤兵还在痛苦地哀号着，满地乱滚。一个年轻的伤兵满脸血渍灰尘，已经认不出面目，正在艰难地一寸一寸地向前爬行……

秦王李世民带领着尉迟敬德、程咬金等一批骁将把军旗卷起来，飞马驰射，猛冲猛杀，如入无人之境。一直杀到敌阵背后，然后再升张大旗，高呼大叫着又杀了回来。

夏军见状大惊，更无斗志，很快便溃败下来。许多人已经扔掉了兵器，成批连片地跪地投降。大队人马则且战且退，向东南方向撤去。唐军乘胜追击，奋力掩杀，竟一口气追出了十余里，斩杀七千余级。

夏王窦建德左腿负伤之后忍痛逃至南面主阵包扎伤口，企图组织反扑。但是兵败如山倒，这位草莽天子的军令已经失去了威力。败兵如蚁，争相逃命，将他裹在溃败的人流中，身不由己地向东南退去。

然而，罗士信率领一彪人马又提前截断了去路，从东南方向迎头冲杀过来。夏军兵士们不是四散逃命，就是弃戈投降。

窦建德带着十几个贴身侍卫失魂落魄地转向西南，直往牛口渚方向逃去。

追兵越来越近，窦建德看看无路可逃，只好扔掉战马，钻进了附近的一片小树林中。

这片树林太小，早被随后赶来的唐军四面围定。车骑将军白世让、杨武威指挥着士卒们举火烧林，立时大火熊熊，浓烟滚滚，小树林里再也无处藏身。

窦建德无可奈何，只好一瘸一拐地走出了树林。

白世让冲上前来举枪便刺。窦建德忙喊道："不要杀我，我乃夏王。把我交给你家皇上，可为汝等换来荣华富贵。"

众将士哈哈大笑："好个仁义的夏王，都到这般田地了，还处处为他人着想。"

白世让、杨武威带着窦建德来见秦王世民，秦王看看窦建德那一脸窘相，斥责道："我自来征讨王世充，关你何事？你偏要越境而来，犯我兵锋，岂非寻死？"

窦建德苦笑道："今不自来，恐烦远取。"

秦王倒被他逗得答不上话来了。窦建德说的也是实话，大唐将一统天下，不容任何人称孤道寡。窦建德若不来援郑，郑亡之后，还真得劳师远征，再往讨夏。

大战结束了，胜利是空前的，战果辉煌。窦建德的十几万大军被斩首万余，五万多人做了俘虏，其余的尽皆溃逃。而缴获的枪械马匹和粮秣辎重则数不胜数。

正如秦王所预料的那样，夏军一旦土崩瓦解，洛阳城的守军便会不攻自溃。

几天之后，王世充的洛阳故城守将王德仁弃城逃遁，其副将赵季卿则率军献故城而降。

秦王命军士们把窦建德和王世充的使者王琬、长孙安世等打入囚车，押至洛阳城下与王世充相见。郑、夏两位皇帝，一个在城头上，一个在囚车之中，相见之下，忍不住悲伤而泣。

当天夜里，秦王释放长孙安世，让他回到洛阳城里招降王世充。长孙安世将窦建德惨败的过程详细说了一遍，王世充再也无心固守。

他马上招来诸将商议，打算突围逃往襄阳。

但众将士已经心灰意冷，纷纷说道："我等所依恃者唯有夏王。今夏王被擒，全军覆没。我们就是能突出重围，也终无所成。"

其实，王世充也知道自己大势已去，再无东山再起的希望，便流泪叹息道："天欲亡我，为之奈何？"

武德四年（公元621年）五月初九日，王世充身穿白衣，带着太子和文武群臣及两千余名将士徒步走出洛阳城，来到李世民军门前认输投降。

王世充俯伏在地，汗流如注，浑身瑟瑟发抖。秦王看看他，笑着说道："你过去曾讥笑我不过是个黄髭小儿，今日见了这个黄髭小儿，何至如此惊慌？"

王世充满面羞愧，无言以对，唯有顿首谢罪而已。

秦王命人将王世充及太子玄应、单雄信等一行重犯打入囚车，与窦建德等一起，由淮阳王李道玄率数千人马押送长安，请父皇处置。

看着一排囚车缓缓驶过，秦王指着行走在最前面的窦建德和王世充的囚车，向身边的将领们说道："诸位请看，这囚车像是什么？"

众人皆不解其意，尉迟敬德说道："囚车就是囚车，能像什么，莫非像个老虎笼子？"

秦王却笑道："不，我看像口大铁锅。"

众人更是一脸茫然。这比喻也太不伦不类、不着边际了。

唯有李勣会意地一笑，说道："秦王殿下可是想起了尉迟将军那句话？"

"对了，这可真是'鸭子、肥猪一锅烩了'。"

将士们一片大笑，直笑得捧腹弯腰，泪花闪闪。

将王世充、窦建德押送走后，李世民率大军进入东都洛阳。

他先命记室房玄龄带人进入中书省和门下省，收缴隋朝留于东都的图籍制诏等。不料这些东西已被王世充毁掉，居然一无所获。

秦王又命萧瑀、杜如晦等查封府库，一一登记造册。除了那些极为珍贵的宝玩玉器等一律收归国有外，其他金银绢帛全部分赐给有功将士。

这是大军围攻洛阳之初，皇上亲自颁旨让自己这么做的。这既是圣上对全军将士的许诺，也是对自己这位三军主帅的特意授权。

将士们出生入死攻克了洛阳，朝廷就应该言而有信。自己毫不打折扣地兑现了皇上的许诺，只能得到将士们的进一步拥戴，这样的事何乐而不为呢？

这样，从各级将领到普通士卒，凡在数次战斗中舍生忘死、勇往直前者，人人领到了一份不菲的赏赐，可谓是皆大欢喜。

接下来便是安抚洛阳庶民。东都城里已经断粮数十日，家家仓竭廪空，锅无粒米。秦王便将军中储粮暂时分发给城中百姓，令他们各安其业。然后又派人至四乡和附近城镇张贴告示，让他们放心来洛阳粜粮。很快，洛阳城便恢复了秩序和生机。全城百姓死里逃生，都感念秦王的大恩大德，纷纷选派出有德望的绅士代表他们向秦王叩头谢恩。有些人家干脆在家中为秦王设立生祠，日日烧香，月月拜祷。

二十万唐军除了少数驻守城内，大部分仍安营城外。这些日子，将士们奉命集中休整。每日除了短时间的操练和轮流值哨之外，便是吃饭睡觉、养精蓄锐。

这日，秦王世民带领齐王元吉与将军尉迟敬德、李勣、秦叔宝等一行出城至各营巡察。当他们来到北邙山下的一片空旷处，见大将程咬金的部下正在操练徒手格斗。将士们龙腾虎跃，你进我退，一个个大汗淋漓却兴致勃勃。

待他们操练完毕，各自回营之后，齐王李元吉却突然技痒难耐，走到尉迟敬德面前说道："常听说尉迟将军极善避矟，身手不凡。在下不才，趁今日有空，可否讨教一二？"

元吉说得没错，尉迟敬德早在宋金刚军中就以善于避矟而闻名遐迩。每每单骑闯入敌阵之中，敌军挺矟刺之，终莫能伤。却常常被他将矟夺去，反把对方刺死。

齐王元吉平日也常以善于骑射避矟自负，今日见人比武，便起了好胜之心，欲与尉迟敬德一决高下。

尉迟敬德忙说道："齐王殿下过誉了，刀枪无眼，一旦误伤，可不是闹着玩的，还是不比为好。"

李元吉却坚持要比，又说道："将军要是担心彼此误伤，我们各自去掉矟刃，点到为止就是了。"

秦王素知自己这个四弟心性骄狂，目中无人，对这些大将们并不瞧在眼里。便想借这个机会教训教训他，杀杀他那股傲气，便说道："尉迟将军就陪齐王练练何妨？"

秦王说了话，尉迟敬德不好再推托，只好说道："既然如此，敬德便去掉矟刃，齐王殿下则无须去掉。"

说着二人各自准备停当，尉迟敬德卸掉矟刃，在矟柄顶端包了块破布，在泥浆中蘸了蘸，走至场子中央。李元吉手持带刃之矟，上来便刺。左一矟，右一稍，密如雨点，招招凶狠毒辣，直戳敬德要害。

秦王与在场众人都大吃一惊，这哪是点到为止，简直是蓄积了千仇万恨，必欲置人于死地。

自己这位四弟是怎么了，什么时候变得如此阴鸷狠毒？你与敬德往日无怨今日无仇，为何要痛下杀手？

他不禁为尉迟敬德捏了一把汗，正要下令停止比武，却见尉迟敬德跳跃飞纵，辗转挪闪，粗大的身躯此刻竟变得柔若无骨，躲闪稍刃游刃有余。

元吉处处刺空，已累得气喘吁吁。而自己身上早不知中了多少稍，被点刺得斑斑驳驳。

胜负已分，秦王命二人住手。又问尉迟敬德道："将军以为避稍与夺稍孰难？"

尉迟敬德笑笑道："自然是夺稍更难。"

"那将军便与齐王比比夺稍。"

二人遵令，再次交锋，你来我往不到三五回合，眨眼之见，元吉的长稍已握在敬德的手里了。这样反复格斗，敬德竟一连三次夺下了元吉之稍。围观众人不由自主地发出一片喝彩之声。

程咬金在一旁忍不住哈哈大笑："早就听说尉迟将军手段厉害，今日真让俺老程大开眼界了"。

齐王李元吉一张脸早红得像猪肝一般，口里说着："承教、承教。"内心里却感到蒙受了奇耻大辱。

他痛恨尉迟敬德对自己不留情面，更深恨二哥李世民竟心向着外人，有意让自己难堪。

他咬牙切齿，在心里暗暗叮嘱自己，迟早有一天，定要雪今日之耻。

从城外巡察归来，秦王刚刚回到临时驻跸的隆兴宫坐定，便有左右前来禀报，尹、张二妃由大内侍卫们护送，已来到东都洛阳多时，现正安歇于皇城后宫，等待秦王前去参拜。

一听说这两个人来了，秦王感到颇为讶异。同时，又像是面对着一桌精美的菜馔，食欲正旺的时候，却突然发现菜盘中落着两只绿头苍蝇，立时觉得有一种说不出来的恶心。

对这两个人，李世民素无好感。

当年太原起兵之前，她们是隋炀帝留于晋阳宫中的两个妃子。那时为了逼父皇下决心起兵，他睁一只眼闭一只眼，任凭裴寂设计将父皇留宿离宫，与这两个女人一夜风流。

原以为那不过是逢场作戏，过后也就算了。没想到父皇一大把年纪却与她们一见钟情，从此念念不忘。

大军攻克长安，父皇派大哥李建成去太原迎接家眷，居然也把这两个女人接到了长安，置于大丞相府中，夜夜侍寝。

待到父皇登基之后，自然也把这两个女人纳于后宫。

令人尤为不解的是，后宫之中佳丽三千，粉黛如云，年轻美貌的国色天香数不胜数。父皇却偏偏对这两个女人不能忘情。岂止是不能忘情，简直是形影不离。除每日上朝那几个时辰，便整日泡在尹、张二妃的宫室里，坐则同席，寝则同榻。

不久之后，父皇竟欲册立尹妃为皇后，张妃为贵妃。以前朝炀帝的妃子做六宫之主，让这样的人母仪天下，简直是天大的笑话。

满朝文武除了太子建成之外无不竭力反对，长安城里一时舆论哗然，秦王世民自然也是上表力谏。

高祖无法违拗朝臣们众口一词的激烈反对，只好收回成命，封尹妃为德妃，封张妃为婕妤。但他又坚持不再册封皇后，尹、张二人夜夜专席，受宠备至，实际上已取代了六宫之主的位置。

秦王李世民对这两个女人的反感和鄙视，并不仅仅因为她们是被前朝暴君糟践过的残花败柳。更重要的原因是这两个女人好搬弄是非，是那种常会坏了大事的饶舌妇。

有好几次，父皇在后宫设下宴席，宴请李姓诸王和朝廷近臣。一次，秦王在宴席之上见尹、张二人置身父皇左右饮酒调笑，欢洽无比。便不由得想起了早逝的母亲窦氏未能亲眼见到父皇拥有天下，无福享受这天家富贵，心中凄恻，也是多喝了几杯酒的缘故，竟忍不住涕泗横流。高祖见他如此，颇为扫兴，心中甚是不乐。

宴终之后，尹、张二妃将高祖扶回卧室，竟乘机密谮道："海内幸无事，陛下春秋高，正宜常相娱乐。大家都很高兴，独有秦王暗自涕泣，陛下可知这是为何？"

"为何？"

"他这是嫉恨妾等。陛下百年之后，妾等若落于秦王手中，必不为其所容，弄不好妾等都会落个死于非命。"说罢，二人竟相对而泣。

"你们不要杞人忧天，世民不是那样的人。再说了，朕百年之后，自有太子经管天下，秦王能奈何汝等？”高祖安慰着她们。

尹德妃忙说道：“皇上说得有道理。太子殿下倒是个仁孝的主儿。愿陛下他年将妾等托付于太子，必能保全。”

高祖心中明白，尹德妃、张婕妤这是在拿话暗示自己，万不可改变太子的地位。帝王家的事竟是如此复杂和残酷，一不小心便会祸起萧墙，酿成血光之灾。想到此处，高祖不禁为之怆然。

世上没有不透风的墙。这事不久便传到了秦王的耳朵里。这是两个蛇蝎般的贱女人，成事不足，败事有余，他不能不加意提防。

几乎是在同时，秦王又隐隐地听说了一则传闻。就在几年前太子去太原接家眷时，曾在晋阳宫里留宿数夜，与尹、张二人早已勾搭成奸。而这几年在后宫之中，也常趁父皇不在时偷偷幽会。怪不得这两个贱人不停地吹枕边风，在父皇面前为太子美言呢。

这些畜生，猪狗不如的东西！如此说来，这两个女人不仅是隋炀帝用过的残花败柳，而且是淫乱后宫的祸水。

现在她们来了，大战刚刚结束，她们便迫不及待地赶来，来干什么？

还能干什么，必是冲着东都府库中那些价值连城的珍玩，如蚊见血，如蝇逐臭一般，不失时机地嗡嗡飞来了。

“哼”，秦王在鼻孔里冷笑一声。将士们抛头颅洒热血刚打下东都，你们便来摘取胜利果实，来得倒快！不过，有本王在，怕是要枉费心机，空手而归了。

秦王尽管胸膛里早憋满了火气，却不能不前往参拜。她们毕竟是父皇的妃子，大面上总得过得去，臣子之礼不可废。

于是，他招来齐王李元吉、宰相萧瑀和负责查检府库的杜如晦等一块来到后宫，参见二妃。

与尹德妃和张婕妤一块前来的还有其他几个嫔妃，见秦王等走进宫来，纷纷慌忙站立起来。而尹、张二人却仍然稳坐在那里，一副恃宠而骄的派头。

秦王趋前一步，双手微微一拱，说道：“秦王李世民见过二位皇妃。今日甲胄在身，恕不能大礼参拜。”

尹德妃冷冷说道：“秦王殿下劳苦功高，这些俗礼就免了吧。”稍一停顿，她便开门见山地问道：“我等姊妹几个这次前来东都，秦王可知是来做什么吗？”

秦王笑道：“以世民猜想，东都地面山好水好，风景绝佳，又有隋炀帝新修的三山五湖，更是美不胜收，如今已归于我大唐版图。众位皇妃一定是来观光名胜，游览山水的。需要世民做何事就尽管吩咐，衣食住行都会有人精心伺候，绝无差错。"

张婕好却在一旁冷笑道："洛阳城里这点风景我们难道没见过？几年前就看腻了，何须今日专程而来？"

秦王恍然大悟："哎呀，是本王疏忽了。二位皇妃原是隋炀帝宫中旧人，对东都洛阳的一草一木自然了如指掌。但不知此次前来究竟为了何事？"

尹、张二人听他话中有刺，不禁腾地红了脸。尹德妃只好直言说道："不瞒殿下，我等是奉皇上之命前来洛阳宫城选阅宫人并收受府库珍玩的。"

"原来是为这事来的。前朝皇宫中的宫女太监尚未遣散，仍住在宫中，众位皇妃可任意挑选。至于府库珍宝嘛，怕是不太方便吧。"

"为什么？我们是奉旨行事，有何不便？"

秦王看着萧瑀、杜如晦二人说："萧、杜二位大人负责此事，让他们说吧。"

萧瑀还未说话，杜如晦已抢先开口道："府库珍物已经逐件点验清检，登记造册，并已查封。自查封之日起，依律为大唐国家所有，除当今皇上和管理大内库藏的有关官员，他人一概不得接近。"

"既如此，我等此来也带了五百御林军，可将府库所藏移交他们，由我等带回长安，也好向皇上交差。"

"交给你们？隋朝大内珍宝多是历朝相传，件件价值连城。丢失一件便是杀头之罪，你们谁担待得起？待我大军凯旋之日，自然移库回京，当面与父皇和朝廷交割，就不劳皇妃们费心了。"

几句话说得尹、张二人一时语塞，再也不知说什么好。齐王元吉却在一旁说道："诸位娘娘远道而来，又是奉父皇差遣，总不能让她们白来一趟，徒手而返吧？府库珍玩数以千万计，拿出十件八件赏赐皇妃，也是父皇的面子，莫非父皇还能怪罪不成？"

见李元吉不冷不热地打圆场，明摆着在有意讨好尹、张二人，秦王只觉得一阵憎恶，厉声说道："你少不更事，休要插嘴。国之珍宝岂可私相授受？"

尹德妃却反唇相讥道："听说秦王把府库的大批金银玉帛全都分赠给了你的亲信将士们，这莫非不是私相授受吗？"

一听此话，秦王顿时大为恼火："那是将士们用鲜血和生命换来的，是他们应得的。而且父皇有旨在先，'乘舆法物、图籍等归朝廷，子女玉帛、金银财物可尽赐将士，一切听任秦王处置'。本王是三军主帅，此乃我的权力，怎么，连这个你们也要干涉吗?"

秦王已变得狞厉起来，双眼中闪烁着两团毒火，尹德妃浑身哆嗦了一下，再也不敢说话。

张婕妤急忙说道："秦王殿下请息怒，都怪我们身居后宫，不懂外廷之事。"她迟疑了一会儿，又不甘心地说道："既然珍宝为国有，不能私相授受，我们也不能强人所难。但妾等听说战场之上封官晋职却是殿下特有的权力，不过是一句话的事。我与尹德妃出身寒微，家中兄弟子侄皆官职卑微。今日便厚着脸皮向殿下为他们讨个封，这总不会再让殿下为难吧?"

张婕妤退而求其次，既想为亲属求官，又要为自己找个台阶下，一举两得。她想，秦王再不通事理，这点人情总能给吧。你不看僧面看佛面，我们毕竟是你父皇最宠信的人。

不料，秦王仍是毫不通融，冷笑一声说道："朝廷官禄只授有功之人，身无纤毫战功却来要官，亏你们也想得出！众位皇妃要在东都玩几天，世民自当安排食宿住行。其他非分之求尚请免开尊口。恕不奉陪。"说罢，竟带着萧瑀等人扬长而去，把尹、张一干人等晾在了那里。

第十六章　死灰复燃　震骇大唐

秦王李世民在东都洛阳休整部伍、安抚地方长达两个月，至武德四年（公元621年）七月初九日，二十万大军班师回朝。

秦王作为三军统帅，身披黄金铠甲，骑着雪里红战马，英姿威武，光彩照人，缓辔进入长安东门。

紧随在他身后的是齐王李元吉和李勣等二十五员骁勇战将。继之是铁骑万人，再后面则是十余万步卒。随着队伍的行进，长安城里万人空巷，士庶百姓扶老携幼，纷纷涌上街头，必欲一睹这位传闻已久的"天下第一英雄"的风采，以饱眼福。

李世民骑在战马上，脸上挂着平静从容的微笑，向大街两侧人山人海般的父老们频频拱手。而在他的内心深处，一种前所未有的巨大喜悦却不时地涌动起洪波狂澜。

这次东征，前后历时一年有余，大小战斗不计其数。几度枪林箭雨，几度血雨腥风，几度出生入死。战场之上，风云瞬息万变，生死胜负常决于一念之间。自己能审时度势，运筹帷幄，指挥若定；跃马两军阵前，身先士卒。将士们皆能与自己戮力同心，浴血杀敌，终于一举两克，平郑灭夏，使黄河两岸尽归唐有。这是自李唐将士于太原起兵以来历时最长，也是战绩最为辉煌的一次战役。

毋庸置疑，这次大战对于大唐王朝一统天下的意义是不言而喻的。

而对自己来说，这也是平生以来所经历的最艰难，最惊险，收获最大的一次战役。

让他感到特别欣慰的是，在这个过程中，自己多年来苦心研习的兵法战略、指挥艺术、临战作风和英雄气概都得到了淋漓尽致甚至是令人眼花缭乱的发挥。这一点也是他手下那些颇具军事才干的大将们所公认的。

他相信，经过这次大战，在朝廷中，在数十万大唐将士眼里，在亿万庶民的心目中，自己乃大唐柱石的地位将再也没人可以企及和替代。

尤其难能可贵的是，在历次大战期间，自己有意吸纳和收罗了一大批当今天下一流的谋臣骁将，他们将与自己同呼吸共命运，确保自己在今后的漫长征途中永远立于不败之地。

在李世民回朝的第三天，高祖李渊下诏将夏王窦建德处斩。这位农民出身的义军领袖叱咤风云达六年之久，终至功败身亡。

不知是出于什么目的，高祖却赦免了郑帝王世充的死罪。将他与其兄弟子侄一并流放蜀中。不过，他也没能多活几天。在流放的路上，终被他的仇家定州刺史独孤修德派人暗杀。这位以能言善辩、狡黠多谋著称的"豪杰"，在内忧外患中品尝了三年当皇帝的滋味，也终于落了个国破家亡、身首异处的下场。

接着，高祖又降下旨来，将王世充党羽罪大恶极者段达、单雄信、郭士衡、杨公卿等斩杀于长安街头。

别人倒无所谓，死心塌地跟着王世充为非作歹，兵败被戮也是常情。唯有单雄信的被杀直令瓦岗军的老兄弟们扼腕跌足。

最为心急如焚的莫过于大将秦叔宝，单雄信乃是他当年起事时最早的战友和兄弟，真正是情同手足的刎颈之交。这几年二人虽然分别事唐事郑，也常在战场上兵戎相见。但在内心深处，他们的兄弟之情却一丝一毫也没有改变。

听说皇上要杀单雄信，秦叔宝心如刀割。他连夜进宫，苦苦请求高祖皇上赦免单雄信的死罪，甚至情愿用自己的一切官爵来换取单雄信的一条生路。但是，高祖皇上却执意不准。

这个一向重义气、讲交情、为朋友两肋插刀的秦叔宝顿时感到手足无措，不知怎么办才好了。他心力交瘁、精神恍惚地离开了皇宫，深一脚浅一脚地回到了府上。

据说，在万般无奈的情况下，他毅然取出一把牛耳尖刀，在自己的左腿上剐下了拳头大小的一块肉，亲手熬成肉羹，连夜去死囚牢探监，对单雄信说道："仁兄，恕小弟无能，眼看着兄长就要赴黄泉之路却不能相救，只能以羹汤一碗、淡酒一杯为仁兄壮行，聊表寸心。"

单雄信自然不知道这羹汤是秦琼用自己的肉做成的，端起来狼吞虎咽，顷刻喝完，嘴里还连连说着："好喝，好喝，有叔宝贤弟这碗肉羹送行，愚兄可以坦然上路了。贤弟多多保重，二十年以后，我们或许还能相见。"

秦琼双眼满含泪水，与单雄信拱手告别。他一瘸一拐地上了一乘小轿，左腿一阵阵锥心刺骨般的疼痛。但他的心里却好受些了。自己虽然不能与好兄弟共赴刑场，但自己身上的一块肉总算能陪着他同往九泉之下了。

这件事究竟有多少真实性，现在已不可考证了。但在当时，长安城的百姓们却众口相传着秦琼"割股啖友"的这段佳话，一直传扬了多年。

面对平郑灭夏的巨大胜利和李世民建立的卓越功勋，高祖李渊的心情是矛盾的。

一方面，这一重大胜利对于巩固和稳定大唐王朝的统治有着举足轻重的意义。这一点，李渊的心里比谁都清楚和明白。因此，他感到由衷的喜悦和兴奋。

自己的儿子乃是当今天下第一英雄，相信再也没有人会对这一称号有所怀疑。他既是运筹帷幄的三军统帅，又是冲锋陷阵的神勇战将。有这样一个儿子，他理所当然地感到骄傲和自豪。

世民的战功之高已经不能用一般的语言来表示。朝廷现有的官职爵位也已无法敕封表彰。但是，这样的功劳又必须有所封赐。不然，且不说秦王会怎么想，就是满朝文武和三军将士也会不服，甚至会为之寒心。

高祖为此动了不少脑筋，一天在朝堂之上，他对朝臣们说道："秦王功高，前代官爵皆不足以称之。朕熟思之，决定特置天策府，位在王公之上。以世民为天策上将，掌全国征讨，众卿以为如何？"

朝中群臣皆齐声称善，说道："陛下赏罚分明，臣等心悦诚服。"

这样，秦王世民在朝廷中的地位事实上已与太子李建成的地位不相上下。而就实力而言，则更加强大。

正因为如此，在另一方面，高祖皇上又不能不有所忧虑。他觉得自己就像是在玩火。时势所迫，他只能把火势玩得大一点，但他又时时害怕弄不好会烧着自己。

俗话说，一山容不得二虎。高祖已经意识到，他把秦王的地位提到了与建成不相上下的高度，这对他们兄弟的关系而言显然是不明智的。他千方百计地想用褒奖和封赐达到某种平衡。他深知，玩政治其实就是在玩平衡术。但是，其结果却是造成了更大的不平衡。面对秦王的功名与实力，他真有些手足无措了。

令他更加大伤脑筋的是，在他的内心深处，不想承认也必须承认，他之所以能起义成功，之所以能克平长安，之所以能坐稳帝位，都是和世民的功绩分不开的。如果说在起义之初自己还是这场大革命的主角的话，那么，自从大军向陇西和关内挺进以来，这个主角便渐渐地由世民来扮演了。在自己如愿以偿坐上皇帝宝座的同时，秦王世民也水到渠成地具备了足以左右王朝命运的实力。

人最大的苦恼莫过于明明意识到了这是一颗苦果子，还必须皱着眉头把它咽下去。现在的高祖皇上便正是处在这种尴尬的境地。明知道对秦王的褒奖、擢拔和封赏就像是在不断地种下隐患，但面对他的丰功伟绩、威名声望和雄厚实力，却不能不这样做。

事到如今只能听天由命了。好在世民历来宽仁忠孝，对自己这位父皇不会怀有二心。对他的哥哥太子建成想来也不会构成太大的威胁吧？但愿自己是在杞人忧天。

那么，面对如此巨大的荣誉和不能再高的权力，秦王李世民该如何自处呢？

他没有欣喜异常，更没有得意忘形。恰恰相反，当这种铺天盖地的赞誉和接连不断的封赐突然降临时，他却显得异常冷静，甚至有些隐隐的担忧和惴惴不安。

现在该干些什么呢？自己已经位极人臣，用不着再去醉心功名了。为了避嫌，最好尽量少出头露面。如今国内基本平定，该是偃武修文的时候了。在这种形势下，自己正宜关起门来好好地读几本书才是。

平心而论，自己在孩提时代并没有系统地研读过传统经典。虽说在太原时曾跟从张后胤学习过《春秋左氏传》，但仅此而已，总的来说还是自幼不精学业。再加上太原起兵之后连年过着戎马生活，更是无暇静心读书。自己可不能甘心一辈子当个不学无术的大老粗。古人云："三十而立。"自己还不到三十岁，现在不正是博览群书、饱读经史的大好时机吗？

他被自己这种既能韬晦又能"养势"的一举两得的想法兴奋得一夜未睡。第二天早朝之后，他把杜如晦请到自己的书斋里，开门见山地说道："我想在天策府成立一个文学馆，先生以为如何？"

"文学馆，什么样的文学馆？"因为话题来得太突然，杜如晦一时没听明白。

"就是以天策府的名义开设一个研究经史典籍、诗赋文章的文学馆。广引文学之士，吸纳天下硕儒，既可吟诗作赋，研讨经典，整理古籍，又可随时谈古论今，纵论大势。我也可借此机会向诸位大贤讨教，以补往日识陋学浅之不足。"

杜如晦听懂了，这位年轻的王爷又想到了别人的前头。他是已经意识到了武功虽然可以定天下，但是最终还得以文德绥海内。所谓文武之道，**各随**其时。作为一个多年来戎马倥偬的三军主帅，刚刚从血雨腥风的战场上归来就开始设计文治天下的未来，铺陈长治久安的大计，实在是太难能可贵了。

"好啊，太好了！"杜如晦兴奋得声音都有些发颤："汉高祖懂得马上得天下却不能在马上治天下的道理，从而使大汉国脉延续了四百余年。殿下在干戈未休、烽烟未靖之时便已未雨绸缪，思考起以文治国的千秋大计，实乃大唐之幸。"

"正是这个意思。自古以来，功成设乐，治定制礼，礼乐之兴当以儒为本。昨日群雄割据，战火四起，成败定乎锋端，兴亡决乎一阵，那时自然要贵干戈而贱庠序。如今天下初定，当此之际就该轻甲胄而重《诗》、《书》，此乃常理。"秦王说到这里，沉思了片刻，又说道："这是一层意思，还有一层……"

杜如晦接口说道："在下明白，位高者寒，功高者危，殿下借精研经史、潜心读书之机正可避开一些不必要的麻烦，此乃深谋远虑之举。请秦王示下，这文学馆该选些什么人加入？"

"凡是能够请到的海内硕儒大贤、文坛巨擘，不论出身，不计贵贱，都要千方百计请来。不过，我可不太喜欢那些皓首穷经，满口子云诗曰，而对经邦济世胸无一策的书呆子。你回去以后先与玄龄物色一下，拟个名单，我们再最后敲定。"

数日之后，杜如晦和房玄龄将一张长长的名单和每个人的履历、学识特长等呈送秦王。

这些人是：于志宁、苏世长、薛收、褚亮、姚思廉、陆德明、孔颖达、李玄道、李守素、虞世南、蔡允恭、颜相时、许敬宗、盖文达、苏勖、薛元敬等，再加上杜如晦和房玄龄，一共是十八人。

这十八个人是经过房、杜二人精挑细评、严格筛选的。人人学富五车，满腹经纶。或口若悬河，纵横捭阖；或遇事有谋，成竹在胸。他们有的已在秦王幕府，是在历次大战之余房玄龄从各地刻意访求来的。有的秦王仅听过他们的大名，却未曾见过面。

他让房、杜二人务必在近期内把这些人接到京城，并将京西别馆装修一新，让他们每人一室，居宿其间。对外则称为天策府"十八学士"。

不久，分散于海内各地的学士们陆续到达长安。秦王亲自将他们迎到文学馆，请来当时最有名的大画家阎立本为他们每人画像，注上姓名、籍贯，并让褚亮写了像赞，以示礼贤。众学士分成三班，每日在集思阁中值宿。一日三餐皆供应最丰盛的饮食。

学士们都觉得这生活太奢华了，请求秦王降低饮食标准，秦王却开玩笑道："皇上赐我黄金六千斤，我用它干什么？你们放开吃，吃不穷我。古时孟尝君食客三千，鸡鸣狗盗之徒都待为上宾。何况汝等都是天下鸿儒，我李世民岂能落个糟糠养贤臣的恶名？"

自此以后，秦王世民除了每日上朝和按时向父皇请安之外，便一头钻进文学馆里与众学士读书著文，谈古论今，精研经史策论或书法。有时也写些宫廷艳诗，说些市井逸事，插科打诨，以为消遣。日日乐此不疲，深夜方归。

一时间，天策府文学馆十八学士在长安城乃至国内各地都引起了广泛关注。天下士子无不艳羡他们，都把能有幸进入文学馆称为"登瀛洲"，也就是得道成仙的意思。

窦建德兵败身死，夏国遂灭。然而，当初他带到洛阳去救援王世充的人马并不是他的全部家底。在其都城洺州还留有大部分文武官员和一定数量的军队。他所统治过的河北地盘上的百姓们对这位庄稼人出身、一向崇尚俭朴、甚讲义气的夏王也还存有一定的感情。

只是由于窦建德被杀，往日的部属们只好四散逃去，隐藏起来。表面上看，洺州一带如同一片死灰，但在这片平静的死灰下面却埋藏着无数的火种。只要遇上易燃的草木纸屑，就可能重新燃起熊熊大火。

这种易燃物还是出现了，那就是大唐朝廷的一纸"征书"。高祖未加深思便处斩了窦建德，本就犯了一个不大不小的错误。按说，窦建德并不是唐王朝严格意义上的最凶恶的敌人。更何况，在武德二年的黎阳之战中，窦建德曾俘获了李渊的妹妹和他的堂弟淮安王李神通，对二人优礼相待，并将他们放回了长安，这样的做法应该说是十分宽仁了。

但是，一向以"宽厚仁德"自诩的高祖李渊对窦建德却不能相容，也不知出于什么原因，非要将其残酷杀戮不可。这显然是不明智的，就是从"礼尚往来"的角度说，至少也是不近情理的。

现在，杀死了窦建德之后，却又想起了他那些分散隐蔽的部属们，便下旨到洺州，征调他们前往长安。洺州城的大街小巷里到处都贴满了这样的"征书"。这样一来，反而把那些隐藏不露的窦建德的旧部们搅动了，一个个不是心惊肉跳，就是怒发冲冠。

一天深夜，在洺州城东南角一条偏僻的巷子里，窦建德的旧部范愿、董康买、高雅贤、王琮等四五人聚在范愿临时潜居的一处宅院里秘密会商。朝廷的征书一到，他们人人自危，再也沉不住气了。

"诸位，大唐天子的征书都看到了吧，你们意下如何？"范愿首先问道。

"什么征书，分明是蘸了香油的毒饵，诸公万不可上当！"高雅贤焦急地说道。

"高兄所言极是，李渊贼子蛇蝎心肠，这是要把我们兄弟一网打尽。"董康买也愤然说道。

范愿见众人看法一致，便站起身来，满腔愤怒地说："王世充以洛阳降唐，其下属段达、单雄信等皆遭夷灭；我等若往长安，是自投罗网，必不免一死。多年以来，你我兄弟身经百战，当死已久。此余生残躯有何惜哉？何不以之举大事，复大业？我夏王当年擒李神通，遇以客礼。而李渊获夏王则杀之，其残暴无情，禽兽不如。我等皆受夏王厚恩，今若不为之报仇，有何面目见天下英雄？为英主复仇而死，虽死犹荣。"

一席话慷慨激昂，众人皆热血沸腾，一齐说道："我等都听范大哥的。"

范愿却连连摇头："不，我自知才德浅陋，难以成就大事。以在下之见，可请一高人占卜，应立谁为主，但凭天意。"众人皆表示同意。

第二天夜里，他们请来了一位街头卜者。别看此人衣衫褴褛，其貌不扬，形同乞丐一般，但据说是河北一带有名的算卦先生，每卦必中，屡验不爽。

卜者肩背一副褡裢，左手提着一只鸟笼，随众人来到范愿的住所，尚未坐定，便问道："诸位大人欲决何事？"

范愿说道："我等都是买卖人，眼下有一桩生意，欲举一人领舵。不知何人为首这桩生意方能做成，请先生决之。"

卜者略一思索，说道："既是生意上的事，商场如同战场，还是抽书测字最为灵验。"说着，把褡裢解下来，从中取出一块沾满了油渍灰垢的蓝布铺在地上，把一些折叠好的纸片乱糟糟地扔在上面。然后打开鸟笼，放出了一只玲珑小巧的小雀，先撒一把谷粒给它。

那小雀儿啄食了一阵谷粒，忽然飞至纸片堆中，这儿嗅嗅，那儿啄啄，最后从纸片堆中叼出一片轻轻地放在卜者的手里。又啄食了几颗谷粒便飞回笼里去了。

卜者打开纸片，众人看时，却见上面写着一个"乱"字，尽皆茫然不解。

卜者惊讶地看看众人，忽然说道："原来诸位都是干大事的。在下便冒昧直言，一个'乱'字是说当今乱世如麻，需快刀方能斩之。'刘'（劉）者乃卯金刀，锋利无比。诸位若让一位姓刘的主持其事，这桩大买卖定能做成。"

众人大喜，忙付了卦金把卜者送走。然后连夜计议，首先便想到了夏王当初留在洺州的右仆射刘雅如今正隐藏于漳南乡下。

第二天，他们一块儿来到了漳南，找到刘雅，说明来意，恳请他出山。

不料，自从窦建德被杀之后，刘雅已经心灰意冷，不愿再冒杀头的风险，整日过那种打打杀杀、提心吊胆的日子。便婉言推拒道："我刘雅书吏出身，手无缚鸡之力，又不懂领兵布阵，实难当此大任。据我所知，大将军刘黑闼亦隐居漳南乡里，诸位兄弟若能推他为主，大事或可成矣。"

众人一再敦请，无奈刘雅执意不从，大家只好告辞。但此事十分机密，又怕走后刘雅报官泄密。范愿便对高雅贤使了个眼色，意在灭口。

刘雅将众人送到门口，回身向屋中走去。高雅贤突然扯出一柄短剑从背后猛地刺去，刘雅立时鲜血迸流，气绝而亡。高雅贤拔出短剑擦去血迹，叹了口气说："对不起了老朋友，为了复夏大业，兄弟们只能委屈你了。"

几天之后，范愿等人在漳南乡下一个菜园里找到了刘黑闼。

这刘黑闼从小家境贫寒，但性情旷达，好交友，身材雄壮，力大无比，又嗜酒成癖，常在半醉半醒之中。

从少年时代起他和窦建德便是亲密的伙伴。每当他家无粒米，揭不开锅的时候，总能得到窦建德极其慷慨的资助。因此，二人之间建立了一种十分密切的关系。

隋末天下大乱之际，为了逃避官役，刘黑闼跟着郝孝德当了"盗贼"。以后又投往李密的瓦岗军，做了一名裨将。

李密兵败，他又逃到王世充那里。王世充素闻刘黑闼骁勇，任他为骑将。但是刘黑闼却瞧不起王世充的所作所为，最后还是投到了窦建德的旗下。

窦建德有了刘黑闼，如虎添翼。便任他为大将军，封汉东郡公，由他率领骑兵东征西战。刘黑闼在不同的队伍中干过，军事阅历十分丰富。他善观时变，骁勇异常而又机警多谋，有着一种天生的军事敏感和征战智慧，被人们称为"神勇之将"。窦建德每次征战都必派刘黑闼打前锋。他常巧妙地进入敌营，摸清虚实，从而出其不意地发动突袭，每每获胜，从而成为窦建德最得力的将帅。

现在，这位神勇的将帅却成了一个地地道道的菜农。

时值盛夏，烈日当空，烤炙如火。刘黑闼光着黑黝黝的脊梁，穿一条短裤，赤着双脚，正在提水浇菜。他一手提着一个盛满了水的大木桶从半里外的湾塘边走来，沿着田间小径行走如飞。那一亩多的菜园子种着韭菜、黄瓜、豆角、葫芦等各种蔬菜，竟被他伺候得绿油油，碧生生，蓬蓬勃勃。

自从牛口渚一战惨败，刘黑闼在混战中逃生之后便回到了漳南老家，除了种菜便闭门不出，想隐匿乡下避一避风头，躲过这场杀身之祸。

然而，像他这样一位叱咤一时的风云人物怎么能隐蔽得住呢？范愿、董康买他们终究还是找到他的菜园里来了。

"刘大哥，你这日子过得好自在啊。只顾自己逍遥，莫非再也不管弟兄们了？"范愿老远便喊道，他没敢称他汉东郡公，也没敢叫他刘大将军，只像个农家的老相识，见面叫声刘大哥。

一看是这帮弟兄们，刘黑闼又惊又喜。他把木桶往地上一扔，飞跑过来，也不顾得满身泥水，一把将范愿紧紧搂住："我的好兄弟，你们怎么来了？大哥做梦都想你们哪。"说着，眼里竟溢满了热泪。

刘黑闼领着弟兄们回到他那三间草房里，听他们说明来意，兴奋得脸颊赤红，双手乱挥："好啊，总算等到这一天了。这些日子我他妈都快憋炸了。为了给夏王报仇，痛痛快快地大杀一场，就是被千刀万剐，我刘黑闼也认了。"

他们商定了东山再起的计划，很快便聚集了一百余人。刘黑闼命人宰掉了三条黄牛，众人饮血酒盟誓，吃饱喝足，当夜起兵。

武德四年（公元621年）七月十九日，刘黑闼攻下了漳南县。数日之后，又攻克鄃县，魏州刺史权威、贝州刺史戴元祥等皆被杀死。

刘黑闼将俘获的士兵全部收编，附近窦建德的旧部也陆续来归，队伍很快便发展到了两千多人。

这一消息迅速传到了长安。高祖李渊立即召集大臣商量应对之策。

宰相陈叔达说道："刘黑闼虽然只有几千人，看似疥癣之疾，但却不容忽视。以臣之见，还需请天策上将秦王为帅亲征，乘其势力尚未坐大，一鼓荡平，永绝后患。"

高祖却摇摇头道："刘黑闼不过是窦建德的残渣余孽，杀鸡焉用牛刀？更何况世民征战经年，班师回朝不久，也需要在京休息些日子。平息这股小小的反叛势力，派其他将领走一趟也就足够了。"

其实，在高祖的心里，也并非没有一点儿担忧。刘黑闼的叛军势力不是没有坐大的可能。最好是让世民率军亲征，将隐患消灭于萌芽状态。

但是，世民的战功已经太大，封赏已经太多，建功扬名的机会不能都给他一个人。一旦失去平衡，将置太子建成于何地？

无论如何，他必须保证太子建成储君之位的稳定，防止兄弟阋墙、骨肉相残的悲剧发生。这才是国脉之根本，江山社稷传至千秋万代的大计。

古圣先哲立下的"立嫡以长"的旧制，历朝历代都在尽量遵行。其目的只有一个，那就是为了避免和防止皇子们因觊觎大宝、争夺帝位而喋血拼命，从而确保江山的永久稳固。若是违背了这个"旧制"，不仅会引发争端，而且也有违传统。

建成是长子，自己登基伊始便将他立为太子，这在继嗣传统上是不可动摇的，也是无法代替的。

但是，如今的太子却有一个功高如山、十分强大的弟弟立在那里，这本身就是一种巨大的压力。即使世民无心与哥哥争储，其威胁也是客观存在的。更何况，不论是谁，一旦拥有了如此强大的势力，都会自觉不自觉地生出"问鼎"之心。谁能保证自己这位战功赫赫的次子在功名日盛的情况下不会产生"夺嫡"的念头呢？

正是基于这种深层次的考虑，高祖决定不派秦王出征，而是颁诏立即在洺州设置山东道行台，并在魏州、冀州、定州、沧州设立总管府，任命淮安王李神通任行台左仆射，立即率军前往，负责征讨事宜。

当然，在他看来，以李神通所部的征战实力和经验，扑灭一小股叛贼还是绰绰有余的。

但是，他太小看刘黑闼了。

没过多久，唐军在河北战场上连连败北的战报便一份接一份地传至朝廷。

八月二十二日，刘黑闼在漳南设坛，隆重祭奠他们的夏王窦建德，公开宣告举兵复夏，自称大将军。并迅速攻下历亭，杀死唐屯卫将军王行敏。潜伏于附近的窦建德部将崔元逊起兵响应，斩杀唐深州刺史裴晞，并将其首级送往刘黑闼处。

九月初，淮安王李神通与行军总管罗艺聚合五万余人在饶阳城南与刘黑闼决战。此次决战，刘黑闼大败唐军，俘获其士马军资大半，并俘虏了其大将薛万均、薛万彻兄弟，将罗艺赶回了幽州。

随后，刘黑闼乘胜进击，势如破竹，不到半年时间便全部恢复了窦建德当年的夏国旧境，并遣使与突厥人通好，突厥可汗马上派数千骑兵前来支援。

刘黑闼势力越来越大，便定都洺州，自称汉东王，年号"天造"。封范愿为左仆射，董康买为兵部尚书，高雅贤为右将军，王琮为中书令，刘斌为中书侍郎。所有窦建德时期的文武官员全都恢复旧职，从而名副其实地光复了夏国，而且比当年更具战斗力。窦建德若在九泉之下有知，也该为此而无比欣慰了。

在起兵反唐的势力中，还有极为强大的一支，那便是兖州徐圆朗。

徐圆朗的经历与刘黑闼十分相似。隋末大乱，拉起队伍做了"盗贼"，发展到两万多人。

后来见瓦岗军势力强大，便率众投往瓦岗寨，归顺了李密。李密兵败之后又转归王世充。

后来洛阳被平定，徐圆朗便率军投降了大唐。唐廷任他为兖州总管，封鲁国公。

刘黑闼还在王世充部下任将军时，便与徐圆朗很熟，且关系较为密切。他知道徐圆朗投降唐朝是不得已而为之，身在曹营心在汉。因此在起兵之初便暗中与徐圆朗通谋，双方一拍即合。

武德四年（公元621年）八月，也就是在刘黑闼起兵一月之后，高祖李渊对徐圆朗不放心，便派盛颜师前往安抚。

徐圆朗却不领情，派人将盛彦师拘捕，并借机举兵，公开反叛唐朝。

为与徐圆朗联兵反唐，刘黑闼闻讯后立即任命他为大行台元帅。

徐圆朗岂能甘心做个元帅，没过多久，便在兖州筑坛设祭，自称鲁王。一时间，兖、郓、陈、杞、伊、洛、曹、戴八州豪强皆杀其长史，举兵响应徐圆朗。

死灰真的复燃了，而且河北、齐鲁连成一片，到处战火熊熊，硝烟弥漫。大唐朝廷又一次人心震骇，陷入了巨大的忧患之中。

第十七章　忍辱出征　功败垂成

大唐皇城的后苑里有一个方圆十余里的大湖。浩瀚无垠的湖面上碧波荡漾，涟漪阵阵。墨绿色的荷叶像伞盖似的铺展开来，一片连着一片。含苞欲放的花蕾如同无数高擎的火炬在瑟瑟的秋风中摇曳摆动。

散布于湖面的众多小岛上假山嵯峨，亭榭玲珑，翠竹含烟，碧树抹黛，将这个波光潋滟的平湖点缀成了一幅美不胜收的山水长轴。

宫内的人们都习惯于把这个大湖称为海池。

几年来，高祖李渊每次遇上烦心事都喜欢带上一二近臣在海池上荡舟游览。幻变的湖光、澄明的山色和清新而又蕴含着馥郁花香的空气会使他的烦情愁绪为之一扫。

这些日子，河北前线传来的尽是一些让他不愉快的消息。连连的损兵折将，丢城失地，使他百思不得其解。一个小小的泥鳅怎么会翻起滔天巨浪？这个泥腿子刘黑闼莫非还真能成了气候？他不相信，以大唐的兵精将勇竟不能迅速扑灭这股邪火。

有好几次，他想到下诏让秦王世民再次率军出征。以世民的能征惯战和善于用兵，荡平刘黑闼不为难事。但是他却一直迟疑不决。他要再等等看，不到万不得已的时候不能再派秦王前去。

他相信自己的决策是正确的，是有远见的。秦王的战功不能再高，势力不能再大，权力不能再膨胀。自己这个当父皇的必须掌握住分寸，维持好平衡。无论如何要确保建成太子之位的稳固。储君乃国之根本，他的地位不受威胁才能保证大唐江山传之千秋，世世代代平安无虞。

因此，他现在的心情是既自信，又烦躁，还带着几分无奈。今日早朝之后便又带上裴寂和封德彝来到海池，在内侍们的搀扶下登上御舟，一边品茶交谈，一边观赏满池的秋荷游鱼。

然而，智者千虑，必有一失。高祖皇上万万没有想到，就在他处心积虑地为保住太子的储君之位而绞尽脑汁的时候，他的这位太子却在肆无忌惮地为他精心地编织着一顶顶绿帽子。

此时此刻，太子建成正在父皇的后宫里偷香窃玉。

每当高祖皇上泛舟海池或外出郊猎的时候，太子建成便会悄悄地来到后宫，与尹德妃或张婕妤幽会。这已经成了多年的惯例，那些宫女太监们都习以为常，见怪不怪了。见太子来了，他们便乖乖地躲开，各人去办自己的事儿。但大家对此事都讳莫如深，不约而同地装聋作哑，守口如瓶。一边是皇上，一边是太子——未来的皇上，一言不慎，不论哪一方都会将他们的脑袋砍下，谁敢去捅这个马蜂窝？

因此，太子淫乱后宫的丑事虽然由来已久，后宫里几乎无人不知，却只瞒住了皇上一人。

今天，建成来到了张婕妤的寝宫。见建成突然不期而至，张婕妤自是喜出望外。

在太子的东宫里，如花似玉的年轻女人有的是，对尹、张二人，李建成只是逢场作戏，他需要她们在父皇耳边频频地吹些枕边风。

二弟世民政治和军事实力的日益强大已经对自己形成了一种威逼和重压，有时甚至压得他喘不过气来。他知道，自己能否保住太子的位子，将来能否顺利地入继大统，全在于父皇的一句话。

而要在父皇面前争宠，在领兵打仗建立战功或处理朝政兴利除弊方面，自己都远远不是二弟的对手。与世民相比，自己的优势在后宫里。

这也是天假其便，父皇最宠幸的两个女人恰恰都与自己有染。不要小看了枕边风，女人的一句话有时可胜过千军万马。

……

缠绵悱恻之后，过了多时，张婕妤才抬起头来，看着李建成那双英俊的眼睛说道："人都说一母生百般，这话一点都不假。"

"你在说什么？"建成不解地问道。

"太子殿下如此温柔体贴，可你那位二弟秦王简直就是只吃人的老虎。"

建成平静地笑笑："你又想起了洛阳之行？奉旨前去却空手而归，这事儿办得是挺狼狈。"

"岂止是狼狈？简直丢尽了人。这个秦王一点都不通情理，连他父皇的面子都不给。"

"哼，什么叫居功而骄，什么叫功高震主？谁叫人家打了胜仗呢？不过你们也用不着太烦恼。不就是那点珠宝珍玩没要到吗？哪里掉了哪里找，我听说还有更好的东西呢，你怎么不向父皇讨要？"

"真的，是什么东西？"

"洛阳南郊有三十顷良田，原来在隋朝越王杨侗的封地之内。不仅肥得流油，旱涝保收，而且是块风水宝地。据说谁家有了它，便能代代有人出将入相。眼下良田无主，你正可请父皇赏赐给你，这不比那些珠宝有价值吗？"

其实，早在洛阳被攻克不久，秦王因为淮安王李神通作战有功，便已把这三十顷良田赏赐给他了。

建成明明知道良田有主，却故意让张婕妤向父皇讨封，他要看看世民将如何对待父皇夺地的指令。弄好了便可在他们之间打进一个楔子，甚至是埋上一桶火药。

果然，事情的发展完全在建成的预料之中。

当高祖从海池返驾后宫，张婕妤先是极力献媚。待高祖高兴时，便委婉地求取那三十顷良田。

上次两位爱妃在洛阳碰了钉子，灰溜溜地回到长安，向高祖添油加醋地诋毁了秦王一通。高祖便觉得有些对不起她们，对世民心生怨愤。但在那件事上，世民做得有理有节，他也无可奈何。

现在张婕妤又提出请求，正好借此补偿一下上次对她的歉疚。高祖十分痛快地说道："这事好办，只要爱妃喜欢，别说三十顷，三百顷又有何妨？"说着，便命人取来纸笔，当场写下手敕，将三十顷良田赐给张婕妤。

可是，当张家的人拿着手敕去圈占良田时，却被淮安王李神通的家人横刺里拦住，并狠狠地数落了一通。这李神通乃是当今皇上的堂弟，大唐王朝的功臣，手中又有秦王赏赐良田的教令，他们岂会把一个小小的婕妤放在眼里？

张婕妤又一次受辱，她又哭又闹，撒泼打滚，在高祖面前恶狠狠地告了秦王一状："陛下已将良田敕赐臣妾，可秦王硬是夺去赏赐给淮安王李神通。皇上，这大唐的天下究竟是陛下说了算，还是他秦王说了算？贱妾卑微，这张脸可以不要，可您当皇上的颜面何在？"

高祖李渊顿时勃然大怒，当即把世民召到他的御书房，不是鼻子不是脸地训斥道："怎么，朕的手敕还不如你的教令管用吗？"

秦王大吃一惊，这些年来父皇同自己说话时还从来没有发过这么大的火，他茫然不解地问道："儿臣做错了什么事惹得父皇如此龙颜震怒？"

"是什么事你自己不知道吗？"

"儿臣确实不知，还请父皇明示。"

"哼！朕敕令将洛阳城郊的那块地赏赐给张婕好，你何以非要夺去赐予神通？"

原来是这事，又是那个贱女人烧的火。秦王心里恨得咬牙切齿，嘴上却不得不尽量解释："父皇息怒，这事一定是误会了。儿臣将此地赏赐叔父神通是在攻克洛阳之初，已经好几个月了。父皇不知此事，又下敕令，因而双方发生争执。当初父皇特授权儿臣可将所有金银财物分赏有功将士，儿臣不过是在执行父皇的旨意。何况儿臣教令在前，父皇手敕在后，儿臣实不知自己错在哪里。"

"事情果真是这样吗？"

"千真万确，前线将士无一不晓，父皇一问便知。"

高祖无话可说，这手敕下得看来有些唐突。但他却感到下不来台，便又说道："就是朕的手敕晚了几天，便是一张废纸？你就不能说服你叔父让他把那块地让出来吗？"

这便有些不讲理了，秦王再不能退让，便说道："父皇明鉴，虽说'四海之内莫非王土'，如果父皇一定要让淮安王交出地来，谅他也不敢不交。但儿臣身为三军主帅，起码要做到言必信行必果。若是先予后夺，出尔反尔，以后在战场上将士们谁还肯听儿臣的？如此言而无信，儿臣断不能为，尚请父皇三思。"

高祖再也无言以对，道理明明白白地摆在那里，他也知道自己理亏，便挥挥手让世民退了出去。

但是，他心里却仍是怒气冲冲。堂堂的大唐天子居然连赏赐几亩地都说了不算，以后还如何号令天下？

恰在此时，裴寂来找他奏报河北军情，一见他脸色铁青，余怒未息，便喂喃着问道："陛下又遇到什么不顺心的事了？"

高祖看看他，气哼哼地说道："朕一天到晚有几时顺心过？朕这个儿子长期领兵在外，被他身边的那帮书生们教坏了，已经不是原来的儿子了。"

事涉秦王，裴寂也不敢随便乱说，他想了多时才字斟句酌地说道："秦王功高，又年轻气盛，有些事处置不当原不足为怪。皇上要多加包涵，莫要气坏了自己。"

这几句话说得不冷不热，也不知道是在熄火还是在烧火。高祖以异样的眼神瞅了瞅他，烦躁地说："好了，好了，说你的事吧，是不是前线又传来了战败的消息？"

“是，淮安王李神通又吃了败仗。”裴寂说着把一份战报呈交给高祖。高祖粗粗地看了一遍，便把战报狠狠地摔在地上，说道："一个败军之将，世民还赐他良田，他也好意思收受。"

这几天对秦王李世民来说是一波未平，一波又起。就在因赏赐良田之事遭父皇训斥后的第三天，又发生了一件让他深感头疼的事。

尹德妃的父亲尹阿鼠本是个市井泼皮无赖，仗着女儿在高祖面前得宠便小人得志，骄横不法，成了长安街面上的一霸。

他听说女儿奉旨去东都收取宝物被秦王拒绝，便怀恨在心。又听说秦王的幕宾杜如晦也曾在一边说三道四，更是气不打一处来，恨得咬牙切齿。

他几次对家中的恶奴们交待，要寻机好好地修理修理杜如晦。他的一个老管家劝告说："杜如晦如今是天策府十八学士之首，长安名士，秦王一直待为上宾。国丈大人若伤害了他，就不怕得罪了秦王？"

尹阿鼠一脸不屑地说："秦王怎么了，他莫非比当今皇上还大？俗话说'打狗欺主'，我打在杜如晦的身上，就是要扇在他秦王的脸上，看他能把我怎么样。"

这日，杜如晦一早去文学馆轮值，骑马路过尹阿鼠的门前，早等候在那里的尹阿鼠一步闪出大门之外，指着杜如晦大声骂道："这是哪来的王八蛋，敢过我尹家大门而不下马？来人，把他拿下。"

五六个恶奴狗仗人势，大喊一声冲了上去，不容分说便将杜如晦拽于马下，拳打脚踢，一顿猛揍，直到打得杜如晦口鼻冒血，断了三条肋骨，奄奄一息地躺在血泊之中，这些恶奴才扬长而去。

待到天策府的侍从闻讯赶来，恶奴们已经四散，只有一些好心的街坊邻居围在那里临时照料着杜如晦。

侍从们自然不敢去"国丈"府里问罪，只好忍气吞声地把杜如晦抬回家中并禀知秦王。

秦王立即带着一名御医来到杜如晦家中。见他鼻青眼肿，满脸血污，面色惨白地躺在那里，秦王心里就像被捅了一刀，一阵阵绞痛。他当然能感觉出来这场殴打是冲着他来的，一股怒火直接冲上了脑门。

当御医敷好药疗完伤退出去后，秦王坐到床前，握着杜如晦的手歉疚地说："杜先生受委屈了，你这是在替我李世民挨打。"

杜如晦强忍着身上的剧疼，勉强笑道："殿下怎能这么说？这事儿就当如晦出门不小心被恶狗咬了一口，不要管他。"

"不，这事儿不能算完。这条老狗欺人太甚，我非宰了他不可。"

杜如晦急了，慌忙说道："秦王，万万不可！宁可得罪好汉，不能得罪小人。若为了此事让殿下与皇上交恶，在下将如何自处？"

"那怎么办，这口恶气如何咽得下去？"秦王面颊发红，眼里迸闪出火花。

"秦王，听在下一句话。我们要做的大事还有很多，与之相比，这点小事算得了什么？小不忍则乱大谋。"

正说到这里，宫中来人宣旨，皇上召秦王即刻进宫见驾。

杜如晦拉着秦王的手，一再叮咛道："秦王，您一定要答应我，万不可为了这点小事与皇上弄僵了。"

秦王面色凝重，向杜如晦点点头，叹了口气说："我知道了。先生多保重，我去去就来。"

原来，尹阿鼠让手下的恶奴痛打了杜如晦一顿之后，虽然心中一时痛快，却又怕秦王告知皇上，惹来祸事，便抢先一步来到宫中，让女儿尹德妃恶人先告状，说秦王的幕宾狐假虎威，带着一帮仆人凌暴其家。

高祖本来就窝着一肚子火，这一来更怒不可遏。这还了得，不仅秦王世民恃功自傲，不把朕的嫔妃放在眼里，就连他的左右都敢欺辱嫔妃的家眷，是可忍，孰不可忍。

当世民一只脚刚踏进殿门，高祖便气呼呼地劈头问道："尹德妃家的事你听说了吗？"

"儿臣刚刚听说，正要禀奏父皇。"

"还禀奏什么。你左右那帮人也太猖狂了，连朕嫔妃的家人都敢欺凌，长安市里的平民百姓还不得任其蹂躏？这可真是主大奴亦大！"

秦王一下子愣住了，真是天大的冤枉。什么"主大奴亦大"，看来这个尹德妃又在极力往自己身上泼脏水。便忙分辩道："父皇，此事纯系黑白颠倒。杜如晦独自一人骑马路过尹家，被尹家的奴仆们无端殴打，怎能说是儿臣的下属凌暴尹家？"

"不对吧？尹家若不受欺辱，尹德妃岂能无中生有？平白无故的，她为什么要骗朕呢？"

"她为什么这样做儿臣不得而知，但杜如晦被打得右肋骨折，浑身青一块紫一块，至今还卧床不起，这都是事实，太医院的御医可以做证。再说了，杜如晦读书人出身，手无缚鸡之力，又与尹家无冤无仇，怎么会一个人跑到尹家去寻衅闹事？"

听秦王说得言之凿凿，高祖心中的火气消了许多。但他仍然不肯尽信。无风不起浪，尹德妃红口白牙，还能无端地对你秦王造谣中伤？沉吟半晌，又说道："既然杜如晦与尹家无冤无仇，尹家的奴仆们为何要打他？这件事你也难以自圆其说。算了，此事不要再说了。从今以后你要对你那些部属宾客们严加管束。不要觉得'宰相家奴七品官'，主子打了几个胜仗，长安城就放不下他们了。"

秦王只觉得后脊骨一阵阵发凉，这话是说他的部属吗？不，分明是在指斥自己。打胜仗倒成了罪过，成了遭受猜忌的祸根，真是不可理喻，滑稽而又可笑！愤怒和委屈在他的胸腔里翻腾。几次话到嘴边，他又强忍着咽了回去。他想起了杜如晦的叮咛，不能因为这件事跟皇上闹得太紧张。自古以来成大事者都必须能忍常人所不能忍。于是，他对高祖说道："父皇的教诲儿臣谨记在心。"

东方战场上唐军一败再败，不仅是捉襟见肘，简直是焦头烂额。

刘黑闼、徐圆朗两支叛军遥相配合，声势越来越大。河北、齐鲁甚至连河南的部分地区都燃起了反叛的大火，已经烧红了大唐的半壁江山。再不及时扑灭，弄不好就要蔓延到关中三辅一带，大唐王朝又要被拖进兵连祸结的灾难之中。

看来，以李神通为帅是难以挽回败局了。

高祖皇上左右为难了。他想尽量不起用秦王，其他将帅若能克敌制胜，也可分其功而减其势。但遍数朝中诸将，实在没有一人能稳操胜券。

高祖心里很清楚，朝野上下也都看得很明白，当此之时，能够力挽狂澜、转危为安者，唯秦王一人。

军情危迫，十万火急，宰相陈叔达、封德彝、萧瑀，大将李勣，程咬金、长孙无忌、唐俭等人都不约而同地纷纷上书，要求皇上派秦王挂帅出征。

在这个火烧眉毛的时候，高祖也不敢再犹豫了。万般无奈，只好再次降诏，命秦王李世民和齐王李元吉往讨刘黑闼。此时是武德四年（公元621年）十二月中旬，距刘黑闼起兵已经迁延了半年。

诏书下达之后，高祖心中颇为忐忑。最近以来，自己与世民间发生了几次不愉快，世民会不会因心中委屈而推三阻四？

他多虑了。秦王世民接到诏命的当天便欣然调兵遣将。三天之后就率领大军再一次踏上了征途。

其实，这半年来对于征讨刘黑闼的战事秦王比任何人都更为关切。那可是他与将士们出生入死打下来的国土，看着它们一点一点地被蚕食，一片一片地被夺走，他的心就像被毒虫啃咬咀嚼一般。

父皇不让他出征，他也不敢贸然争功争权，只好每天躲在文学馆里研经读史，写诗作赋，与文人墨客们谈古论今，而内心却早已飞向了硝烟滚滚的战场。

一旦接到诏命，他还顾得上什么委屈？与收复沦陷敌手的国土相比，那些小小的误会和委屈都变成了一些鸡零狗碎的琐事，他早把它们扔到了九霄云外。

虽说知子莫如父，但对世民此时此刻的心情，高祖皇上却摸不透。直到世民出征一个多月之后，他还是深感不安。儿子毕竟是带着委屈和怨气出征的，这对于征战是不吉利的。

一个多月以后，武德五年（公元 622 年）的正月十五日，元宵佳节，前方传回了捷报，秦王军至获嘉，刘黑闼放弃相州而退保洺州。世民进驻相州，进而攻克肥乡，屯营洺水县境而兵逼洺州。与此同时，幽州总管罗艺亦奉秦王之命率兵两万前来会合，与秦王一南一北共剿刘黑闼。

初战告捷，唐军又取攻势，总算让高祖悬着的一颗心略略放平。

至三月初，前线再度传来胜利的消息，唐军与刘黑闼的夏军几经攻守争夺，终于拿下了洺水县城。该县城与洺州隔漳水和洺水相望，是夏都洺州极为重要的外围屏障，攻克该县城便意味着洺州的外围已经扫清。

然而，在攻打洺水县的过程中，唐军行军总管、年轻的骁将罗士信却不幸被俘。刘黑闼以高官厚禄劝降，罗士信宁死不屈，终被杀害。高祖闻讯后感叹不已，立即诏告全军予以旌表，并赐谥号为"勇"。

秦王李世民痛失爱将，忍着巨大的悲愤开始了全面进攻。出奇兵断敌粮道，将洺州四面合围。接着，大将程咬金于洺水上游截击刘黑闼的运粮船队，数百艘粮船被全部击沉焚烧，从而彻底断绝了夏军的粮草补给。

接着，刘黑闼的右仆射高雅贤酒醉出击，被李勣率军拦截，将高雅贤刺死马下，并乘胜追击，杀敌无数。

捷报一个接一个传来，朝野上下为之欢欣鼓舞。照这个形势发展下去，用不了多长时间洺州城就会被攻克，扫灭刘黑闼已经指日可待。

可偏偏在这个时候秦王却停止了出击。激烈喧嚣的战场上突然平静下来，进入了一个和平相持的稳定状态。

朝臣们一片愕然，纷纷猜测前线究竟发生了什么意外。裴寂对高祖说道：

"气可鼓而不可泄。我军连连获胜，正是乘势进攻的大好时机，如此耽延不进，岂不坐失良机？陛下应下旨切责，严令秦王出兵。"

高祖却淡淡一笑，不屑地说道："管好你的朝政就行了，你懂得什么兵法军事？世民用兵历来是后发制人。朕以为，他必是又一次采用'坚壁挫锐'之计。临阵决策就由着秦王吧，我们坐等喜讯就是了。"

这一次，高祖皇上算是看对了，说对了。

秦王将刘黑闼四面围困于洺州孤城之后，又断绝了他的粮草供应，便下令全军只守不攻，养精蓄锐。每夜命将士们在洺水岸边排开六十面大鼓猛擂不休，呐喊攻城，却不发一兵一卒。若有人敢于出城，便聚而歼之，或堵截回城。

这样两军对峙了两个多月后，秦王料定洺州城内粮草已尽，他认为时机成熟了，该是组织一场全歼夏军的大决战的时候了。

这日一早，他带上李勣、程咬金、长孙无忌等几员战将出营前去察看敌情。

但是，他没有向东走，没有去察看洺州城的守备情况和城外的地形地貌，却带着一行人信马由缰，沿洺水西岸向南走去，一路上说说笑笑，竟走出五六里路。

在一个河道急拐弯的地方，他跳下马背，问李勣道："洺州城内有夏军多少人马？"

李勣想了想说："估计还有可战之士七八万人。"

"那好"，秦王用马鞭指了指河道拐弯处说道："我就在这里埋伏下百万大军，不出十天，便让刘黑闼那七八万人全军覆没，灰飞烟灭。"

众人皆大惑不解，连一向机警过人的李勣也如坠五里雾中。这次出征，秦王所带兵马只有十万，连幽州罗艺的部属加在一起，也不过十二三万，哪来的百万大军？军中无戏言，这个时候秦王莫非还有心思开玩笑？

程咬金忙问道："秦王，我们哪来的那么多兵马？再说，要与刘黑闼决战，战场也该在洺州城下，怎么会跑到这里来？"

秦王神秘地一笑："到时候你就知道了。"又转身对长孙无忌说道："烦请长孙兄在三天之内务必筹备好十万条草包、口袋，以备急用。"

长孙无忌道："军中运粮草的口袋倒是不少，但怕凑不足十万条。"

"那就到附近的百姓家去重金收买，破的旧的都无所谓，能装土装沙即可。"

李勣一下子恍然大悟，拊掌笑道："末将明白了，殿下可是要学当年韩信囊沙击龙且的故事？妙计，实在是妙计！"

"李将军果然是聪明人。韩信当年在潍河之上筑坝蓄水大破楚将龙且的囊沙之计实在是发人深省。吾辈今日学之，这浩浩大波，滚滚巨浪，还抵不上百万大军吗？"

众人方才会意地一齐大笑。

数日之后，浩浩荡荡的洺水突然断流，宽阔的河床露出了一片片沙滩。

这日下午，李勣、王君廓同时引兵至洺州城下，叫骂挑战。

刘黑闼因城中缺粮，万分焦急，正欲决一死战。当即下令打开城门，率领城内大军倾巢出动。

唐军人少，寡不敌众，激战半个时辰，李勣带头溃逃，部属也争相奔命。

刘黑闼大喜，立即挥军掩杀，直追至洺水岸边。见河水干涸，不觉心疑，此时并非枯水季节，洺水为何会断流？但见唐军丢盔弃甲，落荒而逃。秦王李世民又在河对岸拼命拦截溃兵，心中不免大喜。

这可是千载难逢的良机，稍纵即逝。他不再犹豫，大声喝道："弟兄们，杀过去活捉李世民者，封赏万户侯！"

七八万夏军人人争先，个个奋勇，蚁拥蜂钻般一齐扑向河床。当大军全部下至河床之内，忽听得惊天动地一声号炮，上游大坝突然决开，狂涛盘旋，巨浪翻滚，如万马奔腾，飞泻而下，其声隆隆，响如沉雷。西岸唐军一齐掉头，摇旗呐喊，箭如飞蝗。

河中夏军闻变，人人魂飞胆裂，个个抱头鼠窜，人马相踏，鬼哭狼嚎。可怜七八万夏军官兵顷刻间葬身水中。少数侥幸逃至西岸的只能乖乖地做了唐军的俘虏。

刘黑闼在王小胡等将领的保护下拼命逃回东岸。检点身边残余，仅剩两千余人马。经营了近一年的这点血本转眼间便化为乌有。他万分沮丧，只好与范愿、王小胡等人率领残兵败将在夜色的掩护下奔突厥而去。

刘黑闼的夏军主力虽然被一战击溃，但是他分散于各州县的军事力量却没有被全部消灭，而是在形势不利的情况下暂时分散隐蔽起来。

活跃于齐鲁一带与刘黑闼遥相呼应的徐圆朗势力还未受到重创，仍是大唐王朝躯体上的一颗毒瘤。

因此，秦王李世民不敢掉以轻心。他召集诸将商议，决定兵分两路。一路仍留在河北战场，对刘黑闼隐匿于各地的残部采用招降为主、剿抚并举的策略，进行彻底的扫荡，以防止刘黑闼卷土重来，再一次出现死灰复燃、前功尽弃的局面。

另一路则由淮安王李神通、大将李勣率领挺进齐鲁，消灭徐圆朗所部。徐圆朗是依靠刘黑闼而崛起的一股势力，就像缠绕在大树上的青藤。大树既倒，青藤便难以独存，因此，由淮安王和李勣率领部分人马前去荡平徐圆朗绰绰有余。

正当秦王分兵遣将，缜密策划，准备对刘黑闼、徐圆朗的叛乱势力做最后扫荡的时候，却忽然接到高祖皇帝的诏书，催促他火速返回长安。

李世民深感惊讶，在大战即将取得彻底胜利的时候，为什么要召自己回京，而且如此仓促？莫非朝廷中发生了什么大事？

他只好命淮安王李神通与李勣先赴齐鲁，将河北诸军事暂时交付齐王元吉，自己则带上十几名侍从匆匆忙忙地向长安赶去。

回到京师后他立即前往皇宫觐见父皇。

长安城里平静如初，皇宫大内与平日也没什么不同，他疑惑不解。见到父皇，行过觐见之礼后，他急忙问道："父皇急召儿臣回京，不知朝中又有何事？"

高祖却微微一笑："朝中什么事也没有。吾儿连年征战，鞍马劳顿，朕深怕你身子吃不消，特调你回京休息调养一阵。"

李世民大吃一惊："父皇，儿臣身体康健，无病无伤，何须调养？眼下正是紧要关头，弄不好会功亏一篑。朝中若无急事，儿臣这便马上赶回去。"

"那又何必呢？刘黑闼大部土崩瓦解，所剩残渣余孽由元吉在那里做做善后处置也就行了。你就安心在京休养，闲暇时帮父皇处理一下朝中政务，岂不两全其美？"

高祖语气果断，不容世民再争。他抬头看看父皇，那双含笑的眼睛里充溢着慈爱。然而，在眼睛的后面，却似乎隐藏着一种神秘的令人捉摸不透的东西，那是什么呢？

世民的一颗心战栗起来，他感到深深的失望和不安。

第十八章　窥伺皇位　同室操戈

秦王世民走后，河北战场上的军事指挥权暂由齐王李元吉接管。

李元吉生性残忍凶狠，一旦大权在握，便对刘黑闼潜伏于河北各地的部属实行诱降和屠杀。夏军的许多将士看到唐军的招降告示纷纷前来归顺，李元吉却把这些手无寸铁、毫无反抗能力的归降者集中起来，一个不留，全部坑杀。

从此以后，刘黑闼的旧部再也无人前来归顺，就像躲避豺狼蛇蝎一样，纷纷逃亡四乡，藏匿于山林草泽之中。

一个月之后，刘黑闼在突厥颉利可汗的援助下又气势汹汹地杀了回来。

藏匿于各地的旧部将士一听说汉东王刘黑闼卷土重来，立时成群结队，蜂拥而至，咬牙切齿要与唐军血战到底。

从六月至九月，刘黑闼引突厥骑兵连连攻陷新城、定州数座州城，唐军损失惨重。

高祖李渊下诏，命李元吉进讨刘黑闼。唐贝州刺史许善获与刘黑闼部将刘十善交战，结果全军覆没。

十月十七日，唐淮阳王李道玄与刘黑闼战于下博，道玄单兵独进，被夏军四面包围，终于战败被杀，年仅十九岁。

消息传到京师，秦王闻讯放声大哭，对左右说道："道玄随我征战多年，出生入死，勇冠三军。他见我常常深入贼阵，心暗慕之，今必是学我的样子单骑闯阵，却后援无人，以至身亡，此诚世民之罪。"

李道玄战死，河北为之震骇。旬日之间，远近各州县或降附，或响应，或被攻陷，刘黑闼又顺利地占领了全部夏国故地。李元吉率部退至夏境之外，畏葸不敢前进。至此，李世民前番大战所收复的失地又沦丧殆尽。

李唐王朝又一次为河北局势感到恐慌了。朝臣们有的震惊，有的愤慨，有的茫然不知所措。

唯有太子李建成的东宫里却在紧锣密鼓地进行着一场秘密策划。

在太子建成的议事厅里，太子中允王珪、太子洗马魏徵与李建成正在促膝而谈，下人们全被屏于室外。

"东征大军失利，刘黑闼东山再起，尽复故地，当此之际，不知太子殿下有何感想？"王珪问道。

"还能有何感想？丢城失地，丧师辱国，我作为国之储君自然深感痛心疾首。不过，胜败乃兵家常事，我想四弟或许能反败为胜，创造出一个奇迹来。"

"创造奇迹是不可能的，但却为殿下创造了一个绝好的机会。殿下可否想过这次兵败对殿下来说是一件天大的好事？"王珪微笑着说道。

"你这话是什么意思？"建成不解地问道。魏徵接口说道："秦王功盖天下，中外归心。而殿下仅以年长之故位居东宫，无大功以镇服海内。如今刘黑闼兵不满万，资粮匮乏，以大军临之，势如拉朽。殿下正宜请旨东征，亲自率军击之，既可建立功名，又能结交山东豪杰。他日君临天下方能自安。"

前些日子，尹德妃与张婕好与秦王交恶，多次在高祖那里进谗，弄得父子君臣不和。魏徵在一旁冷眼旁观，知道太子建成在中间做了手脚，心中甚为不屑。便借此机会又说了几句："自古以来，功名只可直中取，而不可曲中求，更何况是九州神器？唯有功高德重者方能威服天下，稳居大宝，欲建大功于江山社稷，现在不正是天赐良机？"

一句话惊醒梦中人。李建成本是个极聪明的主儿，经魏徵、王珪提点，立时心领神会，恍然大悟。如此现成的机会自己怎么会视而不见呢？这实在是一个难得的机遇，是桩一本万利的买卖。其一，刘黑闼败而复起，元气大伤，自己若能率朝廷大军与之作战，既无风险又能决胜无疑。这种必胜之仗为什么不去主动请缨呢？其二，此仗一胜，四海动乱便可大致平息，自己可以借此建立功名，也就自然会在朝廷和军队中建立威信，提高地位。其三，借此机会亦可广泛结交山东豪杰，对于自己以后执掌天下将会大有裨益。如此"一箭三雕"之计，也只有魏徵、王珪能想得出。

李建成忙向王、魏二人深施一礼，说道："承二位师傅所教，建成这便去向父皇请战。"

魏徵笑道："殿下出师之日，我二人情愿随大军前往，定保殿下旗开得胜。"

当天夜里，太子建成到后宫面见父皇，请安已毕，说道："父皇，河北战事连连败绩，朝野为之忧心如焚，不知父皇做何打算？"

高祖气咻咻地说道："元吉这个蠢材，真是朽木不可雕也。以你之见该怎么办呢？实在不行还得让你二弟世民再次挂帅。"

"父皇，这大唐朝廷莫非只有世民能够领兵？儿臣不才，愿亲往领兵，扫平刘黑闼，永靖狼烟。"

"你能行吗？"高祖故意激他道。

"父皇，当年太原起兵，儿臣与世民各率一军，也曾身冒矢石，冲锋陷阵。多少次攻城拔寨，不曾有失。一个小小的刘黑闼有何惧哉？"

高祖当初调回秦王，本以为大战已接近尾声，让元吉坐收其利，以分世民之功，却没想到会弄巧成拙，搞成了现在这种局面。

现在太子能主动请战，那就再好不过了。他当即欣然说道："好啊，太子若能领兵出征，正是朕之所愿。"

次日早朝，高祖颁诏，任命太子建成为陕东道大行台及山东道行军元帅，往讨刘黑闼，河北、河南诸军事皆听从建成指挥。这实际上是把李世民原来在这一带的全部军权都转给了李建成。

因担心秦王世民心中不平，散朝之后，高祖又单独召见了他，说道："你大哥建成出师河北，你可前往齐鲁，统领神通他们讨伐徐圆朗。你兄弟二人戮力同心，南北呼应，天下可定。"

父皇如此安排是在有意抬高太子而抑制自己，世民心中如明镜一般，自然抑郁不乐。他没有抬头，只是淡淡地说道："徐圆朗以刘黑闼为靠山，黑闼既破，圆朗势蹙，淮安王与李勣将军破之有余，何须孩儿再去多此一举？"

"为了以防万一，你还是去走一趟吧。"

秦王不敢推辞，心里再委屈也得领旨，自古圣命难违啊。

事情的发展诚如秦王所料，当他带领数百名亲随刚刚行至济阴，前方便传来了胜利的消息。数月来，淮安王李神通、行军总管李勣连下十余城，不久前又合兵围攻徐圆朗所据之兖州。徐圆朗数次出战却屡战屡败，只好闭城坚守。但城内军民都人心惶惶，争相出城投降。

徐圆朗见大势已去，无心再战，率领数骑乘夜色弃城逃遁。行至半路，竟被当地的乡民所杀。他统治了近一年的齐鲁之地遂告平复。

秦王闻讯，也不再前去与大军会师，径与随从们返回京师。他要告诉朝廷，扫平徐圆朗的战功是淮安王与李勣的，与自己毫无关系。免得有些人又在那里嫉能妒功，父皇又对自己不放心。

太子李建成一行来到河北战场，立即着手调兵遣将，重新部署和组织对刘黑闼的反攻。他毕竟不像齐王元吉那样草包，而是颇有些行兵布阵和攻城略地的实战经验，又有魏徵、王珪等人在身边出谋划策，因此战事进展颇为顺利。

最初，魏徵向他建议道："太子殿下来河北之前，我军对战俘和真心归降之人不分良莠，一概处死，致使夏军将士同仇敌忾，顽强拼斗。太子既为主帅，应布告四乡，除罪大恶极者，对俘虏或归顺之人一个不杀，任其去留。"

建成听从魏徵的建议，从此不仅不杀战俘，而且发给川资，任其还乡。夏军各地守城将士在其感召下纷纷献城归顺。

经过几次大起大落的刘黑闼，其势力已大不如前，在李建成、李元吉的合兵进攻之下频频失利。再加上部下将士离心离德，众叛亲离，便渐渐陷入了山穷水尽、四面楚歌的境地。

武德六年（公元 623 年）正月初三日，当神州大地上的千家万户还都沉浸在新春佳节的喜庆之中时，刘黑闼却被唐将秦叔宝、程咬金乘夜劫了中军大营，只带着百余侍从狼狈逃至饶州城下。

守城的将领是刘黑闼的饶州刺史诸葛德威，按说这是自己的人，自己的领地。跟随他的弟兄们又饥又冷，人困马乏。正该进城好好地吃一顿，睡一觉，休整一下。而且，诸葛德威也亲自出城热情迎接。

但是，素来机警过人的刘黑闼却深知自己与唐军胜负已见分晓，正是树倒猢狲散的时候。人心叵测，世态炎凉，墙倒众人推的事情时有发生。在这个非常时期，谁是靠得住的？

经过反复思虑，刘黑闼还是决定不进城。但是，他身边的将士们已经疲惫至极，纷纷要求进城吃顿饱饭，稍事休息。

诸葛德威流着泪说道："主公人饥马乏，末将无能，不能帮主公挽狂澜于既倒。既过此城，总得让主公吃顿热饭。待吃饱喝足之后，末将愿带领饶州所有兵马随主公同行，就是天涯海角也义无反顾。"

刘黑闼终于答应了进城，但他仍存戒心，只同意在城边的街市上吃饭，稍事休息。

百余名将士来到街市，皆弃戈解甲，席地而坐，等待着开饭。可就在这个时候，诸葛德威的兵士却黑压压地从四面八方围了上来，个个张弓亮戈，虎视眈眈。

刘黑闼的侍从们早已精疲力尽，面对这数千名围攻者再也无力反抗。刘黑闼自知难逃今日这一劫，也不再做无谓的拼杀，他将长剑哐啷一声扔在地上，任凭他们五花大绑。只鄙夷地看了诸葛德威一眼，愤愤地说道："我刘黑闼瞎了眼，怎么结交了一条恶狗？"

诸葛德威举州降唐，并将刘黑闼作为觐见之礼献给了李建成。建成随即下令，将刘黑闼及其弟刘十善斩杀于洺州城内。

可怜这位出身贫贱，智力过人，叱咤风云近十年，被人誉为神勇战将的英雄不是血染沙场、战死万马军中，而是死在了自己阵营的叛卖者手中。

随着刘黑闼的被杀，夏王窦建德在河北的势力终于被彻底扑灭。

太子建成以胜利者的姿态率领大军得意洋洋地班师回朝。

不久，一直转战于长江以南的李靖大军亦传来捷报，盘踞于巴蜀、江淮一带的萧铣、辅公祏等军事势力相继土崩瓦解，纷纷归顺朝廷。

至此，神州大地除了北方边境的突厥势力之外，已全部归于大唐王朝的版图，天下一统的局面基本形成。

九州统一，四海晏然，几十年的纷争和战乱终于结束了，满朝文武和天下庶民都沉浸在安享太平的喜悦之中。

但是，作为大唐天子高祖皇上的三个嫡亲儿子——太子建成、秦王世民和齐王元吉却没有这份轻松宁静的心情。三个人心里都很清楚，外患一旦清除，内忧便会随之而来。外部的敌对势力既然荡涤以尽，那么，兄弟反目、同室操戈的事情怕是要难以避免了。这已经被历朝历代无数的事实证明，几乎是一条定律。因此，三个人各怀心事，都在运筹谋划，紧张地做着准备。

在这兄弟三人之中，要数齐王李元吉最不安分。别看在血雨腥风的战场上，在刀枪如林的两军阵前，他是个畏敌如虎的败军之将，而在制造阴谋和动乱，攫取权力和功名方面，他却丝毫也不让乃兄。

尽管早在平定王世充之后，他已经以东征副帅的身份被高祖擢升为侍中，其地位已经仅次于秦王世民。但是，在内心深处，他对秦王一直不满，更不服气，久存与之一争高低之心。

在与两位哥哥的关系中，他向来觉得与建成更为亲密。这不仅仅是因为他与建成从小便朝夕相处，嗜酒好色尤喜畋猎的情趣极为相似。也不只是因为在洛阳城郊与尉迟敬德的那场比武，从而对二哥怀恨在心。这些只是一个方面，更重要的是，在他看来，围绕着争宠立储，兄弟们之间早就形成了两个阵营。眼下，他与太子建成自然是一个阵营的。

建成的利益与自己休戚相关，建成败，自己也败；建成胜，自己也胜。

这次东征刘黑闼，在征战之余，太子建成曾悄悄地对自己许诺："待吾正位以后，当以汝为太弟。"何为"太弟"？那就是，建成若当了皇帝，将以自己为法定的继位人。皇帝之位将来不是传给建成的儿子，而是要传给自己这个当弟弟的。这个许诺可是太诱人了。然而，要实现这一愿望，秦王世民将是自己最大的障碍。他没有理由不及早地联合大哥，同仇敌忾铲除这个障碍。

更何况，在元吉心灵的最深层，还有一个对任何外人，包括大哥建成也不能说的秘密。有一天夜里，他的护军薛宝曾单独求见他，呈给他一道符策，说"元、吉"二字合起来恰恰是一个"唐"字，因而断定他日他必为大唐天子。元吉自然喜出望外，曾阴阴地说道："只要先除掉秦王，再取东宫如反掌耳。"也就是说，他要先联合大哥除掉世民，然后再设法杀死建成，那么，大唐皇位的继承人就非他莫属了，这才是他真正的目的所在。他和建成的联盟不过是一种暂时的相互利用罢了。

基于此，这几年中，他与建成联手，外结小人，内连嬖幸，甚至极力怂恿大哥与尹、张二妃淫乱，原想利用后宫势力离间父皇与世民的关系，以削弱秦王的势力。

但是，这一招并不是十分奏效。父皇虽然一度对秦王不满，但并没有从根本上解除他的兵权或真正地疏远他。

看来，要办成这样的大事光靠几个女人是不行的。说到底，皇位之争谁胜谁负，最后还是要靠刀兵相加，武力解决。

你秦王不是成立什么文学馆，豢养什么"十八学士"、幕僚宾客吗？光靠那些玩嘴皮子的穷酸儒生济得甚事？门客心腹是得养，但要养那些身怀绝技，杀人不眨眼，取人性命如探囊取物的有用之士。

因此，他与建成已着手在暗地里招兵买马，笼络心腹死党。

李建成招募了长安恶少及四方骁勇之士两千多人，以"东宫卫士"的名义分别屯守在东宫的左右长林门，对外则称"长林兵"。

李元吉则倾心搜罗和结交那些杀人纵火的在逃犯以及长安附近打家劫舍的亡命之徒、采花大盗和土匪流氓，以各种身份分散藏匿于长安，给予他们极为优厚的待遇，以备使用。

与此同时，他的护军薛宝还暗地教他，欲成大事，必须暗结朝廷重臣。

他与太子建成多次磋商，认为裴寂无须刻意笼络，肯定是自己人。他与秦王有隙，一直在暗中支持自己，在父皇面前已为他们兄弟说了不少好话。

但此人能量太小，自从征讨刘武周大败之后，在廷臣们之中威望大减，他的话起不了多大作用。

陈叔达、萧瑀二人则是李世民的支持者，很难拉拢过来。于是，他们把眼光盯在了封德彝的身上，认为此人可用。

在李氏兄弟的复杂关系中，封德彝是个极为特殊的角色。

此人在隋朝为官时曾受到隋文帝、隋炀帝两代皇帝的重用。其善于"揣摩圣心"的特殊才干曾令老奸巨猾的杨素自叹不如。

炀帝被弑之后，他潜往长安，投靠大唐，很快便以其绝妙的政治"揣摩"之才，获得了高祖李渊的信任，跻身宰相班列，而且与世民、建成、元吉都相处得不错。他跟随秦王出征时，曾数进忠言，秦王认为他是至诚之人，先后赏赐数以万计。然而他却潜持两端，暗中依附建成一党。因其所作所为十分诡秘，朝中上下竟无人能够识破。直到他死后多年，已当了皇上的李世民才发现了当时的真情。而他生前却历居显官，且得善终。能够在李氏父子兄弟之间游刃有余，真可谓是个在官场中应变自如的"精灵"。

有一次，他曾在暗中煽动建成作乱，说道："夫为四海者，不顾其亲。高祖乞羹，此之谓也。"话说得既隐晦，又让你听得明白：为了谋夺江山，便顾不得骨肉亲情。当年楚霸王项羽要烹了汉高祖刘邦的父亲，刘邦却笑着说道："请分给我一杯羹汤喝。"此人便是成大事者的典范。

对此，建成自然心领神会。只是因为条件不成熟，一时还难以下手。现在要在朝臣中联结党援，这个封德彝自然是首选。

这日晚饭后，天下起了小雨。雨虽然不大，云层却又黑又厚，将星光月色遮蔽得严严实实，长安街面上一片漆黑。

齐王李元吉坐着一乘四人小轿借着夜色悄悄地来到了宰相封德彝的府上。

齐王不期而至，让封德彝有点受宠若惊。这可是天潢贵胄，龙子龙孙，无事不登三宝殿。今日黄昏夜来访，必定有什么大事。

封德彝慌忙将齐王引入密室，让下人们泡上府内最好的茶，然后全都退了出去，一边亲自把盏斟茶，一边笑道："齐王大驾光临寒舍，必有赐教。我这陋室隔墙无耳，绝对机密，可直言无妨。"

元吉稳稳地坐下，端起一只青花瓷镶金茶碗，用碗盖轻轻地扫了扫浮在上面的茶叶，略抿一口，品了品说道："好茶，地道的极品乌龙——其实，小王此来也没有什么大事，不过是奉太子之命来看看老宰相罢了。"

"这可不敢当，岂不要折煞老夫？"

元吉不再多说，起身把轿夫们抬进的一个藤编箱笼打开："这是太子和本王的一点小意思，还请老宰相笑纳。"

封德彝走近一看，顿时目瞪口呆。里面排摞着黄灿灿亮闪闪的金元宝，看堆头足有百斤。这还不算，金元宝的上面摆放着一颗一寸见方的白玉印章。他轻轻地拿起来，仔细辨认那上面的四个小字，竟是"婕好妾赵"四字，不禁大惊失色："使不得，使不得，此物弥足珍贵，真正是价值连城，老夫万万不敢收受。"

原来，这颗印章乃是汉成帝的皇后赵飞燕的玉印。赵飞燕是西汉成阳侯赵临之女，后入阳阿公主府学歌舞。汉成帝微服外出，来到阳阿公主府，闻其声而悦之，将其召入宫中临幸。她面容娇艳，肌滑体柔，身轻如燕，据说能掌中起舞。汉成帝对她宠爱有加，入宫不久即封为婕好，以后又废了许皇后，将她立为皇后。

自秦汉以来，流传于世的印章中，玉印甚少。因为秦、汉两代规定，只有皇帝才能用玉印。赵飞燕因倍受汉成帝宠爱，被破例恩准刻了这方玉印。

封德彝早就听说隋廷大内收藏着这样一枚印章，却一直没有机缘一饱眼福。像这样的一件宝贝，就是在皇家的藏宝中亦属罕见，他哪里敢收？

"齐王殿下，古人云：'无功不受禄'，何况是这样一件国之至宝。在下能看它一眼也算是三生有幸了，还望殿下完璧带回。"

元吉哈哈大笑："什么国之至宝？这不过是我随手捡来的个人收藏。这些东西都是身外之物，封相既然喜欢，留下就是。再说，我们兄弟自有劳驾之处，你也不算是无功受禄。"

"殿下有何驱遣尽管吩咐，老夫无不从命。"

元吉神秘地一笑，压低了声音说道："秦王兵权太重，势焰熏天，已对太子构成极大威胁。封相在父皇那里能说上话，还请从中多多周旋。"

封德彝说道："这个不劳殿下吩咐，封某早就有此意思，已与太子说过。巩固太子之位便是巩固大唐江山，老朽虽肝脑涂地亦在所不辞。不过，这东西还是请殿下带回去，封某不敢夺殿下之爱。"

齐王见他答应得很痛快，心中大喜，便连忙站了起来："老宰相若是再推让，便是不肯为我兄弟出力了。这只是一点小意思，事成之后，太子尚有重谢！"说罢冲封德彝一笑，告辞而去。

这一夜，封德彝几乎不曾合眼。受人钱财就要替人消灾，何况是如此贵重的礼品，又是当今太子、未来的皇上和齐王所送。

但是，他必须精确缜密地算计一下。他敢断定，建成、元吉与世民现在已势同水火，他对任何一方所说的话都绝对不会透露给另一方。而当今皇上最担忧的便是三个儿子之间矛盾加剧，甚至同室操戈。因此，只要对皇上的进言有利于维护他的皇权，有利于减缓甚至平息兄弟间的纷争，他自己就绝无风险。

于是，第二天早朝之后，封德彝说自己有要事欲单独面奏圣上，高祖便将他留下来，引入一处偏殿。当确定殿内再无第二人时，封德彝说道："陛下，微臣近日思虑再三，有一言如骨鲠在喉，不说出来，心实难安。"

"你我君臣多年，有何话不能说？但说无妨。"

"此事干系重大，也许是臣多虑，若是不对，就权当微臣不曾说过。"

"咳，你怎么变得这么啰唆，就是全错了，朕也绝不加罪。"

"陛下，微臣以为，秦王自恃功高勋重，对位居太子之下心必不服，此乃今后酿成变乱的祸根。陛下若不想立之，就应该早为之计。"

高祖陷入了沉思，这正是他最担心也是最头疼的一件事。他看看封德彝说道："储君乃国之根本，千秋帝业之基石，岂可随意废立？秦王虽功高，却非嫡长子，也只能做个亲王。此事是该早为之计，朕亦思之再三，却不知计将安出。"

封德彝说道："秦王权柄太重，宜渐削之。如今叛乱已平，天下安定。十二卫军制已无甚必要，陛下可下诏废之。这样，秦王兼领十二卫大将军的职权也就顺理成章地被收回了。"

"嗯，这倒是个好办法，既削去了世民的军权，又做得合情合理，天衣无缝。朝臣们觉得很自然，世民也不会感到很难堪。"

"还有，齐王元吉那里陛下还应该有意抬高一下。太子之下，两位亲王权位相等，势均力敌，便可相互制衡。这样才更有利于稳固太子之位。"

"还要抬高元吉？这可不成。他现在的爵禄职位已与世民相差无几，若再抬高，岂不居于世民之上？不要说世民无法接受，就是满朝文武也不会同意。那可真要自肇事端，加速祸乱了。"

封德彝忙陪笑道："皇上，微臣所说之'抬高'，并非是加官晋爵。而是要设法抬高他在朝臣们心目中的威望。比如说，皇上可有意地表示一下对齐王的特殊亲近。有了余暇，可以多去齐王府巡幸几次。这样一来，齐王的威望便会迎风陡增，文武大臣谁不得对他刮目相看，甚至趋之若鹜？再说了，

'天下的父母爱小儿'，对陛下来说，这样做也是人之常情，任谁也无可非议。"

高祖脸上终于绽开了笑容："好啊，封德彝，真有你的。这才是社稷之臣，这才算得上是老成谋国之见，就这么办。"

不久，高祖降诏，因战乱平息，天下太平，着即裁撤十二卫军制，各卫将领仍回原部。

这样一来，秦王李世民总领大唐军队的权力被一只无形的大手一下子抓走了，他又重新回到了东征洛阳之前的那个位置。明知道父皇这是有意地对自己釜底抽薪，然而，理由却冠冕堂皇，也在情理之中，他只能是哑巴吃黄连，有苦说不出。

又过了几天，高祖传旨，将于近日与太子建成和秦王世民一起巡幸齐王府。

皇上巡幸臣子的府邸，对臣子来说是莫大的荣宠，自然要做一番精心的准备。齐王虽是高祖的儿子，迎接圣驾的仪式也丝毫简慢不得。齐王府里到处张灯结彩，连犄角旮旯都收拾得整齐洁净，一尘不染。阖府上上下下都像过盛大节日一样，穿戴簇新，喜气洋洋。

李元吉让下人们紧张地忙碌着，铺排着，自己却急匆匆地来到了东宫。

见到大哥建成之后，兄弟二人走进书房，屏退下人，元吉便开门见山地说："大哥，秦王功业日隆，妄自尊大。您虽身为太子，其位不安；若不早想办法，恐祸不旋踵。"

建成吃了一惊，忙问："怎么了，你又发现了什么事？"

"那倒没有。小弟是说，人无远虑，必有近忧，我们应当先下手为强。"

"这可是件惊天动地的大事，鲁莽不得，下手总得有个下手的机会。"

"他要随父皇和大哥一起来小弟的府邸，这不正是个绝好的机会？到时小弟在府中设下伏兵，为大哥将他除掉，永绝后患。"

"怕不行吧？父皇外出，扈从如云，贴身侍卫皆是大内高手，武功精湛。世民本人又骁勇异常，素负威名，你的那些人恐难以得手。再说了，有父皇在他身边，一旦刀兵相见，弄不好会误伤了父皇。"

"父皇自有他的侍卫们保护，可保无虞。我的人马只集中攻杀世民，谅他插翅也难飞走。"

李建成还是有些犹豫不决："我们当着父皇的面杀了世民，接下来的事怎么做？父皇会心甘情愿地让出皇权吗？以你我兄弟现在的势力和威望，能逼迫父皇让权、号令朝中大臣吗？这事不可不慎。"

"哎呀，你这样前怕狼后怕虎，非坏了大事不可。以小弟之见，先杀了他再说。父皇不肯传位，你还当你的太子，却没有了这么个凶险的敌手，为什么不干？是小弟的人在小弟府上杀了他，父皇还能怪罪大哥不成？小弟一切都是为大哥着想，其实于我何益？大哥实在不愿干就算了，以后可休要后悔。"

建成仔细想想，元吉说得也不无道理，天赐良机，稍纵即逝。于是他眼露凶光，恶狠狠地说："好，就这么办。到时候以我腹疼入厕为号，你便可下令动手！"

这几天，李元吉在悄悄地调兵遣将，他平日豢养的那些隐匿在长安的魔头们一个个于深夜之中潜入齐王府中。

齐王府内数日之中突然增添了许多新面孔，外面的人自然不得而知。就是府里的下人们也并不觉得奇怪。皇上要来巡幸，或许齐王是为了加强王府的警戒而增置人马。

然而，齐王的一个最受宠爱的妃子杨氏却感到十分忧心。她隐隐觉得，齐王元吉像是在蓄意制造着一场可怕的阴谋，而这场阴谋所针对的可能是他的亲哥哥秦王李世民。因为她知道，这几年来，元吉与秦王一直不和，有时候简直是不共戴天。有几次喝醉了酒，元吉都曾咬牙切齿地说道："这个挨千刀的，有朝一日，老子非亲手宰了他不可。"

一母同胞的亲兄弟，何以会有这么大的仇恨，她弄不明白。但是，元吉若要借皇上巡幸的机会杀了秦王，这可是杀头的罪过，弄不好会招来灭门之灾，连自己这条小命也得搭上。

杨氏对秦王没有什么很深的印象，只是听外人传言秦王是个十分了不得的盖世英雄，但她与嫂子长孙氏却一向很要好。长孙氏平日常到齐王府里，齐王的几个妃子都与她很谈得来。而杨氏对她更觉得可亲可敬，每次嫂子来了，妯娌们都会亲亲热热地闲聊上半天。

因此，一看到府里突然冒出了那么多剽悍凶狠的陌生人，想到几天之后这里可能会发生一场兄弟相戮的血光之灾，杨氏便感到不寒而栗，心口突突乱跳。她要尽自己的力量来制止这场阴谋。

夜深之后，齐王元吉与那些新来的狐朋狗友们喝罢酒，摇摇晃晃地回到杨氏的寝室。一进门便脱得赤裸裸的，尔后，身子一歪便便呼呼大睡。

杨氏却大睁着两眼睡不着，一幕幕血肉狼藉的幻景让她心惊肉跳。她实在忍不住，轻轻地摇醒了元吉，忧心忡忡地问道："殿下，殿下，这几天府里平白增添了这么多人做什么？"

"不做什么，都是江湖上的朋友，来府上聚一聚。"杨氏是他的心尖子，其他妃子可不敢在他醉后熟睡时打扰他，他翻过身来，搂着她胡乱亲了几口又要睡去。

"殿下，皇上不是过几天要来府上吗？你把这些陌生人留在府上能行？"

"你别管，到时候有你的好戏看。"

杨氏紧紧地搂住了元吉，突然嘤嘤而泣："妾身心里害怕。你，你可别做什么傻事。"

齐王元吉霍地坐了起来，恶狠狠地瞪着杨氏，厉声吼道："你说什么？什么傻事？一个妇道人家，休要管男人的事，不该问的莫问。"

看着他狰厉的双眼，杨氏心里像被刀子猛扎了一下，但她却再也不敢吭声了。

第二天，秦王妃长孙氏恰巧又来齐王府里串门儿，妯娌们亲亲热热地拉着家常。临走的时候，杨氏把长孙氏送到了大门口，趁着没人的时候，突然拽了她一把，用极轻微的声音说道："嫂子，贱妾有句要紧话相告。"

"有什么话就说吧，咱姊妹们还有什么不能说的？"长孙氏和蔼地说道，她也十分疼爱这位弟妹。

"皇上巡幸齐王府那天，让秦王找个借口，千万别随驾前来。"

长孙氏一下子怔住了："为什么？有什么事吗？"

"不知道，我也说不清楚，反正让秦王最好别来。"说完，杨氏脸色变得惨白，慌慌张张地向回走去。

长孙氏心里像压上了一块大石头，出了齐王府，坐上轿子，她让轿夫们加快脚步，匆匆赶回秦王府。

回到府上，她立马打发下人把秦王叫回府来，将杨氏的话一字不差地说了一遍，然后说道："殿下，这事儿来得太蹊跷，千万大意不得。到时候就说病了，不去就是。"

秦王也觉得身上冒了冷汗，在这件事情上自己是太大意了，险些着了他们的套儿。嘴里却安慰着长孙氏："你不用担心，我心中有数就是了。去还是要去的，只是要先设法把事情弄清楚。不过，事过之后，你还真得替我好好谢谢这位弟妹。"

当天夜里，秦王把房玄龄、杜如晦和长孙无忌召到了府上，在密室中商量对策。

"秦王，我看太子和齐王已起了杀心，萁豆相煎恐怕在所难免。齐王府绝不能去，殿下也不能太心慈手软，要早做打算。"长孙无忌直冲冲地说道。

房玄龄历来谨慎，沉吟多时说："为防万一，最好不去，小心无大错。"

秦王却道："不去不妥，父皇对我本有猜忌之心，若是借口生病不肯奉诏，恐怕父皇会更加不满。"

杜如晦说道："依在下看，还是得去。皇上既要秦王和太子同去，其意再明显不过，就是要你们兄弟三人冰释前嫌，和睦相处。殿下倘若不去，其曲在我。太子、齐王和后宫的那些嫔妃便会借机大做文章，离间你们父子的关系，那时殿下和皇上将更难以相处。"

"道理是不错。不过，今日之齐王府如虎穴狼窝，此去实在太危险。"房玄龄显得十分担忧。

杜如晦微微一笑："殿下从迈进齐王府第一步起，便紧紧跟住太子，不管走到哪里都寸步不离。一旦有变，便以太子为人质。我想那李元吉再鲁莽，也会投鼠忌器，不敢轻举妄动。另外，可让尉迟敬德和李勣将军作为侍从跟随左右，以其二人的神勇和机警，可保万无一失。"

秦王也说道："杜先生所言极是，照此行事，此去不会有什么闪失。另外，可令数百名武士化装为看热闹的平民百姓分布在齐王府周围，一旦有事，可做接应。"

皇宫大内离齐王府并不远，最多不过半里地。但是天子出行一点也草率不得，仍然是旗罗伞扇、笙簧钟鼓一应俱全。前面有三百骑甲士开路，后面有上千名侍从护卫，高祖坐在镶珠缀玉的天子轿辇上居中而行。数十名太监、宫女亦步亦趋地簇拥着缓缓行进的大轿。太子李建成、秦王李世民并马而行，紧跟在大轿的后面。

自从开府建衙以来，这是齐王府最风光的一天。此刻，王府外面早已经人山人海，万头攒动。男女老少一大早便围拢在这里，等待一睹当今圣上的风采。

提前赶来维持秩序的皇宫侍卫在东、西、南三面站成了一道人墙，把百姓们隔在外面，只可远观，不准近前。秦王府那些换了装的甲士们也都分散夹杂在看热闹的百姓中间，各自随身暗藏着兵刃，紧张地等待着皇家仪仗的到来。

开路的骑兵刚刚驰近，齐王府大门前立时钟鼓齐鸣，各种乐器一齐奏响，涌动的人群当中不知谁带头高喊了一声"皇上万岁"，接着，"皇上万岁""大唐万岁"的呼喊声立时响彻云霄。

当皇上的黄龙大轿刚刚落地时，齐王元吉率领众妻妾和王府官员、太监、宫女们在大门内外跪倒了一大片。元吉高声说道："儿臣恭迎父皇大驾。"众人齐喊："吾皇万岁万万岁！"

两名太监紧趋几步打起轿帘，高祖皇上稳步走下轿来，满面笑容说道："汝等都平身吧。朕不过来随意走走，日后还要常来，女眷就不必侍驾了，可各自回去安歇。"

元吉的五六位妃子和宫女们纷纷叩首谢恩，起身退下。秦王不经意地向她们瞥了一眼，却恰恰与杨氏四目相撞。杨氏脸色有些惨白，眼睛里透露着恐慌。在与秦王目光相遇的一刹那，眼神里似乎带着哀乞，又轻轻地摇了摇头，像是在说："你不该来，快设法离开这里，还来得及。"秦王却视而不见，急忙扭转了脑袋。

与大门外喧闹热烈的气氛恰恰相反，齐王府内显得十分宁静。除了那棵龙钟老槐上的几只鸟雀偶尔啁啾一两声，到处是一片死一般的静谧。那些工匠园丁等一干下人早已回避，偌大一个王府显得有些空荡荡的，既没有脚步声、咳嗽声，更没有说笑声。

不过，却看得出来，为了迎接圣驾，王府的里里外外都经过了一番精心地修葺和装饰，到处焕然一新。楼堂殿阁、亭台轩榭皆重新油漆粉刷，绘彩描金，显示着一种花团锦簇、金碧辉煌的豪华气派。就连草坪、花圃和周围那些不大的垂柳也都修剪得齐齐整整，一丝不乱。

高祖举步走进大门，颇有兴致地四下里打量着，高兴地说道："不错，很不错嘛，元吉在治家上倒是颇具匠心。"

跟在高祖后面的是太子建成、秦王世民和齐王元吉。世民紧傍在太子左边，如影随形，寸步不离。

再后面便是皇上的大内侍卫、太子的贴身侍从和秦王世民带来的李勣、尉迟敬德两位将军。

一边走着，李建成对世民道："二弟到底是久经沙场的三军主帅，连贴身侍卫都是三品大将。"

秦王忙说道："大哥说笑了，二位将军都是朝廷大将，小弟哪敢用他们做侍卫？不过，两位将军与四弟是在战场上并肩拼杀、出生入死的患难之交。今日不过要借父皇巡幸之机也来拜瞻一下齐王府，以饱眼福罢了。其实到四弟府上如同在自己家里一样，还用什么侍卫？不是吗，四弟？"

"二哥说得没错，我与二位将军是老朋友了，今日到了府上，也算是贵客了。"齐王口里这么说着，心里却大犯嘀咕：这个奸猾之徒，莫非已闻到了什么气味？怎么会把这么两个人带来了？这两个人的手段他可是知道的。尤其是那个尉迟敬德，自己深深领教过，驰驱万马军中，如入无人之境，简直是个魔鬼。看来，今日要有一场血腥的恶战了。

这样想着，李元吉忍不住瞟了尉迟敬德一眼，他正在冲自己傻笑。可那笑意的后面冷峻的眼光却像闪电一样倏然闪过，他禁不住周身打了个冷战。

一行人慢慢往前走着，不断指指点点，说说笑笑。秦王有意地同太子套着近乎："这些日子大哥的气色甚好，可是用了什么上好的补品？"

这不过是在没话找话，好借机与他并肩而行，一旦有变，顺手便可将他一把抓住。

但在建成听来，这话里好像有刺，便说道："哪有什么补品？我一向身子结实，又终日在京城养尊处优。不像二弟，长年东征西战，日炙雨淋，面色自然黑些。"

这话却有些反唇相讥的味道了，秦王并不在意，笑着说道："大哥太过谦虚了。您这次为帅东征，扫平刘黑闼，毕其功于一役，彻底结束了大唐江山的动乱。朝野上下，满朝文武，谁不知道？"

高祖走在前面，听着儿子们的对话，却丝毫不知其中隐情。见兄弟三人如此亲热，心中甚觉快慰。尤其是听了世民那一番褒奖建成的话，更像是饮了一壶陈年老酒，只觉得浑身舒泰。

穿过第一进殿阁便走进了一个四合院。正北的大殿愈加巍峨崇丽，东西庑殿连接南北两座大殿，将这里围成了一个几乎与外界隔绝的独立天地。当院几棵粗可合抱的参天老柏遮光蔽日，使这里大白天也显得凉飕飕、阴森森的。

秦王一下子警觉起来，这可是个设伏刺杀的好地方。他冷眼看看东西两边的庑殿，几乎都是锁门闭窗，厚厚的窗帷也垂放着，便知道那里一定埋伏着刀斧手，此刻恐怕正弓上弦、剑出鞘，刀光闪闪，剑影幢幢。

他向后看了一眼，见李勣轻轻点点头，已经会意，且表情中充满了自信，便略觉放心。

又走了几步，他突然问道："四弟，你这两边的庑殿中放着什么宝贝，大白天也需有人守护？我怎么听着像是有人走动的声音？"其实什么声音也没有，庑殿中绝无声息。他是有意地诈一下，告诉他们不要轻举妄动，我可是有备而来。

李元吉心里咯噔一下，额头上立时冒出了细碎的汗珠。秦王看来是完全洞悉了自己与大哥的计划，他若敢当场揭穿，父皇肯定要查看两边的庑殿，那就索性拼个鱼死网破、玉石俱焚了。到时候乱箭齐发、刀剑相拼，大不了连自己也死于乱箭之下，出了这口恶气也值了。

李元吉这样想着，信口说道："二哥说笑了，小弟能有什么宝贝，那不过是几间常年不开的空房子。"

"噢，那可能是我听错了。入夏以来便有些上火，我这两只耳朵老是出错。"

高祖回过头来，关切地说道："那就该找御医看看，不能太大意了，别年纪轻轻就落下个耳聋的毛病。"

元吉已经急不可耐，不停地看着太子。建成早被世民那句话惊得脸色都变了。他知道，这个时候只要自己说一句"哎哟，我腹中不适，得赶紧入厕"，这里立时便会变成一个血肉横飞的战场。他偷眼看看世民，见他右手一直紧攥着腰中的剑柄。说不定自己的暗号还没说完，早被他的利剑砍飞了脑袋。

他紧皱着眉头瞅了元吉一眼，轻轻摇摇头，意思是说：事机已泄，千万鲁莽不得。

"父皇，咱们到四弟的后花园看看吧。四弟巧思独运，那里经营得更加别致，不仅各种花草应有尽有，还养了不少珍禽异兽。"

"好，去看看。难得今日清闲，你们兄弟便陪朕到处转转。元吉，你在前面领路。"

元吉陪着高祖从东北角门拐向后面。建成却就近走西北角门，世民仍然紧跟着他。尉迟敬德和李勣已走在了几位太子侍从的前面，默默地不离秦王左右。

来到后花园之后，众人都觉耳目一新，到处姹紫嫣红，绿树成荫，奇石碧波，曲径飞花。更有许多五颜六色的禽鸟，奇形怪状的小兽，或在半空翩飞，或在地上漫步。

高祖走进一个小亭中坐下，笑容可掬地观赏着满园的景色，不时地看看三个英气勃勃的儿子。今天是他们兄弟最亲密的一天，也是自己这个当父皇的最欣慰、最开心的一天。

唐太宗李世民

建成和世民仍在并肩散步，两颗高悬着的心此时都放到了实处，他们轻松自如地交谈着，发自内心地畅笑着。元吉却离他们远远的，独自对着清池中的游鱼发呆。他不想让他们看到自己内心的那份懊丧和遗憾。

在齐王府巡幸了近两个时辰，皇上终于摆驾回宫了。看看世民和太子双双上马离王府而去，李元吉像一头受了重伤的野兽，发疯似的跑回寝宫，抓起北墙下红木案几上的一个东汉水波纹四系罐，又一件价值连城的收藏品哐啷一声在地上摔得粉碎……

李世民与李勣、尉迟敬德回到秦王府，老远便见王妃长孙夫人在两名侍婢的陪伴下伫立于府门之外，正在引颈翘望。

秦王一大早离府后，长孙夫人便觉得一颗心吊到了嗓子眼里，坐也不安，站也不宁，做啥事都精神恍惚，六神无主，一个上午的时间，她竟跑到府门外十几次。侍婢们劝她回寝室歇会儿，但她刚刚坐下，还不等喘过气来，又站起来走到院子里来回徘徊，然后又向大门走去……

这些年来，丈夫几乎年年带兵在外，东征西战。她一年到头都在期待着他平安归来，也曾紧张过，焦虑过，但从没有像今天这样惊慌失措和忧心如焚。她很清楚齐王妃杨氏的善意提醒决不是空穴来风，更不是杞人忧天，世民此去齐王府一定是凶险难测。

谢天谢地，他总算平安回来了。世民刚跳下马，她便快步迎了上去，紧紧地拉住他的手，像个大孩子似的只顾着笑，半晌才说了句："你回来了？"

看着她激动的样子，世民哈哈大笑："有点沉不住气了吧？有这二位将军跟随左右，我李世民如有神助，怎么能不回来呢？"

长孙夫人向尉迟敬德和李勣深深一揖，说道："多谢二位将军，妾身有礼了。"

二位将军慌忙躬身还礼，李勣说道："这都是末将职责所在，何敢言谢？王妃如此屈尊待下，岂不要折煞末将？"

长孙夫人又对秦王说道："房、杜二位先生和李靖将军等早已来到府上，正在密室等候殿下。"

"是吗？我还正要派人召他们过来。走，咱们快去看看。"说着，世民与李勣、尉迟敬德急步来到密室。

房玄龄、杜如晦、李靖还有长孙无忌一齐站了起来，向秦王微笑致意。秦王走到李靖面前握着他的手问道："李将军何日回来的？"

李靖答道："末将昨夜刚到。今早听说了这件事，急忙赶来府中，不期与二位先生和长孙兄在此相遇。紧急关头未能为秦王分忧，实在惭愧。"

原来，李靖自从扫平江淮一带之后，因战功显赫被擢升为灵州大都督，一直在灵州任上，昨日刚刚因事临时返回京都。

众人重新入座，杜如晦说道："殿下此去等于闯了一回龙潭虎穴，如今全身而归，可喜可贺。"

秦王笑道："有谋臣骁将如卿等，既能未雨绸缪，又能临阵慑敌，魑魅魍魉能奈我何？"

"这么说，建成、元吉确有异谋？"长孙无忌问道。

"那还用说，秃子头上的虱子，明摆着的事儿。我看李元吉那龟孙子几次要发难，今日差一点就要大开杀戒。"尉迟敬德气呼呼地说道。

房玄龄看看众人，呷口茶慢慢说道："殿下，在下昨夜几乎一宿不曾入眠，细思应对之策。如今你兄弟三人嫌隙已成，且渐趋公开。从此祸机将发，有朝一日变端一旦发生，不但祸及秦府，更恐倾危社稷。在下以为，殿下不如效仿周公当年故事，外宁州郡，内安宗社，申孝养之礼。古人有云：'为国者不顾小节'，若再犹豫观望，必致家国沦亡，身名俱灭，请殿下三思。"

他不急不缓，徐徐道来。一席话，让众人听得频频点头。虽然有些关节他不得不说得隐约其词，但大家心里都很明白，所谓"外宁州郡，内安宗社"，自然是说要笼络安抚住各州郡刺史、都督等要员，然后在朝中举事夺取大宝，登上帝座。

秦王世民一字不落地仔细听着，心中更是深为赞许。在这生死存亡的紧要关头，自己的这位首席谋士终于显示了他惊人的政治远见和卓尔不群的处事才略。

他这一席话显然是今后这段非常时期里自己应该遵循的行动纲领。

细细寻味，这话寓意极深，大致可分为六层意思。

其一，大乱已经不可避免，此乃不为人的意志所转移的大势所趋。

其二，既然如此，就该立即起兵诛"逆"，夺取皇位，万不可操妇人之仁。

其三，以挽救江山社稷为借口，名正言顺。

其四，以周公摄政的故事做历史依据，"为国者不顾小节"，不但能见谅于天下，而且会留美名于青史。

其五，尽心孝养当今皇上，使其安享天年，以尽人子之情。

其六，这样做实在是不得已而为之。因为若不如此，便会"家国沦亡，身名俱灭"。

这一纲领真可谓有理有据有节。难得他能对未来行动的整个过程做出如此周密的思考和安排，怪不得连父皇都曾夸他"深识机宜，足堪委任"呢。

不过，以秦王的身份，他不能不更加谨慎，尽量在表面上保持沉默和安静。一方面，当今高居皇位的是他的父亲；另一方面，正面敌人又是他的嫡亲兄弟。面对骨肉之情、手足之谊和千百年形成的人伦道德，他不能显得太迫不及待。当年父皇攻进长安，取隋帝而代之，还要推让再三，更何况自己的夺权是在父子兄弟之间。有时候表面文章是要做的，戏是要演的，而且还要演足。

当然，对于眼前的这些心腹之人用不着太过矫情。于是他说道："先生一席话鞭辟入里，振聋发聩，有如金石之音。眼下真应了那句俗语，'树欲静而风不止'，我们不能不做最坏的打算。不过，我想暂时还是要静观待变，让他们多行不义，充分暴露，失尽人心之后再除之不迟。"

杜如晦笑道："殿下的意思我等明白，这不过是宫廷争斗中的'哀兵之计'，受尽屈辱而隐忍不发，更能赢得人心，得人心者方能得天下。这些年在战场之上秦王多是开始坚壁不战，待敌师劳兵疲时突然攻击，一战而定胜局。在未来这场没有刀光剑影的战场上，以静制动与坚壁不战大有异曲同工之妙。总之，玄龄兄之论可为我等行动的宗旨和目标，而殿下之妙思可为策略和手段。珠联璧合，相映成辉，何患大功不成？"

"正是这个意思。我之以静制动，当然不是无所作为或骄矜麻痹。相反，眼下有两件事非做不可。一是要加意经营东都洛阳。当初从洛阳班师回朝，我令老将屈实通留守在那里，屈老将军年事已高，前些日子我已奏请皇上，派温大雅接替屈老将军镇守东都，但尚需派一武将前往掌握洛阳兵马，联络山东豪杰，以为京师之援，旦夕可用。汝等觉得派谁更为合适？"

李勣举荐道："可派张亮前去，此公不仅侠肝义胆，而且颇有智谋，机警过人，足堪独担大任。"

世民笑道："李将军慧眼识英雄，既是你所举荐，定然不会有错。可让张亮带一千人马即刻动身。到东都之后，要刻意联络当地英雄，不论街市闾巷，山林湖泽，凡有勇有谋者都要招纳，由我府中多出金帛，资其所用。但又不可大事声张，此事便由李将军安排。"

"末将即刻便去办理。"李勣说道。

秦王又说:"还有一件事,是这场风波提醒了我,我们要下些功夫,在东宫和齐王府内安插眼线,结纳同仁,以不断打探掌握彼方动静。斗争如此尖锐复杂,再不能当聋子瞎子,处处被动。"

长孙无忌道:"我也正想说这件事。此事至关重要,既要大胆物色,又不能打草惊蛇。诸位都要广泛留心,多找些关系。我倒有一个现成的人选,近日便去探探他的口风。"

秦王道:"众人同心,力可断金,这件事就这么定了。不管是谁物色到了合适的人选,为免走漏风声,保护好对方,只可让我一人知道,万不可再扩大知情范围。"

转眼已是武德七年(公元 624 年)六月,京城长安进入了酷暑盛夏。大清早,太阳刚刚冒出头来,大地便开始腾起滚滚热浪。到了中午,烈日当空,更如喷火一般,溽热难当。就连一向比较清凉的皇宫大内今年也变得特别闷热。坐在阴凉通风处,不停地摇着扇子,还动不动就冒出一身臭汗。若是再喝上一杯热茶,立时便会汗如泉涌,黏糊糊地胶着在身上,让你浑身不自在。

已经步入老年的高祖皇上再也耐不住这般酷热。如今是太平盛世,朝廷没有多少急务要办,他决定暂时离开长安,到避暑胜地仁智宫去安心静养,度过这段难挨的日子。

这可是他当皇上以来第一次离开京城,第一次摆脱那些每日里缠绕不休的繁杂政务,他要好好地过几天清静休闲的日子。

他把朝政交给太子建成,让宰相裴寂、陈叔达他们在朝中辅佐。正好借这个机会让建成独立执掌一段时间的朝政,对他也是一个锻炼和磨砺。

他带上秦王世民、齐王元吉以及宰相封德彝、萧瑀和众嫔妃于六月初三日一大早从长安出发,直奔仁智宫。

仁智宫在宜君县,位于长安西北约三百里。这里群峰叠翠,流水潺潺,确是个避暑的好地方。可惜,这些年来变乱不息,战事连年,自己这个当皇上的一直未得闲暇,也没有那份情致前来观光消闲。如今四海无波,天下一统,该好好地享受一下太平天子的清福了。

第十九章　明枪易躲　暗箭难防

高祖皇上一走，摄理国事的太子建成一下子紧张忙碌起来了。不过，他忙的并不是朝廷的政事，而是一些外人都不得而知的事情。

在他看来，这又是一个除掉李世民的好机会，甚至是一个宫廷政变的天赐良机。

昨天晚上，他与李元吉密谋了大半宿。他让元吉趁同行之便在半路上或到了仁智宫之后寻找时机杀掉秦王世民。他则利用居守京师的机会调兵举事，与之呼应，逼父皇让位。临分手时，他又一再嘱咐元吉："安危之计，决在今岁。"

皇上刚刚启程，他便派快马秘密驰往庆州，命庆州都督杨文干招募精壮勇士送往长安，补充他的"长林军"。又派人去幽州，命燕王罗艺发精骑三百到京师，补充东宫警卫，以应大变。

随后，他密令杨文干准备起兵，并派尔朱焕、桥公山二将去庆州为杨文干送去甲胄三千副。

这个杨文干曾任东宫宿卫，是建成的旧部和死党，此时出任庆州都督，手下有兵马万余人。

庆州在仁智宫所在的宜君县北二百余里，而距长安则近五百里。按照建成的计划，就是让杨文干在庆州举事，自己则于长安起兵，然后从南北两个方向夹击仁智宫。高祖和秦王所带侍卫不过千余人，兵微将寡，又有齐王元吉从中接应，此次兵变可稳操胜券。

就在太子建成紧锣密鼓筹划发动兵变的时候，秦王世民的人也没有闲着。

高祖走后的第二天晚间，远离长安闹市的一个小酒馆里突然进来了一位穿着豪华的巨商大贾。颀长的身材，古铜色的清瘦脸膛，颌下三缕黑须疏朗有致。他走进店门，顺手从怀中摸出一块银子往柜台上一放，说道："店家，可有清静的单间？"

"有有有，又干净又僻静，就在楼上。"店小二一见来了财神爷，脸上乐开了花。

"好，就去那间，准备好你店里最好的酒菜。一会儿来位官爷，你把他带上来就是。"

"好嘞。请问客官，席间是否要个唱曲儿的侑酒？别看这地方偏，可有十分水灵的姑娘。"

那人却笑了起来："这次就免了吧。不光不要唱曲儿的，连闲杂人等也别让他们靠近，我们有要紧生意要谈。"

"是，就按客官吩咐的办。"

那人上了楼，在一个装潢典雅的单间中坐下。跑堂的泡上一壶上等的茶便退了出去。他一边慢慢地品茶，一边等人。

这商贾是谁？原来正是李勣。他今夜要见的人却是太子建成的老部下常何，常何曾掌管东宫宿卫，而最近又被建成举荐，去负责戍卫皇宫大内玄武门。

这常何原是李勣的部属，对李勣历来十分敬重，二人的关系非同一般。他武功超群，为人又极为忠厚。随李勣归唐之后，被太子建成看中，挑选为东宫侍卫，此后逐渐擢拔，先是掌管东宫宿卫。最近一些日子，李建成加快了争夺皇权的步伐，便将他作为心腹推荐给高祖，去统领玄武门的戍卫部队。

不一会儿，常何骑马赶来，他仍是一身行武打扮，只是卸去了将军甲胄，只穿普通的士卒衣着。

常何见到李勣之后，便要大礼参拜。李勣连忙阻拦："使不得，使不得，常将军如今是太子殿下身边的红人，身居要职，李勣何许人，敢当此大礼？"

常何道："李将军言重了。常何本是将军的部属，到什么时候也视将军为旧主。更何况，我常何再红也不过是个看家护院的奴才，怎比得上将军叱咤疆场，纵横两军阵前，建功立业于江山社稷？"

二人说着，分别落座。待酒菜上齐之后，李勣让店小二去忙自己的，不招呼不用上来，店小二点头会意，下楼去了。

李勣亲自把盏，为常何和自己分别斟上一盅酒，说道："自入京师以来，你我兄弟一个在外，一个在内，常常不得聚饮。今夜有些空闲，便喝个痛快。"

常何忙端起酒盅，说道："小弟借花献佛，敬兄长一杯。"李勣笑道："兄弟同饮，兄弟同饮。"二人边吃边喝，随意地攀拉着些家长里短。待喝过六盅之后，常何说道："李大哥——恕小弟失礼，我觉得还是这样叫着亲切、实在。大哥今夜约小弟出来喝酒，又跑到这么个偏远之处，必定有所赐教。"

唐太宗李世民

李勣将一盅酒倒进嘴里，慢慢说道："你我原是自己人，愚兄今夜便开门见山。这些日子，贤弟没觉得朝廷之中，特别是太子与秦王之间有什么反常？"

对于李勣的见事精明和深谋远虑，常何是早就知道的。一听他这样说，立时意识到他要谈大事，便正色说道："常何是个粗人，平日里只知道服从军命，恪尽职守，其他的事不大留意。不过，太子与秦王不睦却是许多人都知道的。"

"岂止是不睦，简直是水火不容，你死我活。"李勣变得面色严肃，眼神也变得冷冰冰的，深不可测。接着，他把齐王府里发生的欲行刺秦王的事仔细说了一遍。

常何惊得倒吸一口冷气，接口说道："有这样的事？我怎么连点影子都不知道。"

"这是我的亲身经历，还能有假？他们兄弟阋墙，骨肉相残，必定城门失火，殃及池鱼。我们这些做部将的要跟着倒大霉了。弄不好又要血流成河，千万人头落地了。"李勣摇头叹息着。

"那……我们该怎么办？大哥还要不吝赐教。"

"贤弟勿慌，来，先干了这杯酒。"两人端起酒盅一饮而尽。

"常言道：'人无远虑，必有近忧！'当此山雨欲来、大变在即之时，我们这些为人驱遣的将士关键是要认清成败之势，选准主子。以贤弟看，在太子与秦王二人之中，谁的胜算更大？"

"这……按说，论人品，论德望，论本事，论功勋，秦王都远胜于太子，这是人所共知的。但是，太子毕竟是国家储君，法定的皇位继承人，而且又有皇上的宠信，齐王的支持。最后谁胜谁负，小弟还真看不清楚。请大哥明示。"

"名号、身份都是表象，是暂时的。自古以来，得人心者得天下。要知他们二人最终谁胜谁负，只需看一条即可，那就是谁的身边聚集的人才更多。秦王身边多年来云集了天下人杰，真正是人才济济。文有房玄龄、杜如晦、长孙无忌、高士廉、唐俭及文学馆十八学士等。武有李靖、尉迟敬德、程咬金、屈突通、秦叔宝、刘弘基、王君廓、殷开山、史大奈等。武能定国，文能安邦，哪一个不是当今天下的顶尖人物？更重要的是，这些人忠于秦王都是发自内心的，人人都与秦王知心换命、患难与共。真到了节骨眼上，谁都肯拼将一死以报秦王，这实在是难得啊。从古到今，也有不少帝王赢得了礼贤下士的美名。但据我所知，若论人才之多之精，人心之齐之忠，无论哪一代的帝王，都没有一人能与当今之秦王同日而语。更何况，秦王本人聪明绝顶，文武双全，玄鉴深远，握机果断。又能不拘小节，待友以诚，始终如一。这样的人在神州大地上一千年也未必能出一个。因而，愚兄可以断言，将来拥有四海者，非秦王莫属！"

李勣侃侃而谈，常何不眨眼地听着，不停地点头。李勣再斟一盅酒，径自喝了，又说道："不错，太子身边也有几个很了不起的人物，像魏徵就是群山中的高峰。但他孤掌难鸣，独立难撑。再加上太子许多事并不听他的，何以能成大事？贤弟只要两相比较，这场角逐谁胜谁负不是显而易见的吗？"

常何呆坐在那里，多时没有说话。李勣说的这些他从来没想过，更没有听任何人说过。乍听起来，真如醍醐灌顶，茅塞顿开。

沉默了多时，他突然站起身来，端起一盅酒，对李勣说道："大哥，你的话小弟深信不疑。下一步该怎么办，该做些什么，小弟全听你的。我再敬大哥一杯。"

李勣痛快地把酒喝了，让常何坐下，笑着说道："其实，眼下也不用做什么。愚兄只是提醒你心中有数就是了。将来秦王用你之时，自会有人告知你。切记，目下要深藏不露，自我保全为要，勿使太子生疑。"

常何激动不已，说道："大哥放心，秦王凡有驱遣，小弟万死不辞。"

当下，两人又喝了一阵子酒，见夜色已深，才相互告辞而去。

就在李勣说服常何后没有几天，长孙无忌也把东宫中的另一个重要人物拉入了秦王的阵营。此人是掌管东宫机要的太子率更丞王晊，他与长孙无忌是同乡，一向关系密切，又对秦王十分敬重。所以还没等长孙无忌说了几句，他便明白了来意，痛痛快快地说道："长孙兄无须多言，良禽择木而栖，良臣择主而事。从此以后，小弟愿唯秦王马首是瞻，赴汤蹈火，义不容辞。"

尔朱焕与桥公山奉了太子之令，带了百余步卒，将三千副甲胄分装在五六辆大车上，于深夜离开长安，向庆州押送。

他们不走大道，只走偏僻小路，昼伏夜行，以免露了形迹。从长安到庆州，中间要经过宜君县，正是皇上避暑的仁智宫所在地，不能不格外小心。这可是谋逆，是举兵造反。一旦事泄，不光自己要脑袋搬家，全家老幼都会惨遭屠戮，甚至会祸连九族。

一路上，尔朱焕的心一直在突突乱跳，一想到谋反不成的下场，便觉得脊骨冰凉，浑身战栗不止。越接近宜君地面，这种深深的恐惧便越不能自抑。

他让兵士们在前面走着，自己与桥公山慢慢地跟在后面，渐渐拉开了一段距离。

"老弟，你觉得咱们这趟差使如何？"尔朱焕轻声问道。

"我正要同老兄商量呢。还能如何？明摆着是掉脑袋的差使。"桥公山知道尔朱焕的心事，便直言说道。

"掉脑袋？光咱们掉脑袋是轻的，这可是满门抄斩、株连九族的勾当。"

"老兄要想想法子，咱不能睁着眼往火坑里跳。这算是什么事？谋逆篡位，举兵造反，就算成功了，咱们送几副铁甲算不了什么大功劳。一旦失败，便是杀头之罪。就是死，也不能这么个死法，落个不忠不孝、不仁不义的千古骂名。依小弟之见，我们不如三十六计走为上，逃回老家种地算了，好歹也能保住这条命。"桥公山又气又怕，显然已经乱了分寸，不知如何是好。

"逃跑不是办法，如今天下太平，哪里能够藏身？再说，他见我们潜逃，害怕事泄，会不顾一切地到处缉捕，随便加个罪名都能将咱们灭口。咱这百十号人一个也别想活命。"

"那该怎么办？难道大活人真要让尿憋死？"

"眼下只有一条路可走。前面不远便是仁智宫，咱们去见皇上，揭发此事，或许能救得自己。"

"向皇上揭发？他们可是父子，能信咱的？"

"就是有一线希望，我们也得试试，就算撞大运吧。再说，有这三千副甲胄做现成的物证，又是这么惊天动地的大事，我不信皇上能那么糊涂。"

"好，小弟就听大哥的。一切听天由命吧。"

于是，他们一行人不再走乡间小路，干脆转到官驿大道上，直奔仁智宫而去。

高祖听尔朱焕、桥公山奏完太子欲行兵变之事，如同头顶上炸响了一个焦雷，又惊又怒，更感到深深的悲哀。他不相信自己的儿子会做出这种大逆不道的事情，可是人证物证俱在，这是铁一样的事实。这几年，他最担心、耗费了许多心血想要杜绝的事情还是发生了。这就是帝王家的骨肉亲情，父子人伦？为了这个皇位，就如此的迫不及待，连忠孝廉耻都不要了，这个畜生！

高祖立即降诏，说自己龙体欠安，命太子建成立即赶来仁智宫见驾。

接到高祖的手诏，建成一下子慌了手脚，不知如何是好。他万万没有想到，跟随自己多年的尔朱焕和桥公山会背叛了自己，如此机密的大事会这么快就泄露了。他连夜召集身边的谋士们商量对策，心惊肉跳地说道："大事已泄，大祸将至。孤若不保，诸公恐难免池鱼之灾。当此之时，汝等以为该如何才好？"

谋士徐师慕高声说道："事已至此，殿下已无退路。干脆据城起兵，背水一战，或可幸免一死。"

另一个谋士赵弘智却说道："殿下万不可造次。如今皇上健在，京师兵马有多少能听殿下调遣？且一旦举事，秦王李世民必下令四方之师勤王，内外呼应，孤城难保，我等死无葬身之地矣。"

"那怎么办？难道只能引颈受戮，坐以待毙？"徐师慕反问道。

"不然。依在下来看，眼下唯一的出路就是殿下轻装简从，急赴仁智宫面圣谢罪。"

"孤这是谋逆篡位之罪，父皇必不肯赦，此去岂不是自投罗网？"建成面色苍白，一副惊慌失措的样子。

"殿下只推说与秦王交恶，为其所逼，只想举兵除去秦王，并不敢觊觎皇上之位。以皇上之宽厚仁慈，或许能免一死。只要暂时保住了性命，过了这道坎儿，以后再徐图大计。"

太子建成思来想去，也只有这一条路可走。便带上随从急忙向宜君县进发。到了离仁智宫只有六十里的地方，他将多数随从留在那里，只带了五六骑近侍心怀忐忑地向仁智宫走去。

在建于半山坡的大殿里，高祖李渊脸色铁青、怒气冲冲地面南而坐。身边的大臣们都回避了，太监宫女也都躲得远远的，只有几名贴身侍卫持刀亮剑，杀气腾腾地立于两侧。

李建成免去冠带，解下佩剑，徒手走进大殿。刚进殿门，他便扑通一声跪在地上，一边号啕大哭，一边膝行而前。将近御座，即小鸡啄米似的叩头谢罪，以至于连前额都磕破了皮，渗出了殷红的血水。

"孽畜！你身为太子，国之嗣君，为何还要举兵谋反？朕这么一大把年纪，难道你连几年都等不了，非要弑君篡位不可？"

"父皇，儿臣有罪，罪该万死，但实在是出于无奈。二弟世民功高势大，凌逼日甚。父皇在世之日或可无忧，他日您百年之后，儿臣莫说是继位大统，怕是连身家性命都难以自保。儿臣此次举兵无非是想除掉世民，以求自保，并非针对父皇，更无篡权谋位之想，还请父皇明鉴。"

"一派胡言！你与世民君臣名分已定，世民乃识大体、重亲情之人，何曾有凌逼之事？你无端猜妒，同室操戈，气量狭小而心地阴鸷，他年何以继我大唐江山？"高祖余怒未息，根本不信他这套鬼话。

"儿臣自知罪孽深重，父皇既不肯饶恕，今日唯有一死，以谢罪明志。"建成声泪俱下，一边说着，一边重重地磕了三个响头，爬起身来，奋力向身边的立柱撞去。

事情来得太突然，高祖身边的侍卫未及拦阻，建成一头碰在圆柱上，轰然倒地，顿时头破血流，昏死了过去。

高祖见此惨状，一时愕然，愣怔了多时，才叹了口气说："唉！这又是何苦呢。连命都不要了，还争什么权？"说着，竟流下了两行热泪。

建成伤势并不重，不过是皮肉之伤，经太医敷药止血，很快便没事了。

他虽然上演了一出苦肉计，但高祖并不肯饶恕他。毕竟是起兵造反，在大唐王朝建立以来，这还是绝无仅有的，此风断不可长。

于是，他下令将建成囚于一座偏殿，并让人严加监管，不许他与任何外人见面，互通信息。

接着，高祖下令，让司农卿宇文颖星夜驰往庆州，向杨文干晓以大义，召他速来仁智宫觐见。

诸事安排好后，高祖却陷入了沉思。他身历乱世，老于世故，前朝隋廷父子相残、兄弟相煎的血迹未干，殷鉴不远。宫廷斗争的极端残酷和复杂使他不能不对这件事做各方面的设想。

建成说秦王世民对他凌逼日甚，这自然是为了开脱罪责的攀咬，但也不是毫无道理的信口雌黄。他们兄弟间的不睦和明争暗斗确实也有日趋严重的迹象。

今日建成率先发难，必定刺激世民，弄不好就会引燃一场宫廷政变的熊熊大火。世民会不会借建成被囚禁之机，以讨伐叛逆为名，乘势起兵，既杀死建成，又逼自己退位呢？咳！自己这三个儿子哪一个都不是省油的灯，谁知道以后会发生什么事？至少，今天夜里，仁智宫就像坐落在火药堆上，危险万分。

一念及此，高祖顿时冷汗直流。他立即秘密传旨，让数百名贴身侍卫连夜到他的寝宫集合。夜深之后，他带上尹德妃和张婕妤，并未告知任何朝臣，出了仁智宫，悄悄地向南疾行数十里，在一片密集的松林中过了一夜。直到第二天日上三竿才又回到仁智宫。这一夜，高祖的心里一直七上八下。他自己也说不清是在担心谁，若是三个儿子真的对这个皇帝宝座生了觊觎之心，那么，世民将更加可怕。

高祖皇上的担心并不是杞人忧天。太子谋逆的消息传来，秦王世民的左右自然而然地意识到，他这是要置秦王于死地。程咬金、尉迟敬德等将领纷纷求见世民，要他乘机起事，举兵诛杀建成、元吉，以绝后患，甚至连建成的一些旧部也来献策，请秦王早定大计。

世民没有答应他们，只是淡淡地说："太子自绝于朝廷，自绝于皇上，玩火而致自焚。他不仁，我不能不义，做出不忠不孝之事，有失臣子之道，让后世唾骂。"

而他的心里却在暗笑太子的愚蠢鲁莽。他断定，建成行此大逆不道之事，足以断送他的太子之位。若建成的储君之位被废，自己被立为太子是天经地义、顺理成章的事，何必再去冒天下之大不韪，徒惹非议呢？

于是，他将众人婉言劝走，自己躺到铺上美美地睡了一宿。

司农卿宇文颖一行快马加鞭，几个时辰便赶到了庆州。杨文干的军营之中已经剑拔弩张，充满了一触即发的火药味。

宇文颖见到杨文干，急忙宣读高祖诏命，令杨文干火速前往仁智宫。

杨文干冷笑一声道："司农大人，皇上要杀我，我却乖乖地送上门去，请问，世上有这么便宜的事吗？"

宇文颖说道："太子事泄，如今已被囚禁。将军势孤力单，以区区万余人马反叛朝廷，岂非以卵击石，蚍蜉撼树？望将军三思，万不可一着不慎，铸成千古大错。"

"没什么可三思的。轰轰烈烈干一场，死于乱军之中，也比束手就擒好得多。士为知己者死，文干深受太子之恩，情愿以死相报。如今是箭在弦上，不得不发，宇文大人再勿多言。看在你我多年相交的份上，我不难为你，速回宜君复旨去吧。"

宇文颖还要多说，杨文干却勃然变色，怒道："若再啰唆，文干便要先斩来使以祭军纛。"

见劝说无望，宇文颖只好火速返回仁智宫，禀知高祖："陛下，恕微臣无能，无功而返。杨文干铁了心要与朝廷为敌，如今已叛旗高树，磨刀霍霍了，还望陛下早做准备。"

高祖叹了口气道："树欲静而风不止，这么大个国家，总有些人不肯安分。这事怨不得你，你且退下吧。"

宇文颖走后，高祖立即降旨，命钱九陇和杨师道各率精兵两万征讨杨文干。

大军开拔之后，高祖却仍不放心。过了两天，亦即六月二十六日，高祖在沁凉殿召见秦王世民，商议如何应付目前的局势。

秦王说道："父皇勿惊，杨文干无知愚夫，逆天行事，失道寡助，一条小泥鳅翻不起人浪头。今有钱儿陇和杨师道二位将军前往讨伐，必能一鼓荡平。"

高祖却摇头道："此事不可小觑。杨文干诚不足虑，然事连太子，恐应之者甚众。若不及时将这场叛火扑灭，一旦成为燎原之势，朝堂震动，生灵涂炭，怕又要大动干戈，再费周折了。朕意还是你亲自前往征讨。平贼之日，朕欲立你为太子。唉，想不到你大哥如此不成器。但朕不能学隋文帝，自诛其子。建成虽不肖，朕不杀他，只封他为蜀王，令其徙居巴蜀。蜀兵素弱，谅他也酿不成大祸，他年他若能老老实实地事你为君，你可保全他。若不肯事你，你该怎么处置便怎么处置，铲平他也易如反掌。"

秦王静静地听着，他知道这是父皇掏心窝子的话。但这是在叛乱又起的非常时期，待叛乱平息之后还能是这个态度吗？那就不得而知了。

因此，他不能顺着这个话题往下说，好像自己出兵平叛是以立太子为条件似的，便接口说道："父皇，那是后事，该如何办，以后再说不迟。眼下的急务是平息杨文干叛乱。既然父皇如此不放心，儿臣明日便赶往庆州。"

六月二十七日，秦王世民带上尉迟敬德、程咬金等几员大将风驰电掣般向庆州奔去。他没再多带人马，在他看来，歼灭杨文干有钱、杨二位将军所带去的三四万人马已经绰绰有余。

世民走后，高祖觉得浑身像散了架似的，精疲力尽。自己原本是来避暑的，想过几天清闲日子，在这个凉风如洗的深山别宫里好好地享受享受，以度过这个溽热难熬的酷暑盛夏。想不到竟发生了这样一件惊心动魄的大事，简直像在他心里放了一把大火，烧得五内如沸，焦头烂额。这算是避得哪门子暑？

好在世民已领兵前往平叛，自己可以略略放心了。他坚持要秦王亲自领兵，并不仅仅因为秦王善于行兵布阵，每战必胜。高祖也知道，对付杨文干这只小鸡，用不着一柄杀牛利刃。世民出征既避免了他们兄弟近在咫尺随时都可能发生的意外，又可依靠世民讨平叛乱。这是他在大变突发的情况下精心设计的一步一举两得的妙棋。

他从御座上摇摇晃晃地站了起来，在几个太监的簇拥下向尹德妃的寝宫蹒跚而行。在这个身心疲惫的时候，他十分需要女人的慰藉。

刚步入寝殿，尹德妃早迎候在那里。她快步抢过来搀扶着高祖慢慢地踱进内室。

宫女们泡好香茶端上来，见尹德妃向她们使眼色，便悄悄地掩上殿门，退了出去。

"陛下，天太热了，把衣衫都脱了吧，这里又没有外人。"

……

待高祖喝了几杯茶，尹德妃依偎着他问道："陛下，太子的事您打算怎么处置？"

"朕不会杀他，但他这个太子是不能再当了。朕不能把大唐的锦绣江山交给这么个不忠不孝的东西。"

尹德妃沉默了多时，突然伏在高祖的怀里嘤嘤哭泣起来，热泪一串串地落在高祖宽厚的胸脯上。

"爱妃，你这是怎么了？"

"完了，臣妾母子们是完了。皇上，看在这些年恩爱相处的份上，您无论如何也要救救臣妾母子。"这尹德妃已为高祖皇上生了一子一女，儿子已经四岁了，女儿也一岁多了。

女人的眼泪有时候具有极大的威力，它可以泡软英雄们铁石一样的心肠。高祖一时慌了，忙搂住尹德妃着急地问道："爱妃何出此言？有什么事慢慢说。"

"太子建成一旦被废，接替他的自然是秦王，皇上是知道的，那秦王与臣妾历来不睦，自从家父与杜如晦发生冲突之后，他对臣妾更是恨之入骨。皇上百年之后，臣妾母子落到他的手里，哪还有半点活路？皇上，就算臣妾不被厚待，这些孩子可都是您的亲骨肉啊，您无论如何要救救他们。"

这一次轮到高祖沉默了。尹德妃说的不是没有一点道理。世民对这两个女人肯定会怀恨在心，自己一旦归天，世民继位做了皇帝，她们母子若是无人保护，还真难说会落个什么下场。

见高祖不说话，尹德妃抹了把眼泪，又说道："皇上，依臣妾看，太子并不是那种不忠不孝之人。他对于陛下一向忠心耿耿，孝心可嘉。这些年来对您的旨意他何曾有半点违逆？什么时候不是言听计从，百依百顺，极尽人子之礼？这次出事太子绝不是想谋夺皇位，怕是另有原因吧？"

"你说说看，是什么原因？"

"秦王势焰熏天，从来不把太子放在眼里。太子心中害怕，每日里如坐针毡，唯恐不能自保。倘若他一旦失势，不仅会丢掉太子之位，恐怕连妻子儿女的性命都难保。情急之下，又受了左右不明事理之人的教唆，才做出这种事来，也是一时糊涂，皇上还要三思才是。"

高祖有些犹豫了，其实，尹德妃说的这些道理他心里也想过，其中确实有些是实情。但是，像这样的大事，他不会对后宫的嫔妃们信口表态，便说道："好了，别说了。朕未必一定要废他的太子，先圈禁他几天嘛。这么大的事还得容朕仔细想想。"

第二天，高祖没有去前殿议事，一个人躲在后宫里饮茶纳凉。

齐王李元吉来到了后宫。这次随驾仁智宫，按太子建成的吩咐，他是要在半路上或到这里之后伺机刺杀秦王。但秦王身边的尉迟敬德和程咬金像是哼哈二将，始终跟着他，形影不离。驻跸仁智宫之后，更是戒备森严，使他一直没有机会下手。

李元吉本来就焦躁异常，想不到大哥建成又事泄被囚，更使他惊恐愤怒，怨恨交加。

他想见父皇，又怕火上浇油，更触怒皇上，对太子不利，便先设法见了尹德妃，让她从中周旋。听尹德妃传出消息，说皇上已有了活络话，这才大着胆子来后宫求见父皇。

"朕累了，要一个人清静一会儿，你又来干什么？"高祖一见他来了，就猜到了来意，不耐烦地说道。

"儿臣一来是看望父皇，二来是……"

"二来是为你大哥求情，对吧？"

元吉嘻嘻笑着，走到高祖面前说道："父皇未卜先知，神仙一般，孩儿敢用脑袋担保，大哥对父皇唯忠唯孝，绝无二心。他虽然不该这么做，可绝不是冲着父皇的。父皇的本意就是要大哥继位，他为什么还要对父皇心怀不轨？大哥多次对儿臣说过，他这个太子之位全靠父皇给撑着。若是没有父皇，早给别人抢走了。大哥这样做不过是为了自卫，有人早就要对他……"

"好了好了，朕心中有数，你回去吧。"

可元吉并未离开，仍在那里撒娇装痴，胡搅蛮缠。他是窦氏所生的最小的儿子，从小便死了亲娘，高祖对他便娇惯了些，他缠着高祖苦苦哀求，一会儿笑，一会儿哭，说什么自己从小就跟着大哥，相依为命，父皇若废了大哥，连自己也没命了。

高祖无可奈何，只好答应与朝臣们商议商议。

元吉走后，高祖立刻穿戴好，来到前殿，宣旨封德彝单独觐见。

待封德彝行过大礼后，高祖问道："封相，太子怂恿杨文干起兵，可是冲着朕这个皇位，要来逼宫夺权的？"

封德彝察言观色，听高祖的话音，已经没有了那种怒不可遏、非要废太子不可的意思，便从容地说道："陛下，依老臣之见，太子似乎并没有逼宫篡位的意思。这次变故充其量是一场兄弟之间争权夺利的倾轧。"

"那么，依你看来，朕该怎么处置？太子该不该废？"

"陛下，承统之事关乎大唐万年基业，老臣本不敢妄言。但事涉江山社稷，为人臣者又不敢不竭忠尽智。既是兄弟之争，便算不得谋逆。双方都在争夺，只是形式不同罢了。皇嗣者，国之根本，不到万不得已不可轻废。不废则稳，废之必乱。此乃臣之管窥之见，还请皇上定夺。"

高祖长舒了一口气，沉沉地点了点头。封德彝毕竟老到，他这席话里，至关重要的"既是兄弟之争，便算不得谋逆"这句使高祖心中蒙着的一层薄纸被一下子捅破了，顿觉豁然开朗。既不是谋逆，一切都好办了。

几天以后，高祖释放了建成，只是痛骂了一顿，责其不该"兄弟不睦"，并未加罪。且令其立即回京，仍以太子的身份镇守长安。

不过，这毕竟是一件惊动朝野的大事，如此草率处置未免太说不过去。因此，高祖皇上便找了几只替罪羊，将建成的过失归罪于太子中允王珪、左卫率韦挺和天策府兵曹参军杜淹，将他们一并流放，此事便不了了之。

杜淹本是天策府的官员，是秦王的人，与太子作乱的事八竿子打不着边，居然也稀里糊涂地连带遭贬。据说，高祖认为他是杨文干的同乡，有知情不举之嫌。高祖为什么要这么做，朝臣们都莫名其妙，议论纷纷。有人认为他这是有意对太子和秦王各打五十大板，也算是一种摆平关系、寻求稳定的权宜之计。

十几天以后，秦王李世民与钱九陇、杨师道等将领胜利班师，回到了宜君县。

杨文干的叛军根本不堪一击，几乎是一战而溃。这种毫无意义的叛乱不得人心，士卒们既无斗志，又人人厌战，双方人马刚一接战，杨文干的部属们便纷纷倒戈。不是投降，便是逃走。杨文干见大势已去，只身逃到山林深处，自刎而死。

高祖皇上单独召见了世民，对他在关键时刻又一次为国家的安危建功立业深表欣慰，慰勉有加。但是，他却绝口不再提起废立太子之事。

秦王见父皇的态度与自己出征前已判若两人，知道事情又发生了新的变化，不禁感到一阵阵齿冷。然而，当父皇的食言，做儿子的又能说什么呢？他还能以这点战功为资本去追究父皇前面的许诺吗？

世民只好装得高高兴兴，对父皇的夸赞诚惶诚恐，又若无其事地同父皇聊了些别的便告辞出宫。

烈日炎炎，如汤煮火燎般的盛夏终于过去了，起码在夜间或清晨，人们已经感觉不到那种窒息般的闷热和难受了。一阵阵清爽的凉风袭来，令人心旷神怡，通体舒泰。

在仁智宫避暑三个月之后，高祖率领着文武臣僚和女眷随从们终于摆驾还朝，又回到了京师长安。

经过了那场叛乱事件之后，太子建成似乎变得安分多了。不仅上朝下朝按部就班，协助父皇理政勤勤恳恳，事事处处对父皇毕恭毕敬，而且对二弟世民更是和和气气，亲亲热热。每日在朝堂之上讨论一些政务，兄弟二人的看法几乎都是不谋而合。建成好像更显示了一个大哥的宽厚和大度，在许多事上有意避免与世民争执。世民当然也很懂得尊让，仍把大哥当储君看待，事事竭尽臣弟之礼。

高祖心里欣慰多了。这些年来，他多么希望自己这个帝王之家能像普通小户人家那样父慈子孝，兄友弟恭，一家人其乐融融，和睦相处。现在真的有那么点意思了，这可真难得啊。

高祖皇上的喜悦和欣慰是不言而喻的。他想趁热打铁，进一步加深他们兄弟间的亲热雍睦，并让它永远保持下去。

进入深秋之后，一天，高祖皇上突然决定去城南围猎，让太子、秦王、齐王和其他六位较大的王子也都同去。他的用心当然不在狩猎，也不在散心游玩，而是要借此加深父子兄弟间的亲情。

城南山林是个理想的天然猎场，山势平缓，杂草丛生，深可没膝。高大的白桦、桐树、松树等粗壮挺拔却不密集。野兔、狐狸、麋鹿、羚羊等时时出没于草木之中。而像虎豹、豺狼之类的凶残动物却很少，对行猎者不会构成什么威胁。

来到猎场，稍事休息以后，高祖便命三个儿子驰射角逐，以获得猎物的多寡来判定胜负。

一声令下，太子、秦王、齐王等皆骑马而出，各带侍从向深林中疾驰而去，四处搜寻着目标，一旦发现，立即张弓搭箭。不一会儿，漫山遍野便这儿那儿地响起了侍从们的喝彩声，此起彼伏，绵延不绝。

一条梅花鹿被众人惊起，从深厚的草丛里跳起来，慌不择路，竟箭射一般向高祖所坐的观猎席飞奔而来。一看这儿人多，又突然掉头，惊恐万状地向南折去。

高祖本想观看儿子们射猎，见此情景，也禁不住技痒，不顾左右侍从的苦劝，竟翻身上马，向着梅花鹿消失的方向追逐而去。虽说已上了年纪，毕竟戎马一生，一旦跨上马背，立时恢复了当年叱咤沙场的英武，东奔西逐，兴致勃勃。

父子们围猎近两个时辰，各自满载而归。收获最丰的要数齐王元吉，除了野兔、山鸡、羚羊这些小动物与两位哥哥的数量差不多外，还兜捕了两只弥足珍贵的蓝狐，一公一母，正可填补皇家禽苑的空白。

高祖皇上十分高兴，命人取来黄金十斤赐予元吉，以示褒奖。

众人休息了一会儿，看看天近正午，正准备就地野餐，这时，太子建成却笑着走到世民面前，说道："二弟，我有一匹胡马，矫健雄壮，迅若奔雷，一跃可越十丈之涧，只是性情暴烈，无人能骑。二弟素来善于骑射，愿否试乘之？"

"真的？有这等好马，为何不乘？"秦王一下子来了精神，他爱马成癖，对桀骜不驯的烈马更是情有独钟。

建成命人将胡马牵来，果然是一匹好马。体态矫健，四肢修长，行走跳跃之间宛若游龙。浑身赤红，毛色锃亮，在烈日的映照下熠熠闪光，犹如一团熊熊燃烧的火焰。

秦王大喜，急不可耐地将马缰接在手中，纵身一跃，轻轻地跨上了马背。

他轻抖马缰，正欲纵情驰骋，不料那马歇斯底里地长啸一声，马颈高昂，前腿腾空，竟当地直立起来。紧接着，前蹄突然落地，腰身猛拧，在原地旋风般地转了大半个圆圈。

世民猝不及防，还没弄清是怎么回事便被甩出了数丈之外。

众人都"啊"的一声尖叫，个个大惊失色。高祖也猛然站了起来，心中惶急。这一重摔弄不好便会造成伤残。

但当他把目光落到秦王身上时，却不禁笑了。世民完好无伤，正两腿成弓步，牢牢地钉立在那里。

不过，世民却恼了，这匹马如此顽劣，竟敢让自己当众出丑。他默默地走回来，也不与众人搭话，突然箭一般窜上了马背。

那胡马故技重演，又是抬前腿，拧腰背，后尾又摆又甩。但秦王双手死死地抓住了马鬃，整个身子像胶一般粘在马背上，任其使尽千般花样，就是甩不下来。

胡马也恼怒了，自它出生以来，大概是第一次碰上这样凶恶的驭手。它将马头一俯，长尾一摆，突然发疯似的向西面那片山林中冲去。

一直跟随着秦王的侍卫长雷永吉一看不好，也急忙翻身上马，尾随着紧追了过去。

待他提心吊胆地赶上秦王，却见那胡马已在一株老柏树下停了下来，正在呼呼地喘着粗气。马尾在后面轻轻地摇晃着，完全是一副被驯服的样子。

见雷永吉来了，秦王冷冷一笑，对他说道："看见了吧，这就是手足之情。他屡次害我却不曾得手，今日却欲以此马杀我。奈何死生有命，又焉能伤我？"

雷永吉是他多年的贴身侍卫，向来无话不说。因此，秦王才在此旷野无人之处借机发泄一下对建成的不满。可他却没有想到，就在不远处的树后，正躲着一个李建成的侍从。他是去追逐一只中箭逃逸的羚羊，没有追上，刚刚垂头丧气地赶回来，恰恰把秦王的牢骚一字不落地听了去。

当天夜里，建成的那名侍从便把秦王的话对他说了。建成没有多说，只嘱咐他不要对外声张。

第二天建成瞅个机会，去见张婕妤，二人密谋了多时。

待高祖散朝之后，张婕妤派个宫女去请皇上到自己宫里来，说有重要的事要面奏皇上。

高祖并未在意，他以为是自己已多日未去她那里，张婕妤便找了个借口要见自己，于是便叫了一个太监陪着，慢慢地向张婕妤的寝宫走去。

张婕妤早已把下人们都打发走了，见皇上进来，忙跪地迎驾。

高祖将她拉起来，相拥着走进内室。坐下后，将她揽在怀里，一只手爱抚着她的满头秀发，亲昵地问道："你这是又想朕了吧？"

"臣妾思念陛下，日夜望穿秋水。不过今日见陛下却是有件大事。"

"什么事，说吧。"高祖以为她又要讨封，这些女人哪里都好，就是太贪得无厌。

"臣妾听说，秦王昨日在行猎场上曾被马摔倒在地，可有这事？"

"嗯，不过有惊无险，怎么了？"

"秦王对他的左右说：'我有天命，方为天下主，岂会被一匹马摔死？'皇上，秦王久蓄篡位之心，不能不防。"

"什么？他真是这样说的？你身在后宫如何得知？"

"昨日去狩猎的又不是一个人。许多侍从都亲耳听到，连臣妾家里的人都听说了，专门进宫告知臣妾，要臣妾提醒陛下。"

高祖顿时勃然大怒，刚刚因为父子兄弟间的关系渐趋融洽而恢复的心境一下子被打得粉碎。看来，这个居功而骄的世民一直包藏着夺嫡之心，此事不能不管。

"来人！"

"奴才在，"一个太监听见皇上暴雷般的喊声，慌慌张张地跑进来说，"皇上有何吩咐？"

"速去传秦王，让他即刻进宫见朕！"

秦王世民急匆匆地来到后宫，见父皇脸色阴沉地端坐在那里，不知又出了什么岔子，只好陪着小心问道："父皇召儿臣即刻进宫，不知有何急事。"

"也没有什么急事，只是有件事朕得问清楚，你先坐下吧。"

待世民在一旁坐下之后，高祖说道："你身为亲王，国之柱石，自应慎言谨行，为人臣之表率。怎可信口乱说，引得朝野上下议论纷纷。"

秦王困惑不解地问道："父皇，儿臣又说错了什么话？"

"昨日行猎之时，你从马上摔下来，可曾说过'我有天命，方为天下主'的话？你是聪明人，自然知道天子自有天命，如何这般迫不及待，求之过急？"

此言一出，直如五雷轰顶。世民被惊得面色苍白，从座位上猛弹起来，自免冠带，直挺挺地跪在当地叩首说道："父皇明鉴，此乃天大的冤枉，必是有人欲杀世民，才如此恶毒诽谤，造谣中伤。"

"哼，无风不起浪，这样的大事岂能空穴来风？"

"父皇，儿臣昨日骑马遇险，是曾对左右说过'人死生有命，一匹劣马能奈我何'？有人却偷梁换柱，将这话改成了'我有天命，方为天下主'这样的大逆不道之言。儿臣再愚鲁，再浅薄，也断不会当众说出这种杀头的话来。莫说父皇龙体康健，春秋鼎盛，就是您老人家百年之后，尚有太子在，世民哪敢有半分半毫觊觎大宝之心？父皇如此说，让儿臣百口莫辩，唯死而已。不过，还请父皇下旨法司，对此事详加审查。儿臣就此自禁宫中，不回秦府，以免串供。倘若有司审查属实，儿臣愿伏凌迟之罪。"说罢，李世民以头触地，禁不住泪流满面，泣不成声。

见此情景，高祖皇上又犹豫了。是啊，世民一向言行谨慎，别说他未必怀有夺位之心，就是有，也不可能在大庭广众中妄发议论。

看看世民涕泪纵横、满脸委屈的样子，他又不禁心中恻然，一股内疚之情油然而起。本来在世民去征讨杨文干之前，自己曾亲口许诺立他为太子，回来后自己又变了卦，如此出尔反尔，已经很对不起这个孩子了。他能不追究，不计较，像没事儿一样，这已经十分大度，十分难得了。如果在这种空口无凭的传言上再枉屈了他，设身处地地想一想，他该是何等屈辱、痛苦？这孩子一向性情刚烈，若是为此而不胜忧愤，生出不测之疾，那可如何是好？如今虽说天下一统，但仍然潜伏着危机，更何况北面还有突厥人虎视眈眈。大唐的江山眼下还离不开他。

想到这里，高祖慌忙站起身，亲手将世民扶起来，为他拭掉满脸泪水，长叹一声道："唉，朕也是为江山社稷担心，怕出意外，竟是杯弓蛇影、风声鹤唳一般。或许是朕冤枉了你，你也别往心里去，咱们是父子，什么话不能说？你说是吗？"

世民重重地点点头。父皇的话已类似自我检讨，自己还能说什么呢？

但是，他却再一次感到透心凉。父皇为什么如此偏袒建成，谋反也不究，谋杀也不问。而对自己却一而再、再而三地猜忌、防范，一波未平，一波又起，这究竟是为什么？长此下去，自己还能平安无事地坚持多久？这样整天在刀尖上过日子，这条命还能保得几天？自己就要被逼到绝路上去了，下一步该怎么办呢？

次日早朝之后，文武群臣各自散去。太子建成却站在朝堂之外，等世民走近以后，陪着笑说道："二弟，昨日在猎场之上，我不该让你骑那匹胡马，险些让你受伤。今日无甚大事，我在府中略备薄酒，为兄弟压惊，也算为兄向你赔礼，你看如何？"

这可是大年初一头一遭儿，他怎么突然想起请自己喝酒呢？秦王忙说道："看大哥说的，何必这么客气？那马一时犯性儿，大哥怎能预知，何言赔礼？既然大哥有此盛情，小弟便叨扰了，兄弟们在一起说说话也是好的。我回去收拾一下，这便过去。"

"那好，为兄就在东宫恭候了。"

秦王回到府上，将去东宫赴宴的事一说，众人都一齐反对。

尉迟敬德气咻咻地说："这是鸿门宴，殿下万不能去，那厮几次谋害殿下不曾得手，必是又生出了鬼点子。"

程咬金也道："敬德说得对，宴无好宴，酒无好酒，殿下不可轻蹈险地。"

房玄龄、杜如晦等人也都不同意他去，兄弟们的关系已经剑拔弩张，在这个非常时期，必须处处小心，丝毫大意不得。

秦王说道："彼等用心，我岂能不知？凡事预则立，不预则废。我既已有所准备，谅他也奈何我不得。这些人屡屡欲加害于我，父皇终是不信，反而对我猜忌日甚。我以为，这是让他们再次暴露的绝好时机，好让父皇进一步看清他们的用心之毒。同时，也可为我们日后的行动打好基础。"

杜如晦听出了一些弦外之音。"为日后的行动打好基础"，这就是说，秦王已经在考虑以后的大事。他要通过这次赴宴抓住对方的把柄，让皇上看清究竟是谁在不断地挑起事端。更重要的是这样能更多地取得朝中大臣们的同情和支持，以弱者和受害者的角色赢得人心。从策略上讲，倒不失为一着好棋。于是说道："去也未尝不可，不入虎穴，焉得虎子？但要万分小心，处处提防。见势头不对要及时撤身。"

李神通在一旁说道："为防万一，我同秦王去一趟。这是家宴，我去也不属外。毕竟我还在叔父的辈分上，当着我的面，他们或许能收敛一些。倘有不测，也可为秦王援手，遮挡些风雨。"

"那好吧，就让叔父同我一块去赴这个'鸿门宴'。"

午时头刻，秦王世民与叔父淮安王李神通来到了东宫。齐王元吉先到，早与太子建成着急地等候多时了，唯恐李世民临时变卦，不肯赴宴。

这确是他们精心策划的又一次谋杀活动。不过，这一次他们不想再明火执仗，刀兵相加。而是泡好了毒酒，准备在宴席中鸩杀秦王。这种酒无色无味，喝起来与常酒一般。但毒性极强，一旦入腹，百药莫解，必死无疑。

这样做不敢说能瞒过所有人的眼睛，但总比公然杀戮要好得多。因喝酒而暴亡的事在现实中屡见不鲜。若能得手，便推说世民贪杯过量，因隐疾突发而死。父皇与朝臣即使有疑问，人已经死了，也不会再剖腹验尸，认真追究。

更何况，"杨文干事件"之后，父皇已震怒过一次，险些废了自己的太子之位。若是再贸然动武，一旦不成，自己这个太子可就真保不住了。

鸩杀是最稳妥的办法，是眼下的最佳选择。现在，兄弟二人最担心的是秦王不肯上钩。不过，以他一贯刚强好胜的脾气，大约不会自食其言，以示弱于人吧。

建成和元吉正在焦躁地猜度着，便有下人进来禀报："殿下，秦王和淮安王已到。"

建成和元吉急忙起身，迎至中庭仪门之处。行过礼之后，建成对淮安王李神通笑道："叔父也赏光来了，你可是这东宫里的稀客。"

李神通井坑笑道："我算得哪门子客？要说是客，也是个不速之客，是跟着秦王沾光，来蹭饭吃的。"

大家说笑了一阵，在建成的带领走进了客厅。

富丽豪华的大客厅，金雕玉饰，耀眼炫目。当中一张镶银紫檀木八仙桌上早已山珍海味摆得琳琅满目。什么熊掌、驼蹄、海参、鲍鱼、燕窝、鱼翅、鹿脯、驴肾，凡是大内御厨中的名贵菜肴，这里都应有尽有。

"哇，这么丰盛，看一眼都要流口水了。"秦王说道。

"二弟见笑了，天策府里什么没有？天上飞的，地上走的，水里游的，哪样没吃过？这区区薄宴算得了什么？"

众人入席，依次而坐。自然是建成为东，元吉作陪，神通和世民为客。

元吉亲自把盏，为每人斟了一杯。这酒一看便是十分昂贵的陈年佳酿，虽然略呈琥珀样的淡黄色，且稍有点黏稠，却仍是澄明甘冽，清澈见底。一倒进杯里，立时醇香四溢，扑鼻而入。

世民一边同建成说笑着，偶尔扫一眼正在斟酒的元吉。他端着一把小巧玲珑、金光闪烁的紫铜酒壶。这样的壶自己府中也有，在宫中司空见惯，没有什么特异之处。

但他是有备而来，自然要多加小心。他几乎可以断定，这是一把经过改造了的"双芯壶"。壶把上有机关，轻轻一按，倒出来的酒就换了样。给自己斟的是一个壶芯中的，而其他三人则换了另一个壶芯中的。这套把戏已经用了上千年，只能蒙过那些毫无防备的人。

这时候，齐王元吉发话了："大哥，菜都凉了，这酒宴也该开席了。待酒过三巡再唠家常也不迟。"

世民却笑道："我素来不擅饮酒，这你们是知道的，我看咱别忙着喝酒，先吃一气再说。忙活了一上午，我这肚子还真饿了。一杯酒下去，眼看着这么多好东西不能吃，岂不可惜？"

"好，那咱们就趁热先吃一气。"建成说道。

世民真像是饿了，立时埋头大吃，专拣肥腻可口的肴馔，狼吞虎咽。一边嚼着，一边说道："大哥，你这厨子手艺不错，怎么同样的东西他做出来就格外香呢？"

李神通忍不住大笑："我看秦王快变成个孩子了，只要是人家的东西就好吃。"

大家边说边吃，又过了一会儿，建成说道："今日这酒本是为二弟压惊的。正好叔父也来了，也算是家人团聚，父子兄弟同饮。这第一杯酒无论如何都得喝了。"

世民掏出手帕，拭了拭油光光的嘴巴，端起酒杯道："好吧，恭敬不如从命。我虽不胜酒力，但今日高兴，就来个一醉方休。"

李神通也生怕酒中有毒，连忙给世民递眼色，意思是让他找借口不喝，嘴里却说着："秦王既不擅饮，也无须勉强，在酒上不可逞能。"

秦王却不理会，说道："无妨，无妨，人道大丈夫可三日不食，不可一日无酒。我今日便拼将一醉，也做一回大丈夫。"说着，便猛喝一大口，却被呛得连连咳嗽，忙掏出手帕捂住嘴巴，一边说着："献丑，献丑。"

元吉却在一旁兴高采烈地说道："好，这才是二哥的英雄本色。"说罢，也把酒喝了。

大家又喝了几口之后，建成夹了一块鹿脯，放在世民面前的银碟子里，说道："二弟，这东西解酒，你多吃点。"

可就在这时，秦王却突然"哎哟"大叫一声，猛地站起来，脖子一伸，"呼"地喷出了一口鲜血。

世民的脸色霎时变得惨白，黄豆般的汗珠子从额头上冒了出来。开始还捂着肚子痛苦地呻吟着，很快便颓然倒地，不省人事了。

淮安王李神通大惊失色，急忙抱起秦王大喊："世民，你怎么啦？怎么啦？"

建成、元吉也佯装惊慌，七手八脚围了上来："这是怎么了，酒量再小也不至于这样。叔父，你看这事怎么办？"

"快送回天策府，派人叫御医立即赶过去。"李神通说着抱起世民向外冲去。

建成叫来一乘轿子，抬着世民和神通急速向天策府奔去。

回到府里，阖府上下立时乱成了一团。长孙氏一边坠泪，一边用湿巾帕为他擦拭敷额。另一个秦王妃杨氏却吓得六神无主，伏在世民身边呜呜地哭了起来。

或许是这哭声惊动了世民，他终于醒过来了。只见他慢慢地睁开双眼，用混浊无神的眼光看看屋里的人，有气无力地说道："不……不要紧……我……我死……不了。"一句话，惹得长孙氏也忍不住哭了起来。李神通则两手抱着脑袋，蹲在地上掉泪。

待御医赶来时，世民已神志清醒，无甚大碍了。他为秦王号过脉，开了一服中药，说道："急火攻心，血热妄行，喝了这服中药便没事了。"秦王究竟因何吐血，御医实在诊不清楚。从脉象上看，既无中毒症状，也不像有什么病症。但事涉三位皇子，这其中有什么玄奥他不知道，也不敢随便乱说，敷敷衍衍地开了药便急忙告辞而去。

这时，高祖皇上来了。建成和元吉没有直接跟来秦王府，而是径去皇宫，先传了御医，又禀知父皇。他们认为，这次秦王必死无疑，那些鸩酒喝进肚里，就是扁鹊重生，华佗再世，也无能为力了。

但这事出在东宫，他们必须首先告知父皇，演一出猫哭老鼠的假戏，让父皇相信这是一场因饮酒过量而引发的变故，是谁也无法预料的。

高祖皇上急匆匆地走进秦王的卧室，也不理会跪在地上的那些人，径直走到秦王床前，问道："你感觉怎么样，御医是怎么说的？"

世民倦怠地睁开眼睛，挣扎着要爬起来，被高祖双手按住，这才气喘吁吁地说道："父皇莫要担心，儿臣这会儿好多了。幸亏喝的酒大都吐出来了，太医说性命无虞，静养几天就行了。"

"那就好，那就好，你好好地养着，这些日子啥事也别干。"高祖长长地舒了一口气，又回头对建成训斥道："世民素不能饮，你又不是不知，为何让他喝这么多？以后再不准在宫中聚饮。"

"是，儿臣太大意了。父皇教训得是，儿臣谨记在心。"

又坐了一会儿，见世民已没有什么危险了，高祖叮嘱了几句之后便起驾回宫了。

建成、元吉也便告辞。回到东宫以后，元吉跺着脚骂道："他妈的，算他命大。不过这事儿也怪了，喝了那么多鸩酒，吐血数升，居然能起死回生，莫非他真有神助？"

"什么神助，纯属侥幸。这次又失手了，只好等待时机再徐图后举了。"建成阴阴地说道。

秦王卧室里除了家人只剩下李神通还惊恐而内疚地站在那里，也不知说什么好。

秦王让家人们全都退出去，冲李神通一笑，轻声说道："叔父勿忧，我啥事也没有。"

"这……可把我吓死了。我料他们必在酒中做了手脚，一再向你示意，可你就是不听，居然喝了那么多……"李神通不无埋怨地说道。

李世民微微笑道："那可是鸩酒，有剧毒，我若喝了那么多，现在还有命吗？"

"可我明明见你喝了好几大口，当时只好在心里祈祷上天，但愿这酒中没有下毒。"

"毒是下了，不过那酒没咽到我肚里，都在这里呢。"秦王从怀中掏出了一块手帕，那手帕湿淋淋的，像在酒缸里捞出来的一般，酒气熏天。

李神通这才释然地笑了，几乎笑出声来。可转念一想，他又不解地问道："那……你为何吐了那么多血？"

秦王终于忍俊不禁，"扑哧"一声笑了出来："那哪是血，那是朱砂。喝酒之前，我借用手帕擦嘴之机，把一粒朱砂丸悄悄地放进嘴里。用酒在口中一搅拌，那不就是现成的鲜血吗？叔父，我若不饮酒，不吐血，咱们能安然离开东宫？他那里说不定又暗伏着杀手，若是鸩杀不成，难免又是一场血战。"

李神通这才恍然大悟："啊呀我的秦王，你倒是好歹露点口风，险些儿没把我惊煞。"

"提前说破怕是就不灵了，你还能装得那么像吗？这事儿以后也不要说破，就咱爷俩知道就行了。他们以毒酒杀我，让我大量吐血，几至于死。这个黑锅——其实也算不上是黑锅，他们是背定了，而且要一直背下去。"

第二天刚刚散了早朝，因不放心，高祖皇上又一次亲临秦王府。

凭着直觉，他已经意识到，世民这次饮酒吐血，必是建成和元吉从中作祟。看来，他们兄弟之间的明争暗斗越来越激烈，已经到了不可调和的程度。欲使兄弟亲如手足，雍睦相处，只能是自己的一厢情愿，是一场可望而不可即的幻梦。

自己堂堂大唐天子，一代帝王，可以威加四海，号令天下，而面对三个儿子间的钩心斗角却束手无策，一筹莫展，显得如此虚弱无力。他感到可怜、可悲，更加可怕。

见秦王仍然躺在病床上，显得疲惫不堪，他感到一阵揪心的难受。平心而论，他觉得实在对不起这个儿子。自己这个当父皇的已经让他屡受委屈，而建成、元吉又容不得他，数次加害，设身处地地想一想，此时此地，他心里该是个什么滋味？

但他又实在没有法子，真正是左右为难：他既不能废黜建成，从感情上他不愿这么做，更何况还有立嫡以长的传统礼法在约束着他；他也无法再提高世民的地位，因为世民的地位已经达到了人臣的顶峰。

这样，他便陷入了两难之中。昨天夜里他几乎一宿没睡，想出了一个"东西分治"的权宜方案：让世民到东都洛阳去，以陕东大行台的班底，"建天子旌旗"，掌管自陕以东的半壁江山。西面的半壁江山则由建成接管，虽然这样做有可能从此把大唐的江山一分为二，为数代之后埋下战乱的祸根。但总可以平息眼前的兄弟之争，暂时摆平三人的关系。

这是没有办法的办法，总不能在自己的有生之年眼睁睁地看着他们自相残杀，弄得李氏皇族血肉横飞，家破人亡。唉，至于自己百年之后如何，那就管不了了。

高祖坐在世民床前，沉默了多时才说道："世民啊，其实朕心里明白，我李唐发迹太原，攻占长安，得居大位，以及这些年扫荡群雄，一统四海，皆赖汝之大功。朕本想升汝储位，但建成自居东宫已历多年，实不忍夺之，况夺之亦恐致乱。但朕观你们兄弟终是不和，同在京师必有纷争。朕思来想去，欲让你以陕东行台居于东都洛阳，自陕以东皆由你主之，可自建天子旌旗，你以为如何？"

听父皇如此说，世民心中一阵激动。父皇真能这样安排，就目前情形而言，是有百利而无一害。洛阳是自己经营了好几年的地盘，当初攻克此城时，自己有意结交的一批"山东豪杰"多居于此。且洛阳乃形胜之地，长安一旦有变即可出而保之，自己已预先安排温大雅前往镇守，且已命本府车骑将军张亮率王保等前往领兵，这是自己诸多预布棋局中的重要一着。如今若能出居洛阳，自如猛虎归山，蛟龙入海。欲举大事，不仅自己手中握有重兵，而且天下将帅也多是自己心腹，可一呼百应。而羁留于长安，却一直处于父皇和太子势力的阴影之中，不光难以施展身手，还要处处提防被人暗算。

因此，对父皇的这一安排，秦王打心眼里是欣然接受的，但他不能不做一番假意推辞。高祖刚说完，秦王便流着泪说道："父皇今日之授，实非儿臣所愿。身在京师，天颜咫尺，与父皇可以天天见面。一旦去了洛阳，远离膝下，让儿臣如何忍心？"说罢竟放声大哭，泪如泉涌。

高祖也不禁为之动容，怅然说道："朕乃四方之主，天下为家。东西两宫路途不远，何时想你，朕自会前往，亦可召汝来京，何必如此悲伤？"

秦王只好擦掉眼泪，说道："既然父皇执意要儿臣前去，也为了让太子放心，从此不再猜忌世民，世民遵旨前往就是了。"

然而，就在世民让天策府的上上下下紧张忙碌地打点着，准备赶赴洛阳而尚未成行的时候，齐王元吉却连夜来到东宫，对太子建成说道："大哥听说了吗，父皇欲令世民出居洛阳。"

"听说了，怎么啦，这不是好事吗？父皇将他逐出京师，我等正可邀欢固宠，结交群臣。"

"大哥好糊涂啊，你想世民一旦去了洛阳，既有甲兵，又有地盘，必成日后大患。而留在京师不过一介匹夫，欲图之总是容易得多。"

建成恍然大悟："四弟言之有理，决不能放虎归山。"

"大哥得赶紧去见父皇，极谏此事，否则悔之晚矣。"

建成却摇摇头道："不，这个时候我们不宜再出面，中毒事件刚发生，父皇正在气头上，我们再去谏阻，不是找着触霉头吗？"

"那怎么办？"

"这事得让朝臣们说话。"

很快，裴寂和御史台的几个朝臣纷纷上书高祖，说秦王手下的将士多是关东人，一听说要去洛阳，一个个雀跃欢呼，喜形于色。观其情况，秦王自今一去，恐怕再无归期，国家也怕从此永无宁日。

看着这几份奏疏，高祖一下子呆住了，这种情况不是不可能发生。自己只想到了秦王不会做出那种拥兵自重、反叛朝廷的事来，但却忽略了他身边的那些将领和谋士。经他们一再怂恿，保不定会马上起兵，刚刚太平了几年的大唐天下又会干戈纷扰，战火频仍。自己这样做是为平息兄弟之争，到头来却引起了国家战乱，岂不要铸成大错？

他一下子改变了主意，立即下旨，让秦王停止东行，这件事于是又不了了之，就此搁浅了。

秦王有一种再一次被愚弄的感觉，愤怒和屈辱咬啮着他的心。

他感到了一种深深的痛苦和悲凉。不止一次他想拍案而起，大声疾呼，进行痛快淋漓的反击，以泄胸中愤懑。

但他还是强自隐忍着。愚弄他的不是别人，而是当今皇上，是他的亲生父亲。

他实在想不通，父皇为什么这样一而再，再而三地言而无信，偏袒建成和元吉？他们在磨刀霍霍，步步紧逼，甚至已经肆无忌惮地把刀架在了自己的脖子上，你当父皇的却总是视而不见，装聋作哑。

不错，父皇是为了尽量保持和维护眼前的稳定和表面上的一团和气。但这样一味地偏袒，靠压制一方来寻求暂时的平衡，只能是饮鸩止渴，就像在不停地堆放火药，埋下导火线，总有一天会引发一场惊天动地的大爆炸。

秦王在郁闷和烦恼中苦撑着，小心翼翼地提防着，直挨到了武德八年（公元625年）的年末。

然而，太子建成和齐王元吉却不肯有所收敛。

他们把秦王的忍让看成了软弱可欺，而把父皇的偏袒视为有意放纵，便进一步加紧了行动，开始了紧锣密鼓的攻势。

十一月的一天，齐王元吉入宫求见父皇，狠狠地告了秦王一状。

"父皇，儿臣得知，天策府车骑将军张亮在东都洛阳密谋造反，朝廷不可不防。"

高祖皇上立时被惊得心中突突乱跳，谋逆造反的事一下子便能触动他那根绷得最紧、最敏感的神经。

"消息可靠吗？这样的事可不能乱说。"

"绝对可靠。张亮受秦王差遣赴洛阳将兵。一年多来，他大量散发金帛，结交山东一带的不法之徒和不三不四之人，为秦王广树私恩。更严重的是，他招降纳叛，收兵买马，阴蓄武力，志在有朝一日与京师长安的作乱势力内外勾结，东西呼应。"

"嗯，朕知道了。你且回去，此事对外人一字不可提起。"

对于举兵谋反之事，高祖向来都不心慈手软。张亮是否谋反，当然不能全凭元吉的一面之词。但风不来树不响，是不是真有此事，要审一审才知。

他立即降旨，将张亮锁拿进京，下入大牢，让刑部严加审讯。

这是有唐以来刑部所受理的第一桩谋反大案，自然马虎不得。

右仆射裴寂会同大理寺和刑部的官员日夜突审，所有能用的刑具几乎都用遍了，真正是诸刑环伺，鬼愁神惊。

张亮也真称得上是条硬汉子。他被拷打得遍体鳞伤，血肉模糊，多少次昏厥过去，但一张嘴却如铜打铁铸一般，硬是一字不吐。

张亮是郑州荥阳人，自幼倜傥有智略。由李勣举荐给秦王世民，颇受重用。这次受命去洛阳将兵，任务之一就是要结交当地豪杰扩军备战。一旦长安有变，即为秦王外援。

这些内情自然一字不能透露。他心里明镜一般，倘若招了，不仅自己性命不保，就连李勣、秦王也会受到株连。这两个人一个是自己的生死之交，一个是自己的知遇之主，堂堂七尺男儿，死有何惧！岂能做那种卖友求荣的无耻之徒？

张亮在大牢中咬紧了牙关，外面的人却心急如焚。秦王世民立即组织大营救行动。李靖、李勣、程咬金、尉迟敬德、长孙顺德、长孙无忌、唐俭、宇文士及等一批文臣武将，甚至连宰相陈叔达、萧瑀和淮安王李神通等人都纷纷上书，极言张亮被冤。

见高祖还在迟疑不决，秦王李世民深夜进宫求见父皇："父皇，张亮是儿臣派往洛阳经略部伍、镇守东都的。此人一向勤于政事，忠心耿耿，对我大唐亦建有殊功。缘何无罪加刑，非欲置之于死地不可？"这一次，秦王一反常态，开口便十分强硬。

"有人告发他招降纳叛，聚结凶顽不轨之徒阴谋造反。"

"这是蓄意诬陷，恶毒诽谤。张亮从未结纳反叛朝廷之人。若说那些流散于山林草莽中的小股盗寇，不过是些打家劫舍的人，并非反贼。儿臣曾嘱他对这些人要剿抚并用，能拉则拉，不能拉则剿灭之，以为地方除害，为朝廷分忧，不知这样做何罪之有？有人表面上是在陷害张亮，其本意却在攀诬加害儿臣。若说张亮谋反，就是说儿臣谋反。必欲治罪，请治儿臣之罪，儿臣情愿引颈就戮。"

秦王言辞激烈，怒形于色，高祖从未见他对自己这样说过话，不禁心中忐忑，忙笑笑说道："我儿何至如此盛怒，不过审一审嘛，没有岂不更好？"

鉴于秦王和将相大臣们皆为张亮辩诬，大理寺和刑部的审讯又始终没有结果，高祖只好降旨将张亮开释，仍回洛阳任上。

第二十章　衅起萧墙　玄武喋血

张亮的案子在秦王的部属中引起了一场轩然大波。

这桩所谓的"谋反"大案虽然无果而终，不了了之，张亮也终究无罪释放，官复原职。但他毕竟是遭人诬陷而受尽毒刑，险些断送了性命。

秦王府中的将士无不为此义愤填膺，怒形于色。甚至有些朝不保夕、人人自危的感觉。于是，他们便一窝蜂地来找秦王，要求他痛下决心，早图大计。你刚走了，他又来了，群情汹汹，简直让秦王有些应接不暇。

连一向老成持重、沉稳有余的房玄龄、杜如晦也有些沉不住气了，认为此时举事已是瓜熟蒂落，水到渠成。若不果断行事，将会坐失良机，铸成大错。

但是，秦王却一直在犹豫不决，对谁都是那句说了不知多少遍的老话："事大如天，不可操之过急。再等等看。"

他还要等什么？人们谁也弄不清楚，其实连他自己也不大清楚。

他只是觉得，大事一旦发动，皇室宗亲立时便会腥风血雨，死者枕藉。他们父子兄弟甚至连同一些无辜的妇孺妻儿必定会从此人鬼殊途，阴阳两界。不管成功与否，功过毁誉都会流传史册，他李世民说不定会成为杀兄坑弟的千古罪人，被永远钉在历史的耻辱柱上。

骨肉人伦的亲情和你死我活的仇恨在他的心里形成了一对激烈的矛盾，煎熬着他，撕扯着他，让他时至今日还举棋不定。他实在不忍心下手，或许是潜伏在身体深处的那种血缘关系在左右着他，也或许自幼所受的儒家伦理道德的教育在紧箍着他，让这个一向临机果决的人显得优柔寡断。

他只好一次又一次强压下心中不断高涨的怒火，等一等，再等一等，不到山穷水尽、再无半步退路的时候，他不会轻易动手。

但是，他的对手太子建成和齐王元吉却不肯稍稍退让。一计不成，再生一计，攻势凌厉，咄咄逼人。

武德九年（公元626年）正月初三日，一年一度的新春佳节刚过，朝臣们还都沉浸在假日的悠闲欢乐之中，夜幕降临时，齐王李元吉突然来到了尉迟敬德的家中。

"尉迟将军，新春大喜，小王特来给将军拜个晚年。"

尉迟敬德万分惊异，他怎么会不期而至，大年初三来到自己家里呢？怕是夜猫子进宅，没什么好事吧？

一边想着，急忙深深打躬施礼："齐王殿下这不是在打末将这张老脸吗？该是末将去给齐王拜年才是，哪有礼从上来的道理？"

"将军过谦了，咱们可是出生入死、并肩厮杀的老朋友了。小王年轻，给将军拜个年原不为过。"

尉迟敬德从心底里厌恶这个不速之客，但既是客人，就得让进屋里叙谈。

他忙不迭地泡茶待客，心里却不停地问自己："他要干什么？"

待齐王坐定之后，尉迟敬德忙陪着笑问道："殿下屈驾而来必有所教，但请驱遣无妨。"

"真的，我真是来看看将军，没什么大事。对了，太子殿下也向将军致意，这里还有他给将军的亲笔书信。"说着，李元吉从怀里掏出一封信交给尉迟敬德。

尉迟敬德当即打开书信，见上面以极清秀的楷书写着数行字：

> 尉迟将军惠鉴：久慕大才，悬念若渴。愿迁长齐之春，敦布衣
> 之交，幸副所望也。

就这么寥寥数语的一封短信，尉迟敬德却看不懂。他困惑地看着元吉，问道："我乃一莽夫，实在不知太子殿下有何吩咐。"

李元吉大笑："没有啥事。只不过太子对尉迟将军的大才高德仰慕已久，想以平常身份与将军结为布衣之交，生死兄弟。今生今世患难与共，富贵同享。"

"啊呀，此事万万不可。敬德虽是个粗人，却也深知君臣大礼，怎敢与太子称兄道弟？"尉迟敬德一副诚惶诚恐的样子。

"将军无须惊慌，太子与你相交，原出于真诚。"说罢，李元吉领着尉迟敬德来到大门口。门外停着一辆大车，几个侍从各持兵刃警戒着，车上堆满了箱笼包裹，打开看时，竟全是金银器物。

说了半天，他们是收买自己来了。到这个时候，尉迟敬德不得不实话实说了："请齐王转告太子殿下，尉迟本是一个盗贼，适遇隋亡，天下土崩，幸

好遇上秦王，待以上宾之礼。我这条命其实是秦王给的，现在隶名秦王藩邸，只能以身报恩。敬德于太子殿下无功，怎敢受此重赐？今若见利忘义，私许太子，便是一个有始无终的小人，太子就是收用了我，又有什么用处？"

齐王还要劝说，让他把金银留下，尉迟敬德却坚辞不受。元吉见此人冥顽不化，不禁勃然变色。只好让侍从们拉着车子悻悻而去。

当天夜里，尉迟敬德便来到了秦王府，把事情的前前后后一五一十地告诉了秦王。

秦王感叹道："公之忠心义胆，坚如金石。我知纵使积金如山，公亦情不可移。只是他既然送礼上门就该收下，不必拒之。"

尉迟敬德道："这种肮脏钱，我就是穷死也不要他的。"

秦王说道："你不收他的金银，恐怕会引起他们的杀心，这些人穷凶极恶，将军要千万小心。"

"怕他怎的？我倒要看看他们能奈我何？"

这件事又让秦王不幸言中了。李元吉将尉迟敬德死心塌地跟定秦王的那番话告知建成以后，兄弟二人确实起了杀心。

尉迟敬德骁勇绝伦，李元吉早已领教过他的厉害。建成也深知此人对秦王的重要，因此不惜用重金收买他。若能把他拉过来，自然是一件大好事。如今，这桩好事因敬德的拒绝而化为泡影。建成、元吉恼羞成怒，便要痛下杀手。此时，他们已经在酝酿着诉诸武力来解决问题。而要诉诸武力，尉迟敬德显然是一大障碍。

事情过了十几天，适逢元宵佳节。晚饭后，尉迟敬德因无事可做，便换了便服走到街上去看热闹。刚走到一个卖汤圆的摊子前，却听那个卖汤圆的叫道："客官留步。"

尉迟敬德以为是兜揽生意的，便说道："何事？我已经吃过饭了。"

那人走到面前，说道："这里有客官的一封信。"

"书信？谁给的？"

"小人也不认识，看样子像位官爷。刚刚在这里盯着客官，客官来了，他却走了，留下了这封信。"

尉迟敬德甚觉蹊跷，便不再看热闹，径回家中。打开书信一看，见上面写着"小心，今夜有刺客！"是哪位朋友给自己报信？想必是东宫中的人，除了建成和元吉，还有谁想杀自己？

尉迟敬德把书信烧了，心中并不在意。

第二十章　衅起萧墙　玄武喋血

天近亥时，街上的喧闹声渐渐平息，长安城里恢复了平日的宁静。唯有皓月当空，银光似水，把大地映照得如同白昼。

他把街门、屋门和房门全都打开，然后和衣躺在铺上，拉上被子呼呼大睡。

子时以后，两名刺客果然来了。本想越墙而入，却见大门洞开，心中不免诧异。悄悄踅进院内，便听到一片打雷似的鼾声。

他究竟是真睡着了还是在佯装熟睡？两个刺客有些茫然无措。对于尉迟敬德的威名，他们早已如雷贯耳。倘若他醒着，别说他两个，就是二十个也未必是他的对手。本来，他们想往屋内吹些熏香，待其昏迷后再动手。但如今屋门、房门都大敞着，熏香失去了作用。两个人在屋外徘徊了多时，却不敢贸然进屋。

这样一连三夜，夜夜如此，两个刺客到底没敢迈进屋内半步。

杀不了尉迟敬德，回去只能是死路一条。太子和齐王断不会饶了自己，肯定会杀人灭口。二人出了尉迟敬德的宅院，合计了一下，觉得别无出路，只能是三十六计走为上。他们连夜潜出长安，逃得无影无踪。

收买不成，暗杀告吹，建成、元吉对这个尉迟敬德恨得咬牙切齿。

于是，他们又故技重演，摇唇鼓舌，搬弄是非，谮诬敬德有谋逆之心。一有机会便在高祖身边喋喋不休。

这一次，高祖却接受了张亮一案的教训，不敢轻信。他问元吉道："尉迟敬德多次救过你二哥的命，二人情同兄弟。就是朕也不曾亏待过他，他为何要谋反？你说他谋反，有何证据？"

"正因为他与秦王好得像一个人一样，只差没穿一条裤子，这事儿才更为可怕。他眼里只有秦王，没有朝廷，没有皇上，这不是图谋不轨是什么？"

"胡说！你这不是含沙射影，暗指你二哥谋反吗？这种话万不可在外面乱说，元吉啊，父皇真弄不明白，你们兄弟三人不仅是同宗同根，而且是一母同胞，为什么总像群乌鸦似的，啄剥争斗不休，非要闹个鸡飞狗跳不成？这样乱嚼舌头的话以后休要再对朕提起。"

"父皇，"元吉有些急了，"儿臣这是为父皇着想，也是为大哥着想。防人之心不可无，就是父子兄弟也莫能例外。秦王身边文臣武将一大堆，早就抱成团，结成了铁板一块。就像朝廷之外另有一个朝廷，大唐国中另有一个独立王国，这还不可怕吗？尤其是像房玄龄、杜如晦这些人，一肚子坏水，尽出馊主意，长此下去，二哥能不受他们蛊惑？一旦权欲熏心，利令智昏，难保不会做出越轨之事。为防不测，父皇应早下决心，将这个独立王国分化瓦解，将一些主要属员逐出秦王府。这并非只是儿臣危言耸听，连大哥对此也十分担忧。还请父皇三思，圣衷明断。"

最后的这些话也使高祖怦然心动。早在几年之前，高祖就曾对裴寂说过，世民已不像他原来的儿子，是被身边的书生们教坏了。那些所谓的书生，当然是指房、杜等人，这些人城府太深，本事太大，且不求闻达于朝廷，只欲襄赞于秦王。让他们长期朝夕相处，确实也够危险的。

他抬头看看元吉，欲言又止。这孩子太浮躁，太不知深浅，对他不能说得太多。因而只淡淡地说道："这些事不用你们操心，朕自会处置，你去吧。"

没出三天，高祖突然下旨，将房玄龄、杜如晦逐出秦王府，责令各自"归第"，不准再私下晋见秦王。

这是一道奇怪的又有些蛮不讲理的圣旨。按说，秦王府的几个幕宾何用皇上亲自下旨调离？再说，就是要调离，也该事先与秦王打个招呼。

这道圣旨的意图是不言而喻的。秦王已经忍无可忍，怒气冲冲地要去讨个说法。恰恰房、杜二人前来辞行，说道："殿下无须再去，这事已无可挽回。好在我二人并不离开长安，旦夕可供驱遣，愿殿下好自为之。"说罢，拜辞而去。

又过了几天，程咬金也被调出秦王府，出任康州刺史。程咬金来见秦王，焦急地说道："大王肱股羽翼被剪除将尽，身何能久？知节宁肯以死抗旨，愿殿下早定大计。"

秦王强抑怒火，说道："此事急不得，程将军可奉诏前去，掌住康州兵权。待他日用将军时，世民自会召请。"

随后，秦王府的属员秦叔宝、张公谨、刘弘基等人均受到了太子、齐王的金帛贿买，皆坚辞不受，纷纷前来告知秦王。

看来，建成、元吉的进攻势头已经越来越猛，达到了丧心病狂的程度。

秦王清醒地意识到，这场不可避免的皇嗣之争已进入了最后阶段，决战的时刻就在眼前。

武德九年（公元626年）五月底，朝廷接到急报，突厥将领郁射设率领骑兵万余突然进驻黄河南岸，对乌城发起猛烈攻击。

太子建成认为这是天赐良机，立即上奏高祖，推荐由齐王元吉统率各军北上，抵御突厥入侵。

高祖欣然准奏，降旨任元吉为统兵大元帅，率领罗艺、张公谨等前往救援乌城。

元吉按照与太子密商的意见，乘机奏请高祖，要求调尉迟敬德、刘弘基、段志玄和秦叔宝随大军同往，并挑选秦王帐下精锐之士并入元吉军中。高祖皇上皆一一准奏。

见父皇很痛快地答应了，建成欣喜异常，对元吉说道："以征突厥为名，调用世民骁将精兵，无异于夺其兵权，釜底抽薪，使之有气无力，束手待缚。"

元吉问道："下一步该怎么办？"

建成说道："我已熟思之，如今你拥数万之众，而世民却形同空壳，你出征那日，我约他至昆明池为你饯行。你可预设伏兵，将其杀死于幕下。然后奏知父皇，就说他暴病而亡。父皇信也得信，不信也得信。到那时，我便令人进谏，让父皇授我国事。至于尉迟敬德等人，全在你掌握之中。他们若肯顺从则罢，倘敢反抗，杀剐任你。"

元吉听罢大喜，他觉得这是近几年来他与大哥联手对付世民的一系列招数中最高明的一招。抽掉忠于世民的那些骁将，不仅会使世民失去奥援，而且还能慑服其他将士；借饯行之机杀死秦王，乘势逼父皇让位，大哥便可顺利登上皇位。到那时，他若能兑现其诺言，立自己这个当弟弟的为嗣君，一切都好说。若是食言自肥，过河拆桥，那自己便利用手中的兵权，趁其立足未稳，一举杀之，夺取江山社稷。不管怎么说，建成总比世民要好对付。

建成、元吉精心设计了一出好戏，可惜未能上演。他们做梦也没想到，自己的心腹率更丞王晊早已成了秦王世民的人。

王晊得知了建成、元吉的密谋，立即告知了秦王。

秦王世民当然不会坐以待毙。但此时的秦王府里，房、杜二人及程咬金等斥逐的斥逐，调走的调走，真正的铁杆心腹只剩下长孙无忌、尉迟敬德、秦叔宝、长孙无忌的舅父高士廉和侯君集等人。

世民立即召集他们密议，说道："骨肉相残，古今大恶。我虽知祸在旦夕，如火烧眉毛。但还是想等他们先发难，然后以大义讨之，汝等以为如何？"

尉迟敬德愤然说道："人情无不畏死，然众人皆愿以死奉秦王，此乃天授。天予不取，必受其咎。殿下只知存仁爱之小情，而忘社稷之大计，祸至而不忧，将亡而自安。失人臣临难不避之节，乏先贤大义灭亲之事，如此优柔寡断，实令敬德不安。敬德愚诚，恳请殿下痛下决心，诛杀建成、元吉二贼。反败为功，以示明贤之高见；转祸为福，方显智士之先机。殿下若不从敬德之言，请让我即刻离开王府，窜身草泽，奔逃亡命，绝不在此束手受戮。敬德今若逃亡，无忌等人亦欲同去，何去何从，请殿下速做决断。"

长孙无忌亦接口道："殿下若不从敬德之言，我等从此不再为您所用，祸机一发，必定事败身亡，蒙羞怀耻于千古。"

秦王仍显得游移不定，叹口气道："你们说的不无道理，但我的话也不可全弃。咱们都再慎重地思虑一下。"

在这生死攸关的时候，他是真下不了决心，还是在演戏，要把这场戏演到最后一刻？人们不得而知，尽皆惘然。

但尉迟敬德却不容他继续演下去，高声喊道："处事有疑非智，临难不决非勇。殿下历来并不如此，今日是怎么了？您纵使不听敬德之言，但实不相瞒，在外的八百勇士我已将他们召入府中，控弦披甲，剑拔弩张，箭在弦上，再无不发之理。事已至此，不知殿下还如何推辞？"

秦王吃惊地看着尉迟敬德。这些年自己还真轻看了他，至少是对他了解得还不那么全面透彻。

看来，此人并非单纯的骁勇，而且颇具谋略。关键时刻，他能慷慨劝进，既有恳切的请求，又有善意的要挟。特别是那八百勇士已全部入府的做法，更是一种先斩后奏，逼使自己破釜沉舟、背水一战的高招。说不定他已看透了自己的心思，在有意配合自己把戏演得更好。

他正要说什么，一名侍从进来禀知，说李靖、李勣将军已到。

秦王让众人稍等，他在另一偏室召见了两位将军。他要广泛征询意见，尤其要取得身居军队要职、统率着精锐主力的"二李"的意见。因此才派人分赴其驻跸之地召请他们连夜进京。

然而，当秦王问及他们是何看法时，二人均未明确表态。

李靖说道："此乃国家大事，我等武人不宜多说，但听命而已。"

李勣则冲秦王笑笑道："这既是国事，又是家事。事关殿下父子兄弟骨肉手足，大主意只能由殿下自己来拿。我等从来隶属秦王麾下，一切唯秦王马首是瞻。"

这种不表态的表态，实际是一种默许。既明确表示了至时会毫不犹豫地站在自己一边，又恪守了武臣不预政事的本分。在这类问题上，作为高级将领本不宜多说什么，重要的在于行动。秦王从心中愈加敬重他们，这是两个见识高人一等的真正的军人。

至此，以武力最终解决问题，具体来说，就是要先发制人，起兵诛杀建成、元吉的决策已在秦王的心中基本形成。

既已决定，便雷厉风行，绝不犹豫，这是世民一贯的作风。他马上派长孙无忌秘密去召房玄龄、杜如晦前来议事。事大如天，他必须做最后更加细致的研究和更充分的准备。

长孙无忌走后，秦王将府中幕僚召集起来，令善卜者取来龟板就此事占卜吉凶。正在此时，张公谨从外面火急赶来，见此情景，不禁愤然冲过去，抓起卜具狠狠地扔在地上，大声说道："占卜本是为了决疑。如今举大事，势在必行，毫无犹豫的余地，还占什么卜？倘若卜而不吉，莫非我们就不干了，坐在这里等死吗？"

"说得对，公谨老弟真痛快人！"尉迟敬德半天来一直闷闷不乐，此时才咧开大嘴笑了。

秦王也笑着说道："既如此，诸位皆不顾吉凶，抱必死之心，我又何惧？那就不卜，汝等各自回去，仔细准备。从现在开始，任何人都不要离开藩邸半步，确保随叫随到。"

其实，张公谨所说的道理秦王岂能不知？知之尚要问卜，其意仍在调动众人情绪。如今终于借公谨一席话最后定下大计，真可谓心机缜密，老谋深算。

长孙无忌匆匆赶至房玄龄的住处，恰恰杜如晦也在，二人正围在一张小桌子旁一边品茶，一边聚精会神地对弈厮杀。

长孙无忌上前打拱说道："二位先生好福气，竟有此闲情逸致。"

"我等本是闲人，饱食终日，无所事事，只好在这二尺战场上争锋格斗，以慰寂寞了。"杜如晦头也没抬，又冷冷地问道："不知长孙大人缘何而来？"

长孙无忌忙悄声说道："秦王已有举大事之意，请二位速去府中议事。"

房玄龄的心思却集中在棋盘上，静思多时，口里却漫应着："请长孙大人告知秦王，我等奉旨不再事奉秦王，若再私自进府谒见，罪必坐死。请秦王见谅，我等实在不敢奉命前往。"

长孙无忌大为诧异，这真是两个不可思议的怪人。本来，他们是主张秦王举事的，而且又有默契在先，秦王既来召请，按说就该欣然前往，怎么关键时刻他们倒不动了？莫非事到临头，就真的怕死了？

长孙无忌忽然感到一阵莫名的悲凉和愤懑。人心隔肚皮，在生死关头，这世上还有真朋友吗？

他鼻子里"哼"了一声，冷冷地说道："二位慢慢下棋，在下就不打扰了。"说罢，甩手便走。

待长孙无忌走出了院门，二人将棋盘一推，相视而笑。

他们当然不会真的不动，等待这一天都等了几年了。这不过是激将法，要以此激秦王最后下定决心。这里面当然也有试探情况虚实和秦王决心人小的意思。

从规矩上讲，他们是不能违背圣旨去晋见秦王的，那样会获抗旨不遵的大罪。但是，如有必要，他们自然会冒着生命危险义不容辞地辅佐秦王。关键要看秦王这一次的态度。秦王若不坚持让他们进府，则表明他无意对抗皇敕，也就是没有最后痛下决心。若是坚持要他们前去，则说明主意已定，大事必举。

二人一边饮茶，一边静候着事态的进展。表面上谁也不动声色，内心里却波涛滚滚，再也静不下心来下棋了。

长孙无忌回到秦王府，将房、杜二人的态度告知世民。世民勃然大怒，将腰中佩剑解下来，交给尉迟敬德道："你再去一趟。若肯前来，万事皆休。若真的不肯来，便将他们的首级提来。"

尉迟敬德随长孙无忌再次来到房玄龄的住所，一进门不禁愣住了。房、杜二人不见了，却见屋内背对着他们站着两个道士。

尉迟敬德正欲发作，那两个道士却慢慢转过身来，其中一个向他们笑呵呵地说："二位再晚来一步，贫道可要潜入深山修炼去了。"

仔细看时，正是房、杜二人。尉迟敬德纳闷地说道："秦王欲举大事，眼下已经火上屋脊，你们还有心思在这里装神弄鬼。"

杜如晦道："着装打扮正是为了迎接二位，请问，秦王确已决计行事？"

长孙无忌忙说："秦王大计已决，正等着二位速往共谋之。"

房玄龄笑道："总算等到这一天了。我们若不换换行头，大白天里咱们四人招摇过市，径入秦府，这不等于给太子他们送信吗？我们两个道人随长孙大人从前门入，请尉迟将军从另路回府，不可群行道中。"

尉迟敬德这才恍然大悟，咧嘴笑笑："还是先生想得周到——那咱们快走吧。"

四个人分两路进入秦王府，秦王已在客厅等候，这天夜里，秦王府里戒备森严，既不准任何外人进入，也不准府内一人外出。

客厅里屏退所有下人，由雷永吉带领几名亲信亲自在厅外巡逻，百步之内不准任何下人靠近。

秦王与房玄龄、杜如晦、尉迟敬德、长孙无忌等人在烛光暗淡的客厅里仔细密议，整整商谈了一整夜。

房玄龄说道："殿下既已定下大计，此行必须万无一失，一举成功。诛杀建成、元吉是关键，不能有丝毫马虎，打蛇不死，反被蛇咬，万万大意不得。"

"殿下虽然多年典兵，但大军多在外地。皇城之中的禁军没有皇上的手敕很难调动。仅以八百多府兵与建成的'长林军'和齐王的府兵对抗，显然寡不敌众。因此，我们不可能去攻打东宫。眼下，选准动手的地点是此举成功的关键。"杜如晦说道。

秦王接口道："先生所言极是。此事我已反复想过，动手的地点应选在玄武门，玄武门作为宫城的北门，是建成、元吉每日朝参的必经之路。他们上朝时总不能带领兵将，在此设伏，形势即变为我众彼寡，极易得手。而玄武门的守将常何建成自以为是他的心腹，必不提防。一会儿长孙兄就去见他，让他在这几日务必亲自守卫宫门。另外，我已派人通知张亮，让他带五千兵马昼伏夜行，秘密潜来京师，隐蔽于城南密林中，以备不测。同时，李靖、李勣、程咬金等在外将领已做好准备，秣马厉兵，随时可杀奔长安。就目前形势看，如无异常，大事必能成功。诸位可再仔细想想还有什么疏漏之处，千秋大计，决于一朝，万不可有丝毫麻痹。"

房玄龄与杜如晦互相看了看，不约而同地笑了。关键时刻，秦王终于显露了他的英雄本色：调兵遣将时大刀阔斧，雷厉风行；运筹谋划时严密谨慎，丝丝入扣。

至此，太子建成和秦王世民的两大派系都已经剑拔弩张，皇权争夺战达到了白热化的程度。大变在即，一触即发。

十分有趣的是，争斗的双方都不谋而合地选择了诉诸武力，以兵变的形式杀掉对方。建成选择了以出兵抵御突厥为时机，在昆明池饯行时动手；世民则要先行一着，在玄武门设伏诛杀对方。而且双方都在暗中计划着，只要除掉对方，就进一步迫使皇上授以国家大权，也就是说，这场兵变的实质即是政变。

如果双方的决战是在战场上，那么李世民肯定会占有绝对优势。无论是他个人的指挥才能、弓马技艺，还是效忠于他的将士们的实力，都远远超出了对方。

但是，现在却是在京城，而且是在宫城之中拼斗，世民的力量便略居劣势了。对方一个是太子，一个是齐王，合二人之兵力，已足以与世民抗衡有余，再加上在高祖皇上的内心里，一直倾向于太子一边。这种影响必然会被一些朝臣所察觉，从而影响他们的去留。

因此，究竟鹿死谁手，到底谁能笑到最后，眼下尚是未知数。

更为不利的是，完全出乎秦王和他的僚属们的意料，就在他们谋划了整整一夜的第二天，一件无法预料的大事发生了。

六月初一至初三一连三天，太白金星于白昼出现，一再经天，而且现于秦地之分野。

自古以来，太白金星昼现经天，都是兵乱国丧的象征。《汉书·天文志》说："太白经天，天下革，民更王。"刘向的《五纪论》也说道："太白少阴，弱不得专行，故以巳、未为界，不得经天而行。经天则昼见，其占为兵丧，为不臣，为更王；强国弱，小国强。"

太史丞傅奕察看了这一天象，万分惊恐，于初三日下午紧急求见高祖皇上。

"陛下，臣观天象，见太白经天，实为大祸将降之兆，望陛下早做准备。"

高祖大为吃惊，傅奕是他十分信任的天文专家，所言断无虚妄。

他忙问道："以卿看来，此兆端将起自何方？"

傅奕不敢有半点隐瞒，直陈道："恕臣直言，太白见于秦地分野，主秦王当有天下。"

这就是说，自己防来防去，到头来秦王世民还是要谋反篡位，高祖只觉得心口怦怦乱跳，周身一阵战栗，忽地冒出了一头冷汗。

他吃力地稳住了自己，让傅奕先退下去。他倚靠在御座上，闭着眼睛喘息了一阵，突然睁开眼睛，厉声喝道："来人，传秦王即刻进宫见朕！"

在生死存亡的重要关头，皇上突然于下午紧急召见，让秦王和他的僚属们感到惊诧莫名，且有些措手不及。

这次召见来得突兀而又蹊跷，是凶是吉难以预料。但有一点是肯定的，朝廷中一定有重大变故发生。

不管是什么事情，秦王都必须奉诏入宫。这不仅是皇命不可违，公然忤旨罪不可赦。更重要的是，倘若以这样那样的理由不去，必将引起建成、元吉的警觉，打草惊蛇，使所有的计划泡汤，从而前功尽弃。

就是龙潭虎穴，就是刀山火海，也得去闯一闯，事到如今，秦王没有任何退路。

当秦王见到高祖时，高祖的心境已渐趋平静，由当初的惊惧、愤怒变成了一种矛盾和无奈。

太白经天，虽然警示了世民可能"拥有天下"，但这毕竟是一种天象，并不能完全等同于事实。即便这是事实，自己也难以公开采取措施。

他反复权衡，即使要采取断然措施，也不知道是否能够顺利地除掉世民，更不知道在除掉世民之后，朝廷会出现一个什么局面，这个局面自己是否能控制得了。

更何况，如果"天命"真的应在世民身上，靠人力如何挽回得了？一旦诛杀不成，父子反目成仇，自己不仅会丢了皇位，恐怕连这条老命都要保不住了。因此，眼下最明智最稳妥的办法，就是要尽可能地遏制事态的发展，实行冷处理，维持暂时的平衡，尔后听天由命。

待世民行过晋见之礼，高祖像平素拉家常似的，以淡淡的语气问道："世民，这几日太白金星白日出现，你听说了吗？"

原来是问这件事，世民松了口气，顺口答道："儿臣听说了，但没太在意。这样的事历朝历代屡见不鲜，星宿隐现，风云变幻，不过是造化无常的普通现象，有什么可大惊小怪的？"

"可有人说'太白见于秦地分野，主秦王当有天下'。当然，朕也觉得此事荒诞不经，不过想提醒你一句。"

像有一束强电流击穿了秦王的周身，他一下子愣住了。这可是凭空飞来的不测大祸。父皇显然已经疑窦丛生，甚至已经起了杀心。即使父皇不杀自己，事情传出去，也给了建成、元吉一个绝好的借口。他们若趁机起兵诛杀自己，可谓是"名正言顺"，理直气壮了。

事情已到了千钧一发的危急关头，自己必须破釜沉舟，以攻为守，变被动为主动。

想到这里，秦王反而变得愈加镇静，双膝跪在地上，冷冷地说道："父皇不用说了，儿臣知道，此话必是出自傅奕之口。而傅奕不过是受太子和元吉驱遣。这几年他们打得火热，建成屡以重金贿傅，并许以高官，便欲借此偶然的天象杀死儿臣。父皇若信他们的，可即时赐儿臣以死，儿臣决不皱眉。常言道：'君叫臣死，臣不死不忠；父叫子死，子不死不孝。'这两条儿臣都占了，虽死无憾。"

其实，太史丞傅奕今日晋见皇上，秦王早已通过宫中眼线得知，却没想到他会说出对自己如此不利的话。至于他与太子、齐王早有勾结云云，却是秦王的信口编造。因为若不把他与建成、元吉捆在一起，便无法证明他们是在蓄意陷害。

对秦王的话，高祖也不尽信，说道："你也无须惊慌，朕对此事并未太过认真，不然也不会先告知你。不过，傅奕据天象奏报，只是其职责所在，与建成、元吉并无关系。你不可妄加臆断，徒增兄弟间的怨恨。好了，你起来吧。"直到此时，这位年事已高的父皇还在尽量弥合三个儿子间的嫌隙，一心想继续保持兄弟之间的平衡。都说"可怜天下父母心"，而这位既是皇帝又是父亲的老人眼下便显得愈加可怜。

然而，秦王却不肯平身，仍直挺挺地跪在那里，高声说道："父皇，这事再不能如此不了了之。这些年来，儿臣自度，对于大哥和四弟，并无丝毫亏欠。可他们一次又一次地非要杀儿臣不可。这是为什么？莫非是想为王世充、窦建德等贼子报仇吗？儿臣今日枉死，别无所憾，只是从此永别父皇，魂归九泉之下，实在耻见王、窦诸贼。再说，倘若太白经天主国丧、兵乱，那么这制造内乱、欲夺大位者就不会应在建成、元吉身上？什么'太白见于秦地分野'，便是'秦王当有天下'，纯属一派胡言。太子乃国之储君，九州之大，无处不是他的封地。四海之内，太白见于任何一地，都可应在他的身上。对这些傅奕为何不说？父皇缘何不防？据儿臣所知，建成、元吉正在磨刀霍霍，欲借元吉出兵征讨突厥之机，抽调儿臣麾下所有精兵强将，然后趁儿臣前往饯行之时杀死儿臣。父皇请想，他们大动干戈，公然杀死儿臣之后，还能老老实实地当他的太子、齐王吗？能不趁机篡位，逼父皇让权吗？"

秦王一口气说下来，怒形于色，目光凌厉。高祖早已被惊得变貌失色，急切地问道："有这等事？恐怕又是道听途说吧？"

"不，此事儿臣握有铁证。父皇可召太子、元吉来问，到时自然有深知内情者出面做证。"

见高祖还在犹豫，仍是似信非信。秦王暗中咬牙，又说道："父皇，还有一件泼天大事，时至今日，儿臣再不能不说了。"

"还有什么事？"

"太子建成淫乱后宫，与尹德妃、张婕妤有染。"

"什么？这不可能，绝不可能！"秦王的话不亚于一柄利剑，直刺高祖的内脏，使他感到心中一阵绞疼，脸色变得苍白。他简直不相信自己的耳朵，几乎是喊叫了起来。

"儿臣也希望这不是真的，可这却是千真万确的事实。早在建成去太原接家眷时，便与尹、张二人勾上了手，曾数夜宿于晋阳宫中。这些年他们间的苟且之事始终不曾间断。后宫里几乎无人不知，只瞒过了父皇一人。他连这种人所不齿、禽兽不如的勾当都能做得出来，还有什么事不能做，不敢做？"

高祖一时哑言，歪靠在御座上，胸腔里拉风箱似的喘着粗气。想不到自己一世英雄，贵为天子，居然被这个不肖的儿子给戴上了一顶绿帽子。自己视为心尖子的女人，竟背着自己长期与儿子鬼混，让自己蒙受如此不堪的奇耻大辱。怪不得这些年来，这两个贱人一直为建成说话，说什么太子'仁孝'，将她们母子托付于他可保平安。原来他是这样的"仁孝"法！自己百年之后将这两个女人托付给他，岂止是能保平安富贵，简直是如鱼得水。这个畜生！

此时的高祖皇上已经是心如刀割，思乱如麻。他多么希望这不是事实，是因为他们兄弟之间相互争斗、倾轧而派生出来的一种谣传。

他勉强稳住神，想了多时才慢慢说道："明日早朝，朕与众宰相一道召建成、元吉询问此事，你也要来参加。"

秦王知道，父皇所说的询问此事，不仅仅是太子淫乱后宫的事，恐怕也包括所谓"太白经天，秦王当有天下"的事。然而，不管是问什么都已经无所谓了。只要过了今日这道坎，有一夜的准备时间就足够了。到了明天早朝时，大概也就不需要任何询问了。于是，他态度虔诚地说道："儿臣谨遵圣命，明日一早便来。"

这一夜，秦王府里显得紧张而又忙碌。秦王与房、杜、长孙无忌等人再一次详尽地商量和设想了可能发生的每一个细节，检点了每一处可能出现的纰漏。

八百名勇士则秣马厉兵，摩拳擦掌，等待着决战时刻的到来。

拂晓时分，临机果断的秦王世民不再有丝毫的迟疑和忍让，亲自披甲戴盔，全副武装，带着长孙无忌、尉迟敬德、秦叔宝、侯君集、张公谨等心腹骁将，后面紧跟着八百步卒，乘着黎明前的昏暗夜色，悄悄地向玄武门驰来。

将近玄武门，早有玄武门戍卫总管常何在那里迎候。当下常何将秦王等人带入玄武门内，在临湖殿附近一片茂密的树林中将这八百余人隐蔽起来。所有战马早已上了勒口，包扎了四蹄，解去了马铃。将士们人人缄口，个个噤声。偌大一片树林里鸦雀无声，死一般沉寂。一切都已安排妥当，只等着建成、元吉前来赴死。

其实，这一夜，在东宫之中，建成和元吉也没有睡安稳。

入夜之后，张婕妤不知怎么得知了秦王与高祖谈话的内容，知道她们与建成之间的丑事已经暴露，情急之下，忙派心腹太监飞马驰报建成。

听说事泄，建成惊得面如土色。愣怔多时，赶紧派人连夜将元吉招来东宫。

"大哥，既已事发，父皇必定震怒，明日早朝怕是凶多吉少。我们还是托疾不朝为好，赶紧将'长林军'和我的府兵集结东宫，以观事变。"元吉听建成将情况说完之后这样说道。

建成默思多时，摇摇头道："我们若不上朝，便见心虚，此事等于不打自招。我料父皇初闻此事，又是世民的一面之词，未必深信。只要你我咬紧牙关，抵死不肯认账。想那尹、张二人事关生死，也绝不会承认。宫中太监、宫女早已买通，怎肯冒死多嘴？从来捉贼捉赃，捉奸捉双，这事空口无凭，能奈我何？相反，世民红口白牙，诬人清白，又事涉父皇名誉，皇家声望，父皇必定把他这笔账记在心里。几天之后你便要出兵，在昆明池将他杀死，父皇就更不会深究了。"

元吉听建成说得也有些道理，便不再坚持，说道："只是明日朝堂之上，我们该怎么说得好好地商量一下。"

建成道："说得是，我连夜召你前来，正是这个意思。"

于是，元吉不再回府，就宿在东宫，与建成密议了大半宿，直到后半夜时才马马虎虎地睡了一小觉。

五鼓之后，宫中来人传旨，让建成不必再去两仪殿上朝。可径去海池，皇上在龙舟中等他议事。

原来，这一夜高祖皇上也不曾入睡，愤怒、忧虑和耻辱煎熬着他，翻来覆去地在龙榻上折腾了一宿。

考虑到家丑不可外扬，这种事知道的人越少越好。天将黎明时他才临时决定，今日罢朝一天，只让裴寂、陈叔达、萧瑀、封德彝、宇文士及等几个朝廷重臣去海池候驾，说有要事待议。

武德九年（公元626年）六月初四日是一个沉闷而又燥热的日子。天地间没有一点儿风，薄薄的云层就像凝结在半空里，把往日澄碧湛蓝的天空弄得灰蒙蒙的。太阳还没有出来地面上就已经开始泛起热浪，人们呼出和吸进的气息都是火辣辣的，没有一点清凉爽利的感觉。

秦王和将士们隐身于那片密不透风的树林里，早已经汗如雨下，薄薄的夏衣全都湿透了，连衣衫外面的铁甲都有些发烫。

然而，这些人似乎都忘记了天气的闷热，一个个屏住了呼吸，像一群充满希望的猎人，在紧张而又耐心地等待着猎物的出现。

秦王李世民一动不动地坐在一棵大槐树下，瞪大了两眼，目不转睛地盯着林外的大道。他脸上毫无表情，像木雕石刻一般。而他的内心里却正在波翻浪滚，汹涌澎湃。

今天对他来说是一个多么重要的日子啊！这一天，或者只需要一个上午，一个时辰，就会改变他的命运，改变大唐帝国的命运，甚至会改写华夏的历史。

多少年来的观察思考、分析策划、密谋布置、钩心斗角的较量、明枪暗箭的角逐，以及由此而激起的无数次喜怒哀乐，忧虑与憧憬、惊惧与欢欣、沮丧与兴奋，一切的一切，都将在这一天付诸行动，一决雌雄。是英雄还是小丑；是历史的巨人还是时代的弃儿；是天下万民仰视的帝王，还是万劫不复的鬼魅；是登上人间权力的巅峰，还是沦入阴森恐怖的地狱，一切的一切，都将在这一天决出结果。

怎么还不来呢？该是上朝的时候了。不久前府中有人来悄悄告知，父皇已传旨把朝参的地址改为海池。不过这并不影响计划的进行。

玄武门是宫城北面的唯一大门。建成的东宫位于宫城东面稍稍偏北，而李元吉的齐王府则与东宫近在咫尺。他们不管是去宫城前面的两仪殿，还是去宫城后苑的池海，玄武门都是必走之门，自己设伏的这个地方都是必经之地。

可是为什么还没来呢？莫非又有什么变故？李世民的心里开始有些忐忑不安。

就在此时，约摸是辰时头刻，一阵杂沓细碎的马蹄声骤然传来，猎物终于出现了。

太子建成与齐王元吉并马缓辔，一边说着话，一边不急不忙地走进玄武门，沿着那条弯曲的大道向西南方向走去。

走过一片竹林，又绕过一座假山清池，二马并驱，一路走下去，这儿太静，静得有些异常。除了玄武门几名持戈警戒的兵士，再没见到一个人影，甚至连树枝上草地里的鸟雀小兽都没见到一只。但是建成并没有在意，或许是天色尚早，或许是天气太热的缘故。

他们经过了一夜的精心密商，只准备着在皇上面前与秦王世民进行一场唇枪舌剑的激烈论战。却压根儿也没想到，在自己人总管警卫的皇宫禁苑里，居然会暗伏着杀机。

然而，在拐过临湖殿不远处，建成却突然勒住了马头，指着树林旁边的一片草地说道："元吉，你看那里是怎么了？"

元吉仔细一看，只见那一带人踪马迹乱七八糟，路边那片青碧的草地早被踩烂了一大片。

"不好，大哥快跑！"李元吉像被马蜂蜇了似的惊叫一声。二人拨转马头，顺着来路飞奔而去。

在此守候了多时的秦王世民怎能容他们轻易逃遁？他立即飞身上马，箭射一般冲出树林，一边急追，一边高声喊着："大哥莫走，父皇正等着你呢。"

建成、元吉哪里还听这些，只顾飞奔。但跑到离玄武门不远处，却见世民的部将张公谨立马横刀，身边数十名兵士皆挽弓搭箭，站成了一堵人墙，挡住了玄武门。

建成顿时惊得灵魂出窍，忙与元吉掉转马头向东面落荒而逃。

元吉一面打马飞奔，一面解下弓箭，回身对准世民连发三箭。可是他此时太慌乱了，三箭都在离秦王数尺之外落地，对紧追不舍的秦王构不成半点威胁。

借此机会，秦王取弓在手，瞄准建成的后背，拉满弓弦，怒喝一声"死去吧"，恶狠狠地射出一箭。

李世民的大羽神箭百步穿杨，威震三军，这样大一个靶子焉能不中？这一箭集中了多少年来的千仇万恨，携风裹电飞射出去。箭矢从正后心射入，箭镞竟从前胸透出。

太子建成没来得及哼叫一声便一头栽在地上，登时气绝。

见建成已死，元吉更是魂飞魄散，打马狂奔。

这时，尉迟敬德、秦叔宝等率领七十余骑赶到，众人一齐放箭。坐下战马中箭，将元吉重重地摔在地上。他顾不得疼痛，急忙爬起身来，像条丧家狗似的连滚带爬地向附近一片树林跑去。

秦王已骑马赶到，急向树林中追去。可是刚刚驰入林中，突然被密密麻麻的树枝挂住了衣甲，却一时挣脱不开。

跑在前面不远的李元吉回头一看，不禁一阵狂喜，像一条饿狼似的狞笑着冲了回来。猛地将弓弦勒在秦王的脖子上，用尽吃奶的力气，恶狠狠地向后勒去。

就在这万分危急之时，尉迟敬德纵马赶到，老远看到了这一幕，惊得心中突突乱跳，突然炸雷似的猛喝一声："住手，王八蛋！"

一见这个煞星来了，李元吉慌忙弃掉弓弦，徒步向东跑去。东面有一个便门，出门后可直通齐王府。若能逃出宫城，回到王府，再招集自己和太子的人马与秦王决一死战，鹿死谁手仍是未知数。

就在他仓皇奔逃之时，尉迟敬德早已飞马追至身后，手中利剑猛挥，只听"咔嚓"一声，元吉的脑袋被齐齐地砍飞了数丈。没了脑袋的身躯，颈腔里窜出了一尺多高的血柱，左右晃了晃，然后轰然倒地……

这个时候，东宫里掌管长林军的翊卫车骑将军冯立闻变，急忙集中起两千余人马。冯立对众人垂泪说道："我等七尺男儿，堂堂须眉，岂能受其恩而逃其难，为人耻笑？"便与副护军薛万彻、左军骑谢叔方率领人马直奔玄武门而来。

守候在玄武门的张公谨、常何见东宫的大队人马赶来，知道自己人少，寡不敌众。张公谨凭其神力，竟一人将门阙关闭，令将士们以弓箭拒守。长林军赶到门外，一面鼓噪呐喊，一面冒着箭雨以圆木猛撞大门。

常何的部下、掌管宿卫的云麾将军敬君弘心中清楚，只这样被动守卫，时间稍长大门必破无疑，便欲挺身出战。其部下悄悄劝道："太子与秦王谁胜谁负目下尚不得而知，且徐观其变，方为上策。"

敬君弘却厉声喊道："秦王久得人心，眼下正在危急之际，我等岂能袖手旁观？"说罢，竟与中郎将吕世衡缒墙而下，挥刀突入敌阵，奋力砍杀。激战多时，终因寡不敌众，双双被杀于玄武门下。

薛万彻见此门久攻不下，便命部下一齐鼓噪，扬言若再不开门，便要去围攻秦王府，杀个鸡犬不留。

张公谨等人闻言大惊失色。此时的秦王府里几乎未剩一兵一卒，所余皆是妇孺老幼。这两千多长林军真的杀去，秦王的家眷奴婢将尽被屠戮。

怎么办？打开大门同他们拼了，大不了鱼死网破。但秦王诛杀建成、元吉却不知怎么样了，又怕一着不慎坏了大事。

正在万般无奈之时，却见尉迟敬德打马飞奔而来，手中提着两颗血淋淋的人头。他几步登上城门，将手中的人头高高举起来，对门外的乱兵大声吼道："逆贼李建成、李元吉已被诛杀，汝等看仔细了，这便是他们的人头，识时务的休要再做无谓的抵抗。"

长林军众将士一下子呆住了，鼓噪呐喊之声戛然而止。与此同时，又听到从东面传来了人喊马嘶之声，潜伏于城南的张亮所部也适时赶到。

长林军再也无心恋战，主子们已赴阴曹地府，我们还在这里为谁卖命？

于是便四散溃逃。

薛万彻见大势已去，也便率领数十骑向长安城南的终南山逃去。

冯立看看横在地上的敬君弘、吕世衡的尸首，仰天长叹道："太子殿下，我等来晚了，未能救您于危亡。今仅杀死两个守门叛将，也算臣等尽力了"。然后回身对站在那里的将士说道："大事已了，徒死无益，弟兄们都各自逃命去吧。"自己也便带上几个亲随逃出城外，潜藏于附近乡野之中。

此时的高祖皇上正与裴寂、封德彝等几位宰辅重臣泛舟于海池之上，等待着三个儿子的到来。

皇上为什么要突然罢朝约自己到海池来，几位大臣都不知内情。见他脸色铁青、忧心忡忡的样子，谁也不敢多问，只能在心中暗暗地猜度着。

或许是天气太热，皇上要来湖中赏玩消署？但看样子又不像。或许是太白金星大白天显现的事让他心烦意乱，要借荡舟碧波清涟之间遣散心中的烦躁和郁闷？也或许是……

"眼下什么时辰了？"

"回陛下，已是辰时末刻。"裴寂慌忙回道。

"建成他们怎么还不来？"高祖忽然产生了一种莫名的担忧，眼皮乱跳，心神恍惚，隐隐地听到从远处传来了一阵乱糟糟的模糊不清的声音。

他正要派人再去催促三个儿子，一抬头，却见尉迟敬德身披铁甲，袖染血迹，带着一群全副武装的将士包围了上来。

高祖顿时大惊失色，他情知有变，一颗心在"咚咚"乱跳，端茶杯的手不听使唤地哆嗦着，溢出的茶水打湿了他的龙袍。

他脸色变得苍白，极力稳住自己，问尉迟敬德："出了何事？爱卿来这里干什么？"

尉迟敬德跃身跳上龙舟，持剑立于高祖身侧，躬身答道："太子、齐王作乱，秦王举兵诛之。恐惊动陛下，特遣末将前来护卫。"

"太子、齐王现在何处？"

"已被乱军所杀。"

高祖紧紧地闭上了眼睛，脑袋向后仰去，像是睡着了似的，一言不发。多少年来，自己千方百计想预防的事终于发生了。这事似乎来得太突然，太突兀，可其实又完全在意料之中。

现在还说什么呢？说什么都是多余的。他慢慢地冷静下来，不再那么惶骇，甚至也不那么哀伤，只是有些沮丧地问裴寂道："该发生的终究发生了，以卿看来，朕该如何处之？"

裴寂一向是建成、元吉的支持者，早就因谋害刘文静的事同秦王结了怨，此时吓得六神无主，哪里还答得上话来。

陈叔达却在一旁不紧不慢地说道："臣闻内外无限，父子不亲，当断不断，反受其乱。建成、元吉义旗草创之时并未预谋，大唐建立以来又无功德。常自怀忧，相济为恶。因疾秦王功高望重，共为奸谋。衅起萧墙，遂有今日之事。秦王功盖天下，率土归心。若委以国务，陛下如释重负，苍生自然亦安。"

陈叔达把话说得率直而又明白，高祖皇上当然听清了其中的意思：建成、元吉多行不义，活该被诛；秦王世民功盖寰宇，理应继位；而皇上为自身和苍生社稷计，就该立即让权。

高祖李渊是何等的明白人，短时间的反思权衡已经使他大彻大悟：眼下是什么形势，这皇权自己不让能行吗？远的不说，就眼前站着的这个黑煞星，说是来护卫自己的，这"护卫"的含义他还不懂吗？

当然，自己现在毕竟还是皇上，要决心与世民抗衡，振臂一呼，这皇宫大内的禁卫之旅起码有一半以上会站到自己一边。他们会以对朝廷、对自己的耿耿忠心和一腔热血与秦王决一死战。

然而，他不能这样做。那样一来，这皇宫禁苑立时便会血流成河，火海一片。战争、杀戮甚至很快便会蔓延至全国。而到头来，很可能还是秦王取胜，因为这些年他的实力早已能够左右整个大唐的主要军事力量。到那时，父子反目成仇，自己将不得善终。而世民虽然争得了皇权，也会落个弑父篡位的千古骂名。这又何苦呢？毕竟是父子，自己再不能做这样的傻事了。

想到这里，他慢慢地睁开眼睛，赞赏地看看陈叔达，说道："爱卿之言甚善，此亦正是朕之夙愿。"

见皇上这样说，尉迟敬德一颗悬着的心放了下来。他立刻进一步提出要求："请皇上速降手敕，令诸军一律停止厮杀，一切听从秦王节制。"

这个要求是合理的。既然自己已表态支持世民，宫廷之内便不应该再继续流血。尽管尉迟敬德的语气里有一种不容商量的味道，但高祖还是欣然从之，立即命人取来纸笔，疾速书写手敕。

他命宇文士及拿着手敕登上太极殿的东门，向宫廷禁军的所有将士宣读，令他们停止抵抗，一切服从秦王世民的调遣。

与此同时，高祖又命裴寂急赴东宫，晓谕太子建成的部属将卒，并将他们暂时解散，各自回家，听候秦王处置。

其实，高祖此时的敕命并没有多大意义。整个兵变仅仅在玄武门内发生了对抗和流血，待张亮率军赶到之后，动乱已得以迅速平息。在宫廷之内和长安城的其他地方并没有发生任何骚乱。人们都知道秦王要杀的只是建成和元吉，其他人用不着惊慌失措。

而高祖的手敕一到，则说明皇上与秦王已达成了一致，更给秦王的行动披上了合法的外衣，京师驻军的任何一方都没有理由再做毫无意义的抵抗。于是人心安定，各处秩序很快恢复如初。

秦王命部下打扫战场，将玄武门前的几具尸体收敛，把血迹清理干净，便准备前往海池参见父皇。这时，侯君集来到秦王身边，低声说道："秦王，末将已派人将东宫和齐王府围住，该怎么办，请殿下明示。"

"能怎么办？既然已无人反抗，便不可再行杀戮，把人马撤了吧。"

侯君集深感不解，自古以来哪有这样的兵变？如此心慈手软，是要误大事的。

"殿下，太子府中尚有其亲信百余人，其中不乏助纣为虐的首恶巨奸，这些人该一律处死。今若撤围，令其逃窜，他日必为祸根。"

侯君集刚说完，恰逢尉迟敬德从海池赶回来，他一听此言立时急了，忙劝止道："罪在二凶，既已伏诛，若再杀其余党，实非求安之策。"

秦王看看尉迟敬德欣慰地笑了。这个看似鲁莽的黑汉子在关键时刻总是这么深明大义。他重重地点点头，对侯君集说道："就按尉迟将军说的办，不要为难他们，大局已定，这几个人掀不起大浪。"说完抬腿欲走。

侯君集突然高声说道："秦王，这些人纵然可以不究，那，太子和齐王的儿子们怎么办？"

秦王一下子愣住了，像钉在那里一样。是啊，他们的儿子怎么办？这可是摆在他面前的一大难题。他其实已经在心里反复想了不知多少遍：怎么办？怎么办？

他看看侯君集，无奈地摇摇头，喃喃说道："罪不及妻儿，算了吧，他们还是些孩子。"

"不，殿下，不能算了，必须斩草除根。不错，他们现在还是些孩子，但十年以后，二十年以后呢？到了那个时候，倘若他们联起手来报杀父之仇，大唐江山还有宁日吗？后果不堪设想啊！殿下一世英明，万不可一失足成千古恨。"

秦王心里"咯噔"一下。不能不承认，侯君集说的甚为有理。留下他们无疑是给大唐朝廷留下了随时可能爆发的火山。在自己的有生之年，他们或许成不了什么大气候，可在自己百年之后，当自己的子孙掌管江山社稷的时候，谁能保证他们不报这血海深仇呢？

他求助似的看看尉迟敬德，尉迟敬德却深深地低着头，不敢看他。显然，对于这个难题，他也不知所措了。

秦王紧皱着眉头，突然把心一横：为了万里江山，为了千秋帝业，就是亲生儿子该杀也得杀，何况是侄子？对不起了，侄子们。

他突然抬起头来，狰狞地看着侯君集，闷声说道："此事就由将军去处置——记住，只诛其子，其他眷属、奴婢、僚属等，一个不准株连。否则，我唯你是问。"

看着侯君集向东宫方向走去，秦王木然地站在那里。忽然，他想起了齐王妃杨氏。当初齐王在府中设伏谋杀，是她第一个向长孙氏报信。这是个善良人，可别在这场变乱中遭池鱼之殃。

一念及此，他急忙带着几名士卒向齐王府走去。干脆，元吉的几个儿子就由这几个名不见经传的士卒来处置，也免得让自己那些爱将的名声受辱。

齐王府的前后大门早已被数百名军士围得风雨不透。一个个执刀持剑，杀气腾腾，如临大敌一般。

秦王走进府中，院子里再无人影，死一般寂静。当他来到李元吉平日所住的武德殿，这里却挤满了人。一个个惊慌失措，如丧考妣。女眷在哀哀哭泣，男仆则蹲在殿外，双手抱着脑袋。

见秦王进来，他们都睁大了眼睛看着他。那眼神有惊恐，有哀怨，有愤怒，有仇恨，唯独没有平日的那种友好和尊敬。

秦王在人群中搜寻着，但女眷们都背对着他，分不出哪个是杨氏。他只好问道："齐王的世子们呢？"

轻轻的一句话，不亚于万钧雷霆。殿内的人们都知道，元吉的几个儿子再也免不了颈上一刀，其他人恐怕也都在劫难逃。

一个大胆的奴仆走进内室，将元吉的五个儿子领了出来，排成一行，齐刷刷地跪在秦王面前。大的十二三岁，小的不足两岁。一个个脸色惨白，泪流满面，浑身颤抖，像是凛冽寒风中几片哆嗦着的树叶。不，不是树叶，树叶是没有头脑、没有感情的。应该说，这是几只匍匐在狼的利牙尖爪下的羔羊，是被狸猫逮住就要吃掉的几只小鼠，是被从天而降的老鹰突然抓住的一群绒球般的鸡雏。

"伯父，别杀我们，都是父王不好，我们知罪了，求伯父饶命。"那个最大的孩子一边不停地磕头，一边哭喊着求饶。而那个不到两岁的小侄子却扑闪着一双啥事也不懂的大眼睛看着秦王，还在不时地冲他笑呢。

秦王如万箭穿心，心中一阵阵绞疼。他突然觉得鼻子发酸，一股热辣辣的东西涌出双眼。他急忙掉转身，带着士卒们逃跑似的冲出了大殿，冲出了齐王府。

然而，他走着走着，头脑又渐趋冷静。路两边花木茂盛，碧草丛生。这些草木到秋冬之后都会枯萎凋零，但到了明年春上又会苗壮成长，蓬蓬勃勃。它们的生命力是极为强大的，因为它们的根埋在泥土的深层。

"必须斩草除根……十年、二十年以后，他们便又是李建成、李元吉……"他又想起了侯君集的话，不禁停住了脚步。

这时候，却见侯君集带着几个兵士匆匆赶了过来，衣袖上、袍衫上沾满了血迹，满脸杀气。

"秦王，东宫那边都了结了。"侯君集向秦王禀报着。

秦王阴沉着脸没有看他。迟疑片刻，终于横下了心，挥挥手道："去吧，齐王府也由你处置。"

侯君集走了。秦王却感到头晕目眩，一阵阵恶心。他身子摇晃了几下，急忙扶住了路边的一棵大树。

他的耳朵里分明响起了孩子们凄厉的哭喊惨叫，他的眼前分明闪现着那些毫无反抗之力的孩子被锋利的刀剑砍去了脑袋，刺进了前胸。小腿在无力地挣扎着，抽搐着，然后慢慢地倒在血泊中，一动也不动了……

黑红色的血浆在他的眼前流淌涌动，鲜红的血花在他眼前飞溅……

这当然是他的幻觉，可是他知道，片刻之后，这一切都将成为事实。

他的心紧缩着，像被一只无形的大手在狠狠地撕扯着……天哪，事情为什么会是这样？这样的人间惨剧自己为什么不去制止？自己完全能够制止，这个世界上唯有自己可以制止。然而，自己应该制止吗？真的可以制止吗？

煌煌太宗业 树立甚宏达

唐太宗李世民

刘清越 著

（下）

山西出版传媒集团　山西人民出版社

目　录

第二十一章 飞登九五 捐嫌礼贤

秦王李世民在尉迟敬德等人的陪同下踉踉跄跄地向海池方向走去。

该是去见父皇的时候了。这是最难堪、最无奈的一道关口，比只身去闯枪林箭雨、刀丛剑树还要艰难得多，但他必须去闯。

此时此地，他没有任何胜利者的那种喜悦、兴奋和昂扬，却充溢着一种莫名的沮丧、怅惘和苍凉。尉迟敬德却不理会他此刻的心境，一边走一边问道："殿下，后宫的那两个女人怎么办？别人都可以不杀，她们却不能不杀。这是两条搅屎的棍子，留下她们后患无穷。"

秦王知道，他指的是尹德妃和张婕好，这些年，她们在父皇面前嚼舌根子，搬弄是非，与建成、元吉狼狈为奸，自己没少吃她们的亏。他恨不得立即将这两个贱女人剥皮抽筋，满门抄斩。

但是，他不能这样做。

他看看尉迟敬德，摇头叹道："父皇的心已经伤透了，再也经不起沉重的打击了。这两个女人是他晚年赖以生存的命根子，就放她们一马吧。再说，建成、元吉一死，她们就成了两只拔光了毛的野鸡，还能飞多高？"

尉迟敬德点点头，没有说话。

六月的海池山色明媚，湖水澄碧。到处都荡漾着姹紫嫣红、翠绿欲滴的蓬勃生机。然而，停泊在池边几棵浓绿的老柳下的那条龙舟却显得死气沉沉。

秦王急步跨上龙舟，见父皇歪坐在御座上，脸色悲憾，神态倦慵，几个老臣皆垂首立于身侧，相对无言。

秦王扑通一声跪在高祖面前，口里叫了一声"父皇"便放声大哭起来，直哭得声嘶力竭，泪雨缤纷。

是哀伤，是悲痛，是对父皇的愧疚？抑或是庆幸，是激动，是历经劫难九死一生的亢奋？还是这诸多复杂的感情交汇在一起的突然爆发？

不管怎么说，周围的人们都相信，李世民此时的恸哭是真诚而又动情的，那滂沱的泪水肯定和着血，是从心底流出来的。

高祖皇上也哭了，从沉重下垂的眼睑中缓缓地流出了两行混浊的泪水，沿着他的脸颊淌下来，挂在那花白的乱蓬蓬的胡须上。

他用颤抖的双手抚摸着儿子的头顶，悲苦地说道："二郎，这些日子朕误听谣传，差点错怪了你，是朕对不起你……"

没有责怪，没有怨恨，甚至连建成、元吉和几个孙儿的情况一个字都没问，完全采取了听之任之的态度。是父皇无情吗？不，父皇是仁慈的。他多次说过，决不会让骨肉相残的事情发生，对三个儿子也始终没有采取任何严酷的手段。

但是，正是这种仁慈却无意中放纵了大哥建成，使他丧心病狂地一次又一次地谋杀自己，终于酿成了这场悲剧。

父皇啊，你千方百计想避免骨肉相残，到头来，兄弟相煎的骨肉残杀还是发生了，而且一点也不比历朝历代的这类事儿更轻。这该怨谁？究竟是谁的过错？

现在，父皇连一点轻微的责怪都没有，但这比最严厉的责骂和痛打更厉害，简直像是在用刀子剜自己的心。

秦王再也抑制不住，猛地扑到高祖的怀里，拼命地吮吸着高祖的胸乳（这是当时表示父子情深的一种风俗），直哭得气塞声咽，双肩抖动不止。

这样过了许久许久，父子二人才渐渐平息下来。高祖抬头看看陈叔达，见他也眼圈潮红，便说道："陈爱卿，拟诏吧。"

陈叔达忙取来纸笔。高祖看看众人，一字一句地说道："自即日起，立秦王世民为太子。军国庶事悉委太子处决，然后奏闻。"

诏书一下，满朝文武都看得清清楚楚，高祖皇上是在做着禅让帝位的准备。事实上，他已经把国家的全部权力统统交给了李世民。

大权既已移交，对于它的运用和行使，李世民便不再做任何的推让，也没有丝毫的犹豫。

他清楚地意识到，眼下摆在他面前的最迫切的任务就是要迅速安定内外局势，将玄武门之变所带来的负面影响降低到最小程度，最好是让朝野上下的人心和京师内外的秩序不受任何惊扰。

建成和元吉虽然在这场兵变中被杀，但他们毕竟以太子和齐王的身份经营了多年，在朝廷和地方都有相当的势力。因而，对他们的昔日旧党采取宽大和安抚的政策，对可能发生的地方兵变及时果断地扑灭，已经成了安定天下局势的关键。

他立即以皇上的名义下达诏书大赦天下。明确指出凶逆之事止于建成、元吉二人，其余人等一律不予追问。

这一招果然奏效。大赦令发布的第二天，曾带兵攻打玄武门并杀死了敬君弘的建成旧部冯立、谢叔方便从长安近郊前来自首。逃往终南山的薛万彻经世民几次派使者前往安抚，也终于出山自首。

当他们跪在世民面前时，仍不免惶恐战栗。虽然诏书说是不予追究，但政治没有诚信可言，当权者历来翻云覆雨，出尔反尔。谁也知道这位新上任的太子爷会怎样处置他们，既然敢来，就做好了被砍头的准备。

冯立说道："罪将冯立等见过太子。攻打玄武门，杀死敬君弘、吕世衡将军，都是罪将的主意，与他人无关，请太子治末将之罪。"

世民笑着说道："汝等何罪之有？既是原太子府的人，在太子危难之时能够挺身而出，冒死相救，此乃忠于所事，义士之为。都起来吧，各人安心回府，我将另有重用。"冯立等人悬着的心这才落了地，一个个感激涕零，叩首拜谢而去。

见为首的冯立、薛万彻等人皆未获罪，那些逃奔藏匿的散兵游勇纷纷来归。数日内，两千多名长林军和齐王府兵悉数自首，世民令部属对他们一一安抚，重新编入禁军，不准有任何歧视。

眼看这么多人前来自首，世民自然高兴。但是，在他的内心深处却不免仍有着一个极大的遗憾。他其实是在等待着一个人的主动来归。但一直等了数日，却一直不见此人前来，不免有些焦躁。

这天一早，房玄龄、杜如晦等一班秦王府旧人都齐集于东宫显德殿议事。世民看看房玄龄，心事重重地问道："他怎么还没来？莫非已潜逃了不成？"

这话问得没头没脑，众人皆不知所云。房玄龄却猜透了他的心思，知道这个所谓的"他"肯定是指原太子洗马魏徵。

"不会的。泰山崩于前而色不变，这个人能做得到。满腹经纶、两肋锦绣尚未施展于万一，他怎么能潜逃呢？"房玄龄非常肯定地说。

"那他为什么不来归顺呢？"

"海内硕儒，一代大贤，岂能轻易来投，像个乞者一样求殿下赏个差事，给碗饭吃？"

"你是说，我该像当年刘备请诸葛亮一样，三顾茅庐，躬身往请？"

"不，殿下应该派人把他抓来！"

世民吃了一惊，这不像是房玄龄说的话。

"先生是在说笑吧，那岂是我李世民的礼贤之道？"

"不，我并非说笑，而是认真的。对别人可'先礼后兵'，对魏徵就该'先兵后礼'。"

"为什么？"世民不解地问道。

"魏徵跟随建成日久，建成对他十分尊重，优礼有加。他又是个念旧情、讲义气的人，建成新亡，尸骨未寒，若不采取点非常手段，使之迫于无奈，他如何下得台面，痛痛快快地前来？再说，他对于殿下毕竟知之甚少，借此也可让他对殿下留下一个深刻的印象。"

世民马上心领神会，点头笑道："先生所言有理，对高洁之人不可以俗礼待之。"

于是，他派尉迟敬德带上几名兵士去"请"魏徵，若不肯来，用绳子捆也得把他捆来。

其他人皆于内室回避，李世民独自一人在外厅等候。过了没多久，魏徵果然被带到。

世民坐在那里没动，只冷冷地看着魏徵。魏徵既不打躬施礼，也不说话，只昂然站在那里。两个人一时僵持起来，都在等着对方开口。

"魏徵，你可知罪？"还是世民先打破了这种难堪的沉默。

"魏徵无罪。"回答得简短而又干脆。

世民霍地站了起来，厉声说道："你身为太子洗马，却离间我兄弟之间的骨肉手足之情，多次鼓动太子建成先下手为强，必欲置我于死地，这罪孽还小吗？何言无罪？"

魏徵冷笑一声说道："兄弟争储如群雄逐鹿，捷足技高者得之。我既为太子洗马，只知有太子，不知有秦王。竭忠尽智辅佐太子保住皇储之位，不致鹿失他人之手，此乃职责所在，不知何罪之有？"

"这么说，你屡为建成献计，数次设法谋杀我，这都是确定无疑的事实了？"

"大丈夫行事光明磊落，阴谋暗杀乃小人伎俩。欲得国之神器，岂能靠鼠窃狗偷？即使偶尔得手，在朝不能服众臣，在野不能得民心，身居大位又何能持久？谋杀之事历来为魏徵所不齿，岂能为他出这些馊主意——不过，魏徵确是殚思竭虑，日夜为太子谋划。可惜他懵懂不悟，不肯听我的。若能按我的意思行事，又何至于有今日的下场？"

"那你是怎么为他谋划的，愿闻其详。"

"太子已经死了，早魂归阴山，如今说这些还有什么意义？自古胜者王侯败者贼，魏徵乃败者，是杀是剐，任凭发落。"

"哈哈哈……"李世民突然开怀大笑："先生高风亮节，谋略过人，世民倾慕日久，思之若渴。原太子殁了，可我这新太子还在。建成有眼未识和氏璧，不听先生之言，我李世民却愿与先生终生厮守，日夜聆听先生教诲。"

话刚说完，房玄龄、杜如晦以及程咬金、秦叔宝、李勣等这些魏徵在瓦岗军中的旧友一块儿从内室中走了出来，笑哈哈地将魏徵围住，邀他就座。

李勣说道："魏兄，当今太子思贤若渴，对您更是心仪有年。只因您是故太子的人，不肯挖他墙脚。今日大势已定，愿魏兄捐弃前嫌，与我等共辅新太子。"

世民也忙欠身说道："适才失礼之处还望先生见谅。"

魏徵也笑了："这么说，刚才太子殿下的一番厉声质问，是要给在下一个下马威了？"

众人一齐大笑。

秦王命下人们为各位献茶，大家一边啜饮，一边叙谈。

过了一阵子，世民又问魏徵道："当此变乱初定、人心不稳之际，何为急务？"

魏徵说道："自然是安定政局，平息动乱。我知道，殿下已注重此事，朝廷也颁布了大赦令。但仅有这点措施并不足以稳定全国局势。在许多地方，朝廷的大赦令形同一纸空文。"

世民吃了一惊，忙问道："何以这么说？"

"故太子的势力散布于国内各地，对朝廷的宽赦不敢轻易相信，犹自不安。更何况许多地方官员正在争相抓捕故太子余党，或杀或押，以邀功请赏。朝廷虽有好经，下面的国贼禄蠹们却把它念歪了。"

"有这等事？"

"魏徵虽足不出户，但这类事却早已纷纷传来。殿下身居高位，自然不得而知。"

"以先生之见，当如何处置？"

"殿下应派出使者分赴各地，严格履行朝廷大赦令，有敢忤违者，严惩不贷，以示诚意。仁至义尽之后，如仍有反叛者，则坚决镇压。那时，殿下将有理有节，无愧于天下。"

"好，就依先生所言，先生在山东一带颇有人望，就请您任山东宣慰使，可便宜行事。不知先生能否前往辛苦一趟？"

"殿下既信得过魏徵，魏徵情愿前往。另外，尚有一事还请殿下裁之。原太子中允王珪及韦挺、杜淹因杨文干反叛之事无罪遭贬。此三人皆治世之能臣，望殿下不计前嫌，召回并予重用。"

秦王看看房玄龄，欣慰地笑了："咱们所见略同。不瞒先生说，我已于昨日派人去宣召王、杜等人还朝了。"

魏徵宣慰山东尚未成行，却从幽州方面传来了庐江王李瑗反叛的消息。

李瑗是高祖李渊的堂侄。数年前，高祖任命他为幽州都督。

李建成在与李世民激烈争斗的过程中，不仅在朝廷和京师拉拢朝臣，部署力量，在外地也极力树立朋党，广结外援。李瑗便是他在地方上结交的死党和奥援之一。

建成被杀的第二天，世民便派侯君集前往幽州任副都督。不久，又派通事舍人崔敦礼赴幽州，持皇上手谕召李瑗入朝。

李瑗惊慌失措，认为一旦入朝肯定凶多吉少，李世民定会将建成的所有党羽斩尽杀绝。

李瑗在忧郁慌乱之际，只好向副都督侯君集求教。他认为侯君集是秦王世民的人，眼下只有他能救自己。

按说，侯君集应该极力劝李瑗入朝，然而，他却不想这么做。他觉得，自己建功邀赏的机会到了。李瑗一旦起兵，自己遂将其诛杀，从内部平息叛乱，这样便有擎天保驾之功。弄好了，自可出将入相，甚至会封公封王。

他来到李瑗府上，李瑗忙不迭地将他引入密室，屏退所有奴仆，小声问道："朝廷派崔敦礼召我回京，公以为如何？"

侯君集看看密室内再无他人，确信自己的话绝不会被第三个人知道，便笃定地说道："大王万不可自投罗网，若应召前往京师，便是'羊肉包子打狗'，有去无回。"

李瑗迟疑着问道："朝廷不是有大赦令，只罪建成、元吉二人，余皆不问吗？"

侯君集神秘一笑道："大王好糊涂！不这样如何骗你们回去？再说，别人或可赦免，而大王却断不在赦免之列。"

"为什么？"

"大王与建成交谊甚笃，早被秦王列为太子死党，又手握重兵，秦王岂能放过你？"

"他亲自颁布的大赦令，将如何自圆其说？"

"欲加之罪，何患无辞？随便捏造个罪名，纵使杀你一百次也不为过。末将见王爷是个老实厚道人，不忍心看着你去白白送死才冒死相劝。"

李瑗只觉得后脊骨直冒凉气，浑身泛起了细米粒似的鸡皮疙瘩，拖着哭腔问道："若是起兵，以公看来能有多少胜算？"

"不敢说有十成把握，总有八成胜算。大王起兵之后，可号召窦建德旧部起事响应，然后北连突厥，占河东，取洛阳。燕王罗艺也是建成旧党，可与他联络，同日举事，合兵一处西趋长安，以取天下。此为大王眼下所能采取的上上之策。"

李瑗本来不敢入朝，又经侯君集晓以利害，更加害怕。送走侯君集以后，他又招来心腹谋士兵曹参军王利涉，密商起兵之事。

王利涉也极力鼓动他起兵，但却认为侯君集为人反复无常，建议他起兵时将其杀掉，以绝后患。

李瑗终于下了决心，于当夜将朝廷使者崔敦礼拘捕，并立即派人联系罗艺。定于第二天一早公开竖起反旗，以号召天下。至于是否杀掉侯君集，待起兵之后看情况再定。

一切安排妥当之后，他才回寝室睡下。睡到黎明时分，忽听得府院之内人马嘈杂，杀声震天。他急忙爬起身来，尚未来得及穿衣，早有一队兵勇冲进了室内，口里喊着："杀死反贼李瑗，莫让他跑了。"

"汝等何人？谁说本王欲反？"

一个副将冲到床前，厉声说道："天下太平，人心思安，谋反滋事者人人可得而诛之。今日让你死个明白，我等乃受副都督差遣。"

"侯君集这个王八蛋……"一句话还未骂完，那偏将早已手起刀落，像切西瓜似的割下了他的脑袋。

与此同时，兵曹参军王利涉亦被杀。侯君集救下了被关押的崔敦礼，派人护送他回到京师，向太子世民禀报了幽州平叛的整个过程。而他对暗中煽动李瑗反叛的事情自然只字不提。

几天后，罗艺在泾州反叛，被他的部下——侯君集提前串通好的内应所杀。

益州大行台兵部尚书韦云起与其弟庆俭、庆嗣都是李建成的旧党，不知是否真的打算谋反，反正也已被行台左仆射窦轨以"谋反"的罪名杀掉，奏报朝廷。

建成的旧党谋叛，虽说已是强弩之末，掀不起什么大浪。但是数日之内便有这么多人因谋叛被杀，也足以让世民感到不安。这些谋反者究竟是真是假，一时还弄不清楚，但这么多人人头落地，却让建成的旧党们心惊肉跳，人人自危，必然会为未来种下动乱的祸根。看来魏徵说得很对，如不赶快派人下去抚慰，朝廷的大赦令将真的成了一纸空文。

太子李世民再次向全国下达命令：

六月四日以前事连东宫及齐王，十七日前事连李瑗者，概不追究，违者反坐。

接着，世民让魏徵赶紧启程，宣慰山东。并派房玄龄、杜如晦、宇文士及等分赴陇西、河南等地，善加抚慰。

魏徵一行沿途宣谕朝廷大赦令和太子世民的教命，一路向山东走去。

这日走到磁州地界，老远便见十几名兵弁押着一辆囚车迎面走来。开始魏徵并未在意，以为不过是地方上的盗贼或刑犯被抓。待走到近前抬头看时，不禁吃了一惊。原来是原东宫千牛李志安、齐王护军李思行被押在囚车上。

魏徵立即横马拦住囚车，高声喊道："站住。"

光天化日之下，竟有人公然拦截囚车，十几个兵弁各持刀剑围了上来："何方贼徒，要造反吗？此乃朝廷要犯，正欲押送京师，识相的就快闪开。"

魏徵的随从也围上前来，众人喝道："放肆！此乃朝廷钦差魏徵大人。"

一听说是魏徵，众人不再喧嚷，但仍紧紧地护着囚车，一个官员模样的人走近一步，打躬说道："魏大人，在下乃磁州典史杨未奉刺史之命押送二犯进京，不知大人有何见教？"

"请问，这两个人犯了何罪？"

"他们两个，一个是前太子千牛，一个是前齐王护军。"

"这我知道，我是前太子洗马，还不认得他们？我问的是他们犯了何罪？"

"回魏大人，此二人系李建成、李元吉死党，与建成、元吉勾结，密谋造反。事败后潜逃至磁州，被我们捕获。"

魏徵冷笑道："朝廷大赦令已颁布经月，你们莫非不知道？快把他们放了！"

"这……"典史杨未左右为难，你魏徵也是李建成的死党，而且是主谋，怎么忽然成了朝廷钦差？别是潜逃至此，假冒钦差之名来救同伙的。便犹豫着问道："请问，魏大人可有朝廷公文？"

魏徵知他不相信自己，便笑着拿出了太子李世民的手令，说道："你不信我魏徵，这个总该相信吧？朝廷已三令五申，当今太子又有教命，也已布告全国，你们明知故犯，公然忤旨，莫非要落个'违者反坐'的罪名吗？马上放人！"

杨典史仍犹疑不决："魏大人，下官乃奉刺史之命押送囚犯，实在不敢做主。"

连与魏徵同来的随从们也一齐劝魏徵道："魏大人，算了吧。此事你已管了，也宣示了朝廷和太子的赦命，听不听由他们吧。"其实，随从们是在替魏徵捏着一把汗。你毕竟曾是李建成的人，这些都是你昔日的同僚，弄不好落个假公济私、包庇谋逆者的嫌疑，那又何苦呢？

魏徵却丝毫不为所动，当下沉下脸来说道："你只管放人，你们刺史那里有我去说，与你毫无关碍。如若不然，我这就上表参奏你抗旨不遵，你该知道是个什么罪过。"

杨典史无奈，只好命手下放人。李志安、李思行走下囚车，至魏徵面前双双跪下，流泪说道："谢魏大人救命之恩，我等没齿不忘。"

魏徵忙将二人扶起，叹了口气说："二位大人错了，救你们命的不是我魏徵，乃是昔日秦王，当今太子。太子宽仁贤德，大度如海，包容百川，不计私怨，若不是碰上这么一位明主，我与你们一样恐怕早已成了断头之鬼了。不知二位大人下一步要去哪里安身？"

志安、思行二人泣声说道："死里逃生已属万幸，留下这条命回乡里耕田种地了此残生罢了。"

魏徵沉思了一会儿说："二位又错了，大丈夫处世岂能如燕雀营巢，鸡鹜觅食，碌碌此生？往昔命运阴差阳错让我等跟了建成，如今得遇明主，正是为江山社稷、黎庶百姓大展抱负之时。可不能一朝被蛇咬，十年怕井绳。我看二位就随在下同行，宣谕朝廷赦命，慰抚众人之心，为平息动乱、安定地方出一份力，也可将功补过。有你我三人的现身说法，这趟差事会顺利得多。"

二人喜出望外："有明公指点迷津，我二人情愿追随大人鞍前马后。"于是，众人同去磁州。

磁州刺史见魏徵释放了钦犯，眼看到手的一桩功劳泡了汤，甚不甘心。送走魏徵一行之后，立即快马加鞭，赶往京师向世民告状。

"殿下，我看魏徵是徇私怀旧，过去他们同恶相济，今日又借朝廷赦命救其同类。不是朋比为奸，也是私心所致。"那刺史奏报完魏徵擅放要犯的过程之后，又愤然说道。

世民听完却不禁眉开眼笑，欣喜地说："好，魏徵不愧是忠臣、直臣，未来必是我大唐的柱国之臣。他这是以江山为重，以朝廷为重。若有私心，就该明哲保身，这样的事避之还唯恐不及呢。要说私心，我看你倒是有点。你以为送来李志安、李思行便可邀功请赏，升官加爵，对吧？我告诉你，你该好好谢谢魏大人才是。倘若你真将此二人以囚车押来京师，一路上招摇过市，坏了我的安定大计，我不仅要将你贬官削职，说不定会将你下入大牢。"

话音刚落，那刺史早吓得冷汗直流，扑通一声跪下，连声说道："微臣知罪，微臣知罪。"

经魏徵、房玄龄、杜如晦等人在全国各地奔走月余，到处宣谕朝廷和新太子的宽容政策，终于使建成、元吉的旧势力彻底瓦解，几乎所有的昔日旧党全都自首归顺。各地政局迅速平稳下来，就连小股的反叛也再没有发生过。

八月癸亥日，高祖皇上下达制书，传皇帝位于太子世民。

高祖虽然年事已高，但从来不糊涂。而现在，他的意识尤为清醒：属于自己的那个时代已经过去了。主动禅位，体面地下台，这是他眼下的最佳选择。这样做不仅能保住他的荣华富贵，保证他的后宫妃嫔和心腹近臣的人身安全，而且能保证大唐权力的平稳过渡，保证朝廷和地方不再发生动荡或流血。更重要的是，能够确保他与世民雍睦和谐的关系，弄好了还可以营造一种父子同心以使天下大治的政治氛围。当然，对太子世民的卓越才能他比任何人都更了解，将自己戎马半生夺取的又惨淡经营了近十年的大唐江山交给他，他一百个放心。他甚至有一种预感，由儿子治理天下，可能要比自己治理好得多。

但是，李世民却不能直接答应。他连续三次上书，恳切推辞。虽然人人都知道这只是表面文章，但有时候这种表面文章却不得不做。而高祖对这种推辞也极力配合，坚决不允。到了最后，竟有些怒不可遏。太子世民只好勉强奉诏。

八月甲子日，李世民即皇帝位，大赦天下。

按说，新天子登基是一件轰动天下的盛事，就应该轰轰烈烈，普天同庆。

但李世民并不想太过张扬。父皇还在世，还健健康康地活着。这国家神器毕竟是从他手里夺过来的，尽管在形式上是他一再禅让，但内心深处他是不情愿的，这是人们都心照不宣的事实。

为了不让父皇感到难堪，李世民没有在父皇禅让当年登基，并且没有在多年来一直举行朝会的大殿——两仪殿举行登基大典。

他决定就在东宫显德殿即位，登基仪式也尽量从简。各州郡的都督、节度使、刺史等官员一律不准入朝称贺，更不准送什么贺礼，对这类送礼行贿的腐败行为，李世民历来深恶痛绝。杜绝腐败之风必须从自己当皇帝的第一天起就坚决果断地身体力行。各地的官员若有那份忠心，只上一封贺表就行了。那不过是一张纸而已，你们休想借此机会巧立名目，搜刮民脂民膏，为自己大捞一把。

当然，登基大典也不可太过草率，这毕竟是一个新时代的开始，在京的全体朝廷命官要一律参加。

当日辰时，宰相裴寂、封德彝、陈叔达、萧瑀等召集朝中文武百官齐集显德殿，等待着新皇帝驾临。大家各怀心事，或兴奋，或喜悦，或激动，或忧虑，但一个个都是表情庄重，大殿里一片肃穆。

将近辰时末刻，李世民在房玄龄、杜如晦的陪同下健步走进大殿。

当宇文士及宣读完高祖皇上的禅位诏书，世民这才由太监们服侍着在侧殿中换上了一袭簇新的龙袍。然后步入丹墀，由司礼官导引着，先北向而拜，再面向高祖所在的两仪殿方向行叩拜大礼。

礼毕，四位宰相趋前，分左右扶世民升殿。李世民终于坐上了那个千百年来不知令多少英雄为之折腰的神圣的帝王宝座。

宰相们躬身退下丹墀，与百官分文武两班按序排列，然后行三跪九叩大礼，山呼舞拜。"万岁"之声如雷鸣海啸，在大殿中"嗡嗡"作响。

至此，经过了多年的浴血征战、疆场拼杀、宫廷争斗，李世民终于获得了统治天下的最高权力，堂而皇之地登上了大唐帝国的权力顶峰。

这便是大唐王朝的第二代皇帝——唐太宗，这一年他二十八岁。

虽说是第二代皇帝，但是文武群臣乃至全国的庶民百姓都很清楚，他其实是大唐帝国的主要缔造者之一。这个帝国从孕育到诞生，到平叛、息乱、四海一统，再到治平图强，其发展的每一步都浸透着这位新皇帝的汗水和心血。他坐在这个位子上应该是上苍的安排，历史的选择，当之无愧。

此时的太宗皇帝高踞于九五之尊的御座之上，自然也是心潮起伏，激动不已。他知道，从今天起，腥风血雨过后，一个全新的时代开始了，国家的历史翻开了崭新的一页。他要完全按照自己的意志打造一个历史上从未有过的辉煌盛世。

虽然，此时此刻，他的脑海中还偶尔闪过玄武门前的那些血迹，耳郭中还时而萦绕着几个侄儿的哭声，心灵的深处仍贮留着一丝不安。但那实在是一种历史的无奈。不管怎么说，他坐在这里是问心无愧的，更是踌躇满志和充满自信的。

他宣布，自即日起大赦天下；遥尊高祖为太上皇，仍居于皇宫禁苑之内，寝殿、妃嫔、仆婢一应不变，起居饮食一切生活待遇任父皇自定，要优于自己这个当皇帝的；今年年号仍称武德，从明年正月初一起，改元贞观；册封秦王妃长孙氏为皇后，杨妃为德妃；立长子李承乾为太子，封次子李泰为魏王。

接下来便是大封群臣。

有史以来，历朝历代都是一朝天子一朝臣。这既是新皇帝施政的需要，也是治理国家的需要。太宗皇帝自然不能也不想违背这个规律。

但是，对父皇的那批老臣，特别是那几个心腹近臣，他暂时不想动他们，这样既可慰藉父皇，又可安抚人心。有不尽人意之处，以后再慢慢调整。

对群臣的敕封仍由宇文士及公布：任命陈叔达为侍中，房玄龄为中书令，萧瑀为左仆射，封德彝为右仆射，同掌宰相职权；任长孙无忌为吏部尚书，杜如晦为兵部尚书，秦叔宝为左武卫大将军，程咬金为右武卫大将军，尉迟敬德为右武侯大将军，侯君集为左卫将军，段志宏为骁卫将军，张公谨为右武侯将军，张亮为左武侯将军，在玄武门之变中立下大功的常何被任为左监门将军，长孙安业为右监门将军，杜淹为御史大夫。

同时，原太子建成的属官魏徵、王珪、韦挺被任为谏议大夫。薛万彻为右领军将军。

原来的左仆射裴寂被擢为司空，位居众宰相之上。

在对朝臣的任职安排上，太宗皇帝煞费了一番苦心。这是一个很奇特的成分混杂的朝臣班子。既有父皇时期的朝廷元老，又有原秦王府的后进新秀。同时，还特意选任了一批原东宫和齐王府的属官。

很显然，太宗皇帝在有意向天下人表明，他在为国家选贤，为江山社稷用人，完全是任人唯贤，绝无门户之见。

但是，细心的人也不难看出，这个以新旧官员组成的混合班子仍然是以他多年来的幕僚心腹为主体。他毫不犹豫地将原秦王府的主要属官任命为朝廷的主要文武官员，而且大都位居要职。尤其是他的首席谋士房玄龄，从一个小小的秦王府长史一跃而为中书令，实际上位居宰相之首。

父皇时期的几位宰相他最看不上的就是裴寂。此人在数年前便构陷杀害了自己最早的心腹密友刘文静，这让他一直耿耿于怀。这几年又与建成、元吉勾勾搭搭，狼狈为奸。不仅德操败坏，而且才能平庸，按说应该立即罢官甚至治罪。但是，他一直是父皇的心腹近臣。为了照顾父皇的面子，先暂时留他一段日子。于是太宗擢他为司空，表面上晋升了，但却削去了他的所有实权，即所谓明升暗降。

其他如陈叔达、萧瑀和宇文士及，在太宗与建成的斗争过程中，实际是站在太宗一边的，因此，仍让他们位居宰相之职。不过，太宗心里也有数，这些人较为守旧，又常以元老自居，不知能否与房玄龄、杜如晦他们合得来。让他们相处一段时间看看，若真尿不到一个壶里，又影响了自己施政，那就把他们从宰相的位子上撤下来，再做适当的安排。

封德彝这个人城府太深，让人有些琢磨不透。但此人年事已高，又重病在身，保留他的宰相之职不过是挂个空名，已于事无碍。

至于魏徵、王珪、韦挺等人，虽是建成旧党，却是享誉海内的大才，先起用他们为谏议大夫。这只是个言官和闲职，倘若他们能忠于王事，真心参政，也可发挥举足轻重的作用，以后再逐渐擢拔。

还有大将军李靖和李勣，他们早已执掌朝廷重兵，大权在握，仍让他们官任原职。这可是维系新朝廷命运的两大柱石。只要军队不乱，国家便不会出大乱子。

好了，新的朝臣和宰执班子已安排妥了。太宗皇帝长长地舒了一口气。自己的帝王生涯已经迈出了坚实的第一步。以后，他可以按照自己多年的设想与众位大臣同心合力，大刀阔斧地进行各项朝政改革了。

第二十二章　赏罚有度　革故图新

宰相班列和文武群臣的职位初步确定，为太宗皇帝实施新政提供了基本保证。

按照惯例，新皇帝在任命了朝中百官之后，接着就要对他们赐爵封邑。职位是大臣们的职责和权力，而爵位和封邑则是他们的俸禄，是他们实实在在的利益所在。因此，赐爵封邑必须尽可能地公平合理，才能使朝臣们心悦诚服，不至于引起一些不必要的摩擦。

九月二十四日，即太宗皇帝登基一个多月之后，文武群臣齐集于东宫显德殿中。皇上要与他们当面议定各人的爵位和封邑。

这是一种独出心裁的创举。历朝历代对臣下的封赏都是当皇上的一人说了算，因为这种关系着臣子们个人切身利益的事往往是越商量越乱。

太宗却偏要这样做。他觉得，正因为这事关系到每个人的切身利益，更要尽量做到公平合理。世上的事总是不平则鸣。若封赏不公，臣下们心中不服，甚至由此产生不满和怨怼，不仅会直接影响下一步的施政，甚至会影响到以后朝纲的稳定。

群臣们山呼舞拜，行参见大礼已毕，分文武两列恭立于朝堂两侧。

太宗看看他们，然后说道："今日朝会，其他事一概不议。朕欲与诸位爱卿专门商定一下汝等的爵位和封邑。朕是按照各人往日的功劳和职位等级的排列进行赏赐，若有不当或失之公允，众爱卿尽可提出异议，无须过谦。"

说罢，命陈叔达在大殿上唱名公布。大殿里静得出奇，人们都屏住呼吸一字不落地静听着对自己和他人的封赏。各人都在心里架起了一杆秤，认真地掂量着权衡着。

这些人当年在浴血征战的沙场上可以舍生忘死，置自己的身家性命于不顾。但是，当战争的硝烟一旦散去，国家进入了和平安定的时期之后，每个人都会对功名利禄极其重视，甚至是斤斤计较。这似乎也是一条历史的规律，因为它不仅关系着功臣们个人及全家甚至是后世子孙的荣华富贵，更是对他们半生戎马所创立功业的一种标志性的认定。

陈叔达的唱名公布刚一结束，大殿里立刻响起了嗡嗡的议论声。在诸多封赏中，对房玄龄、杜如晦的封赐最引人注目。太宗皇帝认为房玄龄、杜如晦、长孙无忌等人功劳最高，房玄龄封爵邢国公，赐食封 1300 户；杜如晦封爵蔡国公，赐食封 1300 户。而像李勣、李靖、秦叔宝、程咬金等这些出生入死的名将，爵位却只封侯，食封不过 1000 户。大家心中不悦，却只能小声议论，不敢公然反对。

这时候，太宗的堂叔、淮安王李神通首先站了出来，压过众人的议论，高声说道："陛下，如此封赏，臣心中不服。"

"为何不服，可细细说说你的理由。"太宗说道。

"当年我大唐义军在太原举事，臣首先在关西起兵，第一个响应义旗。近十年来，臣身冒锋镝，东征西战，誓死拼杀，而房玄龄、杜如晦等人不过是捉刀弄笔，舞文戏墨，功勋却在臣之上，实在难以心服。"

一言既出，大殿里立时静了下来。李神通的话其实代表着朝堂之上的所有武将，痛痛快快、直截了当地道出了他们的心声。

这不仅是一个人在争功，实质上是多年战乱结束之后，朝廷中必然会产生的文武之争。若处置不好，便会引起文臣武将之间的长期不睦和争斗不休。

太宗仔细审视着朝堂上的每一位大臣，大家都面无表情，谁也不肯说话。他知道，人们都在等着看他这个新皇帝如何处置。淮安王可是你的叔父，连老皇帝都让他三分，他的话又不无道理，看你怎么说吧。

太宗眯起了他那双精光四射的眼睛，略一思索，平心静气地说道："不错，当年叔父确实是关西一带最先起兵响应义军的，这一点功不可没。不过，就当时的情势而言，你起兵也是为了自救啊，不是吗？至于以后，你屡屡征战，东拼西杀，这也是事实。然而，那年窦建德侵并山东，你却是全军覆没；之后刘黑闼纠集残部，死灰复燃，你与之交战溃败，再次弃甲曳兵，望风而逃。这些难道也应该算做功劳吗？而房玄龄等人虽然手无缚鸡之力，上马不能挽弓，下马不能挥剑，但他们一直随军谋划，运筹帷幄之中，决胜千里之外，终使大唐江山得以建立。这样的功劳莫非就比拼杀于两军阵前小吗？在朕看来，要论功行赏，他们自然要在叔父之上。"

见皇上不留情面地揭了自己的短，李神通顿时满脸涨得通红。但皇上说的都是事实，自己不能也无理再争。他只好唯唯说道："我只记得取胜的功劳，却忘记了战败的耻辱，微臣知错了。"

太宗却笑道："叔父也不必自责。其实，只记着自己的功劳，而忽略自己的过失，恃功忘过，这是人们的通病，也是历朝开国勋臣居功而骄、因满招损的原因。还望众位爱卿以此为鉴，每日戒骄自勉，临深履薄，方可长保富贵。"

听太宗说完，众武将不再争功。平心而论，皇上的用心是公平的，连自己的堂叔也不肯徇私情，他们这些外人还有什么可说的？

当然，对有些朝臣提出的异议，确实存在着封赏不尽公平的情况，太宗也都当即修正。经过近两个时辰的议论磋商，终于使朝臣们大都心悦诚服，朝会尽欢而散。

临散朝时，太宗又对众人宣布，今夜将在东宫庆余殿设一便宴，宴请文武群臣，与众人把酒共饮，君臣同乐。

夜幕降临之后，凉风习习，繁星如织，皇宫大内到处华灯齐放。

庆余殿里更是烛火通明，照耀如同白昼。三十多张八仙桌在大殿里分六排摆放着。穿梭其间的诸多宫女和太监正忙碌地在各桌摆放荔枝、葡萄等水果、点心和各种餐盘、酒具。热菜要等大臣们全都到齐，宴席正式开始后才能陆续端上。

文武大臣们先后来到，大家都按照品秩自觉地依次而坐。尉迟敬德来了，他找到了自己该坐的位子，与任城王李道宗并肩坐在那里，一边说话吃水果，一边等候宴会开席。

这时候，却有一位姓黄的给事中匆匆入席。这个马大哈既无战功，又无显爵，却不顾座次，竟同尉迟敬德坐在了一张桌前，而且位居尉迟敬德之上。

这尉迟敬德虽不是大唐帝国的开国元勋，却在历次大战中战功显赫，是当今皇上的救命恩人，又是玄武门兵变中的第一功臣。如今新天子即位，他这位皇上身边的大红人、朝廷的大功臣自然身价倍增，朝臣们无不敬重三分。耳边的掌声多了，恭维多了，眼前的鲜花多了，往昔那种骄横粗野的脾性便开始渐渐显露出来。

他见这位给事中居然大大咧咧地坐在那里，又是吃点心，又是品茶，心中便不由自主地冒起了一股无名之火，正欲发作，却突然想起了皇上白天说的话，"要戒骄自勉，临深履薄"，只好强压下心中的怒火，阴沉着脸坐在那里一言不发。

大臣们还没有到齐，离开席的时间尚早。太宗皇帝把宰相房玄龄单独叫到最北面的一张桌前，二人一边品茶，一边随意地攀谈着。

"今日论功行赏，朝臣们可都心服？"

"回陛下，如此封赏，多数人都认为至公至允，从而打心底里赞成。但也有些人口里不说，心中却未免不服。"

"哦，是哪些人？为什么？"

"据微臣所知，原秦王府的某些臣属旧僚颇有怨言，认为自己跟随侍奉陛下多年，如今官位反落在原太子东宫和齐王府的一些僚属后面，心中甚为不平。"

太宗若有所思地点点头，反问道："以房相之见，此事该如何处置？"

房玄龄从容地说："陛下原来是秦王，现在是皇上，是天下之主。四海之内，皆应一视同仁，自然不应两眼只盯着秦王府的旧部，示私心于天下。这些人的想法未免偏颇狭隘，尚需慢慢规劝疏导。"

"说得对。宰相肚里能撑船，当皇上的肚里就该包容得下千山万水。朕身为君主，只有大公无私才能使天下人心归服。朕与诸卿每日之衣食皆取自百姓血汗。所以设官吏，定职守，都是为庶民谋福泽。理应选拔贤能之士加以任用，怎能以旧人、新人为取官标准？倘若新人贤德，而故旧不才，如何能合新而取旧？这些人不肯检讨自己的不足，却只知一味地争功抱怨，岂是为臣之道？对此，爱卿等尚需善加劝抚，替朕分忧。"

房玄龄忙说："陛下放心，微臣等定会全力劝导。这些人也不过是一时想不通，稍加劝导心中怨怼自会很快化解。"

太宗沉吟片刻后又抬眼看看房玄龄，动情地说道："我们这些为君为相的，治理邦国，处置政事，再没有比公正无私更为重要的了。三国时，蜀相诸葛亮执法甚严，曾经将廖立、李严流放至南夷偏远之地。然而当诸葛亮病故之时，廖立却悲痛万分，李严更是痛不欲生，以至哀伤而死。倘若不是执法为公，毫无私心，怎能有如此结果？执政者若皆能公平如是，臣民们焉能不竭忠奉国？朕初登大宝，决计效法历代明君，也甚望宰执大臣能以前代贤相为楷模，公忠体国，持身无私，君臣同心戮力，创造一个让万民乐业的清平盛世。"

房玄龄仔细聆听着，频频点着头。

这时候，众位大臣全都到齐了，司礼太监宣布宴会开始。因为是便宴，太宗也不多说，只让宰相封德彝随便说了几句，要诸位大臣不必拘礼，尽情畅饮。

大殿里立时觥筹交错，推杯换盏，你敬我让，笑语纷纷，气氛显得十分融洽而又热烈。

尉迟敬德却还在生闷气，谁也不肯理睬，正低着头一杯接一杯地狂饮。

也是活该出事。那个姓黄的给事中也不看个眼高眉低，见尉迟敬德有些闷闷不乐，便笑着调侃道："尉迟大将军今天是怎么了？像谁欠您钱似的。来，下官借花献佛，敬您一杯。"

他不说话还好，这一说一下子勾起了尉迟敬德满肚子的火气。他腾地站了起来，牛眼圆睁，冲着姓黄的吼道："下官？谁是下官？你算是个什么鸟玩意儿，有何功劳，竟人模狗样地坐到我尉迟敬德之上？"

那姓黄的被无缘无故地骂了个狗血喷头，呆愣愣地站在那里，不知说什么才好。

坐在一旁的任城王李道宗怕把这热热闹闹的宴席搅乱了，忙插嘴劝解："算了，算了，今日便宴，不分座次，大可不必为此事伤了和气。"

尉迟敬德却不听劝，气哼哼地说道："瓜子里嗑出了个臭虫，有你何事？敢在此多嘴多舌。"

李道宗好歹也是个亲王，论爵位要比尉迟敬德尊崇得多，怎容他如此放肆？立时便拉下脸来，当众怒斥道："尉迟敬德休要撒野，此乃皇上设宴，你却口无遮拦，大放厥词，是何道理？"

不料，尉迟敬德此时正酒力上涌，见有人敢在大庭广众之下训斥他，顿时怒不可遏。忽地挥动拳头，向李道宗的面门打去。

李道宗冷不防挨了一拳，立时眼眶乌青，血水涌流，踉踉跄跄地向后倒退了数步，撞倒在身后的酒桌上。立时杯盘碗筷摔了一地，残汤剩菜沾了一身。

满大殿的文武众臣被这一幕惊得目瞪口呆，一个个面面相觑，不知所措。

在皇上面前，尤其是在皇上宴请群臣的场合如此失仪，这在有唐以来还是从没有发生过的事，历朝历代，这都是杀头的罪过。

当着这么多的大臣满口粗话，动手打了皇室宗亲，搅乱了皇上的宴席，这让年轻的皇帝如何收场？你尉迟敬德就是功劳再大，资格再老，怕是也难逃一死，最少也得判个贬官流放。大臣们都为他捏了一把汗。

房玄龄、杜如晦等也都把心悬在了半空，偷眼看看太宗皇上。只见他早已气得脸色煞白，一动不动地端坐在那里，垂在桌子下面的两条手臂却在止不住地乱颤。大殿里鸦雀无声，连粗重的呼吸也屏住了，空气似乎凝滞了。人们都在心惊肉跳地等待着，等待着雷霆霹雳突然爆炸的那一刻。

也不知过了多长时间，太宗皇帝才长长地呼出一口气，淡淡地说道："今夜就到这里吧，众爱卿可回府歇息，尉迟敬德且留下。"

　　宴会不欢而散，文武众臣陆陆续续地走了出去。空落落的大殿里，就剩下了太宗和尉迟敬德两个人。

　　尉迟敬德并未大醉，见自己把宴会弄成了这种结局，早已完全吓醒了。他木雕泥塑似的坐在那里，呆呆地不知如何是好。

　　太宗站起身来，缓缓走到尉迟敬德身边："朕一向以为你粗中有细，颇识大体，懂礼法，今夜……"

　　语气平缓而又轻微，但却冷冰冰的。

　　尉迟敬德打了个寒战。多少年来，皇上与自己说话从来没有这样冷漠过。还没等太宗说完，他便扑通一声跪在了地上。

　　"陛下，请治臣酒后失仪之罪。"

　　"酒后失仪？你是因为喝醉了吗？不，你是因为功劳太高了。你救过朕的命，不止一次地救过，有擎天保驾之功……"

　　"皇上……"尉迟敬德一时语塞，他也知道，皇上说的是对的。自己确实有些自恃功高，不把任何人放在眼里。今日白天在朝堂之上，淮安王李神通说房、杜等这些玩笔杆子的官爵不该在武臣之上，自己也正是这个意思。但他的话被皇上驳回了，自己心中便有些憋屈。晚间酒宴上因为座次这点小事便借题发挥，才闹成了这种局面。自己还能说什么呢？只能等着皇上发落了。

　　太宗看看跪在地上的尉迟敬德，有些忧伤地叹了口气，说道："平日晚间无事时，朕常常读些史书，见汉高祖刘邦在亡秦灭楚、建立大汉之后，居然残酷地诛杀功臣。对他这种兔死狗烹、鸟尽弓藏的做法深为反感。认为刘邦是个暴君、独夫，是个过河拆桥的小人。常暗中叮嘱自己，一定要与朕的这些患难与共、生死相依的功臣们同富贵，而且要让你们的子孙后代也富贵不绝。然而，近来看朝中功臣们的所作所为，尤其是爱卿今夜的做法，却让朕一下子明白了，汉高祖当时把韩信、彭越剁为肉酱，实在是不得已而为之。要想君臣永远同心同德，并不是当皇帝的一个人说了算的。"

　　他的话仍然是那么平淡而又舒缓，既没有疾言厉色，更没有风暴雷霆，就像平日拉家常似的。但是，尉迟敬德却感到了一种巨大的威压。这个从来就不知道什么叫害怕的铁汉子突然间战栗不止，冒出了一身冷汗。他连忙叩首说道："皇上，请治臣大不敬之罪，是杀是贬还是流放，臣都绝无半句怨言。"

　　太宗却说道："朕今日不治你的罪。不过，你可要好生反省自己。国家纲纪，唯赏与罚，非分之恩，不可数得。愿爱卿勉自修养，谨言慎行。你回去吧。”

尉迟敬德走出庆余殿，失魂落魄地回到了家里。这一夜，他平生第一次也是唯一一次尝到了失眠的滋味。

第二天散朝之后，尉迟敬德跟着谏议大夫魏徵来到了他的府上。他一向瞧不起这些摇笔杆子、玩嘴皮子的文人，但魏徵是个例外，他是诚心诚意地求教来了。

当他把昨晚皇上将自己留下所说的话说了一遍之后，魏徵也深深地感叹道：“海纳百川，有容乃大。当今圣上真乃千古人杰。皇上在战场之上能不战而屈人之兵；在庙堂之中又能不杀而立帝王之威。纵观历代明君英主，有几人能及？尉迟将军，恕在下直言，以你昨夜的举止，皇上要杀你毫不为过。碰上了这样一位英明君主，将军才能逃此一劫，实乃三生之幸。”

“这个末将知道，我这条命是皇上给的。可是，皇上不肯治罪，这比杀我还难受。以后该怎么办，还望先生教我。”

“将军功勋卓著，无人可比，也无人不知，唯有将军自己不知。淡泊功名权势，小心谨慎做人，这才是功臣们最明智的选择。”

“先生，你再说得明白些，我如何才能做到这些？”

魏徵笑了笑说：“我送将军四个字，若能做到，定可长保富贵。”说完，他走到书案上写了一张纸，拿回来交给尉迟敬德。

敬德展开看时，却见上面的四个字是：“戒酒”、“信佛”。话极为通俗，意思也十分明了，尉迟敬德却凝视着它们愣怔了多时，然后便咧开大嘴笑了，连连说道：“知道了，知道了，多谢先生赐教。”

从这天开始，尉迟敬德真戒酒了，这个嗜酒如命的骁将从此滴酒不沾；也真信佛了，他在家中堂屋的正北摆放了香案佛像，每月初一、十五，早晚祭拜不误，每日罢朝归来，诵读佛经，手不释卷。到后来，便渐渐地读得入迷，竟真的成了一个虔诚的佛教徒。人也整个儿变了一个样，变得随和温顺，与世无争。除了把自己职责范围内应该做的事做好，其余的事一概不闻不问。正是靠了这一点，这位大唐功臣在此后的人生旅途中经历了无数政坛争斗的惊涛骇浪，却能屡屡化险为夷，平平安安，直至寿终正寝。就连他的子子孙孙也都能无灾无殃，安享富贵。当然，这已是后话了。

像尉迟敬德这样桀骜不驯的人都能知错就改，而且改得这样坚决和彻底，太宗皇上感到无比欣慰。

可是，太宗高兴了没几天，便在功臣们身上又发生了一件让他十分棘手和头疼的事。

这日午后，长孙无忌进宫去见太宗，因走得匆忙，忘了解下身上的佩刀，就径直进入了上阁门。直到他进入宫禁多时后，守护皇宫的监门校尉才发现有人佩刀入宫，急忙追了上去，加以制止。

按说，这也算不了什么大事。一个是走得匆忙，忘了解刀；一个是一时疏忽，放入了佩刀之人，一经发现，又立即制止了。

但是，私携兵刃入宫，迹近谋逆，按大唐律应是杀头之罪，凡是知情者谁也不敢马虎。

这事恰恰被右仆射封德彝知道了，他立即求见太宗，以监门校尉看护不力，让携刀官员私入宫禁，触犯朝廷律条为由，要求将那名校尉立即处死。而长孙无忌作为朝廷高官，误把佩刀带入皇宫，应判处徒刑二年，罚铜二十斤。

太宗听完封德彝的奏报，当即点头应允，让封德彝立即执行。

事情传开，立时舆论大哗。大理寺丞戴胄首先提出异议。他急忙求见皇上，正色说道："陛下，监门校尉没有发现佩刀，是偶尔失误。长孙无忌带刀入宫，也是一时疏忽。同是疏失，性质一样。然而，臣子对皇上的失误不能称为失误。大唐律规定，'提供皇帝的汤药、饮食、舟船，因失误而触犯律条者，均应判以死刑'。陛下如果因为长孙无忌是当今国舅，又有战功，便欲从轻处罚，那是您皇上的权力，大理寺自然管不了。但是，若要依据律法公平处置，仅罚铜二十斤则太不合理，请陛下思之。"

太宗说道："爱卿所见甚是。大唐律乃天下之法，非朕一人之法。朕岂能因为长孙无忌是皇亲国戚，就干碍汝等依法办案？"于是命大理寺与刑部官员重新审理此案。

右仆射封德彝身历隋文帝、隋炀帝、唐高祖、唐太宗四代帝王，一向善于揣摩君心，拍马有术，左右逢源，从而成了隋、唐两朝一棵不倒的常青树。他认定这件事是取悦于新皇上的一个绝好机会，不能轻易放过。因此便再次求见太宗，慷慨说道："宫门禁卫关系着皇上的生命安危，事大如天。校尉失职，致使佩刀者入宫，罪在不赦。虽系疏忽，亦是死罪，断不可因姑息一人而致使后患无穷。"

太宗见右仆射坚持第一次判决的结果，说得也并非没有道理。便传旨让戴胄上殿，让二人当面裁处，以定此案。

戴胄早知道封德彝的用意在于讨好皇上，便不客气地说道："监门校尉触犯刑律，依律可以处死。但是，当他发现之后，已及时纠正，按情理亦可宽赦。更何况长孙无忌同样触犯了刑律，而且校尉的过失是因长孙无忌的过失而引起。二人所犯过失性质一样，而处置结果却是一生一死。大道之行，天下为公。如此判法，莫说天下人不服，就是刑部和大理寺的同僚们亦深感不安。"

听戴胄说着，太宗心里已经拿定了主意。他知道，在这件案子的背后是一场极不对称的较量。在犯法者中，一方是一个小小的宫廷校尉，而另一方却是当今国舅、吏部尚书、赫赫功臣；在执法者中，一方仅是一个政坛新秀，大理寺的三品副职，而另一方却是当朝宰相、隋唐元老。究其实质，这又是一场公正与私情的较量。在这场不对称的较量中，自己这个当皇上的若是稍有私心，那个校尉立时便会丢掉脑袋，而自己和朝廷丢掉的则将是天下人心。

想到这里，太宗果断地说道："既然二人所犯性质一样，处置结果也必须一样，国家律令面前人人平等，没有贵贱尊卑之分。好在所犯罪行已经改过，未造成危害。二人皆免除死罪，罚铜二十斤。"

又一场风波过去了，在戴胄等司法直臣的据理抗争中，不仅是那名监门校尉的生命得到了挽救，更重要的是大唐法律的权威得到了应有的尊重。太宗皇上长舒了一口气，但内心深处却不敢有丝毫的懈怠。

最近几天发生的这两件事都是由自己的心腹功臣引起的。在这个歌舞升平的新时代，如何才能让这些战功显赫的大臣们严于自律，慎终如始，保住晚节从而也保住荣华富贵，使自己这个当皇上的不至于背上滥杀功臣的恶名，这将是对自己的长期考验。

长于以史为鉴的唐太宗深知，中国历史上的每一个朝代都是在马上得天下，却不能在马背上治天下。换句话说，就是乱世用武，治世用文，这是一条千古不变的定律。

早在动荡战乱的年代，太宗皇上还是秦王的时候就已经清醒地认识到了这一点，并为此做了充分的准备。收复洛阳之后，便在秦王府设置了文学馆，招纳文化精英、鸿儒大贤入文学馆，称为"十八学士"。这十八学士都是秦王府的文职官员，实质上是他的智囊团。在平定叛乱、统一江山和玄武门之变以及辅佐他登上皇帝宝座的过程中，这个智囊团发挥了武将们难以替代的举足轻重的作用。

如今自己已经登上了权力的巅峰，又矢志要建立一个天下大治、繁荣昌盛的太平盛世，饱学之士、经邦济世之才就显得愈加重要。有了他们，自己便如鸟有翼，如鱼有水，失之则死，不可暂无。

虽然初登大位，政务繁剧，百事缠身，但他第一件要做的事，还是要重整文学馆，更加广泛地搜罗天下名儒和文人学士。

不过，旧文学馆的十八学士职务上已经发生了很大的变化，大都担任了朝廷中的要职。秦王府的文学馆已经完成了它的历史使命。现在，自己应该以天子的名义堂而皇之地设立一个类似于文学馆的新机构。

九月底，唐太宗下旨，在弘文殿设置弘文馆。将经、史、子、集方面的书籍二十余万卷纳于馆中。同时下令各地官府举荐天下名士。

很快，弘文馆在原文学馆的基础上得以重建。除了以前的老学士虞世南、褚亮、姚思廉等人之外，更增添了像欧阳询、萧德言、颜师古、司马才章等一大批名满华夏的硕儒，又选取了三品以上官员子孙中的佼佼者充任弘文馆学士。

太宗皇上明确规定了弘文馆职责，"或典校理，或司撰著，或兼训生徒"。不过，这只是平日的正常工作。更重要的是，他们要"讲论前言往行，商榷政事"。也就是说，他们仍有为皇上制定大政方略提供咨询的职责，要参与议定礼仪、律令及朝廷各项制度。

有了这个弘文馆，对于求知若渴的新皇帝来说，真像是如鱼得水。

每日处置政务的闲隙，他不是亲往弘文馆，就是将这些学士们引入内殿，纵论古今成败，畅谈利弊得失，常常谈至夜半时分方肯回后宫休息。

一日早朝之后，太宗带领宰相房玄龄、兵部尚书杜如晦和谏议大夫魏徵来到弘文馆。因为皇上是这里的常客，已三令五申在文学馆里不行三跪九叩大礼，只简单地行过君臣见面礼后，众学士便毫不拘谨地围绕皇帝而坐，开始畅谈。

"朕初临大宝，常怀惕怵之心。每日面对堆积如山的案牍，浩如烟海的冗务，又常不知从何处下手才能提纲挈领，抓住要害。以众卿看来，当此新朝初立之际，在诸多国事之中，当以何事为眼下之急务要务？"太宗皇上刚刚坐定，开口便切入正题。

欧阳询立即应声答道："国家兴亡，在人心向背；而人心向背，关键在于政治是否清明。微臣以为，皇上欲励精图治，革故鼎新，首先要从惩治腐败开始。我大唐建立以来，朝廷而下，层层设官，十羊九牧，各级官吏在任久了，仗着手中的权力肆意贪贿侵吞。百姓们说，如今是大官大贪，小官小贪，无官不贪。这话虽多少有些偏激，但亦足见腐败之风甚炽。惩治贪腐，革新吏治，激浊扬清，乃当前朝政之重中之重。"

"说得甚是，对于贪赃枉法之事，朕素来深恶痛绝。腐败乃亡国祸根，不铲除国基难固，祚运难久。不过，要惩治腐败，具体该从哪里入手呢？仅靠罢黜或诛杀一两个贪官，头痛医头，脚疼医脚，恐怕难以奏效。"太宗又问道。

兵部尚书杜如晦道："惩治腐败，就要下决心铲除滋生腐败的土壤。从南北朝至隋以来，朝廷以下又设州、郡、县三级，府衙林立，庸吏冗员如蚁。人浮于事，不仅靡费朝廷财政，吸吮百姓血汗，一些尸位素餐者更是处心积虑地搜刮民脂民膏。朝廷之下这个厚厚的官僚层便是滋生腐败的最肥沃的土壤。惩治腐败应该先从这里开刀。"

太宗点头赞同道："杜尚书的话有些触及要害了。朝廷用人，必须量才授职，务省官员。因而《书》中有云，'任官唯贤才'，又说，'官不必备，唯得其人'。若得贤能者，虽少亦足矣；若尽是无德无能之辈，纵多又有何用？古人便以官不得其才比于画地做饼，难以充饥。看来，并省官员，用人得才，才尽其用，确是当前急务。"

待皇上说完，谏议大夫魏徵又说道："其实，也不止地方官员需要并省，朝廷的省、司官署也亟须革新。"

"该如何革新法，请魏大夫直道其详。"

"微臣思虑尚未成熟，在此不过抛砖引玉。朝廷分中书、门下、尚书三省，这是自魏晋以来形成的制度，原无不可。但是多少年来，三省职权一直含混不清，办事互相扯皮，有责互相推诿，遇功互相争夺，相沿成习，三省长官亦即朝廷的宰相班列，人人自立门户，各树朋党，政出多门，使地方官员无所适从。为了升官发财，各级官吏都在纷纷寻找靠山，不惜重金层层行贿送礼。于是，卖官鬻爵之风屡禁不止，愈演愈烈。他们用来买官的重金最终还是出在黎民百姓身上，从而导致民怨鼎沸，变乱丛生。另外，这些人名为朝廷命官，实际上早已分门别户，各抱一团，使君权受到严重削弱，形成了强枝弱干、尾大不掉之局，最后必定导致国家危亡。若说腐败，这才是腐败的源头。要惩治腐败，就应该首先从朝廷入手，廓清三省职权，使各省相互制约，又相互补充，创立一套崭新的宰相制度，完善朝廷各司衙的权力职能。强化君权，各级官吏的任免必须最终出自皇上之手，让那些行贿买官者无处下手。"

听魏徵胸有成竹，侃侃道来，众人都深为赞同。太宗也如猛闻响鼓重锤，心中顿觉豁然开朗。好，朝政改革就应该从这里开始。

转眼已是贞观元年的二月，经四位宰相和魏徵、王珪、长孙无忌他们反复磋商，决定对现有的宰相制度进行大力改革，一个崭新的三省六部制的方案已经形成。又经太宗皇上最终审定，开始正式确立并颁布实施。

三省为：中书省，是取旨制定大政的机要官署，其最高长官是中书令，下属设中书舍人若干，负责草拟诏策敕命，所谓"中书出诏令"；门下省主管封驳审议，最高长官是侍中，其属官是给事中，负责对中书省拟定的诏敕提出不同意见，所谓"门下掌封驳"；尚书省则是执行政令的最高行政官署，其最高长官是尚书令及左右仆射，因为太宗皇上曾担任过尚书令一职，便不再设尚书令，左右仆射成为尚书省的最高长官，属官为左右丞。三省之间职责明确，相互制约，既避免了政出多门，又纠正了诏敕差失。另外，又实行对军国大事由中书舍人"各执所见，杂署其名"的"五花判事"制度，从而尽量发挥朝中众官的智慧，以减少重大决策的失误。

六部为吏部、户部、礼部、工部、刑部、兵部，其长官为尚书，副长官为侍郎。六部直接隶属于尚书省，按其职司范围分别执行朝廷各种政令。

在确立三省六部制的同时，并省地方官员也同步进行。

房玄龄、杜如晦等经反复核查论证，确定朝廷文武官员总共六百四十人，比原来减少了三成。太宗皇上立即准允，并责令自此以后不得超授官爵。

地方上原有的州、郡、县三级改为二级。全国仅设州府 360 个，比原来的 726 个减少了一半还多。设县衙 1557 个，比原来也略有减少。

这些措施精减了大批冗官，不仅减轻了朝廷财政的压力，使庶民百姓的负担明显减轻，而且极大地提高了各级官署的办事效率。

新天子、新朝廷、新气象，一个崭新的时代——贞观盛世真正开始了。

第二十三章　薄赋尚俭　劝课农桑

清明时节的烟雨滋润了苍茫雄浑的北国大地。广袤的平原、起伏的山峦、逶迤的河岸和黄尘飞扬的古道两侧都铺上了一层薄薄的绿色绒毡。杨柳抽枝，榆槐吐翠，连古柏老松密层层的树冠上，那经冬未退的凝重而毫无生气的墨绿也开始泛出了一片片嫩黄。

空旷落寞的齐王府里，经过大半年的寂寥、颓丧和死气沉沉，也终于出现了一线生机。大自然毫无偏私，同样在这里注入了生命的绿色。枯枝败叶、断梗残蓬之间，各种野草披着崭新的绿装展蔓伸须、争先恐后地往外挤。那些无人管理的、往年栽种或野生的各色小花儿经过春风的抚摸，也都从容地绽开了灿烂的笑脸。小鸟在繁密的树丛里啼唱，紫燕在落满灰尘的画栋间呢喃……

齐王李元吉在玄武门被杀已经八个多月了，齐王府昔日的繁华早已不复存在。

他的那些部属们大部分已被秦王，不，现在应该说是皇上收用了。

几房妃子按惯例应该籍没入宫。当今皇上没有为难她们，放她们各自回了娘家，或再嫁或守节，任其自便。而众多的奴婢则一律遣散。

偌大的一座齐王府里如今只住着一个妃子杨氏，再就是几个平日与她相处得好、自愿留下来陪伴服侍她的奴婢和太监。

李元吉去年死时只有二十四岁，杨妃比他小三岁，今年才二十二岁。

这杨妃天生丽质，体态婀娜，肤白如脂，面容娇艳甜美，两只眸子如两泓清水，顾盼之间波光粼粼，算得上是大唐宫室中最妩媚的女人了。

她不光长得娇媚风流，而且心地清纯善良。元吉在时，她察觉到他欲害秦王世民，曾暗中屡屡劝阻，也曾偷偷地向长孙夫人报过信。目的当然不只是为了救秦王，更重要的是为了保护好丈夫，使他免遭大祸。

然而，以李元吉的凶狠残忍和刚愎自用，怎肯听她一个妇道人家的劝告？到头来，终于落了个家破人亡、身名俱灭。

如今，丈夫死了，那些平素里把恩爱挂在嘴边的妃子们也都走了。树倒猢狲散，门前车马稀，齐王府败落了，昔日的辉煌不复存在了。

但是她没有走。自己毕竟与齐王夫妻一场，一日夫妻百日恩，百日夫妻似海深，怎能说走就走呢？虽说人死不能复生，但总得有个亲人为他守灵，为他焚化纸钱，念经超度。在这个世界上，除了自己，还有谁是他的亲人呢？

她在自己的寝殿里为齐王设下了灵位。每日两次在灵前焚纸燃香，诵经祷告，八个多月来从未间断。每次看着熏烟在室内缭绕，纸灰在半空中飞舞，她便想起了齐王生前的种种好处，禁不住泪流满面，呜咽不止。

齐王元吉尽管残暴成性，有千种不是，万种不好，但对自己却一直是柔情似水，恩爱有加，在诸多的妃子之中，他最心疼最爱怜的就是自己。不管他的脾气多么乖张暴戾，对自己却从来没有打过骂过，甚至连大声地呵斥也没有过，反倒是日日相伴，夜夜专房。

可如今他走了，一个年轻轻的才二十四岁的生命就这样突然结束了。从此阴阳两界，永无相见之日了。

唉！这是为什么？你身为亲王，真正是一人之下万人之上，金钱美女应有尽有，威势权力炙手可热，普天之下的荣华富贵任你享受，你还想要什么？为什么非要在亲兄弟之间你争我斗，尔虞我诈，甚至不惜刀兵相加，痛下杀手？男人的心莫非都是冰结的，铁铸的，都这么冷，这么硬，这么让人猜不准，看不透，捉摸不定？

她几乎是日日以泪洗面，在说不尽的凄恻悲凉中默默度日，送走了凄风苦雨的深秋，又送走了阴风怒号、滴水成冰的隆冬，终于迎来了丈夫死后第一个风和日丽的春天。春和景明，阳光妩媚，大自然充满了欢乐和生机。然而她的心里仍然是那么阴冷，那么忧愁，充满了死一般的深沉的寂寞。

八个多月来，这个齐王府已经荒废了，就像一座荒草萋萋、人迹罕至的坟墓。除了自己的几个贴身婢女和杂役太监，几乎没有一个外人踏进过这里一步。

她似乎被这个世界遗忘了，只有一个人还想着她，那就是长孙夫人，不，如今应该称她为长孙皇后了。

她平日与长孙皇后关系密切，在众多的妯娌中她们是最能说上话的。齐王元吉死后，她成了乱臣贼子的遗孀，而长孙氏却夫荣妻贵，一下子变成了母仪天下的皇后，成了六宫之主。

但长孙皇后天生善良敦厚，一副富于同情的菩萨心肠。玄武门事件之后，对自己更像亲姐姐一样，呵护备至，体贴入微。

唐太宗李世民

她多次劝自己搬到皇宫里去住，好早晚有个照应，被自己断然拒绝之后，她便三天两头地往齐王府里跑，陪着自己说闲话，拉家常，消愁解闷儿。有的时候，以皇后之尊，竟也陪着自己化纸，诵经，掉眼泪儿。八个多月来，在不知不觉中，自己已经把她当成了唯一的亲人，当成了主心骨儿。没有她，这种度日如年的凄惶日子自己真不知道该如何打发。

现在已近巳时末刻，不知为什么，长孙皇后今天没有来，杨氏感到心里空落落的，怅然若失。这也难怪，她作为六宫之主，皇宫里自然有一大摊子事，怎能天天都陪在自己身边呢？

杨氏懒洋洋地梳理了一下，穿上了一身月白色的素服，乌黑蓬松的秀发上不缀珠不插翠，有些苍白的瓜子脸上不施脂粉，不描眉，不涂唇，像一株清淡的出水芙蓉，一切任其自然。

她带着两名侍婢走出寝宫，来到了前面的草坪上。在和煦的阳光和暖洋洋的春风的抚慰下，绿草如茵，碧水荡漾，到处都充满着蓬勃的生机。

她在草坪间的蜿蜒小径上漫无目的地走了一阵子，然后在一棵树下的石凳上坐下来，望着天空中那几朵飘浮的云朵出神。在云朵的下面有一对乳燕正在微风里翩翩飞舞，呢喃欢叫……

啊，在这个适于万物繁衍生长的阳春季节，连虫豸鸟雀都是出双入对，可自己呢？她的心禁不住紧缩了一下，鼻子一酸，险些又坠下泪来……

就在这时，一个太监慌慌张张地跑了过来，气喘吁吁地说道："王妃娘娘……快……快接驾，皇上……来了！"

像是大白天里见到了鬼魂，杨氏浑身打了个寒战。皇上？不就是那个杀死自己丈夫的魔鬼吗？他怎么来了？他来干什么？夜猫子进宅，怕没有什么好事！黄鼠狼给鸡拜年，谁知他安的是什么心？莫非他要再一次斩草除根，连自己这样一个弱不禁风的女眷也不放过？或是朝廷要收回齐王府，将自己这个唯一的守灵人也撵出去？你也太狠心了，已经如愿以偿地当上了皇帝，为什么还要这样不依不饶？

这样想着，太宗皇上已经走到了近前。几个侍婢、太监早慌不迭地跪在地上，磕头如捣蒜，口里连声喊着："皇上万岁，万万岁！"

杨氏却不理这个茬，对太宗皇上连看也没看一眼，缓缓地站起身来，头也不回地向寝宫里走去。

太宗一下子愣住了，像是被人用钉子钉在了那里。一见面便碰了一鼻子灰，他感到十分尴尬，有些不知所措，寻思了一会儿，还是跟在杨氏的后面尾随着进了她的寝宫。

本来，皇上来这儿的时候是高高兴兴的，心情轻松而又愉悦。

今日朝会上，他顺利地处置了几件关系着社稷长久安定的大事，办得都极为顺手。

第一件事是终于完成和向天下颁布了《氏族志》。大唐虽已建立，但是，自魏晋南北朝以来形成的门阀制度和门第观念仍然根深蒂固地盘踞在人们的脑子里，其影响仍然那么深远而又重大。

让太宗皇上感到极为不满和十分奇怪的是，他们李氏父子作为关陇军事贵族的代表，一统天下、夺取国家大宝已经这么多年了，关陇贵族的政治地位无疑要比山东、江南的世族大家高得多。但事实上，昔日山东世家大族如崔、卢、李、郑、王等，在朝野上下的名望仍然极大，甚至还远远地超过了皇室宗亲。

这些年来，有一种现象怪怪的，让人百思不得其解。在婚姻的缔结上，有些朝廷中的公卿宰相为了抬高自己的门阀地位，居然甘愿陪送大笔资财金银，赶着与日趋衰微的山东世族联姻。而对与皇室宗亲联姻却往往显得很淡漠，甚至是采取消极回避的态度。至于那些刚刚步入朝廷三省六部权力高层的后进新秀们，尽管官位很高，地位显赫，但由于没有门望，竟常常受到一些旧世族出身的贵族们的奚落，处境极为尴尬。

根植在人们头脑中的陈旧观念是一种极大的惯性，这种门阀观念的顽固性无疑已经并将继续严重地影响着大唐朝廷的权威，危害着江山社稷的稳定。

太宗皇上历来不信邪，父皇当政期间一直想摆平这件事，却始终没有解决，自己却偏偏要向这股看不见摸不着却又顽固得吓人的潜在势力挑战。不要说李氏家族本来就是关陇贵族，如今又成了至高至尊的皇权的拥有者，地位和门望都应该让那些旧族大姓望尘莫及。就是像尉迟敬德、李勣、程咬金这些出身草泽，起自底层的朝廷重臣，也都应该高居于他们之上。那些称王拜相的人天生就是贵族吗？哪个人从娘肚子里爬出来身上就印着个天生贵族的记号？

为此，太宗在即位之初就下令让中书侍郎高士廉、御史大夫韦挺、门下侍郎岑文本、礼部侍郎令狐德棻撰写《氏族志》，要"刊正姓氏，普责天下谱牒，兼据凭史传，剪其浮华，定其真伪，忠贤者褒进，悖逆者贬黜"。

高士廉带领一班人废寝忘食、焚膏继晷地翻阅资料，忙得不亦乐乎。

可惜，高士廉这人太老实，对皇上下令重修《氏族志》的本意并没有真正领会。

数月前，他把修订好的《氏族志》呈送太宗，太宗看了一遍，禁不住面显愠色。新的《氏族志》中居然仍把黄门侍郎、山东崔干列为第一等。这就是说，旧门阀观念的阴影仍然笼罩着朝廷大臣，连自己这个当朝天子苦心孤诣要做的事他们也可以置若罔闻！

自己可以征服天下群雄，重整万里河山，难道就冲不破这种世俗观念的禁锢，打不碎这层坚冰？他把《氏族志》狠狠地摔在御案上，怒冲冲地说道："汉高祖与萧、曹、樊、灌，皆起于闾阎布衣，卿辈至今推仰，以为英贤，岂在门阀世禄乎？崔、卢偏居山东，梁、陈僻在江南，虽有人物，又何足言？况其子孙才行衰薄，却昂然以门第自负，依托富贵弃廉鲜耻，不知世人以何为贵。今我朝廷三品以上官员，或以德行，或以勋劳，跻身显位。彼等衰世旧门何足倾慕？而有人却求与为婚，虽多输金帛，亦心甘情愿，朕实不解究竟为何。今朕欲厘正谬讹，黜虚名而求实绩，而卿等却仍将小小的黄门侍郎崔干列为第一等，莫非要轻我朝廷官爵而去追求流俗世情吗？"

一番雷霆震怒，立时让高士廉等人汗流浃背，满朝文武也终于弄明白了皇上修《氏族志》的真意所在。

又经过了几个月的修改，今日早朝，一本全新的《氏族志》呈了上来。李氏皇族定为第一等，外戚和朝廷重臣列为第二等，而崔干等则降为第三等。共有二百九十三姓，专以当朝官爵的品秩高下为姓氏等级的主要标准。

太宗看过之后点头认可，当场下旨，立即将新《氏族志》颁行天下。

他在心里笑了，这可不是简单地争一个姓氏名分的高低，他是在为皇族，为外戚，为那些出自寒门的功臣良将们争得一个不可动摇的门阀地位。这是他向顽固的旧习惯旧势力挑战的胜利。他相信，用不了多久，这种顽固的持续了几百年的旧门阀观念就会逐步瓦解，慢慢地退出历史舞台。

今日会上，太宗所处置的另一件大事是命长孙无忌、房玄龄、杜如晦等重新厘改《武德律》，制定崭新的更加详尽和实用的《唐律》。

长孙无忌佩刀入宫的事件提醒了太宗，一个国家的律法是朝廷公平施政的保证。朝廷律法的权威应该在宰相权力之上，甚至对皇权也应该有所约束，才不至于因为一个或几个人的好恶造成朝廷决策的重大失误。

但是，父皇执政期间所用的《武德律》基本是对隋朝《开皇律》的延续，只在很少的方面略加删改，显然有许多弊病。

隋文帝"不悦儒术，专尚刑名"。隋炀帝则是"法令滋彰，教绝四维"。

父子二人两代皇帝都是实行苛刑峻法，一味滥捕滥杀，终于弄得人心危骇，民怨沸腾，以至亡国。对于隋朝二帝的这些做法，太宗皇上一直不以为然。

他从自己以往长期领兵的经验中已经体悟到，不管做统帅还是当皇帝，不管治军还是治国，都应该"恩威并施，刚柔两用"。尤其是自己当了皇帝，掌握着生杀予夺的最高权力，更不能任意而为。要治理好这么大一个国家，让它一天天繁荣强盛起来，光靠杀和罚显然是不行的。

他已经意识到，一个高明君主的治国之策应该是以儒学为主，以刑罚为辅。崇尚刑法、滥杀滥罚的做法在任何时候都不可行，在太平盛世就更不可行了。

因此，他在令长孙无忌他们修订《唐律》后，又特别叮嘱说："朕看古来帝王以仁政为治者，国祚绵长；而以苛法御人者，虽救弊于一时，其亡也快。周、孔儒教，非乱代之所行；商、韩刑法，实清平之弊政。"

他说完之后，谏议大夫魏徵极表赞同，说道："皇上所言甚善。圣哲君临，移风易俗，不在严刑峻法，在仁义而已。仁义者，礼之本也；刑罚者，礼之末也。尊礼法而卑刑法，我大唐必能大治。"

这样，君臣一致定下了崇仁政而卑刑名的调子。太宗皇上坚信，在这个调子的指导下，一定能够修订出一部拨乱反正、恤狱慎刑、有益于大唐长治久安的前无古人的《唐律》，他从心底里企盼着它早日问世。

一日朝会办理了这么两件大事，太宗皇上能不由衷地感到高兴吗？

散朝之后，他本想径回后宫，把这个消息告诉长孙皇后。他不得不承认，在自己崇仁卑刑的思想里，渗透着皇后多年来潜移默化的影响，他应该先告诉她，让她也高兴高兴。

但是，一想到长孙皇后，便突然想起了齐王妃杨氏。昨天夜里，皇后还同自己念叨，说齐王妃过得太苦，寂寞度日，孤苦伶仃，年纪轻轻的，什么时候才是个头呢？

是啊，年轻孀居，举目无亲，是太苦了。难得她如此多情，在墙倒众人推的时候，还坚持为亡夫守灵。看来，她还是个多情多义的人呢。不管怎么说，这杯苦酒是自己给她酿成的，趁今日没有多少事，自己该去看看她，安抚一下她那颗受伤的心。

可没想到，这么个娇弱的女子竟会如此刚烈，一见面便给了自己个下马威。当着这么多下人的面，太宗有些下不来台，也有些生气。但一想到她的苦处，火气便消了。堂堂的大唐天子怎能跟一个女人较真呢？

唐太宗李世民

当太宗在几个太监的引领下走进寝宫的时候，满屋里已是烟灰弥散。杨氏双膝跪在齐王的灵位前，正用一根细铁棍挑着那些已点燃的冥钱。淡蓝色的火苗忽闪忽闪地上下跳动着，化纸的铜盆里堆满了纸灰。

一个太监趋前一步，躬身说道："王妃娘娘，皇上来了。"

杨氏没有回头，也没有起身，仍在不停地拨拉着火盆里的纸钱："在我眼里没有皇帝，只有杀夫仇人，只有一个杀人不眨眼的魔鬼。"

太监们大吃一惊，顿时瞠目结舌。齐王妃莫非是昏了头？你这是在同谁说话？当面辱骂圣上，这可是祸灭九族的罪过，她难道真不想活了？

然而皇上却没有动怒，他轻轻地拂去落在肩上的纸灰，向太监和侍从们摆摆手说道："你们退下吧。"

待众人都走出屋外，太宗在一个凳子上坐下，沉默了多时，然后叹了口气说道："弟妹，朕知道你心里很苦，在恨着朕。朕今天来了，要骂你就狠狠地骂一顿，消消心中的火气，可不能这么折磨自己。"

杨氏没有吭声，屋子里一片难堪的寂静。

"弟妹，"见她不肯说话，太宗只好又说道，"其实，朕一直非常感谢你，当初若不是你及时送信救了朕，哪有今天？说不定朕早已身首异处了。"

"我救的是你吗？不，我救的是一条白眼狼。我救了你，你却杀了他，那么凶狠，那么残忍，那么毫不留情。"杨氏终于开口了，那声音愤怒里夹杂着悲戚。

"是的，是朕杀了他。可是，朕不杀他，他就要杀朕，你说朕该怎么办呢？弟妹，你是知道的，元吉先是在这齐王府里设下伏兵，欲谋杀朕；接着又与建成在东宫以毒酒鸩杀朕，朕吐血数口，险些丧命；父皇避暑仁智宫，他们联络杨文干起兵谋叛，目的也是要诛杀朕。这样一而再、再而三地谋杀、陷害，朕都一忍再忍，一让再让，还不是为了避免手足相残，骨肉相煎吗？朕想以德报怨，息事宁人，慢慢地化解他们的仇杀之心。可是，树欲静而风不止，他们定要置朕于死地，而且步步紧逼，一招比一招狠毒。就在他们被杀的前几天，还策划着在元吉带兵去抵御突厥之前，趁朕去昆明池为他饯行时，以伏兵擒杀朕于帐下。朕若不是得到密报，提前动手，数日之后同样也会被砍了脑袋。若是那样，今天跪在灵前哀哀而泣的就不是你，而是你的皇嫂长孙皇后她们了。或者以元吉的凶残之性，连你皇嫂她们也不会放过，直杀个鸡犬不留也未可知。到了那时，恐怕这世上连个给朕设灵焚纸的人都没有了。"太宗说完长长地叹息了一声，便手捂脑袋，木然地坐在那里一动不动了。

他说的最后这次谋杀，杨氏压根儿就不知道。若真是那样，那就是把刀架在了他的脖子上，逼得他一点退路都没有了。

"真有昆明池谋杀之事？你现在当了皇上，可以指鹿为马，说什么都行，反正已死无对证了。"杨氏并不相信，但语气却明显缓和了。

太宗苦笑着摇摇头："朕的话弟妹可以不信，但现有原东宫太子率更丞王晊，他是建成的心腹，尽知内情。正是他不忍心看着朕无罪遭诛，才冒死送出消息。弟妹可派人去问问他，一切便不言自明了。"

其实也不用再问了，以元吉平日的所作所为，以他对李世民那种不共戴天的仇恨，这种事是能做出来的。

杨氏缓缓地立起身来，面向太宗站着。脸上却仍是冷冰冰的，一双眼睛中迸射出来的仍是利剑一般犀利的寒光。

"就算元吉他们是咎由自取，可那些孩子呢？他们还那么小，才几岁、十几岁，天真而又无辜。他们没有伤害你吧？你为什么要杀死他们？尽管这些孩子都不是我生的，我只是他们的庶母。可人心都是肉长的，对这样一些柔弱无助的小生命，你怎么能下得了手？难道你……"

"好了，弟妹，别说了。"太宗只觉得一颗心紧缩起来，痛苦地呻吟着："这件事至今朕也不知道做的是对还是错。这半年多来，朕常常被噩梦惊醒，在梦里总会看到他们那一双双恐惧的天真无邪的眼睛，那拼命挣扎着的纤嫩的小手。朕这颗心无时不在滴血。每每想到他们，朕心里便感到一种无法回避的愧疚和难以承受的刺痛。可是，弟妹，你也是皇室里的人，你该知道，这皇帝家的事往往不能以寻常百姓的做法来衡量，许多事常常是身不由己。不错，他们都是些孩子，啥事也不懂，善良而又单纯。可是，有人说，十年以后，二十年以后，他们便会变成又一批李元吉、李建成。当他们袭爵王爷，身居要职，手握大权的时候，谁能保证他们不会为了给他们的父亲报仇而兴兵作乱呢？到了那个时候，将又一次骨肉残杀，喋血宫廷，甚至会大动干戈，将战火燃遍神州大地。真到了那一天，死的恐怕就不只是几个孩子了，而是成千上万的妇孺老弱，甚至会尸横遍地、血流漂杵。弟妹啊，不是朕心太狠、太无情。朕这样做实在是为了大唐的江山社稷永远稳固，黎民百姓不再遭受兵锋战乱之苦，实在是不得已而为之。因为像这样的血的教训，在历史上确实多得数不胜数。唉，朕又何尝不知，就是因为这一桩血案，朕要遭受一辈子的良心谴责，不知要被多少人在暗地里诟骂，甚至要为此而留骂名于千古。

而这一切朕都要日日夜夜地忍受着，永永远远地背负着，这是这个世界上最严厉最痛苦的惩罚。弟妹，你的苦衷朕懂得，朕能理解，许多人都能理解。可朕心里的这份苦又有谁知道呢？"

太宗一口气说了这么多，像是在向她解释，又像是在向上苍忏悔，更像是在向一个知心老友尽情地倾诉。说到最后，声音竟变得有些哽咽。

杨氏禁不住抬头看看他，只见那棱角分明的英俊而又刚毅的脸庞突然间变得疲惫苍老，那双精光闪烁的大眼睛已经变得黯淡而混浊，眼圈有些发红、潮湿，若不是一个伟男子的尊严在强行支撑着，或许那大颗的热泪早已夺眶而出了。

看得出来，这不是装的，也不是巧言令色，这些话肯定都是发自内心的。

唉，当皇帝的也会这么难，有这么多苦衷和这么多情不得已的事。她心中那座怨恨的冰山好像在慢慢地融化。对这位大伯哥，她原本就十分敬慕，他英俊、魁伟、潇洒、倜傥、气宇轩昂，而且是当今世上的大英雄。半年多来，玄武门事件已将她心中的这一形象打得粉碎，那个叱咤风云的大英雄不见了，变成了一个狰狞的魔鬼。可今日听他一席长谈，这破碎的形象似乎又在慢慢地聚拢，逐渐地恢复。

她看看太宗，幽幽地叹了口气说："陛下，臣妾这里没有什么事，您回去歇着吧。"

"陛下？"是她在这样叫自己吗？能这样叫自己，说明她心中的仇恨已消退了不少。难得啊，她的内心竟是这样的清纯。

他只觉得心头滚过一阵热浪，抬头看看杨氏，脸色还是那么苍白，那么冷艳，那么楚楚可怜，活脱脱一个超凡脱俗的哀凄美人。他感到心头鹿撞，为了稳住神思，赶紧说道："弟妹，时至今日，朕也没有话说了。无论如何，你还年轻，未来的日子还长，不可太苦了自己。逝者已去，徒悲无益，要保护好自己。你要住在这里为元吉守灵，是你们夫妻一场的情义，朕不拦你。但偌大一座王府就你们几个人也太不安全。从明天开始，朕便派大内侍卫过来，像在后宫一样警戒护卫这里，你的月俸例薪、饮食起居、呼奴使婢，一概与后宫妃嫔等同。还有什么要办的事，朕想不到的，你可直接告诉皇后，她会像亲姐妹一样关照你。好了，你也该用膳了，朕先回去了，以后还会来看你。"

太宗起身走了出来，杨氏木木地站在那里，她没有跪送，更没有送出殿门之外。

太宗走出没多远，便听见从身后的寝殿里突然爆发出一阵抑制不住的号啕痛哭声。让她哭吧，尽情地哭个够。她压抑得太久，肚里的苦水太多，痛痛快快地发泄一通会有好处。说不定倾盆大雨之后便是一个明媚灿烂的晴天。

整整一个下午，太宗皇上的脑海里一直晃动着那张苍白冷艳的俏脸。那种幽怨里隐含着的美那种不加雕饰，从一举一动、一颦一蹙中折射出的自然美简直无与伦比。不敢说她是当今天下的第一大美人，但是在这三宫六院当中，却实实在在无人能与之匹敌。

有时候，天意的安排是残酷的，是最不公平的。像这样的天生丽质，怎么会糟蹋在一个阴险而又丑陋的顽劣之徒手里？这简直是对上天的蔑视，对美的亵渎。

太宗皇上有些心猿意马、神不守舍了。

他是一个纵横天下的英雄，是一个威加四海、雄视千古的帝王，同时也是一个英武神俊、精力充沛的男人。过去这些年，戎马倥偬的浴血征战，你死我活的宫廷争斗，使他无暇顾及那些温柔缱绻的儿女之情。如今天下一统，四海升平，政务再繁忙也压抑不住身体中蛰伏着的情欲的烈火。

不错，他既然做了皇帝，后宫里可谓姝丽成群。但是，与齐王妃杨氏相比，那简直是一些用脂粉糊起来的俗物，用绫罗绸缎包裹着的行尸走肉。因此，自登基以来，他几乎每夜都在长孙皇后或杨德妃（炀帝的女儿）寝宫里度过，其他妃嫔那里却一直懒得涉足。

今日与齐王妃一见，他立时骚动不安起来。自古以来，红花配绿叶，美人配英雄。上天既然造就了这样一朵绚丽的奇葩，就不能让它在干旱和寂寞中枯萎凋零，一定要把它移植中庭，栽种在自己这个大英雄身边，说不定这才是真正的天意的安排。

尽管她现在还有些忧郁，有些怨怼，甚至有些没有化解的仇恨。但是他坚信，凭着自己收拾旧山河、打造新乾坤的魄力和才能，凭着自己这个顶天立地的男人胸中熊熊燃烧的烈火，一定能融化那座怨恨的冰山，让她乖乖地放下复仇的利剑。

这天夜里，他照例宿在皇后的寝宫里。他躺在皇后的身边，柔声说道："皇后，你猜朕今天去了哪里？"

"陛下去哪儿了？"

"朕去看齐王妃了。"

"唔，陛下早该去了。她还是那么忧愁，那么悲愤？唉，咱这位弟妹这是何苦呢？孤苦伶仃，实在是可怜。"

"哼，岂止是可怜！可真应了那句俗话，'鲜花插在牛粪上'。这倒好，如今连那堆牛粪也没了，简直是可悲！"

长孙皇后看着太宗那气哼哼的样子，寻思了一阵，突然咯咯地笑了。

"你笑什么？"

"不笑什么，"长孙皇后微笑着说，"齐王妃确是一朵艳冠群芳的琼花，误插在牛粪上，简直是暴殄天物。如今好了，牛粪铲掉了，也该名花有主了。"

"你，这是什么意思？"

"皇上，说真的，你是不是看上她了，有怜花之意、撷芳之心了？"

"这……没有的事，朕……朕不过是可怜她。"

长孙皇后又一次开怀大笑，用右手的食指轻轻地戳了一下太宗的额头，娇嗔道："英雄半世，在这样的小事上却总是忸怩作态。你们这些男人哪个不是馋猫似的？这样的美人胚子谁见了不爱？别说是你，就是我这个女人，每次见了她，都忍不住心生爱怜。说真的，皇上，你何不把她纳入后宫，册为妃嫔，让她后半生也享些荣华富贵？她对咱们毕竟有恩，这也算是对她的一点回报。"

太宗惊讶了，看着皇后迟疑地问道："你说的可是真的？天下的女人哪个不吃醋？难得你竟能如此通达，先是为朕与杨德妃搭了桥，如今又……"

"别忘了，我可是皇后。宰相肚里能撑船，我肚子里要是只装着个醋葫芦，如何做得了六宫之主？女人吃醋，那是她们没有自信，唯恐别人取代了自己，我可不怕。只要能把皇上侍奉得心满意足，集中心思把大唐江山治理好，多几个女人不是更好吗？好了，只要陛下有意，这事儿就交给臣妾去办。"

从春末到秋初，四五个月的时间，便经过了三个季节的匆匆更替。

这一百多个日日夜夜，长孙皇后把大部分时间都花在了齐王妃杨氏的身上。

一方面，杨氏那颗孤独而又破碎的心需要用温情和耐心去慢慢抚慰和修复。自己是她的嫂子，也是她的姐姐，有责任和义务在她最痛苦最艰难的时候拉她一把，抚平她心灵深处的创伤，帮她鼓起生活下去的勇气，扬起风帆，开启新的人生航程。

更重要的是，她对皇上有许诺，答应一定要撮合成这对英雄与美人的良缘。

　　说心里话，她觉得这确是一桩郎才女貌、天作之合的美满婚姻。杨氏不仅有倾国倾城之貌、沉鱼落雁之姿，更是那么贤淑、温柔和通情达理。若是将她纳入后宫，同自己及那位杨德妃一起同心协力地服侍、辅佐皇上，足可保证整个后宫上下左右和和睦睦。让这位年轻有为的君王有一个稳定可靠的大后方，有一个安全的避风港，有一个称心如意的温暖香巢，他便能更全身心地投入到对大唐江山的倾心治理中。在平常的庶民百姓中，都是"家有贤妻，男儿不遭官司"，更何况是一代帝王。只有六宫安定，后院不起火，才能保证朝廷不乱，江山稳如磐石。这样的好事何乐而不为呢？

　　可是，她没有想到，杨氏这样一个柔弱的女子，一颗心竟坚如铁石。

　　她对自己这个当嫂子的，那实在是没得说，既尊重又亲热，甚至像一母同胞的亲姐妹一样，真有些一日不见如隔三秋的味儿。这几个月来自己能感觉到，若是几天不去，她便会变得心烦意乱、若有所失。自己每次到了齐王府，她几乎都是早早地站在府门之内倚门翘望。一见到自己，那张愁云密布的脸庞便舒展开了，笑得灿若桃花，开心而又甜蜜，小鸟依人似的说笑不止。每当自己要走时，她又是那样无可奈何和依依不舍。

　　但是，这只是她们之间的姐妹之情。一旦说到皇上，她便变得沉默寡言。有几次，长孙皇后若明若暗地提出了皇上欲纳她为妃的意思，她立时显得冷冰冰的，摆出了一副拒人于千里之外的架势。

　　她真弄不懂了，这个杨妃到底在想什么？为什么要这样难为自己、苦自己？

　　有些日子，她干脆把话挑明了，想背水一战最终说服杨妃，但她还是失败了。

　　"弟妹，皇上是真心爱你的，他要封你为妃没有半点虚情假意，也决不会始乱终弃。我与他是结发夫妻，比谁都了解他。别看他在战场上、在政争中像只老虎，凶悍威猛，性如烈火。可在家里，在夫妻间，他却像个温和的大哥，柔情似水。他会一辈子疼你、爱你、对你好。我这可不是'傻瓜婆姨夸汉子'，说的全是不掺半点水分的实话。做姐姐的自然不会哄你、骗你，把你往火坑里推。再说……"

　　"皇后，别说了。自从齐王死后，妾身已心如枯井，微波不起。对于男人，我看不透、猜不准、想不通，实在是腻了、厌了、怕了。一个李元吉已经让我吃尽了苦头，我再也不会找男人了。"杨氏说着又陷入了那种深深的哀戚之中。

"傻孩子，尽说傻话。你还年轻，怎么能一个人过一辈子呢？女人本性娇嫩，天生需要男人疼，男人爱，男人宠；女人是一朵花，需要雨露的浇灌，春风的爱抚，阳光的照耀。没有一个可靠的男人扶持，你如何走完这漫长的一生？再说，你已经为元吉守灵一年多了，早尽了一个做妻子的义务了。仍这样无休止地守下去，到何年何月才是个头？"

"皇后，我想了，元吉的周年忌日已过，我们的夫妻情分已了，我也该走了。"

"走？你能上哪里去？"长孙皇后大吃一惊，"你可是皇家的人，金枝玉叶，莫非还能到闾阎乡里去嫁个走卒贩夫田舍翁不成？"

杨氏苦笑了一下，淡淡地说道："我说过了，这辈子不再嫁男人。就烦请皇后为贱妾寻一家清静的庵院，我愿剃发为尼，青灯古卷了此残生。"

长孙皇后顿时如五雷轰顶，睁大了眼睛死死地盯着杨氏。

"不成，不成，妹妹，你听姐姐说，此事万万不成。"她猛地一把抱住了杨氏，把她紧紧地搂在怀里，像是怕她跑掉似的。声音变得哽咽起来："妹妹，你万不可这样想，你若是去了，就等于挖走了姐姐的一颗心，姐姐将何以自处？皇上将日夜遭受良心的谴责，将何以赎罪？"说着，一串串热泪簌簌地流淌下来，纷纷滴落在杨氏的脸颊上、脖颈上。

"皇后，姐姐……我……我该怎么办呢……"杨氏把头伏在长孙皇后的怀里，像个孩子似的呜呜地哭了起来。

这天，直到夜幕四张，繁星密布，皇宫里几番派人来找，长孙皇后才千叮咛万嘱咐，怀着一颗惴惴不安的心离开了齐王府。

看着皇后那张充满了忧虑和担心的面容，看着她一步三回头不忍离去的背影，杨妃的心被灼疼了，搅乱了。那口微波不兴的枯井里开始漾起了细碎的涟漪。

对于入宫为妃的事儿，她不是没有想过，而是仔细地反复地想了不知多少个日日夜夜。

说心里话，她也知道，作为一个女人，能找到像当今皇上这样的男人，也算是三生有幸了，他英俊、果敢、大智大勇、经天纬地，浑身都充满了大丈夫的阳刚之气。能有这样的男人做靠山，一辈子还有何求？

但是，她却不是其他的女人，她是他的亲兄弟的媳妇。以一个女人的身体去侍奉两个男人，而且是势不两立、不共戴天的两个男人，却又是一母同胞的两个男人。她怕被世人讥讽、耻笑、戳脊梁骨，怕为子孙后人所不齿；

她也怕男人的那种喜新厌旧和反复无常。他们得不到的东西便认为是这世上最珍贵的，千方百计想得到。一旦得到了，可以随心所欲地玩亵于股掌之上，几天便玩腻了，抛弃了，再也不看它一眼。这是世上男人的通病，当今皇上也不会例外。她更怕帝王之家的那种不近人情的冷酷，那种刚刚还阳光灿烂，转眼便雷霆霹雳的翻云覆雨。自古以来，帝王的后宫里有多少白头宫娥、枉死红颜和冤魂孤鬼？自己正是因为做了他皇家的媳妇，才落了这么个年轻守寡、以泪洗面的下场。与其再入皇宫，重蹈险地，整天为你争我斗、尔虞我诈而提心吊胆，哪如出家为尼、一袭麻衣、四大皆空来得清净和安生？可是，每当夜深人静，抚摸着自己的满头青丝，想到就要剃成个光溜溜的脑袋，在那个不与世人打交道的冷冷清清的寺庙里寂寞地度过此后的人生，她又禁不住周身战栗，泪水哗哗地流了出来。唉，有什么办法呢，这或许就是命。

听说齐王妃杨氏要削发为尼，太宗皇上更是心急如焚。第二天早朝时，他显得有些心绪烦乱，心不在焉。耐着性子听大臣们禀奏完，好在没有什么急务，匆匆地议论了一下，他便宣布退朝。然后回后宫叫上皇后，急急忙忙地来到了齐王府。

这几个月里，除了皇后常在齐王府里泡着，太宗皇上也是每隔十天八天就要来一趟。虽然每次来不是吃闭门羹，就是坐冷板凳，那杨氏不冷不热、不言不语的，让他感到有如芒刺在背、坐立不安。但他没有恼怒，没有生气。这是自己欠她的，应该让她尽情地发泄。要融化一座冰山，要焐热一块铁石，总得需要时间。

可是，他无论如何也没有想到，这个女人竟会产生弃世出家的念头，这与轻生寻死有什么不同？简直太可怕了。

"弟妹，听说你要出家做尼姑，可是真的？"太宗刚一坐稳便急着问道。

"是真的，陛下。那里有一方净土，是臣妾最好的归宿。"

"不可，无论如何朕都不能答应。"

"这是臣妾自己的事，皇上虽贵为天子，怕也强迫不得。"

"哎呀……"太宗急得站了起来，焦躁地来回踱着步："这话是怎么说的。朕是不能强迫，强迫也没有用，可……可朕总不能……总不能眼睁睁地看着你往火坑里跳啊！"

屋子里一片沉默。

过了多时，太宗重又坐下，缓缓地说道："弟妹，既然事情到了这个份上，朕得掏心窝子说几句了。朕要你入宫，要册你为妃，不只是同情你、可怜你，也不只是为了赎罪。朕是实实在在地在心里装着你、放不下你。今天当着皇后的面，朕说句不怕你们笑话的话。朕自以为是一个顶天立地的男人，这半辈子从不在女人面前说些什么'爱你'呀、'亲你'呀、'疼你'呀的软绵绵的话。可是，这几个月来朕这脑子里几乎无时无刻不在晃动着你的影子。朕也不知道为什么，几天见不着你，便觉得心里空荡荡的，有一种说不清楚的滋味，吃饭不香，睡觉不安。入宫吧，朕不是强迫你，就算是朕求你，朕有生以来这还是第一次求人。"

听着这些火辣辣的话，再看看皇上那着急、焦虑、近乎哀求的表情，杨氏不禁怦然心动。这样的表情是装不出来的，该是由衷的、真诚的。

但是，他现在可能是真诚的，以后呢？谁能保证玩物一旦到手，几个月或者几年之后，他不会弃如敝屣，再也不屑一顾？

不能轻易地答应他，得再试探一下。又待了好一阵子，杨氏才轻轻地说道："既然皇上这么说了，贱妾还有什么好说的？不过，皇上还需答应贱妾一件事。"

"什么事，你说，只要是朕能办到的，莫说一件，十件百件都行。"

"贱妾乃不洁之身，必是不祥之人。若这样进了皇宫，怕是对皇上的帝王之业不利。而齐王府的各处寝宫又是贱妾都熟悉的。住在这里睹物生悲，心惊肉跳，天天就像在墓场里过日子。因此，请皇上在皇宫后苑另辟一地，为贱妾单独筑一寝殿，那么贱妾就心甘情愿地侍奉皇上。"

按说，作为一个拥有四海九州的一代帝王，建一座宫殿算不了什么。杨氏要他这么做，并不想太难为他，不过是要看一看他对自己的感情到底有多深。原以为这么点小事他会毫不犹豫地答应。

不料话说完之后，太宗却多时没有开口。

太宗和皇后都大为诧异，他们怎么也没想到杨氏会提出这样一个要求，原以为她不过是为自己要名分，要资财，那些都好办。

"弟妹，朕这座皇宫原是隋炀帝父子营造扩建的，各种各样的殿堂亭阁多得是，其中也不乏轩敞崇丽、堂皇华贵者，想住哪一座，你尽管说，何必非要重建一座呢？"

长孙皇后也赶忙说："弟妹，皇上说得是，后宫的寝殿多得是，现有的这些妃嫔们根本住不过来，为什么还要再建。你要是看中了姐姐那座，就到那里去住，我另找一座也行。"

杨氏赶忙陪笑说道："看皇后说的，贱妾就那么不知好歹，还没过门就同皇后争宠？贱妾就是想有一个真正属于自己的窝，哪怕建得小一些，简单一些，又能花皇上多少银子？"

太宗一下子涨红了脸，她是以为自己小气，不舍得花银子？这该如何才能向她解释清楚呢？

"弟妹，你的要求一点都不过分，更算不得什么大事。朕本该满口答应，甚至明天就可以备料开工。可是，恰恰是这么点小事对朕来说却是个天大的难题，朕还真不知道该怎么办才好。"

这一次轮到杨氏惊讶了，她弄不明白，盖一座小小的宫殿怎么成了皇上天大的难题？便问道："为什么？这有什么难的？"

"这话该怎么说呢，有些事你也该知道，"太宗看看杨氏，叹了口气说，"我们大唐建立已有十几年，但是，经历了隋末的兵锋战乱和这些年的连年灾荒，仍是百业衰微，民生凋敝。黄河之北千里无烟，江淮之间百废待兴，至今全国人口仅三百余万，不及隋朝人口的十分之二。

"朕入继大统以来，便对天地发誓，要偃武修文，安人静俗，把我大唐治理得国家强盛，黎元富庶。朕夙夜忧思，以为要使国家富强，民众安居乐业，最根本的就是要安民、静民、养民。前些日子，谏议大夫魏徵上疏说：'历史上有些帝王得天下之后志趣骄逸，百姓欲静而徭役不休，百业凋残而务务不息，国之衰敝恒由此起。静之则安，动之则乱，人皆知之，非隐而难见者也。'朕颇受启迪，深以此疏为然。

"如何才能安民养民呢？当然首推息兵罢战，轻徭薄赋，让百姓们卸去重负，好好地喘口气，休养生息。如今的百姓就像大病初愈的病人，元气尚未恢复，实在挑不起沉重的担子，非要让他们如牛负重，那就非累垮累死不可。

"如今战乱是平息了，百姓们可以免受刀兵之苦，省去了许多兵役的困扰。但若是徭役太多，赋税太重，像隋炀帝那样到处大兴土木，修别都，建离宫，开运河，筑驿道，每日役使民众数以十万计，百姓们仍然不堪重负，田园荒芜，禾稼不生，饿殍遍地，国家何以富强？

"当然，朕建一座宫殿用不了多少人力，也不会影响国计民生。然而，上有所好，下必效之。此例一开，崇尚奢靡之风立时便会刮遍国内，朝廷各司衙，州县各官府，竞相大兴土木，徭役丛生，捐税如毛，又会把百姓们推入水深火热之中。

"每念及此，朕便感到如履薄冰，惕怵战栗。朕登基至今每日仍在东宫显德殿举行朝会，朕又何尝不想另建一座能代表新朝廷的皇皇大殿？年初时，木材已具，砖石已备，但一想到这些，想到秦始皇因役使民众太繁而亡国便不胜惶恐，只好下令作罢。

"最近，又有大臣上奏，说是依礼皇上在季夏之月可以居台榭。今夏暑未退，秋霖方始，宫中潮湿，希望朕能建一台阁居住。其实，朕虽年轻，因长年征战于山野，素有气疾，极不宜居于潮湿之地。但朕思来想去，若依大臣之请起建台阁，不仅靡费甚多，更会成为各级官府大兴土木的始作俑者。当年汉文帝想建一座露台，因惜十家之产终于停建。朕之德望远不及汉文帝，所费却超过汉文帝，岂是为国之君之道？"

太宗说到这里，看着杨氏苦笑了一下："弟妹，你这点并不过分的要求朕却不敢慷慨应允。你说，若是你处在朕的位置该怎么办呢？你能否给朕一点时间？今年春旱夏雹秋又旱，年景不好，关中、山东一带百姓衣食不继，流亡奔窜。朕怎能再火上浇油去带这个头呢？再过几年，待国库充裕些了，民众的饱暖有了保障，朕一定建一座让你称心如意的宫殿，你看如何？"

杨氏默然了，她没想到当皇上的会有这么多难处，更没想到他天天思虑的都是庶民百姓的甘苦。这样的话在齐王元吉的口里她可从来没听到过一句。

她看看长孙皇后，有些不好意思地一笑，正要说话，忽然从殿外传来了一片轰隆隆的声音。这声音十分怪异，像隐隐的闷雷，像奔跑的千军万马，又像滚滚而来的洪水，但又什么都不像。

刹那间，明亮的天空突然变得墨黑，像是倒扣上了一个大铁锅。屋子里漆黑一团，伸手不见五指。三个人相对而坐，近在咫尺，却谁也看不清谁。

这是怎么了？是天塌了，地陷了，还是太阳忽然熄灭了，坠落了？

他们顿时惊得魂飞魄散，面无人色。太宗皇上霍地站了起来，急步向门口奔去。

恰在此时，便听到一个侍卫在外面拖着哭腔喊道："皇上，不好了，过蝗虫了！"

"啊？"太宗像是遭了雷击，浑身打了个冷战。他急忙打开殿门，无数的飞蝗立时涌了进来。殿外密密麻麻的蝗虫遮天蔽日，如同一层厚厚的乌云从西南向东北飘去。

过了有吃顿饭的工夫，蝗虫渐渐飞过，天空又明亮起来，但院子里仍然稀稀落落地爬伏着许多蝗虫，看一眼都让人起鸡皮疙瘩。

杨氏惊魂甫定，不知什么时候已伏在长孙皇后的怀里。

"没事了，都过去了，是蝗虫。"长孙皇后轻轻地摇着她，像是在抚慰一个孩子。

"皇后，吓死我了，没想到蝗虫这么可怕。"杨氏的身体还在抖动。

"可怕？这是在王府的宫邸里。你到老百姓的田地里去看看，那才叫可怕呢。水、旱、风、雹、蝗，百姓历来畏之如虎。这场蝗灾一过，不知又有多少人家家破人亡，妻离子散。走吧，咱们先到你的后花园里看看，看那里该是一副什么样的情景。"

此时的太宗脸色已变得冷峻而又阴沉，语气里也没有了刚才那种脉脉温情。

杨氏乖乖地站起来，与长孙皇后一起跟在太宗身边急匆匆地向后花园走去。

一进花园的角门，三个人都不禁目瞪口呆。这里像刚刚经历了一场惨烈的战争，到处是一片狼藉。大小树木的叶子被啃食一光，只剩下一些光秃秃的树枝在微风中痛苦地战栗着。地上花卉的碧叶红蕾被扫荡殆尽，仍有许多散落的蝗虫在地面上蹦蹦跳跳，贪婪地吞噬着残存的一点点叶片。

太宗紧走了几步，随手捉住几只爬伏在花木光杆上的蝗虫，怒气冲冲地说道："百姓以粮谷为命，而你们却把庄稼吃光了，还让百姓们怎么活？倘若百姓们有什么过错，也只罪在朕躬一人。尔等若是有灵，只该吃朕的心肝，不可祸害百姓。"说着就要把那几只蝗虫往嘴里送。

杨氏大吃一惊，急忙跑了过去，不顾一切地把太宗的手臂紧紧抱住，焦急地喊道："皇上万不可如此，吞食这些脏东西要致病的。"在这一刻，她已经忘记了自己这个弟妹的身份，说完之后，一低头看见太宗的右臂还被抱在自己怀里，始觉失态，不禁微微脸红，才慢慢放开了手。

太宗却没有留意这些，他看看身边的两个女人，说道："朕所企盼的，正是要移灾祸于朕之自身，还谈什么疾病不疾病。"说着，竟把蝗虫放到嘴里，闭了闭眼睛，一仰脖子吞了下去。

杨氏呆呆地看着这一幕，心里不禁热浪翻腾，这就是大唐的皇上，万里神州至尊至贵的君王。蝗虫为灾，他忧心如焚，以至于吞食蝗虫，引灾于自身，为农夫祈祸免灾。这样的举动是愚蠢可笑吗？不，是愚得可爱，愚得可敬。他是在邀买人心，在演戏，在作秀吗？不，这里并没有外人。再说，这样的戏就是再天才的演员也演不出来。作为一代帝王，为使百姓免灾而吞食蝗虫，这在几千年的历史上恐怕也是绝无仅有的。

在这一刹那，杨氏心中的冰山坍塌了，怨恨和隔膜随之烟消云散了。

是的，现在仍然不能否认，是他杀死了自己的丈夫。可那是他们兄弟三个为角逐皇帝宝座而互相仇杀，是一场不可避免的你死我活的拼斗，谁杀死谁都是可能的，倘若是建成、元吉占了上风，当了这个皇帝，他们也能这样忧国忧民，心系百姓吗？

现在，她开始感到庆幸，为大唐有了这么个好君主，为天下子民有了这么个好皇帝而庆幸。

她深情地看看太宗。这个人对那些素昧平生的百姓都能这样，对自己的妃嫔，对自己所爱的心上人还能有什么大闪失呢？自己还要建什么宫殿？有这样的男人做自己的靠山，为自己遮风挡雨、御寒送暖，本身就是一座最安全最可靠最让人称心如意的宫殿。

她再也抑制不住内心的激动，突然在太宗和皇后面前双膝跪下，泣声说道："皇上、皇后，臣妾想明白了，臣妾愿意终生服侍皇上。"

"那，那宫殿呢？"太宗忙将杨氏搀扶起来，迟疑地问道。

"还建什么宫殿，那不过是臣妾的托词。能跟着皇上，就是一辈子住茅屋陋舍，食粗粝，穿布衣，亦甘之如饴。"

长孙皇后也非常激动，想不到一年多来心如铁石的杨氏竟在转眼间回心转意了。她走上去紧紧地抱住了杨氏，眼里噙着泪花说道："好妹妹，谢谢你，姐姐和皇上都谢谢你。"

十天以后，太宗册封杨氏为贤妃，择个吉日将她纳入皇宫，就在皇后寝宫附近另辟一殿。

由于大灾刚过，太宗没有大肆张扬。当天晚上，长孙皇后在自己的寝宫里设了便宴，只有皇上、皇后、杨德妃、杨贤妃四个人参加。夫妇姊妹们饮酒说笑，互相道喜，以示新婚之贺。

蝗灾过后，旱情继续蔓延，关内、陇右、山东、河南一带已是赤地千里，秋禾几乎颗粒无收，嗷嗷待哺的饥民们成群结队，扶老携幼，四处逃荒流窜。

许多难民涌入了长安市区，衣衫褴褛、蓬头垢面的乞食者到处可见。甚至出现了入户行窃的，破门抢劫的，结起伙来明火执仗吃大户的，长安城的秩序一时大乱。

各地报灾告急的奏表不断地飞上太宗皇上的御案，令他忧心如焚，焦虑不安。他数次带着文武大臣们到南郊祈雨，祭拜上苍。可是上苍并不为之所动，一连几个月都是晴空万里，骄阳似火，滴雨不见。京畿一带已有饿死人的消息传来，太宗皇上再也坐不住了。一日早朝，他突然宣布罢朝三日，让文武大臣们换上便装，分头到四乡去察看灾情。

他对宰相房玄龄说道："救灾如救火，不能光坐在金銮殿里高谈阔论了，空话救不了百姓，走，咱们也该到外面走走看看了。"

房玄龄道："臣听说难民们大都集中在长安西市，陛下是不是先到那里看看，改日再去乡下？"

太宗想了想说道："也好，到难民集中的地方或许能多了解一些实情。"

房玄龄又问道："咱们怎么去？"

太宗说道："自然是微服出行。旗罗伞扇，前呼后拥，还不把难民们吓跑了？"

君臣二人换上普通士子的长衫，安步当车，一路察看着市井民情，慢慢地向西市走去。

五六个大内侍卫则短衣便帽，扮作挑夫商贩，远远地尾随在后面。

西市已经失去了昔日的繁华，酒肆、歌楼、店铺、茶庄虽说仍然开张，门匾招牌五颜六色，但却是门前冷落，很少有人光顾。市面上人倒不少，来来往往络绎不绝，但多是一些四处乞食的叫花子、唱小曲儿的、打拳卖药的。在一些偏僻的住户的屋檐下、城隍庙前、大街两侧的大树下，已经搭起了不少破席棚，像鸡窝狗舍似的散落在那里。看来，这些从外地来的难民们像是要在这里长住下去。从城里富庶人家那里讨得一碗残羹剩饭，也可以勉强果腹，总比在家里饿死强。

太宗皇上看得一颗心直往下沉，这就是自己的子民？自己一心要富民强国，让老百姓过上太平安宁、丰衣足食的日子，这倒好，人们连饭都吃不上了。朕这个当皇帝的做了些什么？百姓们啼饥号寒，挣扎在死亡的边缘，这与当年的炀帝还有什么区别？他不敢正视那些破衣烂衫的乞食者，总觉得他们像是认出了自己，一个个对自己怒目而视。更不敢看那些破破烂烂的狗窝似的席棚，它们当街而立，像是在有意地对自己这个当朝天子进行嘲讽和示威。

他心事重重地往前走着。忽然，从西边不远处传来一阵凄厉的哭喊。

太宗看看房玄龄，二人不约而同地加快了脚步，后面的几个侍卫也神情紧张地跟了上来。

原来这里是个人口市，炙热的阳光下一溜二十多个大闺女小媳妇跪在地上，脖领上插着草标，一个个穿着寒酸，面有菜色。

一个看似仅有十四五岁的小姑娘正被一个四十多岁的商贾模样的人拦腰

连抱带拖地往人群外面挤。那小姑娘两条腿拖在地上，正在拼命地踢蹬挣扎，口里则杀猪似的又哭又喊。

太宗猛地跨前一步，挡住了那人的去路："怎么，光天化日之下，要强抢人口啊？"

那人只好停下来，笑笑说道："这位客官，你误会了，俺这是买的，以银换人，明码实价，怎能说是抢呢？"

"买的？多少银子？"

"三两纹银，怎么了？客官也要买吗？"

一个花骨朵儿似的少女，只值三两银子。太宗只觉得一颗心被谁抓了一把，酸疼酸疼的。正要说话，却见一个衣不蔽体的妇道人家跌跌撞撞地跑了过来，哭着说道："这位老爷，求求你别搅黄了俺的买卖，这是俺情愿卖的，让他们走吧。"

"你是卖主？"房玄龄上前一步问道。

"是。"

"你是这孩子的什么人？"

"俺是她娘。"

"她娘？"房玄龄冷笑一声："世上也有你这样狠心的父母。你知道这人买她去干什么吗？"

"这位先生说买回去做侧室。"

"一个十几岁的女孩子，让她去给人做小妾，你也忍心？再说，谁能保证他不是人贩子，不会把你女儿卖到妓院里去？"

"你……"那商人霎时变了脸，正要发作，那妇人却早开了口："那也顾不得了，俺这是卖儿救急。俺家里都断炊半个月了，他爹饿病了，浑身肿得像吹了气，她还有个三岁的弟弟，早就皮包着骨头，连路都不会走了。不卖这孩子，一家人都得饿死。求求你们就不要管闲事了。"说着，那妇人早已泪流满面。

房玄龄一时语塞，抬头看看太宗。太宗双眼潮红，对房玄龄说道："给他五两银子，把孩子赎回来。"

那商人凭空多得二两银子，又见二人身后那几个粗壮汉子正对自己怒目相向，便不敢再纠缠，忙从房玄龄手中接过银子抬腿走了。

房玄龄又掏出十两银子交给那妇人，说道："这位大嫂，快把孩子领回家去，给你男人抓药治病，好好过日子吧。"

那妇人以为是碰上了活菩萨，要不就是哪路神仙下凡，平白无故地救下了自己的女儿，又给了她这么多银子，忙与女儿跪在地上磕头不止，千恩万谢。

这一来可好了，旁边那些万般无奈卖女儿卖媳妇的，还有附近那些逃荒要饭的，一见有人出手这么大方，就像苍蝇见了血，没头没脑地挤了过来，把他们君臣里三层外三层地围在了中间。

房玄龄和侍卫们大吃一惊，这种场面他们如何招架？不亮出身份怕难以脱身，但如果暴露了皇上的身份，立时便可能招来危险。

五六个侍卫和房玄龄围住太宗，尽量阻挡住汹涌的人群，想瞅空儿冲出去，可哪里还走得了？

房玄龄急中生智，忙将身上所有的银子掏出来，让那些侍卫也各把身上的零碎银子全拿出来，分别向四处扬去，口里高声喊着："银子都给你们，拿去吧。"

趁着众人一窝蜂地去抢银子的时候，君臣几个拔腿便跑，逃出人口市，折进一条小巷，做贼似的拐弯抹角逃回了皇宫。

太宗回宫后立即传旨，命御史大夫杜淹带领数名侍卫去京畿附近调查卖儿鬻女的情况。十几天后便已查清，仅三辅一带就有卖儿卖女的三千多户。太宗将自己平日的存银和长孙皇后的私房钱全都拿了出来，派人分头将被卖掉的孩子赎了回来，令各家认领回去。

接着，太宗又下令打开朝廷粮仓赈济穷人，在长安大街上多处开设粥棚，一日三餐向逃难者施粥。并严令全国各级官府马上开仓放粮，确保百姓们渡过这次灾荒。宁肯官仓粒米不存，也绝不准饿死冻死一个百姓。

已升为尚书左丞的戴胄上书说道："今丧乱之后，户口凋残，每岁租米不实仓廪。随即出给，才供当年，若遇凶灾，将何赈恤？为长远计，各地应设义仓。每岁秋后，按田亩或贫富收取一定粮米储之，岁凶之时，百姓饥馑，各地州县可随时取给。"

太宗对戴胄设立义仓的提议极为赞同，这虽然也是一种赋税，但却是取之于民，用之于民，而且绝大部分取自大户人家或巨商大贾，这不仅能救穷苦百姓的断炊之虞，而且能避免发生卖儿卖女的悲剧。因此当即准奏，并颁旨各地实施："亩税二升，粟、麦、粳、稻，随土所宜。宽乡敛以所种，狭乡据青苗簿而督之……商贾无田者，以其户为九等，出粟自五石至五斗为差。"

当然，这些并非解决问题的根本措施，稼穑不作，五谷不登，百姓们手

唐太宗李世民

里没有余粮，设立的义仓再多也是空的。最根本的还是要静民安民，劝课农桑。

一日早朝，太宗对大臣们说道："凡事皆需务本。国以人为本，人以衣食为本。凡营衣食，以不失时为本。夫不失时者，在人君简静乃可致耳。当今之世，农桑为国之命脉，农人占士农工商四民十之八九。若禾黍不登，则兆亿庶民不再为国家有矣。我等敢不殚精竭虑抚民务农，尽快恢复和发展农桑？"

兵部尚书杜如晦说道："皇上所虑极是，农桑实为国之大计。自古以来，有识明君便懂得'民之大事在农'，'王事惟农是务'。西周时，便有帝王劝人农耕的'藉田'之礼。西汉初年的汉文帝十分重视农桑发展，每于岁首行藉田之礼，从而造就了'文景之治'，天下升平，民殷国富。但自汉末以来，国家分裂，战乱频仍，藉田之礼被废弃数百年之久。以臣愚见，我朝应恢复弘扬这一古礼，皇上躬御耒耜，天下自会翕然响应。"

"好，朕就按爱卿说的办。你可代朕查一查，古代行此礼都有何种仪式？"

贞观二年（公元 628 年）正月戊午日，太宗皇上祭祀于太庙，祈祷列祖列宗保佑大唐今年风调雨顺，五谷丰登。

正月癸亥日，太宗躬耕于长安东郊。这一天，天气略阴，薄云笼罩，东北风凛冽刺骨，干冷干冷的。

太宗皇上脱下龙袍衮冕，穿了一身粗布短衣，带着同样换了布衣的文武大臣来到东郊。先燃香焚纸，洒酒祭奠。太宗缓缓地跪于地头，望空而拜，行三叩首大礼，拜罢，亲读祭文，祷告天地神祇。

然后，太宗皇上按照古代行藉田之礼的仪式，由两位宰相在前面牵牛，自己自手扶犁柄犁田。

这可是太宗皇上从来没干过的活儿，一张木犁在他手里耍活龙似的弯来拐去，不一会儿便出了一身大汗。但他却干得认认真真，饶有兴致。

藉田之礼废弃了数百年，人们谁也没见过，都感到十分新奇。一大早，附近的百姓们都赶到了这里，观者如云。看到当今皇上真俯下身子犁田，而且犁了一趟又一趟，人群中先是寂然无声，随之窃窃私语，到后来，竟是雀跃欢呼，"皇上万岁，万万岁"的呼声像是今年的第一声春雷，在旷野里，在半空中经久不息地滚动着。

第二十四章　选贤任能　不拘一格

唐太宗"日昃忘食，未明求衣，晓夜孜孜，唯以兴农养民为虑"的一番苦心终于感动了上苍。其劝课农桑以及均田垦荒、轻徭薄赋、静民安民等一系列仁政在当年就见到了成效。关中一带风调雨顺，春、秋禾稼皆获丰收，流散外地的饥民相继返乡务农。

至贞观三年（629 年），关外山东、河南、江淮等广大地区五谷丰登、家给人足、仓满囷溢的喜讯纷纷传来。许多地方每斗米仅值三四钱。

行旅客商从京师至岭南，从山东至沧海，再不需要自备干粮，沿路取给即可。山东地区的许多村落有行客经过时，当地农户必厚加供应，热情招待。甚至在临行之时还有一份礼物相赠。商旅们皆深为感叹：此乃自古未有之奇观。

但是，这只能安抚那些善良的百姓们，令他们知恩载德，感激涕零。而对于有些人则无论如何也难以让他们满意。

就在民众衣食无忧，人心日渐安定，天下趋于大治之时，有一股流言竟在京师长安悄悄兴起，并迅速蔓延。

流言说，之前那场特大的蝗灾和持续的干旱，老百姓死者枕藉，数不胜数，是上天对当今皇上的惩罚。太宗皇上同秦二世胡亥和隋炀帝一样，都是不应天命的无道之君。

胡亥是杀死他哥哥公子扶苏，阴谋篡权，当了秦朝的二世皇帝；隋炀帝杨广是谋杀了他哥哥太子杨勇，谋夺大宝，当上了隋朝的二世皇帝。因此上天震怒，使秦、隋两朝二世而亡，成了历史上的短命王朝。而如今的大唐天子李世民与胡亥、杨广如出一辙，也是杀死其兄太子建成、其弟齐王元吉，逼父皇让位，当上了唐朝的第二任皇帝。

因此，这个唐二世和秦二世、隋二世没什么两样，也注定要二世而亡。别看眼下有些趋向繁荣的表象，这不过是一个王朝行将灭亡的回光返照。

这一谣言编造得有根有据，有枝有蔓，恰与历史上的两个昏君非常吻合。谣言不胫而走，长安城里妇孺皆知，一时间闹得人心惶惶：这安稳日子才过

唐太宗李世民

了几天，莫非又要刀兵四起，改朝换代了？

很快，这谣言便传入了皇宫，传到了太宗皇上的耳朵里。

太宗顿时怒火中烧，一腔热血在周身翻滚。他知道，这是隐藏在暗中的敌对势力在向自己挑衅，同自己较劲儿。

其实，对于这种历史的巧合，他在内心里不知思忖了多少回。不错，自己同胡亥、杨广一样，都是在杀死兄弟后登上皇位的，都是二世皇帝。正因如此，自己登基以来无时无刻不在以暴秦和亡隋为鉴，汲取他们国亡身死的教训，千方百计革除弊政，避免过失，实施轻徭薄赋、慎狱宽刑、廉洁自律、勤政爱民的仁政，可谓昼夜惕怵，不敢有一丝一毫的骄奢淫逸。

他坚信，不管是天意还是民心，都会接纳和选择一位以天下为己任，以万民的忧乐为忧乐的开明之主。尽管自己确实杀死了亲兄弟，但那是被动的，是面对无数次穷凶极恶的谋杀而进行的无可奈何的自卫。

仅凭这一点，上天便要让大唐国祚不久，二世而亡？这纯粹是屁话。是那些对新王朝怀着刻骨仇恨的人在恶毒地诅咒，在痴人说梦！

太宗立即安排人暗中查访，一定要查个水落石出，看看这谣言的源头究竟在何处。

不久，事情便有了眉目。原来，这谣言是由广缘寺和尚法雅编造传播的。

这法雅和尚素擅装神弄鬼，高祖在位时颇受宠信，曾多次出入宫禁。与原太子建成交情尤深，是东宫和齐王府的常客。

玄武门兵变之后，太宗虽知他与建成关系密切，但因为拿不准他是否参与了建成、元吉谋杀自己的活动，没有证据，不好治罪，便法外施恩，放了他一马。不过，却从此不准他迈入皇城一步，并严禁朝廷大臣再与此等妖人有任何来往。

法雅若是知道死活，就该从此改恶向善，安分守己当他的和尚。不料这家伙非但不感恩收敛，反而对太宗皇上的新朝廷怀有刻骨仇恨，以至于散布谣言，煽惑民众。

太宗命杜如晦亲自审理法雅，一堂刚过，法雅便供认不讳。如此放肆地诋毁朝政是大逆不道的，自然是罪不可赦。太宗立即下令，将法雅斩首于长安南市。

好在法雅一案没有牵连到其他人，至于那些跟着传播谣言的，则可一律不究。太宗不想株连无辜，造成滥刑冤案。

然而，在诛杀法雅的当天晚间，杜如晦却到后宫求见太宗，说："皇上，法雅一案还牵连到一个大人物，微臣不知道该如何处置，朝堂之上也不好贸然禀奏。"

"是谁？哪个大人物？"太宗心中突突乱跳。

"是司空裴寂。"

"是他？可真算得上是个大人物了。"太宗舒了一口气，"怎么？莫非他也参与了谣言的编织与传播？"

"那倒没有。不过，据法雅坦白，他与裴寂一向过从甚密，就是近几年仍常有往来。因为事涉机枢大臣，微臣不知该如何处置，请皇上圣衷独断。"

"朕可不想独断，倒想听听你的。依我大唐律法，对裴寂究竟该治何罪？"

"裴寂之罪，实在是可轻可重。就是依大唐律法，也在可杀可不杀之间。"

"哦，这是为何？"

"裴寂与法雅友善，绝非个人之交。严格地说，二人皆属建成、元吉的同党，仅此一条，皇上便可杀他。更严重的是，皇上即位之初，已经明令朝中大臣不得再与法雅接触。而他作为位居宰辅之上的司空，却公然忤旨，继续与法雅暗中往来，据此条杀他，诚不为过，亦在律法范围之内。不过，对于建成、元吉昔日旧党，皇上宽仁为怀，早已赦免。而他虽然忤旨与法雅交往，却未参与制造谣言一案，毕竟没有谋逆的言行，对其从宽量刑，亦是皇上的权力。"

太宗微微一笑："爱卿所言甚是。看来，我大唐律法亦有模棱两可之处。这世上的律法再缜密，也永远不会完美无缺，还得靠执法人时时处以公心。好了，你先回去吧，这事就由朕来处置。"

杜如晦走了之后，太宗皇上陷入了沉思。

这个裴寂，因与父皇"有旧"，自大唐定鼎之初就被封为尚书右仆射，任朝中首辅宰相。每次朝会，父皇都特为他赐座。而在后宫之中，父皇则常将他引入卧室之内。每次呼他，都是称为"裴监"而不直呼其名。其所受宠信的程度，连当朝贵戚宗亲都无法相比。

但是，这老家伙却十年如一日，尸位素餐，庸碌无为。若是仅仅无所作为也便罢了，但他却是成事不足，败事有余。武德初年，他便因嫉贤妒能，挑唆父皇杀死了自己最早的心腹、大唐举义的功臣刘文静，之后又党附建成、元吉，每每与自己作对。

一想到刘文静，太宗便感到血脉偾张，怒火烧心，恨不得借法雅一案这个绝妙的机会将裴寂立即凌迟处死，为自己的挚友刘文静报仇，自己也可出出这么多年的恶气。

但冷静地想想，刘文静的事毕竟已时隔多年，自己现在突然诛杀裴寂，虽有法雅一事做引子，人们不会说三道四。然而，原先那些跟从建成、元吉的朝臣们会怎么想？他们会不会认为自己是借机剪除建成旧党，弄得人人自危？更何况，太上皇还健在，在没有谋逆大罪的情况下杀了裴寂，会狠狠地戳伤他的心。

思来想去，太宗皇上还是决定不杀裴寂。

次日朝会，太宗颁旨，将裴寂免官削邑，放归田里。

裴寂也是个不识好歹的角色。散朝之后，不是赶紧回府打点上路，却缠住太宗不放，苦苦请求继续留在京师长安居住。

"皇上，老臣追随太上皇十余年，于太原首倡举义，居庙堂勤勉为公，不敢言功，亦有微劳，请准允老臣留住京师。"裴寂泪眼婆娑地跪在太宗面前，可怜巴巴地乞求着。

太宗盯着裴寂看了多时，忽然放声大笑："裴寂，你还敢以太原起兵的元老功臣自居？不错，当年在太原密议举兵时，你曾参与其事。但这些年来你都干了些什么？令你带兵出征，你丧师失地，大败而归，十几万人马几乎全军覆没；任你为相，你养尊处优，毫无建树，许多弊政多出你手。这些且不说，仅你与沙门法雅长期交往，便可判你个斩首弃市，籍没全家，最少也是发配边疆。朕念你是太上皇多年信任的老臣，于法外施恩，饶你不死，你却如此不识趣。你只知京师长安乃天子脚下，繁华之都，却不知这里也是是非之地。他日若再有何事牵连到你，你将何以逃脱死罪？朕将你放归故里，意在保全，还不赶紧谢恩辞京，更待何时？"

听太宗说完，裴寂顿时心惊肉跳，慌忙叩首说道："恕老臣糊涂，未察圣上深意。"说罢拜辞出宫，数日之后，带领全家老小怀着一腔幽怨回到了故里。

至此，高祖在位时的几位宰相，裴寂遭贬，封德彝已经病故，就只剩下了萧瑀、陈叔达和宇文士及三人。

虽说他们当年支持过自己，当皇上的不该忘了旧情。但是若论当宰相，安邦治国，这些人实在是不够称职。不仅缺少宰辅大臣的谋略才识，而且迂腐呆板，墨守成规。

太宗皇上当然不会为了这点私情而耽误了自己富国强兵的振兴大业。

于是，太宗以有一次在朝会上陈叔达、萧瑀二人激烈争执、当堂咆哮为由，将他们和宇文士及一块罢相，安排他们担任品秩与宰相等同的太常少卿、殿中监等虚职。

同时，大刀阔斧改组宰相班子，以房玄龄为左仆射，杜如晦为右仆射，温彦博为中书令，长孙无忌为侍中，魏徵为秘书监，王珪为侍中，李靖为兵部尚书，戴胄为户部尚书，皆参预朝政，同为宰相。

这样，宰相班列已扩大为七八个人，且个个精明强干，博学多才，皆为当代海内精英，治世能臣，可谓人才济济。特别是房玄龄、杜如晦二位首辅宰相，一个遇事善谋，一个剖断如流，人称"房谋杜断，珠联璧合。同心治国，相得益彰。"

对这个宰相班子，太宗皇上深感得意。经过几年的锻炼、考验和精心选拔，终于实现了从武德到贞观新旧时期的过渡，一大批治国英才终于跻身于大唐朝廷的权力中枢。这是自己实现济世安民、天下大治这一梦想的根本保证。他相信，自己这个宰相班子中人才之盛就是在历朝历代也是罕见的。

新的任命宣布的当天，太宗兴致勃勃地在后宫设下便宴，专门宴请他这几位宰相。

君臣们一边饮酒，一边随意交谈，宴席上气氛轻松愉悦，无拘无束。

太宗不喜饮酒，但怕冷了场，也便频频举杯，象征性地沾沾嘴唇。当大家都喝得十分高兴之时，太宗端起酒杯轻抿一口，然后对坐在身边的侍中王珪说道："爱卿博学多才，又擅长论谈。今日便宴，随便交谈。卿可对玄龄以下在座诸位悉加品评，同时也将卿自己与诸位加以比较，如何？"

王珪忙说道："皇上既有圣命，微臣便妄加评论了。孜孜奉国，知无不为，臣不如玄龄；拨冗析疑，能断如神，臣不如如晦；出将入相，文武兼备，臣不如李靖；敷陈详明，出纳唯允，臣不如温彦博；处繁治剧，众物毕举，臣不如戴胄；耻君不及尧舜，以谏净为己任，臣不如魏徵。至于激浊扬清，嫉恶好善，臣与众位宰相相比，也略有所长。"

王珪刚说完，在座众人禁不住拊掌大笑。王珪对每个人以及他自己的评论可谓精当。

太宗也欣然笑道："如此说来，爱卿可谓知人，朕亦可谓得人矣。人常言，'得人心者得天下'。其实还应该加上一句，'得人才者得天下'。以天下之广，四海之大，千端万绪，凡事皆应委百司商量，宰相筹划，方可确保万无一失。若一日万机，独断于皇上一人之虑，以日继月，乃至累年，乖谬既多，不亡而何？因此，朕要治理好这个国家，亟须众多人才的辅佐。今日朕之宰相得人，实乃天大的幸事。但这还不够，治国之才应是越多越好。房、杜二位爱卿!"

"臣在!"房玄龄、杜如晦同时应道。

"自今以后，汝等诸宰相应以发现、推举和擢拔人才为第一要务，其他朝中琐事不要事必躬亲，可放手让下属去办理。宰相的根本职责就是为国选贤。"

"是，皇上圣谕，臣等谨记在心。"

太宗与众人同饮一盅，又继续说道："国之匡辅，必待忠良；任使得人，天下自治。不过，此事说起来容易，做起来难。选贤任能，究竟该如何把握标准? 朕即位以来昼夜思之，却始终未得要领。"

秘书监魏徵接口说道："以臣看来，选拔贤良应分为两段，乱代唯求其才，不顾其行；太平之世必须才行兼具，始可任用。"

"噢，这倒是个新说法，爱卿可细言之。"太宗一下子来了兴趣。

"战乱之时，鱼龙混杂，泥沙俱下，来不及详加选择。只要对一统天下有一技之长者便可放手任用。而太平之世却万不可用德操低下者，其道德败坏，越是有才，对国家则危害越大。"

太宗点头称许，又赶紧问道："朕如今需要的当然是太平之世的贤人，以爱卿之见，具体当如何把握?"

魏徵说道："此事臣亦思之良久。太平盛世选用人才，当以'六正'、'六邪'为尺度。

"所谓'六正'，一曰萌芽未动，形兆未见，昭然独见存亡之机，得失之要，预禁乎未然之前，使君主超然立乎显荣之处，如此者，圣臣也；二曰虚心尽意，日进善道，勉君主以礼义，谕君主以长策，将顺其美，匡救其恶，如此者，良臣也；三曰夙兴夜寐，进贤不懈，数称往古之行事，以厉君主之意，如此者，忠臣也；四曰明察成败，早防而救之，塞其间，绝其源，转祸为福，使君主终以无忧，如此者，智臣也；五曰奉文守法，任官职事，不受赠遗，辞禄让赐，饮食节俭，如此者，贞臣也；六曰家国昏乱，所为不谀，敢犯君主之严颜，面言君主之过失，如此者，直臣也。

"以上六类人才，陛下可放胆任用!"

太宗皇上深然其言，又催促道："爱卿再说说何为'六邪'?"

"所谓'六邪，一曰安官贪禄，不务公事，与世浮沉，左右观望，如此者，庸臣也；二曰君主所言者皆称善，君主所为者皆曰可，隐而求君主之所好而进之，以快其耳目，偷合苟容，不顾后患，如此者，谀臣也；三曰巧言令色，妒善嫉贤，所欲进则明其美，隐其恶，所欲退则明其过，匿其美，使君主赏罚不明，号令不行，如此者，奸臣也；四曰智足以饰非，辩足以行说，内离骨肉之亲，外构朝廷之乱，如此者，谗臣也；五曰专权擅势，以轻为重，私门成党，以富其家，擅矫君命，以自贵显，如此者，贼臣也；六曰谄主以佞邪，陷主于不义，朋党比周，以蔽君明，使黑白无别，是非无间，使君主之恶布于境内，闻于四邻，如此者，亡国之臣也。

"此六类奸邪之辈，陛下万不可用之！"

听魏徵说完，太宗突然站了起来，笑着说道："善哉！'听君一席话，胜读十年书'，此话用来喻今日之事，再贴切不过。魏爱卿，朕今日谨受明教，愿与卿同饮一杯。"魏徵慌忙端起酒盅说道："微臣得逢明君，愿敬皇上一杯。"

君臣二人一饮而尽，太宗又对众人说道："诸位爱卿此后为朕选拔人才，当以魏爱卿今日之言为准，擢正黜邪，何愁我大唐不兴旺昌盛？"

这样，君臣们在热烈而又融洽的气氛中一边饮酒，一边说笑，直至夜阑方散。

这年冬季，太宗下旨，命朝中臣僚百工上书言朝政得失，并可畅论自己的治国之策。于是，满朝文武皆踊跃上书，竞相献计献策。

一日早朝，中郎将常何将自己所写的一份奏疏呈奏太宗。太宗随便看了一眼便把它放在了御案上。这个常何当年统领禁军守卫玄武门时，为太宗皇上除掉建成、元吉，登上皇帝宝座立下了汗马功劳，因而被敕封为中郎将。

他虽然功劳很大，但却是一介武夫，为人粗鲁，平日又不甚留心政事，上疏议政不过是敷衍公事，想来不会有什么真知灼见。因此，太宗便没大理会。

到快要散朝的时候，几个朝臣在议论一些琐事，太宗又顺手拿起了常何的那份奏疏。看了一会，太宗突然坐直了身子，睁大了眼睛，仔仔细细，一字不落地细读起来。这奏疏不仅文辞精美，说理精辟深刻，而且旁征博引，处处闪耀着真知灼见。疏中所议二十余事，所论皆合太宗旨意。其中如均田垦荒、尊孔崇儒、宽仁慎刑与礼法合一、任贤纳士、兴办学堂、完备科举、广开言路、奖勉直谏等条，都是太宗皇上日夜苦思冥想又没有想得如此透彻明晰的大事。

太宗把奏疏交给左仆射房玄龄，看看时间已经不早了，便让群臣退朝，只留下了众宰相和常何，然后问道："常何将军，这奏疏可是你亲手写的？"

"回陛下，微臣乃是粗人，肚子里哪有这么多墨水。因皇上有旨，臣不敢不遵，只好求人代写。"

"是何人代你写的？"

"是臣之家客马周代臣草拟，若其中有过失谬误之处，臣愿领罪，请皇上勿责马周。"常何以为奏疏捅了什么娄子，有些惊慌。

听说奏疏出自一个武夫的家客之手，太宗大感惊讶。看来，大唐真是人才济济，市井之内，布衣之中，也多有卧虎藏龙之辈。

他忙问道："这个马周是什么样的人？"

"禀皇上，马周今年二十七岁，是清河人。他少年丧父，孤贫如洗。但却嗜学如命，既不肯耕田种地，养家糊口，也不愿做走卒贩夫，挣钱置办家业。只是一天到晚夜以继日地孜孜苦读，博览群书，尤其精通《诗》、《传》。家道虽说清贫，但当地一名老秀才却因慕其才名将自己的爱女嫁给了他。

"这女子如花似玉，是四乡八疃的一枝花。马周凭空得了这么个俊媳妇儿，按说该好好地过日子了。可他还是每天守着一堆古纸，头不抬眼不睁地苦读。以至于家境越来越贫寒，最后竟是家无隔夜之粮，眼看着就要断炊。

"第二天，媳妇儿回娘家借了几斗米，夫妻俩勉强度日。可这总归不是长久之计，靠老丈人的资助能维持几天？马周家的光景是越来越差。乡里的那些俗人自然都瞧不起他，不是冷嘲热讽，就是白眼相加。

"媳妇儿也开始与他吵嘴。马周一再向她解释，土里埋不住夜明珠，总有一天他马周会出人头地，熬过这段艰难的日子，一定会让她有享不尽的荣华富贵。可那女人哪里相信他这些梦呓般的胡话。终于有一天，媳妇儿耐不住这样的清贫，红杏出墙，与本村一个丧偶的年轻财主勾搭成奸。从偷鸡摸狗到明铺暗盖，后来便干脆跑到那财主家长住，提出要让马周休了她，与财主成婚。

"马周虽穷，却是一条有血性的汉子，怎能咽得下这口恶气？有一天，他打听到那女人要和财主一块去赶集，置办新婚妆奁。他将一把割谷用的镰刀磨得光亮，背上一个草筐，装作去地里割草，来到了村西那条去赶集回来的必经之路旁。时值初秋，满坡的高粱已深可没人。马周潜藏在高粱地里耐心地等待着。地里密不透风，闷热得像个蒸笼，马周的脸上滚落着豆大的汗珠。但此时马周哪里还顾得上热？夺妻之恨早把他气昏了头。他不顾一切地等着，两眼紧盯着高粱地外的大道。

"傍晌的时候，那一对狗男女果然回来了，各人手里提着大包小包，有说有笑，亲亲热热地并肩走来。马周两眼直勾勾地瞪着他们，却一时忘了自己是来干什么的。直到他们走出几丈远，这才猛然惊醒，便怒吼一声，挥舞着镰刀冲了出去。

"那财主一看马周凶神恶煞的样子，再也顾不得媳妇儿，扔掉了手里的嫁妆，兔子似的没命地逃走了。马周紧跑几步，一把逮住了那娘们儿，举起锋利的镰刀。他真想一镰刀砍断她的喉咙，挖出她的心肝，看看那颗心究竟是什么颜色。那女人高呼着'救命'，但马周并没有要她的命，他毕竟心善，下不去手。只是挥动镰刀把她的两片耳朵割了下来。那女人捂着个血葫芦似的脑袋发疯一般跑回了村里。

"马周从地上拾起那两片耳朵，用几片高粱叶子包了包，便不慌不忙地来到县衙，向县令投案自首。'你叫什么名字？'县令见他胸前沾满了血迹，不知出了何事，忙问他道。'鄙人马周。''马周？'县令早已久闻其名，'你来见本官，莫非有何冤情？''没有冤情，我杀了人，特来向大老爷投案。'那县令并不相信，以为他在说笑，便说道：'马兄乃清河名士，饱读诗书，怎能无故杀人？''我说的都是实话，这是物证，请大老爷验看。'

"马周把一团高粱叶放到县令面前，县令打开一看，竟是两只血淋淋的人耳朵，顿时惊得从座椅上跳了起来。那县令一下子翻了脸，把镇木拍得山响，怒声喝道：'大胆狂徒，究竟为何杀人，从实招来！'

"马周便一五一十把事情的经过从头说了一遍。末了又说道：'反正我割掉了她的两只耳朵，也就消了这心中的恶气，眼下她是死是活就不知道了。要杀要罚，任凭大老爷依律处置。'

"听完马周的一番话，那县令也长舒了一口气。他本来担心马周真的杀了人，那就得依律处死，这样一位年轻轻的饱学之士未免死得太可惜。如今他放心了，且在心中暗笑，割去两只耳朵怎么能死得了人，这真是一个书呆子。

"过了一会儿，那县令忽然想到，本县有一位蜚声遐迩的名医，号称能断肢再植，如移花接木般百灵百验。说不定那女人眼下已去了名医那里。若是能将那女人的耳朵再给她缝上、接活，自己便可以将马周无罪释放。想到这里，他便对身边的师爷说道：'谭先生，你快拿着这两片耳朵去那李神医家，看那女人是不是去了。若是没去，你便快马将耳朵送往他们村中，让那女人快去就医。'

"谭师爷来到了名医家。还真让县令猜准了，那女人果然在财主的陪同下来了。不过，就算是华佗再世，扁鹊重生，没有耳朵再植，也不能让她再长出两只耳朵来。就在他们急得团团乱转的时候，恰恰谭师爷把耳朵送来了。

"那名医急忙清洗伤口，飞针走线，将耳朵细细地缝合在女人那两个耳茬上，然后涂上祖传神药。几天以后，那耳朵居然真植活了，渐渐地有了血色，活生生地长在了那女人的脑袋上。

"县令立马将马周无罪释放。马周再也无法在家乡立足，便背上了一包袱书，将三间破屋卖了做盘缠，千里迢迢直奔长安而来。"

常何说得绘声绘色，君臣数人也都听得津津有味。

"这么说，那婆姨的耳朵果然接活了，跟原来一模一样？"太宗皇上略感遗憾地问道。

"没有。半个月以后，那耳朵便开始萎缩，变干。一个月之后，那女人早上起来洗脸，当洗到耳朵时，那耳朵却像两片干枯了的树叶，被手一触碰，便脱落下来了。"

"啊？"太宗和众位宰相都大感意外。"不是已经植活了吗，为何又脱落了，莫非那所谓的名医是在骗人钱财？"侍中长孙无忌在一旁不解地问道。

"马周也是后来才弄明白，他听一位到长安来经商的乡亲说，原来是那位谭师爷从中做了手脚。他听马周述说案情经过时，已经从心底里深深地同情这位穷困落魄的河东名士。在去送耳朵的路上，他想，若是这女人的耳朵真被接活了，马周岂不是要永远含冤忍辱，这一辈子都不得心安？于是，他便在县城的一家酱菜铺里买了块芥疙瘩咸菜，把两片耳朵的创口处在咸菜上反复摩擦了一阵，然后才送到名医家。这样一来，那名医就是再高明，也无回天之术了。刚缝上时，在名医家传神药的养护下，那耳朵似乎活了。但时日一长，血脉供不上，那耳朵还不得脱落？"

话刚说完，太宗皇上突然哈哈大笑："好啊，真是天理人情，各有报应。一个欺贫爱富的淫妇，活该给她留下个耻辱的印记。不过，常将军，你是如何认识马周的？"

"马周来到长安，举目无亲，那三间破屋换的几两银子很快便花光了，生活便愈加拮据狼狈。像他这样的人，自然不会去沿街乞讨。为了果腹，便只好在街头以卖字为生。微臣识字不多，连封家书都写不好。府上有时遇上些文墨活儿，便感到十分为难。听人说马周字写得好，文章也好，便亲往延请他来府上做个家客。那马周觉得微臣为人率直，没有架子，能合得来，便不讲究俸银多少，住了下来。"

"太好了，你常将军无意中为朕觅得了一位大才。"太宗笑哈哈地说道。

"皇上，这马周真的是个人才？"常何惊喜地问。

"看他这道奏疏，便见此人不凡。魏爱卿，你看如何？"

魏徵说道："臣等刚才看了马周的奏疏，不仅文笔优美，而且毫无书生之气。见地高深，说理透辟，议论时弊针针见血，发人深省，许多见解皆臣闻所未闻，依臣之见，此人乃旷世奇才。"

"来人！"

当值太监急忙趋至太宗面前，躬身问道："皇上有何吩咐？"

"速去常将军府上传朕旨意，宣马周即刻进宫。"

房玄龄却笑道："皇上，都午时三刻了，该是您进膳的时候了。是否饭后再召见马周？"

"不，不，要马上召见。你们平日常说，明君应思贤若渴。这渴的滋味并不比腹饥的滋味更好受，不是吗？"

可是，前往宣旨的太监很快就回来了，说是马周已经喝得酩酊大醉，不肯奉诏。

太宗问常何道："这马周平日经常醉酒吗？"

常何答道："据说马周善饮，但自从到臣府中，从没见他喝过酒。这事蹊跷了，怎么今日会喝醉了？"

太宗笑道："朕明白了，他这是在试探朕究竟有多少诚意。"于是，便又派人去宣。如此三番五次，马周却迟迟不肯觐见。

又过去了一个多时辰，几位宰执大臣的肚子在咕咕地叫唤，都禁不住面显愠色。

"好大的架子，当年南阳诸葛亮也不过三顾，他马周莫非要五请六请？"长孙无忌愤然说道。

太宗也有些不悦，但却强忍着说道："此乃奇人，不可以俗礼待之。房爱卿，你亲自走一趟，若再不肯来，抬也要把他抬来。"

房玄龄领命而去，不一会儿便将马周请来了。其实，马周并没有喝醉，他确实是在试探太宗。他为常何代写了奏疏，知道今日要面呈皇上，便十分自信地认为，只要皇上真像人们传言的那样，慧眼独具，知人善任，那么一旦看了奏疏，必会召见自己。等到近晌午了，还不见宫中来人，他便弄了几个小菜独自慢慢酌饮。

午时过后，宫中果然有人来了。但马周却改了主意，不能这样猴急着赶去，让满朝文武看轻了自己。再说，当今皇上若真是爱才如命的明君，也绝不会为自己这点小小的失礼大加怪罪。于是，便装得醉眼朦胧，口舌不清，刚要起身，又颓然瘫坐在凳子上，一副难以奉诏的醉态。到后来，便干脆鼾声大起，不省人事了。

然而，事不过三。当房玄龄来到时，已是皇上第四次派人宣诏了，马周不再推诿，爬起身来腿脚利落地跟着房玄龄来到朝堂。

他从容跪拜，不卑不亢，口里朗声说道："草民马周叩见皇上，皇上万岁，万万岁。"

"好个草民，要朕四次往请，这普天之下恐怕再无第二个人。马周，你是真喝醉了吗？"

"回陛下，马周未醉。"

"那么你故意装醉是为了沽名钓誉，抬高身价？"

"不，草民是为了抬高皇上。"

一语既出，满堂皆惊。这话说得太狂悖，太不知轻重。

太宗却没有发怒，仍然平静地问道："此话怎讲？"

"马周乃衣食不继、走投无路的一介贱民，皇上九五至尊，却能三番五次往请，如此礼贤爱士的美誉不出数日便会风传天下，甚至会成为千古美谈。若是草民因此而小有名气，也是蝇附骥尾，跟着皇上沾光罢了。"

太宗朗声大笑："看来，你不仅满腹经纶，而且巧舌如簧，诚为锦心绣口之士，起来吧。"

马周谢恩起身，恭立一旁。

太宗看看他，又说道："马周，你代常何所拟奏疏朕已看过了，读之令人难忘。所奏之事亦件件切中要害，甚合朕意，这些都先不说。今日朕召你来另有一事相问。"

这是要当着众宰相的面考自己了，马周忙躬身说道："请皇上赐教。"

"朕听说你博涉经史。以你看来，作为人君，如何做才能使江山稳固，祚运永昌？"

马周想了想说道："草民虽一介布衣，亦常忧天下之事，愚以为，自古以来，人主善始者多，克终者寡，唯有做到'十思'，方可善始善终。"

"何谓'十思'？"

"人主见可欲则思知足，将有作则思知止，念高危则思谦冲，临满盈则思溢损，遇逸乐则思撙节，在宴安则思后患，防壅蔽则思延纳，疾谗邪则思正己，行爵赏则思因喜而僭，施刑罚则思因怒而滥。此所谓'十思'也。人主若能做到这'十思'，再加上选贤任能，自可无为而治，无须劳神苦体以代百司之任，江山自安，社祚自永。"

马周说完，众位宰相不禁交头接耳，啧啧称叹。太宗亦频频点头道："黄金累千，岂如多士之隆，一贤之重。国之匡辅，必待忠良。任使得人，天下自治。大唐朝廷又得一国士，可喜可贺。"于是当即颁旨，授马周为谏议大夫。

马周的出现使太宗皇上开始重视从民间选拔人才。几天后，即向各州县颁发了《荐举贤能诏》，说道："白屋之内，闾阎之人，但有文武才能，卓然可取；或言行忠谨，堪理时务……亦录名状与官人同申。"

第二十五章　从谏如流　案牍劳形

入冬以来的第一场大雪便纷纷扬扬地下了两天两夜，长安街道上积雪厚达半尺有余。宽阔的路面经过车辗马踏，结成了琉璃似的一层坚冰。大街小巷，楼台屋宇，高树短墙，到处是一片皑皑银白，长安城变成了一个银装素裹的世界。

今天下午，大雪刚停下来，便有宫中太监来到侍中长孙无忌府上，说是皇后召见，让长孙无忌即刻进宫。

妹妹当皇后已经好几年了，长孙无忌还从没有踏进后宫的门槛半步。兄妹二人从小就饱读诗书，知道历史上有许多后妃干政或外戚弄权给国家酿成祸乱的例子。后妃和外戚一旦联手，便会浸淫皇权，欺凌朝臣，从而变生肘腋，祸不旋踵。因此，兄妹俩为了避嫌，都在自觉地约束自己，一年到头也难得见上一面。

这次妹妹却破例召自己入宫，一定是出了什么大事。长孙无忌慌不迭地披上了那件狐皮棉袍，急匆匆地向后宫奔去。

来到皇后的寝殿，却见皇后正坐在一个铜炉旁一边烤着手，一边安详地同几个宫女闲说话儿，不像有什么急事。

长孙无忌进门后，便要跪地行君臣之礼。长孙皇后慌忙将他拦住，说道："大哥，你是朝廷重臣。小妹虽忝居六宫之主，人称国母，但毕竟是你的妹妹，这些俗礼还是免了吧。"

长孙无忌道："虽是兄妹，更是君臣，名分所关，这君臣之礼岂可轻废?"说着又要跪下。

长孙皇后笑道："若是有外人在场，小妹也不拦你。你看，这屋里就咱兄妹二人，就不要过于拘礼了。"

无忌看时，就连那几个宫女也早已回避，偌大的寝殿里确实只剩下了他们兄妹二人，也便不再坚持，脱去了棉袍，在旁边的一张椅子上坐下，然后问道："今日冰天雪地，皇后急于召微臣入宫有何大事?"

长孙皇后亲自沏了一杯茶，放在无忌面前，笑笑说道："正因为这几日大雪，朝中无甚急务，不至于打扰大哥处理政务，才想起一件事要与大哥相商，此事说大也大，说小也小。"

"是何事？皇后直说就是。"

"大哥，你如今入值机枢，位居宰相，自觉这活儿如何？"

长孙无忌有些摸不着头脑，不知皇后问这话是什么意思。他端起茶杯轻啜了一口，然后双手捧着，沉思了一会儿说道："说实话，原先我自以为自幼熟读经史，虽无经天纬地之才，也算得饱学之士，能够辅佐明君，匡扶社稷，正可一展平生抱负。但近年来与同为宰相的房、杜、魏徵等人相比，实觉汗颜。就是新近入朝的布衣马周，闻其进策建言，微臣也自愧弗如……"

长孙皇后打断他的话道："小妹问的不是这个意思。以大哥的聪慧精明，虽不及房、杜、魏、马，却远在裴寂等人之上，当这个宰相足堪胜任。小妹是问，大哥身为国舅，又当机枢重臣，心下可安？"

"这……"长孙无忌一下子沉默了，他没有这个思想准备。思虑了多时，才说道："皇后是说，外戚专擅，非国之福？"

"小妹正是这个意思。作为皇亲国戚，本来就身份特殊，容易恃宠而骄。若再执掌重权，更容易成为众矢之的。时日一长，不光非国之福，更是非家之福。汉初吕后弄权，吕后的侄子吕台、吕产、吕禄等执掌重柄，且皆封王，气焰熏天，威权炙手可热。后来吕后一死，吕氏满门被诛杀殆尽，这难道不是外戚专权惹来的祸事吗？"

长孙皇后刚说完，长孙无忌已幡然醒悟，忙说道："这一层未及细想，皇后深谋远虑，令微臣茅塞顿开。其实，我并不贪恋这宰相之位，明日早朝我便上奏皇上请求辞去侍中一职。"

长孙皇后为兄长的深明大义所感动，笑着说道："大哥气量恢宏，胸襟博大，实令小妹感佩至深。小妹代表长孙一家和子孙后人在此谢过大哥。"

长孙无忌笑道："这是说哪里话，该是长孙一门和子孙后人要永远感谢贤明的皇后才是。"

太宗皇上喜得马周，正在为大唐朝廷人才济济、天下精英皆跻身庙堂而欣慰不已的时候，却突然接到了长孙无忌的上表，要求辞去侍中一职，愿在朝中做一名散官。太宗大感不解，立即单独召见了长孙无忌。

"朕精心搭建的这个宰相班子干得有声有色，正欲助朕成就一番宏图大业。好端端的，你为何突然辞职？"

"皇上，臣自揣识短才浅，不堪宰相大任。如今君明臣贤，英才辈出，微臣不能尸位素餐，既误了国之大业，又阻挡了后起新秀的升迁之路。"

"长孙兄的才情识见别人不知，朕还不知？你若是个白吃干饭的，朕岂能用你？莫非就因为你是皇后的哥哥，朕便不顾国之大业，任人唯亲？根本不是那么回事嘛。朕这是内举不避亲，外举不避仇。不行，此事断不可为。"

"皇上，此事臣已思虑许久。正因臣乃皇上至亲，更不宜居宰相显位。臣意已决，万请皇上成全微臣之志。"

"此事你妹妹可知晓？"

"皇后知道。"

"她是何意？"

"皇后与微臣所见略同。"

"嗯，朕明白了。这是你们兄妹二人一起挽的套儿。你先回去吧，待朕想想再说。"

太宗回到后宫，劈头问皇后道："长孙兄辞职一事可是你的主意？"

"回陛下，是我们兄妹二人一起商议的。大哥辞去宰相之职于公于私都是有百利而无一害。"

"那又是为什么？"

"臣妾身为皇后，大哥本就是外戚，若再担任宰辅，诚恐天下人谓陛下有私。"

"你们是为朕避嫌，也是为自己避嫌，这朕知道。但朕自登基以来为官择人都是唯才是举。苟或不才，虽亲不用；如其有才，虽仇不弃。朕任用长孙兄，并非私亲。他不仅博文史，性通悟，有筹略，而且有大功于江山社稷，做宰相游刃有余。'内举不避亲，外举不避仇'，朕自信能做到这点。只要立国以公，又何必如此矫情？"

"皇上，这事怕没那么简单。您是这样想的，了解大哥的朝臣们也会这样认为。可是，在天下人的眼里，在百年之后子子孙孙的眼里会怎么看呢？他们也认为陛下是任人唯贤，也知道大哥是才堪大用吗？恐怕未必。尤其是皇上之后的历代帝王，他们会认为重用外戚是老祖宗留下的惯例，英明如陛下者也莫能例外。他们便可以堂而皇之地效法陛下，大量地擢拔起用外戚。到那时，后宫干政，外戚专权，内外勾结，朝纲大乱，历史上的许多悲剧岂不重演？'千里之堤，溃于蚁穴'，皇上矢志要做千古明君，臣妾也有心要当一代贤后。为了大唐江山千秋永固，就应该从补蚁穴、堵小漏开始，防患于未然。因此，臣妾以为，重用外戚之风应该从我们这一代帝、后身上得到改变，为后世帝胄后妃做好榜样。是否该这样，还请陛下三思。"

太宗默然了。他不能不承认，在这件事上，皇后比自己看得更远一步，思虑得更深一层。他看看皇后，重重地点点头，说道："一代贤后，汝当之无愧。好吧，这事就照你们的意思办。不过，长孙兄不能只当个朝廷散官，那也太说不过去了。朕欲拜他为司空，你看如何？"

"司空位虽崇显，却并无实权，不过朝中一虚职，臣妾以为可行。"

数日之后，太宗下达诏书，撤去长孙无忌侍中一职，册封其为司空。同时，擢拔魏徵为侍中。

玄武门之变以后，太宗果断地任用了原太子洗马魏徵，几年来深感得人。他经常将魏徵召请到自己的书房或卧室里与之密谈，询问得失。

魏徵颇有经国之才，又性情耿直，谏诤起来无话不说。每次与他畅谈，太宗都感到获益颇丰，耳目一新。对其谏言无不欣然接受。

而魏徵亦喜逢知己之主，殚精竭虑，知无不言。数年来向太宗建言上百条，劝太宗以亡隋为鉴，居安思危，兼听广纳，明德省刑，以民为本，躬行节俭等，这对太宗的治国方略无疑产生了重大影响。为此，太宗曾对魏徵不无感慨地说道："卿所陈谏，前后凡百余条，若不是卿至诚奉国，何能若此？"

然而，最近以来发生的两件事却让太宗皇上感到极为尴尬，心里大为不悦。

数月前，有一次魏徵告假回家为父母祭坟，估计来回得半个来月。正好这些日子朝廷中没有什么急务，各地奏报也都是风调雨顺，吏清民安。太宗心情愉悦，便想起了去南山畋猎。

自从当了皇上之后，他励精图治，每日宵衣旰食，劳神案牍，还没去打过猎。一来是怕魏徵等这些朝廷诤臣们犯颜直谏，让自己下不了台。二来也是怕每日里架鹰走狗，玩物丧志。因此，尽管纵马骑射是他平生最大的爱好，对他有着巨大的诱惑力，他却只能强自隐忍着，不敢开这个头。

这下好了，机会来了。趁魏徵不在朝里，自己可尽情地放松一下了。

一大早起来，他便命掌管大内禁卫的中郎将雷永吉准备好马匹和猎犬猎鹰，等早朝之后径往南山。

他匆匆地处理了一下当日的政事便宣布散朝。等朝臣们散去之后，他迈着轻快的步子走出大殿，心里想着如何纵横猎场，驰骋山林，然后拈弓搭矢，箭无虚发……不觉眉飞色舞。

他正高兴着，却见雷永吉急匆匆地迎面走来，对他轻声说道："皇上，魏大人回来了。"

"哪个魏大人？"他一时没回过神来。

"是魏徵大人。"

"什么？他怎么这么快就回来了？"

"听他的随从说，魏大人轻装简从，来去匆匆。他挂念着朝里的事，祭过祖坟之后，在老家一宿都没住，便连夜赶回了长安。"

太宗皇上顿觉扫兴，就像热乎乎的一颗心突然被浸泡在凉水里，让人极不自在。但是他又不能不为魏徵这种忠心体国、公而忘私的精神所感动。便对雷永吉摆摆手说道："算了，算了，不去了。"

说完，太宗竟像逃跑似的急步向御书房走去。在这个时候他实在是害怕见到魏徵。这个"羊鼻公"（魏徵鼻子大，君臣们有时开玩笑，常戏称他为羊鼻公）在这类事上常常会不讲情面，把人弄得坐也不是，站也不是，还是回避一下为好。

不料，这个认死理的魏徵却跟着来到了御书房。他见皇上坐在那里，正心不在焉地翻着一本书，竟走上前去直接问道："陛下适才是否打算外出？"

太宗抬起头来，看看他说："没有啊，朕正在看书哩。"

"人言陛下欲往南山，外面都已经整装待发，却又不启程，这是为何？"

见实在瞒不过去了，太宗只得红着脸笑笑道："开始朕确实有这种想法，打算去南山巡狩游玩几天。因怕爱卿嗔怪，故而中途辍止了。"

"这么说，是微臣回来的不是时候，搅了陛下的好事啦？不过，究竟该去不该去，看来陛下心里也十分清楚，也就无须微臣再絮叨了。"说罢，魏徵便告辞而去。

看着魏徵离去的身影，太宗只能苦笑着摇摇头。

前几天，西突厥进贡了一只鹞鹰，羽翼黑中泛绿，流光溢彩。脖颈间一圈金黄更是璀璨夺目。太宗如获至宝，把玩之下爱不释手。散朝之后便左臂架鹰，在后苑的花间池畔漫步。谁知就在这个时候，魏徵又赶来了。待侍卫人员禀报时，魏徵已进了后苑。

太宗见来不及了，急中生智赶忙把鹞鹰藏匿于怀中，然后若无其事地转过身来。

"皇上，微臣听说近日有宫人自九成宫还京，憩于沔川县官舍。不久，又适逢李靖、王珪大人也相继来到，沔川官员只好将宫人移至别所，而让李靖等居于官舍。皇上为此发怒，欲加罪于沔川官员，可有此事？"

"不错，确有此事，"太宗说道，"威福之柄，岂由靖等？沛川官员为何礼待靖等而轻我宫人？"

"皇上，微臣以为如此处置甚为不妥。"

"为何不妥？莫非朕还不能究治几个县吏之罪？"听起来，太宗的话里仍充满着火气。

魏徵却不管这些，正色说道："李靖、王珪等人是皇上的心腹大臣，而那些宫人只不过是后妃的奴仆。靖等外出，地方官吏要向他们询问朝廷政令；归来之后，陛下又要向他们探询人间疾苦。靖等在各地住下以后，自当与地方官吏相见，地方官吏也不能不前往拜谒。住在官舍，当然更方便一些。至于宫人，除供给好他们的饮食起居之外，并不需要参承政事，何必非与大臣们争居官舍？若以此罪责罚县吏，恐于陛下圣德有损，传扬出去，徒骇天下耳目。"

魏徵说罢，太宗已感到自己的不对。说道："爱卿所言在理，此事是朕听了宫人的禀奏，一时激愤，有失慎思。明日朕便传旨，赦沛川官吏无罪，对李靖、王珪等朕亦当面解释。"

正事说完了，魏徵该走了。太宗此时又想起了他怀中的鹞鹰，他希望魏徵赶快离去，自己也好从怀里把鹞鹰放出来，摆脱眼前的尴尬。

但魏徵却没有要告辞的意思，仍在东扯葫芦西扯瓢地说个没完没了。太宗心里一阵阵烦躁不安，却不好意思打断他的话，更不能直截了当地撵他走。

其实，魏徵一进后苑的时候就已经看到皇上把鹞鹰藏在怀里。他在心中暗笑，如此英明的君王有时候竟也像小孩子似的贪玩。你明知道玩物可以丧志，却又抑制不住自己的好奇心。偶尔玩玩倒也无伤大雅。但一旦开了头，便会爱之成癖，时日一久，弄不好就会荒废朝政。历史上许多帝王荒淫昏聩，奢靡亡国，起初往往是从这些小玩意儿开始的，所谓针鼻大的窟窿牛头大的风，再英明的君主也需要防微杜渐。

因此，魏徵明知太宗怀里藏着一只鹰，也不说破，只管古往今来地高谈阔论，还不时地提出许多尖刻的问题向太宗求教。他在有意让太宗哑巴吃黄连，有苦说不出，尝尝这种自作自受的滋味。

好不容易挨到红日西沉，天色向晚，总算把这个啰啰唆唆的"羊鼻公"送走了，太宗皇上赶紧把鹞鹰放了出来。可是，那只鹞鹰却已经眼睛浑浊，羽翼萎缩，在怀里活活地闷死了。

看着这只死鹰，太宗皇上心里有些酸楚，又觉得可笑，自己堂堂的大唐

唐太宗李世民

天子，赫赫帝王，竟被一个臣子吓成这个样子，这又是何苦呢？

他觉得一股愤怒突然冲上了脑门，如此牵绊，事事掣肘，朕还有一点自由没有？老这么别别扭扭地憋屈着，这个皇帝当的还有什么滋味？

但转念一想，自己平时所欣赏的不就是这些直臣、诤臣吗？要诤臣不就是为了让他们逆龙鳞、触圣怒，制约自己无限膨胀的权力吗？权力受到一定的制约，就不能为所欲为、恣情纵欲，自然会感到别扭和憋屈。但是，要是没有了这种别扭，怕是自己孜孜追求的大唐盛世和煌煌功业也就没有什么希望了。

甘蔗没有两头甜，千秋帝业和纵情恣意只能二者取其一。再见了，突厥来的鹘鹰，还没有交熟的朋友。

太宗又苦笑着看了看那只死鹰，让侍卫们把它埋在一棵梧桐树下，便倒背着双手回到了后宫。

这天夜里，他宿在了杨贤妃的寝殿里。

杨贤妃说道："陛下，如今后宫九嫔尚有许多空缺，陛下何不选取美艳者充之？"

"爱妃丽质天成，艳冠海内。有你在，恐怕天下再没有什么美人了。"

"皇上这话可错了。古人云，'十步之内，必有芳草'。九州之大，丽姝美人比比皆是。不瞒陛下，臣妾近日为陛下访得一美女，其相貌远胜臣妾，陛下何不下诏召回后宫？"

太宗哈哈大笑："你这精灵鬼是在试探朕吧？莫不是怕朕移情别恋，另有新欢，而冷落了你？"

杨贤妃急了："陛下如此说可太冤枉臣妾了。臣妾一个小小的妃子，怎敢以一己之偏私霸住皇上？"

"别急别急，朕也不过说着玩的。不过，你身在后宫，深居简出，如何知道有这样一位女子？"

"听宫女们说，长安城里有一个女孩子，长得与臣妾十分相像。臣妾好奇，便让宫人把那女孩儿接到宫里玩了半天。那女孩儿的眉眼果然与臣妾有几分相似，但其美艳更不知超出臣妾几筹。真个肌如莹雪，齿若含贝，眉似翠羽。嫣然一笑，惑阳城，迷下蔡，勾魂摄魄，令我这个女人家都食不甘味。况且只有十六岁。当时臣妾便想，如此国色天香不做皇上妃嫔天下男人谁还消受得起？"

"这么说是真有其人了，她现居何处？"

"就在皇城以东不远。说起来她也是个官宦人家的女儿。她的父亲叫郑仁基，在隋朝官居通事舍人，如今闲散在家。皇上，如此琼花仙葩，本应生于天阙瑶池，怎能让它植根于荒草乱藜之间呢？"

太宗皇上被她说得心里痒痒的，当下把杨贤妃抱在怀里狠狠地亲了一口，说道："就依着爱妃，过几天便把她召入后宫。"

第二天，皇上便打发一个贴身太监来到郑仁基家，为自己牵线搭桥。

那郑仁基见泼天富贵突然从天而降，喜出望外，当下便满口答应。并希望皇上择个良辰吉日将女儿正大光明地迎进后宫。

数日后，太宗宣诏，将郑女立为九嫔之一的充华，并准备于近期举办喜宴，将这奇葩仙株移植后宫。

可没有料到，诏书发出的当天魏徵又找上门来了。

"皇上，臣闻君子不夺人之爱，您作为一国之主，为何硬要拆散别人的姻缘？"魏徵满脸严肃，一进门便气哼哼地质问。

太宗丈二和尚摸不着头脑，吃惊又略带诧异地问道："朕拆散了谁的姻缘？"

"陛下拆散了陆爽的姻缘。"

"陆爽是何人？"

"长安市上的商贾，一介平民。他早就与郑仁基的女儿订了婚约，尚未来得及成婚，就被陛下封为充华。陛下为民父母，关爱百姓，当忧其所忧，乐其所乐。今郑氏之女已许人家，陛下取之不疑，无所顾忌。此事若传之四海，岂是为民父母之道？"

太宗有些光火，这简直是在无理取闹。他又气又急地说道："郑仁基亲口告诉宫人他的女儿尚未选好婆家，心甘情愿送女儿进宫。你若不信，可把郑仁基叫来当面对质。"

魏徵却不慌不忙地说道："微臣早已察访清楚，此事断没有错。陛下是皇帝，郑仁基敢说实话吗？就是订了婚，一看是皇上来提亲，也只能说谎了。"

这时，站在一旁的宰相房玄龄只好当和事佬，笑着说道："魏相，我看这事就莫要太过认真了。郑仁基虽说已经把女儿许给陆爽，却并未成婚。再说，皇上诏书已下，大礼既行，不可中止。就连陆爽本人都公开声明当初与郑家并没有婚姻之议。"

太宗马上接口说道："就算朝臣们怕朕，是在随声附和，有意讨好，莫非陆爽也会说瞎话吗？"

唐太宗李世民

"陆爽确实是在睁眼说瞎话。皇上身为天子,手操生杀予夺之权。人家怕皇上表面上一套,暗地里一套,事后予以报复,只好推说并无婚姻之议。太上皇临朝时这类事就曾发生过,人们心有余悸,谁还敢拿着鸡蛋往石头上摔?"

话说得越来越过了,竟然提起了太上皇那件不光彩的旧事。太宗皇上顿时气血上涌,面色涨得紫红。他陡地站起来,将御案上一摞案卷一把扫到地上,口里说着"此事以后再议"便抬腿走出大殿,扬长而去。

太宗回到后宫径直走进了长孙皇后的寝殿。每当他在朝中遇到不顺心的事,总是自觉不自觉地往这里跑。这里是他消除烦躁、寻求慰藉的避风港。

见皇上来了,长孙皇后忙笑容可掬地迎了出来。

太宗却没像往常那样同她说笑,怒冲冲地走进寝殿,一屁股坐在一把椅子上,高声嚷道:"早晚有一天,朕非杀了这个庄户佬不可。"

皇后大吃一惊,这几年皇上还从没生过这么大的气,便陪着小心问道:"出什么事了,皇上这是说谁?"

"还有谁?魏徵。这个羊鼻公、牛鼻子老道(魏徵当过道士)非要把朕气死不可。"

皇后没再说话,却转身进了内室。

一会儿,长孙皇后凤冠霞帔,盛装而出。这身衣服是每当国家有大事、喜事,祭告天地、太庙或接受大臣朝贺时,皇后才偶尔穿戴,平时是从来不穿的。

太宗皇上诧异地看着她,只见她突然跪倒在自己面前,口里说道:"臣妾长孙氏恭喜皇上,吾皇万岁万万岁。"

太宗忙一把扶起皇后,莫名其妙地问道:"这算哪门子礼法?你这是怎么了?朕有什么可喜的?"

"皇上登基方才数年,却已跻身尧、舜、汤、武之列,此乃江山社稷之喜,黎民百姓之喜,更是老李家千秋万代之喜。臣妾能不着朝拜之服向皇上贺喜吗?"

太宗更加茫然不解:"你……你这话又是从何说起?"

"皇上若非尧舜之君,有南山之德望,东海之雅量,做臣子的如何敢冒死进谏?臣妾虽不知道魏徵为何事进谏,也不知道所谏是否正确。但是,有这种置个人生死于不顾,宁受刀剐之祸也要犯颜直谏的精神就足够了。足以说明陛下平日虚心纳谏,早已赢得了朝中大臣的充分信任。君明则臣忠,君贤则臣直，大唐有如此贤明的皇上和这样正直无私的净臣，臣妾深信，像'文景之治'那样的升平盛世已经不远了。"

几句话说得太宗心头一亮，就像一道闪电突然划过。是啊，魏徵这样一而再、再而三地触怒自己，冒死净谏，这种做法本身不就包含着大臣们对自己的极大信任吗？自己平日一再鼓励大臣们犯颜直谏，可当他们真的犯颜直谏时，却又觉得有失自己的尊严，在群臣面前下不来台，这岂不是叶公好龙？

想到这里，太宗的一腔怒气一下子消散了，他深情地看看长孙皇后，羞愧地说道："朕明白了，皇后这也是在委婉进谏。朝中有魏徵，后宫有皇后，朕复何忧？"

次日散朝后，太宗把魏徵留下，说道："魏爱卿，昨夜朕反复思之，那件事还是你说得对。朕虽为万乘之主，亦不能夺人之爱。烦你去一趟郑仁基家，宣朕旨意，收回前番诏命，退掉这桩婚事，郑女可随意嫁人。"

"臣遵旨，"魏徵慌忙双膝跪下，高兴地说道，"皇上知过能改，不愧千古明君，臣代表天下子民深谢皇上。"

就这样，一个到手的美人儿又飞了，一桩英雄配美人的好事被魏徵搅黄了。可是，太宗皇上的心里却感到轻松而又熨帖，就像是一只烫人的热芋头，含在嘴里又把它吐了出来，要是把它强咽下去，或许会十分不适的。

七八天以后，太宗皇上接到了一封未署名的上书。书中列举了许多"事实"，证明侍中魏徵有谋反之意。太宗皱着眉头强压住心中的怒火，一遍又一遍地看着这封上书，到末了竟将上书狠狠地摔在了地上。

这是诬陷，是明目张胆地蓄意攻击，是在处心积虑地离间君臣关系。说什么魏徵是原太子建成的人，这是明摆着的，朕还不知道吗？可又说魏徵是对自己这个皇帝心怀不满，屡屡上谏是为了沽名钓誉、邀买人心，暗地里却在拉拢朝臣、广树朋党，意在谋逆作乱。

这纯粹是无中生有、黑白颠倒的肆意攻讦。魏徵这个人浑身上下一团正气，里里外外透明得像块水晶。别看自己有时候被他气得要死，但自己对他的耿介和忠直却从来没有一丝一毫的怀疑。

对了，这个上书之人一定是见魏徵最近以来屡屡冒犯自己，多次惹得自己勃然大怒，便以为有隙可乘。于是趁机下手，疯狗似的胡攀乱咬，妄想借自己之手除掉魏徵。

如此阴险小人，说不定你才是躲在黑暗角落里的最危险的敌对者呢。哼，可惜撞在朕的手上，你的如意算盘算是打错了。

太宗立即下旨，命大理寺全力追查这个上书之人。

数日之后，真相大白，上书者原来是一个姓徐的侍御史。

"对这个凭空诬告者该怎么处置？"太宗问谏议大夫马周。

"依我《大唐律》，此人可处以死刑，也可处以流徙。"马周答道。

"既如此，杀！朕历来鼓励直谏，不计言辞激切，但却决不允许讪谤之风蔓延。"

那位姓徐的侍御史偷鸡不成蚀把米，终于被砍掉了脑袋。

正是在这个时候，长孙无忌坚持辞去宰相之职，太宗皇上便毫不犹豫地擢拔魏徵为侍中。

"狂犬吠日，无损太阳之光辉。魏爱卿，朕望你一如既往，切勿把此事放在心上。"时过不久，太宗又把魏徵单独召至自己的御书房极力抚慰道。

魏徵扑通一声跪在了太宗面前，双眼饱含着热泪："皇上圣聪烛照，还了魏徵一个清白，保全了魏徵一条老命。魏徵此生定为大唐竭忠尽智，鞠躬尽瘁，死而后已。"

君臣二人正说着话，却见房玄龄风风火火地闯了进来，一脸惊慌地说："皇上，右仆射杜如晦病危。"

"什么？"太宗悚然一惊，从座位上跳了起来，一把抓住房玄龄："快说，是什么病，前几天不是还好好的吗？走，快去杜府。"

第二十六章　兵发突厥　声威远播

杜如晦死了，一场突如其来的病使这位年仅四十六岁的大唐良相英年早逝，赍志而殁。

尽管一连三天太宗皇上都一直守候在杜如晦的床前，心急如焚，如坐针毡；尽管他命太医院的御医们全部出动，轮番为他把脉问诊，开方用药，皇宫大内的所有名贵药物任他们选用。但是，这一切努力都归于徒劳，最终没有挽回他的性命，杜如晦还是走了。

太宗皇上陷入了深深的痛苦之中，一连数日寝食俱废，眼前一直浮现着他十几年来与自己朝夕相处的音容笑貌，耳朵里总是回响着他为自己断难剖疑、排忧解困的种种议论，心里就像刀绞一般难受。

太宗下旨罢朝三日为杜如晦举哀，丧事要办得空前隆重，自己以下的满朝文武都要参加杜如晦的葬礼。

至此，杜如晦已是哀荣备至。但太宗皇上仍觉得难以表达自己的哀思。为了进一步慰藉这位在九泉之下的肱股重臣，他又亲自做媒，将自己的一个女儿下嫁给杜如晦的儿子杜荷。这样，心里才觉得稍稍安定了些。

杜如晦死后两个月，一日早朝，宰相房玄龄禀奏说："东突厥颉利可汗的使臣已到长安，表示愿意向大唐称臣，并要求迎娶唐朝公主，以修子婿之礼。"

太宗冷笑一声道："称臣可以，欲娶大唐公主断不可行。对其使者要好生款待，赠以厚礼，就说联姻之事可从长计议。"

对于突厥人，太宗皇上心里一直记着一本账。

突厥人虎狼之性，重利轻义，反复无常，一直是活跃在中国北方的一个强悍的民族，是中国北疆的一大边患。隋文帝开皇年间，突厥分裂成两个汗国。西突厥占有阿尔泰山以西地区，东突厥则占有阿尔泰山以东的广大地区。其首领如今是颉利可汗和突利可汗，拥有骑兵几十万人。

自大唐建立以来，突厥贵族贪得无厌，支持各地的割据势力，屡屡对北部边境大肆掠夺。

唐太宗李世民

如何解除北方边患，消灭突厥，彻底完成大唐帝国的统一大业，这是自玄武门之变登上帝位以来一直萦绕在自己心中的一件大事。

当年唐军于太原起兵，为了集中力量对付隋王朝的大军，不得不联络突厥，父皇甚至不惜向突厥人称臣。对此，太宗皇上一直耿耿于怀，认为这是一种奇耻大辱。为雪此耻，他曾不止一次在父皇面前夸下"假期数年，必系颉利于阙下"的海口。

自己当了皇上之后，本应该挥戈边陲，纵横漠北，一举吞灭胡虏，永靖北疆。但那时候变乱初定，灾害不断，国力还太单薄。自己首先要做的是静民安民，通过轻徭薄赋的政策使百姓得到休养生息。在那种情况下，自然不能大肆用兵。

因此，尽管出现了许多绝好的机会，自己还是采取了克制的态度，尽量与突厥保持议和。

贞观元年（公元 627 年），东突厥形势严重恶化，所属各部族相继反叛，颉利、突利两个可汗之间也发生了严重分歧，内部四分五裂。加上这年冬天突厥国内大雪，羊、马冻死无数，民大饥。

此时，朝中许多大臣都建议太宗乘此良机出兵突厥。太宗也觉得时机难得，心中有些发痒，因问萧瑀、长孙无忌等人："颉利君臣昏虐，危亡在即。今击之则新与之盟；不击，恐失良机，当如之何？"

长孙无忌说道："虏不犯塞而弃信劳民，非王者之师也。"

太宗认为长孙无忌的话很有道理，便向大臣们解释道："匹夫一言，尚需存信，何况天下主乎？岂有新与之和，却利其灾祸而乘危迫险以灭之之理？诸公认为可，朕却认为不可。纵使突厥部落叛尽，六畜死绝，朕终示之以信，不妄讨之。待其无礼之时方可一鼓灭之。"

其实，从内心里太宗皇上也知道自己是在打官腔，说假话。对这些夷狄有何信义可讲？靠信义能使边疆安宁，民众不受祸害？能统一华夏，建立大唐帝国？

眼下暂不出兵，并不是不想"乘危迫险"而灭之，实在是内难初平，国力不足，根本没有发动大规模战争的物力、财力和人力。

贞观二年（公元 628 年），北方各族大纷扰，突厥内部的分裂更趋严重。颉利可汗派突利可汗讨伐那些叛离突厥而降附唐朝的部族。不料突厥出师不利，大败而归。颉利可汗居然将突利可汗捆绑起来痛加鞭笞。突利怀恨在心，暗中派出使者至唐，奏言与颉利有隙，请求唐朝派兵援救。

这又是一个消灭东突厥的机会。太宗再一次征求大臣们的意见："朕与突利如兄弟，有急不可不救。然颉利则与之有盟，奈何?"

这次，连一向老成持重的杜如晦也认为"取乱侮亡，古之道也"。主张趁其乱而取之。

然而，太宗皇上还是考虑到要让国民有一段较长时间的休养生息，以恢复元气。他只是诏令秦叔宝以并州兵马接应和援助突利可汗，仍然没有大举用兵。

太宗皇上始终相信，他在登基后最初几年的策略是对的。一方面，要与民休息，发展农桑，增强国力，做好最后与突厥决一雌雄的准备；另一方面，极力拉拢薛延陀部，悄悄地蚕食突厥卵翼下的各种势力，以彻底孤立颉利可汗。

这是迫于当时的形势不得不采取的策略，而现在却不同了，大举进攻突厥的条件已完全成熟。

连续四五年国内安定，五谷丰登，家给人足。要扫平突厥，国力和民心皆应付裕如了。

就在这个时候，代州都督张公谨上奏力主征讨突厥。

太宗接受了张公谨的奏请，立即降诏，命兵部尚书李靖为行军总管，以秦叔宝为副，出定襄道；并州都督李勣、右武卫将军程咬金出通汉道；左卫大将军柴绍出金河道；幽州都督卫孝节出恒安道；薛万淑出畅武道；任城王李道宗出大同道。六路大军数十万人马，皆受李靖节度，分道出击。

唐军压境而来，突厥各部一片惊慌，突利可汗、郁射设等纷纷率部降唐。

李靖率十万大军自京师至马邑，然后挥师北上，直趋颉利可汗牙帐所在地定襄城。

行军半日之后，李靖对秦叔宝说道："兵贵神速。突厥以骑兵为主力，机动性强，飘忽不定。待我大军赶到，彼必逃逸。仅收一座空城，不能亡其人马，非皇上令我等出师突厥之本意。今日取胜之道在于奇袭。"

秦叔宝道："李尚书所言极是，此仗如何打，末将但听吩咐。"

于是李靖下令，大军主力由副总管秦叔宝率领，仍沿大道行进。一路上击鼓鸣号，高扬战旗，人喊马嘶如海潮汹涌，数十里之外便听得明明白白。

而李靖却亲自率领三千精骑，战马摘铃衔枚，包扎四蹄，潜入恶阳岭之内，沿山间小路悄然无声地向定襄城疾进。

夜半子时，阴云密布，吞没了满天的星斗。西北风尖厉地呼啸着，夹杂着细砂一般的雪粒湿漉漉地抽打在将士们的脸颊上。

离定襄城还有半里路，李靖命他的骑士们在一片树林中下马稍事休息，准备进行一场恶战。

颉利可汗与他的士兵们睡得正香。根据一日数次的探马哨报，唐军离定襄还远得很，有四五天的路程。因此，颉利令他的将士们这儿日抓紧休息，秣马厉兵，养精蓄锐。待唐朝大军到来之时，是战是走，再视情况而动。打得赢则打，打不赢则跑。千里大漠，茫茫草原，不把唐军拖垮拖死才怪呢。

可是，他做梦也没有想到大唐的兵马会从天而降。他在自己的牙帐里搂着义成公主（隋宗室女儿）正呼呼大睡，忽听到惊天动地一声炮响，一个鲤鱼打挺坐了起来，懵懵懂懂地问道："什么声响？"

"大汗，不好了，唐军来攻城了。"一个兵弁惊慌失措地跑进来禀报。

"有多少人马？"

"天太黑，看不清。据守门将士来禀报，总有近一万人，而且是其主帅李靖亲自督战。"

颉利大惊，忙召集左右亲信说道："唐朝若不是倾国而来，李靖何敢孤军至此？趁其主力未到，赶快出城。"颉利带上他的家眷子女，由近侍数千人保护着，悄悄打开北城门，一路向碛口方向逃去。而城内的守军他却不能全部带走，那样唐军会紧随其后掩杀而来，自己恐难以脱身。

李靖率领三千人马猛冲猛打，没费多大劲儿便攻破了城防。

城内虽有守军数万，但多数刚从睡梦中醒来，兵刃不备，衣甲不整。有的未出军帐便被杀死，有的冲出军帐却找不到战马，只得挥舞着刀枪满大街乱碰乱撞。

混战了约一个时辰，突厥兵有六七千人被杀，万余人投降。其余大部人马弃城逃跑，向北追赶他们的可汗去了。

李靖也不追击，据守定襄，等待着主力大军的到来，然后再徐图北进，以免孤军深入，误中颉利的埋伏。

颉利可汗一路北逃，将沿途据守的兵马集合起来，又有十余万之众。他决定将碛口以南的大片土地暂时放弃，将兵力集中于碛口一带，然后凭借有利地形与唐军决一死战。

通汉道行军总管李勣率领大军出云中后疾速北进。

一路上，唐军击败突厥的消息不断传来。先是任城王李道宗在灵州大破突厥，杀敌无数。接着是李靖攻克定襄，击溃突厥，迫使颉利向碛口逃窜。

副总管程咬金有些沉不住气了，对李勣说道："各路大军皆已建功，唯我等日夜奔袭，至今连突厥兵马的影子也没见到。他日若无功而返，回去后如何向皇上回奏？"

李勣笑道："将军且勿急躁，不出数日，我保你建得奇功一件。"

见程咬金仍然迷茫不解，李勣也不再多说，只下令大军马不停蹄，日夜急奔。同时，将一支偏军和部分车辆马匹留于大军之后，让他们以重金收购沿途牧民的多余帐篷。众人皆不解其意，只是依令而行。

说是重金收购，其实跟强行摊派差不多。牧民们一家有三四顶帐篷，只给他们留下一顶御寒，其余的全部征缴。当然，银子还是要给他们留下的。

牧民们虽然并不是十分情愿，但也从心里默认了。这支军队还算是仁义之师。要换了突厥兵对待汉人，不是杀光就是抢光，还留什么银子？

李勣前军于日落前到达白道（路名，今呼和浩特北），正是大雪初霁。橘红色的夕阳余晖映照在浩瀚无垠的茫茫雪原上，泛起了无数闪金亮银的光点。除了北风一阵阵呼啸，旷野里毫无声息，让人感到就像进入了一个梦幻世界。

李勣从马背上跳下来，用马鞭向四面指了指，说道："这里就是白道。颉利从定襄北逃，必去碛口。这是北去碛口的必经之路，我们在此张网以待，定会大获全胜。程将军，你看我军在此设伏如何？"

程咬金甚感惊讶："这里千里雪野，光溜溜的，既无山岭丘壑，又无密林茂草，没有任何遮挡，别说千军万马，就是连只兔子也藏不住，如何能够设伏？"

李勣又问副将，副将也连连摇头。李勣说道："既然你们都说这里不宜设伏，那这里便是最好的设伏之处。颉利用兵多年，极其狡猾，只有在不可能处设伏才能使他不起疑心。"

程咬金和众将领更加困惑："那，将士们如何隐蔽？"

李勣向来路的远处指了指："那不是，我们的掩身之物来了，既暖和又舒适，比山崖沟坎可强多了。"

装满牧民帐篷的一辆辆大车渐渐驶近，众人这才恍然大悟。

李勣便命各部将士在大路两侧架设帐篷，然后埋锅造饭，静候颉利的到来。

直到第二天晌午，颉利的大队人马终于出现了。十几万人马迎着凛冽的寒风，踏着厚厚的积雪，奔驰了整整一个上午，显然已经人困马乏，饥肠辘辙。长长的队伍显得松散、疲惫、拖拖沓沓。

颉利骑马走在前头，一抬头，忽然看到远处有许许多多的帐篷，就像从雪地里突然冒出了一大片灰白色的蘑菇。他心里犯了嘀咕，这里以前可没有这么多牧民，他们是从哪里来的？

嘀咕归嘀咕，可他无论如何也没想到帐篷里会住着唐军，还以为是碛北一带或阿尔泰山大雪成灾，那里的牧民躲到这里来了。游牧民族逐水草而居，四方为家，一日数迁，这没有什么好奇怪的。

正好，有人便有饭，先让将士们吃顿热乎乎的饱饭再说，说不定还能吃上一餐香喷喷、热腾腾的手抓羊肉呢。

一声令下，将士们立即翻身下马，纷纷向附近的帐篷跑去。十万铁骑霎时变成了乱哄哄的羊群，你拥我挤，争先恐后地往各个帐篷里钻。

就在这时，忽听到一声炸雷似的怒吼："兔崽子们找死来了！弟兄们，杀狗日的！"随着程咬金一声叫骂，唐军将士挥舞着大刀长剑呼叫着从帐篷里扑了出来，劈刺斫砍，锐不可当。

突厥兵还没回过神来就已经被砍翻了一大片。跟在后面的一看不好，掉了魂似的到处乱窜。可是四面都是唐军，还往哪里跑？在走投无路之下，只好举刀迎战。

一场空前惨烈的肉搏战在这个冰天雪地的旷野里展开了。唐军的枪尖刀刃上蓄积了几代中原汉人的深仇大恨，欲雪耻御侮，毕其功于一役。而突厥士兵也在拼死挣扎，做困兽之斗。

漫天飞扬的雪尘烟雾中，厮杀声、叫骂声、马嘶声和乒乒乓乓的兵器撞击声响成了一锅粥。

尸体成批连片地倒在雪地里，血水和着雪水流淌着，失控的战马在人群里疯狂地奔跑，遗弃的刀剑、弓矢、军纛和车辆辎重丢了一地……

至未时三刻，激战渐渐消停下来，就像一口沸腾的响水锅被抽掉了薪火，一下子落了滚儿，喧嚣了半日的雪原又归于平静，以逸待劳的唐军大获全胜。

李勣命将士们清理战场，此次共斩首一万余级，俘敌三万余人，马匹军械则不计其数。

不过颉利可汗却侥幸逃脱了，估计他身边尚有两三万众，已仓皇逃往铁山（阴山北）一带。

颉利自知大势已去，再也无法挽回败局，只好派执失思力前往长安入朝谢罪，请求举国内附，自己也愿入朝，听候大唐天子发落。

唐太宗立即派鸿胪卿唐俭前往铁山抚慰，并诏令李靖率兵迎颉利入朝。

此时，李靖已率大军来到白道，与李勣合兵一处。李勣对李靖说道："颉利虽败，其众犹盛。倘若他逃往碛北，纠合残部，道路险阻遥远，追之难及，恐留后患。如今皇上已派使臣前往抚慰，他必定心宽无备。若派一万精骑带上二十天的口粮前往袭之，可不战而擒，从此永绝突厥之祸。"

李靖沉吟道："此事我也想过，出其不意，攻其不备，确是好计，只是有点不太讲信义。"

李勣大笑道："突厥人豺狼之性，从来不知什么是信义，对他们讲信义，岂不是对牛弹琴？李尚书万勿犹疑，使千载良机失于一旦。"

李靖也笑道："好吧，就依将军之言。"当下命秦叔宝率一万精骑乘大雾连夜奔袭铁山，自己挥大军继后。李勣则率其所部抄近路直插碛口，以防颉利北窜。

颉利可汗见大唐使臣到来，知道太宗皇上不会杀他，而且还保他后半生仍能安享荣华富贵，略觉宽心。当天夜里在牙帐中摆下酒宴款待大唐使臣唐俭。二人你一杯我一盏，一边饮酒，一边攀谈。

酒至半酣，忽听得帐外有人高喊："大汗，快跑，唐军杀来了。"

连日来，颉利一日数惊，早成了惊弓之鸟。一听此言，几步抢出帐外，也顾不得家眷和部属，也忘了自己手中还有大唐的使臣做护身符，竟不顾一切地跨上了一匹快马，仅带着身边几名侍从飞马向北疾驰而去。

秦叔宝率一万骑兵在突厥营帐中纵横驰杀，斩首七八千级，俘获男女六万余人，救出了朝廷使臣唐俭。

待李靖率后军赶到时，战斗已经结束。李靖派人寻找颉利的家眷，发现颉利的妻子——义成公主已被乱兵杀死。但却意外地找到了原隋炀帝的皇后萧氏。

颉利可汗带领数骑落荒而逃，于次日逃至碛口。他本想潜往碛北，在那个地广人稀的大漠深处先渡过暂时的危难，然后再招兵买马，收罗散亡旧部卷土重来。却不料碛口已被李勣抢先一步占领，大兵严守，飞鸟难渡。

颉利见状，不禁坠下两行热泪，仰天叹息道："天亡突厥，为之奈何？"于是下马步行至李勣帐中，请求投降。

数日之后，突厥境内各大酋长纷纷率众投降，阴山以北直至大漠，从此皆为唐军控制。东突厥宣告灭亡，南北朝以来一直威胁着中原民族的北方边患至此基本解除。

李靖、李勣等率领大军押解着颉利可汗及十余万被俘男女胜利回京。为褒奖有功将士，太宗擢升李靖为右仆射，李靖以下各级将领皆有赏赐。经宰相们反复权衡，由侯君集接替李靖出任兵部尚书。数日后，朝廷举行了隆重的献俘仪式。太宗皇上气宇轩昂地登上城楼接受献俘，并接受文武百官的朝贺。城楼下面，满朝文武、外国使臣和赶来看热闹的市井庶民人山人海，"万岁"之声如大浪轰鸣，响彻云霄。

一举灭亡突厥的巨大胜利使大唐朝廷声威远播，周边四夷君长纷纷遣使至长安朝贡，请求尊太宗皇上为"天可汗"。太宗笑着说道："朕为大唐天子，岂能再行可汗事乎？"但各族君长及朝中大臣皆一齐高呼："天可汗万岁，万万岁。"太宗只好应允。自此，凡以玺书赐西北君长，皆称天可汗。

接受献俘数日之后，太宗皇上又单独召见了颉利可汗，正色说道："汝今亡国为俘，本当杀汝，但朕念四海一家，突厥亦是汉人兄弟，不该世世为仇。大唐亡灭突厥，只为靖边，不想掠你土地，掳你人口。今日朕不杀你，且欲封你为右武卫大将军，赐你田宅金帛。若能安居长安，自有富贵可享。若再有不臣之心，又思作乱，则难免诛戮之灾。"

颉利自知罪孽深重，本以为被俘后九死一生，没想到大唐天子会如此宽容大度。当下喜极而泣，跪地叩头如捣蒜，连声说道："皇恩浩荡，如大漠瀚海。颉利一族愿世世代代当牛做马，永远忠于大唐。"

送走颉利之后，太宗忽然想起在俘获的人中还有一个隋炀帝的萧皇后。

出于好奇，太宗想见见这个女人。他命内侍太监召萧皇后马上前来觐见。

她来了，这个充满了神秘色彩的女人像其他普通女人一样，正诚惶诚恐地匍匐在自己的脚下。

"你就是当年隋炀帝的萧皇后？"

"贱妾萧氏叩见大唐皇上，恭请皇上圣安。"话说得不卑不亢，清脆而又甜蜜，竟像是十八岁少女的声音一般。

"你平身吧。"

"贱妾谢过皇上。"萧后抬头瞟了太宗一眼，莞尔一笑忙爬起身来。

在她起身的时候，太宗仔细地打量着她。他感到好生奇怪，这个女人按说至少也有六十岁了，却一点也不显老。身量高挑，略显丰满却又恰到好处，绝无半点臃肿的感觉。肤色白皙，闪烁着玉石象牙般的光泽。秀丽的脸庞上，两只大眼睛的周围虽已出现了一些细碎的鱼尾纹，但却仍然顾盼流波，不失妩媚。

太宗皇上发现自己有些走神，自失地一笑，问道："你还有什么亲人吗？"

"女儿义成公主死了，这世上再没有一个亲人了。"

"那你以后做何打算？"

"贱妾一身罪孽，还能有什么打算？皇上若不杀贱妾，没入后宫为奴，一日三餐，能有顿饱饭吃，贱妾于愿足矣。"

太宗不禁恻然，说道："你一个女流之辈又有何罪？若说有罪，罪在杨广一人，为君暴虐无道，荒淫无度，终至国破身亡，且累及妻儿。不管怎么说，你曾为大隋国母，朕怎能让你入宫为奴？这样吧，朕于皇城附近赐你一处宅院，再拨六名宫中奴婢随你使唤。日用花销按宫中例薪供给，你也可衣食无忧地安度后半生了。"

萧后受宠若惊，慌忙跪下磕头谢恩："皇上深恩厚泽，如同再造。贱妾自今日起将日日生香，夜夜念佛，祷祝皇上千秋万岁。"

"好了，你先退下吧。"

萧后拜辞，款款移步，临出殿门时又回望了太宗一眼，送来了勾魂摄魄的一瞥。

太宗皇上觉得那一瞥如电光石火，灼得他心中一颤。但此时他心里更多的是怜悯和悲凉。杨广当了十几年皇帝，到头来得到了什么？子女被杀，妻妾被淫。连堂堂的皇后都如断梗残蓬，飘零天涯；如丧家之犬，寄人篱下，向人摇尾乞怜。如此暴虐亡国的惨祸敢不引为鉴戒？

翌日午后，太宗皇上小睡一觉起来，觉得没有什么急事要办，便与房玄龄、魏徵等人来到了弘文馆。

亡灭突厥之后，俘获了十几万突厥人。让这些人全部定居长安显然是不行的，该怎么处置，太宗有些拿不定主意。他想听听弘文馆里这些博闻强识、通览古今的大贤硕儒们的看法。

君臣们讨论了一下午，大致形成了三种方案：

第一种方案主张徙其众于黄河以南的兖州、豫州一带，以便分其部落，使之散居州县，教之耕织，可以化胡虏为农人，永空塞北之地。这一方案是要对突厥进行彻底汉化，将其同化在汉族之中。

但是魏徵却反对这一方案，他认为历史上曾有过这类教训。西晋代魏时，诸胡与汉民杂居中国，晋武帝不用大臣"驱出塞外"的建议，结果酿成永嘉之乱。因此提出第二种方案，即"纵之使还故土"。颜师古、李百药等人大致同意魏徵的方案，又提出了将他们放回故土以后要分其土地，拆其部落，使其权弱势分，以达到使之常为藩臣，永保边塞的目的。

在前两种方案的基础上，温彦博加以折中，提出了第三种方案，即参照东汉光武帝时安置来降匈奴于五原塞下，全其部落，又不离土俗，因而抚之，一则充实空虚之地，二则以示无猜忌之心。同时主张各部落自立酋长，不相统属，使之力散势分，不能为害。

围绕三种方案，众学士展开了激烈的争论。最后，太宗皇上集众人之智，决定采用温彦博的方案。

具体做法是，把原来突利统辖的东自幽州，西至灵州的广大地区，分置顺、祐、化、长四州，各州皆置都督府；把原由颉利统辖的地区分置北开、北宁、北抚、北安、北平等州，并分为左右两部，左置定襄都督府，右置云中都督府，将十几万所俘突厥人全部遣返回这些地区定居。

以阿史那思摩和突利任都督，东西分统原来的突厥故地，又互不统摄，从而避免了过去突利、颉利动辄联兵南寇的祸患，达到分而制之和以夷制夷的目的。

房玄龄最后说道："皇上如此决策，以防范为主，以分治为辅，既避免了西晋将胡人南迁中原，以胡乱汉的前车之覆，又防止了突厥人纵还塞外漠北，失去控制，日后卷土再来，重酿边患之祸的发生。臣以为，此乃超越古人的开明之策，是令夷狄之族心悦诚服臣事大唐的百年大计。"

他们一直议论到申时末刻，太宗皇上正要摆驾回宫，却见太上皇宫里的一名太监匆匆赶来，向太宗叩首说道："太上皇因大败突厥，心甚喜悦。今夜欲在宫中设宴，宴请皇上、众宰相和北征有功将帅。"

太宗兴奋地说道："好啊，难得父皇能有如此雅兴，诸位都随朕去打打牙祭。"

众学士一齐笑着说道："说了这半日，肚子正咕咕叫呢，看来今日又要跟着皇上沾光了。只是我等既非宰相，又非征战功臣，不请自到，怕太上皇要怪罪呢。"

太宗笑笑道："父皇深居简出，很少能见到外臣，尤其是你们这些学富五车的大才子。见你们去了，高兴还来不及呢，还怕父皇管不起你们酒喝？"

天刚薄暮，养颐殿里就已经烛火通明。太宗皇上打头，后面依次跟着陈叔达、萧瑀、宇文士及几位元老，房玄龄、魏徵、王珪等几位宰相，李靖、李勣、李道宗、秦叔宝、程咬金等一干北征将士，接下来便是弘文馆的十几位学士，还有被特邀入宴的颉利、突利二位可汗及部分外国使臣，皆鱼贯而入。

太上皇李渊已经提前到来，端坐在那里，笑蔼蔼地看着赴宴的众人。

太宗皇上带领众臣行过觐见之礼，山呼舞拜毕，人们自觉地按照品秩各自落座。

几十张宴桌上，水陆果珍已提前摆好。太监和宫娥们正穿梭其间，忙活着摆放热菜。八个热菜上完之后，又加六个银碟的爽口小菜，每桌都摆得五光十色、琳琅满目。

太上皇让太宗皇上与萧瑀等几位元老及房玄龄、魏徵、李靖等陪自己坐了头席。

太宗抬头看看父皇，见他已经满头白发，脸上的皱纹也明显增多了。但面色红润，身板挺直，说话时声音洪亮，底气甚足，并不显老态龙钟。看起来精神矍铄，身体康健，肯定没有什么大毛病。

太宗从心底深处感到一丝快慰，父皇能无病无恙、心情愉悦地度过一个幸福的晚年，这是自己这个当儿子的最大的心愿。

自己取代父皇登基以来，每时每刻都在关注着父皇的饮食起居，尽量满足父皇的一切要求。他多次指示大内总管，太上皇的生活标准、早晚护理以及其妃嫔们的俸禄例银都要高出自己数倍。

自己国事繁忙，不可能每天都去拜见父皇，便让长孙皇后一日两次前往请安，以尽当儿子和儿媳妇的孝道。而每隔三天，自己就是再忙，也一定要去太上皇宫里走一趟，陪父皇拉拉家常，说说话儿，有时也谈一些国事。

父皇是个明白人，自从退下来的那一天起，他便不再干预军国之事，让自己放开手脚去干，不过问，不指责，更不会指手画脚，横挑鼻子竖挑眼。只有当自己就某些大事向他征询意见时，才偶尔说说他的看法，也仅仅是看法而已。或许他比谁都清楚，既然属于自己的那个时代已经过去，就该让它成为永远尘封的历史。儿子的时代开始了，就得让儿子按照自己的意图和主张去治理这个国家。悠闲自得地安享晚年，绝不干涉朝廷的事，才是对儿子最大的支持。

怪不得有人说，自己当皇上这几年，是父子熙和、同心致治，因此才造就了这种国泰民安、海晏河清的大好局面，这话很有道理。

看看赴宴的人都已经到齐了，太上皇举起一杯酒，对众人说道："从我大唐建立以来，今天是最喜庆的日子，四海一统，万国来朝，就连突厥人也加

唐太宗李世民

入了我们这个华夏大家庭，实在是史无前例、可喜可贺的一件大事。为此，老朽设此薄宴，向皇上和众位大臣贺喜，为北征凯旋的将士们庆功。来，咱们共饮此杯。"

太上皇率先把酒喝了，太宗与众人大受感动，能喝的不能喝的都举杯一饮而尽。

太上皇看看世民，儿子英武天纵，贤明神俊，文治武功都堪与秦皇汉武及历代明君比肩，他感到无比欣慰。

此时此刻，他又想起了十几年前，世民对自己说过的那句"假期数年，必系颉利于阙下"的话。当时，他以为那不过是儿子年轻气盛，随便说句勇气可嘉的大话罢了。可转眼之间，大话已经变成了事实，颉利可汗真成了大唐帝国的阶下囚，而且那个素来强悍的东突厥国也一朝灭亡，归并于大唐版图。这可是了不起的足堪青史留名的壮举。

他本想说几句庆祝吞灭鞑虏、扩疆拓土之类的话，但一想颉利、突利在场，皇上既然对他们采取了宽容的怀柔之策，自己怎好刺激他们？便改口说道："大唐能有今日的富强昌盛，是因为老朽有一个好儿子，你们有一个好皇上，天下庶民有一个好当家人。再加上你们这么多文不贪财、武不怕死的忠臣良将，大唐安能不兴？我提议，为你们君臣同心、再造盛世干杯。"

太宗急忙站了起来，感激地说道："承蒙父皇谬奖，儿子哪里敢当？若说这几年国家之事略有起色，都赖父皇对儿子的教诲和这些年的精心扶持。往昔汉高祖刘邦在未央宫为太上皇祝寿，言语傲慢，妄自尊大，儿心甚不屑之。这杯酒，就算是儿子代表天下子民敬父皇的，祝父皇寿比南山，福如东海。"

宴席间呼呼啦啦一阵响动，众人一齐起立，举杯高呼道："太上皇万岁，恭祝太上皇万寿无疆。"呼毕，大家一齐把酒喝了个底朝天。

接下来便是大家随意喝酒，相互敬酒，谈天说地。宴席上的气氛越来越随意和热烈。

太上皇素来善饮，今日兴致甚高，更是一杯接着一杯。他一边饮酒，一边看着众人。在客席上的那些外国使臣之中有一个人他比较熟悉，此人叫冯戴智，是南蛮酋长，在南国颇有诗名。太上皇一时高兴，便说道："冯酋长，听说你固善吟诗，有七步八斗之才，今日盛会，何不即席赋诗？"

冯戴智忙站起来，谦逊地一笑说道："大唐乃万乘之邦，高才云涌，边鄙微臣安敢言诗？不过，太上皇既有圣命，微臣只好班门弄斧，当众献丑了。"

说罢，略加思索，便操着生硬的中原话一字一顿地吟了起来：

> 琼筵饮君酒，
> 问予何感之。
> 四海庆升平，
> 万国仰盛世。
> 童稚忙诵读，
> 野老乐古稀。
> 共祝尧舜主，
> 福寿无尽期。

　　诗意虽然有些平直浅露，但信手拈来，又与时下场景契合，也算得才思敏捷了。他话音刚落，满大厅里立时响起了一片叫好声。

　　颉利可汗虽说已被封为右武卫大将军，但他毕竟是战败被俘之人，刚开始还有些不好意思，只是埋头饮酒。十几杯烈酒落肚，腔子里的热血开始滚沸，又见这宴席之上父子融洽，君臣和睦，其乐融融，也便受了感染，变得昂扬兴奋起来。他站起身来，右手贴胸，对太上皇深深一躬，说道："罪臣颉利不会作诗，却会跳舞，借此盛宴，愿为太上皇、皇上献上一支突厥人的祝寿舞，以助酒兴。"

　　太上皇说道："好啊，老朽早就听说突厥舞粗犷豪放，独具一格，却从未见过，今日愿一饱眼福。"

　　于是，颉利将一大杯酒咕咚咚灌进肚里，便将长袍一摆，两只肥大的袖子一抖，也不用音乐伴奏，当庭起舞。一会儿跳跃，一会儿急旋，双脚有节奏地将地板踩得咚咚直响，两肩时而快速耸动。更奇妙的是，他那么粗壮的一个身躯，竟能在酒桌与酒桌之间不大的空隙里腾跃闪挪，花样百出且游刃有余。

　　太上皇大喜，当颉利一曲舞罢，立即命人换大碗赐酒。见颉利来者不拒，鲸吞牛饮般一连喝下三大碗，不禁哈哈大笑道："壮哉，颉利。"又转而对群臣以陶醉的语气说道："胡越一家，自古未有也。"

　　天近亥时末刻，盛宴尽欢而散。

　　太宗皇上将太上皇送回后宫，然后在一名贴身太监的陪同下向自己的寝宫走去。

唐太宗李世民

　　他本来酒量不大，今日见父皇高兴，也便陪着多喝了几杯，此时有些头重脚轻，胸膛里像有一团火在燃烧。一边走着，总感到有件未了之事等着他去做，一时又想不起是什么事，但心里却有一种空落落的若有所失的感觉。

　　也不知为什么，在这个夜深人静的时候，他突然想起了萧皇后，想起了那日她临走时那勾魂摄魄的一瞥……

第二十七章　与囚相约　囚服守信

太平日子过得快，不知不觉已到了贞观六年（公元632年）岁末。经过这些年的安民养民，励精图治，不仅各地禾稼连年丰收，工商各业也日趋兴旺发达，天下大治的目标已经为期不远了。

隋朝末年那些多如牛毛的山贼流寇已经敛迹，就连市井闾巷那些撬门扒窃的小偷小摸也很少发生了。从塞北到岭南，从陇西到东海，到处夜不闭户，路不拾遗，一片太平安定、秩序井然的盛世景象。

大理寺上奏的疏表说，去年被判处死刑的囚犯全国只有二十九人，这可是亘古未闻的历史奇观，就是民风淳朴的尧、舜、汤、武之世，华夏大地也未必能如此熙宁安乐。

太宗皇上如饮醇酒，如沐春风，从心底深处感到飘飘然乐不可支。

民间的亿万百姓也颂声大起，家家烧香，户户礼佛，虔诚地祈祷这样的太平光景地久天长，祝愿自己的这位好皇帝长命百岁。

朝中大臣和各地官府也都迎合这种颂扬之声，纷纷上表，请求皇上于明年春天去泰山封禅。

泰山封禅可是一件极大的事。自古以来约定俗成，非文治武功都十分显赫的帝王便没有资格去泰山封禅。再说，若是没有丰厚的库帑和强大的国力，也难以应付这一耗资巨大的封禅仪式。

因此，在登基之初，太宗皇上对这件事连想也不敢想。这一两年，国力渐强，倒是偶尔想过。这毕竟是一件极具诱惑力的风光之事。历史上，在大唐之前，也只有秦始皇和汉武帝举行过泰山封禅。而一向争强好胜的太宗皇上早就矢志要超越秦皇汉武，登封泰山一事也志在必行。

然而，他毕竟有自知之明，在国力还不是那么强盛，民众还不是那么富足的情况下，也只能是想想而已，从不敢贸然开口。

可现在不同了，国家和民众都比以前殷富了，登封泰山已成了众望所归。他也便顺水推舟，想借机实现自己这一夙愿。

他招来了左仆射房玄龄、右仆射李靖和侍中魏徵，同他们商量这件事。

唐太宗李世民

"最近以来，朝中文武百官和各州刺史屡屡上表，请朕去泰山封禅，朕亦有此意。朕常思之，这半生以来，文治武功似不逊于古之先贤。朕年十八便举兵，年二十四定天下，年二十八升为天子，此则武胜于古也。少从戎旅，不暇读书，贞观以来，手不释卷，知风化之本，见政理之源。行之数年，天卜大治而风移俗变，子孝臣忠，此又文过于古也。昔周、秦以降，戎狄内侵，今戎狄稽首，俯首称臣，此又怀远胜古也。据此三者，今往泰山登封，当不为过，不知汝等以为如何？"言谈之间，面呈得意之色。

听皇上征询自己的意见，房玄龄、李靖一时不知该如何作答。

魏徵见皇上正说得眉飞色舞，本不想泼冷水。但泰山封禅事体甚大，直接关乎着国计民生，他又不得不谏。便只好实话实说："皇上，恕臣直言，此时封禅泰山，臣以为不可。"

又碰上这个难剃的头了，太宗皇上接受了上次的教训，耐着性子问道："公不欲封禅，是以为朕的功绩还不算高吗？"

魏徵接口答道："陛下功业极高。"

"是朕德不厚吗？"

"陛下德望甚厚。"

"中国未安吗？"

"天下称治，国内大安。"

"是四夷未服吗？"

"干戈未动，四夷皆服。"

"是年谷未丰吗？"

"连年风调雨顺，五谷丰登。"

"那么就是符瑞未至啦？"

"国泰民安，自然是符瑞已至。"

"既然如此，为何不可封禅？"

"皇上，"魏徵苦笑道，"虽说您已拥有此六者，但我大唐承隋末丧乱，至今人户不足盛隋时之半数，各地仓廪仍不算充盈。而车驾东巡，千乘万骑，其供费劳顿，百姓未必能承受得了。况且陛下一旦封禅，则万国盛集，远夷君长皆当跟从。如今自伊洛以东至海岱，人烟尚稀，不少地方还灌莽极目，此乃引戎狄入腹中，示人以虚弱。崇虚名而受实害，陛下何苦为之？"

听魏徵说完，太宗不禁悚然心惊。这几年，自己听到的尽是歌功颂德的阿谀之辞，便有些沾沾自喜，忘乎所以了。

太宗于是说道："魏相之言，振聋发聩，令朕猛醒。泰山封禅之事眼下实不可为。虽说四夷威服，海内太平，也不过赖诸公之力。离'文景之治'那样的升平盛世还相去甚远。而距尧天舜日、万民乐业的极乐世道更有万里之遥。我等君臣当思善始慎终，方能永固鸿业。"

房玄龄忙趁机说道："臣等唯愿陛下有始有终，则天下永赖。"

泰山封禅之议就此作罢，对于魏徵的忠谏，太宗是从内心里诚恳接受的，但也不禁由此而生出许多感慨。他叹了口气说："往昔朕以为做皇帝是件很容易的事，威加四海，可以按照自己的意志经邦治国，从容发挥。可一旦身临其境，才知道要想做个万世景仰的尧舜之君，实在太难。适才说到慎终如始，倒使朕想起了一个久蓄于胸中的疑问，请公等为朕决之。"

房玄龄忙道："臣等愿闻其详。"

太宗道："这几年朕常想，这帝王之业究竟是草创难，还是守成难？"

房玄龄脱口说道："两者相较，自然是草创更难。"

"何以见得？"

"草创之时，身冒矢石，披荆斩棘，出生入死。两军阵前，生死存亡常决于转瞬之间，岂不是十分危难？"

房玄龄说完，李靖也点头称许。

魏徵却说道："微臣以为，草创虽难，但更难的却是守成。"

"哦，为什么？"

"帝王创业之初，必承前朝衰乱。覆灭彼等昏聩暴虐，百姓自然乐于拥戴，四海归命，天授人予，诚不为太难。然而帝王一旦夺取天下，荣登大宝，往往志趣骄逸，百姓欲静而徭役不休，民生凋残而奢务不息，国之衰敝恒由此起。以此而言，则守成更难。"

太宗看看三个爱臣，说道："朕明白了。玄龄、李靖从我定天下，备尝艰苦，出万死而遇一生，所以见草创之难。魏徵与我安天下，虑生骄逸之端，必践危亡之地，所以见守成之难也。由此可见，创业守成俱难。不过，草创之难对我等而言已经成了过去，而守成之难却刚刚开始，将会千秋百代地持续下去。为此，朕愿与公等共慎之，安不忘危，治不忘乱，虽今无事，亦须时时思其始终。"

房、魏、李三人齐声说道："皇上金玉之言，臣等谨记。"

太宗回到后宫，与长孙皇后说起了与几位大臣议论封禅的事，说道："朕近来有些好大喜功，爱慕虚荣，幸亏魏徵等及时提醒。"

长孙皇后道："皇上以九五之尊虚心纳谏，知过能改，也实属难能可贵。"

太宗笑道："这可不能把功劳记到朕的头上，朕有一批贤相良臣，朝夕提醒，使朕少犯许多过愆。魏徵耿介无私，忠直敢谏；房玄龄兢兢业业，谨慎体国；李靖文武兼备，又忠贞不渝；王珪……"

太宗还没说完，长孙皇后却"咯咯"地笑了起来："好了，皇上，你每次说起这些大臣，便如数家珍，滔滔不绝，臣妾都会背了。说真的，对这些德才俱佳的辅政重臣，臣妾也是敬重有加。不过，臣妾倒觉得，房相这老头儿实在是谨慎得可爱而又可怜。"

"可怜？房玄龄乃当朝首辅宰相，位极人臣，满朝文武无不敬畏，怎能用'可怜'二字？"

"臣妾说的不是在朝廷中，而是在家里。"

"在家里怎么了？朕常听房玄龄说他家有贤妻，他们从小一起长大，青梅竹马，两相无猜，至今虽已年过半百，仍是相濡以沫，还有什么好可怜的？"

长孙皇后冲太宗一笑："皇上只知其一，不知其二。房玄龄的妻子卢氏对丈夫情深意笃，爱之弥深是实情。可臣妾听说，这个女人妒心甚重，房相一生都十分'惧内'。"

太宗淡淡地一笑，这也没有什么好奇怪的。原来在唐朝时，妇女的地位较高，对男人的约束很严。"父母嫁女，必教之以妒；姑姨逢迎，必劝之以嫉。以节制为妇德，能妒为女工。"谁家的女人能把男人管得服服帖帖，是件很光彩的事。她们常说："受男人欺，畏人笑我。"

因此，唐代的女人几乎都很会吃醋，很爱吃醋，闲暇无事就聚在一起交流整治男人的经验，商量如何防止男人在外拈花惹草。

"这样的事司空见惯，在民间比比皆是。有几个女人能像皇后这样贤淑通达，明白事理？茫茫人海，如皇后者鲜如凤毛麟角，就偏偏让朕碰上了。"太宗半开玩笑地说。

"不过，房玄龄的妻子也妒得太出奇了，街坊们都称之为'醋缸'。堂堂一个宰相，竟对老婆畏之如虎。一声河东狮吼，就会吓得浑身抖动。听说有一次，房相散朝回府，与一个侍女随便说了几句话，被他老婆看见了。卢氏不管三七二十一，当着房相的面就把那个侍女打了二十竹板，直打得皮开肉绽。到后来，就干脆把所有的女婢都撵走了，府上只留男仆，不用女佣。"

"嗯，这就有些太过分了，咱这大唐宰相也太没面子了。看来，朕倒需要管一管了。"

"皇上，咱这不过是在随便说笑，这是人家的家务事，一个爱妒，一个愿受，您怎么管？可千万不能硬来。"

太宗对皇后神秘地笑笑："这事儿你甭问，朕自有办法。"

次日早朝之后，太宗将房玄龄单独留下，问道："房相，你今年五十几了？"

房玄龄有些不解，自己的年龄皇上还不知道？便回道："微臣已经五十三岁了。"

"嗯，年事渐高，但你每日操持国事，夙夜劬劳，朕心甚觉不安。这样吧，朕亲自挑选了两名容貌端丽、性情温柔的宫女，赐你做妾，也好早晚服侍你。"

房玄龄一听慌了，急忙跪倒在地："皇上，此事万万使不得，恳请皇上收回成命。"

"怎么啦？莫非嫌她们是宫里的人？"太宗一脸诧异。

"不不……不是这个意思，皇上误会了……"房玄龄无法说出实情，显得有些语无伦次。

"你是宰相，莫非想抗旨不成？"

房玄龄早已满脸大汗，连连磕头道："微臣不敢，微臣遵旨。"

太宗命太监领来了两名宫娥，看上去都只有十六七岁，娉娉婷婷，花骨朵儿一般。

房玄龄只好谢恩，满脸愁云地将这两名女孩子带回府上。

见房玄龄带回了两个如花似玉的女孩子，其妻卢氏果然醋性大发，同丈夫大吵大闹起来。

房玄龄只好耐着性子解释："我也没有法子，这是皇上钦赐的，作为人臣，还敢抗旨不遵？"

"什么皇上钦赐的？平白无故的，皇上赐你女人干什么？"

"皇上说我年事渐高，要我收她们做侧室，也好代你铺床叠被，收拾家务，为你分劳。"

"放屁！"一听房玄龄要纳妾，卢氏立时火冒三丈，大放厥词，也不知是在骂丈夫，还是在骂太宗。接着便撒泼打滚，放声大哭，一边哭，一边嘟嘟囔囔地说道："皇上钦赐怎么了？驴不喝水按不到河里，还不是你自己愿意？

唐太宗李世民

你一个黄土埋到半截的棺材瓤子，还一肚子花花肠子，老牛想吃嫩草。跟你说，有我在，你趁早死了这条心，休想把这两个女人领回家来。"

卢氏骂了一阵子还不解恨，又拿了一把剪子，抓住两个宫娥的头发，左一剪子右一剪子的，铰成了两个大秃头。这还不算，竟又拿来竹板子，将两个女孩子暴揍了一顿。

两个宫女是奉命来做小妾的，同当奴婢也没有多大差别。对主母的打骂自然不敢还手，只能嘤嘤哭泣，任其凌辱。

房玄龄这辈子"惧内"惯了，劝也不敢，不劝也不是，只好站在一边急得搓手跺脚。

眼看着事情要闹大了，要是硬把这两个女孩子留下，说不定有一天会闹出人命。他只好带上两个宫女匆匆地逃离家门去还给太宗。

太宗听他说了事情的经过，再看看两个美人儿被弄成这副模样，顿时勃然大怒，命人马上去传卢氏进宫。

那卢氏见了太宗，竟然全无惧色，大大方方地跪下磕了三个头，然后说道："贱妾卢氏恭祝皇上圣安。"

"大胆刁妇，你眼里还有皇上吗？这宫女可是朕赐给玄龄的，你居然敢剪了她们的头发，还打伤了人，你可知罪？"

见卢氏不作声，太宗又铁青着脸说道："房玄龄乃是我朝首辅，一品宰相。按朝廷规定，凡三品以上官员皆有权纳妾，你却为此事无理取闹，还凌辱了朕的宫人，按理已触犯了王法，可以治你大不敬之罪。朕念在玄龄有功于江山社稷的份上，不欲深究。从今以后，你若能与这两名宫女和睦相处，共侍汝夫，不再争风吃醋，朕便赦你无罪。若是旧习难改，不许玄龄纳妾，朕这便赐你饮鸩自尽。来人呐，鸩酒伺候。"

立时便有一名太监端来了一碗酱紫色的药液轻轻地放在卢氏的面前。

太宗说道："两条路任你自选，你说吧，到底选哪一条？"

太宗本来以为，在这生死关头，这个悍妒成性的女人会有所收敛。不料卢氏却高昂起头来，大声说道："臣妾宁愿喝药而死。"

说罢，猛然端起眼前的药碗，咕嘟咕嘟地喝了起来。

房玄龄大吃一惊，说了声："不能喝……"便急忙上去夺碗，可等他夺下时，碗中的药液早已被卢氏喝光了。

房玄龄手一松，瓷碗哐啷一声摔碎在地上："皇上，这……这……"他泣不成声，脸色变得煞白。

太宗却不为所动，面色严肃地说道："好了，你们回去吧。两三个时辰以后，药力发作，卢氏就要走了。你们夫妻一场，给她置办个上好的棺木，好好办一下后事。后事办完了，便与朕赐你的这两个宫女完婚。"

房玄龄搀扶着卢氏跟跟跄跄地走出了宫门，由一乘大轿抬着，急匆匆地赶回府上。

回到家里，卢氏把平时最喜欢穿的好衣服全拿了出来，梳洗之后，一件件都穿在身上。又在那花白的头发上别了银钗，插了玉簪，打扮得上下簇新，深情地看了丈夫一眼，说道："我走了，你就与那两个女人好好过吧。"

房玄龄早已老泪纵横："你这是何苦呢？放心吧，你走之后，我不会再娶了。"

卢氏说道："那是皇上指婚，我也知道，圣命难违啊。不过，我死了，眼不见，心不烦，也就不知道难受了。"说罢，爬到床上，扯一条棉被整整齐齐地盖在身上，等待着药力发作。

人都说，喝了鸩毒之后，会腹疼如铰，七窍流血。可她没有这种感觉，只觉得浑身发麻，头脑发木发沉。或许皇上用的是一种慢性毒药？等着等着，她觉得眼前在发黑，黑得像个地狱，身子在下沉，向无底的深渊沉去。她想，这便是死，原来死也挺容易的。想着想着便昏昏沉沉地睡过去了。

两三个时辰以后，直到夜色深沉，星斗满天的时候，她听到有人在说话，突然醒了过来。睁开眼看了看，怎么皇上会在自己家里？正同房玄龄有说有笑。这个没良心的，她怨恨地看了一眼丈夫，自己就要死了，他却满面喜色，这可真是有了新人忘旧人。

见她醒了，房玄龄忙说道："皇上都来看你了，还不快起来见驾？"

"我怎么还没死？"

"你不会死，死不了。皇上给你喝的是醋，少加了点麻药，你怎么会死得了？"

"真的？"卢氏一骨碌爬起来，忙不迭地给太宗叩头谢恩。

太宗忍不住哈哈大笑，直笑得两眼冒出了泪花："朕的好嫂夫人，怪不得人们都叫你醋缸呢。你之嫉妒，也算得上是千古一人了。"

卢氏却正色说道："皇上有所不知，我和玄龄是结发夫妻，患难之交，从小受苦。结为夫妻之后，相亲相爱，你帮我扶，才有了今天。刚享受了几天荣华富贵，他却又要纳妾。一想到他与别人同床共枕，同享鱼水之欢，我这心里比刀割还难受。这样活着哪如死了好？"

太宗笑着看看房玄龄，说道："嫂夫人性情如此，连朕也畏惧三分。看来，这两个美人儿你是无福消受了。朕只得收回成命，把她们再领回宫去了。"

不料，那卢氏却又突然跪下，说道："皇上，贱妾说的都是以前的想法。通过死这一遭，我也想明白了，皇上都是为玄龄好。做妻子的也不能光为了自己，玄龄是大唐的宰相，我不能一个人霸着他。多几个人服侍他，他或许能心情愉悦，多活些年月，为朝廷多办些事儿。当今朝中大臣，哪个不是三妻四妾？我愿意他纳妾了，只要他别忘了我这个糟糠之妻就行。"

这突如其来的变化令太宗皇上大感意外，连忙说道："好，好，这才是我大唐宰相的夫人。那就把这两个宫女留下，嫂夫人要好好调教。朕相信，以嫂夫人的精明，一定会妻贤妾淑，夫妇们相敬如宾。房相可真是有福之人啊。"

房玄龄夫妇再次感谢太宗的玉成之恩。

太宗该走了，但他却没有动身。思忖了一会说道："朕还有一事要与二位相商。"

"皇上有何事只管吩咐。"

"朕的高阳公主已经十七岁了。朕意欲与房相结为亲家，将她许配给你的次子房遗爱。二位意下如何？"

一言既出，卢氏受宠若惊，就要谢恩。房玄龄却十分惊恐地说道："皇上，此事断不可为。"

"为什么？"太宗又一次感到意外。

"微臣之犬子遗爱从小宠惯坏了，纨绔习气极重，甚不成器，诚恐辱没了天家金枝玉叶。"

房玄龄说的是心里话，太宗却不相信，以为他是在故意谦让，便说道："房相休要过谦，有其父必有其子，遗爱错不了。再说，朕的一个公主已嫁如晦之子杜荷。房、杜二相乃是朕之左膀右臂，朕不能厚此薄彼。此事就这么定了，择日便让他们完婚，你老房家也算是双喜临门了。"

贞观八年（公元634年）九月四日是一个特殊的日子。这一天将有三百多名死囚犯从全国各地赶赴长安，前往大理寺投案，等待着几天后被砍头。

这是一件亘古以来闻所未闻的新鲜事儿，整个长安城的市民们都为此而骚动不安、兴奋异常。人人都在拭目以待，要亲眼看看这样的奇迹是否会真的发生。因此，一大早，大理寺衙前的大街上就已经人山人海了。

第二十七章　与囚相约　囚服守信

大半年来，太宗皇上也一直在耐心地等待着这一天。他的心情比普通民众更加兴奋，也更加忐忑，只是他不肯形诸于色罢了。

这是他同自己进行的一场赌博，是一场在生存与死亡之间进行抉择的带有很大冒险色彩的赌博，是输是赢，今天就要揭晓了。

去年腊月，大理寺上奏，全国被判处死刑的犯人共三百九十人，全部系狱，等待着次年秋天处决。

一个有着千万庶民的泱泱大国，一年中仅有三百九十人被判死刑，按说这并不是一个很大的数字，说明民风还是淳朴的，国家还是安定的，百姓们的安居乐业没有受到大的威胁。

但是，同几年前全国只有二十九人被判死刑相比，这个数字却增加了十几倍。这些人究竟为什么要杀人放火，铤而走险，最后落个身陷囹圄、人头落地的下场？

太宗皇上一时心血来潮，决定到狱中看看这些待决的死囚，看看他们是青面獠牙还是红鼻子绿眼，看看他们的心是不是肉长的。

万乘之君亲自来看望十恶不赦的凶狡之徒，这些死囚们感到万分惊讶，他们不相信这会是真的。当太宗出现在他们面前时，他们还以为是在做梦。愣怔片刻，便齐刷刷地跪倒在了朝廷大狱那个不大的院落里，顷刻间爆发出了雷鸣般的"万岁"之声。

太宗仔细地审视着这些人，他们与普通人没有什么两样，只是脚下戴着铁镣，肩上扛着木枷而已。

这三百九十人都是青壮年。再过八九个月，这三百九十颗脑袋就要滚滚落地，就像枯黄的树叶一样悄然飘落。三百九十条性命就会像风中的残烛一样无声无息地熄灭。

太宗问他们家中还有什么人，几乎每个人家中都有妻子儿女，有一半以上的人还有父母在世。

问他们还有什么未了之愿，人群中开始抽泣了。接着便异口同声地说道，在就死之前别无他求，只想同父母妻子见上一面，哪怕只是看上一眼也死而无憾了。

太宗的心颤抖了，这是人的本能，最基本的人性。人之初，性本善，人之将死，善的本能也会自然而然地回归吗。看来，最凶恶的歹徒也有其善良的一面。

恻隐之心使太宗皇上突发奇想，他回头对时任户部尚书兼大理寺卿的戴

唐太宗李世民

胄说道:"朕有一个想法。"

"请皇上示下。"

"朕想把这些人都放了,让他们回家与父母妻子过个团圆年,再和和美美地过上大半年,明年秋上再来归案,你看如何?"

戴胄惊愕地瞪大了眼睛:"皇上,那可不行,这些人如同洪水猛兽。一旦放出去,就像出了笼子的猛虎,又不知要闹出多大的乱子。再说,一个刀架在脖子上的人,既然放出去了,怎么会再来自投罗网呢?"

"朕也知道,这样做似乎有点儿戏,也不合我大唐律法。但朕相信人都是有良知的,人心都是肉长的。朕以诚待人,人也会以诚报朕。今日朕就赌一把,放他们回去。朕相信,明年秋天,多数人会如期归来的。退一万步说,就是他们一个也不回来,不就这三百多人吗?也撼动不了朕的江山。朕今日便武断一回,此事就这么定了。"

见皇上语气坚定,戴胄也不好再争,本来,当皇上的便有特赦的权力。

太宗转身面对着众囚犯,微笑着对他们说道:"今天是腊月初四,离明年九月初七日秋决的日子还有九个多月。朕想好了,决定放你们回家,让你们与父母家人团聚九个月,各自尽尽孝心,以了亲亲之情。朕今日与你们约定,明年九月初四日,秋决前的三天,你们凡是还有良心的再前来归案,朕仍在这里等你们。"

大理寺的院子里静得吓人,连一根绣花针落地的声音似乎都能听清。死囚们不相信自己的耳朵,惊异得面面相觑。

"皇上,这是真的?"一个年龄稍大些的囚犯问道。

太宗哈哈大笑:"君无戏言。你们快准备回家吧。别忘了明年九月初四,朕与你们的约定。"

突然有人号啕大哭,接着哭声响成了一片,震耳欲聋。三百多人一边哭,一边在地上连连磕头,连皇上什么时候走的都没有看清。

一晃九个多月过去了,今天是这三百多人自首归案的日子。

早朝之后,太宗便与房玄龄、魏徵他们向大理寺赶去。一路上,他心里都忐忑不安。自己这样标新立异的做法究竟有多大成功的把握?是不是在放虎归山、驱雀入林,一去再也不会回来了?若是能回来一半,这样做也算是成功的。

当他们来到大理寺衙前时,戴胄等一干大理寺官员早已候在那里。司衙大门以西站了许多戴镣扛枷的人,显然是那些来投案的归来后又重新戴上了枷锁。

"皇上，真没想到，他们差不多都回来了。"戴胄兴冲冲地对太宗说道。

"真的？没回来的还有多少？"太宗皇上显得很兴奋。

"三百九十人已经回来了三百八十九人，只有一人未归。"

"是吗？这可大出朕之意料。别说是一人不来，就是三五十人不来也不足为怪，这毕竟是来送死，来引颈就戮。那个人叫什么？"看上去，太宗又惊又喜。

"叫徐福林，是京畿扶风人。"

"十个指头还不一样齐哩，有个别人不来，先不去管他，走，看看他们去。"

归来的囚犯站成了一个方队，等待着见皇上一面。他们知道，皇上今日肯定要来，因为他们有约。

这些人虽然戴着死囚的镣枷，但一个个都穿着崭新的衣服，脸上带着安详的满足的笑容。他们回家只住了九个多月，但这九个多月他们是作为一个真正的人度过的，就像重活了一生一样珍贵。

太宗皇上站在他们面前，笑容可掬地说道："咱们又见面了。除了一个人之外，你们都没有失约，像个真正的男人……"

"徐福林不是东西，他的良心叫狗吃了。"囚犯当中有人在小声嘀咕。

"天下这么大，什么样的人都有。"太宗正要说下去，却见一辆牛车缓缓地从西向东驶来，在人群前停下。一个七十多岁的老汉扶着一个年轻人从车上下来，急匆匆地向这边小跑。

"是徐福林！""徐福林回来了！""好样的，有种！"囚犯当中发出了一片欢呼。

那两个人走到太宗面前，双双跪倒在地。

"皇上，罪民徐福林来晚了一步。这几天俺病了，上吐下泻，走不得路，是俺爹套车连夜送俺来的，紧赶慢赶还是晚了，俺给皇上丢脸了。"

"不晚，不晚。今天能赶到，就不算失约，快起来吧。"太宗有些被感动了。

"草民徐二柱谢皇上大恩大德，给皇上磕头了。皇上，您不知道，您放俺儿子回去这九个多月，俺儿媳妇有身孕了，俺老徐家断不了后了。从今以后，俺老徐家子子孙孙、世世代代都为皇上祈福，求神灵菩萨保佑皇上万寿无疆。"徐老汉说着早已泪如雨下，花白的脑袋连连碰在地上。

唐太宗李世民

"老人家，快起来吧。徐福林，你也先入列吧。"太宗只觉得喉咙有些哽塞，他看看房玄龄和魏徵，两位宰相也有些眼睛发潮。

太宗看看众人，稳定了一下激动的情绪，然后说道："朕没有想到你们这么给朕面子，三百九十人居然一个不少地全都回来了。人是需要讲信用的，我们这个国家是需要讲信用的。你们既然能如此守信，宁愿一死也不肯违约，不肯背信逃匿，这便是弃恶向善的开始。一个人要是能连性命都不顾地去维护信义，还有什么过愆不能从此改掉？不管你们以前做过什么恶，犯过什么罪，朕相信你们如果有再生的机会就一定能够痛改前非，重新做人。朕想过了，今日虽非大庆，国家也没有什么大事，但朕要特赦，赦你们三百九十人全部无罪释放！"

是做梦吗？徐福林狠狠地拧了自己一把，显然不是。在场的囚犯们一下子傻了眼，呆愣愣地站在那里，不知如何是好。真能死里逃生吗？这连做梦也不敢想啊。我们是些什么人？是这世上的恶魔，三百九十个恶魔一齐释放，这需要多大的勇气，多么深厚的仁泽？

"还不谢皇上隆恩！"戴胄激动地对众人喊了一声，那些死里逃生的囚犯们这才如梦方醒，一齐跪倒在地放声大哭。一边哭着一边高呼万岁。

"皇上万岁！""大唐万岁，万万岁！"的呼喊声从囚犯和围观的市井百姓中爆响起来，连成一片，像一阵阵春雷在长安市区的上空滚动，经久不息。

在此起彼伏、大潮汹涌般的欢呼声中，太宗与房玄龄、魏徵等在戴胄的陪同下慢慢地向大理寺里面走去。

"魏相，朕这样处置是否妥当？"太宗问魏徵道。

"皇上，这样的事臣闻所未闻，自从盘古开天辟地，大概再没有第二次了。这事太激动人心了，皇上赦得有理，必能令天下人心服口服。治理国家应以仁德为主，治理人心应以教化为主，光靠镇压、杀戮是不行的。看来，皇上是深知个中奥秘了。"

太宗开心地大笑起来："真不容易啊，朕总算听到魏爱卿一句褒扬的话了。"

三百九十名死囚因受感化而守信赴死从而蒙赦的佳话一时流传甚广，太宗皇上也为此而一连好几天沉浸在喜悦之中。

然而，几道御史台的弹劾奏折却搅乱了他的心境，让他大皱眉头。

御史们连上奏疏，弹劾广州都督党仁弘，说他身为守疆大吏，称霸地方，作威作福，结纳当地豪酋，大肆收受贿赂，还私自增收边民夷族的赋税，惹得民怨鼎沸。此乃贪贿枉法的重罪，依律当死。

党仁弘乃原秦王府旧部，在当年太原起义和以后平定全国的东征西战中一直跟随着太宗出生入死，立下了赫赫战功，如今已经快七十岁了，仍委以守边重任。原以为再过一两年，便将他召回长安，以安度晚年，没想到竟晚节不保，捅出了这么大的娄子。

太宗十分恼怒，又深感不解。这金银钱财究竟是些什么样的怪物，为什么会有这么大的魅力？一个从刀丛剑树中闯过来，从死人堆里爬出来，当年在腥风血雨中横冲直撞，把脑袋别在腰带上，将生死置之度外的人，怎么会这么容易便做了它的俘虏，几年的工夫便染得满身铜臭？一个年近古稀的老将军贪恋这些生不带来、死不带去的浮财有什么用？是要带进棺材里，还是要给子孙后人打造一座金山银山？

按照太宗的脾气，此人无疑要格杀勿论。他这一辈子最恨的便是贪污腐败和搜刮民脂民膏。

贞观二年，他曾在朝堂之上极为严肃地对文武大臣说过："为主贪，必亡其国；为臣贪，必亡其身。"他记得当时党仁弘也在场。

贞观四年，他又对朝臣们说过："若徇私贪浊，非止坏公法，损百姓，纵事未发间，心中岂不常惧？恐惧既多，亦有因而致死者。大丈夫岂可因贪财物而害及性命，使子孙每怀愧耻也？"

这些年，朝廷对各地出现的一些贪污受贿者均依法处以死刑。每当行刑时，太宗都下令，让各地刺史、都督等官员来京观刑，以儆效尤。他也一再对那些官员们重申："汝等若为官贪浊，有枉法受财者，必无赦免。"

你党仁弘莫非就没长耳朵，为什么要为了那些黄白之物而不要脑袋呢？这不是明摆着同朕过不去吗？

想到这里，他直恨得咬牙切齿，恨不能立即下旨将党仁弘处以极刑。

但是，一想到要把这个多少年来舍生忘死，为大唐帝国立下了丰功殊勋的人处以死刑，太宗皇上的一颗心就在颤抖。这倒不全然是因为党仁弘是秦王府旧部，也不仅仅因为他是有功之臣，主要是不忍心他白首受戮，死在自己为之流血奋斗了一生的大唐王朝的刑刀之下。

太宗思来想去，最后决定将其降职为内地刺史。

但是，这个决定刚一做出，侍中魏徵马上据理力争："皇上曾多次说过，要'赏不避仇雠，罚不阿亲戚'。法令者，陛下治之于上，率土尊之于下，与天下共之，非陛下独有也。今以故旧私情赦其贪浊，又令复任刺史，实在有违律法。幕府旧部，其数甚多，人皆恃恩徇私，足使为善者惧。”

太宗深深叹了口气，对魏徵说道：“魏相所言甚是。朕也知道这样做与法度不合。但是，要杀这样一位年近古稀的老臣，朕实在于心不忍。你看这事如何变通处置？”说完，已变得神色黯然。

魏徵看了看太宗也一时语塞，半晌方说道：“皇上要赦他不死，当然也在权限之内。但像这样大的贪污之臣，实在不宜再授其官职。”

太宗点点头，于是重新下旨，免去党仁弘一切官爵，收缴其所有贿银，将其遣返故里。

党仁弘的一条命是保住了，但太宗的心里却深感不安。他知道自己这样做是带头破坏了大唐律法的威严，自然会在臣民当中造成很坏的影响。

为了尽量挽回影响，太宗立即在朝堂中召见了五品以上的所有京官，沉痛地说道：“法者，人君所受于天，不可以私而失信。今朕因私情而赦党仁弘之死，是自乱其法，上负于天。为此，朕欲移住南郊，每日只进一餐蔬食，以谢罪于天三日。”

左仆射房玄龄认为太宗如此自罚太不成体统，立即跪地说道：“生杀之柄，人主所得专也，陛下何至如此自贬自责？”其他大臣也连忙跪下再三苦谏不已。

太宗只好勉强答应，不再去南郊向苍天谢罪。但是，回到后宫之后，他却每日只吃一顿淡蔬粗食，一连坚持了三天。此事很快传到了朝臣们的耳朵里，他们虽然觉得皇上如此做似乎有些故意演戏的样子，但仍感到心中凛然，他毕竟是大唐天子，统驭九州的万乘之主，如此苦心孤诣地维护律法的尊严，岂不是对臣下违法的一次严厉告诫？

三天以后，太宗皇上不顾群臣再三劝谏，毅然下达了“罪己诏”，发至各州县，布告天下。其中一段写道：

“处置广州都督党仁弘贪贿一案，朕有三罪：知人不明，用人不当，一也；以情免死，以私乱法，二也；善善未赏，恶恶未罚，三也……”

党仁弘卸任回家之前先至京师向太宗谢恩辞行。太宗看着这位苍苍白发、满脸皱纹的老将军颤巍巍地跪在自己面前，老泪纵横，叩首不止，不觉心中怅然，说道：“老将军平身吧。朕虽赦你死罪，但国家大法至上，却不能不夺你官爵。今你从朝廷高官一变而为一介布衣，戴罪还乡，凄惶度日，朕心亦如油煎。虽是藩邸旧部，诚不可忘。然理国守法，事须划一。今若纵宥，便开侥幸之路。且国家建义太原，征战有功者甚众，倘不罚你，谁不觊觎？朕贬你归故里，实不得已。有生之年，望你好自为之。若家人子弟衣食有难，可来找朕，朕不会坐视不管。"

党仁弘放声痛哭："仁弘老迈昏聩，见微利而忘大义，以致贪赃枉法，让皇上难堪。皇上网开一面，饶罪臣不死，罪臣子孙后代将永铭肺腑。今日与皇上一别，将再无相见之日，诚望皇上保重龙体。"说罢，叩首饮泣而去。

第二十八章　知之非难　纳谏不易

这些日子，事情一桩接着一桩。送走党仁弘不久，便接到太上皇的宫人来报，太上皇病倒了。

太上皇李渊一向身体康健，心境也一直不错，虽是六十九岁的人了，但身板硬朗，精神矍铄，说起话来洪钟一样响亮。

据宫人说，太上皇昨夜睡下以前还有说有笑，毫无病象。但今早一觉醒来却突然半身麻木，左肢不举，语言含混不清。

太宗急忙带上御医来到太上皇寝宫。经御医诊视，太上皇患的是中风之疾。这种病自古以来也没有根治的良方，只能慢慢地服药调理。

父皇的病来得太突然，太宗始料未及。他有些慌乱，每日早朝之后便匆匆地赶往太上皇宫中，几乎整天都泡在那里，亲侍汤药，陪父皇说话，以尽人子之孝道。

可是，偏偏在这个时候，西部边关又传来了告急文书，吐谷浑竟屡屡侵犯大唐边境。

吐谷浑原先是鲜卑族的一支，西迁青海一带后，建都于伏俟城（今青海湖西岸），有地域千里，势力发展甚快。

隋末，慕容伏允在位，曾被隋军打败，南奔雪山。大业末年，慕容伏允乘中原大乱之机重新收复了故地，建立吐谷浑国，并表示愿与隋朝修好，将儿子慕容顺送往隋廷做人质。

大唐建立之后，当时的皇帝李渊为了结好西域各族，便将慕容顺遣送回国。

在吐谷浑的西边，是建立在西藏高原上的吐蕃王朝，其赞普（国王）是松赞干布，此时势力已极为强大。

吐谷浑位于大唐和吐蕃两国之间，自然便成了双方都在尽力争取的对象。

在吐谷浑的上层集团中，大多数人都倾向于结好吐蕃。唯有慕容顺因曾在长安做过人质，又是唐王朝大仁大义将他释放回国，再加上父王立其弟为太子，他心怀不满，因此一直有亲唐的倾向。

贞观初年，太宗刚即位不久，吐谷浑可汗慕容伏允一方面派使臣到唐朝"入贡"，一方面又派兵至鄯州大肆劫掠。太宗谴责伏允，征召其入朝，他却托疾不至。后来，伏允又为儿子尊王向大唐求婚，太宗应允，但令尊王必须亲往迎亲，尊王却不敢前来，从而拒婚。

近年来，伏允年老昏庸，听信大臣天柱王之谋，屡犯边境，数次举兵入寇兰、廓二州，近日又入寇凉州。唐廷派使臣赵德楷前往交涉，却被伏允拘为人质。

太宗皇上大怒，一个方圆不过千里的蕞尔小邦竟如此狂妄嚣张。不好好教训一下，难立大国之威，更无法慑服四夷。

十一月乙丑日，太宗下诏大举讨伐吐谷浑。

在遴选统兵大将时，太宗考虑到右仆射李靖已经六十多岁，不想再劳他大驾。不料李靖闻知以后急忙来找太宗，慷慨说道："皇上，臣虽年事略高，但自信宝刀不老。不仅可运筹帷幄，更可驰骋沙场。此次平定吐谷浑，老臣定欲前往。皇上若信不过老臣，老臣愿立军令状。"

太宗忙笑道："李相豪气干云，骁勇不减当年，朕焉能信不过？朕只是觉得西域太苦，你能亲往自然再好不过，朕便仍以你为统兵大帅。"

十二月辛丑日，太宗传旨，以右仆射李靖为西海道行军大总管，节度诸军。以兵部尚书侯君集为积石道行军总管，刑部尚书李道宗为鄯善道行军总管，凉州都督李大亮为且末道行军总管，岷州都督李道彦为赤水道行军总管，利州刺史高甑生为盐泽道行军总管，六路大军分道合击吐谷浑，即日出兵。

大军出发之后，太宗皇上没有任何担心，笃定此次出征必胜无疑。他相信大唐军队兵精将勇，相信所选六路统兵大将个个能征惯战，智勇双全，更相信李靖这位百战百胜的军事天才。

尽管吐谷浑在万里之外，那里地形复杂，气候多变而又恶劣，征战的过程中会遇到许多意想不到的艰难困苦。但是他坚信，自己多年亲手带出来的这支无往不克的铁军最终必定胜利而归。

因此，他放心地把这件事交由李靖去全权指挥，自己再不考虑它，仍是在处置了一些必要的朝务之后便到父皇的宫中亲自侍疾。

但是，西疆发来的战报却必须一刻不停地送到他的手上，他在耐心地等待着前线传来胜利的消息。

四五个月之后，贞观九年（公元635年）闰四月，前线传来了第一道捷报：刑部尚书、任城王李道宗在库山一带大败吐谷浑，斩敌数千。

唐太宗李世民

吐谷浑可汗伏允在兵败之后，为了阻止唐军深入，放火烧光了漫山遍野的荒草，轻骑逃往碛中。

这时候，唐军将领们对于是进是退发生了分歧。多数人认为，马无草疲瘦，人无水力怯，未可深入，宜暂时退兵。

太宗皇上看了这份奏报，专门招来了他视为北疆长城的另一位常胜将军、军事天才李勣。这些年，李勣一直镇守北部边关。虽说东突厥已经灭亡，但西突厥仍然存在，而且突厥以北的薛延陀部又在悄悄崛起，偶尔便兴兵滋扰。

李勣镇守北疆，一直采取镇抚并用之策，你敢来入寇，定叫你葬身边陲，匹马不归；你若安分守己，便与你相安无事，甚至友好往来。有时候，还以军中粮银资助一下外夷边民。没多久，李勣已经在千里北疆威名远播，夷狄酋蛮始终未能掀起什么大浪。

为此，太宗皇上曾屡次对侍臣们说起："秦始皇一生热衷修建万里长城，却一直边衅不停，烽火不止。朕却只重起用人才，一个李勣便胜他一道万里长城。"

近日，李勣恰好有事回朝，太宗便将他招来，把西线的奏书让他看了，询问道："以将军看来，我军是该进还是该退？"

李勣想了想说道："古人说'穷寇勿追'，但要视情形而定。以末将之见，吐谷浑兵力未减，国力未损，若不乘胜歼之，必致功亏一篑。末将相信，以右相李靖的神勇英睿，老谋深算，断不会烧顿夹生饭便无功而返。"

太宗笑着连连点头："朕也正是这样想的，将军可算得是李靖的知音了。"

果然，一个多月之后，五月壬子日，前线传来空前大捷，李靖上奏，已全面平定吐谷浑。

当初，在众将领围绕是进是退发生争议时，兵部尚书侯君集力排众议，坚持要穷追猛打，一鼓聚歼，不然，后必悔之。

李靖同意侯君集的意见，将六路大军分为两道：李靖与薛万均、李大亮由北道出击，侯君集与李道宗、李道彦由南道出击。

不久，李靖在北道大败吐谷浑；侯君集、李道宗于南道引兵行无人之境两千余里，终于在乌海追上了伏允，大败敌军，斩敌万余，俘获无数。

接下来，在赤海之战中，薛万均、薛万彻兄弟轻骑突进，中了天柱王的埋伏，被吐谷浑包围。薛氏兄弟皆中枪伤，失马步战，所部将士死者十有六七。正在万分危急之时，左领军将军契苾何力率军赶到，内外夹击，反败为胜，大破天柱王部，万均、万彻因而免于死难。

随后，李大亮败吐谷浑于蜀浑山，执失思力败吐谷浑于居茹川，李靖督率大军乘胜穷追。

听说伏允在突伦川一带，即将逃往于阗，契苾何力便欲追击。薛万彻吸取前次冒险突进而中伏被围的教训，一再说不可追击。契苾何力却说道："敌虏没有城郭，随水草迁居。若不趁其聚居袭取之，一朝云散，怎能再倾其巢穴？"

说罢，契苾何力自选骁骑千余直趋突伦川。薛万彻则引兵跟进。

碛中缺水，将士们只好杀马饮血食肉，终于袭破伏允牙帐，斩首数千级，获杂畜二十余万头，伏允只身逃走，妻子被俘。

几天后，侯君集等率南路大军越过星宿川，到达柏海，与李靖所率北军会合。

吐谷浑大势已去。慕容伏允在连连战败之后恐惧绝望，自缢而亡。

吐谷浑轻启衅端，导致大唐举兵讨伐。国人本就穷蹙，又遭兵锋战祸，至此皆迁怒于天柱王。慕容顺借此机会斩杀天柱王，举国向李靖请降。

这样，吐谷浑终于被彻底平定。

太宗皇上接到奏报之后，于乙卯日下诏，令吐谷浑复国，以慕容顺为大唐平西郡王，并出任吐谷浑可汗。

平定吐谷浑的巨大胜利与几年前灭掉东突厥一样辉煌，令朝野欢呼，举国称颂。

但是，太上皇李渊却再也不能同儿子、同满朝文武分享这一胜利带来的喜悦了。

这几个月当中，他的病连续发作了几次，如今已经病入膏肓，卧床不起了。

太宗皇上日夜守候在父皇的病床前，眼看着他的病情日渐严重，却只能陪着流泪，徒呼奈何。

今日上午，太上皇的神志似乎清醒了一些，他睁开眼看看太宗，面颊抽搐着，突然僵硬地笑了："二郎……我就……就要走……走了。"

他已经多年没叫自己的乳名了，太宗感到一阵巨大的酸楚充满了胸膛。他一把握住了父皇的右手，将它捂在自己的脸上，呜呜地哭了起来："父皇，你不要这么说，你不会走，儿子离不开你，大唐离不开你。"

"你不要哭，为父……走……走得很放……放心，由你当……当国，大唐江山固……固若金……金汤，咱老李家的天……天下会千秋万代，我还有什……什么不放心的？我这一辈子知……知足了。只是，有一件……事，让为父合……合不……上眼。"

"父皇，有什么事你就说吧，儿子无不从命。"

"尹、张两……位太……太妃，原来与……你有……有隙。朕走之后，你不……不要难……难为她们，给……给她们一条生路。"

话声近于哀求，太宗猛地抬起头来，见父皇呆滞的笑脸上挂着两行热泪。他心里像被扎了一刀，忙发誓道："父皇，您就一千个放心，一万个放心吧。尹、张两位太妃与儿子的那点过节都过去多少年了。儿子心中装着万里江山，还能容不下两位太妃？不管怎么说，两位太妃也是儿子的庶母，她们的儿子也是儿子的兄弟。儿子对天起誓，一定会好好照顾她们，让她们永享富贵，同父皇在时一样平安尊荣。"

太上皇看着太宗，微笑着点点头。他相信儿子既然这么说了就一定会这么做的。

五月二十七日未时头刻，太上皇李渊终于安详地闭上了眼睛。

太宗皇上陷入了巨大的悲痛之中，他下令辍朝五日，全国举哀。宰相们议定，太上皇庙号为高祖。

数日后，太宗再下诏令，太上皇的寝陵要依汉长陵（汉高祖刘邦之墓）之制，务存隆厚，由高士廉负责营建。

此时已任秘书监的虞世南上书切谏，主张"应为三仞之坟，器物制度皆不可过奢。"

太宗览奏后不予答复。虞世南再次上疏抗争说："今以数月之间为数十年之功，且不说耗资过大，即人力亦有所不逮。"

太宗只好将奏疏交由大臣们商讨。宰相们理解太宗对父皇的一片至孝，只好折中。房玄龄说道："汉长陵高九仞，原陵（汉光武帝陵）高六仞。今九仞太崇，三仞太卑，请依原陵之制。"

太宗听从房玄龄之议，命立即动工为唐高祖营建陵寝。这是自太宗登基以来第一次在农事季节大批征发徭役。

随后，太宗命太子承乾监国，由众宰相辅政处置一切朝务。

自己则同长孙皇后专心为太上皇举哀守制。他不理朝政，不问国事，天天守候在父皇的梓宫旁边以泪洗面，昏昏沉沉地度过了九十个日日夜夜……

闷热如炙的溽暑总算过去了。秋风送爽，天高云淡，在盛夏中苦熬了好几个月的人们像是从一个巨大的蒸笼中逃了出来，突然到了一个清凉的世界，长长地舒了一口气，浑身上下有一种说不出来的轻松。

太宗皇上也终于从高祖驾崩的阴影中挣脱出来，渐渐地恢复了常态，虽然有时候还有些忧郁，或是一个人坐在那里出神，但那毕竟是偶发的短暂的现象了。

金色的秋天是一个收获的季节，也是一个宜于狩猎的季节。

太宗决定轻车简从，出城到南郊山林中去畋猎。一方面，尽情地观赏一下沿路秋禾丰收的景象，另一方面，也在马背上活动活动筋骨，过一把骑射之瘾。

人人都知道，太宗皇上平生有两大嗜好：文则书法，武则骑射。

作为关陇军事贵族出身的子弟，喜爱骑射几乎是他与生俱来的一种本能。但是，自从登基以后，他再也不可能像昔日夺取天下时那样，在战场上尽情地驰骋骑射了。开始，他想用游猎来满足自己的这一嗜好，但很快又遭到了许多大臣的劝谏。

首先进谏的是孙伏伽，他在朝堂上当面说道："陛下好骑射以娱悦近臣，此乃少年为王时所为，非今日天子事业也。"太宗只好接受，还擢升他为谏议大夫。

接着是虞世南，以太宗颇好畋猎而专门上疏，辞意恳切，太宗也深为嘉纳。

至于魏徵，那更是每每切谏，以至那次太宗本欲出外巡狩，听说魏徵回来了，只好中止出行，吓得躲进了御书房，闹了个皇上害怕臣下的笑话，在朝臣们当中传了很长时间。

因此，这么多年来，太宗尽力抑制着自己的这一嗜好，很少弓马射猎。

前年，太宗派使者前往凉州巡视，那使者向凉州都督李大亮索要一只雄鹰，说是皇上要的。李大亮不客气地拒绝了他，并专门写信给太宗，说道："皇上久绝畋游而使者求鹰，臣以为其中有诈。"这说明，太宗克制自己爱好畋猎的做法已为大多数臣僚了解并认同。

但是，嗜好毕竟是嗜好，它可以控制一时，却很难控制一生。说真的，这几年国家安定，年丰谷贱，边防战事又频获大胜，太宗皇上的畋猎爱好甚至已成为一种及时行乐的想法，正在渐渐地抬头。自己也快四十岁的人了，人过四十大半辈，这还是对长寿者而言。朕当这个皇帝总不能拘谨自己一辈子，苦一辈子吧。

今天说什么也得出去。临出发前，他怕侍臣们再有人阻挠，便来了个

唐太宗李世民

"先下手为强"，抢先堵住他们的嘴："上疏言事者皆说朕不该畋猎，如今天下无战争，武备不可忘，朕与左右外出射猎，也是为了习武健身，无一事烦民，又有何伤？"

于是太宗一行轻骑出城，一路上到处都是农人们收获庄稼的忙碌景象，驴驮车运，不绝于道。

太宗一行在大道上缓缓驰驱，遇到路窄的地方只好下马躲在一边，让运载庄稼的车辆先过。他们都已经换了便装，人们自然不知道这是皇上出行，以为不过是长安城里大户人家的公子哥儿出来游玩。

很快来到了终南山北麓，就是当年随父皇和建成、元吉他们常来狩猎的地方。这里是一个天然猎场，荒草丛生，狐兔出没，岗峦起伏，丛林绵延无边。

太宗他们稍事休息后便开始驰射。侍从们先骑马骤驰，将隐匿在草丛树林中的野兽轰出来，然后再各自寻找目标，引弓搭箭。

太宗打马狂奔，在山岗塬坡上驰上驰下，来来回回地兜了几圈。他觉得自己突然年轻了，像是退回了二十年前，又回到了十八九岁之时，心情舒畅，神采奕奕，几个月来的郁闷和烦忧一扫而光。是雄鹰就得翱翔蓝天，是骏马就得驰骋旷野，天天囚禁在樊笼里，羁縻于槽枥间是不行的。以后，自己得常出来活动活动。

不一会儿，他已经猎取了不少珍禽走兽。他的大羽神箭比当年在战场上是生疏了一些，但与手下的这些将士们相比仍然毫不逊色，几乎是百发百中。

正驰骋间，一只野鸡被惊了起来，拖着长长的火红色的尾巴，"嘎嘎"惊叫着向远处飞去。太宗张弓拽弦，轻轻一纵，一支雕翎箭飞射出去，恰中腹部，那野鸡翠羽纷飞，像一团彩云飘飘摇摇地坠落在地。

"好箭，皇上神箭！""皇上万岁！"欢呼之声四起，在山谷间雷鸣般地回响着。

太宗也哈哈大笑，可笑声未止，他突然发现有四五只野猪从丛林中窜了出来，迎面向人群奔来。

不好，这些畜牲性情凶残，平时不受伤害，可以与人相安无事，一旦受到惊扰或被触怒，就会进行疯狂的报复，倘若被置于它的尖牙利爪之下，非被撕成碎片不可。

太宗急忙张弓搭矢，嗖嗖嗖连发四箭，这是百步穿杨、百发百中的大羽神箭，四发皆中，四个畜牲应弦而倒。

但就在人们看得目瞪口呆的时候，最后一只像小牛似的野猪却瞪着一双眼睛发疯一般冲了过来，直向太宗扑去。

一直跟在太宗身边的唐俭惊得心口突突乱跳。急忙横马挡在太宗前面，挥剑与野猪格斗。但由于战马受惊乱跳，人也有些慌乱，剑剑落空，总也刺不到那畜牲。

情势十分危急。太宗被激怒了，他唰地抽出长剑，翻身下马，一个箭步冲到唐俭马前。

那野猪撇开唐俭，怒吼一声向太宗扑来。众侍从一片惊叫，一齐挥刀向前。

恰在此时，只见太宗在闪转腾挪之间，身子一蹲，右臂猛力往前一送，利剑已深深地插入了野猪的胸膛。他手腕一拧，迅速地将剑拔出来，一股鲜血喷射而出，野猪惨叫着猝然倒地。

人们在惊恐之余又欢呼着向太宗围来。

唯有唐俭没有下马，他脸色煞白，呆呆地坐在马背上，一句话也不说。

太宗看看他，掏出手帕擦了擦脸上的血渍，笑着说："天策长史（唐俭在秦王府时的官职）莫非没见过上将击贼吗，何惧之有？"

唐俭表情冷漠地看了看太宗，说道："臣等一死不足惜，陛下千金之体，万乘之尊，一身系于四海九州，倘有半点闪失，臣等将何以谢罪于天下？汉高祖马上得天下，却不以马上治之。皇上以神武定四海，又何必逞雄心于一兽？"

太宗听罢，一颗滚烫的心骤然冷却下来，多时沉默不语。不错，古人云，千金之子，坐不垂堂。自己身为大唐皇帝，天下之主，有许多大事在等着自己去做，怎能只图一时之痛快，为骑射游玩而轻蹈险地？

太宗于是下令停止射猎，打道回宫。

刚走了半里多路，天上便开始噼里啪啦地落起了铜钱大的雨点。接着，雨点连成雨线，雨线变成雨柱，半空里雷声隆隆，天地间茫茫一片。侍卫们赶紧取出油衣披在太宗身上。

这一带前不着村，后不近店，连个临时避雨的地方都没有，他们只好冒雨赶路。

"都说'六月天，后娘的脸，说变就变'，如今都八九月了，这雨还来得这么急。"太宗见众人都沉默不语，便没话找话，在雨中大声说道。

"皇上，其实今天的雨来得并不急。天早就阴得像锅底似的了，闷雷也响了多时。只是刚才都忙着狩猎，谁也顾不上看天。"

"哦，原来是这样。看来，朕要出来畋猎，连天公也不肯作美。"太宗有些自嘲地苦笑道。

皇上这样说，随从们谁也不好搭话，大家只是默默地冒雨行进。

好不容易发现了路旁有一片小树林，众人簇拥着太宗走了过去。在几棵树冠厚密的老槐树下，倾盆大雨被遮挡住了，变成了滴滴答答的小雨。

太宗和众人躲在树下抹去了脸上的雨水，张口喘着气。虽说人们都穿着油衣，但这东西在大雨中不顶事儿，油衣底下的衣衫早就湿透了，个个都跟落汤鸡似的。

别人都好说，就数右仆射马周最可怜。他历来身体羸弱，这会儿已冻得浑身颤抖，嘴唇哆嗦，脸色都开始发青了。马周在数日前才被太宗皇上破格擢升为右仆射，跻身宰相班列。原右仆射李靖平定吐谷浑归朝后便急流勇退，恳请辞去相职。太宗考虑到他年事已高，允其所请，擢其为司徒，而以马周补任右仆射。

"马周。"

"臣在，陛下有何吩咐？"

"你一向足智多谋。你说，这油衣用什么缝制才能滴雨不漏？你也再不用弄成个落汤鸡了。"太宗在有意调侃。

马周想了一会儿，脸色凝重地回答道："皇上，微臣以为，若是能用屋瓦做成油衣，就一定会滴雨不漏。"

这回话太荒诞不经了，瓦片怎么能做油衣？众人都大惑不解。这个马周，莫非敢当众戏弄皇上？

太宗开始也是一愣，但他是何等聪敏之人，很快便领悟了。机警的马周是在借机讽谏。是啊，若是不出来行猎，身在屋瓦覆盖的大殿里，当然会滴雨不沾。

噢，原来你马周也是在劝自己不要频频出猎，不过劝谏的方式更巧妙、更隐讳罢了。刚才唐俭那份埋怨不也是这个意思吗？

太宗看看马、唐二人，不好意思地说道："朕明白了，这驰射畋猎之事到底还是不得人心。四时劝田既是帝王常礼，偶尔射猎亦应不干百姓。凡大臣谏止，自有常准。臣贵有词，主贵能改。自今以后，朕只与左右驰射于后苑，以免扰民。马周、唐俭苦心进谏，着各赏绢帛五十四。"

太宗回到皇城时，已过午时，早已经饥肠辘辘，内侍们赶紧传膳。饭菜还没摆好，他便迫不及待地狼吞虎咽起来，竟一连吃了两碗米饭，眼前的一盘熏肉吃得精光，却还没有吃出是什么肉。

内侍送上香帕，他抹抹嘴巴笑道："今日这顿饭真香啊，倒是有点当年战场上吃饭的味道了。"

内侍撤走饭菜，端上一盘水果，又泡好一杯香茶呈上，刚要转身离去，太宗忽然问道："朕出去这大半日宫中可有什么事？"

"回皇上，宫中倒没有什么事，只是宫外……"太宗早就严令太监不准预政，朝臣们之间的事这个内侍太监迟疑着不知该说不该说。

"宫外怎么了，发生了什么事？"

"这……"

"是朕在问你，只需你说清是啥事，又不用你妄加议论，快说吧。"

"奴才听说，是薛万彻将军和契苾何力在宫城外打了起来。契苾何力还动了刀剑，险些把薛将军砍死。"

"什么？"太宗大吃一惊、"这是真的？为了什么事？"

"这事千真万确。奴才听说是为了争什么军功，详情就弄不清了。"

简直是天大的笑话，大唐的将领居然为了争夺战功打了起来，而且还抡刀弄剑，真是岂有此理。太宗立时怒不可遏："快传，让契苾何力即刻前来见朕。"

"是！"那内侍一溜小跑地走了。

吃顿饭的工夫，契苾何力垂头丧气地来了。见了太宗，双膝跪下，说道："罪臣契苾何力叩见皇上。"

"契苾何力，听说你在光天化日之下持刀欲杀薛万彻，此事可是真的？"太宗声色俱厉。

"是真的。"契苾何力并不讳言。

"为了何事？"

"他欺人太甚，罪臣忍无可忍。"

"究竟是什么事，你仔细说说。"

"皇上，前次征讨吐谷浑，在赤海一战中，薛万彻、薛万均兄弟带着五千人马轻敌冒进，中了吐谷浑的埋伏，将士死伤无数，险些全军覆没。薛氏兄弟也都负伤，眼看就要战死了，是罪臣带着人马适时赶到才救了他们兄弟二人，击溃吐谷浑兵，反败为胜……"

契苾何力抬头看看太宗，见他听得很认真，才又放开胆子说道："还不止这些。后来，罪臣听说吐谷浑可汗伏允已逃至突伦川，并打算继续向西逃往于阗。罪臣以为，伏允若逃走，等于放虎归山，西征大计便会前功尽弃。因此，罪臣便提出要乘胜追击。谁知薛氏兄弟一朝被蛇咬，十年怕井绳，坚决不许追击。他们是罪臣的主将，但那时若听他们的，必定误了朝廷大事。罪臣便自作主张，挑选了千余精骑，乘夜奔袭突伦川，直捣伏允牙帐，斩杀敌酋无数，俘获了伏允的妻子和大量牛羊杂畜。伏允只身逃脱，不久也便自缢而死。

"不错，薛万彻兄弟后来也带兵赶到了突伦川，但那时大战已经结束，他们只赶上了收拢战俘和牛羊。还朝以后，朝廷论功行赏，薛万彻仗着他是主将，竟恬不知耻，把赤海和突伦川两场大仗的胜利都记在他自己的名下，从而被擢拔为左骁卫大将军。

"罪臣心中自然不服。但在朝堂之上又不能公开唱反调，那样会让皇上当场下不来台。散朝之后，越想越咽不下这口气。罪臣倒不是非要争这份功劳不可，只是觉得像薛万彻这样的大将，居然冒功邀赏，令朝廷赏罚不公，会冷了将士们的心。因此，罪臣便与几个裨将议论过几次，不想这些话传到了薛万彻的耳朵里，他便恼羞成怒。今日罪臣在皇城外与他偶尔相遇，他竟出言不逊，骂臣是胡种野性的狼崽子。

"罪臣是个炮筒子脾气，点火就着，哪里咽得下这口恶气？激愤之下拔刀就砍。若不是在场的将领们拦着，罪臣便砍下他的狗头，然后一命抵一命拉倒。"

契苾何力说完了，还在气得呼哧呼哧喘粗气。

太宗一面听着，心里也一阵阵光火。这个薛万彻也太不像话了。这事若是真的，轮到谁头上，凡是有点血性的都会跟他拼命。

"薛万彻冒功的事难道老将军李靖会不知道？"

"李相当时不在赤海，只知道是薛万彻所部打了胜仗，详情恐怕就不知道了。不过，参与赤海、突伦川大战的有几千名将士，他们都可以证明。"

太宗点点头道："你先回去。待朕查清真相以后一定还你一个公道。"

第二天，太宗命房玄龄调查此事。这样的事好查，诚如契苾何力所言，几千名参加过赤海、突伦川之役的将士几乎异口同声地证实了他说的全是实情。

太宗被激怒了，他决定贬去薛万彻的左骁卫大将军之职，将其授予契苾何力。

契苾何力听说了，竟连夜进宫求见太宗："陛下，万不可因为微臣而贬去薛万彻之职，这一职位微臣也万不敢受。"

"为什么？"太宗感到诧异。

"如果陛下贬了薛将军而以微臣顶替，群胡无知，便认为陛下重胡人，轻汉人，从此相互诬告，惹是生非。那些立了功的胡将更会滋生骄横，轻视汉人，不肯规规矩矩地服从调遣。再说，人们也会认为微臣闹事是为了向朝廷邀功要官，这实在不是微臣的初衷。"

好一个深明大义的契苾何力！谁说胡人不讲信义，这要看你怎么用他们，是否将心比心，以心换心。自己一贯主张华夷无别，胡汉一家，看来是做对了。

太宗仔细想想，契苾何力说得颇有道理，也不仅仅是胡人将士这一方面，就是薛万彻、薛万均兄弟，当年曾是建成的大将，玄武门之变后，自己费了许多心思才把他们拉过来，早已成了对自己忠心不二的心腹，打仗也能舍生忘死。只因这次冒功之事便将他贬官，会影响一大批人，弄不好会"迎来女婿，赶跑儿子"，造成不良后果。

在心里反复权衡之后，太宗皇上对契苾何力笑笑说："难得将军如此忠义，朕就看你的面子，暂不夺万彻之职。"

但太宗也决不肯亏负了像契苾何力这样侠肝义胆的忠良。几天以后，他还是下旨将契苾何力擢拔为右骁卫大将军，官阶连升三级，令朝中的胡人将士一片欢呼。

由于大臣们以不同的方式进谏，太宗不再外出畋猎，最多在后苑之中骑骑马，射射箭，以为消遣。

但是，太平岁月，海晏河清，朝廷中也没有很多急务要办。一旦闲散下来，终日闷在皇城里，太宗总觉得有些百无聊赖，一天到晚打不起精神。

他忽然想到自己该到东都洛阳看一看了。自从那年大败王世充，攻克洛阳之后，一晃十几年了，自己再没有去过洛阳。那里是大唐的陪都，几十年来屡遭兵燹战祸，曾变得断壁残垣，满目疮痍，如今也不知怎么样了。

朕要外出骑射行猎，大臣们总是说三道四，认为那是嬉戏游耍，会玩物丧志，荒废朝政。今日朕要车驾出行，巡察沿路的社情民生，看看东都是否已经恢复了昔日的繁华富庶，这总该是一国之君的职责吧，莫非你们还会喋喋不休？

太宗为自己的这一想法感到兴奋，他终于可以走出去了。于是他下诏工部抓紧修建洛阳宫乾元殿，以备巡幸。

不料，诏书刚刚发出，还真就招来了物议。给事中张玄素立即上书，而且言辞激烈。其中说道："陛下巡游东都，却要先修宫殿。如今虽说国无战事，百姓安居。但天下子民才过了几天安生日子，又要大兴土木。此风一长，天下效之，岂不是要走隋炀帝的老路？若不慎之，恐比炀帝、秦皇更甚。"

好家伙，一个小小的给事中竟敢如此说话，把朕比作隋炀帝、秦始皇。对一个皇帝来说，这样的话简直比骂娘都厉害。看来，自己一向鼓励直谏，倒是把这些言官们给惯坏了，一个比一个不知道天高地厚。

他倒要看看这个张玄素是什么样的人，竟有如此胆量。若是个只知道空谈清论，想借机沽名钓誉，寻求侥幸进身的狂悖之徒，那对他就不客气了。

他将张玄素招来，劈头便问道："卿谓朕不如炀帝，那朕比桀、纣如何？"

这样劈头盖脸地咄咄逼问，别说是一个小小的给事中，就是那班位列宰辅的朝廷重臣又有几人能不身颤股栗，心惊胆裂？

这个张玄素倒有些风骨，听了太宗声色俱厉的发问之后，只是淡淡一笑说道："皇上若不停修洛阳宫，任凭崇奢尚侈之风蔓延，未来之命运怕比桀、纣也好不到哪里去。"

太宗吃惊地看着眼前这个年轻人，又是一个不怕死的。对他的不卑不亢与镇定自若，心里先有了几分好感，但却佯装勃然大怒："一介狂徒，你莫非活够了？你可知道，当皇上的亦有逆鳞，触之是会杀人的。"

"微臣知道。战国时韩非子就曾说过，'谏说谈论之士，不可不察爱憎之主，而后说焉。夫龙之为虫也，柔可狎而骑也；然其喉下有逆鳞径尺，若人有婴之者则必杀人。人主亦有逆鳞，说者能无婴人主之逆鳞，则几矣'。臣自谓已察爱憎之主，皇上若已成为炀帝、秦皇、夏桀、商纣之流，臣纵有天胆也不敢冒犯逆鳞。"

太宗嘿嘿一笑："说来说去，你还是认定朕不会杀你。"

"是的，陛下矢志欲做尧舜之君，要创古今盛世，怎会擅杀忠谏之士？不过，人皆说君威难测，皇上必欲杀臣，微臣也是有备而来，绝无怨言。"

太宗叹口气道："想不到你官居微末，也算把朕看透了。这些年来，每有进谏者，纵不合朕心，亦不以为忤。倘若一言不合，当即责罚，人人皆怀恐惧之心，谁还敢再说话。朕岂不要闭目塞听，以致上下怨滞？"

张玄素见太宗变得心平气和了，便趁机说道："陛下，当年您初平东都，曾一再感叹炀帝的宫殿太过崇奢华丽，认为人主淫奢如此，安能不致亡国？

当时，连高祖皇上也觉得隋炀帝的宫殿过于豪奢，下令将大殿的高门拆除焚毁。而陛下则认为瓦木皆为可用之物，不宜焚烧。下令拆除后，将砖瓦木料赐给洛阳贫困之户。事虽不大，但传出之后万民皆讴歌至德。这才过了十几年，陛下却认为洛阳宫殿陈旧，下旨重修。此事一旦开头，隋朝繁重的徭役就会复起。用不了三五年的时间，各地官府竞相效仿，陛下将何以昭示子孙，光敷四海？"

太宗点头说道："朕未细加思量，遂至如此。若能想到这些，东巡洛阳，即便露宿亦复何苦？好吧，朕即下旨，营建东都的事情立即停止。然而以卑干尊，古来不易，你若非忠直，安能如此？朕赐你绢帛二百匹，以示褒奖。"

张玄素叩头谢恩而去。

事后，侍中魏徵知道了这件事，对房玄龄感叹地说道："张公论事，有回天之力。可谓仁人之言，其利博哉！"

不过，此时的太宗皇上无论怎样尽量地约束自己也已经不是初登大宝时那样俭约戒奢、临深履薄了。

尽管对大臣们的各种谏言他还能听进去，也知道决不能枉罪谏官，以堵塞言路。但是在内心深处，他却有自己的小算盘。

大臣们有什么话尽管说，朕却要有选择地纳谏，有些可以采纳，但不能言听计从。堂堂的大唐天子不能事事被掣肘，被臣下们所左右。

在下旨停修洛阳宫不久，太宗皇上又单独召见了工部的官员，让他们在皇城后苑修建一座小型的，但必须是与隋朝各殿风格迥异的宫殿。

这一次，他接受了修缮洛阳宫的教训，不再下旨，让工部的人也不要大肆张扬，只悄悄地动工就是了。

太宗亲自为大殿选址，对其造型结构的设计也亲自过目。这是他当皇帝以来所建造的第一座宫殿。整个后宫里到处都是隋炀帝父子留下的宫殿，大唐也应该有一座自己的标志性建筑。

他想起了那一年，自己要齐王妃杨氏入宫为妃时，杨氏提出要为她单独建一座寝殿。鉴于当时的国力和民心，自己没有同意，但却答应以后国家富足了，民众安乐了，就一定为她另建一座寝殿。

前些日子，太宗告诉杨贤妃已决定兑现当初的诺言，为她建一座寝殿。但杨贤妃却坚决不同意。她说当时不过是为了试探皇上的真心而说的一句戏言。连长孙皇后都一直住在旧宫殿里，自己怎敢僭越？再说，如果后宫的妃嫔们都要建新殿怎么办？自己可不愿当这个追求奢靡的始作俑者。

太宗却想，住不住是她的事，当皇上的不能食言自肥。宫殿建起来，她不去住，自有它的用处。至今自己有急事在后宫召见外臣，还没有一座单独的宫殿，总是挤在那间御书房里，这也太有失皇家颜面了。

没过几个月，这座崭新的宫殿便拔地而起。黛绿色的瓦顶，粉红色的墙体，飞檐斗拱，八角翼然。造型别致，其势如飞，在隋炀帝留下的后宫建筑群中，此殿确实独具一格。

太宗皇上十分高兴，他提笔挥毫，以自己最为得意的书体"飞白书"为宫殿题写了"披香殿"匾额。

内外装饰全部完工以后，太宗在披香殿设宴宴请群臣。

这座宫殿虽说是悄悄兴建的，但那么多工匠进进出出，运送物料的车辆来来往往，外臣们怎么能不知道？既然知道了，就干脆请他们到这里来喝酒。丑媳妇迟早要见公婆，有什么不满，今天就让他们说个够。

大臣们倒也很知趣，谁也没有说什么。既然宫殿已经建起来了，多说无益。再说，皇上君临天下这些年，事事奉行俭约，这是他修建的唯一一座宫殿，与历代帝王相比，也实在算不得什么。

于是，大家都尽情地喝酒，君臣们说东道西，气氛极为融洽。

就在大家都喝到高兴的时候，监察御史苏世长却突然站了起来，笑嘻嘻地问道："皇上，这披香殿构思精巧，建筑华美，可是隋炀帝建造的？"

大殿里鸦雀无声，大臣们互相看看，谁也不说话。

终于来了，却没想到开头炮的是个御史。太宗早有准备，便不急不忙地抿了口酒，说道："苏世长，你明明知道这披香殿是朕新建的，却为何明知故问？"

苏世长也是不慌不忙地说："微臣确实不知皇上建了这样一座宫殿，只是见这披香殿比商纣王的宫殿还要豪华，便冒昧地问了一句。"

又是一个把自己比作桀、纣的人。太宗一阵恼怒，但还是压住火气说道："行了，有什么话你就直说，无须这样支支吾吾，闪烁其词。"

"臣以为，陛下住这样的宫殿有些不合时宜。您不是经常说，宫殿能避风挡雨就行了。如今陛下已住上了隋炀帝的宫殿还不知足，又要修建更华丽的宫殿，而且是在众宰相都不知道的情形下修建的，这岂不是矫饰其非吗？"

太宗猛饮一盅酒，呛得连连咳嗽。众大臣的心都提了起来，以为皇上必定发火。但太宗却笑了笑说道："朕知道你要这样说，其他爱卿也会这样想。好了，朕知错了，此事下不为例。"

这些日子，太宗皇上又开始醉心于书法。除了弓马骑射，这是他平生又一大爱好。

他本是一个体魄健壮、精力充沛的人，每天不干点什么事，心里便闲得难受。外出狩猎，屡屡遭到朝臣们的谏阻；四处巡游，又怕劳民伤财，有害于他惨淡经营、精心打造了近十年、已经渐渐显露端倪的贞观盛世；至于整日躲在后宫里宴饮歌舞，倚红偎翠，更为他所不齿。因此，他每日在朝堂上处理好各种政务之后，不是到皇宫后苑去练练剑法，活动活动筋骨，就是在御书房里挥毫泼墨，埋头于行草楷隶各种书艺中，常常练得痴迷，以至于顾不得用膳，忘了睡觉。

太宗皇上对书法的酷爱由来已久，在朝野上下都颇为有名。

他的父皇李渊就爱好书法，母亲窦氏也工于此道，所书大字与李渊的字放在一起，居然可以乱真。

在这样的家庭中长大的太宗皇上从小便对书法艺术产生了浓厚的兴趣。在弄枪舞剑之余，便是伏案学书，苦练不辍。

在他做秦王时，还特意开设文学馆，招揽学问、书艺俱精的十八学士于馆中。征战之余，他便整天泡在文学馆里，与这些天下硕儒们研读诗文，切磋书艺。

当时，他便拜书法大家虞世南为师，苦学精研，书艺大进。在历代的书法大家中，太宗皇上最喜爱最崇拜是晋朝的大书法家王羲之，朝思暮想着有一天能把他的书艺真谛学到手，而虞世南恰恰是王羲之的正宗传人。他年轻时便受到王羲之七世孙智永和尚亲自传授，尽得王书之妙。当时，智永在越州永欣寺为僧，其楷书与草书继承王氏家传，精熟过人。虞世南在继承王羲之和智永传统书艺的基础上，又有所创新。他的楷书体方笔圆，外柔内刚，笔致圆融遒丽；而其行书则筋骨稍宽，外形优雅，遒媚而不流俗。太宗皇上以这样的人为师，再加上他天生悟性过人，书艺焉能不精进？

太宗登基之后，立即成立弘文馆，又有许多擅长书法的名流被招为学士，其中便有另一位书坛巨匠欧阳询。

欧阳询是潭州临湘人，其书法初学王羲之，后来渐渐自成一体，墨力险劲。在王派书法中融入了北魏的峭拔风格，字形瘦长，结体在严谨平实中求奇险，在险绝中求平正，给人以神气外露、猛锐长驱之感，成为初唐一绝。他的名声一度大于虞世南，以致蜚声海外，连高句丽等国都纷纷派人前来求购他的书法作品。

唐太宗李世民

有欧阳询、虞世南这样一批书法名家在身边随时指教，再加上太宗皇上勤学好问、苦练不懈，书法技艺进步飞快。在此基础上，太宗又自创一体"飞白书"，以枯墨结字，运笔遒劲，为朝野书家称颂一时。

今日早朝散罢，太宗诏令三品以上官员中爱好书法者齐集披香殿，君臣们一起论书写字，一比高下，对阵中的佼佼者自有重赏。

披香殿里早已排下了一溜书案，上面铺了黑色的绒毡，纸墨笔砚等文房四宝一应俱全。

太宗皇上首先挥毫。他让内侍们展开几柄御扇，以古拙苍劲的汉隶书写了"鸾凤、蛟龙"等字，题于扇面上，赐给长孙无忌和戴胄。接着又以"飞白书"书写了"凤鸾冲霄，必假羽翼，肱股之寄，要具忠力"的条幅赐给房玄龄。给魏徵写了"馨踶节，赞皇猷"，给马周写了"汔洪涛，假舟楫"，给杨师道写了"飞九霄，假介翮"，给郝处俊写了"资启沃，馨丹诚"。

众位大臣围成一圈观瞻，纷纷啧啧称道，赞不绝口。

太宗写过数幅之后，便让臣下书写。这些三品以上的文职官员哪个不是满腹经纶，在书山墨海中摸爬滚打了半辈子？一听皇上有旨，便轮番来到书案前挽袖握笔，挥笔疾书。有的即席赋诗，有的借用古训，书成楹联、条幅或斗方。或颂扬皇上美德，或褒奖大唐盛世。

太宗一一看过，见各种书体琳琅满目，各具千秋。就像阳春时节御花园里百花齐放，美不胜收，不禁微笑着频频点头。

除让大臣们互相观赏品评外，太宗又命虞世南、欧阳询与自己一起从中选出最佳者三幅，当即对书写者予以重奖。然后，命内侍将所有书法作品拿去装裱，准备以后悬挂于披香殿中。

就在君臣们兴致正高时，时间已到了午时。太宗便命人在殿中摆席传膳，大家可一边饮酒，一边挥毫泼墨，书借酒力，酒助书兴，自会写出更具神力的书作。

太宗皇上连饮三盏，随便吃了些东西，又忍不住手痒。一时高兴，便起身来到书案前，挥笔狂书起来。大臣们见太宗的书作酒后如有神助，运笔如飞，一气呵成，如龙游凤舞一般，也便乘着酒兴一拥而上，争夺太宗的御书。有的墨迹未干，有的甚至刚刚落笔便被臣下争抢一空。

这些书法不仅已是当时书界的上乘之作，尤其是出自大唐天子之手，且不说百年之后自会价值连城。就是眼下，谁家能珍藏这样一幅墨宝，也是做臣子的无上荣耀。因此，抢到手的眉飞色舞，抢不到的自然不肯罢休。

侍郎刘洎三番两次上去争夺，却都未能抢到手。一时着急，也是几杯酒落肚，酒力起了作用，竟红着脸不顾一切地跳上了太宗身边的御榻，将那上面一幅书联抢在手中，禁不住欣喜若狂，哈哈大笑着跳下床来……

侍御史岑文本历来矜持端方，见做臣子的闹得太不成体统，有失皇家尊严，便挺身跪于书案下，厉声说道："启禀皇上，依大唐律法，做臣子的敢擅登龙床，迹近谋逆，论罪当死。刘洎狂悖，应交有司议其罪。"

一言既出，披香殿里顿时鸦雀无声，就像在响水锅里突然倒进了一瓢冷水。

刘洎被吓傻了。可不是吗，依律这确是杀头之罪，自己只顾高兴，怎么把这一条给忘了？他立时冷汗遍体，扑通一声跪在当地，结结巴巴地说："是微臣糊涂，请皇上治微臣大不敬之罪。"

太宗皇上也是一愣，君臣们刚才还兴高采烈，其乐融融，却冷不丁冒出这么一件事来，坏了大家的情趣。这是大臣们在私下里与自己嬉闹，正是君臣雍睦无间的表现，岂可太过认真？

他看看跪在地上的两个大臣，微微一笑，也不说话，又提笔写下一幅斗方，然后抬头对岑文本说道："岑文本。"

"臣在。"岑文本忙回话。

"这是朕特意书赠你的，拿去吧。"

岑文本忙起身趋至书案前，双手将斗方捧起，仔细看时，却见上面写道：

> 昔闻婕妤辞辇，
>
> 今见常侍登床。
>
> 本是君臣同乐，
>
> 何必剑拔弩张？

岑文本看过，不禁脸色微微发红，忙说道："陛下大度如海，非常人能及；恕臣下愚昧，未察圣上深意。"说着，将斗方传给众人观看。群臣看过，这才长舒了一口气，欢声笑语又充满了大殿。

于是，这件令人不痛快的事一笑了之。君臣们重新开始饮酒论书，各展所长，直至日暮方才尽欢而散。

自此，在太宗皇上的大力倡导下，朝廷众臣纷纷苦练书法，向名家请教。连长安庶民和海内士子也都以写得一手好字为荣，一时蔚然成风。太宗皇上还专门下旨，在今后的科举考试中，要把应试者的书艺高低列为国家取士的重要标准之一。

太宗皇上不仅勤于练笔，躬耕墨翰，常把自己所写的真草隶书张挂于屏风上，让臣下进行点评，不断地揣摩和发现自己的不足。同时，他还十分注意研究书法理论，经常与虞世南、欧阳询等人谈论书法之道。

在处理政务之余，他结合自身体验，写下了自己的书论——《笔意论》。其中一段写道：

> 学书之难，神采为上，形质次之，兼之者方可绍于古人。以其后言之，岂易多得？必使心忘于笔，手忘于书，心手遗情，书不妄想。

这实在是颇具体会的真知灼见。太宗皇上的书法真正达到了形神兼备、炉火纯青的境界。

这些年，太宗曾多次下诏，并派出官员到国内各地搜求购买古哲先贤的墨宝。目前，大内藏有钟繇、王羲之、王献之等人的书法作品多达一千五百一十卷，仅王羲之一人的真迹就有两千六百多页。

尽管收藏如此之多，但太宗皇上梦寐以求的王羲之的《兰亭序》真迹却始终未能得到。他经常拿在手中观赏的仅仅是《兰亭序帖》和刻石拓片《乐毅论》。

《兰亭序》是王羲之平生最得意的一件书作，也是自东晋以来流传至今的稀世珍宝。

它始作于东晋永和九年（公元353年）的祓禊节。南方的祓禊节，类似于北方的三月三。这一天，人们往往成群结队地去野外踏青，到河边洗濯，互相泼水，以期洗去往年的污垢和晦气，求得新的一年的吉祥和顺利。

东晋穆帝永和九年的三月三这天，王羲之和他的四十一位文坛好友在会稽山的兰亭举行集会，饮酒作书，过祓禊节。

王羲之为此盛会作序，酒过三巡之后，铺蚕茧纸，挥鼠须笔，文不加点，一气呵成。全文二十八行，三百二十四字，字体飘逸飞动、超然俊拔。其中二十个"之"字各不相同，令人叹为观止。

太宗期盼得到这份稀世珍宝已经数十年，而始终未能圆梦，这几乎已经成了他的一块心病。

有一天，他又与虞世南谈起了此事，分析《兰亭序》可能落到了何处。虞世南说道："自其成书至今，已历二百多年，其间迭经战火兵乱，《兰亭序》一张薄纸不一定还留存于世。当年臣师从智永大师学书时，曾听人说，这件墨宝王家世代相传，已传至书圣的七世孙智永大师手中。但臣却始终未得一见，智永大师也一直矢口否认。后来，人们又说，智永大师在临终之前又传给了他最得意的弟子辩才和尚，并叮嘱他要永远珍藏，秘不示人。这些也只是道听途说，或是谣传，未必可信。"

"那辩才现在何处？"

"仍在越州永欣寺为住持。"

既然有这样一条重要线索，太宗如何肯轻易放过？就是大海捞针，他也想千方百计把它捞到。于是他急忙降旨，将辩才和尚召至京师。

不料，辩才却信誓旦旦说他平生从未见过《兰亭序》，而且他师父智永大师也从未见过。至于江湖上的流言，仅仅是众口讹传罢了。

太宗无可奈何，只能长叹一声，眼睁睁地看着辩才和尚离开长安，返回永欣寺。

不久，老臣萧瑀得知此事，立即面见太宗，自告奋勇去永欣寺，设法弄到《兰亭序》，以遂皇上朝思暮想之愿。

太宗甚喜，立即准旨，让萧瑀不日成行。一再嘱咐他要小心行事，千万不要露了马脚。

辩才和尚一口回绝了太宗，惴惴不安地回到了永欣寺。这可是欺君之罪，依律应当杀头。但是，师命不可违，就是杀头也不能把恩师的这件家宝交出去。夜深人静之时，他悄悄地潜入密室，再一次检查了一遍这件宝贝，见它完好无损地藏在那里，始觉放心。在这个世界上，只有他一个人知道这个秘密，只要自己不说，便可万无一失。

这日傍晚，正是落霞满天，飞鸟归林的时候，辩才和尚正在大雄宝殿中打坐诵经，见从寺门外走进一位客商。这客商约有五十多岁，身材颀长，须髯疏朗，一身青布长衫，右肩上背了个包袱，一副风尘仆仆的样子。

他也不进大殿，只在院内碑林中来回走动，不时地弯下身凝神端视着各幢碑碣上的书画石刻。

原来，这永欣寺中自从智永和尚成为名噪海内的书法大师以后，便有国内各地的书画家不时地前来造访，谈书论道之余，总要留下些墨宝，或作书，或绘画。智永和尚便从这些书画中选出精品，让人摹刻于碑碣之上，立于院中，时间久了，竟成了一座碑林。

辩才做完晚课起身来到碑林之中，走到那人身边说道："阿弥陀佛，敢问这位施主是从何处而来？为何不进殿却在此留恋？"

那人似是被从痴迷沉醉中突然惊醒，抬头看看辩才，忙深深施礼道："这位大帅，弟子经商路过此地，本欲到宝刹敬一炷香，不想被这碑林吸引了，这些碑碣真可谓幅幅锦绣，字字珠玑，一时看呆了，竟忘了参拜大师。"

见此人温文尔雅，言谈举止不俗，一身书卷气，辩才和尚顿生好感，便笑笑说道："既然如此，施主何不先至后院客房内歇息，待明日再细细品评？"

那客人却不肯，坚持要先去大殿敬香参佛，行叩拜之礼。礼拜已毕，方随辩才至后院禅房中住下。

客商坐定之后，看看这位须眉皆白、童颜鹤发的老僧，不禁肃然起敬，说道："请问老仙师，您的法号该如何称呼？"

"老衲当年由恩师赐法号辩才，在寺中住持已有数十个春秋。敢问施主尊讳？"

客商笑道："在下姓萧，单名一个'伟'字。不怕仙师见笑，萧某是文人经商，江南塞北贩卖些字画古董。虽说身上不免染些铜臭，但心向佛祖，一向好住深山古刹之中，一来可虔诚拜佛，二来可于各类寺院中瞻仰古人墨宝石刻，以饱眼福。今见大师如此谦和大度，并不问客家身份便坦然相留，实于内心敬佩有加。"说着，从怀中取出一锭白银，递给辩才道："就请大师吩咐买些斋饭，在下与大师共进晚餐，边吃边谈如何？"

辩才忙笑着推拒道："施主此话差矣，出家人不沾黄白之物。所食斋饭全赖田里收获，每年略有盈余。施主但请放心住下，一日三餐，住个一月两月尚不足虑。"

说着话，已有小和尚送上斋饭，不过是两碗米饭，一盘鲜笋，两碟咸萝卜条、咸青豆。

二人草草吃过晚饭，辩才命小僧撤去碗具，又送上一壶清茶。辩才说道："适才见萧施主在碑林间徜徉往返，几致忘己，想必对于书画一道也颇有造诣。"

萧瑀忙道："蒙大师谬奖，弟子颇觉汗颜。贵寺碑林中的书法和画作都颇多精品，神韵之精妙，意趣之高远，都是弟子在国内其他寺庙中从未见过的。今日一见，真是三生有幸。弟子因经营此道，常年混迹于书画瀚海之中，也便多少涉猎些书画知识，以故有此偏爱。"

听他这样说，辩才便有些得意之色，微微一笑道："贫僧的恩师智永禅师不仅一生弘扬佛法，而且更擅长书法。他本是书圣王羲之的嫡派子孙，又颖悟异人，因而他的书画亦是当今妙品，也便引来了四海之内的许多书画大家为敝寺留下了许多墨宝。"

萧瑀见他渐渐上道，内心窃喜，便趁机说道："弟子平生倾慕书圣，对智永大师的大名也是早有耳闻。只是此生来到这世上太晚，无缘拜访。不过，这些年在各地倒是十分留心收购书圣的墨迹，见是真作，则不惜重金购之。"

辩才见这客人也是书圣的追慕者，算得上自己的同道，便高兴地说道："原来客官与书圣和先师也有些缘分，怪不得一见之下，便觉得客官言谈儒雅，并不像个普通的经商之客。"

萧瑀心中一惊，忙掩饰道："在下少年读书，也曾矢志翰墨。只是家道中落，不得已弃文经商，又不甘身堕俗流，加之家中也颇有些书画收藏，便选择了经营文墨书画一途。"

"这么说，客官府上一定是书香门第？"

萧瑀苦笑道："不瞒仙师，弟子原是前朝梁元帝之曾孙，如今家道败落，以祖上所遗书画为资，便干起了这种倒腾文墨古玩的生意。"

辩才大吃一惊："啊呀，原来足下出身帝王之家，真正的天潢贵胄，龙子龙孙。恕老僧肉眼凡胎，有眼不识真人，罪过罪过。"

萧瑀忙说道："大师取笑了。萧伟眼下不过一介布衣，一个漂泊江湖的小商小贩，何足道哉？"

二人闲话多时，相互间已经熟稔，且生出了些相见恨晚之感。看看天近子时，辩才和尚方告辞回到自己的禅房，大家各自安歇。

第二日用过早斋，萧瑀对辩才说道："弟子有一批贵重书画寄存于寺外船舶之中，由一个家童看着，甚不放心，今日须要取来。这些翰墨也正好借大师一双慧眼鉴定一下真伪。"

辩才应允道："既如此，足下可速去速回，贫僧在寒寺中略备些精美的斋饭静候足下归来。"

萧瑀忙说："万勿增添麻烦，大师只管忙您的，不必刻意等在下。"说罢躬身施礼，快步下山。

不料萧瑀这一去竟一连三日未归。辩才和尚每日数次到寺外翘首相望，却不见踪影，心中不免焦躁，暗暗为他担忧。

第四日晌午时，辩才又来到寺外一处山头，在一棵古松旁向山下遥望，见半山腰里有一人身背包袱，正急匆匆地走来。

仔细打量，来人正是萧瑀。辩才忙紧走几步迎上去，拉住萧瑀的手说道："足下怎么去了这么多日子，倒叫老衲好生挂念。"

萧瑀不好意思地说道："在下此次下山遇上了一些俗务，一时脱不开身，让大师久等了。"

二人寒暄着进了山门到辩才的禅房坐下。几个小沙弥急忙煮水泡茶，跑前跑后忙碌地伺候着。

萧瑀从肩上卸下一个包裹，置于身边，与辩才相对饮茶。待喘息已定，方才对辩才说道："弟子从船舱中取来几件祖传家宝，还请大师雅鉴。"说着，便取过那个暗红色的包裹放在书案上。解开扣结儿，三层绢裹之内竟是一个锦缎儿卷筒。然后，又从卷筒内抽出一个紫檀木长匣。那紫檀木长匣上三面镶嵌金龙文饰，一看便知是皇家之物。在匣正面的盖子上有三个嵌金篆字"百兽图"。

萧瑀小心翼翼地打开长匣，展开画卷，辩才上前看时，见上面狮、虎、象、鹿等各种瑞兽千姿百态，栩栩如生，或威猛，或温顺，或驰奔，或安卧，或引颈怒吼，或闭目养神，神态各异，惟妙惟肖。旁边是梁元帝萧绎亲题的三行朱字小跋。辩才仔细审视良久，叹口气道："久闻梁元帝长于丹青，尤擅禽兽，今日观之，果然名不虚传。此画出自天家之手，可谓价值连城，足下可要格外小心。"

"大师说得是。此乃元帝手迹百兽图，据说为画此卷费了他数月的工夫。他自己也甚为珍视。萧某自受家宝以来，不管漂泊何处，总是随身携带，视为身家性命一般，几十年秘不示人。今日得遇大师，既是书画界高人，萧某在心中引为知音，因而特意带上山来，敬请大师鉴赏。"

辩才默默地看着画卷，心中暗想，这位萧居士看来也是位笃诚敦厚的仁人君子。相识没有几天，便将如此贵重的东西示人，实在难得。将心比心，自己也应该以诚相待才是，便说道："梁元帝不仅画艺精湛，观其题跋，书法似乎也与王羲之、王献之一脉相承。家学如此深厚，足下想必也是学识渊博，书艺精湛，还望不吝赐教。"

萧瑀忙说道："不敢不敢，萧某毕竟是商场俗人，书艺平平，虽然颇爱收藏，不过是临渊羡鱼罢了。大师乃书圣一门嫡传亲授，潜心书道几十年，功力一定极为深厚。所见墨宝又多，见识定然不凡。在下还收藏了几件书圣的墨迹，真假莫辨。此次也一并带上山来，还请大师代为鉴别。"

听说他身上带着书圣的墨宝，辩才不禁瞪大了眼睛，忙说："贫僧对书圣的书法揣摩数十年，若是他老人家的墨迹，自谓能识得真假。足下可取来，老衲不揣冒昧，愿一辨真伪。"

于是，萧瑀又从包裹中取出三五件书作铺在案上。辩才仔细看过，说道："这些作品确系书圣手迹，毋庸置疑。不过，恕老衲直言，这几件均非书圣的上乘之作。"

在来越州之前，太宗皇上亲自陪着萧瑀去大内库房挑选了这几件王羲之的真草书作，原以为珍贵无比，不料辩才并不十分看重。

萧瑀故作惊诧道："萧某也知道，若在当时，这些并非上乘之作。但是，书圣弃世已近三百年，时移年湮，其真迹留存于世者已鲜如凤毛麟角，能收藏这么几件在下已感到极为不易了。"

辩才淡淡一笑："不瞒足下说，若说"二王"的真迹，老僧这禅房中便有几件。"说着，从书案后面的书架上取下一个木盒，从中拿出几卷长幅，小心翼翼地挂在墙上。萧瑀走上前去，目不转睛地看了多时，叹口气道："大师可真是藏珠纳宝的高手。斗室之中竟有如此世间珍宝，今日萧某算是大开眼界了。"

辩才却叹道："书圣一生挥毫不辍，书作以数十万计。虽然几百年过去了，留存于世者亦当不少。贫僧这几件虽属"二王"上品，怕是还算不上精品哩。"

萧瑀接着道："萧某猜度，书圣的绝世之作在这个世上恐怕也只有大师这几件了。"

辩才不以为然道："足下如此说就有失偏颇了。据贫僧所知，这世上怕是还有书圣的极品也未可知。"

萧瑀连连摇头道："萧某当然知道，书圣的惊世之作乃是他平生最得意的《兰亭序》。但是早已毁于兵锋战火，从这世上销踪绝迹了。也是我们这些后人无福，再也无缘得见这样一件空前绝后的书界至宝了，想来真是令人扼腕叹息。"

辩才和尚沉默了，见眼前这位至诚君子如此痛惜，心中略感不安。人家对自己赤诚相待，把传家之宝和最珍贵的收藏都拿了出来，毫无戒心地让自己观赏，自己也该将原本《兰亭序》拿出来，让他看一眼，以慰其平生之愿才是。

　　但转念一想，不可，不可，还是要谨遵师命，永不示人。他再看看萧瑀，仍站在书圣的长幅前仔细观瞻，一副心无旁骛、如醉如痴的样子，心头顿时生出一种深深的愧疚之感。暗自思忖道："自己诚心事佛至今，当以忠正善良、诚实无欺待人才是。《诗经》云：投之以桃，报之以李。人以诚信待我，我怎能以欺诈对人？"

　　想到这里，他对萧瑀说道："足下对书圣如此追慕，令老衲深为感动。老衲还有些书家秘品，也请足下一并鉴赏。"说完，引着萧瑀来到后面一处幽静的小院，院中建有三间厅房。其中一间会客，其余两间挂满了古今名家的字画，真正是琳琅满目，精彩纷呈。萧瑀大致浏览了一遍，便又在书圣的一帧《乐毅论》前久久伫立，一边观看，一边赞叹："书圣之作真不愧是千古绝笔。就这幅《乐毅论》，已是前无古人，后无来者。若是《兰亭序》尚留人间，更不知要为这个世界增添多少光彩。唉，上苍选万物，钟其神灵于一身，能得此神灵者，数千年不出一人。《兰亭序》失传，真乃人间之大悲哀，可惜，可恨……"

　　辩才见状，心中老大不忍，走到他身边轻声说道："足下也不必如此懊恼，其实，书圣的《兰亭序》真迹不但尚留人世，而且就在贫僧这三间陋室之内。"

　　萧瑀做出一副根本不信的样子，摇头哂笑道："这怎么可能？萧某足迹踏遍大江南北，造访高人名士无数，人人皆说《兰亭序》已不复存在。大师这里若有一件，也定是赝品无疑。"

　　经他这样一激，辩才似乎有些生气。但他毕竟已是八十多岁的人了，沉稳老练有余，也不与他争辩，径去东间壁房之中颤巍巍地爬上阁楼，便听得头顶上窸窸窣窣一阵响动，不一会儿又回到正厅。他随手拿了一个桐木长筒，从中倒出了一个泛黄的纱卷来，层层剥去缠裹在上面的黄绢灰缕之后，才显出了一卷淡黄色的蚕茧宣纸。二人轻轻将宣纸铺在书案上，数行潇洒飘逸的墨迹赫然映入眼帘：

　　　　永和九年，岁在癸丑，暮春之初，会于会稽山阴之兰亭，修禊事也。群贤毕至，少长咸集。此地有崇山峻岭，茂林修竹，又有清流激湍，映带左右，引以为流觞曲水，列坐其次。虽无丝竹管弦之盛，一觞一咏，亦足以畅叙幽情……

如此稀世珍宝，居然真在老和尚这里。萧瑀惊得倒吸一口冷气。但他很快稳住神，故意说道："此品虽有几分像真的，但毕竟真伪难辨，会不会是书圣众弟子的临摹之作呢？"

辩才分辩道："足下此言便有些外行了。当年书圣与文友们在兰亭之内轮番把盏，在微醺之时，乘兴走笔，可谓行云流水，龙吟凤啸。如此神来之笔，就是书圣自己酒醒之后又再三再四重写，却都不如前。便干脆把后来所写的全部撕碎，弃于池水之中。因此，本人无重写之嫌，也不准其弟子冒名临摹，并将此书藏之书柜之中，永不示人，以传后世。再说，仅这蚕茧纸也是当时手工作坊的产物。而字行间亦安排得自然和谐，如有神助。其中整整二十个'之'字，个个皆不相同，多彩多姿，错落有致，换之则失和谐之美，此必是书圣之作无疑。居士不妨屏息静气，逐句逐字细加揣摩，方可领悟其个中神韵。"

萧瑀又上前仔细观赏。其实不用看了，这千真万确是书圣的真迹，也正是当今皇上几十年连做梦都想得到的绝世佳品。这可真是踏破铁鞋无觅处，得来全不费工夫，上天眷顾，今日总算让我见到了！眼下的问题是，如何才能把它亲手抱回京师，呈献给皇上？

他不敢显得太急，这宝贝还没有真正到手，万不可粗心大意，让煮熟的鸭子再飞了。于是，他以手抚额，长长地舒了口气，说道："谢谢大师，今日总算亲眼看到这件千秋瑰宝了，萧某此生于愿足矣。请大师赶快把它收藏好了。恕在下多嘴，这几间禅房平日亦应多派僧众看护才好。"

辩才笑道："不急不急。足下能将传家之宝让贫僧观玩，对贫僧信任有加，贫僧自然也应该投桃报李。贫僧就把书圣的真迹置于这厅堂之中，供足下尽情观赏几日，待足下走后再收藏不迟。再说，敝寺中藏有此宝，这世上只有你我知道，再无第三人知情。这几夜咱们二人便宿在这厅堂之中，可保万无一失。"萧瑀本是用的欲擒故纵之计，见他如此说，忙顺水推舟，说道："蒙大师盛情，在下不胜感激。若能与大师同居此室，既可日夜观赏书圣大作，熟记于心，又可旦夕向大师请教，实乃天大的幸事，在下就恭敬不如从命了。"

这样，萧瑀便在这厅房中一连住了三四天，每日除了与辩才谈书论画外，一有时间便静坐在《兰亭序》前仔细观看，还不时地以右手指在左掌上写写画画，似是要把那上面的一笔一画、一勾一捺都刻在手上，甚或是刻在心里。

第五天一大早，辩才便对萧瑀说道："今日贫僧要去南山溪村做法事，到午后方可归来，足下可在寺中随意观玩。"

萧瑀说："大师自可去山下忙佛事，在下就在这厅堂里等候，也可将《兰亭序》再熟记几遍。过两天在下也就要走了，外面毕竟还有些生意要跑一跑。"

辩才道："如此也好，贫僧与足下相识一场，也算是知音，有些话还要对足下说，等我回来今晚为你饯行。"说完便匆匆下山而去。

辩才走了大约一个时辰，萧瑀心中咚咚乱跳如打鼓一般，这可是千载难逢的时机，此时下手，易如反掌。但堂堂大唐老臣竟做这鼠窃狗偷之事，实在令人不齿。再说，大师待自己如同上宾，坦诚相待，毫无防范之心，自己却这样偷窃而去，岂不留骂名于千古？

不过又一想，君命不可违。就是为此而留下骂名，那也是皇上的事，自己尚在其次。机不可失，时不再来。对不起了，老仙师，休骂萧某无赖，实是迫不得已。

一念及此，萧瑀急忙行动，他将《兰亭序》真迹和自己所带来的"二王"手书仔细包好，罩于长衫底下，却把先祖的《百兽图》和一张帖子留于案上，不慌不忙地离寺下山而去。寺中僧人知道萧瑀是大师的客人，也不过问，任其离去。

待到午后未时，辩才和尚回来不见了萧瑀，却见案上有一张帖子，上面写道：

> 辩才大师：
> 吾奉皇上诏命，来取书圣真迹《兰亭序》。今已取走，幸勿结记。数日相处，不胜感激，留先祖《百兽图》一卷，以为存念。鲁莽之处，尚祈海涵。
>
> 萧瑀顿首

辩才未及读完，早已老泪纵横。一口气上不来，竟"哎哟"一声昏倒于地。

萧瑀带着《兰亭序》来到江边自己的船上，尚未坐定，便急令左右开船。

那小船如离弦之箭，沿运河急速北上，至洛阳又沿黄河转而向西，不几日便回到长安。

萧瑀不敢滞留，径往后宫叩见太宗。

太宗见萧瑀虽说又黑又瘦，风尘仆仆，却是一脸得意之色，便笑道："朕料爱卿此行一定不辱使命。"

萧瑀道："微臣虽说费尽千辛万苦，却是托皇上的福，总算把书圣的《兰亭序》真迹带回来了。"说着把《兰亭序》呈上。

太宗急不可耐地把《兰亭序》接过来，命左右展开，屏息凝神，仔细观赏多时，禁不住哈哈大笑："好啊，太妙了，书圣终不负朕。"

自从得了《兰亭序》，太宗皇上早晚观赏，日日临摹，爱不释手，连睡觉时都置于床榻之侧，形影不离。

随后，他下令大内拓书匠各自临摹了数十本，分赠房玄龄、魏徵、长孙无忌、孔颖达、高士廉、马周、唐俭以及虞世南、欧阳询等弘文馆学士，令他们日日观赏并分别珍藏。

这些事办完之后，太宗又突然想起了永欣寺的辩才和尚，便招来萧瑀说道："永欣寺住持辩才藏匿《兰亭序》，欺瞒朕躬，当如何治罪？"

萧瑀一听，吓得心里咯噔一下。自己连骗带偷，千方百计把《兰亭序》挖到手，已觉得十二分对不住辩才大师，如今再治其罪，于心何忍？便慌忙跪倒在地，急切谏道："陛下，辩才谨遵师命，秘藏《兰亭序》永不示人，以期传之千秋万代。虽说欺君之罪依律当斩，但念其事出有因，还望陛下法外开恩。"

太宗见萧瑀霎时间急得满头大汗，忙笑道："爱卿勿慌，辩才上承师训，又有当年书圣遗嘱，朕焉能不知？再说，堂堂大唐天子竟行此骗术，虽说窃书者不为偷，但总不是一件光彩体面的事，朕这心里也不那么踏实。因此，朕不仅不究其罪，还要重加奖赏。"

于是太宗颁诏：辩才法师献宝有功，着赐黄金五千两，彩绢两千匹，谷物一千石。重修永欣寺，对寺中诸神再塑金身。所需银两即从越州地方府库就近划拨。

诏命一下，永欣寺及辩才和尚名声大噪，四方香客纷至沓来，络绎不绝。一时山门鼎盛，香火兴旺，数十年间历久不衰。

然而，金银也罢，绢帛也罢，声名远扬和寺庙繁华也罢，这一切都无法冲淡辩才和尚内心的懊恼、羞愧和悔恨。他气结于胸，精神恍惚，食水不进，终至抑郁成疾，一年后圆寂于禅房内恩师智永和尚的画像前。

第二十九章　志得意满　渐不克终

太上皇驾崩还不到一年，长孙皇后又病倒了。

长孙皇后素来身体羸弱，小病小恙一直不断，但没有什么大病，经御医们调治一下或是好好静养几天也就好了。

但这一次病情却来势凶猛，开始是高烧不退，后来便哮喘不止，张着口拉风箱似的大喘，气仍然不够用，常常是整宿整宿地半跪半卧在床上不能入睡。

太宗皇上心急如焚。长孙皇后与他始终互相帮衬，互相扶持，相濡以沫，你敬我爱。

长孙皇后是传统型的女人，她知书达礼，勤俭质朴，又天资聪颖，善解人意。尤其是当了皇后这些年，她以六宫之主的身份把整个后宫治理得融洽和睦，秩序井然，上下尊卑，各得所安。那些妃嫔们都以长孙皇后为楷模，自觉地崇尚俭朴，约束自己，你尊我让，和睦相处，决不干预朝政，也不许家人恃宠弄法，不给皇上添一点祸乱，使太宗没有半点后顾之忧，集中全部精力来处理国家大事。

长孙皇后始终信奉夫唱妇随的伦理道德，一切以太宗皇上为轴心。她是大家闺秀，经历过风雨，见过世面，有涵养，有见识，识大体，懂礼仪，上得了厅堂，也下得了灶堂，真正的心胸开阔、能屈能伸。即使在太宗喜欢上了别的女人时，她也不妒不怒，最多是良言相劝。劝说没有结果，她便顺水推舟，与她们相处得像亲姐妹一样，从而赢得了其他妃嫔的信赖和尊重，不怒而威，使其母仪天下的地位始终稳如磐石。

她对待其他妃嫔的孩子就像对待自己的亲生骨肉一样，关心照顾，呵护有加。对于她的公爹——高祖皇上更是竭尽儿媳的孝道，晨昏定省，嘘寒问暖，一切礼数不肯稍废。所谓幼吾幼以及人之幼，老吾老以及人之老。她的贤淑美德早在满朝文武甚至是国内庶民中传为佳话。

太宗皇上觉得，自己与长孙皇后是天生的一对，地配的一双，是真正的天作之合。一个主外，一个主内；一个治国，一个持家，是刚柔相济，表里相辅的千古典范。

可是如今皇后却病了，而且病得这么重。太宗皇上如何能不着慌？他真不知道没有长孙皇后的日子自己将怎样过。

因此，他严令太医院的所有御医必须想尽一切办法挽救皇后的生命。也向全国各地发出榜文，在四海之内征请地方名医为皇后治病。

但是这一切似乎都是徒劳的，长孙皇后的病情丝毫未见减轻，而且日趋严重。

太宗只好把朝政交给宰相和朝臣们去处理，自己则整天整夜地陪在长孙皇后的病床边。

长孙皇后唯恐自己的病让太宗荒怠了朝政，便说道："皇上，臣妾这是老毛病了，不要紧的。朝廷上有一大摊子事，皇上不能老陪在这里。若是因为臣妾耽搁了国家大事，臣妾心里不安，于病情更为不利。"

这样一再催促，太宗只好忧心忡忡地去上朝，却让太子承乾守候在母后的身边，有什么事要随时报告。

太子承乾守候了二十多天，见母后的病情日渐加重，身上已经瘦得皮包骨头，连翻身的力气都没有了。他心如刀割，泪流满面地对长孙皇后说道："母后，医药备尽而病不见轻，不如奏请父皇，大赦天下罪人并度人入道，或许可获冥福，延母后之寿。"

长孙皇后看看儿子，勉强笑了笑，有气无力地说道："傻孩子，净说糊涂话。生死有命，不是人力所能挽回的。若是修福可以延寿，我一生不曾做过一件坏事，岂能短寿？若是行善对延寿无益，我还有何求？况且赦免罪犯乃是国家大事，佛教乃是异域之教，皆皇上平日所不为，岂可因我一人而乱天下大法？你乃国之储君，千万不可做蠢事。"

李承乾心里着急，却不敢上奏父皇，只好悄悄地跟房玄龄说了。

房玄龄立即上言太宗，其他大臣也都万分焦急，纷纷上疏，要求发布大赦令，为他们这位贤明的皇后祈福延寿。皇后不只是皇上一家的，也不仅仅是后宫之内的，她是大唐朝廷的，是天下子民的，有一个开明的皇后就等于有半个英明的君王，无数的历史事实都证明了这一点。

太宗准奏，打算发布大赦天下的诏令。这事让病床上的皇后知道了，她火急地派人把太宗找来，满面怒色地说道："皇上万不可开此恶例，否则臣妾将负罪国人，死不瞑目。"这样一再固争，太宗只好停止下诏。

御医们对长孙皇后的病已经束手无策，皇上、太子和朝臣们着急也好，恐惧也好，千方百计四处求医寻药也好，一切努力终归徒劳。也许，人的命数真是上天早就注定了的。进入贞观十年（公元636年）六月，长孙皇后的生命里程走到了最后一站，已近乎弥留状态。

长孙皇后感到自己时日不多了，她要与皇上做最后的诀别，并要见见几位宰相，以托后事。

太宗将魏徵、王珪、马周、萧瑀等带到长孙皇后的病榻前。皇后深情地看看几位宰相，喘着粗气说道："诸位老宰相按年龄都该是臣妾的长辈，你们秉忠体国，殚精竭虑辅佐皇上，才有了大唐的今天。我要走了，病弱之身不能施礼，只能最后说一声'谢谢'了。"

"皇后……"几位老臣叫了一声，齐齐地跪在了皇后面前。

这么些年了，魏徵还从没有流过泪，可此时他却老泪纵横、泣不成声地说道："皇后，您言重了。为朝廷做些事，那是老臣们的职分。能遇上这样的好皇上，好皇后，那是老臣们的福分。皇后放心吧，臣等定会为大唐肝脑涂地，死而后已，以报皇上、皇后的知遇之恩。"

待几位老臣平身之后，长孙皇后突然问太宗道："房相有什么事，怎么没来呢？"

"这……"太宗一时语塞。几位宰相也都面面相觑，不知怎么回答。

原来，前几天朝廷中又发生了一件事。

监察御史高季辅在审理一些陈年积案时，发现了已故宰相封德彝生前潜持两端，暗中勾结原太子建成和齐王元吉，为建成谋逆集团的主要元凶之一。于是顺藤摸瓜，详细收集他的种种谋逆罪状。这才发现，这个封德彝几乎终其一生都在玩弄权术，阴一套阳一套，以其老奸巨猾骗取了隋、唐四代帝王的信任，在众多的宰相和朝臣之中也是处处结好，八面玲珑。

他与原宰相萧瑀是好朋友，大唐建立之初，因萧瑀向高祖极力推荐而被任为宰相。

太宗即位之后，仍保留了他与萧瑀等人的宰相之位。在朝堂上，议论国家大政时，他从来不主动提出自己的意见，等萧瑀提出以后，他又吹毛求疵，总能找出一些不足之处，淡淡地指责几句。有时则当面不表态，退朝之后便在背后说萧瑀的坏话，把他的建议说得一无是处，从而使太宗皇上也被其蒙骗，对萧瑀的印象越来越糟。

他见房玄龄、杜如晦、长孙无忌是太宗皇上面前最受宠的大红人，便千方百计地讨好巴结这些当朝新贵。尤其是房玄龄，认为封德彝是老成谋国之臣，而对萧瑀的为人处世却不以为然。

高季辅上书弹劾封德彝，揭发了他种种迹近谋反的罪状，尤其是他接受建成、元吉的重贿，数次在高祖面前为他们说话的事实让太宗甚感惊骇。

太宗皇上一直自诩知人善任，想不到竟被这只老狐狸骗了十几年，直到他死后才看清了他的真面目。现在看来，当初以萧瑀与陈叔达在朝堂上争执咆哮为借口，将他们双双罢官，虽说是为了给一些新秀让位子，但也不能否认这里面有封德彝长期诋毁的因素在内。

太宗在愧悔盛怒之下，立即降旨，剥夺封德彝生前的一切官爵，重新起用萧瑀，以宰相的身份参知政事。同时，也便有些迁怒于房玄龄，令其暂且回府反省。

太宗不想把这件事告诉在病中的长孙皇后，便说道："玄龄近日有点过失，朕让他回府反省数日，故而未能前来。"

长孙皇后有些惊讶，房玄龄能有什么大的过失？但她不想细问，也没有力气再细问，便说道："房相辅佐陛下日久，小心慎缜，未尝有过大的过失，苟无大过，愿陛下与之终生君臣相守，万勿弃之。"

太宗只觉得心头一阵发热，忙说道："皇后无须挂念，朕心里有数，过几天朕便召玄龄还朝。"

皇后点点头，喘了一大阵，又说道："妾之本宗亲属许多是因为臣妾的关系才得以升官加禄，非因德才举官，久后易致颠危。要想使长孙家子孙保全，就不要让他们任权要之职，只以外戚的身份参与朝政也就够了，这是臣妾的一块心病，尚望陛下答应臣妾。"

太宗默默地听着，只好频频点头。

"皇上，臣妾自知大限已到……"

"皇后，不会的，你还年轻，不要说这些……"太宗双眼中注满了泪水，声音颤抖地说道。

长孙皇后却摇头制止了他，继续说道："妾身生时没有为百姓们做什么好事，不可再因臣妾之死贻害百姓。愿皇上万勿为臣妾的陵墓而劳费天下。只依山建坟，可省工役，所葬器物只限瓦木即可——皇上，臣妾要走了，不能再陪您了。愿陛下亲君子，远小人，纳忠谏，屏谗慝，妾虽于九泉之下亦无所憾恨。"

太宗再也控制不住自己，热泪夺眶而出，流了满脸满腮，他紧握着皇后枯瘦的双手，将泪脸深埋在她的双手之间。他极力不让自己哭出声来，而两只肩膀却在不停地抖动。

几位老臣也早已满脸泪水，王珪忍不住抽咽出声，赶紧捂住嘴巴，颤巍巍地跑到了外间。

长孙皇后从衣带中掏出了一个布兜，说道："自从那年陛下圣躬不豫，臣妾便随身带着它，如今用不着了。"

"这是什么？"太宗泪眼婆娑地问道。

皇后微微一笑："是毒药。"

太宗吃惊地睁大了眼睛，一把将布兜抢了过去："这……这是为什么？"

"皇上倘有万一，臣妾亦不独生，誓以死从乘舆于九泉，以免后宫专权干政，重蹈吕后祸国覆辙。"

太宗只觉得一颗心被绞碎了。他再也把持不住自己，将头伏在皇后的病体上号啕大哭起来。

贞观十年七月二十八日，一代贤后长孙氏溘然长逝。满朝文武闻讯后无不跌足失声，举国悲悼，万民举哀，这是一种发自内心的深深的悼念。

长孙皇后薨逝的第二天，太宗宣诏房玄龄还朝，仍任首辅宰相，并由他和魏徵主办皇后的丧事。

遵照皇后的遗言，太宗下旨薄葬。依九嵕山之势，凿石为墓，称作昭陵。凿石之工仅用百余人，数十日而毕。陵内不用任何金玉之器，人马器皿全都用土木制作而成，仅具形式而已。

为了寄托自己的哀思，太宗亲撰碑文。

长孙皇后安葬之后，太宗皇上一直独宿于御书房内，他无意见任何妃嫔。

一天晚饭之后，杨贤妃却来见他了。她一身缟衣，满脸悲戚，长孙皇后的去世对她来说就像姐姐和母亲去世一样，令她痛不欲生。

见她进门后怀里抱着一摞书，太宗困惑地问道："那是什么？"

"是皇后生前撰写的《女则》三十卷。"

"哦，皇后还写过书？朕怎么不知道？"

"皇后说她撰写这些书只是为了使自己引为鉴戒，登不得大雅之堂，因此不愿让皇上知道。如今皇后殁了，臣妾不敢自专，想来想去，还是交给皇上好。再说，放在臣妾那里，睹物思人，臣妾实在受不了。"

太宗如获至宝，急忙把书卷接在手里。他让杨贤妃先回去，自己却通宵不眠，一页页地翻阅着。不错，是长孙皇后的笔迹，每一页都是那种一丝不苟的蝇头小楷。

《女则》三十卷都是选取古代一些名望较高的妇人的得失编成故事，寓训诚于其中。

怪不得皇后会如此贤明通达，见识深远，原来她也是在事事以古为鉴。

太宗在一字一句地细读着，品味着，就像与皇后相对而坐，听她娓娓道来。

皇后端庄秀丽的面容不断地出现在他的脑海里，他们朝夕相处的许多往事又开始在他的胸腔里翻滚奔涌。

长孙安业是长孙皇后的异母兄弟，嗜酒无赖。父亲病故后，长孙安业以长兄的身份把持家门，将未成年的长孙皇后和其胞兄长孙无忌斥逐到舅父高士廉家中。可妹妹当了皇后之后却不计前嫌，对长孙安业恩礼甚厚，使其官至监门将军。后来长孙安业参与了谋反事件，依律当斩，皇后竟哭着为他求情，说："安业之罪诚当万死，但他当年对妾不慈，天下皆知。今处以极刑，人们必定认为是妾身在有意报复，恐亦为圣朝之累。"结果安业得以免死，仅以流放了事……

贞观六年（公元632年），长孙皇后的亲生女儿要出嫁，太宗十分喜爱这个女儿，便敕令内务府增其嫁妆为永嘉公主（太宗的妹妹）嫁妆的一倍。魏徵认为不妥，为此进谏，太宗只好收回成命。太宗回后宫告知长孙皇后，长孙皇后感叹道："妾尝闻陛下称重魏徵，初不知何故。今观其引礼义以抑人主之情，真乃社稷之臣。妾与陛下是结发夫妇，还需曲承恩礼，每次说话都要先揣摩陛下的心思，不敢轻易冒犯威严。魏徵乃一外臣，却能如此抗争，实在难得，陛下不可不从。"为此，长孙皇后还派中使赐钱400缗、绢400匹送至魏徵府中，并转告说："闻公正直，今乃见之，故以相贺。公宜常秉此德，勿转移也……"

在后宫之中，皇后教育诸位王子总是以"谦俭为先"。有一次，太子承乾的乳母遂安夫人向皇后禀报，说东宫器用不足，皇后却不允许增置，说道："为太子，患在德不立，名不扬，何患无器用？"而对于早年丧母的豫章公主，皇后却将她收养，慈爱呵护如亲生一般……

有一年，太宗十分喜爱的一匹名贵骏马突然莫名其妙地死于厩中。太宗爱马成癖，因痛惜而震怒，要处死养马人。皇后闻言进谏说："以前齐景公喜欢的一匹马死了，齐景公要杀养马人。晏子跑来对齐景公说：'这个养马人该杀，他有三大罪状。'齐景公觉得奇怪，便问有哪三大罪状？晏子说：'他把马养死，这是罪状之一；因为马死了，让国君杀人，老百姓听说了，一定怨

唐太宗李世民

恨我们的国君，这是罪状之二；诸侯听说了这事一定会认为我们的君主喜欢马而不喜欢人，从而蔑视我们的国家，这是罪状之三。'齐景公听到这里，当即释放了养马人。陛下读书也曾读过这件事，难道就不记得了？"太宗听了皇后的劝诫，幡然醒悟，不再怪罪养马人，并对房玄龄说："皇后在一些小事上对朕的劝谏于朕治国甚是有用。"

太宗皇上这样一面读，一面想，竟在不知不觉中熬过了一个不眠之夜。天亮了，该上朝了，但是太宗皇上却没有去。这些日子，他把朝中政务一股脑儿推给了群臣，自己却躲在后宫里陷入了深深的哀痛之中。

朝中文武百官谁都不曾想到，一个叱咤风云、顶天立地的英雄，一个控驭四海、气吞六合的伟人，感情竟是如此的细腻，甚至可以说是有些脆弱。太宗皇上几乎被皇后的猝然而逝击垮了，精神状态近于崩溃。

他一个多月不理朝政，不召见群臣，却令人在后苑中搭建了一座高台层观，每日在内侍太监的搀扶下爬上观顶，久久地遥望长孙皇后的陵墓，摇头叹息，唏嘘落泪。

一日散朝后，魏徵来到了后苑，陪同太宗登上了层观。

太宗向昭陵凝望了一阵，又让魏徵看。魏徵四顾观望，却又一脸茫然，说道："臣老眼昏花，什么也看不到。"

太宗没弄明白魏徵这话的用意，便用手指着昭陵的方向说道："那不是皇后的新居吗？赫然在目，你怎么看不见呢？"

魏徵忙说道："老臣还以为皇上每天在瞻望献陵（高祖李渊的陵墓）呢，原来是昭陵啊，那老臣早就看见了。"

话虽不多，却十分刁钻尖刻。太宗迷惘的心里忽然闪过了一道电光，一下子敞亮了许多。这是委婉的讽谏，是责怪自己不思念父亲却只思念妻子，更是责怪自己只知儿女情长而忘了国家大事。

他看看魏徵，苦笑道："爱卿一向以敢言直谏闻名，今日说话怎么也拐弯抹角了呢？"

"老臣知道皇上心里很苦，心头在滴血，怎么忍心再惹怒皇上？其实，又岂止皇上一人思念皇后，如此贤明的国母撒手而去，臣等哪个不是痛心疾首？可是，皇上若只是一味地沉湎于悲苦之中不能自拔，从而疏于治国，岂不是与皇后的遗愿南辕北辙？"

太宗连连点头，说道："朕知道，只是一时转不过弯来。走吧，咱们下去吧。"

君臣二人互相搀扶着走下来，太宗毅然对内侍们说道："喊人来，把它拆掉吧，朕再也不上去了。"

第二天，太宗皇上终于上朝了。

他做的第一件事就是将长孙皇后所撰的《女则》三十卷昭示群臣，而后说道："皇后此书足以垂范百世。朕并非不知天命而作无益之悲，实在是自今以后回到后宫再也听不到规谏之言了。朕失一良佐，因而不能忘怀。"

见太宗皇上渐渐地从哀思中走了出来，又开始勤理政务，群臣们悬着的心才算放到了实处。

趁这个时候，魏徵递上了一份奏表，以患目疾为由，要求辞去侍中之职，在朝担任散官。

其实，他这已经不是第一次辞官了。他总觉得自己并无大功于江山社稷，仅靠一张嘴就高居宰相之位，深恐根基不牢，群臣不服，总有一天要栽大跟头。因此，这一年多来他三番五次上表恳辞，太宗却屡屡不允。

这一次，他下了很大的决心。见上书没有回音，他便干脆去找太宗面辞。

"陛下，老臣近日目疾发作，视物模糊不清，实在不能胜任侍中之职，只求做个散官，还望陛下恩准。"

"爱卿，朕的宰相班子不能没有你。既有目疾，各种文书可少阅或不阅，让属下给你读读就是了。你只集中心思在大事上帮着朕拿拿主意。做侍中要用眼，做散官就不用眼了？"

魏徵看着太宗，诚恳地说道："皇上，老臣因为遇上了陛下这样的明君，在朝可以有所作为，因此才不忍离去。但侍中一职任事繁剧，日理万机，实在不是微臣这把老骨头所能胜任的。还是把位子让给年轻人，于朝廷于国家都有百利而无一害。"

见魏徵一片至诚，太宗不好再一味地拒绝。想想也是，他比自己大整整十八岁，又是个闲不住的人，更不肯尸位素餐。门下省那么大一个摊子，也真够这老头子受的。

"那好吧，你可不再任侍中一职，但不能只当个散官，对朝廷的一些大事要一如既往地拿主意，进谏言。"

魏徵笑笑道："这个自然，不劳皇上吩咐。臣生来就是这么张嘴，想让它不说话，连臣自己都管不住。"

太宗也笑了起来："那好吧，你先回去，朕近日便有恩旨。"

数日之后，太宗下诏，因魏徵患有眼疾，准其辞去侍中之职，但却不准他为散官，而任命他为特进，仍知门下事，朝章国典，参议得失。

对侍中一职由谁继任，太宗思虑再三，最后还是决定重新起用长孙无忌。

长孙无忌不仅是开国功臣，跟随自己南征北战建有殊勋，在玄武门事变中为拥立自己登上帝位发挥了重要作用。更重要的是，他博涉文史，胸富韬略，足堪担任宰相之职。不能因为是自己的大舅哥就埋没他一辈子。

虽然长孙皇后的临终遗言还音犹在耳，她一贯主张不让长孙家的人进入朝廷机枢，以防外戚干政。但是，太宗认为这不过是她的一种谦让。古人先贤都主张"内举不避亲"，无忌兄德才兼备，为什么就不能重用呢？

因此，对皇后的其他临终遗愿太宗都毫不打折扣地一一照办了，唯有这一点没有照办。放心吧，皇后，有朕在，外戚也好，后宫也好，都不能干扰左右朝政。大唐的江山不会重蹈诸吕乱汉的覆辙。

此后不久，太宗与房玄龄、长孙无忌一行因事巡幸显仁宫。显仁宫在长安西北七十里，是当年隋炀帝修建的。接受了上次修缮洛阳宫的教训，太宗没有下旨对显仁宫进行修整便突然驾临。

地方官没来得及做任何准备，上上下下一片慌乱。太宗住下以后从膳食到寝宿都十分简陋。

太宗大为恼怒，这些官员也太不成体统。朕虽然一向戒奢崇俭，但毕竟是一代帝王。天子出巡，饮食起居竟连一个普通臣子都不如。这些人莫非像孔夫子所说的女子与小人，"近之则不逊，远之则怨"？再怎么说也不能让你们太过分了。

他当场便把那些地方官痛斥了一顿。事后越想越生气，便打算将这些人一律贬官。

已经从宰相位子上退下来的魏徵一听说这件事又沉不住气了，马上去见太宗，进谏道："陛下因为巡幸时食宿不佳而谴责官吏，臣恐人们以此承风相煽，异日民不聊生，实非巡幸之本意。昔日炀帝讽郡县献食，视其丰俭以为赏罚，故海内叛之，此陛下所亲见，为什么又欲效之？"

太宗听罢，有所惊觉，说道："非公不闻此言！"又转身对长孙无忌说道："朕昔日路过此地时买饭而食，如今条件已经这么好了，岂能再嫌不足？"

罢免地方官一事就此不了了之。

从宰相位子上退下来的魏徵看起来比以前轻松闲适多了。

皇上敕封他为特进，一切俸禄待遇与任宰相时没有什么差别，但却无须再卯时起身，辰时上朝，一天到晚冗务缠身、忙忙碌碌了。有什么大事想向太宗或朝廷建言，写个折子递上去就行了。每日里待在府上喝喝茶，看看书，或赏赏花，观观鱼，既逍遥自在，优哉游哉，又能远离是非，安度晚年。

朝廷中的许多公卿大臣都认为魏徵是个真正的明白人，大智大贤之士。

不过，这些人却没有看透魏徵。

魏徵辞相既不是为了明哲保身而急流勇退，也不是因为自命清高而大隐于朝。

他所以要急着退下来，除了因为自己并无大功于朝廷之外，主要是基于两个方面的考虑。一方面，他要摆脱那些琐碎事务的纠缠，静下心来把一些关乎国计民生的大事想通，置身局外头脑会更清醒一点；另一方面他觉得宰相们以及那些参政的尚书们年龄都太大了，像房玄龄、王珪、高士廉、温彦博、戴胄等大都是六十多岁的人了。一帮老头子整天围在皇上身边，循规蹈矩有余而变革图新不足，老人政治不会有什么大的作为。

他看得很清楚，如今的大唐朝廷是人才济济，群星璀璨。特别是一些后起之秀，像刘洎、高季辅、褚遂良、岑文本、杨师道等人，个个年富力强，才华横溢，人人堪为国之柱石。

他想自己退下来，让这些年轻新进及早跻身宰相班列，就像李靖退下来，皇上让马周补任那样，振兴大业便会后继有人，大唐朝廷更会朝气蓬勃。

但让他始料未及的是，自己退下之后，皇上没有擢拔新人，而是重新起用了长孙无忌。对这件事，他很不以为然。长孙无忌也不算年轻了，又有长孙皇后临终时的一再叮咛，皇上为什么非要起用他这位大舅哥呢？他本想进谏，但想了想还是算了。皇上也许是太思念皇后，不忍心将长孙一门拒于国家机枢之外。况且，长孙无忌也算得上是干臣能吏，虽为外戚，在当今皇上这一朝还不至于出什么事。

光阴似箭，冬去春来，不知不觉中魏徵辞去相职已经两年多了。

在这段时间里，朝政国事看起来稳稳妥妥，风平浪静，没有大喜，也没有大忧。

但是，从一些小事上魏徵却似乎嗅到了一种什么气味，心里隐隐地感到一丝不安。

贞观十一年（公元637年）冬，太宗皇上突然提出，要以诏令的形式颁布一项制度，将皇室子弟如荆州都督荆王李元景、安州都督吴王李恪等二十一人，加上功臣侍中兼赵州刺史长孙无忌、尚书左仆射兼宋州刺史房玄龄等十四人一并封为世袭刺史。

唐太宗李世民

一向在大事上都十分英明睿智的皇上不知为什么会突然提出了这么一个糊涂的主张。

他的本意当然是为了李唐江山的长治久安和子孙福泽的绵延不绝，但他却错误地接受了历史的教训，把账算反了。

太宗认为，周朝时因为实行世袭制，分封宗室子弟，从而使王位传袭了八百多年；秦朝废除了世袭分封制，实行中央集权，因而至秦二世两代而亡；而汉朝时又实行分封制，高祖死后，吕后操纵诸吕要谋夺刘氏的江山，最后还是靠分封为诸侯王的刘氏子弟们诛杀了诸吕，保住了刘家的江山。因此，要想让李唐江山千秋万代，还是应该实行分封制，让李氏子孙和佐命功臣的子子孙孙都世代袭封。

为此，太宗还专门征求了时为司空的萧瑀的意见，说道："朕欲使子孙长久，社稷永安，其理如何？"

萧瑀答道："臣观前代社祚所以长久者，莫若封建诸侯以为磐石之固。秦并六国，罢侯置守，两代而亡；汉有天下，郡国参建，亦得年四百余；魏晋废之，不能永久。封建之法实可遵行。"

他的看法竟与太宗不谋而合，从而使太宗下了实行分封的决心。

不料，这个想法刚一提出，许多大臣都感到吃惊。魏徵还没来得及进谏，李百药、颜师古等人便已经纷纷上书，强烈表示反对。

时任礼部侍郎的历史大家李百药连夜写成《封建论》一文呈奏太宗，文中说道：

"运祚修短，定命自天，尧舜大圣，守之而不能固；汉魏微贱，拒之而不能却。今使勋戚子孙皆有民有社，易世之后，将骄淫自恣，攻战相残，害民尤深，不若守令之选居也。"

李百药所论，已经击中了分封弊病的要害，太宗也觉得有些道理。但因为与他的想法恰恰相反，一时还难以接受。

这时候，中书侍郎颜师古所写的《论封建表》也递了上来，他是主张分封与州县并行，说道：

"不若分王诸子，勿令过大，间以州县，杂错而居，互相维持，使各守其境，协力同心，足扶京室。为置官僚，皆省司选用，法令之外，不得擅作威行。朝贡礼仪，具为条式，一定此制，万世无虞。"

这个主张乍看起来似是折中，实质上还是反对分封制。

太宗开始感到分封事体太大，不敢不慎，他只好征询特进魏徵的看法。

"魏爱卿，近来朝中对世袭分封之议所见相左，分歧甚大，以爱卿之见该如何措置？"

魏徵没有再重复李百药、颜师古二人所论的利弊得失，只从赋税和抵御外寇两个方面提醒太宗道："若是封建诸侯，各诸侯国的官吏为了增加俸禄，必定横征暴敛，搜刮百姓。另外，京畿一带赋税不多，朝廷所需多赖外地，若尽封国邑，国家经费立时便会短缺。再者，燕、秦、赵、代之地俱近外夷，若有紧急，需向朝廷求兵，一时难以奔赴，如之奈何？"

这些都是非常实际的问题，明摆着的弊端，太宗皇上只能默默点头。

魏徵又说道："房玄龄、长孙无忌、李靖、李勣等十几位功臣皆被封为'世袭刺史'，令其子孙'世代承袭'，皇上不妨也听听他们的看法。"

还没等太宗去征询他们，房玄龄等人的奏疏已纷纷呈上，竟也是众口一词，反对分封。

房玄龄在表中谈古论今，列举了四条"此其不可"的理由，认为"今古事殊，恐非久安之道"。

长孙无忌更是直接来见太宗，面奏道："臣披荆斩棘服侍陛下，如今四海一统，天下熙宁，正欲跟在陛下身边朝夕相处，却被委派世世代代管理外州，这与流放外地有何区别？"

太宗知道，长孙无忌是故意这么说，因为他并没有免除长孙无忌、房玄龄的宰相之职，外州刺史不过是兼任，怎么能说与流放无异呢？

这些功臣们为了国家的长治久安，诚心诚意地反对封自己的子孙后代为"世袭刺史"，太宗被深深地感动了。

满朝文武除了萧瑀一人同意分封，其他人几乎都持反对意见，看来，此事真的不可行。于是，他对十几位功臣说道："割地以封功臣，古今通义。本想让公等之后代辅佐朕的子孙，永做屏障，代代相传下去。但公等却薄山河之誓，出口埋怨，朕怎能硬把土地强加给公等呢？分封之事从此罢议。"

除了这件事之外，从贞观十一年（公元637年）到贞观十三年（公元639年），继营建披香殿之后，太宗皇上又顶着许多大臣的谏诤屡兴土木。

先是朝臣中有人上疏说"东宫在宫城之中，而大安宫在宫城之西，制度比于宸居，尚为卑小，于四方观听有所不足。应增修高大，以称中外之望"。太宗马上采纳了这一建议，借机动工扩建了大安宫。

随后，又以"洛阳居天下之中，朝贡道均，意欲便民，故使营之"为借口，修缮了洛阳宫中的飞山宫。

今年春上，又在禁苑东南营建了大明宫。

听说皇上还打算在适当的时候于终南山修建翠微宫，在宜春凤凰谷重修玉华宫……

不久，中牟县县丞皇甫德参上书谏诤："修洛阳宫，劳人；收地租，厚敛；民间俗好高髻，盖宫中所化。"太宗阅后勃然大怒，对近臣们说道："这个皇甫德参也太狂悖了，莫非要国家不役一人，不收斗租，宫女都剃成秃头才合其意？"当下便想对皇甫德参以"谤讪朝政"之名论罪。

魏徵听说后，只得再次进谏："汉文帝时贾谊上书，云'可谓痛哭者一，可为流涕者二'，自古上书不激切，不能动人主之心，所谓狂夫之言，圣人择焉，唯陛下裁察。"

太宗总算听进去了，说了句："朕罪斯人，则谁敢复言？"不仅没治皇甫德参之罪，而且还赐给其绢二十四。

这几年发生的这些事情，意欲分封也好，屡兴土木也好，纳谏有难也好，说起来也算不得什么惊天动地的大事，与历代帝王的骄纵淫逸比起来简直不算是什么问题，充其量只能称作疥癣之疾。

但是，大风往往起于青萍之末，蚁穴常常溃决千里之堤。

透过这些事情的表象，魏徵却看到了一种深埋着的隐患。这些日子，这个倔老头的心里常常有一种说不清楚的焦虑和担忧。

他觉得，自己深为敬重的这位英明盖世的皇上身上正在悄悄地发生着某些变化，渐渐地放松了对自己的约束，开始由"骄"而"逸"。就像一驾牛车，在沿着一面斜坡吃力地向上行驶了十几年以后，有些精疲力尽，正在缓缓地停下来，甚至开始不知不觉地走下坡路。

尽管这十几年里皇上也好，大臣们也好，"慎终如始""有始有终"一直是他们经常挂在嘴边的一句口头禅。

尽管当今皇上也多次说过要"安不忘危，治不忘乱，虽知今日无事，亦须思其终始"。又告诫自己道："自古人君为善者，多不能坚守其事……朕所以不敢恃天下之安，每思危亡以自戒惧，用保其终。"

但是事实说明，在口头上说一说是一回事，真正能把这一原则贯彻到行动中去，并能坚持到底，实在是难乎其难。

看得出来，皇上并不愿意走下坡路，他在竭力地挣扎着，与"功成德衰""志得傲物"这些规律性的惰力拼命抗争着，以免这辆负重的牛车下滑。大臣们每有谏言，他虽然不爱听，感到刺耳、烦心，但到最后往往还是接纳了，这便是他在挣扎的明证。

魏徵陷入了深深的思考之中。

毋庸置疑，当今皇上是个好皇上，是自古以来难得的开明之主。自登基以来，他的政绩是显赫的，十几年的励精图治造就了一个富裕强盛的大唐。如今的大唐已经超过了历史上有名的"文景之治"，堪称"贞观盛世"。

且不说他仁政治平，宽刑慎狱；轻徭薄赋，劝课农桑；奖掖读书，发展文教；屯田戍边，收服四夷；从谏如流，以古为镜这些显而易见的业绩。也不说他思贤若渴，知人善任，使大唐朝廷人才鼎盛这一让历代帝王望尘莫及的成就。就是在重视选拔德才兼备的地方官吏，从而使得全国上下政治清明这一方面也早已有口皆碑，蜚声中外。

如今，各州县官员当中，清廉自守，克己奉公，爱民恤民者比比皆是，而且互相效仿，蔚然成风。

陈君宾是隋末的襄国太守。贞观初年，太宗知其贤名，毅然任命他为邓州刺史。当时该州大乱，百姓流落他乡，陈君宾到任三个月便召回了全部流民恢复旧业。第二年周围许多州遭受霜涝灾害，唯有邓州未曾受灾，府库多有积蓄。不久，蒲州、虞州的百姓们都涌到邓州找吃的，陈君宾打开粮仓救济难民，使大灾之年竟无一人饿死。太宗下诏慰勉，说他安置外来人口，互相救济，轻财重义，视四海庶民皆为兄弟，从而变轻薄之风为仁慈之俗。当年便把他调入朝廷担任太府少卿。

李桐客曾是宇文化及和窦建德的下属。太宗先后任他为通州、巴州刺史，为官清廉，声誉极高。两州的百姓竟都称他为"慈父"。

前几年，太宗选拔薛大鼎任沧州刺史。沧州境内有一条河，隋末堵塞，经常泛滥成灾。薛大鼎组织民众疏浚，甚至亲自参加挖河。河道开通后，百姓可驾舟直抵海边制盐捕鱼，从而富了一方民众。百姓们编成顺口溜，到处传唱歌颂："新河得通舟楫利，直达沧海鱼盐至。昔日徒行今驰驹，美哉薛公德滂被。"

像这样的官员在全国各地可以说数不胜数。

但是，不能因为皇上有这些为人称道的政绩便忽略了他身上开始发生的变化。即使是太宗皇上这样英明的君王，由于始终处于权力的顶峰，永远沉浸在讴歌与颂扬声中，也就无法避免对君权的滥用，跳不出这个渐变的怪圈。

牛车下滑总是危险的，作为"辕牛"的皇上就更加危险，弄不好就会车翻牛亡。

魏徵觉得，自己作为辅政大臣就是一头拉帮套的"老牛"，必须设法阻止这辆牛车的下滑。即使不能完全阻止，至少也得减缓其下滑的势头。

然而，要做到这一点又谈何容易？

不能再像以往那样头疼医头，脚疼医脚，就事论事地向皇上临时进言，而应该全面总结这十几年的经验教训，让一直沉湎于颂扬声中的皇上对自己的执政得失有一个清醒的、深刻的认识。响鼓也需重锤敲，对皇上也要当头棒喝！

一连五六天，魏徵闭门谢客，殚思极虑，终于写成了著名的《十渐不克终疏》。洋洋洒洒数千言，说理透辟，比类精当。所列十条均采用对比的手法，既肯定了贞观初年的政绩，又详细列举了太宗近年来逐渐产生的志满意骄、纵欲奢侈、营作屡兴、徭役不止、亲昵小人、疏远君子、畋猎嬉游、纳谏有难、轻用民力、百姓不宁等方面的问题，谈古论今，剖析事理，所言既属事实，所论令人惊惧。一片忠君忧国之情跃然纸上，感人肺腑，诚为千古美文，现摘要如下，以飨读者：

> 陛下贞观之初，无为无欲，清静之化，远被遐荒。考之于今，其风渐堕，听言则远超于上圣，论事则未逾于中主。何以言之？汉文、晋武俱非上哲，汉文辞千里之马，晋武焚雉头之裘。今则求骏马于万里，市珍奇于域外，取怪于道路，见轻于戎狄，此其渐不克终，一也。
>
> 昔子贡问理人于孔子，孔子曰："懔乎若朽索之驭六马。"子贡曰："何其畏哉？"子曰："不以道导之，则吾仇也，若何其无畏？故《书》曰：'民惟邦本，本固邦宁。'为人上者奈何不敬？"陛下贞观之始，视人如伤的，恤其勤劳，爱民犹子，每存简约，无所营为。顷年以来，意在奢纵，勿忘卑俭，轻用人力，乃云："百姓无事则骄逸，劳役则易使。"自古以来，未有百姓逸乐而致倾败者也，何有逆畏其骄逸而故欲劳役者哉？恐非兴邦之至言，岂安人之长算？此其渐不克终，二也。
>
> 陛下贞观之初，损己以利物，至于今日，纵欲以劳人，卑俭之迹岁改，骄侈之情日异。虽忧人之言不绝于口，而乐身之事实切于心。或时欲有所营，虑人致谏，乃云："若不为此，不便我身。"人臣之情，何可复争？此直意在杜谏者之口，岂择善而行者乎？此其

渐不克终，三也。

立身成败，在于所染，兰芷鲍鱼，与之俱化，慎乎所习，不可不思。陛下贞观之初，砥砺名节，不私于物，惟善是与，亲爱君子，疏斥小人。今则不然，轻亵小人，礼重君子。重君子也，敬而远之；轻小人也，狎而近之。近之则不见其非，远之则莫知其是。莫知其是，则不间而自疏；不见其非，则有时而自昵。昵近小人，非致理之道；疏远君子，岂兴邦之义？此渐不克终，四也。

《书》曰："不作无益害有益，功乃成；不贵异物贱用物，人乃足。犬马非其土性不畜，珍禽奇兽弗育于国。"陛下贞观之初，动遵尧、舜，捐金抵璧，反朴还淳。顷年以来，好尚奇异，难得之货，无远不臻；珍奇之作，无时能止。上好奢靡而望下敦朴，未之有也。末作滋兴，而求丰实，其不可得亦已明矣。此其渐不克终，五也。

贞观之初，求贤若渴。善人所举，信而任之，取其所长，恒恐不及。近岁已来，由心好恶弘，或从善举而用之，要或一人毁而弃之，或积年任而用之，或一朝疑而远之。夫行有素履，事有成迹，所毁之人，未必可信于所举；积年之行，不应顿失于一朝。君子之怀，蹈仁义而弘大德；小人之行，好谗佞以为身谋。陛下不审察其根源，而轻为之臧否，是使守道者日疏，干求者日进，所以人思苟免，莫能尽力。此其渐不克终，六也。

陛下初登大位，高居深视，事惟清静，心无嗜欲，内除毕弋之物，外绝畋猎之源。数载之后，不能固志，虽无十旬之逸，或过三驱之礼，遂使盘游之欲见讥于百姓；鹰犬之贡，远及于四夷。或时教习之处，道路遥远，侵晨而出，入夜方还，以驰骋为欢，莫虑不虞之变，事之不测，其可救乎？此其渐不克终，七也。

孔子曰："君使臣以礼，臣事君以忠。"然则君之待臣，义不可薄。陛下初践大位，敬以接下，君恩下流，臣情上达，咸思竭力，心无所隐。顷年以来，多所忽略，或外官充使，奏事入朝，思睹阙庭，将陈所见，欲言则颜色不接，欲请又恩礼不加，间因所短，诘其细过，虽有聪辩之略，莫能申其忠款，而望上下同心，君臣交泰，不亦难乎？此其渐不克终，八也。

傲不可长，欲不可纵，乐不可极，志不可满。四者，前王所以致福，通贤以为深诫。陛下贞观之初，孜孜不怠，屈己从人，恒若不足。顷年以来，微有矜放，恃功业之大，意蔑前王，负圣智之明，心轻当代，此傲之长也。欲有所为，皆取遂意，纵或抑情从谏，终是不能忘怀，此欲之纵也。志在嬉游，情无厌倦，虽未全妨政事，不复专心治道，此乐将极也。率土乂安，四夷款服，仍远劳士马，问罪遐裔，此志将满也。亲狎者阿旨而不肯言，疏远者畏威而莫敢谏，积而不已，将亏圣德。此其渐不克终，九也。

昔陶唐、成汤之时非无灾患，而称其圣德者，以其有始有终，无为无欲，遇灾则极其忧勤，时安则不骄不逸故也。贞观之初，频年霜旱，畿内户口并就关外，携扶老幼，往来数千，曾无一户逃亡，一人怨苦，此诚有识陛下矜育之怀，所以至死无携贰。顷年以来，疲于徭役，关中之人，劳弊尤甚。杂匠之徒，下日悉留和雇；正兵之辈，上番多别驱使；和市之物绝于乡间；递送之夫相继于道路。既有所弊，易为惊扰。脱因水旱，谷麦不收，恐百姓之心，不能如前日之宁帖。此其渐不克终，十也。

臣闻"福祸无门，唯人所召……"然则社稷安危，国家治乱，在于一人而已。当今太平之基，既崇极天之峻；九仞之积，犹亏一篑之功。千载休期，时难再得，明主可为而不为，微臣所以郁结而长叹者也。

臣诚愚鄙，不达事机，略举所见十条，辄以上闻圣听。伏愿陛下采臣狂瞽之言，参以刍荛之议，冀千虑一得，裨职有补，则死日生年，甘从斧钺。

太宗皇上反反复复地细读着这篇奏疏，如听警号，如闻鼙鼓，不禁悚然惕怵，甚至有些心惊肉跳了。

不久以前，他还向臣下们宣示，自己的文治武功在许多方面已经超过了古人。他自以为，从入继大统以来，自己虽然高居九五之尊，却始终保持着清醒的头脑，不断地以秦二世特别是以隋炀帝的亡国之祸为鉴戒，苦节砥砺，励精图治。

而事实上，自己已经于不知不觉中开始迈上了历史上许多帝王以骄易惧、宴安逸豫的旧路。

贪图享乐，走下坡路是个顺茬。一旦开始下滑，不小心便会一日千里。仔细想想，魏徵列举的十个方面都不是危言耸听，自己确实已经在慢慢地改变。弄不好，这些年呕心沥血、一心要建立的"贞观盛世"就会毁在自己的手里。诚如疏中所言，"九仞之积，犹亏一篑之功"。这实在是太可怕了。

太宗皇上将魏徵的上疏读了一遍又一遍，他一字一句地咀嚼着，品味着，显然是被深深地打动了。他从内心里感谢这位老臣对自己的警策和忠告。

一连几天，从朝堂退下来，他便回到御书房里，亲自捉笔，一字一句地将这篇《十渐不克终疏》工工整整地抄写在屏风上，一早一晚都要读上几遍。然后又将原文交给史官，让史司妥为保存，以永为后世帝王借鉴。

他又专门召见了魏徵，十分感慨地说道："人臣事主，顺旨者易，忤情尤难。公作朕耳目肱股，常论思献纳，朕今闻过善改，庶几克终善事。自得公疏，反复研寻，深觉词强理直，遂列为屏障，朝夕品读。又寻付史司，冀千载之下识君臣之义。"

为此，他还特赐魏徵黄金十斤，良马两匹。

皇上能诚心诚意接受自己的直谏，魏徵当然非常高兴。但是，他心里也十分清楚，仅靠一篇奏疏不可能彻底扭转渐不克终的趋势。君臣共创盛世就像逆大浪而行危舟，前面将有无数的艰难曲折，甚至有覆舟的危险，需要时时刻刻保持警惕，需要警钟长鸣。

第三十章　公主进藏　西域止戈

大唐军队于贞观九年（公元635年）平定吐谷浑，太宗皇上下诏封慕容顺为西平郡王后，大军随即撤回中原。

但时过不久，吐谷浑大臣争权，杀死慕容顺，境内大乱。

太宗只好再令兵部尚书侯君集率兵往救，平息了暴乱，册封慕容顺之子诺曷钵为河源郡王。

诺曷钵对大唐朝廷感激涕零，于贞观十三年（公元639年）十二月来到长安，入朝拜见"天可汗"太宗皇上。

太宗十分隆重地接待了诺曷钵，并且许以和亲，将宗室女封为弘化公主下嫁给她，从而在吐谷浑培植起了亲唐政权。

太宗皇上所以要这样做，主要是为了最终平定和收服西域诸国。

当时在西域，势力最强大的是西突厥，其他各国如高昌、龟兹、薛延陀以及吐蕃等大都被它控制着。

西突厥占据着东至阿尔泰山，西至咸海的广大地区，拥有数十万军队，弓劲马肥，势力极为强大。

西突厥既控制着西域诸国，又经常掠夺西亚各国来唐朝经商的商人们的货物，"丝绸之路"严重受阻，唐朝与西方正常的商贸往来和经济发展当然也就受到了阻碍。

但是，由于沙漠地区征战困难，加上西突厥势力较强，太宗皇上便采取了远交近攻、逐步推进的蚕食战略。正是基于这种考虑，才首先出兵平定了吐谷浑，使之成为大唐的藩蔽。随后不久，另一个西域小国伊吾也举所属七城来归附大唐，成了唐朝的又一处西域门户。

收服了这两个小国之后，征服高昌国便成了唐朝的下一个军事目标。

高昌是西域诸国中势力较强的一个，拥兵数万，统辖二十一城，国都设在高昌（今新疆吐鲁番）。国王麴文泰是汉族人，他在贞观四年（公元630年）曾经到长安朝贡，太宗对他馈赠甚厚，并赐其妻宇文氏姓李，封常乐公主，与唐朝关系友好。

到了贞观六年（公元632年），另一个小国焉耆国的国王派使臣向唐朝进贡方物，请求开通大碛路，以便行旅，太宗敕准。

不料，这条商路的开通使原来经过高昌境内的过境贸易受到损失。

麴文泰为此而与焉耆结怨，派兵攻打焉耆。并与西突厥勾结起来，抢劫西亚前往唐朝的商人和使者，从而使西方各国与唐朝的贸易和正常交往一时受阻。

这当然是大唐朝廷所不能容许的。为了出师有名，先礼后兵，太宗先派使臣前往谴责。不料麴文泰不仅不予理睬，反而反唇相讥。

麴文泰认为长安距高昌路途遥远，自己又与西突厥结盟，因而有恃无恐，对形势做出了错误的估计，以为大唐必不会对其用兵。

贞观十三年（公元639年）的十一月，太宗仍希望高昌王能够悔过，再次下达玺书，示以祸福，召麴文泰入朝。麴文泰却以有病为由不肯奉诏。

一个月之后，太宗降旨，任兵部尚书侯君集为交河行军大总管，左屯卫大将军薛万均为副总管，率兵进击高昌。

贞观十四年（公元640年）五月，高昌王麴文泰得报，说唐朝派十万大军来攻。他满不在乎，对其左右说道："唐去我七千里，沙漠绵延两千里，地无水草，寒风如刀，热风如烧，怎能派大军前来？以前我去过长安，一路之上，见秦、陇之北城邑萧条，不再有隋朝时那样的盛况。今来伐我，发兵多则粮运不给，三万以下，吾力能制之。当以逸待劳，坐收其弊。若屯兵城下，不过二十日，食尽必走。然后从而击之，何足忧也。"

然而几天以后，唐朝大军却突然兵临碛口，军威壮盛，声势浩大。麴文泰措手不及，惊恐之下竟至发病而亡，其子麴智盛仓促继位。

八月中旬，唐朝大军到达柳谷。探马来报，麴文泰即将下葬，国中主要官员皆集中于高昌城内。众将领皆要求乘机出兵袭击，可一举歼之。侯君集说道："不可，天子因高昌无礼才让我等前来讨伐，如今若乘人丧葬，偷袭于墟墓之间，非问罪之师所为。"

于是唐军先进攻田城。从清晨开始，大军以撞车、抛车攻城，至中午即克，俘虏男女七千余人。

数日之后，唐军抵达高昌城下，侯君集晓谕城内，劝其投降。麴智盛不肯降，唐军便运土石填平护城河，鼓噪攻城。飞石、箭矢如泼雨一般飞入城中，守城兵士及街上行人多中飞石，伤亡极重。坚持了十几天以后，麴智盛无奈，只好打开城门出降。

唐太宗李世民

侯君集分派众将四面出击，不到一个月便攻下高昌全境，获 8046 户，17700 人，土地东西 800 里，南北 500 里，高昌遂亡。太宗降旨，以高昌为西州，以浮图城为庭州，各置属县，留兵镇守。

随后，太宗命大军乘势进攻西突厥，经过数月苦战，擒斩西突厥可汗乙毗咄陆，册立乙毗射匮为可汗，建立起亲唐政权。此后，又攻克焉耆和龟兹诸小国，分别建立了亲唐政权。

从此，唐王朝彻底打通了通往西亚的交通要道，控制了西域诸国。在龟兹王城设置安西都护府，下设四镇。都护府除都护一人由唐王朝委派外，以下官员皆由外夷各族首领担任。

西域的平定使唐王朝更加强大，农工商贸进一步繁荣昌盛。

太宗皇上欣喜异常，一日在朝中问群臣道："自古帝王虽平定中原，却不能服夷狄，朕之德才不及古人却能建立如此功业，连朕自己也不知何故，诸公可据实言之。"

许多大臣都说道："陛下功德如天地，万物皆愿归附。"

太宗却摇头说道："非也。朕所以能如此，是因为自古皆贵中华，贱夷狄，朕独爱之如一，故其种落皆依朕如父母。孔子云：'己所不欲，勿施于人。'华夏百姓不欲者，朕不为之；四夷庶民不欲者，朕亦不忍为之。汉族与外族人民皆是子民，需一视同仁。所谓非威德无以致远，非慈厚无以怀人，此乃为君之本也。"

文武大臣皆服其论。

华夏疆域空前扩大，外夷各族皆归一统，令太宗皇上着实兴奋了一些日子。

但是，随后发生的一件事却令他感到极为头疼。

有人上书告发，兵部尚书侯君集在平定高昌国之后，不仅纵兵抢掠，大肆侵吞战利品，将无数的金玉珍宝据为己有，而且把当地的美貌少女抢至中军大帐昼夜宣淫，从而惹得高昌境内民怨沸腾。

正沉浸在平定西域的喜庆中的太宗皇上听到这个消息，就像在享用美味佳肴时忽然吃出了一只苍蝇，他感到震惊、愤怒和恶心。

他不相信这会是事实，一个多年统兵打仗的心腹将帅怎能做出这样的事来呢？他让大理寺全力审察，结果却完全属实。纵兵劫掠，奸淫妇女，私吞战利品且数额巨大，这些罪过依律哪一条都该杀。

太宗只好下旨将侯君集囚禁下狱。此时，岑文本上书，认为侯君集平定西域战功卓著，战事刚刚结束便诛杀功臣，会令亲者痛而仇者快，有污圣德。太宗皇上也念其功勋卓著，不忍杀害，便破例赦其死罪，削去一切官爵，令其回府反省。

同时传旨，命大将李勣回朝，擢升其为兵部尚书。

就在大唐军队平定西域各国的时候，在远离唐朝的西藏高原悄悄地崛起了一个由藏族人建立的吐蕃王朝，国王称作赞普。

其赞普叫松赞干布，是藏族历史上一个十分杰出的人物。他长得矫健英俊，剽悍魁伟，行动迅捷如骏马，武功猛鸷如雄鹰。在他的带领下，仅用了十年左右的时间便统一了整个西藏高原，定都于逻些（今拉萨），并开始侵夺四邻，蚕食小国，疆域广大，拥兵数十万。

不过从一开始松赞干布对大唐便采取了友好的态度。当他的统一大业成功，国内局面安定下来以后，便马上派出使者入贡长安。

当时唐朝的军队正在征讨吐谷浑，吐蕃位于吐谷浑的西南。太宗皇上为了争取在征讨吐谷浑的过程中得到吐蕃的支持，或者能使其严守中立，因而对其使者予以热情而隆重的接待。并在数日之后，派冯德遐为大唐使者，携带国书和礼物回访吐蕃。

松赞干布大喜，以最高礼节极其隆重地接待了冯德遐，在冯德遐归国时，第二次派出使者随冯德遐一道来到长安，并正式向唐皇室"奉表求婚"。

此时，吐谷浑已经归附大唐，其国王诺曷钵亲自到长安求婚。西突厥王子阿史那社尔率军投降唐朝，径赴京师，也向皇室求婚。

为了羁縻和笼络这些外夷民族，太宗毫不犹豫地准许以衡阳公主嫁给阿史那社尔，以弘化公主嫁给诺曷钵。

但是，对于松赞干布的请婚太宗却迟疑了。

吐蕃距离大唐万里之遥，地处高山雪岭，不仅民风剽悍，而且空气稀薄，奇寒无比。据说中原人到了那里大都难以生存。大唐皇室宗亲的女儿如何能嫁到那么个偏远荒蛮的地方？

因此，当吐蕃使者催问请婚之事时，太宗只好婉言说道："宗室之女大的已经嫁人，小的还太小，尚请使者回去后告知贵国赞普，此事还须等待几年再议。"

那使者万里跋涉回到吐蕃，自觉没有完成使命，弄不好会受到赞普的责罚甚至被杀，便捏造事实，把责任推到了吐谷浑国王诺曷钵的身上。

他对松赞干布说道："臣初到长安时，唐皇待臣礼遇甚厚，并已答应要把公主嫁给大王。可是等到吐谷浑王入朝之后，挑拨离间大唐与吐蕃的关系，皇上的态度突然转变，不光礼仪遂衰，而且也不再许婚。"

松赞干布本来就是个点火便着的性子，哪里还辨得清事情的真伪？听使者说完之后，顿时勃然大怒，立即下令，调集二十万大军，进攻吐谷浑。

诺曷钵如何抵挡得住吐蕃的虎狼之师，几仗下来，数千人马被歼。看着那些被开膛剖腹的将士的尸体，诺曷钵早已魂飞胆落，急忙带领部众逃往青海湖以北。

松赞干布将二十万大军驻扎于松州以西，一方面派使者入唐进贡金帛，声称要前来迎接公主，一方面却挥军攻打松州。大唐的松州都督韩威督师迎战，结果大败，损兵折将无数。

太宗皇上被惹怒了，果然是化外之民，竟如此狂妄无礼，求婚不成便起战端，岂有此理？

他降诏以右领军大将军执失思力为白兰道行军总管、左武卫将军牛进达为阔水道行军总管、左领军将军刘兰为洮河道行军总管，统率五万步骑就近向吐蕃发起进攻。

吐蕃军队进攻松州数十日未能攻克，正在两军相持之时，牛进达的先头部队已到达松州。当天夜里，乘敌不备，大败吐蕃军，斩首三千余级。

松赞干布横行西藏高原十几年，今天才算真正碰上了一场硬仗。大唐将士的勇猛善战和那股子拼命劲儿让他心惊胆战。

他还算明白，知道大唐不可侮。一支偏师便将他的大军打得丢盔弃甲，若是出动国内的精兵强将，自己将何以抵敌？

他连忙收拾败军撤回国都逻些。同时，急忙派出使者来到长安，献黄金五千两，其他珍宝无数，诚心诚意地向太宗皇上谢罪，并再次向大唐皇室求婚。

这一次，太宗皇上是真的为难了。

如果松赞干布在战场上取胜，是在携武力强迫求婚，以太宗的个性是绝不会答应的，宁肯血战到底也绝不能被人要挟。但这是在他战败的情况下来求婚，亦足见其求和通好的迫切和真诚。若能与其和亲，整个西域将从此再无战争，大唐和各夷狄番邦的百姓们都能和平耕牧，安居乐业，这不正是自己多年来孜孜追求的一幅盛世图景吗？

但是，选谁去呢？在自己的亲生女儿中，尚未婚配的年龄都还太小，其他宗亲王爷的女儿谁愿意背井离乡去那个生死莫测的生番之地？当然，作为皇帝，自己硬要指婚，让谁的女儿去，谁也不敢抗旨。但是，这种事怎么好强迫呢？太宗并不想这么做。

晚饭之后，皇宫大内显得愈加安静。太宗皇上独坐在御书房里，正在为这件事发愁，有内侍来报，说是礼部尚书江夏王李道宗求见。

李道宗是太宗的族弟，文武双全的著名将领，在李氏诸王中是太宗皇上最看重、最相处得来的一位。

太宗忙传旨让他进来。不一会儿，李道宗来了，还带着一个十七八岁的姑娘。行过大礼之后，道宗说道："陛下，这是臣弟的女儿，她自愿前往吐蕃，与松赞干布成婚，今夜特来请旨。"

太宗只觉得眼前一亮，这个女孩子端庄秀丽，既有如花似玉的容貌，举止又落落大方，有这样的美人儿送往吐蕃，松赞干布一定会非常满意。

"孩子，你可要想好了，对于去吐蕃，许多人都视作畏途，那里苦得很，衣食住行各种风俗都与中原迥异，听说连呼吸都感到艰难，你怎么会愿意去呢？"

"皇上，这些我都想过了。吐蕃人世世代代都生活在那里，他们能好好地活下来，我为什么就不能呢？皇上一贯主张华夷无贵贱，要爱之如一。女孩子大了，总要嫁人，能嫁给汉人，为什么就不能嫁给吐蕃人呢？再说，孩儿听说，吐蕃人几次向大唐求婚，并为此挑起边衅，与我大唐为敌。皇上为了安抚四夷，平息战火，已将自己的几个女儿嫁给外族。孩儿一家世受皇恩，无以为报，情愿只身前往吐蕃，以求两国世代友好，永无战争，也从此了却皇上的一桩心事。"

太宗皇上听罢不禁感慨万千。一个十几岁的柔弱女子竟能如此深明大义，以国家大业为重。连连点头说道："好孩子，好孩子，难得你小小年纪能有如此忠义之心。"说到这里，他又回头问道宗："贤弟，此事你和弟妹可都想好了？"

"回陛下，女儿的意思也正是臣弟全家的意思。自古以来，君忧臣辱，君辱臣死，能为皇上分忧是臣弟一家的荣幸。"

"好！你们父女可为朕去除了一块心病。从今日始，朕就收这孩儿为己女，封文成公主。朕将命有司置办丰盛的嫁妆，并从国库中多拨银两，多带些金玉珠宝，朕的女儿决不能在他乡异域受半点委屈。"

"父皇，"文成公主立即改口，叩头谢恩后又说，"女儿以为，此去吐蕃金银珠宝无须多带。请皇上命有司多备些菜种、蚕种、手工制品、药物和各种书籍等，孩儿觉得，这些才是吐蕃民众最需要的。"

太宗有些吃惊地看看文成公主，转而欣喜地说道："女儿所言也正是朕所想的。好，朕就依你所请，不仅你所说的那些要带去，朕还要派大批工匠、乐队随你同去。另外，像我大唐的农耕、织绸、酿酒、制陶、冶金、建筑、造纸、制笔、制墨等各项技艺，也要由你逐渐传往吐蕃。"他看看李道宗，哈哈笑道："咱们的女儿可不只是要去吐蕃做个王后，而是要做一个缔造和平、传播文明的使者。"

贞观十五年（公元641年）正月十八日，唐太宗命礼部尚书李道宗为持节大使，护送文成公主去吐蕃与松赞干布成婚。

一大早，太宗皇上率领文武大臣亲送文成公主至皇城以外。文成公主凤冠霞帔，镶珠插翠，款款来到太宗面前下拜道："父皇，女儿要走了，此去吐蕃关山万里，也不知何年何月才能回国看望父皇。还望父皇保重龙体，女儿在异国他乡也好放心。"说着，竟有些声音哽咽，扑簌簌地滚下了两行泪珠。

太宗忙将文成公主扶起，抚着她瘦削的双肩，激动地说道："好女儿，此去山高路远，要好生珍重。你这一去可不只是一个新娘子出嫁，而是代表着朕，代表着朝廷与吐蕃永远和好的一片诚心，大唐的子民和吐蕃的百姓都会永远感谢你。到了那里以后，有什么为难之处，吐蕃人有什么需要大唐帮忙的，就派人来告知朕，朕无不依从。"文成公主抬头看看太宗，见他满脸堆着慈祥的笑容，而眼睛却变得有些潮湿。

送亲的队伍起行了，一切都按照公主出嫁的最高规格，护送的甲士个个铠甲鲜亮，生龙活虎。

甲仗后面便是文成公主锦装玉饰的宽大轿车，李道宗和吐蕃使者各骑骏马紧随轿车之后。再后面便是装有文成公主嫁妆和粮、菜、蚕种及其他大唐特产的十几辆大车。太宗皇上令人精选出来的、具有各方面特长的能工巧匠数百人也一同前往。

送亲队伍从长安出发，经过长途跋涉终于来到了吐谷浑与吐蕃的交界地河源。太宗皇上已命人在这里为文成公主建造了行宫，让文成公主一行先在这里小住几个月，以适应高原地区的气候和生活习惯。

松赞干布以极其隆重的仪式亲自来到河源迎接文成公主。

当他看到大唐护送的队伍仪卫壮盛，服饰精美，不禁心生倾慕。他急忙滚鞍下马，快步来到李道宗面前，跪伏在地，行子婿之礼，一边叩头，一边用刚刚学会的汉话结结巴巴地说："小婿松赞干布叩见岳父大人，恭祝大唐父皇万岁万万岁。"

回到逻些以后，松赞干布依照唐人风俗举行了空前热烈的婚娶仪式，将文成公主娶进早已建好的具有大唐风格的宫室中，他身穿用大唐礼服，到宫室中与文成公主相见。

自此以后，松赞干布对文成公主疼爱有加，凡事皆依公主所请。

当时，吐蕃风俗，国人用赭石粉涂脸，面呈赤红色。文成公主感到恐惧，松赞干布立即下令禁止。在文成公主的规劝和影响下，松赞干布也逐渐改掉了身上的粗暴猜疑和嗜斗好战之性，变得温和善良，彬彬有礼。不久，经文成公主大力倡导，松赞干布办起了国学，遣国人子弟入学，接受《诗》、《书》等汉学文化的教育。同时，大唐的农耕、织造、冶金、建筑等许多技艺都很快在吐蕃传播开来，极大地促进了藏族经济文化的发展。吐蕃百姓都十分感激和敬重文成公主，不仅把她视为国母，而且把她看成是给他们带来和平和福音的活菩萨。

此后终太宗一朝，吐蕃与大唐始终像亲戚一样，和睦相处，友好往来，互通有无，经济文化得到了很大的发展，当然，这已是后话。

那日太宗皇上送走文成公主以后，心中若有所失，颇感惆怅。他自己也感到奇怪，过去也有几位公主嫁往异域，而且有的是自己的亲生女儿，他却不曾有过这种感受。文成公主虽非亲生，但她的出走好像把自己的一颗心都牵走了。

为了排解心中的郁闷，他回到御书房，捉笔挥毫，以他那种遒劲雄浑的飞白体狂书了一气大字。但是不管用，往日常常令他如痴如醉的书法兴致一点儿也没有，他心里还是堵闷得慌。

他扔下毛笔出了御书房，倒背着手信步向后宫走去。

如今太宗皇上的后宫也已经是美女如云，佳丽成群。自从长孙皇后去世以后，太宗在后宫里再也找不到知音，虽然两位杨妃也是他所深爱的，但许多朝廷中令他烦恼的事务却难以与她们沟通，更谈不上靠她们为自己排忧解烦了。

太宗对长孙皇后的思念随着时间的推移变得越来越深沉。为了怀念她，太宗决定不再册立皇后，六宫事务均由杨德妃和杨贤妃二人主持。

对于皇上的心境，许多大臣都看得清清楚楚，他们便纷纷举荐，为皇上选美。太宗一方面确实想找一个像长孙皇后那样的红颜知己，另一方面也觉得自己当了十几年皇帝，如今也该好好地享受一下国之美色了，也便顺水推舟，明里暗里地在全国各地挑选绝色美女。

几年的工夫，后宫里妃嫔数量激增。父皇在位时，所定立的后宫宫官编制差不多已经满额。宫娥侍婢不算，仅有名分的御妻便有一百二十多人。那就是总领六宫的皇后（暂时还空着）之下设贵、淑、德、贤四妃，为正一品；四妃下依次是九嫔：昭仪、昭容、昭媛、修仪、修容、修媛、充仪、充容、充媛，正二品；九嫔之下有婕妤九人，正三品；美人九人，正四品；才人九人，正五品。才人之后，还有宝林二十七人、御女二十七人、采女二十七人，分别为正六品、正七品、正八品。

虽然有这么多丽质天成的美人儿，太宗皇上真正能看上眼的却没有几个，能够让他倾心爱慕、视为知音的就更如凤毛麟角了。

也许是曾经沧海难为水的缘故吧，反正在他眼里，这些人与长孙皇后相比，多数只是些外表华美的花瓶，仅能做做摆设而已。与她们数夜缠绵之后，便再也不想和她们泡在一起了。

在这么多佳丽中，能够让太宗皇上有些好感，或者说有些特别印象的，只有两个人。

一个是徐充容，一个是武才人。两个人都是在贞观十年末长孙皇后薨逝半年之后选进宫来的。

徐充容叫徐惠，其父徐孝德是朝廷中的低级官吏。徐惠不仅长得文雅端丽，而且聪明伶俐，才智过人。据说，出生五个月便会说话，四岁时就能背诵《论语》《毛诗》，八岁便写得一手好文章。其父徐孝德对其试以《楚辞》，她作《山中不可以久留》，词甚优美。从此以后，她便开始涉猎经典著述和史学书籍，手不释卷，废寝忘食。

入宫之后，太宗先是封她为才人。为了试其才情，太宗常命题让她写文章。每次题目一出，她不打腹稿，援笔如飞，而且辞藻华丽，文采飞扬，令人赏心悦目。对她的才华横溢，太宗深为嘉许，几年工夫便将她从五品才人提升为二品充容，俩人的关系也较为密切。

但是，男人对于女人最需要的不是她的才华和文章，而是她在床帏之中的柔媚和多情，而徐惠在这方面恰恰太呆板，太寡淡无味，因而太宗皇上只是爱其才，却很少到她那里过夜。

武才人倒是深谙床笫风情，太宗也比较喜欢她。

她是杨德妃举荐的。

有一夜，太宗宿在杨德妃的寝殿，杨德妃说道："陛下，长孙皇后生前因为宽厚仁慈、不妒不争而得贤名。臣妾德薄，却每欲效法皇后，今日也要向皇上推举一位美人儿。"

太宗淡淡一笑："天下之大，美人儿不知道有多少，朕还能尽得享用？这后宫里个个都是美人儿，可真正出类拔萃的却没有，还是算了吧。"

杨德妃嘻嘻笑道："皇上这是嫌美人太多了，还是嫌没有知心的？臣妾说的这个女孩子可是拔尖儿的。不只容貌殊绝，艳名远播，而且冰雪聪明，不在徐惠之下。"

"唔，果真有这样的人物，她是何方人氏？"太宗有些心动了，却仍然不大相信。宫中的这些嫔嫱，当初被举荐的时候，哪个不被说得倾城倾国，沉鱼落雁？

"说起来，她们家还是皇上的老熟人呢。她母亲杨氏是臣妾的本家姊姊，也算得是隋朝的皇室宗亲。他父亲是我们大唐的开国功臣、已故荆州大都督武士彟。"

"武士彟？她是武士彟的女儿？"太宗有些吃惊地问道。

"正是武士彟的二女儿。"

"原来是她。她小的时候朕到过武将军府上，还抱过她呢。"

当年太原起义时，武士彟是山西的大木材商，破家助饷，参加义军，之后跟随高祖李渊一路打进长安。大唐建立之后，被封为荆州大都督。贞观九年（公元635年），高祖驾崩，他因悲痛过度而吐血暴亡，确是对大唐忠心耿耿的元老功臣。

这样一位大功臣的女儿，就算不是容貌过人，也可以选进宫来，权当是对功臣之后的提携。

太宗一下子来了兴致，忙问道："她现在住在哪儿？还在荆州？"

"武将军过世后，她们孤儿寡母早已搬回了长安。"

"好，明日朕便颁诏，宣她进宫。"

当宫中太监到武府宣诏之后，杨氏禁不住放声大哭起来。作为隋朝皇室的宗亲，杨氏从小就听说过皇宫里的许多内幕，钩心斗角，尔虞我诈。她在为女儿以后的幽宫生活深深地担心着，她拉着女儿的手，一边哭泣，一边叮嘱，如同生离死别一般。

刚满十四岁的女儿却与母亲完全不同，她满面春风，谈笑自如，对母亲说道："能入宫拜见皇上，怎知不是女儿的福分？说不定还是咱老武家又一次时来运转呢，母亲缘何哭哭啼啼？"说完，对母亲一笑，转身上了轿辇，扬长而去。

太宗见到这个小女子，眼前不禁为之一亮。只见她正值豆蔻年华，身材纤细而又丰腴，亭亭玉立。双鬓稍宽，下颌秀美，两弯细眉下一双大眼睛波光流转，神采飞扬，开阖之间透露着一般女子所没有的精明。通体上下艳光四射，娇媚可人，简直就是一朵娇艳欲滴、含苞待放的小花蕾。

太宗立时为之心旌摇动，当天夜里便召幸了她。春宵苦短，鸡鸣漏尽，太宗又该上早朝了。他疼爱地看看怀中这个女孩子，睡眼蒙眬，玉体飘香，禁不住在她的粉腮上狠狠地亲了一口。

见她醒了，太宗有些无奈地说道："又到早朝的时辰了，朕该走了。一宿双栖，朕还没问你叫什么名字呢。"

"女孩子家能有什么名号，还请皇上赐妾一个名字。"

太宗哈哈大笑，这小女子太机灵，由皇上赐名，自然会身价陡增。她是在要名字呢，还是在要名分呢？

"好，朕就赐你一个芳名。你姓武，又娇媚可人，就叫武媚吧，武媚接旨。"

武媚愣了一下，慌忙赤裸着身子跪在御床上。

太宗笑道："朕先封你为五品才人，以后若能可朕的心，再逐渐擢拔。"

从此，宫里又多了一个武才人，下人们都称她为媚娘。

时间一长，太宗皇上发现，这个武媚性情刚烈，锋芒毕露，不仅太过聪明，而且有些心机太深，权力欲太强。

有一次，地处西北的薛延陀人向太宗皇上进贡了一匹名曰狮子骢的宝马，体态雄伟，四肢强健，神俊高大，驰奔如飞。唯一不尽人意之处是性情极其暴烈，来到皇家御马厩已经两个多月了，有经验的驯马师换了一个又一个，却都无法将它驯服。

太宗皇上一生爱马成癖，面对这样一匹马中蛟龙，早就想跨上它的后背，如风似电地尽情驰骋一阵了，岂能容它长期闲散于槽枥之间？

一日罢朝后，他约了长孙无忌、李靖、李勣、尉迟敬德、程咬金等几位老将军来到御马厩，商量着如何驯服这匹烈马。

老将军们都是驭马高手，大家你一言，我一语，众说纷纭，莫衷一是。

恰在这个时候，武才人路过这里，听了老将军们的议论，不禁脱口说道："妾能制服它。"

太宗听了心中一怔，一个花骨朵似的鲜嫩女子，手无缚鸡之力，有什么妙法能制服这样一匹烈马？便疑惑地问道："小武媚如何制法？"

武媚嫣然一笑："妾制服此马，只需三样东西。一是铁鞭，二是铁锥，三是匕首。以铁鞭击之不服，就用铁锥戳其首，再不服，那就用匕首割断它的喉咙。"

一言既出，那些半生叱咤沙场、杀人无数的老将军们也禁不住颜面变色，心口突突乱跳。他们怎么也想不到，一个外表如此婉丽娇媚的柔弱女人，性情会如此残忍，手腕会如此狠毒，天知道在她艳美的娇躯里面究竟生着一颗什么样的心。

太宗心中也是暗暗吃惊，这就是那个多次与自己同床共枕，千娇百媚，柔情似水的小武媚？

见君臣们一时无语，武媚娘却不在意地笑笑，又说道："再好的骏马也是让人主乘骑的。制服了则用之，制不服则杀之，事情原本就该这样……"

她还要继续说下去，太宗却打断了她的话，苦笑着说道："好好好，没想到小武媚原来是位烈丈夫，朕的后宫里难得有了一位巾帼英雄。"

时过不久，太宗又听到了一则关于武媚的传闻。据说在小武媚刚牙牙学语的时候，随父亲武士彟住在利州。名满天下的星相大师袁天纲进京路过利州，武士彟把他请到府上，让他为自己和孩子们看相。

当奶妈把穿着男孩童装的小武媚抱出来以后，袁天纲吃惊地站了起来，前后左右看了看，让奶妈把小武媚抱走，然后对武士彟惊叹道："小郎君龙目凤颈，日角星瞳，乃大贵之相。可惜是个男孩，若是个女孩，将来必定君临天下。"

对于这种传言，太宗并不相信。一个大名鼎鼎的星相大家居然连个男孩女孩都分辨不清，还奢谈什么过去未来？不是有人泼脏水，便是以讹传讹，这种话大抵不可信。

但是，不管怎么说，打那以后，武媚在太宗的心里便渐渐地爱弛宠衰了。这几年，太宗已经很少到她的寝宫里过夜。与她几乎同时入宫的徐惠已经升为二品充容，她却一直在五品才人的位子上待到现在。

为什么会是这样，不光武媚不知道，就连太宗自己也说不清楚。

或许，那则传言毕竟在太宗的心里留下了一道阴影，他在本能地戒备和防范着她，不让她接近更高的权力。

也或许是她关于驯马的那几句话让太宗感到了他们之间的不和谐。男人和女人之间的最佳搭配，本该是刚柔相济，阴阳互补。太宗刚强英武，性如山石烈火，大半生在枪林箭雨中摸爬滚打。如今虽说天下归一，不需要再亲自南征北战了，但是许多军国大事仍让他常常身心疲惫。回到后宫，他需要温暖的呵护，细腻的体贴，需要甜蜜的享受和纵情的宣泄，就像一个劳累了一天的庄稼汉回到家里需要一铺暖烘烘的热炕头一样。

因此，他需要的女人是像长孙皇后或两位杨妃那样的，既温柔体贴又善解人意，而不是像武媚这样的要割断狮子聪喉咙的女人。

如果她是个男人，他们性情相似，或许能够成为志同道合的密友和兄弟，但这是男人和女人之间的事。唉，男女之间的感情是最让人琢磨不透的。

太宗皇上在后宫的庭院里徘徊了多时，最后还是决定去武才人的寝殿。

武媚万万没想到皇上会突然驾临，慌忙跪地叩头迎驾，爬起身来之后，又忙不迭地端来铜盆，让皇上洗手净面，然后泡上香茶，请皇上坐下，毕恭毕敬地双手呈上，完全是一副受宠若惊，又不知怎样才能表达惊喜之情的样子。

太宗被感动了，他把武才人揽在怀里，抱坐在自己的双膝上。宫女们见这情景，都会意地一笑，悄悄地退出了殿外。

武媚偎伏在太宗强壮的胸膛上，细细地品尝着这份温馨和甜蜜，久久地沉默着。

"武媚，想什么呢？"

"陛下，此时此刻，臣妾觉得，听着您的心跳便是最甜美的享受。"

太宗却没有这种体会，开始天南地北地同武媚聊天。话匣子一旦打开，武媚也便滔滔不绝地说开了。从老家的乡风俚俗，市井间的香艳笑话，到宫中太监婢女们的种种趣事，太宗听得津津有味，不停地开怀大笑。

"陛下，臣妾听说了一件事，在心里装了很多日子，不知该说不该说。"

"什么事？说吧。"

"臣妾听说，太子爷有些……"

太宗突然严肃起来："你是说承乾，他怎么了？"

"听下人们说，太子爷有些喜好声色……"

"够了，别说了，这种话是你该说的吗？"太宗一下子变得声色俱厉。

武媚被吓坏了，忙爬起身来，向太宗解释："陛下，贱妾没有别的意思，只是为太子爷担心，为陛下担心。"

看着她惊惧不安的样子，太宗语气稍微缓和了些，说道："这个朕知道，你也是好意。可你要懂得，'牝鸡司晨，惟家之索'，历代皇朝皆有祖制，后宫不得干政。可惜你没见过长孙皇后，以后要好好读读她撰写的《女则》。"

其实，这样的话若是出自其他妃嫔之口，太宗也许不至于如此震怒。可能还是出于那种本能的防范心理，他不想让这个女人靠近朝政半步。

"是，陛下。皇上今日教诲，臣妾将一辈子铭记在心，从此不问不听不说任何政事，一心一意伺候好皇上。"

太宗这一夜便宿在了武媚的寝殿……

第三十一章　太子失德　难承国柄

武才人对太宗所说的太子承乾的事并不是空穴来风。承乾荒淫，不循法度，常以游畋废学，这在后宫中几乎无人不知。只是因为他身为储君，无人敢摸这个老虎屁股，更不敢向太宗禀奏。

武媚娘毕竟年轻，再加上快人快语，天生的好管闲事，因而在太宗那里碰了个不软不硬的钉子。

太宗皇上一共有十四个儿子，长孙皇后生有三子：长子李承乾，四子李泰，九子李治。

承乾于武德二年（公元619年）生于承乾殿，因以取名。武德三年（公元620年）即被封为恒山王，武德七年（公元624年）徙封中山王，太宗即位后，立他为皇太子，当时还只有八岁。

幼年时的承乾极为聪明，又受到长孙皇后的严格管束，读书刻苦，常能过目不忘，深得太宗的喜爱。贞观九年（公元635年）高祖驾崩以后，太宗为父守孝居丧，令太子承乾监国。他听断庶政，颇识大体，受到朝臣们的称颂，太宗对他也甚为倚重。此后，太宗每次外出便令承乾居守监国，想及早地将他磨砺成才。

随着年龄的渐渐长大，承乾的身上早已发生了很多变化。皇宫大内声色犬马、纸醉金迷的生活在不断地浸淫和腐蚀着他的灵魂，使这个年轻人变得贪淫、好色，沉迷于游乐嬉戏中难以自拔。

最初，太宗既对承乾寄予厚望，也便十分重视对他的教育和培养，专门挑选了国学大师李纲为太子少师。李纲尽忠竭力，对承乾严格训诫，全力教诲。每次在老师面前，承乾总是表现得毕恭毕敬，但一回到后宫，马上又是另一副面孔，一切照旧，我行我素。

东宫内一些正直的臣子对太子行为的不端甚是着急，都准备进谏。承乾事先得知了他们的想法，待他们来到时，便正襟危坐，洗耳恭听，并引咎自责，满口都是忠孝仁义，说得信誓旦旦，唾沫乱飞，让那些臣子无言以对。待他们走后，承乾却对他身边的群小讥笑道："这群呆子，是狗就得看门，他们偏要逮耗子，多管闲事。"惹得下人们一片哄堂大笑。

这些事，太宗皇上开始一点都不知道。那日武才人刚说了几句，便被他截住了，但却从此心存疑惑，便派身边的内侍悄悄打探，这才发现，承乾极善伪装，每次上朝参政或在自己身边时，都是一本正经，满口治道，一副忧国忧民的样子，一回到东宫便寻欢作乐，判若两人。

这一来，太宗急了。他万万没想到，当今太子，国之嗣君，一个将来要入继大统的人，居然会这么没有出息。他感到痛心，也深悔以前对太子管教太少。于是他降诏，将李纲从东宫调离，选派当朝硕儒于志宁为太子少师，孔颖达为太子詹事，并让素以敢言直谏著称的张玄素任左庶子，杜正伦为右庶子。他单独召见于志宁，语重心长地说道："古代太子一生下来，从小便有人辅佐。周成王幼小时，周公、召公为其师，使之天天闻正道，习而成性。如今太子年轻，卿等应倾心尽力，以正道辅之，勿让邪僻蒙蔽其心。卿宜好自为之，倘若称职，官爵和赏赐皆不必担心。"

面对这些新来的老师，承乾仍然采取了对付李纲的那一套，表面上礼敬有加，每有训诫或谏言，便恭恭敬敬地听从，并发誓要改正过愆，但一转身，他还是他，甚至愈演愈烈。

就在于志宁他们到任的第一天晚上，当这些新老师各自打道回府以后，承乾立马回到后宫，召集了二十多个年轻人。这些人都是他几年来偷偷招募的逃亡官奴，对他们说道："父皇又派了几个腐儒做我的老师，今夜我们要好好地乐一乐，算是给他们一个下马威，或者算是对这些正人君子举行的欢迎仪式。你们这便分头出发，能偷则偷，不能偷则抢，谁也不准空手而归。"

话刚说完，众人欢呼雀跃而去。每到这样的日子，对于这些官奴来说，就像是过小年。

这是太子承乾的一个奇怪的癖好。他自幼生长在深宫里，锦衣玉食，山珍海味，什么好东西没有吃过，可他偏偏要让下人们去偷鸡摸狗，偷来的东西吃起来格外香。他曾多次对心腹们说道："圣人云'饮食男女，人之大欲存焉'。其实，圣人也是知其一不知其二，他们只知道食色是人的本性，却不知道这吃东西和搞女人，还有一个极为相似之处。"

心腹们不解，问道："这两件事风马牛不相及，有何相似?"

承乾笑道："女人是妻不如妾，妾不如妓，妓不如偷；这吃东西也是一样，自家的不如买来的，买来的不如要来的，要来的不如偷来的。偷来的萝卜青菜，比自家的熊掌驼蹄还香。"

唐太宗李世民

过了两个时辰，派出去的官奴们纷纷大获而归。有的牵着牛，有的牵着羊，有的赶着猪，收获最小的也提着几只老母鸡，这些都是他们翻墙破壁，或偷或抢的战利品。

承乾大喜，立即让下人们抬出了一个专门制造的八尺铜炉和一个六隔大鼎，在当院里架起来，添水燃薪。让一个藏在东宫里的突厥人指挥着，杀牛宰羊，剥皮剔骨，把大块大块的牛羊肉扔进滚沸的大鼎之中。一个铜鼎不够用，便干脆在院子里生起篝火，将一只只杀死的整羊吊在火上，学着胡人的样子反复烧烤。

承乾则转来转去，亲自监督烹煮和烧烤。待煮、烤到半熟，便命人抬来一坛坛烈酒，把东宫的太监、宫女全都喊来，不管男女，都得大块吃肉，大碗喝酒，喝到半醉，就围着篝火又舞又跳，狂呼乱叫，男男女女搂着抱着，肆意狎亵，全无忌惮。

他所豢养的那些官奴死士们便借着酒兴拉着宫女抱在怀里，或干脆跑到树丛竹林之中尽情淫乐。

承乾明明看见了，却睁一只眼闭一只眼，权作不知。这些下人们肯为他出力，偷来了这么多牛羊牲畜，供他一乐，这也算是对他们的一点奖赏或补偿。

这样的事，于志宁他们开始并不知道，可世上没有不透风的墙。见太子闹得越来越不像话，为规劝、挽救他，于志宁专门撰写了《谏苑》二十卷呈送太子。太子表面深表感谢，当于志宁一走，便把这些书随手一扔，该怎么闹还怎么闹。

不久，于志宁的母亲病逝，于志宁请长假为母亲守孝服丧。太宗皇上不放心太子，希望他能夺情复职。于志宁是个孝子，虽有皇帝的旨意，还是多次上表，请求能为母亲服完丧。

太宗派中书侍郎岑文本到于志宁家中，一方面代表皇上对于母的谢世致哀，同时传口谕劝于志宁道："自古忠孝不能两全，太子眼下亟须人辅佐，还望爱卿能够为国节哀，勿陷于私情不能自拔。"于志宁无可奈何，只好回东宫复职。

于志宁请了长假以后，太子承乾愈加放肆，干脆托病不朝，大白天里便在后宫中胡闹。

他的又一个怪癖是喜欢学突厥人说话，穿突厥服饰，模仿突厥人的生活习俗。

今天一大早，他便命下人们在后苑中架设帐篷，然后把私养的官奴和宫中的太监宫女们都集中起来，一律梳辫发，穿羊皮衣服，打扮成牧羊人的模样，并自做狼头纛和各种小旗插在帐篷上。

然后开始杀羊，烹煮或烧烤。他带头解下佩刀切下一块块还带着血丝的羊肉便大口大口地吃了起来，众人也便一窝蜂地抢食生肉。

这样闹了一会儿，太子突发奇想，对众人说道："我是突厥可汗，你们是我的臣民。眼下可汗死了，你们要为我举行突厥丧礼。"说罢，突然两眼翻白，直挺挺地仰躺在地，一动不动。

那些下人们便学着突厥人发丧的样子，或号啕大哭，或哇哇怪叫，各人骑上马，围着他一边哭叫，一边转圈。有的为了表示对太子的忠心，把游戏做得更为逼真，干脆以刀割脸，直弄得血流满面。

一直闹腾了半个时辰，承乾一个鲤鱼打挺站了起来，忍俊不禁，哈哈大笑："学得好，像极了，每人赏银十两，用刀子割脸的，赏二十两。"

承乾正在兴头上，却听到宫门被擂得山响，有人在外面大声呼叫。

太子大怒，是谁如此大胆，敢到我东宫来大呼小叫。他命人打开宫门，不料却是于志宁气哼哼地冲了进来。

于志宁复职第一天来东宫，便听说太子因病没去上朝。作为老师，自然要到后宫来探询病情，来到后却见宫门紧闭，听里面狂呼乱叫，哭声震天，不禁惊得心头突突乱跳，还以为出了什么大事，慌忙叫门，可里面闹得厉害，根本听不见，不得已只好挥拳砸门。

一进门，眼前的这幅情景让他倒吸一口冷气。他根本想不到太子会如此堕落，当时便怒火攻心，厉声说道："太子殿下，作为嗣君，身系着大唐的未来，怎可如此荒唐颓废？长此下去，以后何以为君，何以抚四海而育万民？若积习不改，恕老臣不能侍读，还要原原本本地禀奏皇上。"说罢，袍袖一甩，头也不回地走了。

说是奏知皇上，这不过是于志宁气头上的话。作为太子少师，皇上对自己委以重任，抱有很高的期望。自己没有尽到未来帝师的责任，太子变成了这个样子，当老师的怎么有脸去面对皇上。他只是在拿话镇一镇太子，不到万不得已，这样的事是不能告诉皇上的。

李承乾却真被吓坏了，只觉得一阵阵头皮发麻，脊骨发冷。这事若真的被父皇知道了，还不知道会怎样处置自己呢。

他立即派人去跟踪于志宁，却见他并没有向皇宫方向去，而是径直回到东宫前殿，又在摇头晃脑地读书，忙完之后便直接回到了自己府上，太子这才稍觉放心。

可是，到了夜里，承乾又开始担心了，而且越想越怕。这个言必孔孟的书呆子，不通人情、只认死理的老东西，若是趁明日早朝时向父皇禀奏，那可如何得了？

该怎么办呢？他想来想去，脑子里突然闪出了一个可怕的念头：弄死他。一来可以灭口，二来可以杀鸡给猴看，让孔颖达、张玄素这班人从此闭嘴，免得整日啰啰唆唆。

想到这里，他马上让人将张师政和纥干（姓）承基召至他的密室。

这两个人是他多年来私养于东宫的杀手，虽然长得不算魁梧，但却身怀绝技，翻墙越屋、飞檐走壁如履平地一般。杀个平常人就像杀死只小鸡一样简单。

"今天夜里，有一桩生意要烦二位壮士走一趟。"

"有什么事，请太子爷吩咐。"

"于志宁这头老倔驴活腻了，你们去把他做了。手脚利索一些，千万不可留下把柄。"

为什么要杀人，承乾没有说，两个杀手也没有问，但他们心里清楚，肯定是为了白天的那点事。自古祸从口出，这个于老头儿也太不识时务了，因为一句话掉了脑袋，够冤枉的。

他们心里这么想，嘴里却连声应着："是，太子爷放心，奴才们自会做得干干净净。"

夜近子时，凉风阵阵，繁星如织。喧嚣了一整天的长安城安静了下来，就连草丛墙角的虫鸣此刻也停止了，整个大地万籁无声。

两个杀手来到了于志宁的住处。他们有些惊讶，太子少师乃是二品大员，位同当朝宰相。原以为他的宅院不是亭台楼阁，至少也得有几间宽房大屋，想不到竟是一个普普通通的小院，三间破旧的瓦房和两间灶屋用一圈土墙围着。

土墙不过四尺多高，仅能挡住鸡狗鹅鸭的出入。两个人不费吹灰之力便翻入院内，来到了堂屋檐下。

左右两个房间早已熄了灯火，黑洞洞的，看来家人们已经入睡。但奇怪的是正面的屋里却烛火通亮，这老家伙莫非深夜里还在秉烛读书？

他们轻手轻脚地走过去，捅破窗纸向里窥视，屋内的场景一下子让他们呆住了。

正北用长木板架设一座香案，两支粗大的白蜡烛已燃去了半截，冒着黑烟的火焰正在熠熠闪烁。烛光下清晰可见，香案正中摆设着于志宁老母的灵位，灵位前摆放着五碟干果，干果碟的前面便是两个铜制的小香炉，高香显然已经燃尽，铜炉里落满了香灰。

香案前面的地上放着一个焚化冥钱的火盆，随着从门缝里吹进去的夜风，盆里的纸灰不时地被吹在地上。火盆再往外，在当地铺了床草席。于志宁已换了一身孝服，头上戴着用白布缠裹的孝帽和衣仰躺在草席上，头下枕了两块土坯，身上盖着一领蓑衣。

他在一丝不苟地为故去的老母守灵。张师政和纥干承基看得目瞪口呆，做儿女的为死去的父母服丧，按照古制，在七七四十九天之内，每夜都应该这样守灵，以报答父母的养育之恩，寄托儿女的哀思之情。可那是在古代，如今人们多已变通，他们只是听人说过，还从来没亲眼见过，想不到今天却在这里见到了。

世上的人谁不是父母生父母养的，可有几个能做到这样至诚至孝？

于志宁的一片孝心感动了这两个杀手，现在要冲进去杀死他简直易如反掌。可是，他们却觉得双腿双手都不听使唤了，你看看我，我看看你，最后竟不约而同地退了出来。

他们回到东宫，连夜向太子禀报，把在于志宁家看到的一切都说了。张师政又说道："太子爷，对这样一个大孝之人，我等实在不忍心下手，奴才无能，请太子爷治罪。"

纥干承基却说道："太子爷，我看那于老头是个老实人，大好人。他说那话不过是吓唬您，咱们的事儿他未必真有胆量向皇上禀奏。"

承乾想想，这话也有些道理，便黑着脸说道："那就算了。但这事权当没有发生，谁也休要泄露半个字，否则，我非扒了你们的皮不可。"

这一切，于志宁却丝毫没有察觉。第二天，他照样来东宫供职，见太子不仅毫不收敛，反而变本加厉，竟于农忙时节于东宫营造宫室，数月不止。又经常外出游猎，不肯读书，只好与孔颖达、张玄素等频频上书劝谏，承乾却不屑一顾。

这几年，太宗皇上身边的好几位肱股重臣先后谢世，先是大理寺卿兼吏部尚书戴胄，然后是右仆射温彦博，检校侍中王珪，左武卫大将军、徐州都督秦叔宝。

唐太宗李世民

这些人，有的曾跟随太宗南征北战，为统一天下建立了丰功殊勋。有的公忠体国，为创立贞观盛世而殚精竭虑，呕心沥血。对于太宗皇上，对于大唐朝廷，个个都是赤胆忠心，至死不渝。对这些人，太宗不仅视为忠臣良相，左膀右臂，从感情上说，更看作是自己的骨肉兄弟或良师益友。

虽说生老病死是人生的必然规律，是大自然不可抗拒的法则，但是，这些朝夕相处、生死与共的老朋友纷纷离他而去，却不能不让他感到深深的悲痛。

前几天，八十岁高龄的秘书监虞世南又突然去逝，这更令太宗悲痛欲绝。

虞世南是与太宗皇上关系最为密切的几个心腹近臣之一。他是越州余姚人，性情沉稳寡欲，笃志勤学，不仅文章写得花团锦簇而又深刻隽永，而且尤其擅长书法，深得王羲之书体之精奥。

太宗还为秦王时，便慕名召其为秦王府参军，并为文学馆"十八学士"之一。登基之后，又授其为弘文馆学士，与房玄龄同掌文翰。贞观五年（公元631年）以后，擢其为秘书监，参知国政。

太宗皇上十分看重他的博闻强识，常于军国大事之余单独召见他，二人促膝交谈，共观经史。

虞世南虽然长得矮小瘦弱，但却秉性刚烈，每每论及古先帝王为政，必会讽喻规谏，对太宗多有裨益。

在虞世南生前，太宗曾多次对身边的人说道："朕于空闲时与虞世南商略古今，有一言之失，他便怅恨不已。对如此诚恳之人，朕怎能不重用？群臣若是都能像世南这样，天下何忧不治？"

因为虞世南多次向太宗进谏，所谏得体，又颇有魏徵那种犯颜直谏之风，太宗对他更加亲近礼敬。曾称赞虞世南有五绝：一曰德行，二曰忠直，三曰博学，四曰文辞，五曰书法。

如今，这位德才兼备的大儒、忠心耿耿的大臣离他而去了，太宗皇上怎能不陷入深深的悲痛之中？

他下令罢朝三日，亲为虞世南举哀，痛哭失声。为了悼念这位老臣，他亲书手敕给魏王李泰，说道："虞世南于朕，犹一体也，朕有小失，必犯颜而谏之。今其遽亡，痛惜岂可言耶？"并赋诗一首，特令魏王李泰焚诗稿于世南灵前，其思念哀痛之情令朝中诸臣感动不已。

世南的丧事过后数月，太宗皇上仍然郁郁寡欢。魏徵劝他节哀顺变，他却说道："虞世南死后，再无一人可与论书。"

魏徵忙说道:"我大唐人才之盛,恰似大江后浪推前浪。欧阳询固然年事已高,尚有一年轻后生,书法功力不在虞世南之下,而其风骨又颇似世南。"

太宗惊喜地问道:"此人在哪里?"

魏徵笑道:"此人就在皇上眼皮底下,早已在朝中为官。"

"是谁?"

"就是当年文学馆十八学士之一的褚亮之子、现任起居郎的褚遂良。遂良笔力遒劲,深得王羲之书法之妙,可谓少年新秀。"

太宗大喜,立即将褚遂良招来,令其当场作书。遂良援笔运气,一挥而就,果然是刚劲挺拔,通篇结构严谨,章法合理,潇潇洒洒,令人叹为观止。

太宗仔细看过,深为叹赏,当即封褚遂良为侍书,不久即升其为谏议大夫,兼知起居事。

几位老臣的去世使太宗皇上在伤感之余猛然想起了一件事。这些跟随自己出生入死、定鼎天下或倾力谋划、治理江山社稷的文臣武将,不是战功卓著,便是政绩显赫。这些大唐的功臣不仅应该受到当代人的尊重和推崇,而且应该让子孙后人永远铭记他们的丰功伟绩,成为万代楷模。

一念至此,他马上降诏,命诸位宰相和参政大臣在大唐建立以来繁如星辰的众多功臣中选拔出功勋最为突出的二十四位,不管是已故的还是仍然在世的都在遴选范围。然后,将这二十四位功臣的画像绘于凌烟阁的墙壁上,永资纪念。

经诸位宰相和众位大臣反复筛选,最后由太宗皇上亲自敲定,这二十四位功臣依次是:赵国公长孙无忌、河间元王李孝恭、莱国成公杜如晦、郑国文贞公魏徵、梁国公房玄龄、申国公高士廉、鄂国公尉迟敬德、卫国公李靖、宋国公萧瑀、褒忠壮公段志玄、夔国公刘弘基、蒋忠公屈突通、郧节公殷开山、谯襄公柴绍、邳襄公长孙顺德、郧国公张亮、潞国公侯君集、郯襄公张公谨、卢国公程知节、永兴文懿公虞世南、渝襄公刘政会、莒国公唐俭、英国公李勣、胡国公秦叔宝。

二十四位功臣确定之后,太宗命当年为十八学士画像的大画家阎立本亲自执笔,将他们的画像分别绘于凌烟阁的墙壁之上。

凌烟阁设计为三隔,最内一层画功高宰辅,中间一层画功高侯王,最后一层画次第功臣。这三隔虽分内外,但所有功臣的画像一概面北而立。

这件让大唐开国功臣流芳百世的大事办完之后,太宗皇上的心情轻松了许多。画像完成之日,他召集朝中臣工百僚前往凌烟阁观摩参拜。皇上的想

唐太宗李世民

法当然是为了激励大唐臣子们的忠义之心。

当众大臣正在凌烟阁里里外外到处观看的时候，太宗却发现，太子承乾又没来。

他对跟随在身边的魏王李泰说道："你大哥今日又是因何事没来？"

"回父皇，儿臣一大早便去了朝堂，大哥有什么事，儿臣不知。"

"那你去趟东宫，看看他在忙些什么。"太宗对李泰悄悄说道。

李泰去了不一会儿便回来了，对太宗禀报说："父皇，大哥说是病了，不能前来。"

"病了？昨日还好好的，什么病？"

"儿臣不知。东宫的大门紧闭着，守门的侍卫说太子有病，任何人不见，但儿臣听到宫苑里却有沸沸扬扬的嘈杂喧闹之声。"

"哼！"太宗再没说话，但一丝不悦却明显地挂在了他冷峻的脸上。

李泰说的是实话，此时东宫后苑里确是闹得人声鼎沸。

一大早，趁着朝中百官都去凌烟阁参拜，汉王李元昌便来到了东宫。

李元昌是太宗同父异母的弟弟，也就是太子承乾的叔父。他比承乾大不了几岁，从小生长在深宫，纨绔成性，骄纵淫逸，做了许多不法之事，多次受到太宗的严厉训斥，因而对太宗心怀不满。

而他与太子承乾却是声气相投，十分亲近。叔侄二人经常凑在一起斗鸡走狗，游畋围猎，甚至在夜深之时微服出宫，到长安城里嫖娼宿妓。

一看叔父元昌来了，承乾立时眉开眼笑，说道："叔父多日不来，小侄甚是想念。你说，咱们今日怎么玩？"

李元昌忙说："小王只听太子殿下的，你说怎么玩就怎么玩。"

"好，既然如此，我们今天便玩他个痛痛快快，闹他个天翻地覆。"

承乾召集起宫人户奴数百人，命他们列队奏乐，学着胡人的样子在头上挽起发髻狂歌乱舞，鼓乐之声不绝于耳。

承乾与元昌坐在树下的一排软榻上，一边饮酒，一边观舞听乐。

在众舞伎中，一个十四五岁的妙龄"女郎"尤为出众，面如满月，目似寒星，皓齿莹洁如一排细碎的琼玉闪闪发光，身段袅袅娜娜，广袖长舒，莲步轻移，如行云流水一般。

承乾看得如痴如醉，端在手中的酒杯都倾洒了一半尚不自知。汉王元昌轻轻地捅了他一下，调笑道："怎么，这尤物你不分白天黑夜地搂着，还看不够？"

承乾这才回过神来，大言不惭地说道："秀色可餐，看一眼三日不知肉味。"说罢，二人同时哈哈大笑。

一曲终了，承乾招招手，那个小娇娃花蝴蝶一般飞了过来，当众扑在承乾怀里，两人紧紧地搂在一块儿，贴腮偎面，又吻又亲，众人一片欢笑。

原来，这个娇小粉嫩的舞伎并不是女孩，却是个男童。他生得美艳，又极善歌舞，深得承乾喜欢，为他取名"称心"。

这又是承乾的一大怪癖，也不知从什么时候起，他开始喜好男风。东宫里的美人数不胜数，可这位太子爷却玩腻了，乐够了，偏偏要尝尝男宠的滋味。近两年来，这位称心几乎是专房专宠，夜夜侍寝。承乾把他视作心肝宝贝，真正是捧在手里怕摔着，含在口里怕化了，一日不见便寝食不宁。

当下，二人又疯狂地搂抱亲昵了一阵子，承乾这才站起身来，对元昌说道："叔父，酒喝得差不多了，咱们该做征战之戏了吧？"

李元昌道："小王也正是这个意思，怕搅了殿下与称心的雅兴，便没敢开口。"

于是，承乾将众人分为两队，他与元昌各领一队，每队的"武士"们都身披毡甲，手持兵器，排列成方阵。一通鼓罢，双方阵营中皆大声呐喊，互相交锋，砍削劈刺，厮杀格斗，一时间乱作一团。许多人被打得头破血流，有的甚至被刺瞎了眼，疼得满地打滚，承乾看了却兴奋地手舞足蹈，乐不可支。

有些宫人胆小，一看见这种流血的场面便浑身发抖，躲在一边不敢上前。承乾大怒，立即命人将他们吊在树上，用皮鞭把他们打得皮开肉绽、死去活来的。

两支队伍的格斗终于告一段落，照例是李承乾指挥的一方大获全胜。

承乾兴致勃勃地对众人说道："倘若我今天做了天子，明天就在苑中设万人营，与汉王分别率领，演阵厮杀，岂不乐哉？"

汉王李元昌却说道："殿下，真有一天你当了天子，也未必能够任性而为，光那班饶舌的臣子也就把你给约束住了。"

承乾却嘿嘿冷笑几声，眼露凶光说道："哼，我当天子，定要尽情纵欲，谁敢劝谏，立即杀掉，一气杀他三五十人，众人自然会安静。"

太子承乾越来越不成样子，把东宫闹得乌烟瘴气。他的那帮老师除了上书劝谏，再也没有别的招儿，只能干着急。

左庶子张玄素性情耿介，眼里揉不得半粒沙子。当年对太宗皇上修建洛阳宫都敢于犯颜直谏,对太子的事岂能不闻不问?他一连五次上书,但都如泥牛入海,承乾不理不睬,没有丝毫反应。他又叩阁求见,想当面规劝,承乾却让侍卫们将他拒之门外,不肯召见。

张玄素又急又怕,他知道这样下去,太子非惹出大祸不可。到那时,不仅他自己要倒霉,连东宫的这帮老师和属官们也脱不了干系。

情急之下,他决定给太宗皇上上书。到了这般田地,有些事情必须上达天听,太子失德,可不像平常人,它关系着大唐的江山社稷。

对这封上书,弦玄素是字斟句酌,费尽了心思。他只说了承乾游猎无度、斗鸡走狗和在宫中模仿突厥人列阵格斗、游玩嬉戏等事,而对他外出嫖娼宿妓、私置男宠、怂恿下人外出偷抢等事却一个字也没敢提。

就是这样,太宗皇上看了上书之后也不禁龙颜震怒。他立马将承乾召至皇宫,劈头盖脸地臭骂了一顿,命他回东宫后要向老师们诚心赔罪,从此弃恶从善,痛改前非。

这一来可把承乾惹恼了,这个不知天高地厚的酸老头子,居然敢到父皇那里告自己的状,这不是在把自己往死里整吗?看来,不杀一儆百是不行了。

当天下午,他叫来了几个宫奴,让他们在半路截杀张玄素,说道:"下手要狠,给我往死里打。打死后你们先到外地躲一躲,这里一切有我兜着。"

夜幕降临之后,张玄素才离开东宫,向数里外城南的家中走去。刚走到一个胡同拐角,突然跳出了几个蒙面大汉,有的拿着铁棍,有的手持马鞭,一拥而上,不分头脸地一阵乱打。张玄素一个文弱儒生,哪里经得住如此毒打,早已被打倒在地,开始还呐喊呻吟,满地乱滚乱爬,到后来便一动不动,气息奄奄了。

幸亏附近住着的百姓们闻声赶来,恶徒们一哄而散,这才勉强救了张玄素一命。

太子的老师被人当街殴打,险些丧命,一时成了震惊长安的奇闻。太宗勃然大怒,立即命大理寺和刑部严加追查。一伙人忙活了一个多月却没有发现任何蛛丝马迹。

不过,张玄素心中有数,太宗皇上也心里有底,除了李承乾外,还有谁能对一个手无缚鸡之力的老儒下此毒手?

第三十二章　夺嫡之争　太宗忧心

李承乾如此失德，而又怙恶不悛，他的太子之位就岌岌可危了。

太宗皇上对这个不肖之子渐渐地失去了信心，太子的老师们也对这个顽劣的学生感到齿冷。

这个时候，承乾的四弟、魏王李泰却分明感到，一个天予神授的机会在向他招手。他跃跃欲试，从各个方面做着缜密的准备，等待着最后摘取那顶大唐嗣君的桂冠。从各方面看，李泰都具备摘取这顶桂冠的优势。他是长孙皇后所生的第二个儿子，按照立嫡以长的传统，现太子一旦被废，嗣君的位子便非他莫属。

更何况，李泰不仅长得魁梧英俊，而且极为聪明，从小便写得一手好文章。

他仅比承乾小一岁，生于武德三年（公元 620 年），武德四年（公元 621 年）即被封为卫王，贞观八年（公元 634 年）兼领左武侯大将军、雍州牧，贞观十年（公元 636 年）徙封魏王，遥领相州都督。

太宗皇上在他的十四个儿子中最喜爱的就是魏王李泰。因为他腰粗腹大，每日拜见有些困难，便准允他可以乘坐小轿到朝拜见。有一次太宗巡幸李泰在延康坊一带的府邸，为了表示对李泰的宠爱，一时高兴，便下旨大赦雍州死罪以下的罪犯，免除延康坊当年的租税，并赏赐了魏王府属官许多财帛。

因为李泰喜欢儒士，爱好文学，太宗皇上还特旨命他在府中设置文学馆，听任其招募学士。

按照朝廷的制度，只有太子才能设置文学馆。精明的李泰发现他的太子大哥正走着宠衰爱弛的下坡路，而自己的圣眷日隆。他的心中渐渐地萌生了入主东宫的念头，夺嫡的欲望迅速膨胀。

但他却不像大哥那样浮躁和浅薄。他知道，眼下时机还不成熟，这种想法需要深藏不露。自己的所有努力都只有一个目的，那就是要给父皇留下一个完美的印象，不断地固宠邀功。夺嫡之争不能明火执仗，必须迂回进行。

因此，他谨言慎行，刻苦好学，处处与太子反其道而行之。

唐太宗李世民

你太子不是喜好男风吗？我李泰连女色都不好，俨然是一派坐怀不乱的正人君子之相。你太子不是顽劣成性、游嬉无度吗？我李泰则天天忙于正事，不是认真读史，就是埋头著文。你太子不是与老师们闹得水火不容，甚至剑拔弩张吗？我李泰则对每位老师都是恭恭敬敬，严守师徒之礼，甚至对府中的每一位属官、宾客都彬彬有礼，客客气气。

父皇允许自己设置文学馆，这是一个绝好的机会。当年，父皇做秦王时，就是因设置了文学馆，广招天下鸿儒大贤，才辅佐他平定了天下，成功地发动了玄武门之变，从而登上了九五至尊的皇帝宝座。

李泰抓住这个机会，招贤纳士，很快便将萧德言、顾胤、司马苏勖、蒋亚卿、谢偃等一批文学名士吸纳到了自己的身边。

一日，李泰与这些文学名士相聚，询问文学馆成立之后，首先应该干些什么。众名士都理解魏王此时急功近利的心情，无非是想迅速干出一两件轰轰烈烈的大事，好在太宗那里邀功争宠。

司马苏勖说道："自古贤王大都招收宾客，以著述为美，既可取得皇上的信任，又能青史留名。"

"那么，以诸位之见，我们该先撰述什么？"

"魏王，微臣以为，您应上奏皇上，请求编撰《括地志》。这类书籍前朝无人编写，又颇有实用价值，对朝廷经国安邦大有裨益。"

李泰深以为然，当即修表上奏。太宗敕准以后，他以重金赏赐诸位学士，大家分头查阅资料，翻阅史书，实地勘察校核，然后分门别类，埋头撰写，焚膏继晷甚至秉烛达旦。

不久，《括地志》书成，送呈太宗御览。太宗甚感欣慰，让几位宰辅大臣传阅后交给秘阁珍藏。然后，降旨赏赐李泰绢物一万段，萧德言等编撰人员也各得重赏。

这样一来，魏王李泰不仅在皇上的心中愈加得宠，就是在群臣之中也是声名鹊起，一代贤王的名声不胫而走。

在太宗的心里，魏王李泰的分量越来越重了。为了能够经常与李泰见面，父子二人来往方便，太宗命李泰搬进了位于皇宫之内的武德殿。不久又降敕，魏王李泰每月所得钱物供应居然超过了太子李承乾。

正在病中的魏徵得知此事，抱病拟疏上奏，加以谏阻。谏议大夫褚遂良也找到太宗，当面进谏说："有国家必有嫡庶长幼，然庶幼虽爱，不得超越，嫡长正礼，必须尊崇。如不能做到尊卑有序，遂使当亲者疏，当尊者卑，则佞巧之徒趁机而动，私恩害公，或至乱国。"太宗听从了魏、褚等人的建议，只好收回成命。

然而，魏王李泰却认为自己已经摸透了父皇的心思，凭着一两个大臣的摇唇鼓舌并不能动摇自己在父皇心中的地位。

他认为时机已趋于成熟，便迫不及待地加快了夺嫡的步伐。

他授意自己的心腹幕僚炮制了一份匿名上疏，将太子承乾私养男宠，与之同卧同起、朝夕淫乐这一有违人伦的丑行直接捅给了皇上。

虽然是一封匿名信，但说的却是千真万确的事实，稍加调查便真相大白了。太宗皇上简直被气昏了头，这可是大唐建立以来闻所未闻的丑事。他气得浑身哆嗦，脸色铁青，立即下令将承乾的男宠称心乱棍打死。

太子承乾马上便意识到这一定是魏王李泰告的密，从而对这个心狠手辣的四弟更加恨之入骨。

他故技重演，再一次派刺客张师政和纥干承基去暗杀魏王李泰。

然而，李泰可不是那些毫无防身之力的硕儒。他平日深居简出，偶尔外出也是前呼后拥。他的府邸武德殿又处于皇宫大内之中，与皇上的寝宫近在咫尺，通宵达旦都是岗哨林立，戒备森严。两个杀手在魏王府周围转悠了好几宿，就是无机可乘。

承乾气急败坏，愤怒之余干脆破罐子破摔，竟借口有病连续一个月不肯上朝。

他对称心思念不已，终日唉声叹气，泪流满面。为了悼念这个心肝宝贝，他命人在东宫特意修建了一座房子，在房中立上称心的塑像，并在门前摆置了人偶、车马，让宫人们早晚祭拜。他自己也经常前去，围着称心的塑像徘徊流泪，又将称心的尸身埋于东宫后苑，起坟安葬，亲自为其赠官树碑，以示哀悼。

这简直是在与太宗公开叫板，已是愚不可及。事情若到此为止，其后果还不至于不可收拾。

但此时的承乾已经丧心病狂，毫无理智可言。除了身边一群宵小外早已是众叛亲离。

为了与魏王李泰一决雌雄，他开始在暗中广结朋党，培植势力，甚至不惜重金招纳壮士，私养府兵。

除了汉王李元昌与他早就勾结在一起之外，洋州刺史赵节（其母为高祖之女长广公主）、附马都尉杜荷（前宰相杜如晦之子，娶太宗之女城阳公主）

以及掌管皇宫内禁卫的左屯卫中郎将李安俨不知出于何种目的竟都成了太子承乾的心腹死党。

一日晚间，太子承乾的贴身侍卫贺兰楚石对他说道："殿下，有一人在宫外求见，不知殿下是否方便见他。"

"是谁?"

"小人的岳父侯君集。"

"哎呀，你怎么不早说，赶快请他进来。"前兵部尚书侯君集虽因贪赃枉法被贬，但他毕竟是大唐的开国元勋，叱咤疆场半生，曾东征西战横行于大半个中国，是一员威名远震的骁将。太子欲图大事，正需要这样一位大名鼎鼎的老将军为他压阵。

承乾将侯君集引入密室，将下人屏退，仅留贺兰楚石一人在旁侍茶，让座之后，笑容可掬地说道："侯老将军，孤正欲登门求教，又怕于将军不利，故尚未成行。今将军夤夜来访，孤正可讨教自保之计。"

侯君集被贬之后，一直对太宗皇上耿耿于怀。最近冷眼旁观时局变化，见太子承乾与魏王李泰已争得不可开交，便想乘势而出，再导演一次当年的玄武门之变，做个擎天保驾之臣，既雪其大功后遭贬之耻，又圆他出将入相之梦。

因此，太子话音刚落，他便直言不讳地说道："如今皇上钟爱魏王李泰已是无以复加。太子殿下将祸不旋踵，弄不好就会重蹈隋朝太子杨勇和本朝前太子建成被杀的覆辙，应该速做筹划，密为之备。"

承乾沉重地点点头，又问道："老将军愿与承乾祸福共之? 若能如此，将军便是我的第一功臣。"

"老朽今夜既然敢来，自然愿与殿下共图大计。"他冲承乾笑笑，伸出两只手道："这是一双好手，愿为殿下用之。几十年来，这双手可是无往不胜，还从来不曾有失。"这样说着，心里却想，这个太子懦弱无能，与其父判若两人，若真由他当了皇上，将非常容易控制。到那时，我侯君集挟天子以自重，方能一展抱负，也可不枉此生，此时此刻，将身家性命押在他的身上想来也是值得的。

承乾听后则更为兴奋，当即便将李安俨招来，嘱咐他与侯君集二人从此以后要严密关注太宗的一举一动，随时禀报。

东宫之中如此紧锣密鼓的行动很快便被魏王李泰一一侦知。他安插在东宫内的密探嗅觉如同猎犬一样灵敏，每闻到一点异常的气味，发现一点可疑的迹象，都会随时向他通风报信。虽然这些通报还不尽翔实，但深更半夜的你来我往，肯定是在干些见不得人的勾当。

李泰本想把这些事情公开上表奏报父皇，但经过与谋士们反复密商，觉得不妥。一方面，这些事并无铁证，皇上查下来，太子若是死不认账，自己反落个诬告；另一方面，现在还不到摘瓜的时候，应该让他继续作恶，到时候玩火自焚，谁也救他不得；更重要的是，自己不能显得太猴急，若是皇上觉察到自己有夺嫡之心，事情就会弄巧成拙。

目前唯一可做的事就是抓紧笼络党羽，扩充实力，尤其是要密结死党，情况一旦有变，可与太子的势力分庭抗礼。

很快，李泰便将附马都尉柴令武（柴绍的儿子）、房遗爱（房玄龄的儿子）等二十多人拉拢到自己的阵营里，赠送给他们许多财物，将他们倚为腹心。黄门侍郎韦挺、工部尚书杜楚客曾先后兼管过魏王府事，也与李泰结成死党。他们受李泰委派，每到晚间便带上重礼忙不迭地走家串户，去贿赂结交朝中大臣。

朝廷中的文武百官除了那几个忠心耿耿的宰辅重臣和少数确有真知灼见、不肯随波逐流的大臣，其余的哪个不是混迹官场日久、善于察言观色的老油条？

当今皇上在太子和魏王之间游移不定的暧昧态度早已经使他们忧心忡忡。眼下，他们又走到了官运仕途的十字路口，何去何从将关系着他们的后半生甚至是全家老幼的前程，当今皇上百年之后，自己是尊荣富贵，还是穷困潦倒以至坐牢或被杀头，都在一念之间。

因此，人们都绞尽了脑汁，四处打探口风，算计着该投向李承乾还是李泰。整个朝廷就像表面平缓的一池静水，在表层的下面，却有暗流在奔涌激荡，慢慢地向着太子党和魏王党两个阵营分化。

长孙皇后的三个亲生儿子有两个正在像乌眼鸡似的拼命争斗，只剩下年仅十六岁的晋王李治无动于衷，似乎是个局外人。

其实，晋王府也不是铜墙铁壁，在这场浩大的政治风暴将席卷而来的时候，这里也不会纤风不起，微波不兴。

重新执掌了宰相大权的长孙无忌此时已经成了朝廷中说一不二的人物。魏徵有病，长期不能上朝，房玄龄能谋而不善断，又事事小心谨慎，对许多军国大事，太宗皇上主要都是与长孙无忌商量。

在太子、魏王和晋王这三个外甥中，长孙无忌最喜爱的是小外甥晋王李

唐太宗李世民

治。李治仁孝，从小质朴忠厚，与人无争，今年刚刚十六岁，还是个不懂政事的大孩子。母亲长孙皇后薨逝的时候，李治还不到十岁，因而，舅父长孙无忌对他便格外地呵护和疼爱。

以长孙无忌的经验，两个大外甥为争皇嗣而拼得你死我活，已成水火之势，到头来必定两败俱伤。因此，他早在暗中下了决心，一定要把他这个小外甥推上去，不然的话，帝位要是落在皇上的其他儿子手中，他长孙无忌将永远成了局外人。此时此刻，他早已把妹妹长孙皇后反对外戚干政的叮嘱抛到了九霄云外，皇室内激烈的权力争夺使这位身经百战的元老重臣也头脑发热起来。

他仔细地盘算过，对他来说，李治才是继任大位的最佳人选。这孩子性情温和，待人真诚，虽然有些懦弱，但做个守成之主也足够了。只要能把他推上帝位，自己既是他的舅舅，又有拥立之功，长孙一门便会永远立于不败之地。

这些日子，长孙无忌经常到晋王府里走走，当然是以询问督促晋王的学业为理由，当舅舅的去看望自己的小外甥，并不会引起人们的任何怀疑。

在随随便便的交谈中，长孙无忌已经把太子和魏王间发生的事都有意无意地透露给了李治，好让他心中有数。

同时，他还十分严肃地告诫李治，千万不要参与到这场争斗的任何一方，最好是足不出户，只埋头于经史子集。当然，他也暗示了李治，朝廷中的一切都由他这个当舅舅的代为张罗。鹬蚌相争，渔翁得利，你就稳坐在晋王府里，只等着当个得利的渔翁就行了。

无独有偶，在这个非常时期，还有一个人盯上了晋王李治，与长孙无忌一样，她同样认为这个十六岁的大孩子奇货可居，值得在他身上押上最大的赌注。

谁都不会想到，这个人会是一直在后宫里默默无闻的武才人媚娘。

媚娘入宫已经六年多了，当今皇上在她宫里行幸最多不过十个夜晚，其余的两千多个漫漫长夜，她都是在冷衾孤枕、独守空帷的寂寞中熬过来的。这个从小便争强好胜的女人无论如何也不曾想到，以自己的容貌和才情，居然会遭受这么长时间的冷落。

太宗的冷落折磨还是次要的，最要命的是对权力的渴望。本来，武媚娘入宫的目的同其他任何妃嫔都不一样，她可不满足于一生锦衣玉食这点表面的富贵。她要借此机会出人头地，实现一个女人人生的最高价值，从而留名青史，千古不朽。

可是，她这个最初的梦想被现实击得粉碎，对太宗皇上她是彻底失望了。

好在自己还年轻，当今皇上已经四十六七岁了，历代帝王多不长寿，他还能当多少年皇帝？她开始把目光转向了太宗的几个嫡亲儿子身上。

首先是太子。她很快便发现李承乾太不成器，声色犬马，荒淫无度，又私养男宠，就是在闾阎市井中的普通人家，这也是个不可救药的败家子。她坚信，以太宗的英明神武，绝不会让这样的儿子入继大统，否则，他便不是李世民了。

再是魏王李泰，别看皇上眼下对他很宠信，那些没有头脑的大臣们也在一窝蜂地讨好他。但这人太自负，太急功近利，他自以为是在行韬晦之计，想装出一副潜心治学、勤政忧国的样子。但他只知道把这一面做给皇上一个人看，却没想到在许多大臣和外人的眼里，早已经露出了急于夺权的狐狸尾巴。未图大事先授人以柄，这样轻浅浮躁而又刚愎自用之人，又能瞒得了皇上几天？

最后，她还是把眼光投到了晋王李治的身上。同长孙无忌的想法一样，鹬蚌相争，渔翁得利，忠厚老实、有仁孝之名的李治很可能就是这个渔翁。

中国人信奉中庸之道，用人决事都习惯于折中，剔其上下而取其中。两个哥哥闹到这般田地，必定会"出头的椽子先烂"，最后不鹿死李治之手才怪呢。

因此，这一两年来，武媚娘有事没事便爱往晋王府里跑。晋王还小，男女间的事用不着避嫌。她一个五品才人，皇上不用她侍寝，一天到晚没有什么事可做，到王府中走走转转，解解闷儿，是很正常的事儿，人们也不会说些什么。她先是与晋王的两个妃子王妃和萧妃打得火热，渐渐地就与李治混熟了。四个人在一起谈古论今，做做游戏，有时候也谈谈诗文，每天乐呵呵的，关系十分融洽。她成了晋王府的常客，以至于有两三天不去，晋王和妃子们都会感到像丢了什么似的。

尤其是李治，他与这位比他大四岁的父皇的才人从相识到相知，从文友诗侣到异性知音，慢慢地产生了一种不可名状的情愫，但他们谁也不肯说破。媚娘作为一个过来人，更是准确地把握着尺寸和火候，绝不越雷池一步。这个时候，他们只是一对志趣相投的朋友，或者说是一对难舍难分的姐弟。

有一天，武媚娘来到时，王妃和萧妃都出去了，屋内无人，他们便把话题扯远了。从诗赋文章谈到了经邦治国，谈到了大唐当今的繁荣和以后的长治久安。

武媚轻声问道："晋王殿下，你对自己的未来有何打算？"

这是一个敏感的问题，李治想起了舅舅的嘱咐，只淡淡地一笑道："还需要打算什么，这辈子就做个安分守己的王爷，忠心辅佐皇上，为大唐江山尽些绵薄之力罢了。"

武媚把声音压得很低："只怕树欲静而风不止。你自以为在安分守己，别人却不让你安生，这个王爷的位子也坐不稳当。"

李治吓了一跳，这些话舅舅可从来没对自己说起过，他急切地问道："武才人这话从何说起？"

"晋王难道不知，太子和魏王各树朋党，明争暗斗，正在进行着一场你死我活的皇位角逐？将来不管鹿死谁手，都有可能重演一次'玄武门悲剧'。到那时，城门失火，殃及池鱼，皇室之内弄不好便会血流漂杵，晋王怕也难逃株连之灾。"

对这些事，长孙无忌只是若明若暗地同他说过，但从来没有说得这么详细和直白。乍听媚娘说得如此危言耸听，李治不禁惊慌起来："那依武才人之见，小王究竟该如何自处？"

武媚轻轻一笑，说道："天下者，天下人之天下，自应由才高德厚者居之。更何况殿下也是长孙皇后所生的嫡亲皇子，难道就与掌管天下无缘？"

一听这话，李治惊得心口突突乱跳，连连说道："不不不，我可没有这种奢望，也决不像两位皇兄那样去拉帮结派，剑拔弩张地去抢那个太子之位。"

武媚笑道："看把你吓的，谁让你去争去抢了？眼下再去结纳心腹，拉拢私党，岂不是天大的傻瓜？但是，不抢不等于不想，想想又有何罪？在这个错综复杂、风云变幻的时候，你的心里总得有点准备吧？"

"那……我到底该怎么办？"

"你们兄弟眼下的处境倒使我想起了一个老掉了牙的故事。"

"说说看，什么故事？"

"从前，有一位老财主有五个儿子。老财主把平生积蓄都变卖成珠宝，锁在一个珠宝箱里，钥匙和珠宝箱严密地收藏着，哪个儿子也不知道。待到老财主病重的时候，儿子们都围了上来，纷纷询问珠宝箱藏在哪里。老财主喘息着说道：'在南山那棵最大的老槐树旁的地下埋着，你们快去找，谁找着便是谁的。'说罢，吐了一口鲜血。四个儿子跳了起来，各人牵来一匹骏马，打马向南山飞奔。只有最小的儿子跪在床前哭泣，拿出手帕给父亲擦拭着嘴角的鲜血。

"老财主突然笑了，他张开右手，钥匙就在手掌里攥着，对小儿子说：'珠宝是你的了，箱子就埋在院内那个草垛下面。'

"其实，世上的许多事就是这样，所谓'无为而治'，无为而无不为，不为而有所为。以晋王平素的为人处世，用不着去争去抢。臣妾今天来想告诉殿下的就是千万不要卷入那两个人的争斗之中，两耳不闻窗外事，一心只读圣贤书，淡泊自处、静观其变是殿下的上上之策。那两个人都是成事不足、败事有余的浅薄之辈，不久便会两败俱伤，到那时，太子之位非殿下莫属。

"当然，殿下也不能连想都不敢想，像块木头似的一味地傻等，有一个人殿下是一定要曲意结好的。"

"是谁？"

"就是你的舅父长孙大人，其实他对殿下早就深有好感。你与自己的舅舅亲近，不会见疑于皇上，也不会引起朝臣的任何非议。长孙大人是凌烟阁第一功臣，又是当今皇上几十年来笃信不疑的心腹大臣，他的话在朝廷中可是一言九鼎啊。"

晋王李治惊愕地睁大了眼睛，像不认识似的重新打量着武媚。他简直不敢相信，一个小小的才人，一个皇宫里不起眼的弱女子，竟会有如此深邃的见识和深沉的城府。更令人难以置信的是，这个女人居于深宫，从不出皇城半步，她的说法和见解竟会与长孙无忌如出一辙，而且比他分析得更加透辟。

看来，从今往后，自己对这个女人得重新估量，刮目相看了。

他感激地冲着武媚笑笑，郑重其事地说道："小王谨受武才人赐教。"

太宗皇上渐渐地嗅到了一股怪味。从朝臣们一些细微的变化中，他开始觉察到由于自己在太子和魏王之间的犹豫不决，已引起朝臣们的揣度和疑虑，钻营门路和侥幸进身的心理会使一向十分稳固的大唐朝廷在无形中产生震荡和分化，这是极其危险的。

他决定快刀斩乱麻，彻底解决大位继任人的问题。一日早朝，他突然问道："当今国家何事最急？"

许多人都摸不着头脑，高士廉、刘洎、岑文本等所答各异。

只有褚遂良猜透了皇上的心思，当即上前奏道："如今四方仰德，不敢为非。但太子诸王须有定分，陛下宜为万代法，以遗子孙，此是当务之急。"

他是在极力维护嫡长子继承制，也就是主张太子承乾的位子不可轻动。

但此时太宗的心里仍是倾向于废黜承乾，册立李泰，话不投机，他便没有再说下去。

随后几天，他便接到了马周、岑文本、房玄龄的上书，都是反对废立的。

就连在重病中的魏徵听说了皇上欲立魏王的意思，也连忙让人代笔上书，恳切地说道："自周以来，皆子孙相继，不立兄弟，所以绝庶孽之觊觎，塞祸乱之源本，此为国者所深戒也。"

太宗皇上不得不接受群臣的进谏，并在朝堂上公开宣布，绝不会废黜太子承乾。为了稳定人心，消除那些投机钻营者的侥幸心理，他又降诏，以特进魏徵为太子太师。

魏徵是太宗皇上最信任的大臣之一，一直被他倚为国家栋梁。两人既是最默契的君臣，又是最亲密的朋友和兄弟，在某种意义上，甚至更像是一对情深意笃的师徒。

有好几次，太宗曾十分感慨地对侍臣们说道："贞观以前，随我平定天下，历尽艰险，玄龄之功，无人可比。贞观以后，尽心于我，献纳忠说，安国利民，犯颜直谏，匡朕之违者，唯魏徵而已，古之名臣何以加也。"

起用这样的人当太子太师，意在向天下人表示，皇上并无废立之心。朝臣们那颗悬浮的心终于落到了实处。

然而，这种情况并没有维持多久。

贞观十七年（公元643年）正月，魏徵的病情突然加重。

太宗皇上慌了，他每日罢朝之后便带上太子承乾到魏徵府上看望他这位股肱老臣，一连六七天天天如此。

眼看着魏徵的病一天天加重，行将不起，太宗心如刀绞，他拉着魏徵的手，泪流满面道："爱卿，这些年来，你为国事向朕进谏，付出了你后半生的全部心血。朕心里明白，没有你魏徵，便没有今天的贞观盛世，贞观之治有一半应归功于公。"说道，竟泣不成声。

魏徵吃力地说道："皇上怎能这么说，魏徵若不是生逢明君，恐怕至今还是一介布衣。若不是皇上思贤若渴，从谏如流，就是侥幸跻身庙堂，有十个魏徵也早掉了脑袋，还谈什么建功立业？先有明君而后有直臣，这同先有伯乐后有千里马是一个道理。这世上得一千里马易，得一伯乐难，同样，历朝历代得直臣容易，得明君难。"

太宗直如万箭穿心，他用手抓着魏徵身上盖的那床破棉被，热泪纷纷滚落下来："爱卿，你为大唐呕心沥血，鞠躬尽瘁，自己都得到了什么？你看看你住的这几间破屋，看看屋内这点寒酸的摆设，就是个七品县令也不至如此。

爱卿，朕想了，房玄龄、杜如晦的儿子朕都招为了驸马，朕最疼爱的华阳公主就嫁给你的小儿子。你千万要挺住，一定要亲眼看着他们成亲，咱们不只是君臣，更应该是亲家。"

"皇上，这事千万要慎重。臣的儿子们未必都能成器……"说到这里，魏徵突然一阵剧烈地咳嗽。过后，他又坚持说道："臣受陛下知遇之恩，虽万死难报。今日臣自知大限将临，最后还要啰唆一次。"

"有什么话爱卿尽管说，朕无不答应。"

"还是那句老话，臣不能再侍奉皇上了，万望陛下慎终如始，勿累千古明君之美誉，让贞观盛世传之千秋……"

"爱卿放心，朕记住了。卿的金玉之嘱就像刀子一样刻在朕的心里。"

太宗失声痛哭起来，把魏徵的手紧紧地抓住，像是怕他会突然不辞而别，抽身而去。

正月十九日，魏徵走了，一代名相含笑而去。他相信，自己倾心辅佐的这位千秋英主决不会有始无终，他一定会把这个繁华似锦的贞观盛世传递给下一代。

太宗皇上以人臣所能用的最高礼节为魏徵举行了葬礼。送葬那天，从太子、诸亲王到朝中文武百官全部加入了送葬队伍。长安市民自发举哀，戴孝送葬。送葬队伍多达十万之众，浩浩荡荡，绵延数里。

太宗在几个亲侍的搀扶下登上了苑西楼，目送魏相的灵柩远去，望哭尽哀。

当送葬的队伍从他模糊的泪眼中消失的那一瞬间，他忽然周身痉挛，头晕目眩，险些背过气去。亲侍们赶紧把他扶到一边坐下，为他擦拭着满头的冷汗。

他瞪着一双失神的眼睛，看看左右，坠泪说道："以铜为镜，可以正衣冠；以史为镜，可以知兴替；以人为镜，可以明得失。魏徵殁，朕亡一镜矣。"

数日后，太宗皇上亲自为魏徵撰写碑文，并亲笔书于石上，制成碑碣，立于魏徵墓前。这是有唐以来人臣所受的最高礼遇。

第三十三章　鹬蚌相争　渔翁得利

三月的夜晚，到处都荡漾着花的馥郁、草的芬芳和刚刚复苏的泥土散发出来的温馨。深深吸一口夜里的空气，都有一种春风带来的甜丝丝的感觉。

月色是柔媚的，星光闪烁不定，带着几分羞涩。夜交子时，皇城内外一片静谧。几十年来习惯于享受和平与富庶的长安市民早已进入了沉沉的梦乡。

但就在此刻，在太子李承乾东宫的密室里，却正在酝酿着一场惊天动地的阴谋。

前兵部尚书侯君集、左屯卫中郎将李安俨、汉王李元昌以及附马都尉杜荷、洋州刺史赵节和杀手张师政、纥干承基等人都已秘密潜入东宫，聚集在这间不大的密室里。

太宗皇上虽然当朝宣布绝不废立太子，使许多朝臣略觉放心，但是却没有打消太子承乾心中的疑虑，连他自己都觉得他过去那些所作所为一旦暴露，父皇是不会放过他的。

太子太师魏徵辞世，朝廷中的宰执大权将大部分落在长孙无忌手中，这个舅父对自己一向没有好感，鹿死谁手更成了未知之数。

他必须加快举大事的步伐，先下手为强，否则，必定成为第二个杨勇或李建成。每想到这一点，承乾便感到胆战心惊，后背直冒凉气。

"诸位，当今皇上年事渐高，狐疑不定。魏王泰磨刀霍霍，凌逼益急，我等再不果断行事，就等于引颈受戮。今夜愿与公等共谋大事事成之后，公等皆为元勋功臣，我李承乾对天发誓，一定与诸位共享荣华富贵。"太子承乾慷慨激昂地说道。

侯君集当即说道："当断不断，反受其乱。朝廷连续近二十年太平无事，皇上所见都是花团锦簇，所闻都是歌功颂德，毫无警觉，我等行大事可一举成功。"

赵节急忙问道："侯老将军亲历过玄武门之变，胸富韬略，可详细说说我等该如何行动。"

还没等侯君集开口，杜荷却抢着说道："此事小人思谋已久，待时机成熟，太子殿下佯称病重，皇上必来视疾，我等可于东宫设下伏兵，乘其不备，一举擒之。"

侯君集笑笑道："杜驸马之计甚妙，也正是老夫的意思。不过这事还须详加谋划，若是皇上带魏王、晋王等同来，可一举擒拿。若魏王不来，老夫愿带一哨人马往攻魏府。当然，皇上一旦掌握在太子手中，即让他降诏，命魏王投降，事情若是顺利，便可免得流血。"

"老将军，"承乾又问道，"擒获皇上之后又该如何处置？"

侯君集笑笑道："殿下不必担心，你不会落个弑君不孝之名，玄武门之变就是现成的故事，只让皇上宣诏禅位于殿下，他退居太上皇便万事大吉了。真是有意思，历史的轮回竟会如此相似，这也叫'以其人之道，还治其人之身'吧。"他心里却在想，到时候再说吧，以当今皇上的秉性，即使被擒，也不会任人摆布，那时说不定就得一刀宰了他，也可雪我昔日之耻。

承乾长长地舒了一口气，脸上绽出了一片灿烂的笑容，好像这件大事已经变成了事实。

众人开始喝同心酒。在太子承乾的带领下，他们各自挽起右袖，抽出利剑或匕首，在左臂上深深地割了一道，然后，用早已准备好的绢帛在伤口上擦拭着，再将带血的绢帛点燃，直至化为灰烬。最后，将所有灰烬搅拌于酒坛之中，每人分一大碗，咕咚咕咚喝了下去，而后盟誓道："我等共举大事，誓同生死，如违此誓，天诛地灭。"

发誓之后，侯君集又叮嘱各人回去精心准备，等待最佳时机，在此期间，严守秘密是最最重要的，千万不可对任何人，包括妻儿父母泄露一丝口风。

众人连连称是，正要退去，不料汉王李元昌却突然对承乾说道："殿下，大事办成之后，本王不要高官。"

承乾有些意外，问道："那叔父想要什么？"

元昌笑道："皇上每次宴请群臣，身边坐着一个弹琵琶的绝色佳人，令我朝思暮想，魂牵梦绕，就请殿下将这个美人赐予本王。"

众人忍俊不禁，一齐哈哈大笑。

承乾却一脸严肃，郑重地说道："放心，叔父，这女孩子是你的了。"

就在李承乾一伙紧锣密鼓地筹划举事的时候，却传来了一个令众人震惊的消息：太宗皇上的另一个儿子齐王李祐竟在他们动手之前抢先一步起兵造反了。

唐太宗李世民

李祐是太宗的第五个儿子，为阴妃所生。他从小纨绔成习，又性情轻率暴躁，亲近小人，喜欢狩猎，经常怂恿部下骚扰民众，甚至奸淫掳掠。

太宗对这个儿子极不放心，专门派秉性刚毅的权万纪任齐王府长史以辅佐李祐。

李祐私养壮士昝君谟、梁猛彪，并将其倚为心腹。这两个人仗着齐王的势力，在齐州城里肆意劫掠，欺男霸女，成了地方一害。

长史权万纪实在看不下去了，便利用自己的职权将昝君谟、梁猛彪狠狠地痛斥了一顿，驱逐出齐王府。

李祐早把这两个人看作是左膀右臂，狼狈为奸惯了，离开他们一天都觉得难受，于是，又把这两个人偷偷召回，而且愈加放纵。昝、梁二人也有恃无恐，更加横行无忌，为所欲为。

太宗听说齐王无状，心中十分着急，便下书痛斥李祐。李祐这才感到有些害怕，将书信让长史权万纪看了，问道："以长史之见，本王应如何自救？"

权万纪道："齐王殿下若能悔过自新，痛改前非，万纪愿入朝面君，向皇上说明情况，必可免罪。"

李祐勉强同意。权万纪便将李祐的过失逐条写了下来，让他亲自签名，然后带上这封悔过书快马进京，向太宗代为请罪。

见了太宗，权万纪说道："齐王年轻，为身边小人所惑，贪图享乐，也是微臣辅佐不力，才致触犯纲纪。如今齐王已经知罪，从今以后必能改过。"

太宗大喜，赐权万纪绢帛一百匹，并勉励道："朕的儿子少不更事，能否守牧好地方，造福百姓，全赖你们这些藩邸辅臣。你们要处处严加管束，勿使其为非作歹。"

随后，太宗又派为人谨慎正直的校尉韦文振为齐王府典史，与权万纪一起辅佐齐王。同时再次下书教训李祐，列举了他的种种过失，要他凡事多听权万纪和韦文振的劝谏，亲君子，远小人，做一个让朝廷放心、百姓拥戴的贤王。

不料李祐看过太宗的书信却勃然大怒，对他的心腹们说道："权万纪这个混蛋居然出卖了我。表面上说是劝我改过，实际上却是以此向皇上邀功，有朝一日，本王非杀了他不可。"

对这些，权万纪却丝毫不知提防。他又性情偏激，从朝廷回来之后对李祐的管束苛刻而又急躁，不准他出城门，将其打猎所得的鹰犬全部放掉，再次驱逐昝君谟、梁猛彪，严禁他们与李祐见面。

一天夜里，权万纪正睡着，忽然被一阵哗啦声惊醒，命人掌烛一看，被子上竟落下了许多土块。

这件事原不值得大惊小怪，若能冷静地察看一下，便会发现是因住宅年久失修，屋顶上偶尔有土块落下来。

但此时权万纪疑心生暗鬼，认定是昝君谟、梁猛彪因被斥退而怀恨在心，趁夜深之时来暗杀他。

权万纪一怒之下下令将昝、梁二人逮捕，关进州牢，并通过驿站再次上书，弹劾与李祐一起做坏事的数十名州衙属官。

太宗皇上接报后，立即派刑部尚书刘德威前往齐州审查。这些州衙属官与李祐同流合污，几年来所做的坏事都是明摆着的，用不着费多大的劲便查得一清二楚。

刘德威回朝禀奏，太宗震怒，立即下旨，命李祐和权万纪一起入朝。

在入朝的前一天夜里，李祐的舅父阴弘智来见李祐，问道："殿下明日真的要进京见皇上？"李祐说道："父皇有敕，不去怎么办？"

阴弘智却摇头道："殿下万不可糊涂，此次入朝无异于自投罗网，轻则高墙圈禁，重则头颅落地，恐怕再无回齐州之日。"

李祐顿时惊得脸色苍白："以舅父之见，该如何行事才是？"

阴弘智冷笑一声道："自古以来，父不慈则子不孝，君不仁则臣不忠。当今皇上既不念骨肉之情，必欲置亲生儿子于死地，殿下岂能坐以待毙？何不乘机起兵，以图大事。即使不能推翻朝廷，以齐州之兵精粮足，亦可割地为王，落得逍遥自在，永享富贵。"

李祐立时兴奋起来，问道："具体该如何做，请舅父为我谋划。"

阴弘智笑道："数年前，我曾对殿下说过，您的兄弟很多，陛下百年之后当有壮士来自卫。养兵千日，用兵一时，如今该是他们大显身手的时候了。"

当时，阴弘智向李祐举荐了他的妻弟燕弘信、燕弘亮，此二人精于武功，也颇有些智谋。李祐将他们引为知己，养于王宫，并交给他们大批金银，让他们招募了五百多名江湖上的敢死之士。

不错，该是起用这些人的时候了。李祐点点头道："舅父深谋远虑，今日得验了。"

阴弘智压低声音说道："明早让权万纪先走，可派人于途中杀之，然后胁迫韦文振一起参与举事，则大事必成。"

第二天一早，李祐派人通知权万纪，让他先行。自己安顿一下家人，随后便去。

权万纪乐得自己先走，这事本是由他的参奏引起的，若与齐王一路同行，也觉得别扭。他简单打点了一下便带带上一名侍从出发了。

出了齐州城西门，主仆二人按辔徐行，走了三四十里便进入了一片丘陵之地。

此时已是四月初天气，山路蜿蜒，绿树成荫，高低参差的山岗上，山花烂漫，姹紫嫣红，山溪淙淙，山中许多不知名的鸟儿发出了清脆悦耳的合唱。

权万纪却无心观赏这阳春美景，他一边赶路，一边思虑着此次入朝该如何向太宗请罪，自己毕竟是齐王的第一辅臣，齐王的种种劣绩和凶狡不法之事，自己身为长史，如何脱得了干系？

他忧心忡忡，正行走间，却见前面山路拐角处突然转出了二十余骑人马，个个顶盔披甲，手执利刃，对自己怒目而视。

权万纪大吃一惊，开始还以为是遇上了抢劫谋财的山贼流寇。可是这么多年了，大唐境内夜不闭户，路不拾遗，强盗土匪早已敛迹，齐州的地面上也从来没有发生过这类事。仔细一看，为首的竟是齐王的心腹燕弘信，不禁勃然变色，厉声斥道："燕弘信，你要干什么？"

燕弘信冷笑道："干什么？老子奉齐王之命在此送你这条卖主求荣的豺狼上西天。"

权万纪情知大事不妙，看来李祐已动了杀心，怕是在劫难逃。但是他不能束手待毙，本能迫使他拨马而逃。

然而为时已晚，他落入了燕弘信提前布置的伏击圈内，刚往回逃了没有几步，迎面又有十几骑人马拦住了去路。

燕弘信大喊一声："射死他！"立时，前后两边乱箭齐发，飞矢如蝗，顷刻之间权万纪主仆二人已全身中箭，变成了两个血刺猬。

当天上午，齐王李祐与舅父阴弘智在密室中召见了典史韦文振。

"韦典史，当今圣上老迈昏庸，偏听偏信，本王决计举旗造反。你若与本王共谋大事，事成之后便是开国元勋，本王保你世代富贵无边。"李祐丝毫不加掩饰，赤裸裸地表露了心迹。

乍听此话，不亚于在头顶上打了个响雷，韦文振立时冷汗淋漓。他迟疑了半晌说道："殿下，此事掀天揭地，干系重大，千万鲁莽不得，尚需从长计议。"

"休要啰唆！"阴弘智在旁怒喝一声，"只说你是参与还是不参与。若不参与，即刻叫你人头搬家。"

韦文振渐渐冷静下来，心想还是好汉不吃眼前亏，先逃过眼前这一劫，然后再相机行事。便换了一副笑容，说道："既然如此，在下身为齐王府典史，从此便唯齐王马首是瞻。"

李祐大喜，说："好，痛快，从此我们便是一家人了。典史可回衙速做准备，联络左右，等待时机起事。"

韦文振告辞以后，阴弘智却对李祐说道："此人城府颇深，我看他不会真心与我们共事，必须严加提防。"

李祐点了点头，忙派人对韦文振昼夜进行监视。

翌日黎明，韦文振骑了一匹快马以巡城为名来到西城，盘问守兵几句之后，突然冲出城门，打马飞奔而去。

但他没有料到，早有燕弘亮带着四五骑跟踪他多时了。见他果然出城，燕弘亮立即纵马急追。

韦文振刚跑出四五里路，便被燕弘亮数骑追上。他一个文弱书生怎能抵得住这一群虎狼之士？既然被追上了，唯死而已。他停了下来，回首直视着燕弘亮，怒声骂道："回去告诉李祐这个不忠不孝的畜生，尔等乱臣贼子图谋造反，上逆天意，下违民心，不日败亡，必将死无葬身之地。"

燕弘亮气急败坏，上前恶狠狠地当胸刺了韦文振一剑，立时鲜血四溅，韦文振凄厉地惨叫一声便轰然倒毙马下。

燕弘亮命属下割下了他的首级带回齐王府。

齐王李祐马上召集府内所有属官，大声说道："皇上无道，朝廷腐败，本王决计自即日起高张义旗，替天行道，若有不从者，韦文振便是尔等的下场。"说完，砰的一声将韦文振的脑袋扔在地上。

众属官顿时被吓得浑身哆嗦，目瞪口呆，纷纷跪伏在地，叩首不止。

于是李祐开始封官。任舅父阴弘智为上柱国大丞相，燕弘信、燕弘亮为左右大将军，开府仪同三司，其他心腹属员也都各封高官。

如此封官加爵，明眼人一看便知，这已经是一个新朝廷的规模了。看来，齐王李祐已决计与大唐朝廷分庭抗礼，虽然还没有公开登基称帝，却俨然以新一代帝王自居了。

接着，齐王又设置了拓东王、拓西王等官爵，命人打开府库，以大量金银珠宝赏赐百官。随后便派出兵士，将齐州城周围的百姓驱赶入城，准备长期据守。

然后，这位"新皇帝"就要抓紧时间尽情享受了。他让齐王府兵曹杜行敏带领数千名齐州兵巡城守卫，命他平日豢养的那几百名敢死之士轮番保卫王府。自己却与阴弘智、燕弘信等四五个心腹藏在后宫里，与妃子和众多宫女一起歌舞宴饮，纵情淫乐。

齐王造反的消息很快便传到了京师长安。太子承乾听说后极为兴奋，急忙招来侯君集，说道："这个李祐，既然要举大事，为何不来与我联系？"

侯君集笑道："殿下此话差矣，齐王起兵，目的是要谋夺大位，若是与你同谋，这天子之位还有他的？不过，他在齐州公然竖起反叛朝廷的大旗总是好事，皇上和他的那班大臣们此时必定焦头烂额，两眼只盯着齐州。即使派兵平叛，最少也得几个月的时间，我等正可在这几个月内抓紧举事。"

承乾点头称是，笑着说："我东宫西墙距大内仅有二十步远，与卿等举大事，远非齐王可比。老将军可速去准备，你我共享富贵的时候不远了。"

太宗皇上已于承乾之前得到了齐王谋反的密报，不禁又惊又怒。

这个儿子生在深宫之中，从小便被娇纵坏了。长大后不成器，在藩王任上吃喝玩乐，为所欲为，已经让他感到头疼，原以为将他调来京师，狠狠地教训一顿，最多削其王爵，将他留在身边也就是了。可万万没有想到，他竟吃了熊心豹子胆，敢于举兵造反，简直太不知道天高地厚了。

对于平息这场叛乱，太宗皇上并未放在心上。他相信自己亲手缔造的这支军队的力量，相信那些安居乐业的百姓们对自己是拥戴的，相信大唐江山稳如磐石。

但李祐却是自己的儿子，尽管是妃嫔所生，是庶出，却一样是自己的亲生骨肉。他玩火自焚，只能是死路一条，十指连心，一想到李祐年纪轻轻便走到了人生的尽头，他感到深深的悲哀。

然而，他现在面对的是一个穷凶极恶的造反者，叛逆者，容不得他有丝毫的怜悯。他必须在最短的时间内迅速果断地扑灭这股邪火，以警告那些不法者和心存侥幸者。

他马上降诏，由兵部尚书李勣调集怀、洛、汴、宋、潞、滑、济、郓、海九州兵马讨伐李祐。

不过，出乎所有人的意料，李祐的反叛居然会如此短命，李勣所率大军尚未到达齐州境内，这股势力就已经土崩瓦解，灰飞烟灭了。

齐州城内的军民从一开始就不相信这个顽劣成性的公子哥儿能成什么大事，就连普通的老百姓都对他的倒行逆施恨之入骨。大唐的繁荣安定是庶民百姓的命根子。几十年来平平安安，丰衣足食，这是当今皇上带给他们的福祉。他们从内心深处祈祷自己的这位好皇帝长命百岁，期盼着这种好日子能永远地延续下去。他们弄不明白，作为当今皇上的亲儿子，为什么放着荣华富贵不享，偏偏要无事生非，非要把他们的好日子好光景搅乱了不可。

起初，那些被强行赶进城来的百姓们到了夜间便纷纷拽着绳子逃出城外。随后，连城内的居民，甚至一些士商官吏也都人心惶惶，抛妻弃子，缒城而下，四散奔逃。守城的军队无法禁止，也不想禁止。

其实，守军内部更加人心浮动。几乎每个人都清楚，以齐州这区区几千兵马要同大唐朝廷抗衡，简直是飞蛾扑火，螳臂当车。一个无智无勇无德无才的李祐竟然想推翻大唐朝廷，取当朝天子而代之，简直是狂犬吠日，愚不可及。

齐王府兵曹杜行敏便是最不看好李祐的一个。他秘密召集了数十名心腹部下，对他们慷慨说道："李祐谋反是以卵击石，自取灭亡，他的死期就在眼前。我等当的是大唐的兵，拿的是朝廷俸禄，为什么要为他李祐卖命，给他当走狗？这可是祸灭九族的勾当，诸公以为该怎么办？"

还没等他说完，众人几乎异口同声地说道："杜大人无须多说，我们心里都明镜一般，该如何行事，就请杜大人发令，我等无不拼死上前。"

"好，既然大家同心，我们也不要等朝廷发兵。诸位回去秘密联络各家兄弟，我们自己动手抓捕李祐，剜去这个毒瘤，为朝廷建一大功。"

众人回去一联络，军民吏庶无不响应，一个秘密逮捕李祐的计划在紧张而有序地酝酿着。

这个时候，青州、淄州等几个毗邻州郡的兵马虽未得到朝廷的诏命，也都自觉地集中起来向齐州境内赶来，准备擒拿叛贼，为朝廷排忧。

一场灭顶之灾已经迫在眉睫，而李祐一伙却毫无知觉，还在美滋滋地做着"皇帝梦""将相梦"，真可谓是当局者迷。

这天夜里，李祐与阴弘智、燕弘信等人又在后殿里宴饮作乐。他们一边听歌观舞，一边狂饮，每人怀里搂着一个小美人儿，乘着酒兴，乱抓乱摸，贴腮亲嘴，弄得这些小女子吱吱乱叫。

喝到半醉，歌舞停了，他们又开始东拉西扯。阴弘智毕竟年龄大一些，还多少有些心事，他将怀里的小宫女从腿上抱下来放到一边坐下，一只手摩挲着她的满头秀发，像漫不经心地玩弄着一只小猫，看看李祐说道："齐王，抽空得到城上去察看一下，臣估摸着朝廷的大军应该快到了吧？"

齐王道："嗯，明天我们一块儿去巡城。"

燕弘亮端起酒杯喝了一口，却一低头，借着与怀中的宫女亲吻的时候，将酒口对口送进了她的嘴里，呛得那女孩儿猛地一阵咳嗽，众人一片大笑。

笑罢，燕弘亮一拍胸脯，对齐王大声说道："殿下无须担忧，官军来时，我等左手持酒杯，右手为殿下挥刀斩敌。"

在他看来，朝廷大军简直是一群草人纸马，败之不费吹灰之力。这明明是痴人说梦，一派胡言，齐王李祐却听得心花怒放，深信不疑，哈哈笑道："壮哉，燕公，本王先敬你一杯……"

一句话还未说完，忽听殿外一片鼓噪呐喊，声闻数十里之外。

李祐浑身一哆嗦，手中的酒杯"哐啷"一声掉在地上，脸色变得苍白，惊恐地问道："是什么声音？"

外面那些守卫大殿的死士们也不清楚这是哪来的喊杀之声，不知是因为怯战还是为了推卸责任，竟骗他说："报齐王殿下，是英公（李勣）率飞骑攻城，现已有人开始登城了。"

众人一下子慌了，燕弘亮刚才的一身豪气早飞到了九霄云外，酒也吓醒了。

他们忙将怀里的女人推到一边，纷纷披挂，拥着李祐躲进内室，闭门不出。

杜行敏带着数千名将士冲进了齐王府，来到后殿，将那些顽抗的党羽全部杀掉，然后把大殿围了个水泄不通。

从深夜直到黎明，大殿尚未攻克。杜行敏焦躁异常，命人搬来木柴，绕大殿堆放了一圈。然后冲着殿内高声喊道："齐王听着，你过去是龙子龙孙，我等对你言听计从。如今却是大唐叛臣，国之逆贼，若不赶快投降，立马便会化为灰烬。"

一听是杜行敏的声音，李祐这才知道朝廷的大军还未到，自己的人马却反水了。他顿时心灰意冷，手里就这么点本钱，还指望着他们为自己卖命呢，想不到他们却来要自己的命了。

一阵难堪的沉默之后，李祐鼓起勇气对外面喊道："你们不要放箭，有话好好说。"接着推开一扇窗户，探出脑袋说道："本王可以出降，只是担心燕弘亮被杀。"

杜行敏马上答道："我们尽量保全他们。"

事已至此，李祐还以为自己毕竟是皇上的儿子，生命无虞，只为他的亲信们担忧。见杜行敏如此说，略觉放心，随即打开殿门，与阴弘智、燕弘亮等人垂头丧气地走了出来。

杜行敏挥挥手，几十名将士蜂拥而上，将几个人结结实实地捆了起来。对燕弘亮兄弟为虎作伥、残忍地杀死长史权万纪、典史韦文振，将士们早已恨得咬牙切齿，忽然有人喊了一声"杀死这些狗杂种"便发疯似的冲了上去，竟活生生地将燕弘亮的两只眼珠抠了出来，狠狠地摔在地上。

李勣率大军刚进入齐地便遇上了杜行敏押解的齐王等人的囚车。叛乱已经平息，用不着再兴师动众，李勣命杜行敏回齐州安抚民众，其他九州兵马也各自回去，亲自率领数百骑押解李祐等回朝复命，并为杜行敏请功。

案情明确，事实俱在，用不着多加审讯。太宗皇上立即降旨，将李祐赐死于内侍省，阴弘智、燕弘信、燕弘亮等四十余名造反的党羽一律于市曹斩首，其他齐王府吏役官属一个也不准株连，皆宣布无罪。

齐王李祐造反，雷声大，雨点小，其兴也忽，其败也速。不出旬日，一切便重归平静，所有元凶首恶也都一一伏法被诛。

叛乱的迅速平定显示了大唐的国力和军威，更显示了太宗皇上和大唐朝廷在庶民百姓中不可动摇的威望。朝野上下喜气洋洋，一片欢呼。

唯有太宗皇上高兴不起来，不只是高兴不起来，简直是忧心忡忡，哀伤凄绝。

他的十四个儿子中的一个已经被自己亲手杀死了，虎毒尚不食子，自己却不得不杀死亲生儿子。他又想起玄武门之变中被自己杀死的哥哥李建成、弟弟李元吉和那八九个未成年的侄子。这究竟是为什么？帝王家的骨肉之情难道就该如此冷漠和残忍？

他已经连续数夜不能成眠，整宿整宿地大睁着双眼睡不着，偶尔合上眼迷糊一阵，又会被一些莫名其妙的噩梦突然惊醒。

今夜他睡在徐充容的寝殿里。自从长孙皇后过世，每当他有心事的时候，总爱往徐惠这里跑。别看这个女人年纪不大，但她读书多，识大体，见地不俗，很能给自己一些宽慰、理解甚至是启迪。

在她的多方安抚下，太宗紧缩着的那颗心总算舒展些了，精神也放松了许多。子时头刻，他终于沉沉地睡过去了，四肢舒适地伸展着，鼻子里发出了均匀的鼾声。

可他睡了还没有半个时辰，便突然被一阵轻微的说话声惊醒。

"陈公公，有什么事，现在都半夜了。"是徐惠尽量压低了的声音。

"启禀娘娘，是房相爷和国舅长孙大人说是要见皇上。"

"皇上刚刚睡着，让他们明早再来吧。"

"可他们说有天大的急事，非得连夜觐见皇上不可。"

徐惠有些为难了，她实在不忍心叫醒太宗，便迟疑着说："你再同相爷说说，皇上都三四天没合眼了，看能否明日再来。"

"是，奴才这就去通知二位大人。"

"慢着，"太宗一翻身坐了起来，揉揉双眼道，"若没有急事，他们不会深夜求见。告诉他们，到前面御书房等朕，朕这就过去。"

太宗来到御书房，见长孙无忌和房玄龄正在那里不安地来回走动着，脸色阴沉，神情冷峻。

"说吧，是什么事如此着急？"太宗坐下后问道。

"皇上，这事只能对您一个人禀奏。"房玄龄看看室内的几名太监说道。

太宗顿时有一种不祥的预感，这几个贴身太监都是自己多年的心腹，许多事并不需要背着他们，他默默地挥挥手，几个太监悄悄地退了出去，在殿外远远地守候着。

房玄龄和长孙无忌突然双双跪倒在地，却一时不知如何开口，书房里鸦雀无声，静得吓人。

"究竟出了何事？"太宗有些焦躁。

"皇上，是太子出事了。"房玄龄谨慎地一字一顿地答道。

"太子？他出了什么事？"太宗心里一哆嗦。

长孙无忌向太宗禀奏了事情的全部经过。

在大理寺突击审理李祐造反一案时，一个偶然的机会发现太子承乾的门客纥干承基居然脚踩两只船，与齐王李祐也有牵连，是李祐安排在朝廷中的眼线。

大理寺立即逮捕纥干承基，严加审讯，以附逆之罪判处其死刑。

行刑的前一夜，纥干承基突然提出要见大理寺的主要官员，说是有一个天大的秘密要告发，条件是饶他不死。

大理寺丞当夜召见了他。纥干承基先是供认了他受太子派遣去暗杀于志宁和东宫宫奴殴打张玄素的事实，随后又将太子谋划政变篡位的全部阴谋和盘托出。

事大如天，大理寺丞不敢做主，马上向首辅宰相房玄龄报告。为了慎重，房玄龄又找来长孙无忌，两人亲自审讯纥干承基，结果时间、地点、人员、策划政变的各种细节都说得清清楚楚，人证物证俱在，铁证如山。一切都调查清楚之后，这才来向太宗禀奏。

听长孙无忌说完，太宗突然感到一阵眩晕，身子摇晃了一下，险些跌倒。他强压住怒火，口里喃喃着："这就是朕的儿子，一个比一个浑。"

房玄龄和长孙无忌站在太宗面前垂手而立，却不敢说话。

沉默了多时，太宗霍地站了起来，双眼中冒着火花，狞厉地冷笑了数声，怒声喝道："还愣着干什么，速宣李勣进宫。王子犯法与庶民同罪，不能手软，要一网打尽。"

当天夜里，兵部尚书李勣秘密调度人马，以迅雷不及掩耳之势，将太子承乾、汉王李元昌、侯君集、洋州刺史赵节、附马都尉杜荷及李安俨等人全部收捕归案。这伙人几乎一个个都是在睡梦之中便乖乖地做了阶下囚。

太宗下令，让房玄龄、长孙无忌、萧瑀、李勣几位元老重臣和中书省、门下省、大理寺的官员共同审案。

没费多大力气，承乾、元昌等人便供认不讳，全部承认了谋反的事实。

太宗皇上已经有好几夜不曾入睡了，他感到头疼欲裂，四肢无力。可是，面对这样一场突如其来的重大变故，他却本能地打起了精神，比平日更显得精力充沛。

一大早，他便来到了朝堂之上，文武大臣们也都来得既早又齐。大家都知道今天要干什么，人人都黑着脸，一言不发，大殿里沉默得让人心里发怵。

"太子谋反，是朕之不幸，宗庙社稷之不幸。如今事实俱在，证据确凿，众爱卿都说说，对承乾这个逆子该如何处置？"太宗的声音是颤抖的，有些嘶哑，充满了愤怒和心痛。

文武百官都低垂着头，谁也不敢回答，朝堂上陷入了难堪的沉默之中。

太宗皇上理解臣下的难处，自古以来，谋逆造反皆是大辟之罪，罪不容赦。但承乾不仅是自己的亲骨肉，而且是嫡长子，是国之嗣君，做人臣的能说什么呢？

这时候通事舍人来济出班奏道："依我大唐律，谋逆者当死，但皇上亦有特赦之权。此事的处置应以陛下不失为慈父，太子得以尽天年为最好。"

这也正是太宗想说的话。昨天夜里他翻来覆去地想了一宿，最后还是决定要保全承乾。这倒不是因为对这个嫡长子的偏爱，这几年，太子的种种荒谬失德早已令他心灰意冷。如今又犯下了这丧尽人伦的谋逆大罪，当然该杀，齐王李祐也是自己的儿子，不是已经杀了吗？

但是，太宗此时想的最多的却是长孙皇后，他生怕对不起她的在天之灵，这毕竟是她为自己生下的第一个儿子。

房玄龄、萧瑀等一批老臣似乎猜透了太宗的心思，都一齐跪倒在地。房玄龄说道："来济所奏也正是臣等的意思，望陛下赦免承乾死罪，以成全皇上仁慈之名，亦可告慰皇后的在天之灵。"

见大臣们几乎是异口同声在为承乾求情，太宗正好借坡下驴，于是降诏，免去李承乾太子之位，废为庶民，软禁在右领军府。

接着，太宗又想免去汉王李元昌的死罪。他毕竟是自己的弟弟，这些年，杀死亲兄弟建成、元吉的罪恶感一直像一块巨大的石头沉沉地压在他的心上，他实在不想再担这个诛杀兄弟的恶名。

但是，这一次大臣们却坚决不同意，一个个据理谏阻，认为汉王元昌长期混迹东宫，教唆承乾荒淫，实属首恶，罪不容赦。

太宗无可奈何，只好降旨，赐其自缢于府中，而对其家人则一律赦免。

汉王既已伏法，其他同谋自然皆在必杀之列。侯君集、李安俨、赵节、杜荷、张师政等人皆依律被斩首于市曹。

行刑之前，太宗单独召见了侯君集。这是他下令诛杀的第一位开国功臣。看着他已经变得花白的须发，太宗的心里"咯噔"一下。几十年来，这位老将军跟随自己浴血征战，出生入死，为大唐立下了许多战功，他的名字早已列入凌烟阁二十四名功臣之中。是什么东西让他鬼迷心窍，以至于落个白首被戮的下场？无非是"权力"二字。自古以来，人为什么都如此贪婪，面对权力就永远不能节制？

"侯老将军，你为何做出这等糊涂事？他们都是些孩子，少不更事。你这么一大把年纪了，曾为了大唐九死一生，何以也利令智昏？朕实在不想杀你，真的，朕实在不想落个杀戮功臣的罪名。可是，朝廷律法不允许，文武大臣不答应，朕亦无可奈何！以后，朕何时想见老将军，只能到凌烟阁上去看看画像了。"说着，太宗的声音变得苍凉而又悲凄，一串热泪流了下来。

"皇上，别说了，老臣知罪了。都是那些珍宝珠玉害了老臣，贪欲之心让老臣步入泥沼，从此越陷越深，不能自拔。我是自作自受，情愿一死以谢天下，对皇上并无半句怨言。"侯君集说着已经泣不成声了。

"你还有什么未了之愿，需要朕替你安排？"

"臣犯下滔天大罪，妻妾子女也就顾不得了。只是家有八十老母，实在让臣死不瞑目。"

"这个你放心，朕一定替你照顾好她老人家，让她衣食无忧地安享晚年就是了。"

"臣谢过皇上。"侯君集花白的头颅碰地有声，然后爬起身来，离开大殿，颤巍巍地向囚车走去。

李承乾被废为庶人，太子之位看起来已非李泰莫属了。然而，皇权的争夺历来如同逐鹿，唯有技高捷足者先得。皇上还有十二个儿子，谁都有一批亲朋故旧，有一个势力圈子，鹿死谁手尚是未知之数。说得直白一点，在这场最高权力的争夺中，谁的势力大、手段高、心机深，谁才可能是最后的胜利者。

魏王李泰自以为聪明过人，在承乾被废之后，天天入宫服侍太宗，一天到晚不离左右，再也顾不上读史理政和著书立说了。

一天，他陪着太宗闲聊，有意把话题拉到了新太子的选立上。太宗当然知道他的意思，便说道："放心吧，太子之位无人能与你争。昨日刘洎、岑文本上书，推举立你为太子，朕也是这个意思。"

李泰受宠若惊，突然激动起来，一下子扑在太宗怀里，哽咽着说道：儿臣有一个儿子，他年在儿臣死之前一定为陛下杀死此子，传位给晋王。

太宗亦深受感动，父子二人相谈甚欢。

次日散朝之后，太宗对最后离开的几位朝臣说起了此事："昨日李泰投身朕怀中，自云他年要为朕杀死其子，传位晋王。人谁不爱其子，朕见他如此，甚觉可怜。"

太宗言谈之中充满了对李泰一片孝心的嘉许和爱怜，无非是在向朝臣们暗示，他已决定立李泰为太子，将来由他继承大宝。

不过，李泰的话显然太过矫情，反而露出了一个大漏洞。太宗是因宠爱李泰，因而当局者迷。然而，聪明的大臣们却一下子抓住了攻击李泰的把柄。

自从承乾出事以后，这个李泰自以为太子之位非他莫属，一夜之间撕下了伪装，同过去判若两人。他开始恃宠而骄，毫不把朝中大臣放在眼里。朝上朝下骄横狂妄，目中无人，唯有在太宗一人面前才是另一副恭恭敬敬、谦谦君子的面孔。

太子还没当上就已经如此狂妄，将来一旦真当了皇上，还不得为所欲为？弄不好便是一个顺我者昌、逆我者亡的暴君。大唐的江山怎能交到这样一个人手里？

李泰的行为已经激怒了大多数朝臣。只有岑文本、刘洎等少数几个人不过是遵循立嫡以长的传统，认为该立他为太子，其他人大都不以为然。

太宗的话刚说完，褚遂良马上接口说道："皇上此话大谬。"短短六个字，让在场的几位朝臣吃了一惊，哪有如此直冲冲地说皇上大错特错的？这个由魏徵推举的褚遂良确实有些魏徵的风骨和脾气。

太宗皇上也是一愣，但他毕竟是从谏如流的一代帝王，随即便笑了："你说说看，朕何以大谬？"

"如此大事，万不可有失。请皇上细思之，哪有陛下百年之后，魏王拥有天下，却肯杀死他的爱子，而传位给晋王的道理？人太过矫揉造作，反而会露出破绽，所谓越描越黑是也。陛下过去既立承乾为太子，又宠爱魏王，甚至其待遇都超过了承乾，从而酿成今日之祸。前事不远，足以为戒，如今陛下一定要立魏王为太子，请先安排好晋王，以保其日后性命无虞。"

一席话真如千钧重锤，震得太宗一颗心咚咚乱跳，耳鼓嗡嗡作响。是啊，立储之事若不格外小心，弄不好下一代又会重演骨肉相煎、兄弟相残的悲剧。

一向英睿天纵、处事果断而又自信的太宗皇上，在选立太子的大事上，面对自己的亲生儿子们，第一次显得如此优柔寡断。沉默了多时，他不禁坠下泪来，口里喃喃说道："朕不能为之。"说完站起身来，默默地向后宫走去。

大臣们一片愕然，他们听不明白皇上究竟是说什么事不能为之。是不能保护晋王李治呢？还是不能立魏王李泰为太子？

当天晚膳后，长孙无忌来到后宫求见太宗皇上。这几年，长孙无忌一直是太宗的第一心腹，二人无话不谈。

"长孙兄，你可是为立储之事来的？"

"皇上圣明，臣正是为此事而来。"

"你也以为立泰儿不妥？"

"是的。"

"泰儿聪明干练，文才武略皆能说得过去，为何不能册立？"

"皇上，魏王虽说有些能力，但外恭内险，持心不正，这些年一直盯着太子之位，必欲夺之而后快。若继大统，小而言之，承乾、李治等兄弟恐难以保全；大而言之，以其刚愎自用，独断专行，即位后倘行暴政，恐大唐江山不稳。"这些话，直来直去，一针见血，也只有长孙无忌这个当亲舅舅的才能说。

"那依你之见应当立谁？"

"晋王李治自幼忠孝仁义，皇上曾多次对臣夸赞，皇后在世时，对治儿也颇为欣赏。若立晋王，大唐江山可保长治久安，请皇上三思。"

长孙无忌的话让太宗想起了李治的许多往事。治儿于贞观二年（公元628年）由长孙皇后生于丽正殿，贞观五年（公元631年）封为晋王。长孙皇后薨逝时他哀哀悲泣，昼夜守灵，思母之情感动左右，经太宗屡加抚慰方才勉强节哀。

他十二岁那年，著作郎向他讲授《孝经》，太宗曾考问他："此书中以何言为要？"

他侃侃答道："夫孝，始于事亲，中于事君，终于立身。君子之事上，进思尽忠，退思补过，将顺其美，匡救其恶。"太宗听后十分高兴，说道："行此，足以事父兄，为臣子矣。"

平心而论，对这个儿子，太宗也很钟爱。但是要他继任大统，却很是担心："治儿虽仁孝，却甚是懦弱，恐不堪国家大任。"

长孙无忌道："创业之主需要雄才大略，严刚凌厉；而守成之君能够宽厚爱人、仁义孝友也便足矣。况晋王亦是聪明之主，不过有些性情内向罢了。"

太宗想了一会儿，说道："此事不急，你先回去，容朕再想想。"

长孙无忌和褚遂良的进谏很快便被魏王李泰侦知。

李泰急了，如同芒刺在背，坐立不安。他无论如何也想不到，小小的李治竟会成了与他竞争太子之位的对手。本来以为，承乾被废以后，太子之位已经非他莫属，怎么会半路里又横生枝节？

他开始失去理智，甚至是气急败坏。不管怎么说，就是不惜一切代价，也不能让这只已经煮熟的鸭子再从自己的手里飞了。

他一夜未眠，思来想去。本想从长孙无忌和褚遂良身上下手，游说或贿买他们，但这显然是不可能的。长孙无忌是朝廷重臣，一人之下，万人之上。虽然也是自己的亲舅舅，但平时他根本看不上自己，自己也从没有特意向他套过近乎，眼下临时抱佛脚，跑到他跟前摇尾乞怜，弄不好会适得其反，就是封官许愿，送上大批的金银珠宝，他也不会放在眼里。论官爵他已经位极人臣，论珍宝珠玉他什么没有？如今只能后悔平时没有好好巴结这位舅爷，可是谁又长着后眼呢？

至于那个褚遂良，官位并不高，却是一头倔驴，软硬不吃，对他也无可奈何。

最后还是想到了李治，他还是个十几岁的孩子，从小就是个软骨头，胆小如鼠，掉下片树叶都怕砸破头。对，就从他身上下手。

第二天一早，他便在去朝堂的路上等着李治，兄弟二人并肩走着。

李治觉得怪怪的，多少年来，他们这对亲兄弟还从没有这样肩并肩地走过路，哪怕是散步或游玩都没有。

他正寻思着该说些什么，还没有开口，便听四哥李泰已经说话了："九弟，听说你也打算当太子？"

李治一下子被钉在了原地，他心头乱撞，面无血色，结结巴巴地说："四哥，这……这话从何说起，是谁在乱嚼……嚼舌头，小弟做梦也不……不曾想过这……这事。"

"你不曾想，这我信，可你要小心有人挑你，在背后烧火。你可要放明白，你与汉王元昌一向友善，如今元昌谋反被诛，你侥幸没被牵连，莫非就不害怕吗？这事要是捅到父皇那里，别说当太子，怕是这个王爷也当不成，弄不好就会赔了小命。"

李治瞪着一双惊恐的眼睛，看看四哥那副阴森的面孔，两条腿就像打摆子似的抖颤不止。

见他被吓成这个样子，李泰知道预期的目的达到了。看他那个怂样，再说几句恐怕要吓得尿裤子了，还争什么太子？于是笑笑说道："走吧，九弟，咱们该上朝了。"

整个朝会，李治都像在梦中一样，父皇说了些什么，大臣们议了些什么，他一个字也没听进去。散朝之后，他转身便走，失魂落魄地向晋王府跑去。

回到寝殿，他一头扑在床上，竟忍不住呜呜地哭了起来。

"这事要是捅到父皇那里……弄不好就会赔了小命。"李泰的话就像千钧霹雳，几乎要把他的五脏六腑都震碎了。这事太大，能同谁商议呢？他想到了舅父长孙无忌，应该让他老人家拿个主意。可是不行，他是宰相，这个时候见他，不更说明自己在争当太子吗？忽然，他脑子里一亮：该同父皇的才人武媚商量一下，她不显山不露水，又是晋王府的常客，谁也不会注意。而且这个女人遇事有主张，最好是向她诉诉苦衷，说不定会有办法。他从床上爬起来，洗了把脸，派了个宫女去请武媚。

武媚很快便来了，见李治一脸沮丧、忧心忡忡的样子，忙问道："晋王有何事吩咐？"

李治让下人们全部退出去，这才拖着哭腔说道："武才人救我。"

武媚一惊："出了什么事？晋王慢慢说。"

李治把李泰的话原原本本说了一遍。武媚皱了皱眉头问："你与汉王元昌交情很深？"

"小的时候，别的大人都忙，唯有元昌叔常常带我玩耍，这几年，元昌叔天天在太子的东宫，我们就很少见面了。"

"就这些？"

"就这些。"

武媚"扑哧"一声笑了："这叫什么'友善'？不过是叔侄之间玩些小孩子的游戏，皇上绝不会怪罪，我敢打赌。"

"那，我该怎么办？"

"还是那句话，以静制动，不用理他。"稍一思索，武媚又说："不过，你的这个四哥简直是头笨驴，他这是授人以柄，拱手送给你一个绝好的机会。他恫吓要挟你这件事若是被皇上知道了，他的太子梦也就做到头了，他这一辈子就算是完了。"

"为什么？"

"你想，他所以要威胁你，不就是因为要抢占太子之位吗？以当今皇上的禀性和才略，岂能让大唐天下落到一个对大位垂涎欲滴、急于抢权的人手里？李泰这样不择手段，与废太子有何两样？再让他当太子，岂不是前门驱狼，后门进虎？"

李治终于听明白了，他试探着问道："武才人是说，我该向父皇奏他一本？"

"不不不，千万不可。你只要像今天这样，满脸愁容，用不了几天，皇上自然会问你。等他再三问你，方可如实相告。"

李治终于化忧为喜，感激地向武才人深施了一礼："武才人大恩，李治永生不忘。"

一连数日，李治在朝堂上都是愁眉苦脸、神情木讷。下朝后便匆匆离去，跟谁都不说一句话。

太宗看在眼里，深觉怪异。回到后宫，他让人招来李治，问他有什么心事。李治只推说身体不适，并没有什么大事。问他哪里不适，他又说不出来。太宗更加狐疑，再三盘问，李治突然放声大哭，一把鼻涕一把泪地把事情的经过告诉了父皇。

太宗惊呆了，他又一次看错了人。自己一向钟爱的、表面上温文尔雅、谦恭有礼的这个四皇子，想不到也是一个阴谋家。真让长孙无忌说对了，他"外恭内险"，有朝一日当了皇上，承乾、治儿都会死无葬身之地，其他十几个兄弟恐怕也难以保全。

李治走后，太宗一个人呆坐在那里陷入了沉思。他想起来了，当承乾被废了太子，圈进高墙之后，自己曾去看过他一次。自己当面责问他为何谋反，他声泪俱下地申辩道："臣为太子，复何所求？只是常为李泰算计，只好与一些臣卜谋划自安之计。一些奸佞之徒便教儿臣行不轨之事，到底还是落入了李泰的圈套。"

当时，对承乾所言，自己并没放在心上，以为他是在中伤李泰。现在想来，他那些话恐怕在很大程度上都是实话。你李泰信誓旦旦，说什么"将来要杀死爱子传位晋王"，简直是弥天大谎。

太宗皇上终于下了决心，大位决不能传给这个自作聪明而又狡诈凶狠的儿子。

第二天，太宗照例在两仪殿视朝听政。散朝后，群臣退去，他只留下了长孙无忌、房玄龄、李勣、褚遂良和晋王李治。

看看众人，他凄然说道："朕的三个儿子（齐王祐、太子承乾、魏王泰）、一个兄弟（汉王元昌），所为如此，猪狗不如，令朕失望至极。"说完，突然直挺挺地扑到坐榻上。长孙无忌等人急忙上前将他扶起，不料，太宗又一下子拔出了佩剑就要自刎。众人大惊，褚遂良猛地冲上去把佩剑夺下来，顺手交给晋王。

短时间内一连串的变故把几个大臣弄得心惊肉跳，茫然无措，一齐跪倒在太宗脚下苦苦哀劝其保重龙体。

唯有李勣还算镇定，他看看皇上，小声问道："陛下，您想怎么办就请直说，臣等就是肝脑涂地也要如皇上所愿。"

太宗长长地叹了口气说："朕欲立晋王为太子。"

长孙无忌立即应声说道："谨奉诏，有异议者，臣请斩之。"

太宗又转身对李治说道："你舅父已许你为太子，还不拜谢。"

晋王李治忙对长孙无忌深施一礼。太宗又对几位大臣说道："公等已同我意，但不知外面其他朝臣持何意见。"

长孙无忌道："晋王仁孝，天下属心久矣。请陛下召问百官，若有持不同意见者，臣宁愿万死以谢陛下。"

太宗立即降旨，召集六品以上文武百官速到太极殿议事。

非有重大国事，皇上不会在太极殿临朝。今天突然举行的朝会上要议何事，大臣们早已心知肚明，连皇上欲立晋王的心思人们也都大致清楚。

当下见所有大臣都已到齐，太宗说道："承乾悖逆，泰亦凶险，皆不可立。朕欲从诸皇子中选一人为嗣，众爱卿以为该选谁，可坦然言之。"

众人一齐欢呼道："晋王仁孝，堪为皇嗣。"

这个临时朝会并未通知魏王李泰。此时，魏王李泰正带着百余骑人马巡视皇城，刚来到永安门一带。

为防止走漏消息，太宗命所有文武官员皆留在太极殿内，不准擅离半步。

又密嘱兵部尚书李勣前往锁拿李泰。

李勣仅带数骑飞驰至永安门，见魏王李泰正骑着一匹骏马与百余随从谈笑风生，从永安门昂然而入。

李勣滚鞍下马，对李泰躬身施礼，满脸堆笑道："魏王，皇上有旨，请殿下到北苑披香殿议事。"

李勣是李泰不敢轻易得罪的几个朝廷重臣之一。见他亲来传旨，李泰也赶紧下马，陪着笑问道："英公可知父皇何事召见？"

"老臣未知其详，但此时召见想必有大事相商。"说完，李勣冲李泰神秘地笑笑。

李泰一阵心花怒放，父皇肯定是要立自己为太子。

一行人向北徐徐而行。来到肃章门，再进去便是禁苑。守门侍卫已接到李勣密令，在门前拦住李泰，说道："魏王殿下，皇上就在苑内不远，随从请止步。"

李泰一愣，这些年来，他屡受殊恩，带着亲随在皇宫禁苑进进出出，从来无人禁止。他疑虑地看看李勣。"魏王，今日事涉绝密，不相干者一概不能靠近。"李勣平静地笑笑，而手里也攥出了一把汗。李泰若是察觉了什么，带人马硬往里冲或企图逃走，这里立即便是一场血肉相拼，他已在附近埋伏了上千名大内侍卫。

还好，李泰想了想，也许对立太子的事，父皇暂时还不想让外人知道。他命百余骑随从在门外等他，便与李勣并马北行。进了披香殿，里面却空无一人。

"英公，父皇还未到吗？"

"马上就到。来人！"李勣大喝一声，屏风后立时拥出数十名武士，各持兵刃，将李泰团团围住。

李泰大惊失色，急忙拔出了佩剑。但李勣早已持剑在手，剑尖抵住了他的前胸，厉声说道："李泰，放下兵刃，你的剑莫非比老夫的还锋利？"这个

唐太宗李世民

刚才还满脸堆笑的兵部尚书此刻已变成了一个狰狞恐怖的魔鬼。以他的手段，十个李泰也不是对手，何况还有几十名虎狼之士。

"英公，这……这究竟是怎么回事？"李泰慌忙问道。

"把剑放下，到时候皇上会告诉你的。"

"哐啷"一声，李泰把剑扔在当地，随即放声大哭起来。

几个武士冲上来架起他向北走去，不远处有三间平房，那便是他的幽禁之地。

贞观十七年（公元643年）四月，太宗皇上诏立晋王李治为皇太子，大赦天下。

太宗想着这几年围绕着皇嗣之争发生在儿子们中间的一场场风波，不禁感慨万千。他看看身边的大臣们，喟叹一声说道："朕若立泰，则其他皇子皆以为太子之位可经营而得。更何况，若立泰为太子，承乾与治皆难保全。治得立，则承乾与泰皆可无恙矣。"

是天意的安排，还是人为的选择？不争不抢的晋王李治果然成了得利的渔翁，终于登上了太子的宝座。

无论如何，李治将要入继大统已经成了不可争辩的历史事实。太宗皇上的最后选择是对还是错，只有历史才能回答。因为这一选择才造就了中国历史上空前绝后的一代女皇——武则天，也使贞观盛世的繁荣兴旺又继续绵延了几十年。

当然，因为这一选择，也使李氏父子苦心经营的大唐一度改国号为大周，并且险些让大唐江山易姓。

不过，历史的评价并不以大唐大周、姓李姓武这些表象为标准，它只看国家是否强盛，百姓是否富足。从这一点上说，太宗皇上的选择还是对的。更何况，几十年以后，女皇武则天又把这个强大繁荣的大唐江山完整地交还给了李氏后裔，大唐最终得以绵延了数百年。

自然，这些若干年后的功过是非和成败得失太宗皇上是无法预知的。

第三十四章　太白星与《秘记》

李治虽然最终被立为太子，而且是太宗皇上亲自决定的，但是，在太宗的内心深处，他实在不是最理想的人选。

他性格懦弱，绝非强者。做人臣，为藩王，也许会循规蹈矩，唯忠唯谨，绝不会惹是生非。但是要为人主，做一国之君，要挑起治理天下这副千钧重担，他的骨头就显得太"软"了。

过了没多久，太宗对册立李治为太子便有些后悔了。其实，在他的诸多儿子中，出类拔萃、堪称人杰者不是没有。像他的第三个儿子、杨德妃所生的吴王李恪便堪称"英武"。

李恪不仅长得魁伟英俊，颇似年轻时的太宗皇上，而且聪慧颖悟，禀赋极高，文才武功都在诸兄弟之上。

当初，太宗皇上也是受传统的嫡长子制的影响，只在长孙皇后所生的三个嫡子中物色继位人。既然"承乾悖逆，李泰凶险"，便只好不得已而求其次了。

如今想来，自己是否太拘泥于旧制，有些"食古不化"？嫡子也好，庶子也好，都是自己的亲骨肉，谁能把自己的宏图大业稳稳当当地传递下去，把这片大好河山治理得锦上添花，就应当把大位交给谁，一切都应以江山社稷为重。

为此，他专门与长孙无忌密谈，太宗道："公劝朕立李治为太子，然治儿懦弱，恐不能守社稷，奈何？吴王恪英武刚毅颇似朕，朕欲立之，何如？"

长孙无忌大惊，像被电击了一下，陡地站起来，变色说道："此事万万不可。"

"为何，莫非因为李恪不是你的外甥？"

"皇上，老臣绝非如此褊狭之辈，岂能以一己之私而误江山社稷大事？承乾、李泰也是臣的亲外甥，若以他们与吴王恪相比，臣宁愿选择吴王。臣以为，太子仁厚，乃真正的守成良主。储君至重，岂可数易？更何况……"

"何况什么？"

唐太宗李世民

"何况吴王恪的外祖便是隋炀帝，他身上也流着炀帝的血。有朝一日以他为大唐之君，天下人将做何想？"

长孙无忌一副豁出去的样子，据理力争，甚至有些声色俱厉，不依不饶。

这位股肱老臣一向躲避是非，对自己总是百依百顺，还从来没有这样过。

太宗默然了。在这一刹那，他似乎又弄通了一个极其微妙的道理。这倒不是因为李恪的身上"流着炀帝的血"，那都是无关紧要的事。从长孙无忌如此激烈的反应上，他突然明白了，选立哪个王子做太子，不光要看这个王子本人的德才，更要看他身后的势力，看是哪些大臣在支持他。

太宗心里最清楚，眼下的大唐朝廷在一团和气的表象下实际上已分化为关陇贵族官僚集团和山东士族官僚集团两大势力。自己在位时，这两派势力消长平衡，可以和睦相处。自己百年之后呢？这两股势力说不定便会水火不容，这是自己可以预见却无法也无力制止的事情。如今支持太子李治的正是这个势力极其庞大的关陇贵族集团和朝中一些掌有实权的重臣，这才是保证他日后顺利继任，并能使大唐江山继续稳如磐石的根本。李恪背后没有靠山，自己百年之后他如何能撑得住这个局面？

这一层想透了，太宗便不再犹豫，开始全力以赴地扶持这位不太理想的新太子。

与此同时，作为当父亲的，他对自己的爱子李恪又生出了一份担忧。几日后他单独召见李恪，对他语重心长地说道："父子虽为至亲，若儿子有罪，则天下之法不可私也。汉已立昭帝，其兄燕王旦不服，图谋不轨，霍光诛之。为人臣子，不可不戒。"吴王恪泣拜于地，连连说道："儿臣谨遵父皇教诲。"

若干年之后，吴王恪果然被长孙无忌所杀。太宗不可不谓有先见之明。这是后话。

从那天与长孙无忌密谈之后，太宗皇上便开始调动一切力量，为磨砺和培养太子做着不懈的努力，为使他开创的大唐帝国的事业后继有人尽着最大的责任。

他在想，一个人天生的禀赋也许很平常，没有什么奇特惊人之处。就像一块包在劣石中的璞玉，经过精心的雕琢、打磨，照样可以成为一块价值连城的宝玉，所谓"玉不琢，不成器"是也。

立李治为太子的第三天，太宗便诏令，以长孙无忌为太子太师，房玄龄为太子太傅，萧瑀为太子太保，李勣为太子詹事，并擢升李勣为中书门下三品，位同宰相。与此同时，又以左卫大将军李大亮为太子右卫率，前太子詹事于志宁、右仆射马周为太子左庶子，中书舍人高季辅为太子右庶子，刑部侍郎张行成为太子少詹事，谏议大夫褚遂良为太子宾客。

接着，太宗亲自主持制定太子见太师、太傅、太保三师的仪式：太子须亲自迎三师于东宫殿门外，先行拜师之礼，三师答拜。然后每进一门，都是由三师先入，太子方能入。入殿后，三师坐，太子方能坐。太子写书信给三师，前后书名，须写"惶恐"二字。

自此，太宗每日上朝都让太子立于自己身侧，观看自己与大臣们参决庶政，有时候有意让他参与议政，每有好的见地太宗当即称善。

五月癸酉日，黄门侍郎刘洎因为太子入宫服侍皇上的时间太多，便上书说："太子宜勤学问，亲师友。今入侍宫闱，动逾旬朔，师保以下，接对甚难，伏愿抑下流之爱，弘远大之规，则海内幸甚。"太宗立即采纳了这一建议，并命刘洎与岑文本、褚遂良、马周四人轮流去东宫与太子游处论谈。

这年九月，太宗降诏，徙废太子承乾于黔州监管；原魏王泰降爵为东莱郡王，徙均州居住。

两位哥哥要走了，太子李治深感不安。他知道，哥哥们此去山高水恶，地处偏远，饮食起居都将十分艰难，弟兄们又不知何年何月才能相见。他连夜修书，呈奏太宗，说道："承乾、泰衣服不过随身，饮食不能适口，身往偏僻之地，幽忧可愍。恳请父皇敕令有司为二人优加供给。"

太宗拿着这封上书，感叹唏嘘多时，禁不住双眼发潮。这才是寻常百姓家那种最质朴最纯真的骨肉之情，手足之谊。原来，在深宫大内的帝王之家也还能找到。

他马上接受了太子的建议，下令对承乾、李泰的衣食从优供给。

事后，他把这封上书让房玄龄看了，说道："看来，我们选治儿为嗣君是选对了。爱兄弟才能爱庶民，爱庶民就能保社稷。"

房玄龄道："太子仁恕，有口皆碑，陛下为天下万民选定了一代仁君。"

太宗却把话锋一转，叹口气道："可惜，他仁德有余，才干不足，我等君臣尚须倾力教之。"

"陛下说得是，老臣余生当呕心沥血，鞠躬尽瘁，以辅佐太子成大器。"

太宗满意地点点头，又说道："房相，你可知道，朕这些天都想了些什么？"

"微臣不知。"房玄龄老老实实地说道。

"朕细细想过了，朕这一辈子，若是把它划成三段，那么，第一段是浴血征战，创建大唐；第二段是励精图治，打造盛世；第三段就是要培养后继之人，奠定大唐的千秋伟业。以后，朝廷中的一些军国之事你们这些宰相和三省六部的大臣们要多多承担，朕的心思要大部分花在治儿身上了。"

太宗的话显得有些苍凉，显然饱含着对自己百年之后大唐江山的深深的隐忧。

房玄龄被感动了，忙说道："陛下，老臣懂皇上之心。放心吧，有皇上的言传身教，有这么多博学厚德之臣忠心辅佐，未来的嗣君必能成为继往开来的一代英主。"

太宗淡淡一笑："说得好，朕是要言传身带。这些日子，朕昼思夜想的就是如何把治儿带成一个能够不负列祖列宗的好皇帝。朕与他一块吃饭，便说，'你可知农人操持稼穑的艰难，这每一口饭都来之不易，若能知道，才能常有饭吃'。见他骑马，便说，'你可知道这坐骑的艰辛，虽是畜牲，却在为你效力。要懂得爱护它，不要肆意役使，勿令其力竭，你才能常有马骑'。见他乘舟，便对他说，'水能载舟，亦能覆舟，民犹水也，君犹舟也'。见他在树下歇息，便对他说，'木从绳则正，君从谏则圣'。唉，但愿治儿能听懂这些话，悟得其中的真谛。"

房玄龄在一边听得心潮起伏，胸口一阵阵发热。这位大唐天子不仅是缔造了贞观盛世的当代明君，对于他的继任者可谓苦口婆心，关怀备至；对于大唐帝业的千秋万代也真算得上是殚精竭虑，不遗余力了。大唐社稷若不能传之久远，那可是上苍太不公允了。

不知从什么时候开始，陇西民间悄悄地流传起了一本《秘记》。不久，这本薄薄的小册子经过一些无聊文人的反复转抄便迅速在长安城里传播开来，几乎是家喻户晓，妇孺皆知。

《秘记》所以传播得这么快，这么广，是因为其中有这样一句话，"唐三世之后，女主武王当有天下"。

当今皇上已是二世，下一代便是三世，已经为时不远。过惯了太平岁月的善良百姓们便有些心慌，越是担忧，就越是千方百计地到处打听和传播着这种微妙而又神秘的消息。于是，这几句话就像大风之下的野火，以不可阻遏之势蔓延到了这个城市的每一个角落。

满朝文武都听说了这件事，太宗皇上当然不可能不知道，甚至还弄到了一本不知何人手抄的《秘记》。对于这些流言谶语之类的东西，太宗本来不太相信。但是，他毕竟是快五十岁的人了，开始步入老年。人老了，担心的事情便多起来。更何况，这些日子他的心思几乎都花在了对大唐基业如何传之千秋的思考上。三个儿子和一个兄弟的所作所为已经使他有些谈虎色变，这本神秘的小册子便不能不引起他的注意了。

虽然在朝堂上他与朝臣们都心照不宣，闭口不提这本小册子。这种捕风捉影的东西，议也无益。但退朝之后，他却常常一个人坐在那里，捧着那本《秘记》反复翻看着，久久地琢磨着。

世上的事情有时候巧合得惊人。恰恰在这个时候，太白星居然在大白天里当空出现。

历代的星相家们都认为，太白星昼现主杀伐之灾，古人多以其喻兵戎之事。

太史官最早发现了这一星相凶兆，连夜入宫叩见太宗，奏道："灾星示兆，女主当昌。"

"女主当昌"，这与《秘记》中的"女主武王当有天下"非常吻合。

天相示警与《秘记》谶言如出一辙，太宗有些心惊肉跳了，他开始变得焦躁、多疑、沉默寡言。

但是，表面上他仍显得极为冷静，就是天塌下来也不能惊慌失措，那不是他的性格。他必须处变不惊、镇定自若，在暗中思考和观察。

今日是他的第三个孙儿（李恪的儿子）出生一百天，俗称过"百岁"的日子。

太宗皇上照例在披香殿举办了盛大的宴会，邀请朝中元老和功臣宿将们聚饮。

见皇上高兴，大臣们也都兴高采烈，纷纷向太宗贺喜，当皇上的到了这个年龄，还有什么比喜得龙孙、后嗣旺盛更可喜可贺呢？宴会的气氛显得十分热烈。

贺喜酒喝过之后，太宗命众人不必拘礼，随意畅饮。于是大家你敬我让，觥筹交错，直喝得面赤耳热。有些武将开始猜拳行令，互拼酒力。这样的喜宴就该划拳，所谓"响亮响亮，人财两旺"。

这样热闹了一阵子，太宗皇上忽然心血来潮，对众人说道："诸位爱卿，朕今日行个别出新裁的酒令。凡与宴者，不分官爵高低，年龄大小，都要自报小名，以助酒兴。"

皇上发了话，做臣子的当然得照办，何况，在这种场合下，报报小名又不伤大雅。

唐太宗李世民

那些寒门出身的大臣们小名五花八门。有叫"柱子"的，有叫"石头"的，也有叫"铁墩儿"的、"狗蛋"的，随着这些人的自报，众人早就前仰后合，笑成了一片。

轮到左武卫将军李君羡了，他犹豫了一会儿，有些忸怩地红着脸说道："末将的乳名也不雅，唤作'五娘'。"

眼前这个满嘴络腮胡子、半截铁塔似的黑大汉竟是这样一个小名，大厅里立时发出了一阵滚浪似的哄堂大笑。

尉迟敬德笑着高喊："同朝为官这么多年，今日才知道，原来李大将军是个女人。"长孙无忌则接口道："'双兔傍地走，安能辨我是雄雌?'李将军可是我们大唐军中的花木兰。"马周却端着一杯酒走到李君羡面前，端详着他粗大魁梧的身材，说道："我敬五娘一杯。五娘五娘，好一位窈窕淑女，粉面佳人。"

同僚之间善意的玩笑当然不会伤害谁，只能使宴会的气氛更热烈。

太宗也笑得髭须乱颤，连连说道："好好好，今日始知，君羡乃我大唐的巾帼英雄。"

在闹哄哄的喜宴上，太宗只觉得有趣，未及多想。

宴会之后，太宗回到后宫里，头脑冷静下来，仔细回味着李君羡的小名，却顿生疑窦。

这李君羡的官职是左武卫将军，封爵为武连县公，原籍是武安县人，一连好几个武字。小名叫'五娘'，既是女人名，又与"武娘"谐音。莫非，"女主武王当有天下"一言竟应在此人身上?

一想到这里，太宗的心禁不住突突乱跳起来。对了，"五娘"不正是"女主"吗?他如今执掌着玄武门的宿卫大权，这实在是太危险了。为了大唐的江山社稷，此人必须除掉。在这一刻，太宗杀心顿起。

但是，李君羡在太原起兵后不久便跟随自己东征西战，出生入死，为大唐屡建战功，是仅次于凌烟阁上那些开国功臣的宿将之一。对他，自己如何忍心无罪而诛呢?

不管怎么说，事关江山社稷的安危，自己不能有半点马虎。就是不杀他，也决不能再让他留在朝廷，尤其不能再让他继续执掌戍守玄武门的兵权。

次日，太宗突然降旨，将李君羡调任华州刺史。

李君羡对自己调离朝廷的原因浑然不知，还以为是一种正常的调动。

李君羡到华州之后不知检点，竟与一个自称精通修炼之术的道人搅在了一起，打得火热。

不久，有御史弹劾李君羡"与妖人交往，图谋不轨"。太宗皇上抓住这一口实，也不派人审理核查，断然下旨，将他就地处死。

李君羡就这样稀里糊涂地被杀了。太宗知道他是冤枉的，起码是罪不至死。他有些内疚，但却不后悔，为了千秋帝业，朕实在是不得已而为之。

许多大臣也都莫名其妙，即使李君羡真图谋不轨，也该令有司审讯清楚，证据确凿后再杀不迟，这与当今皇上历来的做法大相径庭。平时杀一个普通人皇上都要求刑部、大理寺至少五名审理官员各自签名后方能处斩。这一次是怎么了？人们不禁坠入了五里雾中。

对李君羡的被杀，只有一个人在暗自高兴，她便是后宫的才人武媚娘。

在《秘记》流言到处传播的那些日子里，武媚娘终日提心吊胆，就像是在刀尖上过日子。她比任何人都敏感，都恐惧，自己身为女人，不幸姓武，如今又生活在帝王之家，"女主武王"四个字简直就是冲着自己来的。倘若皇上也想到这一层，自己这个早就被冷落了的小才人立时便会身首异处。

如今好了，阴差阳错，鬼使神差，让那个倒霉蛋李君羡做了自己的替死鬼。她长长地舒了一口气，暗暗庆幸终于躲过了一场血光之灾。

然而，她高兴得太早了，压在心头的一块大石头刚掀掉了没几天，一场让她更加心惊胆裂、毛骨悚然的大劫难又降临了。

太宗皇上虽然杀了李君羡，但是太白星白昼出现的现象并没有消失。他对"女主当昌"的事愈加耿耿于怀，放心不下。他要千方百计地除去这一隐患，以防他父子开创的大唐基业旁落他人之手。

一日早朝之后，他把时任太史令的李淳风秘密召至后宫。李淳风与袁天纲齐名，是有唐以来甚至是中国历史上非常著名的星相大师。许多军国大事太宗都曾让他预测过，结果都屡验不爽。因而，太宗皇上对他极为信任。

当下，太宗把太监和宫女们全部屏退，低声问道："李先生——太宗一直这样称呼他——太白星昼现和那本《秘记》到底是怎么回事？"

"回陛下，《秘记》出自何人之手微臣不知，或许江湖上亦有高人。但是太白星连续昼现，却明明白白地兆示着'女主当昌'。此前臣已命太史官向皇上据实奏报。"李淳风说道。

"所谓'女主'是否应在李君羡身上？"

李淳风吃惊地看看太宗，原来李君羡被杀是为了这件事。他摇摇头道："李君羡与此事无关。臣据天象推算，其兆已成，其人已生，而且就在陛下宫内。自今不逾三十年，此人当有天下，诛杀唐氏子孙殆尽。"

知道自己错杀了李君羡，太宗心里一阵懊恼。但是，更令他感到震惊的是这个"女主"竟然就在自己后宫。李淳风博览群书，精通天文、历法和阴阳之学，尤其擅长占卜。每次卜筮，算无遗策，合若符契。听他这样说，太宗悚然变色，一张脸显得阴沉而又狰狞。

他立即传旨，让后宫的所有妃嫔侍婢全部集合起来，无一遗漏。每百人列成一队，分东西南北四队站好。这群宫中的女人不知为何让她们列队，有的还在嘻嘻哈哈，叽叽喳喳，但一看皇上的那张脸，说笑之声戛然而止。

太宗命李淳风指出"有天子气"的宫人在哪一队中。李淳风不假思索，用手指了指东面一队，说道："就在此百人之中。"

太宗又将东队分为南、北两段，每五十人一队，让李淳风再指。李淳风指了指南面一队，说："在此队中，请皇上自去辨认。"

太宗把李淳风叫到一边，低声说："先生何不指出此人，免得朕滥杀无辜。"

李淳风却深施一礼，说道："请陛下恕微臣之罪，微臣不能再细说，泄露天机对微臣和陛下都无益。"

太宗的目光变得像寒剑一样凶残而犀利，还辨识什么，将这五十个女人全部诛杀，自能斩草除根，不留后患。对不起了，你们这些可怜的弱女子，为了我大唐江山永固，朕只好破例大开杀戒，做一回暴君了。

"来人，将这五十人拉出去，统统杀掉。"太宗一声断喝，五十名妃嫔宫女顿时魂飞魄散，就像一群蜷伏在鹰隼利爪下的鸡雏儿，浑身颤抖，无助地哭喊着。太宗坐在一把圈椅上，身子向后仰躺下去，无奈地闭上了眼睛，任凭一串泪水滚落下来。这些女人毕竟侍候了自己多年，有许多都同自己同床共枕过，可如今就要无缘无故地死在自己的屠刀之下。唉，真是没法子，莫非这就是人们常说的"伴君如伴虎"？看来，这当人君的有时候不得已也得当个杀人如麻的恶人。

武媚娘恰在这五十人之中。她只觉得像一桶冰水从头浇遍了全身，眼前发黑，金星乱冒。但她没有哭喊，只紧紧地闭上了眼睛，两行热泪簌簌地滚落下来。

这时候，李淳风急了，慌忙双膝跪倒在太宗面前，急切谏道："皇上，万万杀不得，此事还须三思而行。"

太宗睁开了眼睛，冷冷地说道："杀不得？说得轻巧，莫非朕就眼睁睁地看着大唐江山落于他人之手？”

“皇上，既是天命，必无违背之理，多杀滥杀必枉及无辜。且据天象，此人已在宫中，又是陛下眷属，再过三十年以后，自当衰老。老则仁慈，虽然代主易姓，但对陛下子孙或许不会杀戮太重。今日若将她杀了，上苍会让她即刻复生。三十年以后正当少壮，性必刻毒，彼时杀戮陛下子孙，定无孑遗矣。”

这一番话直说得太宗皇上心惊肉跳，不寒而栗。不过，从理智上，他知道李淳风所说不无道理。既然是天命，是上苍之意，自己虽是皇上，却是上天之子，如何能够违抗，又如何能违抗得了呢？与其枉杀五十人，在后世给自己铸成恶名，仍不能改变大唐的命运，还不如饶她们一死，干脆听天由命。

他看看李淳风，凄然说道：“依先生看来，朕只能束手观望，我大唐天下也只能三世而终了？”

李淳风忙说道：“尽人事而后听天命，陛下仍不失为圣明之主。另外，据臣多年推算，大唐江山该绵延三百年。这位女王代主易姓，也许只是历史长河中的一个旋涡，并不能最终改变大唐的国祚。”

太宗苦笑道：“先生这是在宽慰朕吧？”

“不，皇上，微臣决无半句虚词。”

太宗窒闷的胸腔里似乎多少透进一丝清凉。他挥挥手，让所有的妃嫔宫女各自散去，而那双犀利的眼睛却一刻也没有离开武媚的倩影。“女主武王”就在后宫里，除了这个性情刚烈、桀骜不驯的武才人，还能有谁？

李淳风拜辞而去，太宗感到浑身像散了架似的，甚是疲惫。他走进内间躺在御榻上，昏昏欲睡。

偏偏在这个时候，左仆射房玄龄前来求见。

“有什么事吗？”太宗无精打采地问道。

“皇上，英公李勣病了。”

“今日在朝堂上还好好的，怎么说病就病了，是什么病？”

“就是在退朝回府的路上突然双眼模糊，等回到府上已完全失明。微臣刚接到禀报，不能不回奏皇上。”

“什么？”太宗大吃一惊，一拧身坐了起来，李靖和李勣是大唐朝廷倚为干城的两员虎将，文武双全，百战百胜。李靖已经七十多岁了，以后再有重大战事已难以指望。而李勣却正值盛年，刚刚将他擢入宰相班列，同时兼任兵部尚书，总揽大唐兵权，自己实在离不开他。

"走，快去看看，"说着，太宗已急步跨出了大殿，又对房玄龄吩咐道，"快，宣最好的太医，火速去英公府。"

当太宗带着房玄龄和御医来到李勣府上时，见李勣大睁着茫然无神的双眼，静静地坐在一把圈椅上。家人们纷纷围在那里，却束手无策。

听说皇上驾到，李勣扶着圈椅站起来，就要行跪拜之礼。

太宗急忙上前扶住他，焦急地说道："李爱卿，都什么时候了，还讲这些俗礼。快坐好。"待李勣重新坐稳，太宗又问道："此病是怎么引起的？你感觉如何？"

李勣苦笑道："臣也不知道怎么回事，突然就看不见了。其他倒没感觉有什么不适。"

太宗命御医诊视。御医为李勣反复号脉，又对着眼睛仔细看了看，然后对太宗说道："这是一种极为罕见的怪病，臣仅从古代医著上见过，还从没经历过……

"别啰唆，到底能不能治好？"

"皇上莫急，幸亏我们来得及时，李公的病并无大碍。"

"真的有把握吗？"

御医点点头，太宗长长地舒了一口气，脸上有了笑容。

御医开好处方，让人速去太医院抓药，然后说道："药煎好之后，请英公一日二剂，连服三日便可痊愈。不过，此药必须用人的胡须做引子。将胡须烧成灰，和于药中，方可奏效。"

"这好办，就用朕的胡须。"太宗笑着说道。

"皇上，万万不可，这不是折煞微臣吗？"李勣大惊失色，又站了起来。

李勣的家人也都纷纷跪倒，大声嚷道："万不能用皇上的，那样，臣等一家岂不要遭天谴？"

太宗却笑道："怎么？莫非是嫌朕的胡须不好？朕这可是有名的美髯。"说着，抽出佩剑，到里面对着一面铜镜，将自己多年蓄留的胡须全削了下来。

三天以后，李勣的眼疾果然痊愈。这怪病来得快，去得也快。人们都说，不仅是太医的医术高明，皇上的胡子乃是龙须，哪有治不好的病？

对于一个半辈子都驰骋沙场的人来说，一双眼睛就是整个生命。

李勣病愈之后，第一件事便是来向太宗谢恩。这个一向遇事都极为冷静、轻易不肯动感情的人这一次却激动万分。虽然他也知道，皇上用自己的胡须为他医病，这里面自然有帝王驭臣之术的成分。但是，在这个太白星昼现，

《秘记》谣传甚广的非常时刻，皇上能弃一切于不顾，亲自前往臣子家中，并断然割下自己的胡须，更多的则是他对肱股之臣的一种发自内心的关心。

李勣跪在太宗面前，泪流满面地说道："谢陛下救命之恩，李勣余生乃陛下所赐，臣全家老幼将永远感念浩荡皇恩。"

太宗忙把李勣扶起来，说道："只要你的病好了就行。有什么可谢的，我这么做也不只是为了你，更是为了大唐的江山社稷。"

他让李勣坐下，命宫人们献茶，君臣二人对坐品茗，闲聊了一阵子。然后，太宗看着李勣，深情地说道："朕观察了多年，朝臣之中，在朕临终时可以将储君完全托付的人再没有比你更合适的了。你以前宁死都不肯辜负李密，相信更不会辜负朕的。"

受此知遇之恩，李勣更加激动不已，他啮指出血，对天盟誓道："苍天做证，我李勣此生为皇上，为大唐江山，虽万死不辞。"

第三十五章　御驾亲征　发兵高句丽

太白星和《秘记》引起的人心惶骇终于渐渐地平静了下来。毕竟要几十年以后才改朝换代，这么遥远的事对普通老百姓来说无关痛痒，只要眼前有安稳日子过就行。

太宗皇上的心里虽然还时不时地漫上一层阴影，但是，这种非人力所能改变的事情也只能听天由命。更何况，李淳风预测大唐江山要绵延三百年，这也给他吃了一颗定心丸。

朝廷又开始平静如初，大唐仍是民殷国富，歌舞升平。

就在这个时候，新罗国王派遣使者来到长安，向太宗皇上告急，说是百济国无故进军新罗，攻占其四十多座城池，又与高句丽勾结，图谋阻断新罗入唐进贡和贸易的通道，请求派兵救援。

隋唐之际，朝鲜半岛上并立着三个王国。北部是高句丽，南部偏东为新罗，偏西是百济。

新罗国到了真兴王这一代，领土扩张，国力增强，占据汉江口后开辟了通往大唐的贸易通道，其执政者亦有明显的亲唐倾向。

新罗的崛起打破了三国间势力的平衡，便逐渐形成了高句丽与百济联合起来同新罗对抗的局面。

早在贞观十六年（公元642年）的时候，营州都督张俭便向太宗皇上奏报高句丽发生了重大变故：其东部大人渊盖苏文凶残暴虐，多行不法，国土高建武与大臣们密商，准备将他除掉。

不料消息外泄，渊盖苏文召集自己的嫡系大军，以检阅为名，在城南摆下盛宴，邀请朝中大臣前往观礼，乘机将一百多名大臣全部杀死。

接着，渊盖苏文指挥其部下冲入王宫，将国王高建武腰斩数段，残尸扔入水沟之中。然后，册立高藏为傀儡国王，自任大莫离支，其权位如同大唐的吏部兼兵部尚书，掌握了全部的军国大权。

渊盖苏文身材魁伟，性如虎狼，经常身佩五把短刀，神色凶狠严厉，连身边的近侍们都不敢与之正眼相对。每次骑马，必须有贵族和武将伏在地上，让他踩着背上下。出行时，前导高声呼道，路人急忙回避，稍一迟缓，便会被乱刀砍死。至于其横征暴敛，强取豪夺，更令高句丽百姓叫苦连天。

当时接到张俭的奏疏，依着太宗皇上的本心，便想乘其内乱出兵征讨。但是鉴于隋炀帝因三征高句丽失败，以至国家乱亡的教训，太宗强忍住了，对群臣说道："渊盖苏文弑其主而夺其国政，诚不可忍。今以我国家兵力，取之不难。但为了大唐民众，朕不忍心用兵，只令契丹、靺鞨出兵扰之，以为警示。"当时便没有对高句丽大动干戈。

后来，又数次接到新罗的告急，高句丽、百济同伐新罗，太宗秉持"中国根本、四夷枝叶"的原则，仍默忍着，没有进行军事干预。

但是，如今新罗派出使者亲至长安求救，它毕竟是大唐的友邻，总不能眼看着它被人夺去四十座城池仍坐视不管，更何况渊盖苏文还企图阻断新罗入唐的贸易通道，其嚣张和骄狂实在令人发指。

太宗决定先礼后兵，派遣司农丞相里玄奖持玺书至高句丽，奉劝高句丽国王立即对新罗停兵罢战，不然的话，明年大唐即发兵进击高句丽。

不料渊盖苏文却蛮横地说道："高句丽与新罗怨隙已久。当年隋朝进攻高句丽，新罗乘机夺取高句丽五百里土地，城池皆为其占有。除非将土地城池全部归还高句丽，否则决不会止兵罢战。"

相里玄奖当即反驳道："既往之事岂可追论？你高句丽的辽东各城汉代时本是中国的郡县，而今我大唐也不曾过问，你们何必非要收回故有之地？"

渊盖苏文一时语塞，却恼羞成怒，命人将唐使相里玄奖轰出了大殿。

贞观十八年（公元644年）二月，相里玄奖回到长安，向太宗皇上禀奏了出使高句丽的过程。

太宗被激怒了，就要下令东征，以大唐天兵教训一下这个不知天高地厚的蕞尔小邦。

然而，在朝廷大臣中，同意出兵高句丽的却寥寥无几。房玄龄首先上书谏阻："臣观古之列国，无不以强凌弱，以众暴寡。今陛下抚养苍生，虽将士勇锐，力有余而不取之，正是古人所谓的'止戈为武'之美德。昔汉武帝屡伐匈奴，隋主三征高句丽，人贫国败，实此之由，愿陛下详察。"

褚遂良也急忙进谏，说道："今闻陛下将伐高句丽，意皆疑惑。然陛下神武，不比周、隋之主，兵若渡辽，事必克捷，万一不获，无以威示远方，必将再动兵众。若至于此，安危难测。"

其他大臣如张亮、马周、岑文本甚至连平时很少说话的尉迟敬德也都纷

唐太宗李世民

纷上书谏阻。

但是，这些谏言都缺乏当年魏徵进谏时那种敢逆龙鳞的风骨，他们只在胜败上做文章，动以利害，却不敢谈论发动这场战争是否正义，是否有必要这一要害。

他们无法说服太宗，太宗要打这一仗已是箭在弦上，势在必发。

事情很快传到了后宫，连皇上的爱妃充容徐惠也深感不安，连夜修表，上疏劝谏：

> 臣妾徐惠上言，妾闻以力服人，不如以德服人。以德服人，轻逸而安顺；以力服人，劳累而艰逆。今陛下东征高句丽，损有限之农功，填无穷之巨浪，图未获之他众，丧已成之我军。臣妾私下颇为担忧。
>
> 昔秦皇吞并六国，反加速国家之亡；晋武据有三方，反招致覆败之业。岂非矜功恃大，弃德轻邦，图利忘危，肆情纵欲之所致乎？因言，求地广人众者，非长治久安之术；欲劳民伤财者，乃导致动乱之源。臣妾充役后宫，何敢道听途说，干预朝政？只是心有余悸，不敢不告。宁肯越俎被戮，勿蹈噬脐之悔。伏愿陛下俯察臣妾之言，息事宁人，以安天下。

太宗阅罢奏章，对徐充容的才华和胆识深为叹赏，但是这却不能动摇他东征高句丽的决心。

此时太宗也不仅仅是为了救援新罗，他想的是如何在有生之年创建历代帝王前所未有的文治武功。他这一辈子扫荡海内，并吞北虏，平定西域，抚靖南疆，唯独剩下东面这个小小的高句丽敢于同他分庭抗礼。当年隋炀帝倾全国之力，发百万之兵，竟三次败于这个弹丸小国。他李世民就是不信这个邪，自己眼看着就要步入晚年，趁眼下还身强力壮，一定要啃下这块硬骨头，以雪中原民族之耻。

于是，太宗毅然下诏，准备御驾亲征高句丽。

褚遂良见阻止征伐高句丽之事已经无望，便退而求其次，想千方百计说服太宗不要亲征。他再次上疏道："天下譬犹一身：两京，心腹也；州县，四肢也；四夷，身外物也。高句丽罪大，诚当致讨，但命二三猛将将四五万众，仗陛下威灵，取之如反掌耳。今太子新立，陛下一旦弃金汤之全，逾辽海之险，以天下之君轻行远举，皆愚臣之所甚忧也。"

太宗不听，开始为征讨高句丽做准备。于同年七月，赦令阎立德等到洪（今南昌）、饶（今江西鄱阳）、江（今江西九江）三州，督造四百艘大船以载运军粮。又诏令营州都督张俭，率幽、营二州之军及契丹、靺鞨族士兵，首先袭击辽东以观察高句丽形势。同时，以太常卿韦挺为馈运使，民部侍郎崔仁师为副使，并命太仆少卿萧锐督运河南诸州粮秣入海道。

为了统一朝中文武百官的看法，消除各种顾虑。十月间，太宗皇上在朝堂之上发表了一通慷慨激昂的演说："去本而求末，舍高而取下，弃今而求远，此三者皆谓之不祥。今我国经略高句丽，表面看起来正是这种不祥之举。然而，凡事都要察诸天时而观乎人事。严冬之时要想种好庄稼，纵使有八尧运耡，九舜布种，也不能使之生；而到了阳春季节，土沃水美，就是凡夫顽童也能种出粮谷来，此所谓天有其时人方有其功也。高句丽渊盖苏文逆弑其主，诛戮大臣而虐用其民，百姓束手无策，只能延颈思救。吊民伐罪，今正其时，卿等纷纷上书劝谏，却无一人能看到这一点。"

太宗皇上反反复复地思考过，眼下正是出兵高句丽的最佳时机。大唐建立已近三十年，经过长期的休养生息，国内多年来家给人足，在这种情况下发动对高句丽之战，无论胜败，对天下百姓和大唐朝廷都不会产生根本性的影响；西方和北方的外夷有的已经收服，有的则建立了亲唐政权，向东用兵不再有后顾之忧；高句丽发生政变后内部矛盾重重，局势不稳，有机可乘。据此三条，他认为出师高句丽必定胜券在握。

当然，出师吊伐，须有其名，渊盖苏文弑君虐下，这正为他提供了一个最好的借口。与此同时，最好能取得国内百姓的理解和支持，使国人都建立起必胜的信心。为此，太宗又向全国下达诏书：

> 炀帝残暴其下，故众庶视之如仇雠，以思乱之军击安乐之卒，欲得其功，不亦难乎？朕缅怀前载，抚躬内省，略言必胜之道，盖有五焉：一曰以我大而击其小，二曰以我顺而讨其逆，三曰以我安而乘其乱，四曰以我逸而克其劳，五曰以我悦而当其怨。何忧不克，何虑不摧！可布告元元，勿为疑惧耳。

太宗以此诏书布告天下，要黎庶百姓建立信心，勿生疑惧。可就连他的那些近臣如房玄龄、褚遂良等人自身便没有信心，充满了疑虑。

他们觉得，皇上所说的五个必胜的条件，除了"以大击小"符合事实之外，其他各条都是一厢情愿的臆度。尤其以逸待劳之利，与事实恰恰相反，这一条优势在高句丽而不在大唐。就连所谓的"以大击小"也并非必胜的条件。战争史上以小胜大、以弱胜强的战例可谓数不胜数。

但是，皇上希望在有生之年扬威异域，让自己这个"天可汗"锦上添花，更上一层楼。这种想法不言而喻，发动战争的决心已经不可逆转，既然频谏无效，做臣子的也就只能俯首听命了。

贞观十八年（644年）十一月，太宗为准备东征移驾洛阳。他听说已经致仕的前宜州刺史郑元铸曾在隋末跟随隋炀帝征伐高句丽，便马上把他招来，询问有关情况。郑元铸说道："辽东道远，粮运艰阻，东夷善守，攻之不可猝下。"言外之意，仍是劝太宗最好不要东征。太宗只是笑笑，根本听不进去。

数日后，他急召洺州刺史程名振来洛阳。他早就听说过，程名振素善用兵，便想在此次东征中加以重用。

程名振来到后，君臣二人促膝长谈近一天。太宗问他各种情况下的作战方略，程名振皆应口而答，见解不同凡响。太宗大加赞赏，当面称许道："爱卿有将相器，才堪大用。"

一般人受到皇上如此器重，当面用这样的话夸赞，而且就要有所委任，都会受宠若惊，赶紧匍匐在地谢主隆恩。

不料程名振竟毫无反应，仍若无其事地坐在那里，并不拜谢。

太宗不免诧异，便佯装震怒道："你一个小小的州刺史，蒙朕召对，已是莫大之幸。又欲重用，更应知感恩，缘何不谢？如此狂悖无礼，怎堪成就大事？"

一通训斥之后，令他愈加奇怪的是，程名振仍是不卑不亢，说道："疏野之臣，未尝亲奉圣问。适才一心只在思虑如何应对，因而忘了拜谢。"言谈之间，举止自若，沉着镇定。

太宗忍俊不禁，哈哈大笑起来："人言爱卿善战，朕看汝更加善对，临事不慌，确有大将风范。"当天，太宗便下旨拜程名振为右骁卫将军，随驾东征。

就在太宗皇上忙于调兵遣将，做着各种战前准备的时候，朝中传来奏报，说是大唐高僧玄奘从印度归来，要到洛阳拜谒皇上。

玄奘俗姓陈，自幼酷爱佛学。贞观二年（公元628年）从长安出发，徒步万余里，中经西域和中亚许多国家，历尽千辛万苦，到天竺（今印度）学习佛经，在那烂陀寺学习佛法，其足迹踏遍了印度的山山水水，为弘扬禅宗佛法做出了巨大贡献。其宏博的学问和精湛的见识早已为印度佛教界所公认，成了盛名赫赫的一代佛学大师。

他先后历时十六年，如今修成回国，并带回佛经六百五十七部。

这样一位名满天下的高僧，不仅是佛教界的光荣，也是整个大唐的光荣。太宗皇上自然不敢轻慢，他以极其隆重的仪式在洛阳仪鸾殿接待了玄奘。

在仔细询问了玄奘取经过程中所遭受的种种艰险和沿途所见各国的风俗民情之后，太宗皇上感谢他为大唐文化的发展做出的巨大贡献，并敕命玄奘法师主修《大唐西域记》。同时，下旨朝廷拨出专款，为玄奘法师设置"译场"，资助他招募国内名僧，翻译各种佛法经典，并与玄奘法师约定，在东征凯旋之后，便要亲自览阅他撰写的《大唐西域记》。

贞观十九年（公元 645 年）正月，太宗皇上亲自统率大军从洛阳出发，到达定州（今北京、天津一带）。以房玄龄为京师长安留守，特进萧瑀为东都洛阳留守。太子李治于定州监国，命高士廉摄太子太傅，与刘洎、马周、张行成、高季辅同掌机务，辅佐太子。

二月，太宗下诏，以刑部尚书张亮为平壤道行军大总管，舟仁德、刘英、程名振为行军总管，率江、淮、岭、硖劲卒四万，战舰五百艘，自莱州泛海直捣平壤；以太子詹事、英国公李勣为辽东道行军大总管，江夏王李道宗为副总管，张士贵、执失思力、契苾何力与张俭等人为行军总管，尉迟敬德为左一马军总管，率步骑六万及兰、河二州所降胡兵直趋辽东。大唐军分水旱两路分进合击高句丽，一场大规模的战争拉开了序幕。

长孙无忌、岑文本、吏部尚书杨师道等则随行太宗左右，襄赞军务。

数日后，太宗所率中军从定州出发。他亲自佩上弓箭，在马鞍后系上雨衣，然后飞身上马，威严地扫视了他的军阵一眼，慷慨喊道："辽东原本是中国的土地，隋朝数次往征而不能果。朕今日亲自东征，就是要一举平定高句丽，为中国子弟报其父兄死难之仇，为高句丽百姓雪其国王被弑之耻。自洛阳出发以来，朕每餐只吃碎肉拌饭，不食早春鲜蔬，就是担心烦扰百姓。尚望诸公体会朕之苦心，所经之地，不可惊扰黎庶。"

兵士们深受感动，一个个热血沸腾，军阵中腾起了一片声浪："东征必胜，高句丽必亡，皇上万岁！万万岁！"

此时，当地许多青壮男丁自带武器装备来向太宗请缨杀敌，说道："我等不求建功封赏，只愿为陛下效忠，战死辽东。"

太宗深感欣慰，命发给他们戎装兵器，编入军中。

大军将行，前来送行的太子李治却突然拦住了太宗的马头，流泪道："父皇多多保重，儿臣在此恭候父皇凯旋。"

看着太子懦弱的表情和一脸泪水，太宗心里说不出是个啥滋味。但在这种时候，也只能尽量安慰和勉励道："今留你监国，又有俊彦辅佐，就是想让天下人见识你的风度才干，如此哭哭啼啼成什么样子？治理国家最重要的在于选用贤才摒弃小人，赏赐善举惩罚恶行，你能努力做到这些便是对朕此次远征最大的慰藉，有什么好悲泣的？"

李勣的先头部队已到达柳城。休整数日后从柳城出发，他故意大张旗鼓，虚张声势，造成了一副径取怀远的假象。大军行至半路，借着苍茫的夜色偃旗息鼓，改道东行，自通定渡过辽水，直捣玄菟城。城中守军毫无准备，仓促应战。唐军一鼓作气，奋勇攻城，不出半日，城破。李勣率兵入城，张贴安民告示，秋毫无犯。

与此同时，江夏王李道宗领兵数千攻克新城；营州都督张俭率领的胡族前锋部队则在建安城大获全胜，斩敌千余人。

唐军连下三城，乘胜前进，全军上下士气大振。五天以后，李勣、李道宗合兵一处，采用引蛇出洞之计，攻陷高句丽重镇盖牟城，俘获两万多人，缴获粮食十余万石。

平壤道行军大总管张亮率领大唐水师自莱州渡海，靠岸后径取卑沙城。

该城四面环水，与外界隔绝，唯有西门可以出入。行军总管、新擢拔的右骁卫将军程名振率军于夜间抵达，他布置一旅于西门鼓噪呐喊，佯装攻城。其他军队却乘轻舟绕至城东，于水中架设云梯，悄然攀登。副总管王文度率先登城，冲入城中后打开城门，大军汹涌而入，俘获男女八千余人。

太宗皇上自率后师进至辽泽。这一带是二百余里的沼泽，许多地方人马无法通行。阎立德率领部下填土架桥，日夜赶工，全部人马才得以勉强通过。

渡过沼泽地带的当天夜里，太宗在中军大帐召见岑文本，向他询问大军的供应情况。岑文本虽然应对如流，对各种细节都了如指掌，但却面色苍白，言谈举止与平日大不相同，太宗甚感惊异。

自出兵以来，岑文本负责整个部队的粮草物资、兵械器用、文书账簿等后勤事宜。为了不误军事，他丝毫不敢懈怠，夙兴夜寐，废寝忘食，亲自调配料理。计算用的筹码和书写用的毛笔从不敢离身，真正是殚精竭虑，心力耗尽。

太宗知他办事太认真，疲劳过度，叮嘱他要多加休息，让他回去早睡。等他走后，太宗皇上对身边的人说道："岑文本与朕同行，却怕很难与朕同归。"

可是没想到当天夜里岑文本竟呕血而亡。太宗闻讯，失声痛哭道："出师未捷，公身先殒。爱卿未死于高句丽人的刀剑之下，却是为朕累死的，自此以后，朕又失一肱股良臣。"见皇上哭得如此哀伤，三军无不悲泣。

安葬了岑文本以后，太宗命右庶子许敬宗任检校中书侍郎，接替岑文本的事务。大军继续前进，准备与前锋部队会师。

李勣的前军已顺利推进到了辽东城（今辽宁省辽阳市）附近。

辽东是扼守高句丽北部的咽喉，乃兵家必争之地，为了保住辽东，渊盖苏文派四万步骑前来增援。

江夏王李道宗向李勣请战，欲以四千兵马前往迎敌。唐军将士皆认为众寡太过悬殊，不如深挖壕沟，高筑壁垒，暂取守势，等候太宗率领大部队到来，再决定如何行动。

李道宗慨然说道："敌军依恃人多势众，有轻我之心，且远道而来，乃疲惫之师，正是迎战歼敌的绝好时机。更何况，我等既为前锋，理应清除障碍以待皇上大驾，怎可将敌军留给皇上？"

李勣认为道宗说得有道理，同意应战。果毅都尉马文举则大声喊道："不胜强劲之敌，怎显壮士威风？"话音未落，早率领左右飞马直奔敌阵，其势如迅雷，所向披靡，军心为之大振。

不料在两军正式接战之后，行军总管张君义却畏敌退却，使敌人打开了缺口，唐军顿时溃乱。

李道宗急忙收拾溃散的士兵登上高处，遥望敌军阵形混乱，有机可乘，立即组织数十名敢死骑士呼啸着冒死冲入敌阵，如利刃锋镝一般，左进右出，右进左出，直杀得鬼哭神惊。

李勣及时挥兵掩杀，老将军一马当先，一柄长枪出神入化，威风八面。唐军将士见主将如此，个个奋勇冲杀，以一当十，终于将高句丽援军击溃，斩杀三千余人。

此时，太宗皇上的后续部队恰恰赶到，听战报后，太宗慰勉赏赐李道宗，破格擢拔马文举为中郎将，并下令将张君义军前斩首。

太宗与李勣并马来到辽东城下观察敌情，组织大军合围强攻。

激烈的攻坚战一直持续了十二天，辽东城尚未攻破。第十三天，突然刮起了强劲的东南风，太宗再次亲临城下，见有机可乘，立即派勇士用火把点燃了辽东城东南的城门楼。

火势乘风蔓延，像千万条狂舞乱飞的火蛇直向城内扑去。城内官衙和居民的楼房刹那间成了一片火海，大火冲天，黑烟障日，人喊犬吠，辽东城一片混乱。

乘此大乱之际，李勣指挥将士奋力登城。高句丽兵抵挡不住唐军的锐利攻势，纷纷弃城逃跑。

辽东城攻陷，斩敌一万余，获百姓四万余人。太宗当即颁旨，将其地划归大唐版图，设置辽州。

白岩城守军听说辽东陷落，心生畏惧而请降，但接着又反悔。太宗对这种反复无常的行为十分恼怒，当众宣布道："破白岩之日，城中男女及财物全部赐予将士。"

唐军一时士气大振，攻城之战异常惨烈。右卫大将军阿史那思摩杀红了眼，将铁甲单衣全部脱掉，赤膊冲锋。突然一支冷箭飞来，中其右肋。

阿史那思摩被弟兄们抬下阵来，太宗皇上急来察看伤势，见伤口处血流不止，沾满了灰沙秽物。怕伤口感染，饶有经验的太宗皇上竟俯下身子，以嘴对着伤口，连连吸出废血和脏物，然后命随军御医敷药包扎。

将士们目睹了这一幕，无不感动万分。阿史那思摩更是满脸泪水，抽咽失声，刚刚包扎完，便猛地站起身来，不顾众人劝阻，忍着巨痛发疯一般向城下冲去。

契苾何力在激战中左肩被敌军刺了一枪，鲜血淋漓，太宗皇上看着这位失去了双耳的外族将军，心中一阵阵酸疼，流着泪亲自为他上药疗伤。

契苾何力是铁勒族人，只身在唐为将，其母亲和两个哥哥都在原籍。

前年他向太宗请假，要回部落探望老母，太宗允准。他走后，朝臣们都说此人不会再回来了，太宗却十分笃定地说道："契苾何力忠义，绝不会负朕。"

契苾何力回到铁勒族部落，却不知道该部落已归降了薛延陀，而此时薛延陀正在密谋叛离大唐。

契苾何力的母亲和哥哥都劝他归顺薛延陀，以其神勇，必能做得高官，又能全家团圆，契苾何力却坚决不从。

没想到他的两个哥哥却在当天将他灌醉，捆绑起来送往薛延陀，薛延陀可汗以宰相之位诱他投降，若是不从，便将他五马分尸。

契苾何力大怒，从身边侍卫的手中夺下一柄宝剑割下了自己的两片耳朵，狠狠地向薛延陀可汗摔去，但求速死。薛延陀可汗见他软硬不吃，只好将其暂时囚禁。

太宗闻知此事，急忙派出使者以往年所俘的二十名薛延陀将士换回了契苾何力。

这样一位宁死不降的外族将领，为忠于大唐割掉了双耳，今日又受重伤，太宗皇上怎能不心如刀绞？

皇上爱兵如子，无疑是一种无形的巨大力量。将士们人人争先，奋勇攻城，白岩城危在旦夕。

白岩城守将孙代音见大势已去，又派心腹于夜间潜至唐营，向太宗皇上请降。说道："我主本愿投降，只怕手下一些将领不肯听从。今愿与天兵约定，待大唐天兵临近城池时，以投掷刀斧为信号。"

太宗见其真心归降，便交给来人一面唐军的旗帜，让他们挂在城墙之上。

大军继续攻城，城中守军见城头上突然飘起了大唐的旗帜，以为唐军攻城得手，再也无心恋战，只好跟着孙代音献城投降。

太宗皇上临水设帐，准备受降。不料李勣却带着十几个披甲武士风风火火地闯了进来，向太宗请愿道："陛下，将士们不畏飞矢流石，不顾生死，正是想在城陷之日分得其男女财物，如今胜利在望，为何却接受敌军的请降，而辜负将士们杀敌的决心呢？"

太宗因自己承诺在前，只好对将士们表示歉意，说道："英公所言极是，朕不该食言。但放纵士兵杀人父兄，掳其妻小，朕实于心不忍。这样吧，对攻城有功的将士，朕将用府库中的资财赏赐他们，就算是朕从英公手中买下这座城池如何？"李勣等人见太宗如此诚恳，再也无话可说。

白岩城终于落入唐军手中。太宗在此设置岩州，仍以孙代音为刺史。同时，将先前攻下的盖牟城设为盖州，任命专人驻守。

下一个目标是攻打安市，这是高句丽境内最重要的一座城池，能否保住它关系着高句丽的存亡。

渊盖苏文派遣高延寿、高惠真为帅，率领十五万大军前来救援。

太宗与众将领云集于安市城下，对安市城形成了合围之势。在察看了周边山势地形之后，太宗对众人分析道："朕为高延寿筹得三策：一是径直向前，与城中守军联兵设防，占据高山险要之地，偶尔派兵掠夺我牛马粮秣，使我攻城旷日费时，受困于此，此乃上策；强力攻入城中，救出军民，然后乘夜逃遁，这是中策；不自量力，正面与我交战，这是下策。诸位等着瞧，朕料他们必出下策，为我一举擒之。"

事情的进展果如太宗所料，高延寿率大军浩浩荡荡而来，摆出了一副正面决战的架势，但却在离安市四十里处停了下来。

太宗怕他们就此打住，徘徊不前，即派左卫大将军阿史那社尔带一千人马前往诱敌。

双方刚一接战，唐军便溃退下来。高句丽兵士叫嚷道："唐军不堪一击，有何可怕之处？"然后争先恐后，奋力追击，直至离安市八里处才依山布阵。

当晚，太宗命李勣率一万五千人在西岭布阵；命长孙无忌率一万一千精锐为奇兵，从山北面穿越峡谷至敌阵后方；自己则亲率四千人马携带战鼓号角，收起旗帜，悄然登上北山，下令只要鼓角齐鸣，便三面进击。

高延寿只看见对面的李勣在布阵，便指挥部下准备迎战。却不料随着一阵惊天动地的擂鼓鸣号，唐军从西、北、东三面发起猛烈的进攻，大旗飘扬，呐喊震天。高延寿见状大为惊慌，想分兵抵御，但阵形已乱，人喊马嘶，已无法调度。

恰在此时，天降暴雨，雷电交加。薛仁贵率数百名铁骑，身穿奇装异服，如怪兽鬼神一般，大声呼啸着冲入敌阵。敌军溃败，唐军乘势掩杀，斩首三万余级，大获全胜。

高延寿率部依山固守，太宗命各路兵马合围，长孙无忌则在其阵后拆毁了所有的桥梁，断其归路。

高延寿见取胜无望，便与高惠真率兵向太宗请降，刚入军营便跪地膝行，磕头请罪。太宗看看他们，微笑道："东夷少年可以横行于偏僻海隅，至于攻坚对阵，还是不如我这个糟老头子，以后，尔等还敢与大唐天子交战吗？"

高延寿等趴伏在地，不敢答话。太宗挑选酋长三千五百人，授予军职迁居内地。其余士卒一律释放，令其返回平壤。众降卒见他如此处置，皆举双手以额叩地，欢呼之声几十里外皆可听闻。

同时，太宗任命高延寿为鸿胪寺卿，高惠真为司农卿，随军赞划。

太宗皇上将中军大帐迁至安市东岭，准备一举拿下安市。

增援之敌已被歼灭，原以为攻取安市会很容易。不料溃逃的大批援军入城，增加了守城力量。城内百姓为了保家卫国，与守军同仇敌忾，万众一心。守将杨万春智勇双全，深得民心，誓同安市共存亡，安市竟久攻不下。

太宗对李勣说道："安市城形势险峻，士卒精锐，一时难以攻下。而建安城兵力微弱，英公可带一支劲旅，出其不意进攻此城，必能取胜，那时安市则在我手掌之中了。此乃《孙子兵法》所云'城有所不攻'之道。"

李勣却说道："建安在南，安市在北，而我方军粮皆在辽东。倘大军往攻建安，被敌切断粮道，则后果不堪设想。"

太宗想了想说道："也好，朕既以公为帅，焉能不用公策？只是勿误我大事。"

数日后，高延寿又向太宗献策："我等率十余万众一战即溃，高句丽人大多已闻风丧胆，乌骨城主老迈无用，必无法坚守。陛下应移师乌骨城，不日即可扫平，收其地之粮秣以资军用，然后一鼓作气进军平壤，则大事定矣。"

唐军将领们大都认为这是一着妙棋，太宗也想采纳这一建议，不料长孙无忌却极力反对，说："天子出征与诸将不同，万不可冒险进击，希图侥幸取胜。还是先破安市，稳扎稳打乃万全之策。"

也不知为什么，太宗本来知道领兵打战非长孙无忌所长，此时却采纳了他的意见，从而又一次坐失良机。

激烈的攻守之战仍在继续。唐军一面攻城，一面背土运石，在城外堆积土山。前后花了六十天的时间，动用人力五十万人次，山顶已高出城墙数丈，可以向下俯瞰全城。

从土山上抛石放箭向城内发动进攻极为容易，攻破安市城已成必然之势。

李道宗命果毅都尉傅伏爱领兵驻守土山，准备以此为突破口，发起大规模进攻，以毕其功于一役。

谁也不曾料到，由于地基不牢，整个土山竟于当夜崩塌，将城墙压塌了一片。

这是歪打正着的天赐良机，此时唐军若及时进攻，夺取安市如囊中取物。

可是，果毅都尉傅伏爱恰在这夜私自离营，军中无主，兵士们一哄而散。城内守军乘机冲出城来夺取了土山，又挖掘堑壕固守。

唐军数月的辛劳毁于一旦，丧失了制高点，敌军又增强了防御工事，从而彻底失去了夺取安市唯一的机会。

太宗皇上暴跳如雷，当即将傅伏爱斩首示众。李道宗知道闯了大祸，光着脚来到太宗大帐请罪。

太宗怒冲冲地说道："你坏我东征大计，罪当处死。朕念你破盖牟、辽东二城有功，这次就饶你一命。"

进入农历九月，高句丽天气早寒，草木开始干枯，河水已经结冰。唐军所剩粮草也不多了，太宗不敢再拖下去，怕被困于此，造成更大的损失，只好下令班师回朝。

第三十六章　资助玄奘　弘扬佛法

唐太宗亲征高句丽，三月自定州出发，至九月从辽东撤军，历时半年有余。

此役虽然攻克了玄菟、盖牟、辽东、白岩、卑沙等十城，徙辽、盖、岩三州户口入中国者七万人，斩首敌军四万余级。但唐军亦战死两千余人，战马死者十之七八。在撤军的路上遇上暴风雨，士卒又冻死冻伤无数。

虽说两相对比，唐军的损失还是微乎其微。但是，在太宗皇上看来，他最大的损失不是这点士卒战马，要打仗就会流血死人，这是很正常的。难以弥补的是他的形象和威望的惨重损失，这毕竟是一次丢人现眼的亲征。

他这个一生中几乎战无不胜的常胜将军竟以最后一次失败的亲征结束了自己的戎马生涯，这不能不说是历史对他的莫大讽刺。

在回归的路上，将士们都垂头丧气，太宗看看众人，幽幽地叹息道："天意，这都是天意。倘使魏徵在，不使朕有此行也。"这是对他的股肱诤臣的思念，还是对自己好大喜功、必欲发动这场战争的追悔，抑或是一种无奈的自我解嘲？将士们都弄不明白，谁也不敢接言。

刚刚进入大唐境内，太宗皇上便病了。他后背上一夜间便鼓起了一个茶碗口大小的毒痈，浑身烫得像火炭一般。他躺在轿辇中，一路颠簸，昏昏沉沉，有时候竟神志不清，说起了胡话。

队伍好不容易赶回了东都洛阳，太子李治、宰相房玄龄闻讯带着大内御医匆匆赶来。

经御医们的精心调治，太宗的病情逐渐好转。他下诏一切军国机务皆由太子主持。自己则在洛阳安心养病，直至第二年，也就是贞观二十年（公元646年）三月，太宗这才移驾京师，回到了阔别一年之久的长安。

太子李治至仁至孝，每隔一天在东宫听政，国事议罢之后，便匆匆忙忙地来到大内，亲自为太宗侍奉药膳，从早到晚，几乎是寸步不离。见他又理政，又侍疾，辛苦异常，太宗命人于自己的寝殿一侧辟一别院，让李治于其中居住，有事好就近商量。

唐太宗李世民

太宗的病情时好时坏，不仅让满朝文武悬心揪肺，焦急万分，就连一些普通百姓闻知此事，也议论纷纷，极为关切。

这时，齐州一名叫段志冲的士子却贸然上书，让太宗皇上让位于太子李治，做太上皇安心养病，以顺应民情，稳定局势。

段志冲是真的心忧国事，希望大唐政权能在太宗皇上有生之年平稳过渡，还是见太子李治逐渐掌握军国大权，便存侥幸邀进之心？对此，人们不得而知。

但是，这封上书却把李治吓得半死。他慌忙跑到太宗的寝殿，直挺挺地跪在床榻之前，泪流满面，指天发誓道："父皇，段志冲上书之事儿臣实是丝毫不知。父皇春秋鼎盛，儿臣怎敢有半点觊觎之心？儿臣从内心里盼着父皇能千秋万岁，儿臣宁肯一辈子都当太子，在父皇的荫护下安享太平富贵。"

太宗看看李治，苦笑着摇摇头，突然厉声喝道："还不快起来，看你那点出息。这事儿与你八竿子打不着，何至于吓成这个样子？唉，倘若你真有这么点男儿豪气，急于接管天下，继我大业，朕高兴还来不及呢。"

此时，长孙无忌也怒气冲冲地走进来，愤然说道："皇上，段志冲狂妄之徒，妄发谋逆乱政妖言，宜立即传旨，令地方拘拿此贼，凌剐于京师，以正视听。"

太宗却淡然一笑，慢慢起身，命人取来纸笔，略一思索，挥笔写下手诏："五岳高耸云端，四海浩瀚无垠，川泽之中纳有污垢，山薮之中暗藏秽疾，却无损高山大川之壮阔。段志冲欲以匹夫之身解除大唐天子之皇位。朕若有罪，是其正直，杀之无道；朕若无罪，是其狂愚，何须杀之？尺雾障天，不亏于大；寸云遮日，何损于明？"

写罢，将手诏交给长孙无忌，说道："将此诏让朝中大臣传看，此事自今勿再提起，这个人也休要理他。"

长孙无忌走后，太宗又让李治坐下，详细询问了一些朝中之事，末了又问道："朕在东征之前，曾与玄奘大师有约，东征归来要看他写的《大唐西域记》，也不知写得如何了。"

李治答道："儿臣已谨遵父皇之命，划拨库银助他译经撰书。听说'译经场'早已设置，但《大唐西域记》和各种译著进展如何，儿臣尚不得知。"

"嗯，抽时间要过问一下，玄奘乃名满天下的高僧，佛教如今盛行国内，信仰者甚多，尊重佛教便可收拢民心。我大唐虽以道教教祖老君为先祖，但儒、佛、道都应予以扶持，不可偏废，此乃稳定国政之需，切勿掉以轻心，你要谨记。"

李治没想到父皇在东征败归、疾病缠身的时候，还如此关注着玄奘译经这样的微末之事，一时难以理解，唯有频频点头而已。

自从去年春上在洛阳谒拜了皇上，玄奘回到长安以后便开始了佛经的翻译。这是他出生入死，跋涉万里之遥，从天竺取回的经典，一笔无法用金钱衡量的巨大财富。把它们译成汉文留给华夏的子子孙孙是一件功德无量的盛事。

这本是他的平生夙愿，如今又得到皇上和朝廷的大力支持和慷慨资助，事情便进行得极其顺利。

朝廷将位于城内的小雁塔划为他的译经场，这里僻静而又宽敞，是个做学问的好地方。

玄奘从全国各大寺庙精选了十名精通佛法、学识渊博而又文笔精湛的高僧作为他译经的助手，也就是他的十大弟子。将各种主要经典七十四部一千三百三十五卷进行了详细的分工，计划在三年之内完成首期工程，由他亲自总揽其事，增删订正，润色加工，最后定稿。

在这十名高僧当中，他最器重的是辩机和尚，他是城南慈恩寺的年轻住持，虽然只有二十五岁，但却聪慧过人，颖悟异常。不仅对《般若经》、《大智度论》、《中论》、《百论》、《十二门论》以及《法华经》等经典倒背如流，而且学问渊博，是这十大高僧中的佼佼者，是空门佛界万里挑一的杰出人才。

玄奘暂时没让他翻译佛经，而是由他帮自己撰写《大唐西域记》，这是皇上十分重视的一部历史上从未有过的书，写好了，不仅会使皇上更加看重佛教，而且可望传之千秋。

玄奘口述自己亲历西域各国的所见所闻，山川风貌、风土人情、政治、经济、文化、宗教等各方面的内容无所不包。由辩机详加笔录，然后特允他在慈恩寺辟一静室，不受任何干扰，集中精力撰写。

当然，全书的主要部分还是由玄奘亲自执笔，他夜以继日，有时甚至秉烛达旦，笔耕不辍。

贞观二十年（公元646年）七月，经过了近一年半的时间，《大唐西域记》和《瑜伽师地论》上半部的译稿终于完成。

玄奘法师把书稿呈送太宗皇上。此时，太宗的病已基本痊愈，但尚未主持国政，借此机会，他开始认认真真地阅读玄奘的著述。

《瑜伽师地论》他看不太懂，佛理禅机博大精深，让他看得似是而非，如

唐太宗李世民

雾里观花，他只好把它暂时搁置一边，想抽空再请几名高僧来为他讲解。

然而，那部《大唐西域记》却让他看得废寝忘食，手不释卷。他似乎随着玄奘的足迹在崇山峻岭中攀登，在激流恶浪中泅渡，在荒漠旷野中跋涉，在异国他乡与外族男女老少侃侃而谈。

太宗极其兴奋，他急忙传话，请玄奘大师进宫。

"妙哉，玄奘大师真乃当代高僧，《大唐西域记》足堪成为传世之作。让朕看得如痴如醉。尤其是写北天竺那几篇，绘声绘色，朕每读至此，都如临其境，见其人，闻其声。"

"阿弥陀佛，皇上过奖了。贫僧不敢贪天之功，这几篇只是贫僧口述，由辩机执笔撰成。"

"辩机，他是何人？"

"是慈恩寺的住持，贫僧请来帮我共同完成译著大业的。他很年轻，才二十多岁，却博闻强识，才华横溢。"

太宗愈加兴奋："才二十多岁？真是难得的人才。有时间，朕倒要见见这位学富五车的旷世才子。"

"托陛下洪福，大唐人才济济，如群星璀璨，可喜可贺。"

然而，太宗皇上始终也没见上辩机和尚一面。

他并不知道，当然玄奘也不知道，这位辩机和尚与自己的女儿，也就是驸马房遗爱的妻子高阳公主竟然有着不可告人的秘密。

高阳公主是太宗的第三个女儿，生在深宫之中，从小被宠惯坏了，骄纵任性，说一不二。太宗皇上只是关心着每一个儿子的学业品行，对几十个女儿可就顾不过来了，只能由她们的母妃、乳母和宫人们照顾，而在这些人面前，高阳公主简直比皇上还皇上。

那年，太宗将十六岁的高阳公主嫁给了房玄龄的儿子房遗爱。这里面自然有些政治联姻、借以稳固皇权的因素，但更多的则是他对房相这位患难相交的柱国之臣所给予的一种特殊偏爱。

帝王千金嫁给宰相之子，表面看起来是一桩门当户对的婚姻，实际上却是一桩不幸的失败的联姻。

人们都说，不是一路人，不进一家门，这话很有些道理。

房玄龄的妻子是出了名的妒妇、悍妇，是河东狮子。而高阳嫁到这个家里，那简直是来了一头母老虎，她仗着自己是天子之女，并不把公公婆婆放在眼里，对于仆婢侍女们更是动辄斥骂，一天到晚没个好脸。

　　这些都还好说，反正驸马有自己的府邸，当公公婆婆的并不与他们常住在一起，也就乐得眼不见心不烦。要命的是，她与丈夫房遗爱也是两头倔驴拴不到一块，不合槽。

　　她对丈夫照样是颐指气使，一言不合就训斥责骂，大发其怒。

　　而房遗爱也不是个什么好鸟，可不像他父亲那样怕老婆。他也是锦衣玉食骄纵惯了，从小声色犬马，酗酒嫖赌无所不为。突然在自己的屋里放上了一只母老虎，让他整天看人家的脸色，提心吊胆地过日子，他怎么能受得了？

　　房遗爱受不了高阳公主的颐指气使，便愈加疯狂地嫖娟宿妓，常常是夜不归宿，甚至连白天也难得回家一趟。

　　高阳公主是个女人，不便抛头露面到市井勾栏中去寻乐子，每日便在驸马府里赏花观鱼，百无聊赖地打发时光。有时候高兴了，便到宫中玩上几天，就像是平常人家的女儿走娘家一样。

　　去年的六月十五日，也就是太宗皇上正带领将士们与高句丽鏖战的时候，城南的慈恩寺迎来了一年一度的盛大庙会。

　　高阳破例要去逛庙会，顺便去慈恩寺烧香还愿。其实她也没有什么愿要还，平时也没有礼佛焚香的习惯，过去一直生活在深宫里，出嫁后侯门如海，民间的这些活动很少有机会参加。

　　这一次不过是觉得府上的生活太枯燥，一时兴起，想起要去庙会上看看热闹。

　　她打扮成一个普通富贵人家的妇女，五六名侍卫也都换了便衣，带上贴身侍女荷花，一大早便向城南赶去。

　　慈恩寺前的大街上早已经熙熙攘攘。各种卖吃食、瓜果、衣物和香纸的摊点早早地搭起了凉棚，张罗着生意，到处是一片叫买叫卖、喧嚷说笑之声。

　　轿子停在了一个偏僻处，留下两名轿夫在这里守着，高阳带着荷花随着络绎不绝的人流向庙里走去，五六个便衣侍卫则远远地跟在后面。

　　迎面是一座巍巍矗立的大雄宝殿，殿前一个大铜鼎似的巨大香炉，里面一炷炷点燃了的高香青烟袅袅，堆积如山。

　　高阳学着游客的样子，让荷花去买了十炷香，在旁边的纸火堆中引燃，置于香炉中，然后向大殿中慢慢走去，在高大威严的金身佛像前，高阳公主虔诚地上香、焚纸，然后与荷花一起双双跪倒在两个蒲团上磕头祷祝。

　　起身之后，高阳又将几块碎银子随手扔进了佛像前的功德箱里，这才离开大殿，向后走去。

后面是一座规模稍小些的观音菩萨神殿。到这里来的香客都是女人，着绫罗绸缎的，穿粗布麻衣的，从十八九岁到四五十岁，各种年龄、各种身份的都有。

几名侍卫在前殿止步，不好再向后面走。高阳只带着荷花信步走来。

殿前的廊庑里塑着一尊菩萨像，菩萨怀里抱着一个大胖娃娃。那些妇人在菩萨像前烧香磕头，然后争着往那个胖娃娃的手上、脚上拴红线。据说，只要拴了红线，回去便可得子。

这是些怕给夫家断了香火，特意来求子的女人。高阳对这个不感兴趣，便继续向后走去。

走过这进大殿，已是慈恩寺后院，凉亭假山，曲径流水，倒也别致。假山的东面不见花木松竹，竟是一片不小的桃林。无数硕大的艳红的桃子掩映在密密的绿叶之中，时隐时现。

六月中旬的天气如同泼火。高阳公主与荷花都已转得香汗淋漓，口干舌燥，便不自觉地向桃林那边走去。来到桃树下，高阳想摘个桃子解渴，又觉得这里没有人，有小偷小摸之嫌，便四下张望着。

刚一抬头，不禁吓了一跳，从树林中恰恰钻出了一个年轻和尚。

这和尚二十多岁，一身干净整洁的灰布袈裟，棱角分明的脸盘上浓黑的剑眉微微上挑，眉毛下是一双寒星般晶光四射的眼睛。鼻直口方，面色白净，是个一表人才、英气勃勃的人物。

在高阳公主抬头看他的一刹那，那和尚也正在盯着她看，四目相对，立时火花迸溅。

高阳的心怦怦乱跳，世上竟有如此美男子，可惜是个僧人，不然的话，不知会有多少女人为他倾倒。这样想着，一时却不知说什么好。

"阿弥陀佛，这位女施主可是到敝寺来求子的？"那和尚单掌立于胸前，微笑着问道。

若是换了其他陌生男人，高阳早就转身走了。可是眼前这和尚身上像是有一股巨大的磁力，让她挪不动脚步，便答非所问地说道："你们这里的送子观音灵验吗？"

"心诚则灵，潜心向佛，佛无处不在。女施主若虔诚求子，贫僧可保你得偿所愿。"和尚说着从树上摘下两个肥美鲜红的桃子送到高阳和荷花面前，说道："天热，二位施主且吃个桃子解解渴。"

高阳在接桃子的时候，觉得手心被那和尚的小指碰了一下。也不知他是有意还是无意，但她却觉得像有一股电流沿着她的手掌、胳膊传遍了全身，心里有一种甜丝丝的感觉。

荷花却在一旁说道："多谢师父美意，还不知师父的法号便先吃了您的桃子。"说着，掏出手帕把桃子擦拭干净，递到高阳公主手里。

高阳笑盈盈地将鲜桃咬了一口，一股甘甜的蜜汁沁入心脾。也许是天太热，自己确实有些渴了，在皇宫，在驸马府，她还从没吃过这么好的桃子。

"二位女施主无须客气，桃子不就是让人吃的吗？贫僧叫辩机，是敝寺的住持。人太渴了，光吃桃子是不够的，请到贫僧的禅房里喝杯清茶，贫僧那里有上好的乌龙。"

高阳嫣然一笑，没有答应也没有推拒。荷花见机已猜到了高阳的心思，忙说道："小的到前面去看看轿夫，就在那里候着。"说罢，冲辩机一笑，一溜烟走了。

高阳随辩机穿过桃林，来到了他的禅房兼书斋。好家伙，满屋里竖着一幢幢书架，各种书籍应有尽有，宽大的书案上摊放着正在撰写的《大唐西域记》书稿，那清秀挺拔的蝇头小楷令人赏心悦目。

高阳一时看呆了，禁不住脱口说道："啊呀，想不到法师还是做大学问的。"

"不瞒施主，这可不是做学问，是在应皇差呢。"

"皇差，什么皇差？"

"当今皇上敕命玄奘法师撰写《大唐西域记》，贫僧正是玄奘法师的弟子，在帮师父拾遗补阙。"

高阳大为惊讶。这件事她知道，高僧玄奘奉父皇之命，遴选天下饱学之士帮他译经撰书。可她无论如何也想不到眼前这个年轻人会有这么大的学问，这可是个了不起的人物。

辩机忙着沏了茶，高阳慢慢啜了几口，含情脉脉地看着他，说道："今日打扰师父了，吃了你的桃子，又喝了你的茶，小女子该怎么答谢师父？"

辩机对高阳神秘一笑："俗话说，'投之以桃，报之以李'，女施主若是愿意，能投桃报桃，贫僧便三生有幸了。"

语气轻佻，话中有话，高阳当然听得出来。但她没有恼。能跟一个陌生和尚单独到这个陌生的地方来，她有心理准备，或者说有一种隐隐约约的奢望。

她扑哧一笑："你这和尚还真大胆。"

……

打那以后，高阳公主每隔几天便带着荷花来慈恩寺与辩机幽会。

光靠高阳去慈恩寺也不是个长久之计，时间长了会露馅的。高阳便出钱为房遗爱买了两个如花似玉的小妾，让他们另宅居住。房遗爱也乐得如此，对于高阳，他现在看都懒得看一眼，再说，自从投身魏王李泰失算，他虽然没受到大的牵连，但对于仕途权位早已心灰意冷，破罐子破摔。人生在世，能吃喝则吃喝，能淫乐则淫乐，不玩不要，死了白瞎；不淫不嫖，空活到老。

一年到头，房遗爱很少回驸马府一趟，这便给高阳创造了绝好的机会。她让荷花每天下午去城西的感业寺接女尼进府，为她诵经说禅。实际上，接来的却是慈恩寺僧扮尼装的辩机。

但是，世上没有不透风的墙，时日一久，房遗爱渐渐听到了一些风声。开始，他并没有放在心上，反正自己也从来没把高阳公主当老婆看待，耽误不了自己眠花宿柳、左搂右抱就行了。

后来，连他的那帮狐朋狗友中也有人开始议论纷纷，说三道四，他便感到脸上挂不住了。堂堂大唐驸马、宰相公子，竟被人戴了绿帽子，让人戳脊梁骨，这怎么能行？

他恼羞成怒，决定报复。他要让高阳公主现丑露乖，让皇帝老儿也丢人现眼，事情闹大了，说不定皇上会准予离异，自己这顶绿帽子自然也就摘了。

这日凌晨，天似明未明之时，一个小尼姑从驸马府的后角门闪身出来，向不远处树下的一乘小轿快步走去。

离小轿还有数丈远，突然从黑暗里窜出了十几个人，嘴里高喊着"捉贼啦"便一拥而上，将"小尼姑"绑了起来。

这伙人是房遗爱暗中买通的市井无赖，受人钱财，替人消灾，对扮作尼姑的辩机和尚既不打也不抢，径直将其送进了京兆府。

奸情立时败露。因为辩机是慈恩寺的住持，又是高僧玄奘的弟子，这是无法掩盖的事实。

更要命的是，恰在这一天，高阳公主送给了辩机和尚一只用珍珠编结而成的凉枕。此乃稀世之宝，是当年西突厥可汗进贡给太宗皇上的，只有一对。高阳出嫁时，太宗把它作为嫁妆赐给了她。

事情牵涉到了皇上的女儿，也牵连着当朝首辅宰相的儿子，自然是一件惊世骇俗的大案。京兆尹不敢做主，更不敢声张，只好悄悄地告知了国舅兼宰相的长孙无忌。

长孙无忌顿感事情的严重，他也不敢做主，思来想去，还是入宫如实地向太宗禀报。

太宗皇上像被迎头打了一闷棍，气不打一处来。几个儿子不争气，女儿又有失妇道，把皇家的尊严都丢尽了。本来，唐时的风气最开化，男女间的苟且之事并不太被人们看重。高阳若是与一个平常人家的子弟有染，太宗还不觉得太难堪，可她偏偏与一个和尚偷情，让太宗的这张老脸往哪里放？

纸里是包不住火的，这样的大事瞒不住天下人的耳目，这个辩机和尚是非杀不可。太宗断然下令，将辩机打入死牢。

长孙无忌走后，太宗陷入了深深的矛盾之中。他又一次翻开了《大唐西域记》，这个学富五车的年轻和尚给他的印象太深了，人才难得，他实在不忍心就这样杀了他。再说，女儿的不幸也是自己一手造成的，当年房玄龄就说过，他的儿子不成器，不同意这桩婚姻，自己却为了政治目的，硬是赶着鸭子上架。女儿已够不幸了，若是再杀了辩机，她更会心如死灰，生不如死。

太宗连夜召见了长孙无忌，先让他看了一段《大唐西域记》，然后说道："这就是辩机写的，玄奘大师的这位弟子才高八斗，是佛教界百年不遇的人才，杀了他实在可惜，你看该怎么办？"

话说得已经非常清楚，长孙无忌马上心领神会，说道："皇上的爱才之心令老臣万分感动。但是，不杀辩机，皇家的颜面又如何挽回？老臣以为，杀是一定要杀的，而且要大张旗鼓地处以极刑，只是中间做点偷梁换柱的小手脚罢了。"

"哦，你详细说说怎么做？"

"从死囚犯中挑一个面貌与辩机相似之人做替身，许以赐其家人重金，自然能够封口，然后在长安市曹公开行刑。"

"好吧，这案子就由你一人审理处置，任何人不得插手，切勿走漏半点风声。"

数月之后，一个面目酷似辩机的死囚被剃光了脑袋，换上了袈裟，在长安西市就刑。刑前，还特允他盘腿面西而坐，默默地诵念了一段经文，然后腰斩而死。

至于辩机，则于夜深之时被偷偷释放出狱，派专人护送出城。有人说，他去了华山，改了法号，继续帮玄奘翻译佛经。高阳公主则每年数次去华山上香，一辈子都是个虔诚的佛教信徒。

也有人说，事后不久，高阳终于与房遗爱离异，辩机也蓄发还俗，二人改名换姓后私奔于深山老林，夫妻和美，像普通人一样，平平安安地度过了一生。在太宗皇上死后，夫妻俩还专程赶往昭陵，偷偷地凭吊祭奠，痛哭流涕。

不过，绝大多数的老百姓却认为辩机早已作为一个臭名昭著的淫僧被杀，沦入了万劫不复的深渊。

长孙无忌把这案子办得天衣无缝，以至对于最不可欺的历史来说，它都成了一个永远的谜。

第三十七章 文治武功 困惑夕阳

征讨高句丽失败在太宗皇上的心灵深处蒙上了一道挥不去、抹不掉的阴影，成了令他寝食不宁、焦虑不安的一块心病。他感到羞耻，愤怒，更感到困惑。以大唐这样一个国力鼎盛、兵强马壮的泱泱大国，以自己这样一位叱咤疆场数十年，几乎是百战百胜的常胜将军，麾下猛将如云，谋臣如雨，竟会败给一个蕞尔小国，边鄙之邦。这其中的原因究竟在哪里？

一生战无不胜、神武天纵、英明盖世的太宗皇上自然不会从自己身上寻找失败的原因。他不可能认识到，这次东征高句丽，是由于自己晚年的好大喜功，不顾群臣的谏阻，在错误的时间，错误的地点，贸然发动了一场错误的不得人心的非正义战争，因而它的最终失败也就是不可避免的了。

从洛阳回到长安的近一年中，太宗皇上没有一天不在思考和寻找着东征失败的原因。

他变得烦躁、暴戾和多疑，不停地追查征辽期间的失职者。他首先想到了后勤供应方面的失误。在大战期间，有数次粮秣供应逾期不至，大批将士无粮充饥，丧失战斗力，以致耽误了进攻的最佳时机。尤其是在战争的后期，高句丽天气转寒，军需棉衣迟迟运不到，将士们在刺骨的寒风中冻得瑟瑟发抖。面对这种情况，太宗不得不仓促退兵。而在撤军的路上，适逢冰雹风雪，又有大批士卒冻饿而死。如此渎职之罪，必须深究严治。

他将总管水陆运输的馈运使韦挺和副使崔仁师招来，厉声训斥道："尔等身负供应千军万马粮秣之重任，直接关系着我万千将士的性命和此次大战的胜负，缘何负朕重托屡屡逾期以致贻误战机？"

韦挺慌忙跪倒在地，汗流满面道："高句丽天气变化无常，我等几次自陆路运送粮草，正遇上连日大雨滂沱，水深齐腰，道路被冲毁，车辆无法通行，因此耽误了时间。也是臣等无能，误了陛下的大事，臣甘愿接受军法处置。"

于是太宗降诏，革去韦挺一切官职，将其降为庶民；副使崔仁师则被判流刑，发配连州。

不料崔仁师在临行之前却又攀咬出了留守大臣侍中刘洎。

唐太宗李世民

当初太宗皇上御驾亲征时，从定州出发，特命刘洎、马周、张行成等人留在太子身边，同掌机务，辅佐太子处理各种军国政务，刘洎则主要分管国内粮秣的调集供应。

这刘洎素来恃才傲物，毫不把几位留守同僚放在眼里，只想插手朝廷一些政务的处理，以显示自己经邦治世的才干。而对于军需供应一事，却视为琐务，很少放在心上，更谈不上未雨绸缪。有几次确是耽延时日，前线的押运车队来了，而国内的粮秣尚未调集齐备。

查清此事以后，太宗勃然大怒，对刘洎大发雷霆。一向目中无人而又书生气十足的刘洎打铁不会看火色，都到了这般田地，还不知设法自保。反而仗着自己能言敢谏，是太宗多年信之不疑的宠臣，便想趁着这个机会，再次向太宗进谏，使他永不再生东征高句丽之心。于是便不慌不忙地跪下说道："陛下，臣耽误了军粮调发，诚然有罪。但是，这却不是东征失败的根本原因。"

太宗想不到他会说出这样的话，愣了一下，突然俯下身子，以冷峻的目光死死地盯着他，问道："那么依你之见，失败的根本原因是什么？"

刘洎不卑不亢地说："恕臣直言，这一仗根本就不应该打。东征高句丽翻山涉海，劳民伤财，其实并不得人心。"

太宗皇上本已怒不可遏，这几句话更如火上浇油。这个不知天高地厚的狂徒，等于是毫不掩饰地把战争失败的原因推到了朕一个人身上。他直气得脸色煞白，浑身哆嗦，冷冷地哼了一声，掉头便走。几天后降下旨来，将侍中刘洎以罪赐死。

刘洎死后，太宗皇上对战争中失职行为的追查并没有停止。

朝臣中一些善于察言观色的人便开始上书弹劾张亮。说刑部尚书张亮身为平壤道行军大总管，在东征高句丽期间曾多次散布厌战之言，说此次东征是非正义之战，于国计民生有百害而无一利。

太宗皇上在盛怒之下降诏革去张亮的刑部尚书之职，并将其贬为庶民。事情到此为止也就罢了，不料没过多久，又有人密报，说张亮对太宗的处置怀恨在心，有谋逆造反的行迹。他在酒后曾口出狂言，说太宗晚年昏聩专断，不纳忠言，开始卸磨杀驴。更为严重的是，张亮作为一介武夫，闲暇无事时喜欢结交巫婆神汉。巫师程公颖曾说张亮躺着像条龙，面有贵相，将来一定会平步青云，尊贵无比。张高不仅不加制止，反而信以为真，得意之情常溢于言表。这些年，张亮竟在京师长安养着500个干儿子，据说个个身怀绝技，武功不凡。私蓄武士是准备在时机成熟时谋逆篡位，取当今天子而代之。

接到这份密报，太宗惊得倒吸了一口冷气。这个张亮可算得上是自己的心腹近臣。当年玄武门之变时他是拥戴自己登基称帝的主要功臣。那时张亮带兵驻于东都洛阳，自己命他广泛联络豪杰之士，京都长安一旦有变，立即挥师西进，以为外援。后来，建成、元吉诬他谋反，高祖皇上将他系于狱中严刑拷打，九死一生，他却只字不肯吐露，为自己的兵变计划保守了机密，赢得了时间。

像这样一位有擎天保驾之功的心腹之臣也会谋反？太宗皇上不敢相信。但转念一想，这世上的事情是复杂的，变幻莫测，所谓此一时彼一时。当初的心腹谁能保证不会变成今日的叛臣？

张亮一向桀骜不驯，平日常有居功自矜的言行。这次东征高句丽，他一直持反对态度，出师之前就曾数次上表谏阻。自己没听他的，反而任命他为平壤道行军大总管，到了高句丽前线，他又散布流言，蛊惑人心。贬官之后，心怀怨怼，说什么"早知今日，悔不当初"，以此人的性情，这样的话是说得出来的。

"悔不当初"是什么意思？当初怎么了？太宗在心里反复揣摩着。忽然，他想起了一件往事，心头不禁咯噔一下。

那是在五六年前，张亮还在外任州刺史，有一次回京公干。晚上，时任兵部尚书的侯君集邀他喝酒，曾暗示要与他联手谋反，一个在内，一个在外，到时内外夹击，一举夺取大位。

当时张亮表面上含糊其辞地应承着，酒后连夜进宫向太宗密报了此事。

太宗皇上冷静地思考了多时，然后说道："此事若让大理寺审理，侯君集定会矢口否认。如果他对你反咬一口，我们将毫无办法。"因此他叮嘱张亮不要再对第二人谈及此事，对侯君集也未做任何处置。直到最后，侯君集又联合太子谋反，证据确凿，太宗才将其处以死刑。

现在想来，此事实在可疑。俗话说，苍蝇不叮无缝的蛋，你张亮平时若无不臣之心，侯君集为什么偏偏要找你？

太宗皇上越想越觉得可疑，立即下令大理寺调查此事。张亮极力辩白，说自己是被恶人诬告，绝无造反之心。同时又历数了自己以往辅佐太宗的功勋，若有差错，请求太宗宽宥。

大理寺如实禀奏太宗，但此时的太宗怒火烧心，已失去了昔日的冷静和睿智，就像钻进了牛角里退不出来，一门心思地怀疑："张亮若是不想造反，

唐太宗李世民

他养着500个干儿子打算干什么？还不是在为谋逆做准备吗?"于是，他下令让朝臣复议。

此时，满朝文武之中只剩下马周和褚遂良还是敢谏之臣。但马周因病卧床不起，不能上朝。而褚遂良平日与张亮有些过节，关键时刻又不肯为他说话。

这样，朝中诸臣见太宗一口咬定了张亮要造反，也就在一旁附和，历数张亮的种种不法。

唯有李道裕认为杀张亮太过草率，便出面奏道："说张亮谋反证据不足，仅凭少数人的片言只语便判处有功之臣死罪，不合法理。"

然而，李道裕人微言轻，无力挽回天心。太宗皇上根本听不进他的话，当即便下旨，将张亮以谋反罪斩于西市。

过了些日子，太宗又觉得对刘洎和张亮的处理似有不妥。

刘洎延误军粮筹调，虽说有错，但这只是一种失误，罪不至死；张亮是自己的股肱之臣，对自己一向忠心耿耿，怎么能说反就反呢？虽说君臣之间在东征高句丽一事上有些龃龉，但这只是看法上的不同。当时反对东征的人很多，包括房玄龄和褚遂良、马周等，这与谋逆造反根本是两码事。

他开始觉得张亮的案子疑点很多，在内心深处有些后悔了。于是，马上将那个唯一提过反对意见的李道裕提升为刑部尚书，接替张亮原来的职务，并命他暗中仔细调查张亮谋反一案。

李道裕经过一个多月的详细察访，并没有查到张亮谋反的任何真凭实据。他如实向太宗禀奏之后，太宗陷入了长时间的沉默，他感到了一种前所未有的愧疚、困惑和追悔莫及。

朕这是怎么了？莫非真是老糊涂了？当年初登大宝时，自己多少次暗下决心，一定要与这些风雨同舟的功臣们共患难、同富贵，终此一生决不滥杀功臣，永远不做刘邦那种"兔死狗烹，鸟尽弓藏"的蠢事，让天下齿冷，后人唾骂；在当皇上的这些年里，自己还从没枉杀过有功之臣。就是对普通的死囚，自己都多次强调决不能让一个无辜者冤死在大唐朝廷的刑刀之下。

但最近以来，自己却像是昏了头，以感情代律法，以皇权压朝臣，竟一怒之下在很短的时间里连杀了两名朝廷重臣。

这是为什么？太宗感到一阵阵锥心剜肉般的疼痛，他感到自己的一颗心似乎在流血。魏徵走了，虞世南、王珪走了，房玄龄年老多病，马周也一病不起，没有了这些老臣的倾力辅佐，大唐朝廷这辆负重爬山的牛车真的就要滑坡了？自己苦心经营的贞观盛世莫非也要昙花一现？魏徵在若干年前就上过《渐不克终疏》，难道真的要被他不幸言中？自己矢志要做个尧、舜、汤、武那样的千古明君，到头来竟是一场有始无终的幻梦？

不，朕绝不能重蹈历史上那些糊涂君王的覆辙。太宗皇上觉得，自己就像在水流湍急的河中泅渡，被一个吸力极大的旋涡死死地裹住，正在拼命把他往水底拽。他在奋力挣扎着，挣扎着……

在深深的愧疚和追悔之余，他决定向朝臣们公开承认自己的失误。

一天朝会上，他对大臣们说道："前些日子，在处置张亮一案时，满朝文武唯有李道裕提出过不同意见，可惜朕没有采纳他的主张。如今看来，张亮并未谋反，他的案子确有冤情。还有，刘洎一案，朕的处置也不妥当，是朕冤枉了这两位功臣，今日思之，实在痛惜不已。"这样说着，太宗已经眼圈发红，险些坠下泪来。

他稳定了一下自己的情绪，又继续说道："正因为如此，朕才决定任命李道裕为刑部尚书，接任张亮，以慰张亮的在天之灵。更重要的是，要让他执掌刑罚，谨慎办案，绝不让这类冤杀之事再次发生。诸位爱卿也要像当年的魏相一样，敢逆龙鳞，忤朕意，犯颜直谏，以使咱们君臣共创的贞观盛世绵延千秋。"

群臣同声高呼："皇上圣明！皇上万岁万万岁！"

时过不久，西方传来薛延陀起兵反唐的消息。太宗闻听后不禁想道：朕由于跨江隔海，一时不能收服高句丽，难道还不能扫平你薛延陀？北疆、西域的夷族诸国皆已臣服，早匍匐于朕这个"天可汗"的脚下。而薛延陀这个弹丸之国，朕怎能容你继续为患？

薛延陀本来是回纥族中一个强悍的部落，其祖先为汉朝时的匈奴，习俗与突厥相近。隋末唐初，薛延陀与铁勒其他部落曾先后依附于东突厥和西突厥。以后，其势力便开始渐渐强大起来。

贞观初年，依附于东突厥颉利可汗的薛延陀首领夷男乘东突厥衰落之际发动叛乱，自立为可汗。

那个时候，薛延陀与大唐帝国并没有什么利益矛盾，更没有发生正面冲突。为了让它从北面牵制突厥的势力，太宗皇上便降旨封夷男为真珠毗伽可汗。

东突厥灭亡之后，大漠以北空虚，真珠毗伽可汗便乘虚而入，铁骑踏进原东突厥所占领的地盘，同时又得到了原铁勒各部落酋长的支持，其势力便日益强大，拥有精兵二十余万。真珠毗伽可汗野心膨胀，开始觊觎中原，不断派兵骚扰大唐的北部边疆。

太宗皇上鉴于薛延陀的势力日渐强大起来，恐其坐大，日后难制，再一次成为唐王朝北疆的一大威胁，便想对其实行分而治之的策略。贞观十二年（公元638年），太宗降诏，封真珠毗伽可汗的两个儿子为小可汗，各赐鼓纛。表面看起来是对薛延陀的嘉奖，实际上是在从内部分化他们的势力。

贞观十三年（公元639年）七月，为了阻止薛延陀势力的南侵，太宗又诏令右武侯大将军、化州都督、怀化郡王、由原东突厥归降的突厥贵族阿史那思摩为乙弥泥孰俟利可汗，并命原来归降大唐后被安置在京城和其他各州的突厥人及胡人重返漠北，还其旧地，皆归阿史那思摩统领。想以这个新组成的附属汗国作为大唐抵御薛延陀的屏障，永保边塞。

然而，已归降的突厥各部却十分畏惧薛延陀，不敢回归故土。为此，唐太宗派司农卿郭嗣本赐薛延陀玺书，玺书说道："颉利既败，其部落咸来归化。我略其旧过，嘉其后善，待其达官皆如我百僚，部落皆如我百姓。中国贵尚礼义，不灭人国。前破突厥，止为颉利一人为百姓害，实不贪其土地，利其人畜，恒俗更立可汗，故置所降部落于河南，任其畜牧。今户口蕃滋，吾心甚喜。既许立之，不可失信。秋中将遣突厥渡河，复其故国。尔薛延陀受册在前，突厥受册在后，后者为小，前者为大。尔在碛北，突厥在碛南，各守疆土，镇抚部落。其逾分故相抄掠，我则发兵，各问其罪。"

薛延陀奉诏退回碛北。于是太宗派阿史那思摩渡过黄河，率所部建牙帐于碛南。太宗在齐政殿为阿史那思摩设宴饯行，阿史那思摩把盏而泣，对太宗发誓道："愿万世子孙恒事陛下。"

贞观十五年（公元641年）正月，阿史那思摩建牙帐于定襄城，有户三万，兵四万，战马九万匹。他上表谢恩道："臣非分蒙恩，为部落之长，愿子子孙孙为国家一犬，守卫北门。若薛延陀侵逼，臣定会全力击之。"

就在这年的十一月，薛延陀真珠毗伽可汗误听太宗皇上欲东去泰山行封禅礼，以为有机可乘，对部下说道："天子封泰山，士马皆从，边疆必虚，我于此时取阿史那思摩，如拉朽耳。"

他命儿子大度设率二十万兵马卷地而来，突然进击阿史那思摩的领地。

阿史那思摩力战不支，只好退入长城，据守朔州，并派使者向朝廷告急。

太宗大怒，即命营州都督张俭率所部骑兵进逼薛延陀东境；命兵部尚书李勣为朔州道行军总管，率步骑六万，驻扎羽方；命右卫将军李大亮为灵州道行军总管，将步兵四万，骑兵五千，驻扎灵武；命右屯卫大将军张士贵为庆州道行军总管，出兵云中；命凉州都督程咬金为凉州道行军总管，出兵薛延陀西境。

各路将领出征前向太宗辞行，太宗叮嘱道："薛延陀自恃强盛，逾漠而南，行数千里，马已疲瘦。凡用兵之道，见利速进，不利速退。薛延陀不能乘阿史那思摩不备一举歼之。今阿史那思摩据守坚城，他们又不知速退。此前朕已命思摩在退出碛南时将秋草烧光，使薛延陀的战马无草可食。昨日有探者来报，薛延陀的马匹把路上的树皮都啃光了。卿等此去，只需与阿史那思摩共同坚守，无须速战，等到他们退兵时再奋力出击，必破之矣。"

众将领对他们的皇上这种运筹帷幄、决胜千里的英明深为佩服，皆唯唯领命而去。

兵部尚书李勣深谙太宗用兵之道，率精锐步骑与薛延陀部对峙近一个月，终于抓住了战机，大败其军，斩首三千余级，俘虏五万余众。主帅大度设脱身逃走。其部众退至漠北，又遇上大风雪，人马冻饿而死者十之八九。真珠毗伽可汗见大势已去，只好派使者到长安求和。

太宗对使者道："朕曾晓谕尔等，与突厥以大漠为界，有相侵者，吾则讨之。尔等自恃兵强马壮，硬要侵逼突厥。此战李勣将军仅用精兵数千，尔等便狼狈如此。回去告诉你家可汗，以后该如何做，要善加选择。"

自此以后，薛延陀算是安分了几年。真珠毗伽可汗接受了教训，派其叔父向唐朝献马 3000 匹，貂皮 38000 张。后又向太宗皇上求娶皇室公主，献马 5 万匹，牛万头，羊 10 万只。太宗开始时答应了婚事，后又听从契苾何力的建议，以真珠毗伽可汗迎亲"失期不至"为理由，下诏拒绝联姻。真珠毗伽可汗虽然不高兴，却也不敢轻举妄动。

没有想到的是，真珠毗伽可汗死后，他的儿子多弥可汗竟胆大妄为，乘唐军东征前来寇边侵扰。

对这个屡服屡叛、毫无信义可言的民族，太宗皇上早就将其视为长在身上的一颗毒瘤，必欲除之而后快。如今他们竟敢肆意挑衅，坏我东征大计。这正好给了太宗皇上一个绝好的借口。他决计乘此机会将其一举歼灭，荡平北疆西域最后残存的一股反叛势力，实现华夏版图的真正大一统，也可从此永靖北疆，不能给子孙后代留下祸患。

不久，太宗降诏，以江夏王李道宗、左卫大将军阿史那社尔为瀚海安抚大使，令执失思力、契苾何力、薛万彻、张俭等各率兵马分道并进，合击薛延陀。

大唐天兵一到，长驱直入，所向披靡，薛延陀国内大乱。族内百姓都认为这场灾难是由多弥可汗招来的，怨声沸腾。一些贵族共谋杀死多弥，率领部众西迁，并共举真珠可汗的侄子咄摩支为可汗。

咄摩支立即派使者到长安向太宗奉表，宁愿自去可汗之号，请求让他的部族居住在郁督军山以北。

此时的太宗皇上已经铁了心要除恶务尽，彻底消灭薛延陀，决不再让他死灰复燃。

他命李勣率部联合敕勒九姓族长合力剿灭薛延陀余部咄摩支，并下手诏曰："薛延陀破灭，其敕勒诸部或来降附，或未归服，今不乘机，恐遗后悔。"

李勣率大军进至郁督军山，咄摩支可汗率部逃至南荒谷。

李勣命部属萧嗣业前往招降，咄摩支见无路可走，只好率左右袒肉请降。

可汗已经投降，而其所属的一些部落却仍在犹豫不决。李勣想起了太宗皇上除恶务尽、亡灭其国的决心，立即下令穷追猛打，对于那些逃散的部落也必须一鼓作气，全力追歼。大军掩杀十几日，前后斩首 15000 余级，俘获男女 13 万余，薛延陀终于土崩瓦解。

这年秋七月，咄摩支被押至京师。太宗皇上念其并无大恶，赦免其死罪，拜其为右武卫大将军。

薛延陀一朝沦亡，漠北各部落群龙无首。回纥、同罗、仆骨等部落酋长连忙遣使入贡，请求内附。太宗准允，赐各姓酋长玺书。

这样，大唐北部草原和大漠中的各部族终于全部荡平。自此直至唐朝灭亡，整个北疆一直保持着相对的稳定。

这一重大而又具有深远意义的胜利使太宗皇上那颗因征伐高句丽失败而受伤的心得到了一定的慰藉。不管怎么说，他总算挽回了一些面子。他这个享誉四海的兵家天才的形象又得到了一定程度的恢复。

在讨伐和扫荡薛延陀的战争尚未结束时，太宗皇上已开始下令大兴土木，在各处为自己修建行宫。

对这件事，在他的内心深处其实也是极为矛盾和困惑的。一方面，他的耳朵里不断地回响着当年魏徵、虞世南、马周这些净臣、直臣的谏言。做一代明君，要力戒贪欲，不事奢华，崇尚清明宁静，以不扰民害民为根本，要事事以隋炀帝贪谰恣肆、不惜民力而亡国为前车之鉴。事实上，在贞观前期自己也正是这么做的，每日临深履薄，勤政恤民。那个时候，自己对待臣民百姓就像对待自己身上的伤口一样，小心翼翼，关怀备至，怜悯他们的四时勤恳，终生辛劳，唯恐一事不慎伤害了他们。自己总是保持俭朴节约，力戒奢靡，几乎没有营建过任何宫室。就是从贞观十年（公元 636 年）以后到现在，也仅仅修缮了七座宫殿。而这其中，九成宫、庆善宫、洛阳宫、明德宫和长春宫都是隋朝旧有的宫殿，自己不过在原有的基础上加以修葺，所用人力和财力自然十分有限。贞观十四年（公元 640 年），为了巡视洛阳，曾命阎立德在中途新建一座离宫，叫襄城宫。后来，因为大臣们纷纷上表谏阻，自己又下令将尚未完工的襄城宫拆除，把砖石木料分给了当地缺屋少房的穷苦百姓。

从理智上说，太宗皇上也知道自己在前期的这些做法是明智的。正因为如此，自己才赢得了全国百姓的真心拥戴，才换取了朝中大臣们与自己同心协力治理国家，从而创立了这个民殷国富、普天同乐的贞观盛世。也只有如此，才可能让这个盛世永远地保持下去。

但是，从感情上说，太宗皇上却又不太情愿，也感到有些委屈。自己当皇帝这二十多年，让天下子民远离了战争和贫穷，能够家给人足，安居乐业，朕对得起他们了；而对于朝廷命官，朕以诚心相待，有功者重赏，不吝官爵和金银；有罪者轻罚，在可能的情况下尽量回护，也对得起他们了。可朕为什么偏偏要对不起自己，长期地苦自己呢？难道朕这个文治武功的大唐天子建几座真正属于自己的宫殿就会激起众怒，就会引起天下大乱？何况，自己也是五十多岁的人了，自从辽东归来，便觉得身体大不如以前，就是抓紧享受，这真正的帝王生活还能享受几年？

贞观二十一年（公元 647 年）三月，太宗传旨工部，立即筹备砖石木料，调集民工木匠，在长安城南的终南山麓建造翠微宫。

各级官府大力支援，工匠民夫突击施工，翠微宫数月而成。大殿巍峨壮观，红墙黄瓦掩映于万木丛中，亭榭楼阁错落有致，假山清池，小桥流水，顿时成了长安市区一道亮丽的景观。

太宗皇上喜不自胜，立即带上爱妃美姬，前呼后拥，前往巡幸翠微宫，在此逗留一月有余。

然而，翠微宫也有美中不足之处。那就是它的正殿建得不够大。盛夏时节前来避暑，一旦有军国大事要与朝中百官商量，这里却容纳不下。

于是，太宗又于这年七月下令，在宜君县以西四十里的凤凰谷修建玉华宫，规模要比翠微宫更大，更豪华。

但是，诏令下达之后，太宗皇上却感到心中有一种莫名其妙的不安。这样做好吗？眼下大臣们倒是没有人说话，可自己这样不惜民力资财，大事铺张，老百姓们心里会怎么想，将来的后人会怎样评说？

一念及此，他又马上降旨，要求玉华宫的建造要尽量节俭朴素。除了自己居住的宫殿以瓦铺顶之外，其余各殿一律覆以茅草。尽管如此，待玉华宫建成之后，所花费用仍然巨大。

看着这个数字，太宗皇上的心紧缩了，就像堵着东西似的让他透不过气来。自己这样做是不是在步隋炀帝的后尘？魏徵、王珪、虞世南他们，包括长孙皇后倘若健在，一定会竭力劝阻，甚至会以死相谏，是绝不会让自己这么随心所欲的。

看来，这至高无上的皇权一旦失去了约束，就会像一匹脱了缰的野马，无所顾忌，横冲直撞，不管是悬崖峭壁，还是万丈深渊。

唉，朕这是怎么了？连这样的事都有些分不清是非，不知所措了。他轻轻地闭上了眼睛，再一次陷入了深深的困惑、矛盾和无奈之中……

第三十八章　魄魂缈缈　挂牵悠悠

太宗皇上的身体越来越不争气了。这些年东征的失败，儿女们的不肖，错杀了刘洎、张亮，再加上一些股肱老臣纷纷谢世，使他的精神受到重创，健康状况也每况愈下。

背疽引发的各种疾病痊愈之后，太宗还朝主政才一年多又突然患上了轻微中风。左肢麻木，腮肌抽搐，说话嘴拙。

幸亏救治及时，太医们亲侍药膳，昼夜轮番护理，病情很快便好转了。一个多月之后，太宗又精神抖擞地坐在朝堂之上了。

然而，太宗自己却有预感，躲在他身上的病魔并没有被彻底驱走，它只是潜藏得更深更隐蔽罢了，迟早有一天会卷土重来。他必须在有生之年完成他的几件未了之愿。

从贞观二十一年（公元647年）末到二十二年（公元648年）春，他开始撰写《帝范》一书，这是他一生经验教训的全面总结，修身治国平天下的许多宝贵见解都在其中。他实际上是把这本书作为一篇经邦治国的遗嘱赐给太子。他多么希望自己的儿子——太子李治能够迅速成熟起来，将来顺利地继承大唐的帝业，像自己一样，甚至比自己更成功地经营好这锦绣江山，让自己开创的繁荣昌盛的李唐帝国能够永远延续下去。

《帝范》共十二篇，分别为《君体》《建亲》《求贤》《审官》《纳谏》《去谗》《戒盈》《崇俭》《赏罚》《务农》《阅武》和《崇文》。

在开篇一段，太宗皇上极为客观地剖析了自己的一生，特别是登基为帝二十多年的功过得失，谆谆告诫太子要以古代的贤王先哲为师，不能仅以自己为榜样。他企盼着儿子能超过自己，这段文字写道：

> 汝当更求古之哲王以为师，如吾，不足法也。夫取法乎上，仅得其中；取法乎中，不免为下。吾居位以来，不善多矣。锦绣珠玉不绝于前，宫室台榭屡有兴作，犬马鹰隼无远不至，行游四方，供顿烦劳，此吾之深过，勿以为是而法之。顾我弘济苍生，其益多；

唐太宗李世民

肇造区夏，其功大。益多损少，故人不怨；功大过微，故业不坠。然比之尽善尽美，固多愧矣。汝无我之功勋而承我之富贵，竭力为善，则国家仅安；骄惰奢纵，则一身不保。且成迟败速者，国也；失易得难者，位也。可不惜哉！可不慎哉！

太宗写完《帝范》，将它交给李治，他的心里稍稍感到轻松了一些。他希望李治能真正以它为范，按照上面的要求去做，努力当一个好皇帝。至于他能不能做到，这本书对他能起多少作用，那就要看他自己的了。作为皇上，也作为父亲，自己已经尽心了，在帝王生涯的最后一站，为大唐后继有人和祚延千秋办完了一件大事，也算是善始善终，没有辜负已故宰相魏徵的一片苦心和一生谏诤。尽人事而后听天命，自己也只能这样了。

然后，他开始酝酿着去完成另一件大事，这是郁结在他胸中的一块心病。

一日早朝，他对大臣们说道："以我大唐泱泱大国，竟败于高句丽边鄙小邦，此乃朕平生之奇耻大辱，也是众卿之耻，国人之耻。朕意欲明年发三十万众，一举灭之。自今便要训练士马，做好各种准备。"

朝臣们都低着头没有说话。这两年，朝廷中的几位重臣像岑文本、高士廉、马周等已先后病故。而宰相房玄龄、李靖也卧病在床。在东征高句丽这件事上，英国公李勣一向持赞同的态度。长孙无忌对于太宗皇上从来都是言听计从，当然不会犯颜直谏。满朝文武就剩下一个敢说话的褚遂良了。他知道，太宗到了晚年已经明显开始好大喜功，为了自己的体面，竟不惜劳民伤财，穷兵黩武。然而，在第一次东征高句丽时，他已经屡屡谏诤，皆不能奏效。如今孤掌难鸣，也只好暂时沉默了。

见大臣们都不肯说话，太宗皇上知道他们都不赞成。但是，他现在对高句丽是志在必得。自己剩下的日子已经不多了，必须在有生之年完成这件大事，一来可雪前年兵败高句丽之耻，二来也可一劳永逸地为子孙后代消除东夷隐患。你们眼下不理解不要紧，等到大功告成，高歌凯旋的时候，便会懂得朕的一片苦心。

他下令，由左右府长史强伟到剑南道督造舰船，以备东征高句丽时运粮之用。

不料，这事却引来了麻烦。由于时间太紧迫，所伐大木过粗，长逾百尺，且皆在崇山峻岭之中，运输极其困难。当地民众从十六岁到六十岁的男子皆被征发，人丁仍不够用，最后老弱病残也被驱赶上山。

百姓们已无法承受这种人为的灾难，在忍无可忍之时，雅、邛、眉三州的民众开始聚众造反。

这可是太宗皇上称帝以来的首例民众造反。太宗想起了他对儿子说过的话，"民为水，君为舟。水可以载舟，亦可以覆舟"。民心可畏，这是一个危险的信号。然而，此时的太宗就像一辆沿着斜坡下滑的牛车，很难刹住，既然山火已经烧起来了，趁火势不大，必须赶紧扑灭。

他令茂州都督张士贵、右卫将军梁建方率军两万，用一个月的时间镇压了这次起义。

一向力主轻徭薄赋、恤农爱民的太宗皇上终于做了一次镇压民众的"独夫"，夜深之时，他屡屡反思，殊觉不安。但他却拿不定主意，难道因为几个州县民众的反对，东征高句丽这样的大事就算了？

正在这个时候，蜀地民众苦于徭役，有人提出来要花钱雇潭州人造船，太宗立即下旨准允。

然而，州县官吏在催收民众缴纳造船所用工钱时，乘机敲诈勒索，强取豪夺，以至许多百姓卖田宅，鬻子女，剑南一带谷价暴涨，百姓一片骚然。

太宗接到了地方的奏报，深感事态的严重。对这些卖儿卖女的穷苦百姓，总不能再派兵围剿吧？他赶紧让司农卿孙知人前去视察。

孙知人回来禀报："造大船一艘，所用工钱之高竟值绢二千二百三十六匹，当地民众实在不堪重负。"

太宗骇然了，当年的隋炀帝就是因为徭役繁杂，赋税苛重，导致民怨沸腾，最后淹毙于举国造反的汪洋大海之中，自己无论如何不能重蹈杨广的覆辙。

他不得不敕令所有造船所需的各种花费皆从国库中拨给，这件事总算勉强平息了下来。

进入九月，天气渐渐凉爽，太宗皇上自觉精神和体力更加健旺，他不断地召见长孙无忌和李勣，商量明年如何进兵高句丽。他认为，照目前的身体状况，再活个三五年不成问题，最后灭亡高句丽，老天爷给他的时间足够了。

这个时候，又传来了一个好消息，出使天竺的大唐特使相里玄奘终于安全归来。

原来，自从读过《大唐西域记》之后，太宗皇上对于原先知之甚少的西方大国天竺（今印度）的文明繁荣颇向往之。恰在此时，天竺国王也因为高僧玄奘的宣传，对大唐十分崇仰，派使者前来通好。趁此机会，太宗便派相里玄奘前往回访，以期世代修好。

不料，相里玄奘刚到天竺，恰恰碰上天竺国内发生兵变，十几个叛臣杀害了国王，并将唐使相里玄奘拘押。

一个月黑风大的深夜，几个当年与玄奘交游甚笃的天竺高僧派人救出了相里玄奘，让他乘快马逃命。

相里玄奘就近逃往吐蕃，见到了文成公主和松赞干布。

松赞干布如今是太宗皇上的贤婿，自然容不得有人对大唐使者如此无礼。在文成公主的鼓动下，立即点起十万兵马，奇袭天竺，很快便击溃了反叛势力，俘获一万多人，并协助天竺建起了亲唐政权。

随后，松赞干布派兵押解着这一万多名俘虏护送相里玄奘回到长安。

大唐使者因祸得福，太宗皇上喜出望外。他在下旨奖赏了松赞干布之后，马上召见了相里玄奘。

相里玄奘向太宗回奏这次出使天竺的整个过程之后，又说道："皇上，在这一万多名俘虏中，有一个天竺方士，叫逻迤娑婆寐，乃是天外异人，他本不是俘虏，却自愿要来大唐。"

"他有何奇异之处？"

"此人自称已二百余岁，有长生之术，天竺人皆视其为神明。"

太宗从来不信这些方士神仙之流，但出于好奇，还是要见见这位域外"高人"。

这位逻迤娑婆寐果然仙风道骨，眉毛胡须皆皓白如雪，但面庞丰满红润，竟无一丝皱纹，双目炯炯有神。

"你果然有二百岁了吗？"

"贫道从不打诳，何况是对大唐天子？"

"贫道？你们天竺莫非也有道教一派？"

"天竺道教尚未形成流派，也不过是贫道的数十名弟子而已。我信奉道教也是源自中原。南北朝之初，贫道曾在南朝刘宋居住三十多年，笃信道教，专修长生不老之术。"接着，他把南北朝时宋、齐、梁、陈及北魏、北齐、北周等国的许多事情都说得详详细细，如数家珍。这些都是一百多年近二百年前的事了，就连当朝的史官也不能说得如此详尽。

太宗有些半信半疑了，又问道："死生由命，富贵在天，人如何能长生不老？"

"那是你们中原儒家的说法，道教却以生为乐，道大，天大，地大，生亦大。域中有四大，而生居其一焉。人只要修炼得法，便可长生不老。《西升经》云：'我命在我不在天，还丹成金亿万年'。人之生死，定于自身，而不定于天命。"

"既如此，如何才能长生不老呢？"

"修道养生之方术有许多，如外丹、内丹、存思、守一、服气等。陛下一身系于天下，日理万机，自然无暇静养修炼。不过，只要定时服食金丹，亦可保神固根，达到精气不散、形神合道，从而长生不老。"

太宗大喜，立即下旨让逻迩娑婆寐住在金飚门内，炼造长生不老之药，并派兵部侍郎崔敦礼亲自监督主持此事。

旨意下达之后，连太宗自己也觉得有些滑稽可笑。年轻的时候，对这种祈求长生不老的做法，他一直嗤之以鼻。有一次，他曾当着满朝文武的面对求仙信神的秦始皇和汉武帝大加讥讽："神仙事本虚妄，空有其名。秦始皇为方士所诈，乃遣童男童女数千人，随其入海求神丹；方士避秦苛虐，乃留不归，始皇犹于海侧踟蹰以待之，后还至沙丘而死。汉武帝为求神仙，将其女嫁于道术之人，事既无验，便行诛戮。据此二事，神仙不烦妄求也。"

这才过了多少年，当自己步入晚年之后，竟也要步秦始皇、汉武帝的后尘吗？

他在心里极力地宽慰自己，朕不会像秦皇、汉武那样愚不可及。朕仍然不信世上会有神仙，也不奢求长生不老，这异域高人炼的丹药，或许能祛病保健，延年益寿。朕只要再活二十年，不仅会早早地收服了高句丽，把大唐盛世打造得更加繁荣昌盛，而且会将太子李治培养得更加成熟老练。即使实在不行，也可以从诸子中从容地选拔一位最理想的继位，把这锦绣江山稳稳妥妥地交给他，朕也就可以安心地飞升天国了。

崔敦礼按照逻迩娑婆寐的意思，派出使者到全国各地采集了无数奇草异石，昼夜不停地依法熬炼。折腾了数月之后，金丹终于炼成。

太宗皇上服丹数日，没有什么好的感觉，也没有什么大的不适，只是略微有点腹泻，吃几服中药便好了。他也不认为是服丹药的缘故，便继续定时服食。

就在这个时候，七十二岁的老宰相房玄龄的病情开始恶化。太宗皇上忧心如焚，这是与他患难与共半生，共同开创大唐基业，又共同缔造贞观盛世的最亲近的老臣。他处事谨慎，老成持重，忠心耿耿，鞠躬尽瘁，大唐能有今天，几乎没有一件大事不饱含着他的心血。对这位功勋卓著的老宰相不能

唐太宗李世民

以一般的臣下视之。

太宗命内官将房玄龄接到刚修缮完毕的玉华宫养病，让御医不分白天黑夜地轮番诊视护理，让御厨为他精心安排饮食。还特许他的妻子、儿子、儿媳们随便出入玉华宫，以侍候玄龄。

太宗抽空来到玉华宫，坐在房玄龄的病榻前守候着。但却没有更多的话要说，君臣二人只是相对流泪，默默无言。

太宗知道，他的这位老朋友已经心力耗竭，走到了生命的尽头，虚假的宽慰和安抚显得苍白无力，一切感情都在这沉默不言之中。

房玄龄也没有太多的话要说，要说的几十年来似乎都说过了。对这样一位英睿过人的君主，还有什么可叮嘱的？

至于皇上对自己几十年来的知遇之恩，自然是天高地厚。大恩不言谢，此时说些感恩之类的话便显得太庸俗，太多余。

太宗要摆驾回宫了，房玄龄才气喘吁吁地说道："老臣受皇上厚恩，今生无以为报。当此长诀之时，老臣有句话不能不说。如今天下太平，皇上又欲远征高句丽，群臣无人敢谏。老臣明知不对却不谏净，就是死了也难逃其咎。还望皇上收回成命，罢兵息战，永保大唐子民安乐太平。"

听着房玄龄最后的谏言，太宗的眼泪哗哗地流了下来。他沉重地点点头，说道："房爱卿，朕这些日子反复想过，这件事朕可能错了。为筹备东征，已经引起了民变。你放心吧，朕答应你，从此不再提东征之事。"

房玄龄枯瘦苍白的脸上绽开了灿烂的笑容，双眶里却注满了泪水："皇上从谏如流，知错能改，虽尧舜汤武亦不及。皇上永远是天下苍生的好皇帝，好父母。"

太宗回到后宫，草草地用过晚膳，便招来了高阳公主。自从辩机和尚出事之后，她一直住在皇宫。

"高阳，你与遗爱不睦，这朕知道，心里也不好受。以后你要怎么办，朕不管了。但你公公于国家有大功，对朕忠心耿耿，如今病成这个样子，还在为朕忧国忧民。你明日无论如何要去看望他，以尽儿媳之孝，也算对老人家的告慰。"

"是，父皇，公爹是大唐的忠臣，也是这世上的好人。明天女儿便去探望公爹，一直伺候老人家到最后。"高阳公主已经泪流满面，泣不成声。

三天以后，房玄龄与世长辞。太宗闻讯放声大哭。出殡那天，他坚持要去参加葬礼。群臣听说后皆纷纷上表劝阻，因为服用药石之人不宜临丧。

太宗却说道："朕此次前往吊丧，不为君臣之礼，更为故旧情深，友朋义重，汝等不必再劝，朕非去不可。"

他坚持不坐龙辇，而是骑马前往。在数百骑的簇拥下，太宗离开皇宫，出兴安门，缓缓驰至延禧门。此时，长孙无忌闻讯快马疾驰而来，拦住太宗的马头说道："吃药石临丧，书上明写禁忌。陛下身系百姓，当为社稷自珍。房相临终之时，臣往探望，他一再叮嘱臣要劝阻陛下临丧。陛下对玄龄恩深，请体察他的一片诚意。"

太宗仍然不答应，长孙无忌滚鞍下马，俯伏于太宗马前，叩头出血，流泪哭谏。众卫士近臣也都下马跪地，一齐劝阻，太宗无可奈何，只好流着泪回到皇宫。

房玄龄走了，太宗突然觉得塌了半边天。这世上好像只剩下了他一个人，孤寂冷清的心里一片茫然。

他失眠了，一连两天两夜都大睁着眼睛睡不着觉，第三天夜里过了子时才昏昏沉沉地睡了过去。

一觉醒来已是日上三竿。他翻身起床，却突然发现左臂左腿毫无知觉，已完全失灵。急忙大声喊人，却感到嘴唇像两片木头，话音呜呜啊啊已说不清。坏了，自己的中风病复发了，而且比上一次来得凶猛得多。

经御医们千方百计地救治，病情稍有缓解，太宗皇上已经能够说话，但左肢却仍然不能动，他几乎已经瘫痪在床。

服用逻迩娑婆寐的金石秘药已经好几个月，身体状况不仅没有见好，病情反而恶化，近几日又出现了腹胀、呕吐等中毒症状。此时，太宗才猛然醒悟自己上当了，遂停服药石，命人去找逻迩娑婆寐，此人却早已逃之夭夭。长孙无忌大怒，要下令全国缉捕。太宗却叹气道："方士行骗，不过为了富贵。是朕自己糊涂，竟为这些邪术所骗，倘若有罪，罪在朕躬，就由他去吧。"

贞观二十三年（公元 649 年）四月，天气渐渐变热，太宗皇上决定到终南山上的翠微宫中避暑。杨德妃、杨贤妃、徐充容、武才人等一班后宫妃嫔及太子李治皆跟随同去侍疾。长孙无忌、褚遂良等心腹近臣亦随驾前往，好随时讨论处置各种军国大事。

前呼后拥的车驾渐渐走上了弯弯曲曲的山路，当前面呼道开路的侍卫队伍驰过之后，长孙无忌突然发现，在路边的草丛之中卧伏着一个形迹可疑的人，便大喝一声"有刺客"。

唐太宗李世民

几个贴身侍卫立即持剑在手冲了过去，将那人倒剪双臂捆绑起来，带到太宗的轿辇前。

那人三十多岁，士人打扮，却身佩一柄短刀。"你是何人，为何隐身于此？"长孙无忌厉声斥问。

那人颤声答道："小人鄠县人氏，今日从京师回家。原本走在路上，因听到喝道卫队经过，躲避不及，只好躲藏于草丛之中，一直不敢动，想等车驾过后再悄悄回家，不想为大人所拿。"

歪坐在大轿中的太宗皇上看着这一幕一直不动声色。见长孙无忌还要审问下去，他便抬起右手摇了摇，然后示意让那男子跟在轿后直至翠微宫。

进了翠微宫大院，到了含风殿前，太宗才对太子李治说道："这件事若是认真追究，又不知有多少人要枉送性命，你带他去后门，放他尽快回家吧。"

长孙无忌还想追究，但见皇上态度坚决，只好作罢。

终南山位于长安城西南六十里处，满山都是挺拔的白杨、墨绿的松柏和无数龙钟老槐，再加上一丛丛一蓬蓬的幽篁碧竹，一片青葱苍翠。

翠微宫就建在半山腰上，亭台楼阁掩映在万木覆盖的绿荫丛中，小桥流水，凉风如洗，确是一个避暑胜地。

太宗皇上第一次发病时，曾到这里小住过一段时间，病很快便好了。这一次他坚持要到这里来疗疾休养，就是期盼着奇迹再一次发生，自己能迅速地痊愈康复。

但是奇迹并没有发生。尽管御医们已经竭尽全力，众妃嫔和太子日夜守护，他的病情不但没有起色，而且日趋恶化。

来翠微宫快一个月了，太子李治除了替父皇处置一些军国急务之外，便亲侍药膳于御榻之前，不分白天黑夜，从不离太宗左右。这样日夜操劳，他的脸庞很快消瘦了一圈，满头的青丝居然出现了不少白发。太宗看他累成这个样子，心疼地说道："有你这样孝顺的儿子，朕心甚慰。朕的病一时并无大碍，你可暂出游玩，也好散散心，不要把你也拖坏了。"

李治却执意不肯，跪在病床前哭道："父皇有病在身，儿臣哪有心思去游山玩水，那样与禽兽何异？"

太宗心里一阵热辣辣的，便不再多说，只是让李治要多注意休息。

这日中午，天热得出奇，李治不停地为太宗摇着扇子，自己脸上的汗珠子却一个劲儿往下掉。太宗心疼地看看儿子，说道："朕要睡了，你也回去歇会儿吧。"说完便闭上了眼睛，一会儿便响起了均匀的鼾声，其实他并没睡着，只是为了催促儿子去休息。

见父皇已经睡去，李治才将扇子交给了一个宫女，悄悄地退出了含风殿。

他也真累了，儿十个日日夜夜没睡个囫囵觉了，实在有些吃不消，他要回自己那个临时寝殿好好地睡个午觉。

他慢慢地向西走去，偶一抬头，却见一片茂密的松林中闪出了一位娉婷女子，藕荷色的纱衫，墨绿色的绸裤，高耸的胸脯，柔和的腰肢，微翘的臀部，周身都散发着一种成熟女性的魅力。是武才人，李治心中的偶像和女神。

在选立皇储的几个关键时刻，武才人无私地帮助过自己，这让他感铭肺腑，近一个月来伺候父皇，他们几乎天天相见，眉目传情，偶尔也肌肤相接，更使两人心心相印。

但是，他们却从来没有机会单独在一起。在这一刻，这位美貌而略带忧郁的少妇的身影一映入他的眼帘，竟让他的心狂跳不已。

像有一股巨大的磁力，李治情不自禁地向她走去，两个人心照不宣，迅速地没入了松荫之中。

五月下旬，天越来越热，太宗皇上却感到自己的身上越来越凉。他知道，自己这只迭经狂风大浪的航船眼看就要驶到生命的尽头了。

已近乎弥留状态的太宗皇上头脑仍然异常清醒，这些日子他想的最多的还是大唐的江山能否传之久远。

"唐三代之后，女主武王当有天下"，《秘记》上这句话在最后的时刻仍在不停地撞击着他的耳鼓。

女主武王是谁，经过这些年的观察，他几乎已经认定，大概就是武媚。在大限将临之时，自己该怎么办呢？对这个女人该做如何处置才是最明智的选择？李淳风说过，"天意如此，必无违背之理"，也就是说，人力无论如何也不能违背天命。自己再不能轻易动杀机，过去已经错杀了李君羡，铸成大错。眼下就是再杀了这个女人，恐怕也于事无补。但是，在大限将临之时，自己要做最后的努力，给这个女人敲敲警钟。

"治儿。"

"儿臣在。"

"传武才人见驾。"

李治像被雷劈了一般，脸色苍白，浑身战栗不止。后宫的妃嫔众多，父皇特别宠爱的两位杨妃和徐充容都在这里，为什么在这个时候偏要召见武媚？莫非自己与她的事被发现了？他拼命稳住神，说了声"是"，便去宣武媚进殿。一路上，武媚连连向他使眼色，意思是说，你千万不要说话，一切由我应付。

武媚惴惴不安地走进含风殿，在太宗的病榻前跪下。在跪拜的一瞬间，她向床上扫了一眼。这个瘫卧在床，就像一堆赘肉似的了无生气的臃肿躯体，就是当年那个驰骋沙场，横扫千军，挥手之间让江山易姓、风云变色的千古雄杰吗？

她感到有些憎恶，更感到深深的悲哀和莫名其妙的敬畏，这个濒临死亡的肉体仍然充满着无限的威慑力，让她惶恐战栗。

"是武媚吗？"太宗没有睁眼，轻声问道。

"是，陛下，贱妾武媚奉诏见驾。"

"嗯，武媚，你进宫几年了，今年多大了？"

"回万岁的话，贱妾十四岁进宫，于今十三个年头，快二十七岁了。"

太宗睁开了眼睛，仔细看了她一阵。啊，还是那么美艳，那么娇嫩。才二十七岁，仍然是一朵光彩照人、馥郁盛开的鲜花。可惜，这花是一朵罂粟花，美则美矣，却有毒。

"武媚，这十几年，朕对你如何？"

"皇上对臣妾有天高地厚之恩，贱妾做牛做马也不足以报答陛下于万一。"

太宗在喉咙里"哼"了一声，像是干咳，又像是冷笑："假话！这不是你的心里话。朕知道，你在恨朕。十几年了，许多与你同时进宫的都升为正二品正三品的夫人、九嫔了，你一直做个小小的五品才人。你年纪轻轻，夜夜独守空闺，冷衾孤枕，能不恨朕吗？你一个小小的女儿家，心机再深，还能瞒得过朕？"

这些话，几乎句句都是武媚心里想的。老东西，要死的人了，眼光还这么毒！

武媚不敢多想，以头碰地，泣声说道："陛下如此说，可要冤煞贱妾了。当日贱妾进宫，原本只想做个宫女侍婢。陛下一开金口，便封贱妾为才人，还亲赐贱妾名字。如此浩荡天恩，贱妾没齿难忘，怎敢心怀怨怼？才人乃正五品，官爵还算低吗？许多男人战场杀伐、科场奋争半辈子，还爬不到这样的高位呢？再说了，这些年来皇上临幸妾宫虽说不多，但贱妾毕竟仰承过天恩雨露，如此荣宠，就是一次也令贱妾终生受用不尽。后宫之内佳丽三千，就是皇上龙体再康健，精力再充沛，也不可能雨露均施呀。比起多数才女、宫人，贱妾已经万分知足了。"说罢，又叩头不止。

武才人伶牙俐齿，能说会道，太宗早已知之甚深。刚才这番话，也许有几分是真心话。但这个时候不能耳软，更不能心软，该说的话一定要说透。

太宗略加思索，又冷冰冰地说道："好了，恩也罢，怨也罢，爱也罢，恨也罢，这一切都要结束了。武媚，朕沉疴日重，终将不起，已是行将就木之人。虽说'人之将死，其心也善'，但朕是大唐皇帝，为了万里江山不易主，不改姓，却不敢因小善而铸大恶。你是朕的人，朕死了，你该如何了断？"

武媚只觉得天旋地转，心中一片冰凉，老皇上要动手杀人了，自己已走到了鬼门关，正一脚门里，一脚门外。在这九死一生的节骨眼上，一句话说不对，立时便会丢了小命。

她抹了把泪水，字斟句酌地说道："臣妾活着是皇上的人，死了也是皇上的鬼。倘有一天，陛下真的龙驭上宾，臣妾宁愿在枢前自尽，以身殉主。"

太宗冷眼看着武媚，说道："可真到了那一天，朕却什么也不知道了。"

武媚被逼到了死角，再无半步退路，只好把心一横，"砰砰"磕了三个响头，声泪俱下道："陛下既然如此不放心贱妾，贱妾只好这就去投缳自尽，留个囫囵尸身，也好到天国再侍奉皇上。"

说完，爬起身来，头也不回地向殿外走去。

这一刻，太宗的心战栗了。这个女孩子毕竟没有罪，她是无辜的。这些年来，自己本就冷落了她，有负于她。再说了，那本《秘记》上的话，就连关于太白星昼现的说法，究竟有多少可信度？这些神神道道的东西，与逻迩婆婆㽱的金丹有什么两样？自己刚刚受过骗为什么还要对这些东西笃信不疑呢？想到这里，他急忙喊道：

"慢着！朕还没到油尽灯枯的时候，倘若朕有一天还能康复，你却先枉送了一条性命，岂不是朕的罪过？"

武媚站住了，困惑地看着皇上，意思像是在问："那，我该如何做才对？"

"武媚，休要怪朕无情。为了江山社稷，也是为了你自己的安危，你得改一改你刚烈的性子。记住朕的话，你作为一个女人，这一辈子都不要干政，要离权力、离政争远一些，越远越好。你去吧。"

"你就落发为尼，到感业寺出家去吧。"太宗终于想到了一个两全其美的办法。武媚一旦出家，远离红尘。一个天天诵经向佛的小尼姑再怎么说也断不会谋夺我大唐的江山。

他无力地摆摆头，示意武媚退下，苍老疲惫的病脸上浮现出了一丝苦涩的笑。

唐太宗李世民

一阵死里逃生的狂喜涌上了武媚的心头。"英雄气短，儿女情长"，人心都是肉长的。自己以攻为守，用生命做赌注的最后一搏终于赢得了皇上的恻隐之心。

她深情地扫了太子一眼，默默地离开了大殿。

第二天，生命垂危的太宗皇上开始安排后事。

他单独对太子李治说道："当今朝中大臣，文韬武略足以安邦定国者，无人能出李勣之右。但你对他无恩，恐不能怀服，久后难以驾驭。今我黜之，倘他即刻赴任，待我死后，你马上将他召回，拜为仆射，亲任之，将来必是你的擎天保驾之臣；若徘徊观望，不肯赴任，则说明其有贰志，当杀之耳。"

说完，便口述谕旨，将英国公、太子詹事、开府仪同三司兼领兵部尚书的李勣黜降为距京师三千五百里的叠州都督。

此旨一下，朝廷一片哗然。凌烟阁功臣之一的老将军无罪遭贬，而且是到那么偏远的荒凉之地，人们猜不透究竟出了何事，禁不住议论纷纷，甚至深感不平。

但是，太宗的用心怎能瞒过向以妙算著称的李勣？他接到这一突如其来的诏令，二话没说，立即打点行装，连回家与亲人辞别都不顾上，带上几个侍卫连夜快马加鞭向叠州疾驰而去。

接着，太宗欲召见长孙无忌、李靖和褚遂良。老将军李靖已于十几天前病逝。李治不敢告知父皇，只说他亦病重，恐不能见驾。

太宗黯然神伤，只好将长孙无忌和褚遂良召入寝室，说道："朕将大行，今悉以后事托付公辈。太子仁孝，公辈所知，宜善辅佐之。"

又转头对太子说道："有无忌、遂良在，汝可勿忧天下。"

长孙无忌、褚遂良跪在太宗床前，满脸泪水，频频顿首道："皇上放心，臣等肝脑涂地，也会保太子坐稳大唐江山。"

太宗又对褚遂良说道："无忌尽忠于朕，朕有天下，多其力也。朕死之后，你们二人要精诚相待，勿令谗人间之。"

说完，命褚遂良取来纸笔，开始口述遗诏。

长孙无忌、褚遂良退出之后，太宗命传杨德妃、杨贤妃、徐充容等妃嫔进殿，与她们见最后一面，仍令太子侍于身侧。

他喘息着说道："朕与你们一生恩爱，如今要长诀了，你们要好自为之。太子仁孝宽厚，会善待你们的。"

话音未落，众妃嫔早已哭作一团。过了多时，太宗又说道："不要哭了，人生百岁，终有一死，死有什么可怕的？佛家谓之圆寂，道家谓之羽化，儒家则称为大安，是人生的最终归宿。朕这一生略无遗憾，甚为知足。人到世上来走一遭不易，虽是哭着来，却该笑着去才是。另外，朕大行之后，丧事一切从简。只把朕平生喜爱的王羲之的《兰亭序》置于梓宫，放在朕身边就行了。"

说完，太宗竟真对着众人笑了，笑容是那样真实，那样自然，那样灿烂。这是他留给这个世界的最后一份厚礼。

尔后，他安详地合上了眼睛，静静地睡着了，再也没有醒来。

顶天立地的一代伟人走了，翠微宫里一片号啕大哭，巍巍终南山在悲切地回应着，到处是凄怆哀痛的哭声。

太子李治抱着舅父长孙无忌的脖子放声大哭，悲痛欲绝。长孙无忌强忍着哀痛抹干眼泪，对太子说道："主上以宗庙社稷付殿下，岂能效匹夫唯哭泣而已？"

关中的五月正是烈日炎炎的盛夏，太宗的圣体不能长期停放于灵堂之中。幸好，早在数日之前，长孙无忌、褚遂良等一班大臣见太宗病情危重，已奏明太子李治，派人回长安将太宗的九龙御棺星夜兼程秘密运到翠微宫。

庚午日一早，太子李治率领长孙无忌、褚遂良等朝中大臣至灵堂向大行皇帝的遗体行过大礼，然后，由太子抱头，长孙无忌托腰，褚遂良抱脚，缓缓地将其盛装入殓。李治满脸泪水，将太宗皇上最喜爱的《兰亭序》真迹以锦袱包了，置于仰躺的太宗胸前，让他两手抱着，再用龙锦罩面覆身。

入殓完毕，依照太宗临终遗言，长孙无忌先请太子李治率飞骑、劲兵连夜驰返京师。

三日之后，到了壬申日，翠微宫中才正式发丧。在长孙无忌、褚遂良和四千甲士的护送下，灵车浩浩荡荡从翠微宫向长安进发，沿路设置多处路祭的灵棚，白幡飘飘，香烟缭绕……

太子李治率领朝中文武百官披麻戴孝，迎接太宗灵车于安化门外的长安官道，长安市内的士庶百姓闻讯纷纷戴孝赶来，黑压压地跪伏于官道两侧，哀哭之声惊天动地，淹没了大半个长安城。

太宗的梓宫在哀乐和恸哭声中被安放于太极殿内。顾命大臣长孙无忌向满朝文武和宗室诸王宣读太宗遗诏。

六月甲戌日，李治于枢前即皇帝位，是为唐高宗。同时，诏请李勣还朝，拜为右仆射，与长孙无忌、褚遂良等合力辅政。

唐太宗李世民

八月，百官为大行皇帝上谥号"文皇帝"（后又改谥号为"文武圣皇帝"），庙号太宗。并下令全国举哀，举行国葬。遵照太宗皇上的遗愿，将其与长孙皇后合葬于昭陵。

昭陵位于九嵕山南麓的山坡上，依山而建，恰恰位于绵延不绝的八百里秦川腹地，规模宏大，巍峨壮观。

这还是在长孙皇后薨逝之后，太宗皇上带领几位近臣和风水方士亲自为她勘察选定的一方宝地。这里丛山环绕，茂林障蔽，背靠青山，面对广塬，是一个理想的栖息之地。既是皇后的墓地，自然也就是自己百年之后的陵寝。

当年，长孙皇后的遗愿是勿要堆土为丘，宜因山而葬，无须起坟封土，人为助高，一切务要俭朴。这也正是太宗皇上的夙愿。

秦始皇在登基之初就大兴土木，建造豪华的地下宫殿，导致民怨沸腾，怨声载道，以致二世而亡。如此惨痛的教训，敢不引为鉴戒？

太宗皇上早就发誓，自己百年之后丧事要不费民力，不兴劳役，不留后患。为此，他在几年以前就效法素以简朴著称的汉文帝，对自己的后事做了安排，并亲自撰写了经制，说道：

> 夫生者天地之大德，寿者修短之长数。生有七尺之形，寿以百龄为限。含灵禀气，莫不同焉，皆得之于自然，不可以分外企也。虽复回天转日之力，尽妙穷神之智，皆不能免。故尔人之生死，天地之常规也，莫可悲也，莫可奢也，莫可侈也。只可平常而为之，死者入土为安，因山为陵，容棺而已。

太宗皇上最终还是兑现了他的诺言，依山建陵，虽然看起来规模宏大，却一点都不靡费人力财力。他的这一做法确定了唐朝的陵墓制度：以节俭为要，简朴为度，概不奢侈。

尽管陵墓的建造是俭朴的，但是，太宗临终之前却希望与他风雨同舟、休戚与共几十年的那些功臣爱将能够在百年之后陪葬在他的身边。他觉得，他们之间的那种山高海深的感情不应该以阳界生命的结束为终结。在另一个世界里，他们还应该朝夕相处，亲密无间，或并马驰驱，或促膝长谈，让这份兄弟师友般的情谊延续至永远永远……

若干年后，太宗皇上的昭陵两侧立起了一百五十六座陪葬功臣的陵墓。

他们是房玄龄、魏徵、长孙无忌、李靖、萧瑀、李勣、高士廉、马周等前后二十四位宰相；尉迟敬德、秦叔宝、程咬金等六十四名大将军；岑文本、唐俭等三品以上功臣五十三人；还有阿史那社尔、契苾何力、执失思力等少数民族将领十五人。当然，这些已是后话。

八月十六日是太宗皇上出殡的日子。阴霾四合，愁云密布。一大早，天地间便飘起了霏霏细雨。由皇室宗亲、满朝文武和各州郡官员组成的浩大的送葬队伍哀哀痛哭着穿过御街，跟随着皇上的灵车向九嵕山蹒跚而去。长安城里万人空巷，户户张幡，家家戴孝。数十万庶民扶老携幼，冒雨涌上了街头。有的放声大哭，有的捶胸顿足，一个个泪眼婆娑，都城长安沉浸在巨大的悲痛之中……

消息传到吐蕃逻些，松赞干布和文成公主悲痛欲绝。他们按照大唐习俗在大殿之中设立灵堂，隆重祭祀。又按照佛家法典，为太宗诵佛念经，在雪域高原上超度太宗的英灵，愿他们的父皇早升天国……

老将军尉迟敬德长跪于太宗墓前，不吃不喝长达两天两夜，以至于昏倒在地……

充容徐惠于墓旁结庐，一定要为太宗亲自守陵，半年后因悲痛过度而亡……

这一切，躺在一堆黄土下的太宗皇上还能看见吗？众多朝臣的悲悼，妃嫔亲人的哀思，亿万庶民的眷恋，他还能知道吗？这不仅是对他这个人的悼念，更是对他的文治武功、煌煌盛业的怀念！

他的一生是辉煌的，无愧于他的国家，无愧于他的子民。倘若他九泉有知，真应该欣慰地笑了。